中国戏曲学院国际文化交流系研究生培养成果丛书

戏曲跨文化传播研究文集

于建刚　焉若文　主编

学苑出版社

图书在版编目（CIP）数据

戏曲跨文化传播研究文集 / 于建刚，焉若文主编． -- 北京：学苑出版社，2021.9
 ISBN 978-7-5077-5342-4

Ⅰ．①戏… Ⅱ．①于… ②焉… Ⅲ．①戏曲－文化交流－研究－中国 Ⅳ．① J82

中国版本图书馆 CIP 数据核字 (2017) 第 249680 号

责任编辑：潘占伟　李 媛
出版发行：学苑出版社
社　　址：北京市丰台区南方庄 2 号院 1 号楼
邮政编码：100079
网　　址：www.book001.com
电子信箱：xueyuanpress@163.com
联系电话：010-67601101（销售部）　67603091（总编室）
印　刷　厂：北京建宏印刷有限公司
开本尺寸：787×1092　1/16
印　　张：40
字　　数：749 千字
版　　次：2021 年 9 月第 1 版
印　　次：2021 年 9 月第 1 次印刷
定　　价：180.00 元

代序："学""术"双重，开放包容
——中国戏曲学院国际文化交流系研究生培养侧记

于建刚

2020年对于中国高等教育而言，除了新冠疫情让大家面对教育教学模式变化的挑战之外，那就是《新文科建设宣言》的发布引发高校对高等教育人才培养，尤其是新型文科人才培养方向与路径的思考。新文科人才培养从专业优化角度，强调的是专业的交叉与融合，优化专业结构，通过跨学科、跨专业的新兴交叉课程建设，培养和塑造学生的知识理论体系、专业实践能力的跨领域性和融通性。中国戏曲学院国际文化交流系的硕士研究生培养始于2003年，一直以来所坚持的是人才培养的复合型、课程体系的多元性和培养模式的开放性原则，与当下所倡导的新文科人才培养存在一种契合。通过历年来毕业生的就业去向来看，这种开放多元的培养体系，实现了对学生宽专业选择和高适应能力的塑造。国际文化交流系研究生培养的未来方向与目标，在贯彻新文科教育要求基础上，要强调对"'学''术'双重，开放包容"的教育教学传统的坚持。

一、国际文化交流系研究生教育的发展历程

国际文化交流系（以下简称"国交系"）的硕士研究生培养始于2003年。当时只有一个研究方向——国际文化交流与管理，是在位于戏剧影视文学专业下面的国际文化交流专业方向本科教育的涵养下生发出来的。课程设置上，在强调学生的艺术理论与素养

培养的同时，通过艺术管理、文化市场、文化产业、文化交流等课程的学习，塑造学生以交流与管理为核心的综合知识理论体系与复合实践能力。2003 年，我们只招收了 1 名硕士研究生（现在这位研究生已经成为国交系艺术管理专业的骨干教师），在培养方面也是很尽心力，由时任学院副院长的白光耀教授担任导师。承担课程教学任务的师资除学院教师之外，还聘请了北京电影学院、中国音乐学院等艺术院校从事艺术管理研究与教学的教师授课，保证教学高质量的同时，拓展了学生的学术视野。此后，招生数量逐年提高，但一直保持每年 4—5 人的规模，体现出人才选拔的严格。而且，这种小班授课的形式，也有利于讨论式课程模式的施行，可以培养学生的自主思考意识，养成独立学术思维。所招收学生的专业背景也呈现多元状态，有英语专业出身的，也有学习教育专业的，甚至还曾经有一位学生是学习桥梁设计的，当然也有国交专业自己的毕业生。这种学生专业背景多元性，体现出"有教无类"的培养特点，同时也是本专业将交流与管理融为一体的专业知识兼容度高、领域涵盖面宽的特点所需要的。在此期间，专业所属还经历了由艺术教育系到艺术传媒学院再到戏文系的变化，导师队伍也发生了一些变化，但对专业建设和人才培养质量的要求是没有变的。

时间发展到 2012 年，为顺应"中国文化走出去"形势，推动戏曲艺术更为广泛和深入的国际传播，满足北京市文化中心、国际交往中心建设对人才的需求，学院成立了国际文化交流系。国交系成为国内第一个旨在培养以戏曲艺术为代表的中华优秀传统文化对外传播人才的教学系，当时的教学职能是国际文化交流专业方向本科层次和国际文化交流与管理专业研究生层次人才培养，承担全院大学英语教学任务。为了更好地发挥大学英语教研室教师的作用，国际文化交流与管理的研究方向在原有的文化交流、艺术管理研究内容的基础上，又增加了戏曲翻译。2017 年，学院机构调整，成立思想政治理论教学部，原有的艺术概论教研室教师调整至国交系，艺术史与艺术原理、戏曲教育理论硕士研究生培养职能也同时调整。这样，国际文化交流系的硕士研究生培养方向就由原来的一个变为三个，所属学科也由原来的戏剧与影视学变为艺术学理论。

为了让这三个研究生培养方向在突出各自人才培养特色的同时，还能体现出在专业基础要求方面的统一性，我们在修订培养方案时，制定了四门所有培养方向的学生都要学习的基础理论课：艺术美学，解决学生的美学基础，提高学生对不同艺术门类的了解；专业英语，提高学生的英语应用能力，强调跨文化交流意识的培养；中外文化与管理，侧重对中外艺术管理发展历程的了解，强调管理与文化的关系、管理与艺术的关系、管理与人才的关系等；比较艺术学，站在比较学角度对中外艺术门类进行全局性观照，通过比较来实现对中国艺术，尤其是以戏曲为代表的中国优秀传统艺术进行"大艺术观"指导下的关注与研究。在此基础上，再分别设立体现各研究方向特点的研究方向课。这种课程设置的思路，体现出共通性基础上的专业性，普遍规律基础上的特殊规律。

在未来的发展中，国交系还将继续开拓硕士研究生的研究方向，将国际文化交流、艺术管理、文化产业管理、戏曲翻译理论、艺术教育、艺术史等涵盖进来。通过跨越传播、管理、产业、翻译、教育、史论等多个学科，实现系内的学科交叉、专业融通。

二、研究生教育的理念与培养模式

中国戏曲学院的研究生教育，在强调对学生进行学术素养的提升外，同时重视对学生专业实践能力的锻炼，也就是说，在人才培养的目标设定上，要努力实现"学"与"术"[1]的平衡。国际文化交流系的硕士研究生培养，同样在践行这样的原则。

第一，在学术能力培养方面，要求学生要研究"真"问题。

中华人民共和国国家标准《科学技术报告、学位论文和学术论文的编写格式》（GB7713-87）中指出："学术论文是某一学术课题在实验性、理论性或观测性上具有新的科学研究成果或创新见解和知识的科学记录；或是某种已知原理应用于实际中取得新进展的科学总结，用以提供学术会议上宣讲、交流或讨论；或在学术刊物上发表；或作其他用途的书面文件。"这就要求了学术论文（包括学位论文）作为研究成果的重要体现形式，一定要体现创新性。这种创新可以体现在新的理论或方法的应用，可以体现在研究结论是在前人基础上的推进或突破，还可以体现在通过对新的材料的占有以形成新的结论等方面。对于国交系的研究生而言，自他们入学之日起，各位导师和任课教师就通力合作以培养和提高他们的学术能力，包括读书与撰写读书报告的能力，查阅、占有和分析资料的能力，开展社会调查、访谈的能力，应用一定研究方法的能力，策划论文选题的能力等等。如果说前几项能力是完成一篇合格的学位论文的重要基本素养的话，那选题能力则是做好学位论文的重要前提。对于论文选题，我们给学生们的要求是，选题不宜大，要能够小中见大，更要通过做细做深，来把研究的问题做透彻，还有就是要选择能够解决"真问题"的题目。我们认为，属于"真问题"的，包括以下几个层面：首先，以戏曲为重要关注对象的传播、交流、管理、产业、市场、翻译等专业领域内的问题；

---

[1] 这里所说的"学"，是指研究能力；"术"，是指应用能力。

其次，是专业领域内关注度高的问题，比如戏曲翻译问题、艺术机构管理问题、戏曲传播问题、艺术生产问题、城乡文化建设问题等；再进一层，是关注度高且不容易解决的问题（对于这类问题，硕士层面的研究恐怕不能达到解决的目标，但可以作为聚少成多中的"少"，集腋成裘中的"腋"），比如戏曲名词术语的翻译问题、戏曲传播与媒介的关联问题、戏曲院团管理体制改革问题、戏曲普及教育问题、戏曲语言的当代化阐释问题等等。那么，如何找到这些"真问题"？那就需要学生们沉浸在专业领域内，用学术的眼光来审视，用学术的思维来思考，用学术的思辨来判断，需要大家把论文写在中国戏曲的沃土上，写在中国大地上。

第二，在专业实践能力的培养方面，要求学生能做"专业的事"。

曾几何时，在中国学术界有一种不好的现象，研究生们对导师的称谓是"老板"。那就是学生们把帮导师做事，当成为"老板"打工了，当然可能还会取酬，本来是一种正常的师生关系，却成为雇主与雇员的关系。还有一种现象，研究生们被学校各部门聘用，当作"临时工"去做各种与专业无关或关联不大的事。甚至，有些研究生被充作写手，替导师或替"雇佣"他们的人去写一些看似重要却没那么重要的文字。上述的这些，都是我们不愿意看到的。我们希望学生们做的，是能将他们的学术思考融入其中的，能够帮助他们拓展专业视野的，提升他们的专业实操能力，为将来进入行业领域独当一面做准备的。我们的研究生培养目标，是希望他们将来进入行业后，能尽快进入行业的中坚群体，成为骨干力量的。我们希望他们能够在学校学习期间，以实习实践的形式来完成行业中基础性经验的积累，更多的，是希望他们通过专业实践，来养成从专业的视角，用一种管理者的眼光来审视工作，培养管理者的素养和意识，在从事的工作中尽可能地发挥管理作用，甚至是领导作用（当然，这个"领导"不是行政意义上的，而是作用层面的）。

2018年下半年，我们带领本科生和研究生赴山西大同调研罗罗腔、耍孩儿、北路梆子等声腔剧团，随团深入乡村演出，考察戏曲在农村的存在状态，调研戏曲剧团在地方的生存现状。这次调研活动，对于研究生们而言，是真正深入戏曲生态的最基层，看到了戏曲人的坚守和戏曲生存状态的复杂，也了解到戏曲院团管理上真实的状态。在调研过程中，大家都不约而同地产生了要为地方戏曲做一些事情的想法。在座谈会上，他们或为戏曲院团的宣传推广出谋划策，或为戏曲院团如何获得更多资金来源提供思路，或针对剧团如何吸引、培养人才提出想法。其中一位本科生在调研后，又考取了本校的研究生，而他的硕士论文选题就确定为戏曲剧院团管理改革的路径与措施，这也是本次调研对学生形成深远影响的表现。深入到戏曲活态环境中，去了解和发现戏曲当下发展的真实问题，就是我们希望研究生们做的专业的事情之一。

近几年来，中国戏曲学院研究生联合创作做得如火如荼，推出了不少优秀的戏曲剧目。作为不以创作为主业的国交系的研究生们，在早期多承担一些宣传推广、公关联络等方面的工作。到后来，在剧目演出的宣传册页上，舞台监督、宣传统筹、制作人等"核心"岗位上的人员，国交系，尤其是国际文化交流与管理专业方向的研究生的名字出现的频率越来越高了。这表明，各位研究生在艺术创作的团队中找到了自己的位置，甚至是越来越多地发挥了管理职责。而这，更是我们希望研究生们做的专业的事。

国际文化交流系的研究生培养，除了注重对学生进行"学"与"术"的双重培养，我们在遵循导师制的同时，更是发挥系开放办学的传统，聘请了校外的专家为联合导师，实行了"双导师"制模式。

"双导师"制，在中国戏曲学院，不是一个陌生的字眼。1996年，学院承办首届中国京剧青年演员研究生班时（以下简称"青研班"），就开创性地施行了"双导师"制。每位"青研班"的学生，都配备了两位导师，一位是专业导师，负责他们表演艺业的精进；一位是学术导师，负责他们学术能力的提升。这样，实现了将课堂教学与艺术实践结合，技能训练与理论提升结合。事实证明，这种"双导师"制，使这些"青研班"学生在毕业时，不仅拿出了专业水平更高的毕业大戏，还拿出了合格的毕业论文。

我们的这个"双导师"制，则是体现在了校外（行业）专家与校内导师的联合指导上。2015年，经国际文化交流系推荐，研究生管理部门审核确定，我们聘请了四位校外导师：一位是《北京文化创意》杂志主编陈秋淮老师，主要从事文化创意、艺术管理等领域的研究与实践；一位是北京皇城艺术品交易中心有限公司董事长胡月明老师，主要从事演出管理、演艺经纪、艺术品收藏、文化市场等领域的研究与实践；一位是原驻德国、捷克文化参赞张德生老师，主要从事文化比较、文化翻译、文化交流等领域的研究与实践；一位是中国人民大学文化艺术策划研究所所长王鹏老师，主要从事文化艺术策划、文化品牌推广等领域的研究与实践。这四位校外导师与本系导师一起，承担专业课程教学、专业实践指导、毕业论文指导等方面的工作，实现了教学资源向行业的延伸，人才培养与专业领域发展需求的连接，也有助于研究生群体形成密切关注行业发展态势、不断完善自身能力以适应未来工作需要的意识。与此同时，我们聘请的院级、系级客座教授，通过面向本科、研究生的课程讲授、学术讲座等，也为研究生打开视野，紧跟国内外专业发展前沿，提供了更多的渠道与平台。

三、研究生教育的未来发展思路

如前所述,国交系未来的研究生教育将随着文化交流、艺术管理、文化产业等领域的发展,实现更多研究方向的拓展,培养更多能够满足中国文化国际传播、文化产业发展、戏曲翻译理论体系构建、艺术学与美学研究领域开拓等方面需要的高级专门人才。同时,面对包括戏曲剧院团、剧院场、演艺集团、艺术机构等对专门管理人才的需求,我们还将开拓艺术管理理论与实践等方向的艺术硕士,使"学"与"术"的结合在人才培养类别上体现得更为充分。

同时,我们将继续延续"双导师"制的培养模式,并在现有基础上,扩大校外导师的聘用范围,使更多在专业领域内有着丰厚理论与实践成果的优秀师资加入到研究生培养的导师队伍中。我们还将积极拓展海外资源,通过与海外合作院校签署学生联合培养协议、互认课程与学分,实现研究生层面"1+1+1"模式的联合培养,使国际文化交流系的研究生有更多机会进入海外大学接受优质教育。

在未来,国交系将继续秉承中国戏曲学院优良办学传统,继续坚持开放办学,坚持"学""术"双重,培养出有着大文化格局和更为开阔的国际视野,更为扎实的跨文化交流与管理能力,能够着眼中华民族伟大复兴战略全局和世界百年未有之大变局,堪当中国文化发展和中华民族复兴重任的时代新人。

最后,向为国际文化交流系研究生教育发展做出贡献的所有老师、同学表示最诚挚的感谢!让我们继续共同携手,为开创国交系研究生教育的美好未来而努力!

前　言

本丛书收录的是国交系国际文化交流与管理专业方向2006—2015年十届硕士研究生的毕业论文，是对国交系硕士研究生层次人才培养的阶段性学术成果展示。目前，国际文化交流系硕士研究生层次培养共有三个专业方向：国际文化交流与管理、艺术史与艺术原理、戏曲教育理论。这三个方向从研究内容上，都要求聚焦戏曲艺术，特别要关注戏曲在当代的传播与发展。本丛书包括两种，其中侧重于艺术院团的管理研究或艺术比较研究的论文收入《艺术管理与文化产业研究文集》，侧重于戏曲的传播研究或戏曲翻译研究的论文收入《戏曲跨文化传播研究文集》，这些论文都体现出国际文化交流与管理专业要求和鲜明的研究特色。

本丛书的结集出版既是对国交系研究生教育成果的总结，也是对今后硕士研究生人才培养的展望，还是国交系各位硕士研究生导师、院外联合导师及参与硕士研究生培养的各位专家学者的学术智慧凝结。在此，谨向各位导师、各位专家学者表示衷心的感谢！让我们共同携手，为国交系硕士研究生培养的未来而努力！

中国戏曲学院国际文化交流系

2021年6月

目录

论京剧艺术在文化交流中的汉英翻译 …………………… 程 艳（2004级）/1

数字时代网络戏曲传播研究 ……………………………… 李冬梅（2005级）/29

戏曲的现代化传播研究 …………………………………… 刘伊青（2005级）/54

建立在民俗基础之上的戏曲传播
——西安地区民俗活动与秦腔传播的关系研究 ……… 刘 海（2006级）/85

探索中的生存
——以北京京剧院、北京风雷京剧团为例分析
地处北京市的京剧院团演出运营现状 ………………… 刘 夏（2006级）/113

旅游京剧 …………………………………………………… 钟 馨（2006级）/199

北京地区京剧演出市场分析及营销模式探索 …………… 周 沫（2007级）/233

从《奥赛罗》《欲望城国》《樱桃园》看京剧的跨文化改编 ……… 岳 萍（2008级）/264

18世纪中国戏曲文本在欧洲的传播模式研究
——以《赵氏孤儿》为例 ………………………………… 周 凯（2008级）/291

京剧跨文化传播非语言要素研究 ………………………… 乔 玉（2009级）/316

京剧表演专业本科生学习、从业状态分析………………高　硕（2009级）/361

戏曲孔子学院管理机制研究……………………………朱萍萍（2009级）/404

韩世昌与日本中国学"京都"学派………………………李　霄（2011级）/442

北方昆曲剧院中日昆曲合作剧目简析
　　——以《夕鹤》《贵妃东渡》为例………………赵柳青（2011级）/471

中国戏曲的文化外交意义初探
　　——以梅兰芳海外演出为例………………………傅　夏（2011级）/499

电视媒体对当代戏曲传播的作用研究…………………杨　柳（2012级）/535

戏曲术语英译研究………………………………………杨　梦（2012级）/571

论京剧艺术在文化交流中的汉英翻译

程 艳（2004级）

一、京剧艺术的翻译对文化交流所起的重要作用

（一）京剧艺术的民族性及独特的艺术性

京剧艺术形成至今有150多年了。清乾隆五十五年（1790年），在江南久享盛名的徽班"三庆班"入京为乾隆帝的八旬"万寿"祝寿。徽班是指由安徽商人投资组成的戏班[1]，清代初年在南方深受欢迎。继此，许多徽班接踵而来，其中最著名的有三庆班、四喜班、春台班、和春班，习称"四大徽班"。他们在演出上各具特色：三庆擅演整本大戏；四喜长于昆腔剧目；春台多青少年为主的童伶；和春武戏出众。1828年以后，一批汉戏演员陆续进入北京。汉戏又名楚调，现名汉剧，以西皮、二黄两种声腔为主，尤侧重西皮，是流行于湖北的地方戏。由于徽、汉两个剧种在声腔、表演方面都有血缘关系，所以汉戏演员在进京后，大都参加徽班合作演出，且一些成为徽班的主要演员，如余三胜。徽调多为二黄调、高拨子、吹腔、四平调等，间或亦有西皮调、昆腔和弋腔；而汉调演员演的则是西皮调和二黄调。徽、汉两班合作，两调合流，经过一个时期的互相融会吸收，再加上京音化，又从昆曲、弋腔、秦腔不断汲取营养，终于形成了一个新的剧种——

---

[1] 中国大百科全书出版社编委会编：《中国大百科全书·戏曲曲艺卷》，中国大百科全书出版社1983年版。

京剧。第一代京剧演员的成熟和被承认，在1840年左右。京剧从产生以来曾经有过许多名称。如：乱弹、簧调、京簧、京二簧、皮簧（皮黄）、二簧（二黄）、大戏、平剧、旧剧、国剧、京戏、京剧等。[1]

京剧艺术是中国戏曲艺术之一，也具备着同戏曲艺术相似的特点。戏曲艺术有其区别于其他艺术的审美特征，概括来说有三大美学特征，即综合性、程式性和虚拟性。因此，京剧艺术同样具备这三大审美特征。

首先，京剧具有综合性。大家从京剧的演出中一定能看到，我们的京剧不像芭蕾舞只跳不说，也不像话剧只说不唱，更不像西洋歌剧只歌不舞。京剧艺术具有诗一般的语言，几乎每一句念白都讲究抑扬顿挫；每一句唱词都注重诗词格律，或七言，或十言，而且讲合辙押韵，讲文理对仗，更要讲中州韵的规范与湖广音的四声。同时，京剧艺术又把歌唱、音乐、舞蹈、美术、文学、雕塑和武打技艺融会在一起，是"逢动必舞，有声必歌"的综合艺术。它在百余年的形成过程中吸取了民间歌舞、说唱艺术和滑稽戏等各种形式。

京剧艺术要求每一个演员都要精通唱、念、做、打、舞等各种表演技巧，并通过这些技巧塑造出各种类型和各种性格的艺术形象；创造出喜、怒、哀、乐、悲、恐、惊等各种情感的意境。正是这丰富的艺术表现形式及其鲜明的形象化的艺术语汇，使我们的京剧艺术与西方的观众能够超越国界和语言的障碍，找到交流与沟通的渠道，在国际舞台上获得知音，受到欢迎。

其次，京剧艺术具有程式性。提起京剧的程式，一些人会认为凡"程式"必然是陈规陋习，是对艺术改革的束缚。其实，世界上各种艺术都与京剧一样存在着程式，没有程式就没有艺术。程式就像我们写文章时要用的语法规范，只有通过语法，我们才能将语汇、词组和成语连缀起来。中国画家在勾画山水花鸟时的泼墨、积墨、皴法、烘托和用色的程序；芭蕾舞在表现各种情感时的大跳、托举、旋转、倒踢紫金冠；歌剧演员在抒发情感时的咏叹调、宣叙调以及演出过程中的序曲、间奏曲、舞曲；电影在表现不同画面时的特写、近景、中景、远景、蒙太奇、化入化出和话外音等等都是不同艺术中的程式。如果取消了这些程式，这些艺术也就不存在了。可见，京剧中的程式就像生物中的细胞，物体中的分子与粒子一样是无法分开的。不过，京剧的程式更为成熟，更为灵活多变，更具有可塑性。这是因为京剧的表演程式是在长期的舞台实践中和丰富纷繁的

---

[1] 余从：《中国戏曲史略》，人民音乐出版社2003年版，第248～265页。

社会生活中高度提炼的表演语汇。它不仅使生活万象舞蹈化、音乐化、节奏化，而且形成了规范不变，但形式千变万化的表演元素。

京剧的程式和程式运用法则就好比桌椅，种类虽多，花样也可以不断翻新，但都是由板、条、框组合而成的，组合的方式都是由固定尺寸的榫与眼的结合。只要能够灵活运用，就能在这些固定的组合中创造出无穷无尽的变化。由此可知，京剧丰富的表演程式在表现剧情和刻画人物形象中都是取之不尽的；而运用程式的方式方法也是变化莫测的，只要演员掌握了程式运用中起承转合的法则，按京剧艺术表演的规律进行艺术创作，就会在京剧舞台上创造出更多鲜活的艺术形象。

最后，京剧艺术具有虚拟性。在话剧舞台上，我们看到大幕拉开，环境、地点、时间，一目了然。因为舞台上的布景已经说明了一切。京剧演出时，舞台上除一张桌子和两把椅子外，就什么都没有了。只有等演员出场，观众通过演员的表演才能知道这舞台上是表现什么地点、什么时间的故事，这就给演员在表现时间和空间上留出了很大的创作自由。

这就是京剧艺术第三大艺术特征，即虚拟性表演。正如戏剧大师焦菊隐先生所指出的那样："西方戏剧和传入我国的话剧是'从布景里面出表演'，而我们的京剧是'从表演里面出布景'"。[1] 也就是说，我们是通过演员的表演、服装、剧情所规定的情景和音乐的渲染来制造周围环境，取代真实的布景和实物的。也可以说我们是通过主观意念来说明我们要表现的意境。不过，这种想象不是凭空而来的，而是建立在我们对日常生活的体验和感受的基础上，再通过演员和观众的互相启发和想象共同完成的。当然，京剧艺术的这种虚拟表演，必须做到以下三点：第一，动作必须是有生活依据的。第二，空间和时间的变幻是自由的，但演员的表演是严格的，感觉是真实的，不能有一点随意性。第三，演员的动作和眼神是源于生活的，但不是生活的照搬，一举一动都要舞蹈化，规范化。

京剧艺术是一门综合性舞台艺术，它经过漫长岁月的演变和发展已形成了自己特有的艺术形式和审美规范，如：用歌舞演故事的情节框架；表演中的唱念做打及其程式化、虚拟化；以写意性为主的舞台布景；音乐设置以民族乐器和地方曲目相结合；舞台演出给观众以"间离"和"入情"的观赏效果等。京剧的这些艺术形式和审美规范，既形成了其独特的艺术魅力，同时又构成了独特的艺术语汇。而大家要懂得欣赏京剧、乐于欣

---

[1] 中国大百科全书出版社编委会编：《中国大百科全书·戏曲曲艺卷》，中国大百科全书出版社1983年版。

赏京剧，还必须了解、认知京剧的艺术语汇，这样才能进入京剧所构筑的审美世界，体验其所蕴涵的审美韵味，享受其所带来的审美乐趣。

京剧艺术作为中国重要的传统艺术，有如此深厚的文化底蕴，正被更多的人所重视，也日益成为国家对外推介的优秀文化。作为中国的国剧，它的艺术魅力也正被越来越多的人关注和欣赏，在与各国的文化交流中，起着越来越重要的作用。

（二）京剧艺术在文化交流中的重要作用

经济的全球化、市场的国际化、传播媒介的电子化、交通运输的现代化，已让今天的我们步入一个充满魅力、充满挑战的全球化时代。全球化，意味着我们每个人已不再孤立、孤独地生活在地球某个角落里，而是与全球各地人们紧密联系在一起。全球化已引起我们的政治、经济、文化等发生重大和深刻的变化。

就文化而言，全球化已使我们面对的文化不再仅仅是我们的区域文化，而是充满着全球色彩的世界文化，我们的本土文化正置身在这种世界性文化之中，并与外来文化相碰撞、相融合；全球化正改变着我们的文化观念、文化心态、文化价值取向，正改变着我们的审美思维方式、艺术欣赏习惯。正是在这种文化背景下，京剧艺术在全球化时代里也在面临着前所未有的机遇。

北京京剧院在2001年至2004年三年间，各团连续应邀赴德国、法国、比利时、卢森堡、加拿大、澳大利亚、日本等国和我国香港、台湾等地区进行文化交流和商业演出，均取得良好的社会效益和经济效益。京剧艺术所到之处，博得各国朋友的赞赏和好评，为树立新中国艺术家形象，弘扬中华文明，传播民族艺术做出了贡献。[1]

在2001年俄罗斯举办的"北京文化周"上，北京京剧院二团参加了开幕式演出。以青年演员为主体的二团在莫斯科开幕式的演出令与会者及俄罗斯各界朋友真正欣赏到了中国的传统艺术。在柏林举办的"亚太艺术节"上，王玉珍院长的《京剧艺术知识》讲座和精彩折子戏演出使京剧艺术成为"柏林亚太艺术节"上的亮点。

在加拿大蒙特利尔举办的"北京文化周"上，王玉珍同样做了《京剧艺术知识》讲座，把京剧艺术的综合性、虚拟性、程式性三大美学特征解释得清晰明了，使外国朋友产生浓厚兴趣，纷纷前去观看演出。

此外，天津京剧院、湖北省京剧院也曾先后赴朝鲜、墨西哥、巴西、阿根廷、美国、

---

[1] http://www.bjo.com.cn。

加拿大、日本、澳大利亚、新西兰等国家以及我国香港、澳门和台湾等地区进行文化交流演出，新老艺术家们以雄厚的实力、精湛的技艺、文武兼备的特色、丰富的剧目，征服了各地观众，同时加强了艺术交流，增进了友谊。

在与世界各国文化如此频繁的交往中，翻译必然起到了极为重要的作用。在翻译过程中，我们首先要本着翻译与跨文化传播的原则，但更要充分考虑京剧艺术独有的三大艺术审美特征，将京剧艺术的文化内涵翻译出来。

（三）跨文化传播与翻译

在全球化时代，信息传播与大众传媒的崛起使全球化与文化全球化息息相关，翻译则担当了跨文化的信息传播，同时也是信息跨文化传播的必备工具与主要渠道。

文化与传播是两个不同的概念，但是如果把文化和传播放在一起来思考，就会发现任何文化，只要具有生命力，就会传播，文化与传播是一体的、统一的。文化与传播互为生存的条件，文化是传播的内容，传播是文化的形态，文化寓于传播之中。一方面，文化是传播着的文化，没有文化，传播就失去了生命，即使曾经辉煌，也只能成为历史，成为失去的文明；另一方面，传播又必然是文化的传播，没有文化，传播便失去了根本，也就失去了存在的必要与意义。所以，文化与传播互为依存，两者犹如物质与运动那样，形成辩证统一的关系，不可离分。京剧艺术作为一种文化，在传播时也遵循着这样的规律。

文化传播是主体之间的精神交往和信息交流，它的载体是符号，符号构成了文化传播的文本、信息和话语。就符号的形式而言，有学者将符号的意指形式分为三类：声音形式，形象形式，文字形式。在跨文化传播中，第一、三种形式可体现为同声传译和文字的翻译。在文学翻译中，这三种形式就是我们常说的音、形、义。符号所具有的任意性、约定性、聚合性和衍生性都是文化传播和翻译研究所共同遵循的。若按照俄国形式主义者罗曼·雅各布逊（Roman Jakobson）的划分，翻译则涵盖了人类生活和文化的各个方面，甚至文化传播的符号方式都被包括在翻译之中。雅各布逊将翻译分为三类：第一类是言内翻译，即在同一语言内部的进行的翻译，如《〈老子〉今译》《〈文心雕龙〉今译》等就属于这一类；第二类是我们通常说的翻译，是两种不同语言的文化和语言信息的转换，如中译本的《哈姆雷特》或《王子复仇记》，杨宪益的英译本 *A Dream of Red Mansions*（《红楼梦》）和英国学者霍克思的 *The Story of the Stone*（《石头记》），都属于这一类翻译；第三类翻译叫符号翻译，是非语言的翻译，它把一种符号的形式用另外一种形式表达出来，比如在航海时用旗语来传达讯号。它也可以是通过一种艺术形态来诠释和表现另一种艺术形态，如莎士比亚的《李尔王》、雨果的《悲惨世界》以京剧的形式搬上中国的舞台就是符号翻译。按照上述分类，翻译几乎成为人类文化活动的总体特征，我们每时每刻都在以不同的方式在翻译、诠释，进行文化或跨文化传播。

文化传播和翻译主要在以下几个方面具有共同点：

首先，跨文化传播与翻译都具有语言和符号的特征。跨文化传播是人类的精神活动，这种活动离不开语言和人类所独创的符号，人类正是通过这些符号才实现信息的交流、价值观的沟通及意义的重构。翻译和跨文化传播的这一共同特征可以体现在它们传播途径的研究上。日本学者竹内郁良提到三种传播的"流"，信息流、影响流和感情流。在媒介接触、人际接触中，以哪一种流为主，要视具体接触情况而定。这一研究方法实质上是语言学的研究方法，而且在翻译中也得到了运用。罗曼·雅各布逊根据一般符号学原理，把索绪尔（Saussure）的结构主义，布拉格学派的功能主义以及比勒（Buhler）的语言哲学、信息论结合起来，提出了一个普遍性的语言功能模式。论述这些功能需要精确地考查所有的言语行为和言语交际中的构成要素：发话人需要将信息传给受话人；信息要起作用，就需要一个它所指向的环境，而这一环境又必须是受话人可认知的，能用言语表述的；交际需要语码，这语码必须是发话人和受话人所完全或部分共有的；最后，交际还需要接触，即发话与受话人之间的物理上的或心理上的联系，使双方进入并进而进行交际。语言的六种要素从而产生了语言的六种功能：表情功能、意动功能、参照性功能、诗性功能、交往功能、原语言功能。意义并非一个从发话人通向受话人的稳定不变的实体。相反，语言的六因素在传递过程中永远不会处于平衡状态，总是有占支配地位的因素。在某一情况下，其中一种因素可能居支配地位，而情况发生变化时，另一种因素又会居支配地位，这是语言本质使然。

其次，跨文化传播与翻译都具有鲜明的意图性。在作为文化传播的翻译中，我国著名翻译家林纾是一个典型的例子。林纾在1896年至1924年这不到30年的时间里，译了170多种外国作品，中国读者正是通过他才初次接触到塞万提斯、莎士比亚、欧文、斯托夫人、雨果、托尔斯泰等欧美著名作家的。他的翻译活动具有明确的意图性。如他在《块肉余生述》序中对自己的翻译活动有一个交代："英伦在此百年以前，庶政之窳，直无异于中国，特水师强耳。狄更斯抉摘下等社会之积弊，作为小说，俾政府知而改之。……顾英之能强，能改革而从善也。吾华从而改之，亦正易易。所恨狄更斯其人，能举社会中积弊，著为小说，用告当事，或庶几也。"可见，他之所以翻译该书的目的，是为社会改革服务，而社会改革是中国自强之必经之路。跨文化传播中的编辑和翻译则更是如此。对同一事件的报道和翻译，都可能因其主体而有不同。哪些需要译介给读者，编辑和翻译都可能表现出意识形态的影响。[1]

第三，跨文化传播与翻译都具有语境依存性。符号的表达十分复杂，任何一个符号，任何一个文本，都不是独立存在的，它与前符号、前文本有千丝万缕的联系。而且，对不同的传讯者和受讯者，符号的意蕴是不一样的。人们常常感叹言可以载道，言不尽意。如在对符号的解码时，缺少语境，意义就是发散的和不确定的。符号是静态的，语境的存在才是动态的。尽管可能存在主观性，符号的品质还是倚靠语境、关联因素才能确定。如英语的"silly"一词，在古英语里为褒词，意为"幸福"（happy）；16世纪后，其义转为中性，意为"单纯"（simple）；到今天，它已发展成为"愚蠢"和"没头脑"，成为贬义词。"spinster"在古英语中是褒义词，指"出身名门的未婚女子"；后发展成为中性词"纺织女"；到现代，又转变为"老处女""没人要的老女人"。这些现象，无论在跨文化传播或是在翻译中，都必须根据其语境来确定其义。

最后，跨文化传播与翻译都具有互动性。在传统的人际传播中，主要有反馈的面对面传播和无反馈的直线性和单向传播两种。美国数学家申农及（Shannon）其合作者韦弗（Weaver）于1949年提出了直线性传播模式，它明确地固定和区分了传播者与接受者的地位和作用，但忽视了传播者与接受者的角色转换。1954年，美国学者奥斯古德（Osgood）和施拉姆（Schramm）提出了著名的"奥斯古德－施拉姆"模式，标志与传统的直线性／单向传播模式决裂。在奥斯古德和施拉姆看来，传播中的传讯者与受讯者的作用是对等的，双方使用着相同编码、译码和解码的功能。"奥斯古德－施拉姆"的文化传播模式与美国著名的翻译家与翻译理论家尤金·奈达（Eugene Nida）的翻译动态对等模式在理念上极为相似。奈达动态标准是一种翻译检验法。所谓的"动态对等"，是指译文读者对译文的反应等值于原文读者对原文的反应。译文质量的检验是建立在译文读者对译文的理解与原语读者对原文理解的比较之上，而且，只有译文被译文读者理解，才能最终衡量译文是否正确和恰当。这一标准强调译文与译文读者同原文与原文读者的互动。

以跨文化交流为目的的翻译，与其说它涉及两种语言，不如说它涉及的主要是两种文化。要想实现思想文化交流这一目的，就必须研究文化翻译的方法和策略。在不同的

---

[1] http://www.netat.net/fypx/ynxw/2006-07-12/378.html。

历史时期，一个民族的文化地位及翻译文化在该民族文化中的地位也有所不同，当一个民族文化由弱渐强或由强渐弱时，多元系统间的平衡就会被打破，从而要重新选择翻译策略。可见，在选取翻译策略时，应随着本身文化在世界中的地位及其内部结构的改变而改变。在全球性文化融合的趋势下，弱文化在输出自己的文化时，当然希望自己的文化也得到强势文化的承认，以扩大本民族文化在强势文化中的影响，争取多一点的话语权。在当今文化全球化的语境中，肩负起文化交流与传播双重任务的翻译人员，不仅要向国民介绍外域的语言文化来丰富本土文化与传统，而且也要把本民族的文化推介给世界，弘扬本土文化与民族传统。

二、京剧艺术在文化交流中的汉英翻译理论基础

人们探讨翻译策略，通常会用二分法来谈论直译与意译、语义翻译与交际翻译、归化翻译与异化翻译等概念。直译、意译在传统译论里讨论得最多。自20世纪60年代以来，在西方又出现了其他的提法，尤金·奈达提出的"形式对等"（formal equivalence）与"动态对等"（dynamic equivalence）在本质上和意译与直译是一致的。还有其他学者提出的二分法，霍斯（House）的"显性翻译"（overt translation）与"隐性翻译"（covert translation）；格特（Gutt）的"直接翻译"（direct translation）与"间接翻译"（indirect translation）；图瑞（Toury）的"适当性"（adequacy）与"可接受性"（acceptability）；纽马克（Newmark）提出的语义翻译（semantic translation）与交际翻译（communicative translation），以及韦努提（Venuti）的异化翻译（foreignizing translation）与归化翻译（domesticating translation）。但其实每种翻译方法都有其优势，也存在弊端。无论哪种方法都需要一定的理论背景及实践过程，因此，京剧作为一种传统艺术形式，在翻译为英文时，完全可以借鉴汉英翻译的基本理论。

（一）直译与意译

20世纪80年代初，张培基等学者在当时的统编教材《英汉翻译教程》中这样下定义："所谓直译，就是在译文语言条件许可时，在译文中既保持原文的内容，又保持原文的形式——特别指保持原文的比喻、形象和民族、地方色彩等。应当指出，在能够确切地表达原作思想内容和不违背译文语言规范的条件下，直译法显然有其可取之处。直译法一方面有助于保存原著的格调，即鲁迅所说的保持'异国情调'；另一方面又有助于不断从

外国引进一些新鲜、生动的词语、句法结构和表达方法，使本国语言变得日益丰富、完善、精密。"直译作为一种翻译策略常见用于以下领域：一是用于翻译科技资料；二是用于外语教学，让学生了解两种语言结构的差异；三是用于文学翻译。

20世纪90年代出版的翻译教程，对直译又有了不同的阐释。如范仲英认为："直译指翻译时要尽量保持原作的语言形式、包括用词、句子结构、比喻手段等等，同时要求语言流畅易懂。"一般说来，采用直译所产生的译文看起来肯定有翻译的痕迹，读起来也不是那么通顺。

由此可见，京剧作为极具民族特色的传统艺术，在很多方面都可以运用直译的翻译方法，例如京剧的名称、剧目名称，使用的乐器名称，各行当名称等，以保持京剧艺术当中的民族、地方色彩。

而意译则认为语言有不同的文化内涵和表达形式，当形式成为翻译的障碍时，就要采取意译。意译法有以下特点：一是以目的语为导向；二是用规范的目的语语言把原文的意思表达出来；三是注重译文的自然流畅，不一定保留原文的结构及修辞手段。基于意译这样的特点，我们可以将其运用到京剧唱词的翻译中。

直译和意译是翻译的两种主要的方法，它们并非是排斥性的，相反，它们是互补的。在同一翻译中，直译和意译都可能出现，这和文体也有关系，在有些文体中，意译会多一些，而在另一些文体中，直译可能会多一些。现在人们普遍认为，直译和意译各有优缺点，最恰当的做法是根据不同的语篇类型、翻译目的和读者对象来制定不同的翻译策略。所以翻译必须采取不同的手段，量体裁衣，灵活处理。

（二）语义翻译与交际翻译

语义翻译是英国翻译理论家纽马克提出的两种翻译模式之一，其目的是"在目的语语言结构和语义许可的范围内，把原作者在原文中表达的意思准确地再现出来。"语义翻译重视的是原文的形式和原作者的原意，而不是目的语语境及其表达方式，更不是要把译文变为目的语文化情境中之物。由于语义翻译把原文的一词一句视为神圣，因此有时会产生前后矛盾、语义含糊甚至是错误的译文。语义翻译通常适用于文学、科技文献和其他视原文语言与内容同等重要的语篇体裁。

交际翻译有两个重要的概念，第一，交际翻译指的是视翻译为"发生在某个社会情境中的交际过程"的任何一种翻译方法或途径。虽然所有的翻译途径都在某种程度上视翻译为交际，而这里所说的交际翻译却完完全全地以目的语读者或接受者为导向。沿此途径的译者在处理原文的时候，旨在传递信息而不是复制一串串的语言单位，他所关心的是如何保留原文的功能和使其对新的读者产生作用。第二，交际翻译是纽马克提出的两种翻译模式之一，其目的是"努力使译文对目的语读者所产生的效果与原文对源语读者所产生的效果相同"。即是说，交际翻译的重点是根据目的语的语言、文化和语用方式传递信息，而不是尽量忠实地复制原文的文字。译者在交际翻译中有较大的自由度去解释原文，调整文体、排除歧义，甚至是修正原作者的错误。由于译者要达到某一交际目的，有了特定的目的读者群，因此他所生产的译文必然会打破原文的局限。通常采用交际翻译的文体类型包括新闻报道、教科书、公共告示和其他很多非文学作品。

那么，交际翻译与语义翻译之间有什么差异呢？交际翻译的关注点是目的语读者，尽量为这些读者排除阅读或交际上的困难与障碍，使交际顺利进行。在语义翻译中，译者仍然以原文为基础，坚守在源语文化的阵地之中，帮助目的语读者理解文本的意思。交际翻译强调的是译文的效果；而语义翻译强调的是保持原文的内容。交际翻译所产生的译文通常是通顺易懂，清晰直接，规范自然，符合特定的语域范畴。换句话说，即使翻译难度较大的语篇，交际翻译也会较多地使用通用的词汇。而语义翻译所产生的译文通常比较复杂、过于详尽。

（三）异化翻译与归化翻译

异化翻译法（或异化法，foreignizing translation or minoritizing translation）和归化翻译法（或归化法，domesticating translation or domestication）是美国翻译理论家韦努提（Lawrence Venuti）创造的、用来描写翻译策略的两个术语。异化翻译法是故意使译文冲破目的语常规，保留原文中的异国情调。韦努提把异化翻译法归因于19世纪德国哲学家施莱尔马赫（Schleiermacher）的翻译论说"译者尽量不惊动原作者，让读者向他靠近"，其作用是"把外国文本中的语言文化差异注入目的语之中，把读者送到国外去"。

具体说来，异化翻译法包括以下特点：第一，不完全遵循目的语语言与语篇规范；第二，在适当的时候选择不通顺、艰涩难懂的文体；第三，有意保留源语中的实观材料或采用目的语中的古词语；第四，目的是为目的语读者提供一次"前所未有的阅读经验"。异化翻译并不应理解为对应的翻译，它并不能提高译文的忠实性。在异化翻译中，新的东西可能会加进去，从而达到凸现译者的身份，提高翻译的地位。

归化翻译法旨在尽量减少译文中的异国情调，为目的语读者提供一种自然流畅的译文。归化翻译法通常包含以下几个步骤：第一，谨慎地选择适合于归化翻译的文本；第二，有意识地采取一种自然流畅的目的语文体；第三，把译文调整成目的语篇体裁；第四，插入解释性资料；第五，删去原文中的实观材料；第六，协调译文和原文中的观念与特征。归化翻译的最大特点就是采用流畅地道的目的语进行翻译，在这类翻译中，翻译者的努力被流畅的译文所掩盖，译者为之隐形，不同文化之间的差异也被掩盖，目的语主流文化价值观取代了译入语文化价值观，原文的陌生感已被淡化，译作由此而变得透明。

总之，翻译的方法和策略是多种多样的，各有其使用的条件和优势。我们的重点不需要比较到底哪一种是最完美的翻译方法，而是要具体问题具体分析，针对不同的翻译对象，根据不同翻译方法的各自特点和优势来使用最适合的翻译方法对京剧艺术不同的方面进行翻译，最终达到文化彼此交流、理解的目的。

（四）多元化翻译

上文从翻译理论的角度探讨了我们可以借鉴用于京剧汉英翻译的各种方法，在这些方法中，我们很难找出单一的标准，也无法将一种理论或方法运用于京剧艺术汉英翻译的所有方面。因此，要根据京剧艺术的各个方面的艺术及语言特点，本着翻译多元互补的理论，具体问题具体分析。

翻译标准问题是翻译理论的核心问题，而且直接影响并指导着翻译的实践工作，若不先行解决，会大大影响甚至阻碍翻译实践。纵观中外翻译史，能集百家之言，彻底、系统地解决这个问题者，还从未有过。因此笔者认为，具体翻译标准不见得只有一个，因为该译作的价值并不仅仅依该译作所谓的固定价值而定，而常常要依欣赏者本身的文化素养、审美心理及其他功利性目的等而定。所以译作的价值是一个相对的概念，其接收者的判断标准是因人而异的。但是没有这种绝对标准不等于说没有任何标准。恰恰相反，我认为能够用以指导翻译实践并判断译作价值的具体标准不但有，而且不止一个，这种情形称作翻译标准多元化。这也是笔者认为可以灵活运用在京剧艺术不同方面汉英翻译中的总的方法。

1. 翻译标准多元化

翻译标准多元化并不是翻译标准全元化，也不是翻译标准虚无化，而是追求无限中的有限性。翻译标准多元化指的是多而有限，它意味着我们应该以一种宽容的态度承认若干个标准的共时性存在，并认识到它们是一个各自具有特定功能而又互相补充的标准系统。那么，翻译标准多了，会不会是无政府主义呢？首先，翻译标准的多元性是一个客观现实，并不是我们凭空抛出来强加在译者和读者头上的。其次，翻译标准是译者、读者间长期以来的某种默契的结果，翻译家往往是发现了一些标准可以满足一定社会条件下的特殊要求，而不是主观发明这些标准强加在读者身上。假如翻译是一种艺术，则自然遵从艺术发展的规律，而艺术是没有一条永恒不变的法规或价值判断标准的。假如翻译是科学，则自然应遵从科学发展的规律。提出翻译标准多元化这个概念，是总结了几千年有关翻译标准的理论，主张采取宽容的态度，承认翻译上存在着具体的并行不悖的多个标准这个客观现实。那么，翻译是否就真的没有任何统一性呢？从纯理论上说，既然"一致百虑，同归而殊途"，就当然存在着一个"同归""一致"之处，这个处所就是原作。[1]

（1）翻译的绝对标准就是原作本身

从以上的推论，我们已经确定，翻译没有绝对实用的标准。我们可以把原作规定为翻译的绝对标准。但要注意，这和前面提到的绝对标准有本质的区别：前者是绝对意义上的绝对标准，后者只是相对意义上的绝对标准。一切译作总根于原作。问题的关键在于，在翻译上，这个绝对标准是个永远达不到的标准，因为达到它，就意味着根本不翻译一个字。如果把这个根本达不到的标准作为翻译的价值尺度显然是不实用的。

（2）翻译的最高标准是最佳近似度

最佳近似度指译作模拟原作内容与形式的最理想的逼真程度。用"最佳近似度"来代替"忠实""等值"等说法，要客观些。翻译学家朱光潜先生在《论翻译》一文中说："大部分文学作品虽可翻译，译文也只能得原文的近似。绝对的'信'只是一个理想，事实上很不容易做到。"绝对标准虽然永远不可企及，但最高标准可以尽量靠近它，即使译作尽可能近似原作。我们要知道判断一个译作是否具有最佳近似度，当然不能只用"最佳近似度"这个抽象概念去衡量。例如：甲、乙、丙、丁都译了同一出京剧剧目，而四个人都可能会认为自己的译作最近似于原作，要怎样才能知道谁的译文更近似于原作呢？只好另立具体的标准，而具体标准当然不止一个。因为最佳近似度这个最高标准只是一群具体标准的抽象化，或者反过来说，最高标准这种抽象标准只有在外化为一系列具体标准后才有意义。这就是翻译标准多元化的本质所在。

从以上分析来看，如果一定要找出一个最高的通过最大努力可以企及的统一的标准，则最佳近似度便是。可是我们一定要记住，最佳近似度也是一个抽象的概念，很难把握。

---

[1] 辜正坤：《翻译理论著作序言3篇》，载《中国翻译》1989年第1期。

真正有实用价值的是一系列具体标准，我们所指的多元标准也就是指的这些具体标准。总起来说，翻译标准系统的层次是：绝对标准→最高理想标准→具体标准（分类标准）。从标准系统的构成来看，它是一元标准与多元标准的辩证统一。

(3) 翻译标准系统中主次标准可变性

从原则上说来，各标准点在空间上是并行不悖的，并无主次之分。但是，随着时间的变化，由于人这个认识主体的审美趣味的变化和特定时代对翻译功能的特定要求等原因，一些标准将被强调，因而成为临时主标准，同时其他标准降为次标准，但仍然发挥其特有的功能。主标准的存在时期是有限的，随着时代的推移，一些次标准升为主标准，而原来的主标准降为次标准。有时可能产生新的标准，并渐渐演变为主标准。原有的主标准降为次标准后，仍然存在着在某个适当的时候再次升为主标准的可能性。总之，主标准和次标准的价值、时间性和空间性都是相对的。

由于主标准依时间、空间及认识主体人的种种关系的不同而发生改变，故我们称之为可变主标准。尽管任何具体标准都不可能代表所有人的审美观和价值观，我们并不排斥相对中有绝对，无限中有有限这种观点。一般说来，主标准通常被我们看作能代表比较多的人的价值观。不但如此，这种标准也具有相对的稳定性，否则人们就无法使用它们了。例如对"京剧"名称的翻译，英国学者柯林·马克瑞斯（Colin Mackerras）曾在他的 *Peking Opera*（《京剧》）一书的前言中写道："Peking Opera is still the accepted name, a familiar term in the English language and used widely in English language publications in China and abroad." 即"Peking Opera"仍然是目前被英语国家的人所接受的，并广泛在中国及海外英语出版物中运用的名称。这种翻译的标准就具有相对的稳定性，并代表了较多人的价值观。但在整个翻译历史的长河中，各种标准的稳定性是相对的，而变异性却是绝对的。还来说"京剧"名称的翻译，现在已经有越来越多的人开始意识到应改变这种带有殖民色彩的强势文化影响下产生的对它的翻译，使用"京剧"的汉语拼音"Jingju"更为恰当。

2. 多元互补翻译标准的实际意义

翻译标准多元互补论当然不只是用来解决翻译方面的理论性问题，更重要的是可以用来解决翻译实践上的问题。

对于译者来说，翻译标准多元的思想使他们能博采众家之长，从有意识地欣赏多样化的译风到有系统地实践多样化的翻译手法，全面发展自己的翻译才能。对于读者来说，可以指导其培养自己的多样的审美情趣，陶冶一种兼容万物的情操，使自己具备一种多层次的译文欣赏能力，从而有助于自己根据不同的译风译作适当地吸收有效信息。对于译作来说，我们要判断其价值，不会只运用一种标准去衡量它从而否定其价值，而是会从不同的角度、层次，用不同的标准去发现、估价其多重价值。这样，我们就可能比较公平地对待译作，也能比较公平地对待译者，从而真正对原作对读者负责。翻译标准多元化的实际意义就在于此。

综上所述，由于翻译具有多重功能，人类的审美趣味具有多样性，读者、译者具有多层次，翻译手法、译作风格、译作价值因而势必多样化，而这一切最终导致具体翻译标准的多元化。[1]

三、如何使京剧艺术的汉英翻译更有利于文化交流

上文中已对各种不同的翻译方法的特点进行了介绍，并着重说明了在京剧艺术的汉英翻译中应本着多元翻译的原则，本着更有利于文化交流的原则，视京剧艺术的不同方面采用适合的翻译方法。以下将分别从京剧艺术的名称本身、剧目名称、剧目简介、唱词等方面说明汉英翻译的方法及实例，并对每一方面内容的翻译都有侧重的使用了在第二部分介绍过的翻译方法；同时需要说明的是，对京剧中行当的翻译主要使用了直译法和加注法，其概念会在文中有所说明。

（一）"京剧"名称的翻译

所谓"名不正，言不顺"，我们应该先从京剧这一艺术形式的名称翻译开始谈起。在将"京剧"译成英语方面，目前在学术界和大众媒体范围内有如下几种情况：

首先，最为普遍的译法是"Beijing Opera"，该译法被写进了词典里，成为一种标准；还有一种相对带有殖民色彩的，约形成于20世纪初的译法"Peking Opera"；再有就是直接将京剧的汉语拼音"Jingju"作为英文的翻译。2006年7月12日通过Google搜索引擎，笔者在网上查询相关京剧的翻译，结果为：使用"Beijing Opera"的为1,100,000条；使用"Peking Opera"的有884,000条；而使用"Jingju"的仅为24,000条。在国内各大媒体中，如 *China Daily* 和CCTV9均把"Beijing Opera"作为京剧的英文翻译。而国外的媒体，以美国的 *New York Times* 为例，对三种名称分别进行网站查询，结果

---

[1] 辜正坤：《翻译理论著作序言3篇》，载《中国翻译》1989年第1期。

依次是504条，359条，0条。

笔者认为，从京剧艺术本身所特有的艺术审美特征、民族特色及其悠久的历史来看，完全有理由在翻译中使用归化翻译法，即保留本土的特色，直接译为"Jingju"。这种翻译方式在历史上的文化交流中也不乏其例，如日本独有的歌舞剧，在翻译成英文时则是根据其日语中かぶき的发音被译为kabuki，而印度古老的梵剧的英文Sunskrit也是根据其印度语发音翻译而来的。

现在普遍使用的"Beijing Opera"或是"Peking Opera"看上去似乎是符合贴近国外文化的翻译原则，但其实是存在一些问题的。2004年5月9日，北京市文化局面向所有演出行业经营者举办了"创新体制，开拓市场，大力发展文化产业和文化事业"的讲座，由日本著名演出经纪人伊藤文先生主讲。对国际演出交流和各国演出惯例有着详尽了解的伊藤文先生针对中国海外演出推广提出了许多有益的建议和忠告，其中就提到在国外推广演出中的介绍资料缺乏特色，很多戏曲都翻译成"opera"，但在日本就会被误解是歌剧。

京剧作为中国戏曲的一种，虽然成熟于北京，但并不是北京土生土长的艺术。而且京剧这个名称可能是上海人最先开始使用的。根据查证，"京剧"这个词最早出现在1876年3月2日上海的《申报》，"京剧最重老生，各部必有能唱之老生一二人，始能成班"。于是"京剧"这个称呼，不久便在上海流行开来，后来又流传到北京，逐渐成为通用的称呼。那么，京剧诞生在北京，为什么会由上海人来给它定名字？京剧的前身是徽班，徽班从长江一带向外发展的道路主要有两条：一条是北上进京；另一条就是南下上海。在京剧来到上海之前，徽班在上海的演出非常兴旺。到了1867年左右，北京的徽班，也就是刚刚成型的京剧班子来到上海。上海人发现他们的演出与原来上海的徽班不一样。也许是为了加以区别，就把他们称作"京班"，把他们唱的戏称作"京调"。上海的剧场里曾经留传过这样一首《竹枝词》："自有京班百不如，昆腔杂剧概删除。门前招贴人争看，新排十本《五彩舆》。"诗里的"招贴"就是当时的戏报广告。

徽班进入北京以后，大量吸收了当时在北京流行的昆曲、京腔、秦腔等各种戏曲艺术的成就，同时又受到北京的语言、风俗等地方文化潜移默化的影响，逐渐形成了一个新的剧种——京剧。由"京班""京调"等各种类似的称呼逐渐统一为京剧，或京戏，并且为人们普遍接受而固定下来，这是在1911年前后。后来，国民党政府把首都迁往南京，北京改名为北平，京剧也因此一度改称"平剧"。京剧自产生以来，曾有过许多名称，如"乱弹""簧调""京簧""京二簧""二簧（二黄）""大戏""平剧""京戏"等。

其次,"opera"这个英语词汇,源自意大利语,意为"歌剧",用在"京剧"的译名上,只是相近意义上的借用而已。京剧和歌剧虽有共同处,但除了唱腔之外,京剧还有"念""做""打""舞"等表现形式。京剧和歌剧最大的不同在于它是按曲调填词。所以每一部歌剧都是独立的,而京剧则显得雷同,唱腔也局限于"西皮"和"二黄"这两个主要的板腔体。歌剧更注重的是音乐,而京剧则由于音乐上的局限而使它成为"角"的艺术,这样也形成了观众注重"角"的唱腔。

基于以上这种情况,有必要将京剧和歌剧两种艺术形式进行比较。

1. 音乐

西方的歌剧是完全的个体化的创作,而京剧则是程式化按词填曲。所以歌剧的音乐是随着时代的变化而发展、成熟的。"巴洛克时期音乐以复调为主,而到了古典时期,由于主调音乐占据了音乐的中心,故此,使歌剧的戏剧性加强,而对人物内心世界的刻画则更显得合理,深刻。如威尔第的三幕歌剧《茶花女》,每一幕的音乐都牢牢地按照主人公的内心变化而发展,第一幕喧闹的酒会场面;第二幕循环不断的、悲剧性的动机以及第三幕死亡般沉郁的下行旋律都暗示了主人公维奥列塔在不同的时刻所遭遇的不同的命运。19世纪的歌剧是动机型的旋律,它使每个人物的出场都有固定的、暗示性的旋律,并且符合人物的外在以及心理特征,它加深了剧情发展的延续性。尤其是瓦格纳,他对音乐'主导动机'的运用,使剧情的发展更显得生动而扣人心弦。"[1]

相比起来京剧则不太一样,京剧的音乐在某种程度上看没有歌剧的音乐对人物和剧情的推动力那么强,联系那么紧密。它在很多时候是一种类型化的伴奏,如老生、花旦、小花脸等的出场都有特定的场面音乐,让人一听就知道这是武将亮相,这是媒婆出场。所以从音乐本身来说,京剧音乐比起歌剧的音乐有些单调,它实际起到的作用是主要是助奏,并通过演奏员的经验和功夫,使演员演唱的情绪产生变化。

2. 剧本

京剧剧本中的情节是按照当时作者和社会认同的合理性来发展的,它重视人情世俗、道德规范。这也是京剧在当时流行、受百姓欢迎的原因之一。

18世纪的西方歌剧也如此,展现王公将相的生活,所谓的崇高其实不堪一击,但到了19世纪以后,歌剧有了一个质的变化。比才的《卡门》,戏剧的线索有几个特征,唐荷赛对卡门的情欲,卡门为了生活和自然的本性而到处留爱,但最终因无法欺骗自己内

---

[1] 黎锦绒:《略谈中国京剧与西方戏剧的异同》,载《中国戏曲报》1996年2月。

心真实的感受而情愿被唐荷赛刺死，戏剧的冲突是强大的，它最大的意义是让人感到一种本我的生命状态，一种可信的人生悲剧的含义。当然，它的音乐也持续着这种悲剧而发展。如果非要用界定来说明的话，京剧重视理想化的道德，而西方歌剧则已开始注重对生命的思考。这在20时世纪如巴托克（Bartók）、亚纳切克（Janacek）等人的歌剧实践中显得更为突出。

3．表演

西方音乐因为本身很丰富，所以它完全可以按照音乐的意境编排许多不同的舞台造型。举一个简单的例子，《天鹅湖》差不多两小时的演出，有着严密逻辑的音乐可以让你有充足的想象力来安排舞蹈，而京剧则不具备这种优势，一部两小时左右的京剧，音乐很多是重复的。京剧的"程式化"表演看多了会感到单调，也是京剧音乐本身的单调性所引起的。所以"程式化"对西洋音乐不适合，但对京剧却是最好的，是几代京剧艺人智慧的结晶，尤其是它的写意性，这是京剧，也是中国戏曲的灵魂。戏曲的舞台不能填得太满，它和歌剧注重写实完全不一样。京剧舞台的一桌两椅有它的特殊性，演员可以放开手脚，以自己精湛的表演来吸引观众。喜欢看老戏的观众都会为周信芳、盖叫天、马连良等炉火纯青的表演艺术而叹服。所以在某种程度上来说，京剧中的演员是第一位的，他们的表演往往决定了一部戏的成败。

4．流派

京剧的流派是个人通过不断的实践和总结而产生的，它只代表个人的演唱风格，而歌剧则不是。它有着一个比较宽泛的流派体系，如大家都知道的意大利"美声唱法"等。这其实很说明一个问题，歌剧音乐因为本身就比较丰富，所以一般并不会让演员过多地去设计唱腔，它有着一套比较科学的发声方法，只要有天赋，经过若干年系统的训练，就能成为一个歌剧演员。京剧艺术对演员演唱的要求相当高，这样也使得流派迅速地成为京剧艺术的一个主要特征，所以欣赏京剧其实也是欣赏流派艺术。

由此可见，京剧与歌剧还是存在很大差别的。因此，在对"京剧"这一词的翻译问题上，要考虑到京剧的本质。

以上的例子正反映了目前译界对戏曲的汉英翻译有悖于原意的现象，而这种现象在翻译学当中被称作归化现象。这种归化在对京剧名称进行翻译时显示出了诸多方面的不当，因此，为了更贴切，更近似的反映京剧艺术本身的独特性，笔者认为应将其异化翻译为"Jingju"。

(二) 剧目名称的翻译

早在1852年，京剧《借靴》就被传教士艾约瑟（J. Edkins）直译成 *Borrowed Boots*，发表于他的书 *Chinese Conversations* 中，同时也收在英文杂志 *China Review* 中。此后，从1883年至1977年，约有52个京剧剧目被译成英文，发表在西方一些英文杂志及书刊中。

在剧目名称的翻译中，可以看出随着时间的推移和文化交流的发展，其翻译侧重也发生了一些变化。在以下一些对剧目名称的翻译中，大部分使用了直译，如《黄鹤楼》（*Huang Ho Lou*）、《打金枝》（*Beating the Gold Bough*）、《红灯记》（*The Red Lantern*）、《四郎探母》（*Su Lang Visits His Mother*）、《秋江》（*Autumn River*）、《将相和》（*The General and the Premier Reconciled*）、《群英会》（*Meeting the Heroes*）、《借东风》（*Borrowing East Wind*）、《甘露寺》（*Ganlu Temple*）、《空城计》（*The Empty City Ruse*）、《穆桂英挂帅》（*Mu Guiying Taking Command*）、《杨门女将》（*Women Generals of the Yang Family*）、《三岔口》（*The Crossroads*）、《白蛇传》（*The White Snake*）、《奇袭白虎团》（*Raid on the White Tiger Regiment*）、《蝴蝶梦》（*The Butterfly Dream*）、《沙家浜》（*Shachiapang*）、《海港》（*On the Docks*）、《乌龙院》（*Black Dragon Residence*）、《拾玉镯》（*Picking up the Jade Bracelet*）、《红色娘子军》（*The Red Detachment of Women*）等；也有的使用了意译，如《彩楼配》（*Flowery Ball*）、《闹天宫》（*Havoc in the Dragon Palace*）、《王宝钏》（*Lady Precious Stream*）、《齐双会》（*Madame Cassia*）、《九更天》（*One Missing Head*）、《玉堂春》（*The Faithful Harlot*）、《梅龙镇》（*The Price of Wine*）、《鸿鸾喜》（*Twice a Bride*）、《凤仪亭》（*Two Men on a String*）、《打渔杀家》（*The Right to Kill*）等。

不难看出，在剧目名称中出现了中国地区的地名和人名时，一般使用异化法，即直接使用中文的汉语拼音表达。如：《甘露寺》《穆桂英挂帅》《黄鹤楼》《沙家浜》等。而有些剧目名称中含有特定的含义时，则使用了意译法，如：《玉堂春》《梅龙镇》《鸿鸾喜》《凤仪亭》《打渔杀家》等。不过这也不是绝对的原则。我认为无论是直译还是意译，翻译京剧剧目名称的最佳方式应该是遵循如下几个原则的，首先，翻译后的名字应该是与剧情贴切的，不能背离原剧名称或原剧情节。比如说对《霸王别姬》的翻译，其中一种是 *The King's Parting with His Favorite Lady*，另外一个是现在普遍使用的 *Farewell To My Concubine*。后者所使用的词汇 farewell, concubine，分别是英文当中表示"分别"和"妾"的书面语，非常符合剧目中的历史背景和人物背景。其次，翻译后的名称应该是一目了然的，如果过于冗长或复杂，就会影响读者对翻译内容的理解。以上对《霸王别姬》名称的两种翻译中，显然是后者较前者更简练、明了，便于受众者理解并记忆。再有，要尽量避免文化误解的翻译。如京剧《乌龙院》曾被杨世彭（Daniel S.P.Yang）在1970年翻译为 Black Dragon Residence。而 dragon 一词在英文中被普遍认为是罪恶势力、专制邪恶，甚至是魔鬼撒旦的代名词。但其实在这个京剧名称中，"乌龙"，只不过是剧中宋江收阎惜娇为外室的居所，并没有其他含义。因此，如果这样翻译的话一定会被西方观众误解这个地方会与魔鬼有所联系。我认为比较贴切的翻译应该是"Oolong Residence"，这样，观众就不会对乌龙这个词太过敏感。而且，中国的乌龙茶也是直接被翻译成 Oolong Tea 的，也已经为大多数西方人所接受并熟知。如果将乌龙茶翻译为 Black Dragon Tea 的话，可能很多人都不敢喝了。最后，如果在以上基础上能够制造一些悬念或意趣，则更能给人留下深刻的印象。比如《凤还巢》翻译为 Snow Elegant，就比较能够引起读者的兴趣。以下几出剧目曾被翻译为不同的英文名字，在此列出的目的是想说明同一剧目名称的翻译可以使用不同的方法。

《凤还巢》The Phoenix Return to Her Nest 或 Snow Elegant；
《钓金龟》Angeling of a Gold Tortoise 或 Catching a Golden Tortoise；
《汾河湾》Jen Kuei's Return 或 Fenhe River Band；
《赵氏孤儿》Zhao's Orphan 或 The Orphan Chao；
《锁麟囊》The Jewel Bag 或 A QinLin Decorated Handbag of Jewelry；
《打金枝》Beating the Gold Bough 或 A Princess Gets Smacked；
《打渔杀家》The Right to Kill 或 The Fisherman's Revenge；
《海瑞罢官》The Dismissal of Hai Jui 或 Hai Rui's Dismissal 或 Hai Rui Dismissed from Office；
《智取威虎山》Taking the Bandits' Stronghold 或 Taking Tiger Mountain by Strategy.

（三）京剧剧目简介的翻译

之所以这里将剧目简介也作为京剧艺术汉英翻译的一部分，是因为简介在文化交流，尤其是在进行演出时必不可少的，并可以起到事半功倍效果的交流工具。通过对剧目背景、剧情、剧中人物及关系的简单介绍，可以让观众以最快的速度进入到其文化背景中，更重要的是，对于不太了解京剧艺术的西方观众来说，在观看前简单了解剧情及人物非常有利于其观赏的有效性。因此，在文化交流中，剧目简介的翻译不容忽视，有时甚至比剧目本身的翻译更为重要。在翻译京剧剧目的介绍时，根据受众的文化背景和对京剧了解较少这一客观情况，需要注意几个问题。首先，要注意剧情历史背景的有效翻译。很多在文化交流中演出的剧目都是传统剧目，故事都发生在古代，如果将唐、宋、元、明、清这些朝代直接翻译为 Tang Dynasty, Song Dynasty, Yuan Dynasty, Ming Dynasty, Qing Dynasty, 本身并没有问题，但有相当一部分观众并不熟悉这些朝代所代表的具体年代，就好比，很多中国观众对于查理一世、威廉二世所代表的具体年代也不是很熟悉一样。所以，在简介中可以先将朝代翻译出来，再用插入语或括号说明的方式将具体年代写清，这样有利于观众对剧情的时代背景有一定的认识，从而理解整个剧情及所表现的传统文化。其次，剧情简介中有时会出现一些中国古代的传统思想，其中有属于封建文化的消极方面——如男尊女卑，也有积极的方面——如舍生取义等，但这些观念在西方文化中很难被观众理解，在翻译时要注意如何表达才能让受众理解其含义及其背后的文化内涵。再有，还要注意在剧目介绍材料中的内容安排。中国的剧团在对外演出时往往在剧目简介中很重视对演员的身份和专业背景的介绍，如演员的出生地、从小宗于何师何派、演出过那些剧目、现为几级演员等。而其实本身对京剧艺术了解就很少的西方观众很难真正理解并接受这些内容。因此，在翻译时应该尽量减少或简化这些方面的内容。

以下是比较符合以上翻译原则的几个剧目简介的英文翻译例证，比如在《霸王别姬》的剧情简介翻译中，"his forces in the middle of an ambush and finally lost the battle of Gaixia (202 BC).Finally this led to the establishment of a very successful Han Dynasty (206 BC—220 AD) in China." 将当时的年代作了加注翻译，这十分有助于读者了解剧情的历史背景。以下内容分别来源于杨之的《京剧名唱100段》和柯林·马克瑞斯的 Peking Opera，以及本人在翻译过程中的实践，在此列出，以供参考。

例1.《挑华车》中文剧情介绍及英文翻译

此剧以岳飞抗击金兵为题材。一次，岳家军与金兵战于牛头山，金兵大败。宋将高宠策马乘胜追击，金太祖之子兀术命金兵自山顶放滑车俯冲而下，以阻击宋军，高宠用枪连挑数辆，终因坐骑力尽而被滑车碾死。

翻译 Overturning the Chariots

The army of the Song Dynasty (12th century), led by Yue Fei, engages the Jin army in a fierce battle at Niutou (Bull Head) Hill. Defeated, the Jin troops flee, pursued by

Gao Chong, a brave general under Yue Fei. To stop the Song troops, Jin Wuzhu, a royal prince and commander-in-chief of the Jin troops, orders armoured vehicles to be released from a mountaintop. Powerful and fearless, Gao Chong overturns several of vehicles with his spear. Finally, however, his battle horse fails him and he is crashed to death.

例2.《霸王别姬》中文剧情介绍及英文翻译

《霸王别姬》的故事，主要取材于《西汉演义》。描写西楚霸王——项羽，有勇无谋、刚愎自用。听信汉军韩信派来诈降的李左车之言，不顾众将与爱妃虞姬的劝阻，起兵伐汉，率大军直入九里山，中韩信诱兵之计，被困垓下。项羽看到大势已去，抚骓长叹，虞姬拔剑起舞，慷慨悲歌，到汉军攻急的时候，虞姬恐误其行，持剑自刎，项羽领兵出阵战败，也自刎乌江，楚终为汉所灭。

翻译 *Farewell My Concubine (Bawang Bie Ji)*

A tragedy of love with the background of war, this story tells how in 202 B.C., Xiang Yu, the King of Western Chu, and his troops are trapped by the troops of Liu Bang at GaiXia. Xiang Yu's concubine Yu Ji, aware of the impossibility of breaking out of the encirclement, bids farewell to her husband and takes her own life in the hope of relieving the burden on her husband. Xiang Yu manages to get away. But he is so upset at losing his concubine and being defeated, he finally kills himself also.

例3.《三岔口》剧情介绍英文翻译

之所即将《三岔口》这个剧目的翻译作为例证，是因为它本身是一出武戏，而且在对外演出的频率极高，其翻译也相对成熟。

Crossroads

Jiao Zan, a senior officer of the Song Court, falls victim to a conspiracy and is being exiled to a remote place. On his way there, he passes the Crossroad Inn and puts up there for the night. His friend, Ren Tanghui, who has been following him secretly in order to protect him, also comes to the same inn and decides to spend the night there, not knowing that Jiao is there, too. The innkeeper, Liu Lihua, sympathises with Jiao Zan and, seeing Ren following Jiao so closely, doubts his intentions and takes him for an enemy. He decides to get rid of Ren, who again is alerted by Li's strange behaviour. At night, Liu sneaks into Ren's room. Ren rises in self-defense and the two begin to fight in complete darkness. Jiao Zan, attracted by the noise, enters the room and gets involved in the fight. Only when Li's wife appears with a candle do they recognize each other and realize the misunderstanding.

以下这个剧目是本人在 2005 年为中国戏曲学院翻译的剧本,剧目简介中还包含了对作者的介绍及本剧在戏剧理论及之实践中的意义等问题,很有代表性。

例 4.《怜香伴》英文剧情介绍

Cherishing a Fragrant Companion

Cherishing a Fragrant Companion is a play written by the late-Ming/early-Qing dynasty theater playwright and theorist LiYu. The play was a great hit when it was put on stage at the time.

LiYu, another name LiHong, calls himself LiWeng, was born in Ming Dynasty(1610) and passed away in Qing Dynasty(1680). He is of ZheJiang Province origin and grows up in JiangSu Province. Coming from a pharmacy merchant's family, LiYu originally took imperial civil examinations to enter the official career. Yet he gave up after several defeats. During the civil war, he lived in seclusion and enjoyed his spartan life in a mountain. Successive years of natural and man-made disasters declined his family's financial situation. He gradually made a living by selling articles. In 1651, when he moved to HangZhou, he maintained close contacts with a celebrity, JunYan, who helped him a lot in his career. Most of his novels were written in this period too. Then he became more and more famous for his novels and also ran a theater troupe which performed through out the country.

In 1662, he moved to JinLing(NanJing, JiangSu Province) and moved back to HangZhou again to spend his remaining years. However, his financial situation was not as well as before. LiYu died in straitened circumstances eventually.

As a scholar, LiYu left us millions words of works, including Chinese traditional theaters, novels, poems, informal essays, etc. Being renowned for writing verses, he left behind "Li Weng Ten Verses" which including Cherishing a Fragrant Companion, The Kite's Mistake, The Love In My Heart, What Can You Do? The Dreamy Life, Castle In The Air,

The Paired Soles, A Girl Seeking A Boy's Love, Du Lien Conjugal, The Amazing Reunion.

Cherishing a Fragrant Companion is a story happened between two lesbians. While visiting a temple a young married lady Cu Jianyun meets an intelligent young woman CaoYuhua who has an intoxicating fragrant smell. The two fall in love at the first sight. In order to be together for life, Jianyun manages to persuade her husband FanJiefu to marry Yuhua as a second wife. While Fan Jiefu is pleased with the idea and going to Yuha asking for engagement, his friend, Zhou Gongmeng, also falls in love with Yuhua and wants to marry her. Therefore Zhou Gongmeng falsely accuses FanJiefu and put him into prison. To avoid the punishment, Jianyun has to flee away with her husband and depart with Yuhua. Nevertheless, all lovers on earth become couples, Jianyun finds Yuhua finally and has Yuhua and her husband get married. Fan Jiefu thinks he is a lucky man in the world, yet he will never know that his wife and Yuhua become the real "couple".

Besides an outstanding writer and theorist, LiYu is also well versed in academic research, calligraphy, painting, education, construction, gardening and cooking as well. The research of LiYu has turned out to be an important topic domestically and internationally.

The importance of this play lies in, first of all, to research the form of Chinese traditional theater in late—Ming/early—Qing dynasty and to find out the inspiration that the aesthetic value relationship between performers and spectators in ancient theater bring to modern cultural creation industry. Secondly, to objectively restore the original style of LiYu's play and to provide practical information for research works of LiYu's theory. Last but not the least, the play will help us to understand the phenomenon of same—sex love and desire, the changing of people's moral standards in ancient China, and LiYu's philosophy as well.

（四）京剧唱词的翻译

在京剧的剧本中，有唱词和念白两部分，其中唱词部分包含了许多韵文和散文，我们可以暂时将唱词比作中国的诗歌，它有很强的韵律，更囊括了大量的中国传统文化，这些内容在被翻译为英文的时候，面临着很大困难。先不考虑韵律，单看中国的传统文化，涵盖了五千多年的悠久历史、宗教、典故、传说等。这些中国独有的、在西方鲜为人所知的东西，翻译起来会遇到相当多的问题。然而，只要我们秉承翻译的多元化理论，还是可以将这些困难一一化解。翻译后的剧本应该达到以下几个标准。第一，在意思上要基本对等；第二，要尽量反映出戏文中的中国文化内涵和底蕴；第三，要尽量使翻译出的英文保存原剧本中的诗韵，或在翻译创作中融入英文的诗性；第四，最好还能达到一种传神的效果。当然，要达到所有以上这些标准，显然需要具备大量中西文化知识和较深的文学功底的翻译人员。以下的翻译例证中并没有完全符合以上标准的，比如例1中就需要做一些必要的调整，而例2在对其意思对等和诗韵的保存上还是值得借鉴的。

例1.《霸王别姬》
自从我随大王东征西战
Since I followed the king through many battles
受风霜与劳碌年复年年
I have suffered hardships and bitter cold
I have endured years of hard work
何日里方得免兵戈扰乱
I can only hate the Qin
消却了众百姓困苦颠连
They have ruled with an utter disregard for principles and plunged the people into misery and suffering

以上的唱词翻译并未体现出韵律上的对等，但从内容看来，还是基本符合原文的含义，同时也达到了受众者可以理解的目的。以下是另一种翻译，我们来进行对比：

Since my accompanying the king on all his fighting up and down the land,
year in year out we have been weather beaten and under stresses of life.
When will the war end,
peace resume and people be delivered from the suffering that knows no bounds?

这段翻译在意思上更为对等，而且使用的词汇更为贴切，整体句式的对称性也好于上一种翻译，但有一个小问题，就是英文的最后一句略显冗长。我们不妨将最后一句英文进行拆分，将"peace resume"挪到上一句当中，变为：

Since my accompanying the king on all his fighting up and down the land,
year in year out we have been weather beaten and under stresses of life.
When will the war end, peace resume,
and people be delivered from the suffering that knows no bounds?

在京剧的唱词中有很多诗化的表现，所以在翻译的时候除了将诗意翻译出来，还要考虑其诗韵，而这一点是非常难以达到的。《杨门女将》中的这段唱词就比较有代表性，因此在这里列出。

例2.《杨门女将》

风萧萧雾漫，
The wind is blowing; the fog is heavy,

星光惨淡，
And the stars are dim.

人呐喊胡笳喧，
Soldiers are shouting and horns are blaring.

山鸣谷动杀声震天，
The whole valley is filled with the atmosphere of a battle.

一路行来天色晚，
It's getting dark after the long march.

不觉得月上东山，
The moon has ascended the eastern mountain.

风吹惊沙扑人面，
The sandstorm is blowing violently.

雾迷衰草不着边，
The fog is heavy and the wizened grass extends to the horizon.

披荆斩棘东南走，
We cut our way through the bushes, heading the southeast.

石崩谷陷马不前，
Suddenly, there appear steep mountains and deep valleys.

挥鞭纵马过断涧，
The horses jumped across the stream.
山高万仞入云端。
The mountain peak extends to the clouds.

在京剧唱词中，我们经常会看到一些古代关于人的称谓，这些称谓起到了一定的交代时代背景或人物背景的作用，因此在翻译当中也不容忽视。下面列出一些西文中较常见的称谓以及恰当的翻译方法。

在中文里下官、在下、小人、老奴、老夫、小王、奴才、民妇、晚生、老身、弟子、学生、老衲、臣妾等对自己的谦称，在英文中一律使用"I"。而对对方的尊称是有不同的。如：

陛下——Your Majesty
圣上——His Majesty
贵人——Your Noble Highness
大人——my lord
娘娘——Her Highness
老神仙——Old Immortal
太太——Her Ladyship
令郎——your honorable son
尊夫人——your worthy wife

在戏文中出现他称称谓的谦称时，翻译成英文时一般不必体现。如：

家父——my father
家母——my mother
犬子——my son
舍妹——my sister
内人——my wife

（五）京剧行当名称的翻译

由于各个行当在中国传统戏曲中的独特殊性，又因为每个行当的中文并不复杂，对于京剧中角色的翻译，通常都是一至两个字，所以应优先考虑使用异化法。但由于这些行当在英语语言国家属于完全陌生的事物，其含义难以为目的语读者所理解，因此可以用加注的方法加以补充。

丑：chou (a clown, characterized by a large white mark on and around the nose, he is usually a humorous or ridiculous character, but occasionally a villain)

旦：dan (a female role)

花旦：huadan ("flowery female role", a vivacious and flirtatious woman)

花脸：hualian (a "painted face role", the role category for which stylistic painting of he face is the dominant feature)

净：jing equals to hualian

老旦：laodan ("old female role", old woman)

老生：laosheng ("old male role", educated and dignified men, such as officials and emperors)

青衣：qingyi (literally meaning "bluish clothes", this is the term for the primary female role, usually a demure and well—behaved young woman)

生：sheng (a male role)

武旦：wudan ("military femle role", a female fighter, skilled in martial arts)

武生：wusheng ("military mle role", generals, or any male characters take part in battles)

小生：xiaosheng ("young male role", the scholar—lover, the younger man of letters)

四、结语

在当今这个中外文化交流无论是深度还是广度都将达到前所未有的水平的时期，京剧艺术的翻译会更直接、迅速地触及世界各国、各民族文化，并更频繁地与不同地域文化体系发生碰撞和融合。由于京剧艺术的极为独特的文化性、民族性，在进行汉英翻译的时候，翻译者需要经历从双语能力的成熟，最终达到双文化能力的成熟这一必经的过程。总之，文化、交流和语言之间的关系，是一种相辅相成、互为前提的关系。不同文化之间的交流首先反映在语言的融合上，通过译介新词术语，介绍、传播其他民族的文化。同时这些新词术语经过长期使用，也会逐渐融入到另一种语言中，成为另一民族文化的一部分，从而最终达到不同民族之间真正的文化交流。国学大师季羡林在《中国翻译词典》序言中说道："中华文化这一条长河从未枯竭，原因是有水注入……最大的有两次，一次是从东方来的水，一次是从西方来的水。这两次的大注入依靠的都是翻译。"其中的"两次大注入"，一次是指2至10世纪的佛经翻译，另一次是20世纪初的西学翻译。两次文化大注入都促进了中华文化的大发展。季羡林说的是中国文化，其实对于世界上各个文化都同样适用。因为任何一种文化的发展往往都离不开多元语言文化的营养，不然，就有可能走向衰竭，这一点显然可以从中外文明发展的历史中得到印证。通过多元化翻译从异域文化中汲取自身发展的养分和动力，必将是各国文化永葆生机活力，不断发展的一个重要途径。

21世纪是一个经济全球化，一体化的时代，但是世界各国的文化决不能、也不可能朝着一体化的进程发展。世界文化应该是多元的，互补的，各个民族之间的文化交流与沟通应当不断发展。从这一认识出发，翻译的神圣职责应当是尽量宽容的利用各种有效的方法传达异域文化，真正做一个文化交流的使者。

当然，京剧艺术中还有许多其他方面的内容，如传统式舞台设计舞台美术，极具特色的化妆，程式性、角色化的服装，包含多种声腔的音乐，还有表演这一重要部分，都有很多特点，对它们的翻译还有待进一步研究。

数字时代网络戏曲传播研究

李冬梅（2005 级）

一、绪论

很多人都知道尼葛洛庞蒂（Negroponte）的《数字化生存》，在这本著名的书中，他大胆预言：数字化将决定我们的生存。尽管这个观点一直以来备受质疑，但几乎没人能回避眼前的事实，即数字化时代已经来临。"所谓的数字化是指信息领域的数字技术向人类生活的各个领域全面推进的过程，包括通信领域、大众传播领域内的传播技术手段以数字制式替代传统模拟制式的转变过程。"[1] 在当今时代，数字技术已经成为高科技领域的一种核心和普遍技术，在许多方面影响着我们的生活。

随着数字技术的逐步成熟，计算机日益走入寻常百姓家庭，越来越多的人开始把以前用来看报以及看电视的时间改用来上网，而网上购物、电子商务、虚拟技术以及黑客与数字化犯罪等一系列与互联网有关的概念也日益普及。这一切都表明，互联网络已经进入人们的日常生活，并逐渐渗透到政治、经济、法律、艺术等社会生活的方方面面。

中国五千多年文明积累了无数艺术瑰宝和思想文化遗产，如今网络成为人们接触并享有这些文化遗产的新兴媒体。互联网络上的文化信息同其他信息一样庞杂无比，每日

---

[1] 闵大洪：《数字传媒概要》，复旦大学出版社 2003 年版，第 5 页。

更新，无奇不有，网络为上亿网民提供了多如恒沙的各类艺术资料信息，与此同时，一种以这种新兴媒体为载体、依托和手段，以网民为接受对象，具有不同于传统艺术特点的新的艺术样式——网络艺术也在悄然勃兴，并成为21世纪最具魅力也是最有发展前景的艺术形态之一。

古老的戏曲艺术是中华民族传统文化的瑰宝，在其绵延千载的历史演变过程中，戏曲历经了舞台传播时代、印刷传播时代和广播影视的大众传播时代后，随着互联网络的风行，又进入了网络传播时代。戏曲网络传播的出现是一次传统艺术与现代传媒的有力结合，是数字化时代的历史必然。著名川剧作家魏明伦说，"中国戏曲承载着中华民族的文化记忆，它在当今这个时尚的快速的河流中，有时会被淹没，我们需要有一个载体，有一条船让戏曲这个中国传统文化浮出水面"[1]。我们说，网络正是这样一个载体，它可以借助于数字技术将戏曲传播的更广。

笔者经过一段时间的深入研究发现，目前互联网上的戏曲传播已经具有多种多样的形式，从各种专业和综合戏曲网站到名目繁多的戏曲论坛再到个性突出的博客，从小荷才露尖尖角的戏曲动画到网络戏迷耳熟能详的音频视频下载平台，几乎已经涵盖了戏曲的方方面面，能够满足戏迷们多方面的需求，戏曲在网络世界已经开辟出自己的一片天地。

对表演需受场地与诸种因素限制的戏曲而言，数字信息的多媒体网络可谓提供了前所未有的发展资源，网络戏曲传播因此具有了传统戏曲传播无可比拟的种种优势：信息海量，查询方便，交互性、实效性强，有很强的反馈机制，打破时空限制。这些都扩大了戏曲的传播面，为古老宝贵的戏曲艺术走入千家万户，走向更广阔的天地插上了飞翔的翅膀，可以说互联网正以崭新的传播样式丰富着戏曲的传播途径。

笔者认为，互联网上的戏曲传播是一种迥异于以前任何一种传播形式的戏曲传播模式，网络戏曲传播研究是一个涵盖戏曲、传播学、媒介学等多学科的交叉研究领域。当代的戏曲研究，经历了热衷于戏曲文本的阐释到重视场上形态的学术转变，但至今对戏曲的传播尚缺乏足够的认识和研究。虽然目前中国古代戏曲的传播问题正日益引起戏曲研究者的关注，可是戏曲的网络传播迄今还是个少有人问津的课题，虽有论述，但真正传播学意义上的研究似乎极少甚至没有。在这种背景下，从传播学的视角，关注当下戏曲艺术的网络传播现象，是非常具有时代意义的。

正是基于以上的认识，本文试图从传播学的角度研究戏曲艺术与传播媒介之间的关

---

[1] http://www.sina.com.cn。

系，通过研究互联网戏曲传播的现象，梳理出一些网络戏曲传播的脉络，归纳网络戏曲传播的特点和功能，从理论上探求戏曲网络传播的出路，希图能从一个新的角度来审视戏曲，为戏曲在现代社会的传播发展找出新的策略。

二、戏曲和传播的关系

（一）戏曲、传播和媒介

戏曲在我国历史悠久，源远流长。戏曲艺术从诞生的那天起，就和传播关系密切。传播学是20世纪中叶兴起于美国的一门多学科交叉渗透的边缘学科，主要研究人们如何运用符号进行社会信息交流。西方传播学家认为，"传播是一切社会信息的传递"[1]。而艺术的创造—接受过程也无非是一种社会审美信息的流通过程，因此从传播学角度审视当代戏曲的命运和走向，乃是顺理成章之事。无论戏曲的形式怎样转变，从本质上看，戏曲是要演出给人看，为人们提供娱乐的一种艺术形式，所以戏曲的生命在于传播。戏曲艺术生存和发展的历史，实质上是戏曲传承和传播的历史，因此在一定程度上我们可以说，传播是戏曲得以繁衍和延续的动力支持。

从传播的定义不难看出，一个基本的传播过程，是由以下四个基本要素构成的：传播者、受传者、传播的内容即信息、内容传播的渠道或手段即媒介。媒介连接传受双方，使一个信息传受过程得以顺利发生，所以媒介的性质，对于传播的影响巨大。在人类历史上，每一种新媒介的产生大都会引起社会结构以及人的生活方式、思维方式的变化。因此加拿大传播学者麦克卢汉（Mcluhan）说："媒介即讯息。"[2] 他认为媒介本身的意义要远大于媒介内容的意义，在漫长的人类发展过程中，真正有意义有价值的讯息不是各个时代的传播内容，而是这个时代所使用的传播工具的性质，它所开创的可能性以及带来的社会变革。麦氏是一位技术决定主义者，他的很多观点具有片面性和偏激性，但这个观点对于我们认识媒介工具的重要性是具有启发意义的。确实，从烽火狼烟到飞鸽快马，从电报、电话、电视到互联网络，就某种意义而言，人类文明的发展就是伴随着沟通工具的不断进步而进行的。每一种传播工具的出现都曾经给人类生活带来新的变化，正是媒介不断发展革新，才带来了一次次的传播革命，才使信息的传递速度更快更准确，信息量更大，信息流布的范围更广。

---

[1] 郭庆光：《传播学教程》，中国人民大学出版社2011年版，第5页。
[2] 郭庆光：《传播学教程》，中国人民大学出版社2011年版，第149页。

戏曲表演从本质上说也是一个传播的过程，传播者—演员，受传者—观众，在这一活动中，戏曲的传播媒介从最初的露天广场演出到厅堂剧场演出，到剧本、唱片、光碟的出现，再到广播戏曲、影视戏曲，不同的传播介质给戏曲的发展变化带来了丰富的可能性。它们不仅决定着戏曲艺术本体的形态特征，也决定着戏曲艺术的手段、方法、风格和技巧。戏曲艺术通过媒介得以延续和留存；同时，传播媒介又以其自身规律和特点，对戏曲的艺术形态及表现产生巨大的反作用。可以说正是载体与媒体的革新带来了戏曲艺术的多样化，为戏曲艺术开拓了新的天地，也使戏曲的艺术特质在不断传播中得到肯定和认同，戏曲形态得以不断生成和变化，形成了我们今天所看到的戏曲艺术的形态特征和美学品格。

尤其是近20以来，随着新载体和新媒介的介入，更是为艺术的记录与传播带来了革命性的变化，也为传统的艺术形态带来了革命性的变化，传播已经成为影响戏曲在现代社会生存和发展的关键性因素。因此，戏曲在流传过程中，单分析研究其表现内容和形式是远远不够的，要使戏曲这一中华民族的艺术瑰宝延续下去并能适合越来越多现代观众的口味，还应当分析研究其传播形式，研究最新的传播特点，才能使戏曲更好的发展下去，让这一古老的表演艺术更好地扎根于现代文明的沃土。

（二）戏曲传播形态的演变

从以上分析可以知道，人类精神文明的发展有赖于记录、积累和传播，以视听为基本手段的艺术形态——戏曲艺术更是如此。而戏曲的任何传播形式，无论是传统意义上的本位传播还是现代意义上的延伸传播，都不可能脱离媒体的支持。从某种意义上可以说，中国戏曲艺术的发展史就是戏曲使用不同媒介进行传播的历史，在这个长达千年的历史演变过程中，戏曲的传播形态经历了几个不同的历史时期。

在传播学中，"根据媒介产生和发展的历史脉络，我们可以把迄今为止的人类传播活动区分为以下几个发展阶段：口语传播时代、文字传播时代、印刷传播时代、电子传播时代"[1]。与此相对应，东南大学王廷信先生在《互联网与戏曲传播》一文中指出，"就戏曲而言，其传播形式亦可以划分为舞台传播时代、印刷传播时代和广播影视传播时代，最后还有一个就是网络传播时代"[2]。

戏曲的舞台传播就是戏曲通过一定的演剧场所，包括露台、勾栏、戏台、厅堂、剧

---

[1] 郭庆光：《传播学教程》，中国人民大学出版社2011年版，第28页。
[2] 中国艺术研究院戏曲研究所主编：《戏曲研究》第64期。

场等，进行当场演出，是一种以直接诉诸观众为目的的传播方式。历史上出现最早的舞台是露天广场演出，后来逐渐走进贵族士大夫的家庭，产生了厅堂戏曲，一直到现代的剧场传播，戏曲的演出场所不断改善，戏曲本身的艺术形态也逐渐改变和走向完备，这是戏曲传播的第一个发展阶段。这个阶段的戏曲传播是一种基本的人际传播的模式，台上演员和台下观众可以进行直接面对面的情绪交流，审美反馈最为直接。但是由于没有记录手段，戏曲的传播仅依赖于演员的口传心授，发展比较缓慢。

戏曲印刷传播时代的到来是建立在北宋时期印刷术发明的基础之上的。因为有了可以批量记录的载体，作为通俗文艺的戏曲才被大量记录，开始有了剧本和剧目的流传。在这个阶段由于有了对戏曲信息进行批量生产的工具，戏曲的传播速度加快，同时专门剧本的出现，意味着戏曲由随意走向专业。

近百年来，有了音像的记录与传播，戏曲传播进入了广播影视传播时代。录音录像技术的发展，使戏曲音像资料的长期保存和大批量复制得以实现，借助于电子手段还可以实现即时同步传播，打破了戏曲传播的时间和空间限制，戏曲的传播和发展进入了一个新的阶段。

而戏曲发展史上真正的里程碑，莫过于近十年来互联网的出现和普及对戏曲信息传播所起到的巨大的推动作用，戏曲从此进入开放、兼容、共享的网络传播新时代。

以上四种主要的戏曲传播形式，各有利弊长短之处。需要注意的是，这几种形式并不是依次取代的过程，而是一个依次叠加的过程。从早期的口耳相传，到纸张媒介的书写与印刷，再到声音的录制与影像的拍摄，以及今天数字化的信息储存。所有的这些戏曲传播媒介，至今在戏曲艺术的传播中各有其存在的意义。比如口耳相传这种最原始的信息承载和传播方式，至今仍然在戏曲教学中广泛应用。而只有今天的互联网络，兼容了戏曲资源的各种载体形式，包括各个时期和各种流派的戏曲信息。互联网络介入戏曲艺术的传播，深化了戏曲信息传递的时效性、覆盖面和信息互动的高频性，对戏曲信息的传递起到了巨大的促进作用，同时还可以在一定程度上延伸其他几种传播媒介的优势特点，和前几种媒介形成一种并存互补的局面，这给戏曲艺术的发展带来了新的发展空间。

三、网络戏曲传播的现状

（一）戏曲在互联网上传播背景

互联网络又叫 internet，它是由一台台孤立的计算机连成的网络，在这个网络中全球信息实现了高速传递和共享。1996年12月11日美国IBM董事长L.Gerstner在纽约的一次演讲中一语惊人：开放的Internet是改变世界的核动力。他的预言没有错，时至今日，互联网已将全球各国各地区一网打尽。它打破了传统的地缘政治、地缘经济、地缘文化的概念，形成了虚拟的以信息为中心的跨国界、跨文化、跨语言的全新空间。1987年9月，北京电信发出了中国第一封电子邮件：Over the Great wall, we can reach each corner on the world。中国从此成为世界互联网络大家庭中的一员。

互联网络自从20世纪90年代中期商业化运作以后，在全球得到迅速发展和空前普及。1996年，全球互联网用户为0.4亿，1999年底，达到2.59亿。到2001年，除个别国家如朝鲜，世界几乎所有的国家和地区均已经接入互联网，使用人口达到4亿。[1]正像报刊、广播、电视传媒一样，互联网已经成为今天重要的媒介形态，并成为人类生活不可或缺的一部分。而据中国互联网络信息中心（CNNIC）于2008年1月17日发布的第21次中国互联网络发展状况统计报告表明，"截至2007年12月，中国网民总数已达到2.1亿人，居世界第二位。中国网站数量已有150万，网页总数已经有84.7亿个，互联网上的信息资源数量日趋丰富"[2]。

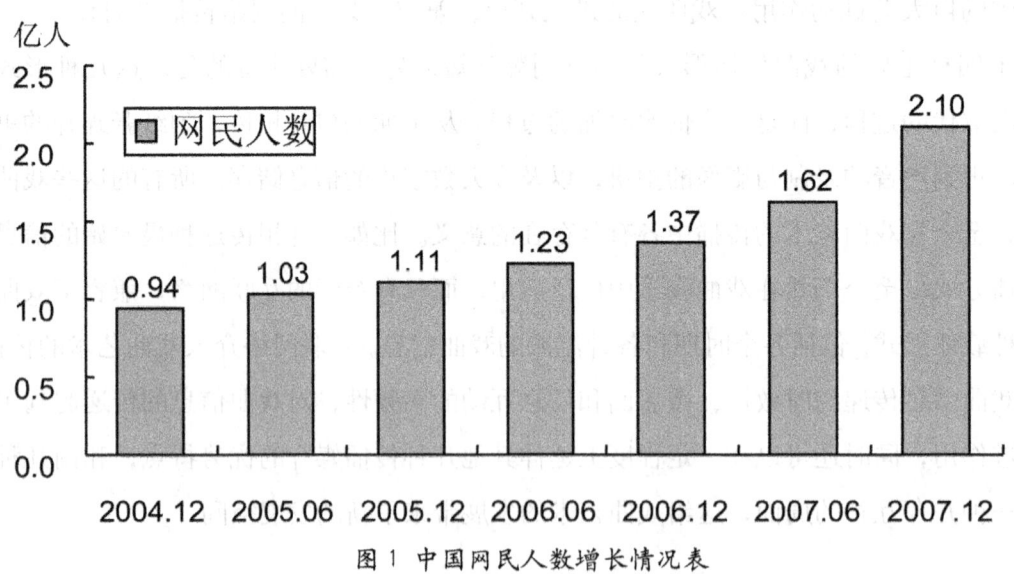

图1 中国网民人数增长情况表

另外，从图1CNNIC发布的中国网民人数增长情况我们可以看出，中国网民增长迅

---

[1] 闵大洪：《传播科技纵览》，警官教育出版社1998年版，第45页。
[2] http://www.cnnic.net.cn/。

速，近年更是呈快速增长趋势，仅2007年6月到2007年12月半年时间就增加4800万人，2007年一年则增加了7300万人，年增长率达到53.3%，这一切显示了我国互联网市场巨大的潜力，信息革命的气息扑面而来。

互联网的这种快速发展为戏曲艺术的传播和发展带来了巨大的便利，极大地刺激了戏曲的网上传播。2000年6月，我国最早的戏曲综合网站咚咚锵—中华戏曲网（www.dongdongqiang.com）的创办，揭开了戏曲网上传播的序幕，从此以后，各种各样的戏曲网站如雨后春笋般纷纷建立。2008年3月，笔者用搜索引擎百度搜索关键词"戏曲"，找到相关网页约14,900,000篇，显示用时0.001秒；搜索"京剧"找到相关网页约12,100,000篇，用时0.001秒；在百度贴吧里，用"戏曲"搜索找到相关帖子258739篇，用时0.026秒，这是多么惊人的速度和多么巨大的信息量。自由、灵活、迅速、互动的形式特点和浩如烟海的戏曲艺术资料，使互联网络迅速成为众多戏曲研究者、戏曲传播者、戏曲接受者们的广阔天地。

（二）网络戏曲传播的主要形式

1. 戏曲网站

戏曲网站是网上戏曲传播的最重要形式，也可以说是网上戏曲信息活动的基本单位。

网站（website）是指在国际网络上，根据一定的规则，使用html等工具制作的用于展示特定内容的相关网页的集合。简单说，网站是一种通讯工具，就像布告栏一样，人们可以通过网站来发布自己想要公开的信息，或者通过浏览网页来访问网站，获取自己需要的信息；还可以利用网站来享受相关的网络服务。戏曲网站就是基于戏曲信息传受的这样一种通信工具。在信息资源海量化，信息渠道多元化，信息载体多样化的互联时代，伴随着互联网惊人的发展速度，众多的戏曲网站纷纷粉墨登场。2007年12月，笔者运用搜狐搜索对于戏曲网站进行了分类检索，得到精选的戏曲网站近500个，其中，地方戏曲网站128个，京剧类网站52个，越剧类网站36个，昆曲类网站14个，黄梅戏类网站14个，豫剧类网站9个。纷繁众多的戏曲网站，为戏曲艺术的传播开辟了一个崭新的世界。

戏曲网站是运用互联技术构建的关于戏曲和戏曲信息的发布与交流平台，它以网页及其所包含的超链接作为信息发布的基本单元，是网上戏曲资源的集结点。具体来看，戏曲网站虽然都是围绕戏曲艺术的传播而开展，却各有不同的侧重。有的是戏曲艺术综合类网站，如咚咚锵（www.dongdongqiang.com），中国戏剧场（http://www.

zhongguoxijuchang.com）等，这些网站或者着意于戏曲百科、名家名角、戏曲花絮的介绍，或者讲解戏曲的形成，展示戏曲杰出人物，对比行当流派，或者指点演唱、技巧、做工、方法，或者交流梨园轶事、掌故由来。还有些是以戏曲艺术的某一方面作为主题的，比如中国京剧戏考（http：//www.xikao.com/），京剧老唱片（http：//oldrecords.xikao.com/），中国戏曲曲谱网（http：//www.xiqupu.com/），中国脸谱网（http：//www.lianpu.com.cn/）等网站。此外还有演员个人网站，如王珮瑜个人官方网站（http：//www.wangpeiyu.com），李胜素戏迷网（www.lishengsu.com），火之丁丁张火丁个人网站（www.huoding.nease.net）等。这类网站带有很强的针对性，往往有稳定的受众，形成自己独特的一个圈子。

打开戏曲网站具体浏览一下，我们会对它了解更多。对于综合性戏曲网站来说，突出主题内容，兼顾其他方面是其共同特点。这类网站的内容多以戏曲新闻、戏曲动态、戏曲研究为主，兼顾经典放送、戏曲知识等众多方面。拿咚咚锵（www.dongdongqiang.com）来说，开设了近30个栏目，包括京剧知识、网上欣赏、交流互动、信息快递等方方面面的内容。而宇扬评剧苑（http：//www.yypj.com/）则设立了梨园动态、评剧知识、评剧名家、评剧戏考、视频经典、在线听戏、艺海拾贝、评院精英、评剧人物、宇扬论坛、评剧聊天等主要频道，还收集收藏了近百位评剧艺人名家的相关资料，成为中国评剧艺术的门户网站。为了提高竞争力，这些综合性的戏曲网站大多数在"大而全"的基础上突出自己的主打栏目，这一点应该说和电视经营中品牌栏目意识是一致的。比如咚咚锵占据北京地利，树立了咚咚锵新闻、京剧人之窗、每周经典、梨园轶事、中国京剧论坛等一批名牌栏目，深受广大戏曲网友的喜爱。宇扬评剧苑为缅怀已故的著名评剧老艺术家，设立了以花玉兰、新凤霞、小白玉霜、韩少云等人为代表的评剧名家纪念园，吸引了众多的评剧戏迷。而中国京剧艺术网（http：//www.jingjuok.com/）所开办的网络戏校在戏迷网友间享有很高的声誉，不但"为广大喜爱京剧的各界人士与京剧院团之间架起一座沟通的桥梁"，而且极大地提高了该网站的知名度，可以说是一个双赢的极好模式。[1]

相对于综合性戏曲网站的"高、大、全"，中国京剧戏考等传播戏曲某方面信息的网站往往只是突出戏曲传播某一方面的内容，走的是"专、精、深"的路线。这其实是一个多方受益的模式。对于网站建设者来说，不需要花很多精力顾及方方面面，而是把一件事做精就好；对于网站浏览者来说，是直奔主题，清晰明白；对于已存在的综合性网

---

[1] http：//www.jingjuok.com/。

站来说，也就不用再继续花时间和精力去做这一方面的工作；对于整个互联网来说，又多了些很有特色且内容独特的站点，非常经济实用。在大家都把目光盯在做戏曲门户网站的今天，越来越多的专业性很强的戏曲网站的开通，是一个好兆头，因为每个网站都有其独门独到的东西，远远强于很多只局限在转帖东西、形式雷同的综合类网站。

而在以人为主题的戏曲网站中，当红名伶们的网站则各有千秋，体现了不同流派、不同人物自身的趣好。对比李胜素戏迷网（www.lishengsu.com）和张火丁的网站，（www.huoding.nease.net）就会发现前者内容丰富，大有逼近综合戏曲网站的趋势，而后者则简单朴素，是另外一种风格。

总体来说，戏曲网站在互联网上呈现良好的发展势头，但是从具体来看，戏曲传播网站还有种种不足之处，主要表现在：

（1）雷同现象严重

很多戏曲网站上的内容是互相转贴的文章，雷同现象严重。造成这种状况的根本原因是，戏曲传播专业网站很多是非营利性网站，投入有限，目前基本上都处于低成本维持运作状态。不少网站为了丰富自己的内容，往往只好采取"拿来就用"的办法。

（2）大剧种占据网上传播优势

由网上搜索可以发现，按剧种分类的戏曲网站，京剧、豫剧、越剧等大的剧种依然占据戏曲网站的多数。由此可见，在现实生活中，影响相对较大、实力相对较强的戏曲剧种在网络上依然优势不减。而小剧种则处于相当弱势地位。

（3）更新速度慢

由于内容的贫乏，也由于网站编辑人手缺乏等因素，直接导致更新速度慢，缺乏时效性。

（4）缺乏英文版、中文繁体版

目前基本没有戏曲传播专业网站设立英文版和中文繁体版，极大限制了对外传播，以及通过这一平台与国外海外同行的交流。

（5）数据库及检索功能欠佳或欠缺

很多网站缺乏数据库支持，难以提供方便快捷的查询和搜索。有很多网站上的搜索甚至只是摆设，给查阅信息带来不便。

虽然由于资金、技术等各种条件的限制，戏曲网站还有以上种种不足，但它在现阶段已经显示出了强大的生命力。它的产生，为全面展示戏曲艺术的魅力建立了一个崭新的平台，互联网络所具有的强大整合功能，决定了网络戏曲传播会涉及戏曲艺术的各个方面，因此戏曲网站往往是网上戏曲资源最集中的地方，是网络戏曲传播的主要阵地和途径。通过网络之门，广大倾心于戏曲艺术的人们可以更为便利地走近名家，走近精品，走向戏曲艺术更为广阔的天地。

2. 戏曲论坛（BBS）

戏曲论坛（BBS）在网络世界的存在，要比戏曲网站普遍的多。互联网上很多网站中开设戏曲论坛区。

论坛是网络上的戏曲爱好者聚会交流的基地。只要成为注册会员，就可以发表自己的见解，与天南海北的戏曲爱好者一起交流。互联网站上电子论坛的最大特点是提供多向信息交流，每一个用户既是信息的获取者，也是信息的发布者，而且没有任何人知道你的真实身份和个人资料，如国籍、性别、年龄、文化程度等，网络为戏迷们提供了一个属于自己话语权的领域。可以说，网络具有一种很特殊的形态，在这里，任何人都不会被限制，用比尔·盖茨的一句名言，在网络上没有人知道你是一条狗。也就是说论坛参与者可以享受最大限度的言论和表达自由，可以畅所欲言，任何人都可以随时在网络上大胆勇敢自由地表露自己的经历、情感、思想等，这就促使网络上的论坛形成了一种非常独特的艺术表现魅力。

目前的戏曲论坛主要分为两类。一类是专业戏曲论坛，这是网络戏曲爱好者最为集中的地方，人气旺盛。如中国京剧艺术网的论坛京艺社区目前注册会员总数达到30914人[1]，路过浏览的游客更是不计其数，这是个十分惊人的数量。用户可以在论坛区的不同主题下贴帖子、提供消息、发表观点、展开讨论。在这样的论坛里，经常会有一些戏曲艺术的行家里手，就各种戏曲现象进行剖析，谈论他们对于戏曲的理解，其中不乏真知灼见。比如咚咚锵网站的论坛——中国戏曲论坛，是目前戏曲论坛人气最旺盛的一个，该栏目也是咚咚锵网站的主打栏目，里面经常聚集许多懂得戏曲的戏迷票友，他们的见解常常给人以启发。另一类是综合论坛上的戏曲版，如央视论坛的"百家谈戏"、天涯社区的"舞台艺术"等，这些分论坛虽然专业水准较低，但是更新速度较快，内容五花八门，因为每一家大型综合网站推出新闻或者专题时，读者都可以跟帖直接发表评论或者参与讨论，所以能十分及时反映广大网民对于戏曲动态的意见和看法。

随着互联网络的发展，网上戏曲论坛将会在戏曲艺术的传播中发挥越来越大的作用。

---

[1] http://www.jingjuok.com/bbs/。

3. 戏曲博客

博客 Weblog 简称"网络日志",它是一种简易的个人信息发布方式,是互联网上一种记录思想、展示自我的工具。据中国互联网络信息中心(CNNIC)发布的《2006年中国博客调查报告》显示,截至2006年8月底,中国博客作者规模达到1748.5万人。[1]

博客作为新兴的网络交流方式,现在也成为传播戏曲艺术的主要方式之一。戏曲博客是指以博客为手段发布戏曲信息进行戏曲传播的一种方式,它由个人网页组成,依托于门户网站而存在。

戏曲博客是一种完全个性化的表达途径,具有网络更新及时、双向互动的特点。博客使任何对戏曲感兴趣的人可以任意发挥无限的表达力,以记日记的方式,尽情书写自己对戏曲的认识和感想,只不过这个日记是记录在网络上,而且可以让任何一个连接到互联网络上的人看到。所以对于戏迷而言,博客又像一个个开放的私人房间,让他们得以最快速度获得最有价值的戏曲信息与资源。博客给了戏迷一个以文会友,结识和汇聚同道中人,进行深度交流沟通的新天地。

随着"博客热"的持续升温,使用博客的人群在迅速增长,一些戏曲演员出于个人的喜好或者方便和戏迷联络沟通的目的,纷纷开设了自己的个人博客。一些门户网站也不失时机地"主动出击",为这个特殊的群体开设了"博客群"。笔者通过网上搜索发现,戏曲演员在网上开博客的大约20多人,以年轻人居多。他们的博客内容多数具备了传达信息的功能,比如在博客中大部分会发布一些演出的资讯,以及一些演出中的体会。此外开博客的戏曲演员也开始尝试着展现自己生活中的一面,拉家常、小时候照片、生活照都成为他们发布的内容。男旦刘铮甚至将家里着火的经历发布到博客(http://blog.sina.com.cn/u/1221806091)中,轻松的文字、跌宕起伏的情节很容易就拉近了他与戏迷们的关系。当然,由于戏曲演员自身的客观原因和外界的因素,使得他们的博客仍然存在着一些不容忽视的问题,比如博客内容长期不更新已经成为戏曲演员博客中普遍存在的现象。著名黄梅戏演员韩再芬的博客(http://blog.daqi.com/hanzaifen/),最近的更新日前是2006年11月27日,俨然已经变成了"空客",这样就失去了博客存在的价值和意义。还有的博主对于戏迷的发问长时间没有回应,以至于许多戏迷纷纷质疑,这到底是不是该戏曲演员的"真"博客。这些问题在一定程度上也影响了戏曲博客的发展。

---

[1] http://www.cnnic.net.cn/。

而互联网上戏迷的博客，则呈现出另外一番不同的景象。2006年，中国京剧艺术网成为第一个开设戏曲博客栏目的专业戏曲网站。开通仅仅一个月的时间，就有近300位戏迷在该网站上注册了自己的博客。中国京剧网（http://www.jingju.cc/）也紧随其后在同一年开通了京剧博客栏目，而且至今已经发展成为该网站的拳头栏目，具有很高的人气。这些博客内容五花八门，有的专门介绍戏曲知识，有的提供音频视频唱段，有的博主则涉及面较广，还会谈自己与戏曲的各种故事和感受。传统戏曲和博客的结合，给了戏迷们倾吐心声的自由领地，虽然大部分的博客内容仍然以交流某个演出剧目的感受为主，但戏迷们的博客与论坛发帖最大的区别在于增加了个人感情，成为关于戏曲的网上日记。

戏曲博客将网络戏曲传播个性化特征发挥到了极致，正因赢得了越来越多网友的喜爱，其发展才如火如荼。

四、网络戏曲传播特点分析

网络戏曲的产生和发展，再一次体现了戏曲在传播上对于运用新兴媒介的高度积极性。网络作为一种新的媒介，与以往任何一种大众媒体都有着本质区别，网络戏曲也不例外，它呈现出与以往任何戏曲传播活动迥然不同的特点。

（一）容量巨大的戏曲资料库

近十年来，计算机技术的不断发展，不仅解决了文字数字化的问题，而且解决了图片音像的数字化、电子化问题。数字技术最核心的特点就是信息的海量传递，互联网正日益成为容量巨大的戏曲资料库。

网络作为新的传播媒体，对于传统媒体的戏曲资源具有很强的兼容性和整合能力。通过互联网的整合，今天的网络媒体，涵盖了各个层面的戏曲信息，兼容了戏曲资源的各种载体形式，包括各个时期和各种流派的戏曲信息，其广泛程度前所未有。网上戏曲的传播，可以说是对戏曲艺术全方位、多层次的展示，从经典剧目到名家名段，从专家评点到戏迷感受，从文化背景到戏曲掌故，从学术动态到演出信息应有尽有。对广大戏迷而言，计算机已经成为大容量的戏曲艺术资料库，成为获取信息、交流信息、发布信息的捷径。受众可以通过网络阅读戏曲的各种电子化了的新闻信息、文本资料，也可以打开自己喜欢的戏曲演出的录音录像在线欣赏；可以登陆天南地北的戏曲门户网站及时准确了解戏曲新闻，也可以在戏曲研究的社区论坛，自由参与即时讨论和交流，无拘无束发表你对戏曲的观点和看法。还可以根据自己的爱好，浏览剧照、剧本、背景资料、历史资料、各种幕后花絮、观众点评等，而所有这些剧照、剧本、资料、图片还可以下载，成为个人电脑里可以永久保存的资料。

信息时代的网络艺术，也给研究者占有大量相关资料带来了极大的便利。互联网络的超文本链接技术，为在网上浏览各种信息提供了有效的技术手段。它使互联网上的信息发布者可以根据自己的需要和条件，任意分层组织自己的信息，而网上的信息获得者则可以根据自己的需要和兴趣任意选择其中每一条信息。网上漫游戏曲信息，只需要你按动键盘和鼠标即可。网络上现在已经形成各种戏曲资料的信息数据库系统，通过搜索引擎中的关键词查询和分类查询，研究者们就可以得到所需的各种图文资料，而不必在浩如烟海的故纸堆里经年累月的苦苦查询。比如过去的研究者如果想研究关于京剧剧本剧目的问题，可能需要到图书馆借来厚厚的一摞资料，可是现在不用了。在中国京剧戏考（http://www.xikao.com/）网上，共收录有602出剧目、711出剧本，并且提供免费打包下载。你只需要轻点鼠标，不到五分钟的时间，你已经可以在阅读资料了，非常方便迅捷。

而网络上的戏曲传播还对广播电影电视的戏曲传播内容进行了强有力的整合，使各种资源进一步在网上得到融合。以咚咚锵网站在名家名段栏目中所提供的老生行当的曲库中剧目与演唱者为例（表1）。

表1 咚咚锵"名家名段"老生行当曲库剧目与演唱者一览表

唱段剧目	演唱者	唱段剧目	演唱者
《卖马》	谭鑫培	《苏武牧羊》	言少朋
《乌盆记》	孙菊仙	《斩郑文》	欧阳中石
《敲骨求金》	刘鸿声	《马鞍山》	欧阳中石
《刀劈三关》	汪笑侬	《清官册》	欧阳中石
《赶三关》	许荫棠	《法门寺》	周正荣
《文昭关》	王凤卿	《问樵闹府》	谭元寿
《取成都》	郭仲衡	《空城计》	谭元寿
《连营寨》	王又宸	《洪洋洞》	谭元寿
《困曹府》	贯大元	《碰碑》	高宝贤
《贺后骂殿》	贯大元	《奇冤报》	李鸣盛

续表

唱段剧目	演唱者	唱段剧目	演唱者
《搜孤救孤》	余叔岩	《捉放曹》（《宿店》）	马长礼
《打侄上坟》	余叔岩	《三娘教子》	张学津
《打严嵩》	余叔岩	《定军山》	李玉声
《摘缨会》	余叔岩	《凤鸣关》	李玉声
《伐东吴》	余叔岩	《沙桥饯别》	陈志清
《失街亭》	余叔岩	《文昭关》	陈志清
《空城计》	余叔岩	《杨门女将》	毕英琪
《沙桥饯别》	余叔岩	《瘦马御史》	耿其昌
《战太平》	余叔岩	《逍遥津》	耿其昌
《八大锤》	余叔岩	《桑园会》	耿其昌
《卧龙吊孝》	言菊朋	《智取威虎山》	童祥苓
《大保国》	言菊朋	《搜孤救孤》	梁庆云
《上天台》	言菊朋	《让徐州》	任德川
《碰碑》	言菊朋	《萧何月下追韩信》	陈少云
《汾河湾》	言菊朋	《乌盆记》	杨乃彭
《空城计》	言菊朋	《战太平》	马少良
《定军山》	言菊朋	《串龙珠》	朱宝光
《史可法》	高庆奎	《胭粉计》	辛宝达
《辕门斩子》	高庆奎	《白蟒台》	安云武
《碰碑》	谭小培	《摘缨会》	李崇善
《摘缨会》	谭小培	《让徐州》	刘勉宗
《选元戎》	雷喜福	《白帝城》	言兴朋
《扫松》	林树森	《长亭会》	言兴朋
《战长沙》	林树森	《苏武牧羊》	言兴朋
《狸猫换太子》（头本）	李桂春	《卧龙吊孝》	言兴朋
《徐策跑城》	周信芳	《曹雪芹》	言兴朋
《甘露寺》	马连良	《沙桥饯别》	王立军
《焚绵山》	马连良	《击鼓骂曹》	张建国
《辕门斩子》	马连良	《珠帘寨》"昔日有个"	张建国
《盗宗卷》	马连良	《珠帘寨》"贤弟抬头"	张建国
《苏武牧羊》	马连良	《空城计》	张建国

续表

唱段剧目	演唱者	唱段剧目	演唱者
《刀劈三关》	唐韵笙	《二堂舍子》	张建国
《南阳关》	谭富英	《清官册》	张建国
《桑园寄子》	谭富英	《洪洋洞》	张建国
《战太平》	谭富英	《上天台》	张建国
《打渔杀家》	谭富英	《哭灵牌》	张建国
《卖马》	杨宝森	《范进中举》	张建国
《洪羊洞》	杨宝森	《赵氏孤儿》	张建国
《珠帘寨》	杨宝森	《六六初度自寿》	张建国
《空城计》	杨宝森	《春花瑰丽》	张建国
《白帝城》	奚啸伯	《乌盆记》	关 怀
《宝莲灯》	奚啸伯	《洪羊洞》	杜镇杰
《法门寺》	奚啸伯	《上天台》（上集）	于魁智
		《洪洋洞》	于魁智
《范进中举》	奚啸伯	《大保国》	于魁智
《安平居五路》	刘曾复	《弹剑记》（上集）	于魁智
《问樵闹府》	刘曾复	《弹剑记》（下集）	于魁智
《雄州关》	刘曾复	《奇冤报》	于魁智
《战太平》	王少楼	《满江红》（上集）	于魁智
《打棍出箱》	王少楼	《满江红》（下集）	于魁智
《战太平》	李少春	《战樊城》	于魁智
《野猪林》	李少春	《空城计》（上集）	于魁智
《法场换子》	李少春	《空城计》（下集）	于魁智
《秦琼卖马》	李少春	《三家店》	于魁智
《白蟒台》	纪玉良	《捉放曹》	于魁智
《斩黄袍》	李宗义	《武家坡》	杜 鹏
《李陵碑》	李和曾	《法场换子》	张 克
《珠帘寨》	董德光	《文昭关》	张 克
《打登州》	李 军		

由上表可以看出，曲库几乎涉及了音像技术应用以来每一个历史阶段的京剧代表剧目和著名表演艺术家。同一剧目有同一时代的不同艺术家的演唱版本，也有不同历史时期的艺术家的演绎方式。这种资源的集结与整合，极大地方便了戏曲艺术的传播，给了

接受者以极大的选择欣赏的自由。

(二) 多媒体的戏曲传播

多媒体是20世纪90年代初以来发展迅速的一项技术,"所谓多媒体,指的是使用数字压缩和网络技术将广播、电视、电话、计算机通信等各种信息媒介连成一体,对声音、影像、文字、数据等进行一元化高速处理并提供给用户的双向信息系统"。[1]

我们知道,传统媒介的功能大多是单一的,例如报纸仅供阅读,广播仅供收听,电视虽然可以音画文字并茂,但并不能用来进行信息传输或处理。互联网络则可以利用多媒体技术,将丰富多样的传播功能融合于一体,这个特点在网络戏曲传播中也表现得非常鲜明。

如今,表现和记录人类物质和精神世界的数字、语言、文字、声音、图画和影像等过去相互之间界限分明的各种信息传播方式,都可以用计算机语言来做数字化统一处理和储存。多媒体技术把多种传播形式融合在一起,达到图、文、声、像并茂,在网络上,各种不同的介质均可相互交融,相互拼凑、剪切、粘贴在同一主页上,或者建立起从一种样式到另一种样式的超文体链接。报纸、广播、电视、和书籍、杂志、电影等大众传播媒介在形式之间的差异正在缩小或消失,以前散见于各类媒体的戏曲报道、戏曲研究、戏曲音像等资源,现在都可以见诸于互联网上。

传统的戏曲信息的传递在形式上是单一的,多媒体技术打破了这种单一模式,为传播提供丰富的背景资料、各种图片、电影录像剪辑,以及超文本链接,更直观、更形象、更生动,更能给戏迷留下更深印象,从而加深着戏迷原初的接受兴趣点。比如,当你打开中国京剧艺术网(www.jingjuok.com)的时候,可以打开曲库,听名家名段,点击图库欣赏剧照,或者浏览戏曲新闻,阅读专家文章,还可以下载视频看大戏。这一切还可以同时进行,受者可以根据自己的需要随意选择接受信息的形式。

所以,我们可以说网络给了戏迷们极大的自由,多媒体技术为戏曲信息的收集处理和传输提供了空前便利的条件,极大提高了戏曲传播活动的质量和效率。

(三) 即时互动的戏曲传播

互联网被称为继报纸、广播、电视之后的第四大众传媒,它不仅具有报纸、广播、

---

[1] 俞香顺:《传媒语言社会》,新华出版社2005年版,第154页。

电视等传统新闻媒介能够即时广泛传播信息的一般功能,而且还具有多媒体实时性、交互性传播新闻信息的独特优势。网络作为新的信息传播平台,其信息传播的直接快速和便利广泛,相对于传统的报纸、广播、电视等传播形式的优势十分明显。传统媒体从信息产生到发布再到被采集,都有自己较长的工作周期,中间要经过采访、整理、制作、播出等一系列复杂的过程。报纸一般周期要24小时,电视最快要30分钟,就算是电视直播,也要有一个预期的复杂的准备过程。而在互联网上发布信息,就在手指敲击键盘的一瞬间就可以完成,这种实效性至今没有哪种传播方式能够与之比肩称雄。

随着互联网络的快速发展,戏曲的网络传播也更加发达。互联网在信息传受方面所体现出来的即时直接互动的个性化特点,也在戏曲的网上传播中充分表现出来。

由于和互联网络结缘,戏曲网络资源的传播范围极其广泛。这种传播不受时间和空间的限制,可以通过国际互联网络全天候的输送到世界各地。网民可以在任何地方的互联网上随时随地浏览各种戏曲信息,这种传播效果是传统电子媒体无法比拟的。互联网已经联通了绝大多数国家的几亿网民,从理论上讲,只要网络畅通,这种传播就风雨无阻。实际上这正是网络媒介在戏曲传播上区别与传统媒体的传播优势之一,体现在网络资源上就是可以即时向全世界发布。戏曲网络信息资源通过超文本系统和html语言,将各种信息内容,如数据库电子公告板、论坛讨论、电子书刊、音像电子制品电子版等集中在同一个用户界面上,消除了地域、文化、语言和时间上的限制,使分布在世界各地不同主机上的信息资源能够迅速为不同用户所存取与利用。你可以在线观赏自己喜欢的艺术精品,也可以把它下载保存留作以后细细品味。当然如果你手头有精彩的影像,你也可以上传你收藏的文件,与大家共享。

网上互动聊天和网络戏曲论坛相对于传统媒体来说,是最能体现戏曲自由互动特色的新生事物。登陆任何一家戏曲网站,在规则许可范围内,你可以对于你所关注的任何内容发表自己的看法,可以为戏曲的发展大声疾呼,也可以对不良现象严正谴责。你可以对你支持的观点留下赞同和鼓励的话,也可以对反对的论调据理力争,进行反驳。而随着音频和视频网络传输技术的进一步完善,天各一方的戏迷与戏曲名家的面对面交流已经成为可能。早在2002年,咚咚锵网站就与新浪网联手推出了两场京剧名家视频聊天活动,一是在10月15日下午,邀请中国京剧院著名老生演员张建国先生做客嘉宾聊天室。[1]这是首次京剧演员走上公共媒体的聊天室与广大戏迷进行面对面的互动活动。紧接

---

1 http://www.dongdongqiang.com/news/20021015/001.htm。

着12月18日邀请中国京剧院著名演员郑岩先生做客嘉宾聊天室。[1]这两次活动，引起了广大戏迷网友的关注，也为京剧艺术的传播方式做了新的探讨。2005年7月1日，央视神州戏坛邀请京剧名家赵葆秀到央视网站和网友们聊天。[2]2005年12月27日，著名京剧艺术家赵葆秀和孟广禄做客新浪视频聊天室，就戏曲传播与网络的结合，京剧艺术的发展，演员的演出和学习生活与广大戏迷网友交流。[3]2006年2月27日，新浪再次策划视频聊天，邀请中国京剧院著名老旦演员袁慧琴做客新浪，与戏迷网友面对面，畅叙戏里戏外的喜怒悲欢。[4]

遍及大江南北的戏曲爱好者，和戏曲名家的这种交流形式和交流过程中的全方位的信息流动，在以前的任何传播媒介中都是不可能实现的。而只有即时互动的网络媒体，才能赋予戏曲传播这样的功能。

（四）开放自由的戏曲传播

浩如烟海的网上戏曲资源，是以电子化的信息作为存在样式的，其传受过程是在虚拟开放的网络空间完成的。戏曲网络信息资源以虚拟化的形态存在于互联网上，从根本上改变了戏曲原始信息的生产采集和提供传递模式，这是戏曲信息表达和传输质的飞跃，从而使网络戏曲资源的传播具有更大的开放性和更广泛的自由度。

互联网时代，网络信息资源已经成为人类继语言、文字、影像之外最强有力的交流手段，这也正是戏曲在网上传播较之于传统媒介巨大优势之所在。报纸、杂志、广播、电视、电影、现实中的剧场等传统媒介在戏曲传播中，其传播内容都是带有明显的预设性。在预设过程中，受众是被作为一个整体来考虑的，这个整体至少是指一类人，而受者的个人特征基本被忽略。编排好的印刷品，录制好的或计划播出的影像，彩排好了的一出戏，如果说这时受者还有选择的权利的话，面对预先为大家准备好了的那也就只剩下两种选择了，接受或者拒绝接受。这样的传播具有很大的强迫性色彩，受众则处于一种无可奈何的境地。这种无可奈何，在很大程度上并不是传播者的主观所为，而是受传统媒体自身特点限制。在传统媒体上发布戏曲信息后更改的难度比较大，即使可以强行改动也需要付出较高的代价。例如，电视戏曲节目发出后，播出时间就已经确定。因为

---

[1] http://www.dongdongqiang.com/zhuanti/sina/20021218/index.html。

[2] http://www.cctv.com/program/szxt/20050701/102489.shtml。

[3] http://ent.sina.com.cn/h/2005-12-28/1735943898.html。

[4] http://ent.sina.com.cn/h/2005-12-28/1735943898.html。

电视是线性播放媒体，牵一发而动全身，播出时间改一下，往往全体的节目安排都要重新调整甚至重新制作，代价很高，即使对安排不满意，也很难更改。而对于网络戏曲信息而言则容易多了，因为网站使用的是大量的超级链接，每一个组成部分之间是相对独立的，在一个地方进行修改对其他地方的影响很小。所以只要网络戏曲信息传播者愿意，可以随时对这些作品进行修改、补充与完善。

当然，随着网络技术的进步和网络宽带的改善，为了追求更好更震撼的传播效果，网络戏曲资源的建设会越来越复杂，体积会越来越大，修改难度也会相应提升。但是从目前来说，网络戏曲资源的修正和传播的成本和难度都比传统媒体要小的多，这就是网络戏曲对于传统传播方式的一个很大的优点。网络戏曲传播的过程完全是开放的，非强迫性的，这一点同传统媒体有本质的不同。这种开放性还体现在传者目的性的淡化和受者自主性的增强。互联网络没有印刷媒介那样相对严格的审稿制度，不像电影需要有计划的放映，也不像电视要经过精心策划和制作，它是公共的、开放的，完全能够成为一种个人媒体。在网上，你可以自由发表自己的观点，那些被传统媒体大大扼制了发表欲望的戏迷们，在网络上可以畅通无阻地宣泄自己的发表欲。所以说网络戏曲资源的提供，标准是灵活的，权利是开放的，只要你具备上网的客观条件，那么丰富的网络戏曲资源的大门对你来说就是随时随地的敞开。

互联网戏曲资源是高度开放的，互联网就像一个公共平台或是公共场所，它允许个性鲜明同时大家又紧密相连。从人性化的角度看，网络传播的这种开放性是一个非常得网民之心的优点。你可以自主选择的权利大大加强，在网络许可的范围自由获取，不会影响信息源的存在，也不会影响其他的观众。互联网络把整个世界紧紧联系在一起，只要你拥有登陆网络的条件和设备，无论身处何方，你都可以欣赏到精美的戏曲表演。这种欣赏，当然不同于你以往的影剧院观剧，也有异于你过去对于电视戏曲节目的收看。网络给予戏迷们的开放性和自由度都是前所未有的。

五、对网络戏曲传播的思考

随着时代科技的发展，戏曲从传统的舞台演出到用磁带、胶片、录像带记录，到通过录音机电视机播放，一直到今天新兴的互联网络传播，其传播形式不断发生着变化。传统戏曲不再是一次性、不可重复的易碎品，而成为可以长久保存反复收听的大众性娱乐文化的消费品。其影响与传播也逐渐冲破有限的舞台空间，散发到千家万户。因特网的发展无疑对戏曲传播与研究带来极大的便捷和好处，但它同时本身也蕴藏着许多问题。可以说插上现代媒介翅膀的古典戏曲艺术怎样飞，能飞多远，天地有多大，一直为人们关注和争论，而其中的利弊得失，也一直是仁者见仁智者见智。

（一）网络戏曲传播的局限性问题

任何事物都有其两面性，网络在给人们带来巨大便利的同时，也会不可避免带来种种负面影响，网络戏曲传播也就相应具有了种种局限性。

1．网上戏曲信息来源不明，虚假有害信息泛滥

网络传播中，受众的多元化和隐匿性为不安全信息甚至有害信息大开方便之门。互联网上的戏曲信息资源，由于发布信息的网站众多，信息内容广泛，数量巨大，常常导致虚假有害信息泛滥。有人形容互联网仿佛是一个巨大的自由市场，在这个市场上，信息不是单向流动而是交互流动。过去人们只是被动接受信息的受众，尽管有选择何种信息的主动性，但却无法利用媒介自由地传递个人信息，而现在，网络上的任何一个用户都可以成为信息的发布者，这样就难以对网络信息进行统一有效的控制和管理，再加之网络信息来源千差万别，导致网络信息来源的可靠性和检索质量受到影响。大量垃圾信息的存在增加了有效信息获取的难度，在信息极大丰富的同时产生了信息饥渴现象，特别是一些虚假信息泛滥，容易误导受众。2005年8月份，网站上一款评剧版电子游戏《粉墨争霸》问世的消息骗了不少人。因为众多网站不辨真伪地加以转载，被炒得沸沸扬扬。但是后来经过调查证实，这条在网络上备受关注的新闻确实是一位网友有意编造的。假新闻宣称，这款由国内知名的软件出版商——D坂公司出版的戏曲网络游戏软件在各大软件商店都有出售，游戏中使用了近100段20世纪二三十年代的评剧唱腔。新闻记者一路追综，最后通过这条假新闻原发地网站找到了炮制这条假新闻的网友，他称自己只是为了表达广大评剧爱好者的美好愿望，没想到全国各大门户网站会当真转载，结果大家空欢喜一场。[1]

同时由于流动在网络中的戏曲信息具有自由和交互的特点，为别有用心的个人或机构制造假新闻假信息提供了方便，一些无法考证的传闻、流言、诽谤、虚假信息便泛滥开来。2005年10月，有一条自称发自新华社的假新闻，报道了原中国戏曲学院院长周育德因涉嫌贪污5000万元公款，被北京市公安局正式逮捕的惊人消息。[2] 经核实，这完

---

[1] http://ent.sina.com.cn/x/2005-08-27/0109822351.html。

[2] http://news.sina.com.cn/o/2005-10-17/09097184719s.shtml。

全是一篇冒用新华社的讯头，恶意诋毁性的假新闻，给当事人带来精神上和名誉上的损害。在传统的媒介中，信息的发布都有选择取舍的过程即大众传播理论中的把关人，而在网络传播中，由于把关人的隐退，网络中的传者对于所传内容的选择权利和必要性都大大下降，任何人都可以制造信息向成千上万的用户传播，其影响难以控制。

近年来，随着互联网全球用户的迅速增加，各种各样的电脑犯罪层出不穷，尤其是电脑黑客对网络资源破坏巨大，在这方面，戏曲网站因为受到资金不足以及技术限制，防范措施尤为薄弱，有很深刻的教训。2004中国戏曲三大网站之一的中国秦腔网遭到电脑黑客入侵，内容和数据全部被删除。[1] 2005年，邓沐玮、姜亦珊在中国京剧艺术网的戏迷语音聊天室里与全国的戏迷对话，却被恶意捣乱的黑客在聊天室里放哀乐破坏。[2] 随后评剧的门户网站宇扬评剧苑又遭黑客袭击。黑客利用网上的会员上传功能，在论坛中输入了木马病毒，致使宇扬评剧苑论坛程序被毁，所有信息全部被删除，并对会员及网友浏览网页设置了障碍。[3] 黑客们出于各种目的攻击不同的网上结点，随意修改网上信息，导致信息虚假，从而引起传播失控，给戏曲传播带来巨大危害。这一系列黑客袭击网站事件的发生，为戏曲网站敲响了"防黑"警钟。

从以上可以看出，正是由于网络信息的产生和传递自由程度很高，已经突破了传统信息管理的范畴，所以网络戏曲传播信息的真实性和安全性都缺乏必要的保护，版权保护、隐私保护等管理制度和法律制约措施都有待于完善和加强。戏曲网站的自身安全值得重视及提高。戏曲网络传播的快速发展和逐步走向成熟，同时还有赖于相关政策法规的制定和实施，为信息资源传受的安全，提供可靠有力的保障。

2. 网上戏曲资源的获取受到相关物质条件的限制

网上戏曲资源的获取还有受到客观物质条件，如网络的普及和传输速度、软硬件设施和服务等客观条件限制的弱点。互联网络是年轻的大众传播媒介，发展迅猛是其突出特点，普及率仍然很低也是一个客观现实。2008年1月17日，中国互联网络信息中心（CNNIC）发布的第21次中国互联网络发展状况统计报告表明，截至2007年12月，中国网民总数已达到2.1亿，居世界第二位，尽管中国互联网发展迅速，但目前16%的互联网普及率仍比全球平均水平19.1%低3.1个百分点，与互联网发达国家冰岛、美国等

---

[1] http://ent.sina.com.cn/2004-10-09/0416525910.html。

[2] http://blog.xikao.com/?cat=9。

[3] http://www.yypj.com/article/read.asp?id=1055。

差距很大。邻国日本、韩国和俄罗斯的互联网普及率均高于中国。[1]这说明尽管我国的网民总数很大，增长速度较快，但互联网络的普及程度目前还是很低。无论网上的戏曲资源怎样的丰富，无论资料的读取和上传怎样方便，可是对于网络覆盖不到的地方，一切都是空谈。

另外，网民为了戏曲资讯上网浏览网络戏曲新闻，参与社区讨论等只是目的的一小部分，更重要的是获取戏曲的音像资料或在线进行欣赏。音像资料的下载或在线欣赏，包括视频互动聊天等，都对于传受双方的网络硬件配置提出了比较高的要求。比如必须要有足够大的硬盘空间储存这些信息，必须有足够宽的流量来保证传输的流畅，必须有配置较高的多媒体计算机终端等，这都会大大增加传受活动的成本。2003年7月，中国秦腔网就由于无法支付一年几千元的服务器租赁费而被迫一度关闭。[2]由于电脑存储空间的有限，网络传输速度的有待提高和网上信息读取费用等这些问题的客观存在，也制约了网上戏曲传播的规模和效果。

综上所述，网络诚然能够给戏曲的发展带来一定程度的积极影响，但如果不加以正确的引导，也会产生一定的负面影响。本文或许无法提出理想的解决方案，但笔者希望通过上述问题的提出，唤起大家的注意，避免不自觉的陷入陷阱。同时也希望越来越多的有识之士能够关注这些问题，提供更好的方案，一起寻求解决之道。

（二）网络戏曲传播存在的现实意义

我们说，步入当代生活的戏曲艺术，正不可避免地受到大众传播日益深刻的控制和影响。不管这影响是正面的还是负面的，是直接的还是间接的，无可质疑的一点是，网络时代的来临正在为戏曲艺术的发展提供前所未有的机遇。建立在现代科学技术基础上的网络传播将为古老的戏曲提供一种新的生存可能，开辟一条新的发展道路，网络戏曲传播在当代社会的存在，具有重大的意义。

戏曲在现代社会的衰微有多方面的因素，除了戏曲本身的因素外，社会因素也是一个重要原因。戏曲艺术的本位功能本应当是审美娱情悦性的，然而，十年"文化大革命"中"四人帮"为了政治目的在全国推广样板戏，戏曲因政治运动而被赋予了社会宣教功能的重任，这种角色的更替使它的本位功能退居次要位置，较为次要的宣教功能得以彰显。功能的错位使戏曲原有的秩序被打乱，戏曲受到了前所未有的整饬。进入20世

---

[1] http://www.cnnic.net.cn/。

[2] http://www.qinqiang.com/Article/683.htm。

纪 80 年代后期，当人们意识到应当恢复戏曲生存的生态环境时，却发现与戏曲相应的生态环境不见了。这可以说是个巨大的遗憾。再加上西方文化的冲击，与戏曲竞争的电影、电视、流行音乐迅猛崛起，戏曲出现了萎靡状态。而进入 21 世纪以后，当代人的生活方式、文娱方式更是发生了巨大的变化。传统戏曲所反映的生活距离我们今天已经十分遥远，而且它的艺术形式与当代观众的审美意识和情趣又有很大的距离，很多观众特别是中青年观众对虚拟化程式化的戏曲表演艺术感到陌生，戏曲乃至戏剧舞台艺术，已经不是现代人重要的文娱方式了。就如川剧作家魏明伦所说，"当代戏曲的特征是观众稀少。不是没好戏，而是戏再好，也少有观众上门"[1]。戏曲，已经失去了它原有的生态环境，正在被挤压出时尚之外。这是戏曲在当代面临的尴尬状况。

没有观众就没有戏曲。以观众与演员交流为特点的戏曲艺术，从诞生那天起，就开始寻找尽可能多的吸引观众的方法和途径。如何培养出更多的戏曲爱好者，尤其是如何带动更多对戏曲感兴趣的年轻人，为戏曲艺术营造一个良性的生态环境，可以说已经成为当前戏曲发展的当务之急。而悄然兴起的网络传播为解决这个难题带来了一线曙光。

2006 年上半年，中国京剧网利用视频教学聊天室，开办了中国首家网络戏校。这是一个利用互联网络成功传播戏曲的很好实例。它通过语音在线、教学文章、图片展示、音频和视频下载等互动方式，使网友可以规范系统、按部就班地掌握戏曲艺术的唱、念、做、打等几方面的技巧，同时利用汇报演出、主题晚会、录音传播等形式给予学员展示自己学习成果的机会。网络戏校老师均是由资深京剧演员、戏校老师、知名票友任教，而且不收取任何费用。网络戏校自从开办以来反响热烈，可以说是在网络上刮起了一股学戏唱戏的风潮，探索出了一条京剧网上普及传播的新途径。我们知道，戏曲是很纯粹的艺术，由于其唱段难度较大，参与性不是很高。可是当古老的戏曲艺术与现代的高科技互联网相结合，听戏、看戏、学戏、唱戏都立刻变得容易起来。网上学戏，只要连上网线、带上耳麦，借助 QQ、MSN 等现代化手段，足不出户就可以想唱就唱。利用网络这样一个多媒体平台来推广戏曲，会让很多习惯使用网络的年轻人更加了解这种传统文化，有利于戏曲的传承和发展。作为一种新的传播途径，网络能将千百万人联系在一起，这对戏曲的全国化，甚至全球化推广都是有利的。

"在一次题为《当前大学生对戏曲艺术接受状况》的问卷调查中，有这样一项结果：有 80% 以上的在校大学生从来没有到剧场观看过任何一种样式的戏曲演出，他们仅通过

---

[1]《戏曲艺术在当代的思考》，http://www.sina.com.cn，2006 年 11 月 30 日。

电视台的戏曲频道，互联网上的戏曲网页或是收听广播，来了解或欣赏戏曲。"[1] 这个调研一方面表明戏曲在当代衰微的情况，可是换一个角度，却可以说明在戏曲传播方面，现代媒介对年轻观众有无比巨大的影响力。现在很多年轻人都在网上欣赏戏曲节目，这是信息社会给戏曲发展带来的新的机遇。针对这种情况，我们应该认真研究，深入分析，采取相应的措施，而不能一味认为戏曲落后了，没有价值和发展前景了。其实在数字化信息化的今天，戏曲作为中国传统文化的一个代表，精髓所在，仍然有它独特的艺术魅力，对年轻观众还是有着一定吸引力的，关键是需要一种适当的、得法的引导。只要引导得法，让大家都能够有足够的途径了解戏曲并参与进去，把欣赏和娱乐结合起来，是能够引起网民对戏曲充分关注的。针对青少年网民我们还可以利用网络所具有的传媒、广告、购物等特点，开拓戏曲艺术品及相关产品的推广和营销活动，如制造并销售戏曲人物模型、脸谱，出版印有戏曲图案并具有收藏价值的邮票、币、卡，提供手机图片、铃声下载、开发戏曲相关网络游戏、小商品等。笔者认为，这些措施不但可以推动戏曲艺术相关产品的商业化，还可以引起青少年一代对戏曲的关注，为戏曲培养更多的观众。

大众传播学的培养理论认为，大众传媒对受众有潜移默化的效果，能够在不知不觉中培养起公众对某一事物的共识。而在所有的大众传播媒介中，网络媒体由于自身的特点，给戏曲传播带来了不同于以往任何传播方式的全新面貌，对于传播戏曲文化起到了巨大作用，尤其在利用网络开展戏曲艺术教育，培养戏曲观众方面，更是可以起到别的传播媒介无可比拟的作用。广泛渗透网络传播媒介，全方位多层次促进网络和戏曲的联姻，利用网络这种强大的传媒手段扩大戏曲的传播空间，使戏曲艺术进入更多观众的视野，应该成为戏曲艺术在现代社会获取生存空间的主要出路。

六、结语

现代社会是竞争激烈的社会，观众面临的不再是单一的艺术品类，而是多样化的选择。戏曲一统江山的局面被打破是历史的必然。传统艺术固然有着需要坚守的艺术原则和价值取向，但是面对市场化社会的激烈竞争和多元时尚的现代艺术，决不能因循守旧，不思创新，而是必须积极地适应市场竞争。在现阶段，戏曲要生存要发展，一定要选择最能发挥自己长处的传播形式。首先肯定需要更多的利用好现代的网络传媒，一出好的

---

1 《戏曲艺术在当代的思考》，http://www.sina.com.cn，2006年11月30日。

剧目或剧本，要运用现代传媒迅速扩散出去才能为更多的人知晓，才能争取更多的受众，如此才能避免边缘化乃至无声消亡的命运，才能在时代的洪流中历久常新。

现阶段互联网上戏曲资源之丰富是与人们对戏曲价值的认定直接相关的。戏曲虽然已经没有了往日的辉煌，但它毕竟是植根于我们民族文化土壤中的艺术，是我们民族文化的优秀组成部分。互联网络改变了传统传媒的结构，也改变了人们的思维方式。网络中的戏曲传播，正是顺应了时代发展的潮流，为戏曲文化的普及和戏曲的传受开辟了新的天地。

通过戏曲艺术弘扬民族文化、倡导民族精神，是多数网上戏曲资源提供者的共识。由于互联网是全球性的互动传播媒体，是目前覆盖面最大的媒体，所以互联网络对戏曲信息的传播必然会影响到剧种在现实中的生存与发展、传播与普及。虽然说互联网络中的戏曲信息传播并不能真正意义上代替现实生活中的演出传播，但是这种传播方式无疑在戏曲的传播、普及与繁荣方面具有不可替代的意义。

戏曲的现代化传播研究

刘伊青（2005级）

一、绪论

戏曲作为中国传统戏剧有着悠久的历史，是中华民族璀璨的文化瑰宝。但是现在，由于外界环境的影响以及戏曲自身的局限，戏曲受到了"冷遇"，如何让我们的文化瑰宝在现代社会中"激流勇进"，已经成为戏曲研究的热门话题，也是戏曲界亟待解决的重要问题。本文着眼于戏曲自身的特点，在史实和前人研究的基础之上，探究戏曲的现代化传播手段，以期找到解决戏曲传播困境的途径。

（一）研究动机

戏曲从先秦时代的萌芽起，经历了漫长的孕育生成过程。它最初产生于娱神的歌舞祭祀活动之中，从驱鬼祭神的原始乐舞到周秦以来宫廷与民间的歌舞百戏，再到唐宋的大曲、说唱、滑稽戏，在宋元年间吸收多种艺术样式、兼容并蓄，最终形成了王国维所说的"以歌舞演故事"的成熟的戏曲形态，成为市民最主要的娱乐活动之一。它的表现形式极富有亲和感，是最能够代表中华民族心理结构的艺术样式；它的思想与形式多元，具有很强的"思想力量"，然而除了具有"教化"功能外，更有娱乐、陶冶性情的作用。

然而，一种艺术形式想要实现其价值，必然要经历传播的过程，戏曲也不例外。所谓的戏曲传播，指的就是戏曲中各种文化要素的传递扩散和迁移继传现象。戏曲由于其自身所具有的特点，在传播方式上也有其特殊之处。戏曲从其诞生之日起就是以综合性的舞台表演方式进行传播，后来则伴之以文字脚本的传播。但是，随着封建社会社会环境的变化和戏曲的发展，戏曲从原来较少有作者、年代详尽的整本剧作流传，到元朝以后的戏曲演出和创作繁盛，涌现出大量脍炙人口的传世佳作，经历了漫长的过程。这可以说是戏曲的纵向传播。而横向传播最重要的产物就是京剧。清朝乾隆五十五年（1790年），为给高宗弘历祝寿，从扬州征调了以著名戏曲艺人高朗亭为台柱的三庆徽班入京，成为徽班进京的开始，此后四喜、和春、春台等徽班相继进京，在演出过程中融合了地方剧种的声腔，经历了徽秦合流、徽汉合流，吸收了秦腔、弋阳腔、昆腔等声腔的优长，才有了今天我们称之为"国剧"的京剧。

但是，随着改革开放，外来文化的冲击和人民生活节奏的加快，20世纪80年代末期，曾历经辉煌的戏曲开始面临危机，戏曲演员、导演等纷纷转行。一方面，随着数码电子时代的到来，时代审美主流在改变，戏曲里一些传统表达因素与大众的审美需求发生了冲突。另一方面，人们的休闲娱乐方式和生活节奏在改变，种种因素决定了戏曲在当下必然要面临的时代性困境。

这就给戏曲界出了一道难题，要保持戏曲的传统性又要让戏曲很好地传承，这两个矛盾统一的目标要同时实现似乎困难重重。因为戏曲并不像借助现代化手段和时尚的理念就可以得以传播的综艺节目，也不像随着拍摄设备的更新和审美倾向的转变就可以向前迈进的电影，戏曲承载了几千年中华民族的文化精髓，有自己的规律和方式。变革，怕会失去戏曲原有的味道；保守，又恐被时代大潮淹没，被外来文化侵占。戏曲可谓处于进退两难的境地，然而置身于"不进则退"的时代大潮之中，想要原地不动是不可能的，况且戏曲本身也是在变革中形成并成长的。如果没有变革，没有兼容并蓄的发展，跟随乃至引领时代审美，戏曲恐怕现在还停留在元曲的式样上，我们永远不可能看到京剧、昆曲等优秀的剧种。可以说，在娱乐渠道多样的今天，传播渠道相对单一的戏曲正在面临着巨大的考验。

如何将源远流长的戏曲文化血脉接续到大众的生活中，融入时代生活的洪流中，如何使戏曲结合现代数码电子技术手段发展，又不丢失戏曲的文化精髓，日益成为戏曲界着重研究的课题。历史悠久、饱含民族文化精华的戏曲，凝聚着一代又一代大师、名家的智慧、才情和心血，在泛文化时代到来的今天它应该被传承和振兴。

本文就是遵循这一逻辑，立足于戏曲所面临的困境，将戏曲的现代化传播手段选为研究的对象，以期从现代化传播手段的研究中，探讨戏曲可能的出路。

（二）研究意义

离开传播就很难实现戏曲的传承，就无法实现戏曲的艺术价值。本文选取戏曲的现代传播手段为研究对象，有一定的理论和现实意义。

1. 理论意义

理论产生于实践，但却能指导实践，一门学科要得到发展、深化、传承，缺乏一定的理论根基是不可能完成的。正是意识到了这一点，我们的戏曲研究者才把研究的目光聚焦到了戏曲的理论研究上，为戏曲理论的建树做出贡献，从而向世人充分展示戏曲的独特魅力。

正是受到老一辈戏曲工作者的熏陶和影响，对戏曲现代传播手段的研究成果才日益丰满。本文研究戏曲的现代传播手段，也是希望通过对戏曲传播相关概念的界定，通过对戏曲传统传播手段的回顾与研究，深入解析戏曲现代传播手段对戏曲传播的影响。

此外，钱钟书先生说过，"物各有性：顺其性而恰有当于吾心；违其性而强以就吾心；其性有必不可逆，乃折吾心以应物，一艺文成，而三者具焉"[1]。钱钟书先生这里强调的"物"与"性"的三种关系，主要就是为了强调艺术媒介的价值。而戏曲也是一门艺术，并且也要借助于"物"显现其"性"，必然要通过传播实现其个体价值和社会价值。所以，对戏曲传播手段及戏曲现代传播手段进行研究，是戏曲理论发展必不可少的一部分，而且研究的深入程度直接关系到戏曲表现力的实现、功能的创新。正是在这种理论认识的基础之上，本文着重研究戏曲的现代传播手段，希望通过研究发掘戏曲的潜在理论价值，为戏曲有关价值的实现寻找理论的支点。

2. 实践意义

实践是理论的源泉，理论的研究服务于实践。所以，研究戏曲现代传播手段的最终目的毫无疑问是为了让戏曲更好的传播、传承。

20世纪90年代以来，随着社会环境的变化，戏曲这门古老的艺术在飞速发展的现代化社会日益走入困境，戏曲工作者不得不肩负起重振戏曲雄风的重任。而从传播学的视角来看，要使戏曲走出困境就要增强其传播的有效性，而要增强其传播的有效性，第一，就要使得戏曲反映当今的时代精神；第二，要充分利用现代技术增加舞台表演的可

---

[1] 钱钟书：《谈艺录》，中华书局1984年版，第20页。

观赏性，强化戏曲传播的效果，最大限度地契合现代社会人们的心理需求和审美方向；第三，要利用具有时代特点的"时尚"的传播手段，扩宽戏曲传播的视野，使戏曲焕发出无尽的生机和活力。这是本文所研究的重点内容，也是本文要达到的最终目的。笔者就是期望通过对戏曲现代传播手段理论的研究，从而充分认识戏曲传统传播手段与戏曲现代传播手段的利弊，更好地将传统与现代相融合，认识到戏曲"困境"的主要原因，这有助于戏曲走出困境，再现昔日的风采。

同时，由于种种原因，国内对戏曲传播手段的研究很不够系统、深入。本文的研究虽不能起到抛砖引玉的作用，但是笔者对戏曲传播手段研究的重视态度，笔者对戏曲理论的追求，都有助于戏曲传播手段研究的发展创新。原因很简单，国内对戏曲传播手段研究存在一定程度的缺陷，与不重视该领域的研究有很大的关联。所以，本文的研究，旨在唤起对该领域研究的关注，从而达到激发更多的人关注或者从事该领域研究的目的。

（三）研究条件

在上文研究现状中笔者已经提及了传播学领域、戏曲史领域、戏曲文化领域、戏曲传播领域的诸多研究成果，许多专家学者著书立说，纷纷展示自己的研究成果，极大地推动了研究。这些研究成果为本文的写作奠定了理论基础，为研究戏曲的现代传播手段提供了一些可以借鉴的思路。这些研究成果构成了笔者对戏曲现代传播手段进行研究的客观条件。

同时，笔者作为戏剧戏曲学文化交流与管理方向的研究生，对戏剧戏曲学有独特的情感，从过去的兴趣使然，到现在自觉地进行知识的积累、技能的学习、习惯的养成，戏曲已经成为笔者日常生活和学习生活中一个重要的组成部分。研究生之前对戏剧戏曲知识的接触积累，研究生阶段对戏剧戏曲知识的系统学习，笔者个人在戏剧戏曲学方面的研究积累，这些都为本文的写作提供了主观条件。但同时具备客观和主观上的一些优势，并不是说本文的写作不存在一点困难。由于有关戏曲和传播学交叉研究的资料相对较少，这方面的研究成果比较零散，可供笔者参考的资料、借鉴的观点有限，这给本文写作带来了一定困难。

二、戏曲与传播的基本内涵

研究戏曲的现代化传播手段，首先要弄清楚戏曲和传播的基本内涵，只有概念明确才能进行更深入的研究。本章戏曲的文化形态界定、传播学概念和传播学在戏曲传播的应用理论三方面展开论述。

（一）戏曲的文化性形态界定

1. 戏曲的概念

中国传统戏剧有其独特的发生、发展和成熟过程，长期以来以戏曲的存在形态屹立于中华大地。戏曲在漫长的成长过程中，不断地丰富、革新与发展，才逐渐形成比较完整的戏曲艺术体系，从而成为世界剧坛上综合化程度最高，构成要素最为复杂的古老戏剧样式。它包含文学、音乐、舞蹈、美术、武术、杂技以及表演艺术等各种因素，剧中角色大部分由生、旦、净、丑等不同的行当充任，表演上着重运用以生活为基础提炼而成的程式性动作和虚拟性的空间处理，讲究唱、做、念、打、舞，手、眼、身、步等技艺手段，极富艺术感和舞蹈性，技术性很高，是最能集中体现我们民族特色的综合性艺术形式，是我国艺术宝库中的一朵美丽的奇葩。[1]

2. 戏曲的形成机理

中国有着古老的传统，以公元 12 世纪左右宋金时期的杂剧和南戏为戏曲成熟的完整形态算起，已有 800 多年的悠久历史。而它的起源更是源远流长，从最广义的戏剧活动，到规范的舞台演出，从零星的戏剧因子，到成熟的戏剧形态，经过了十几个世纪的孕育和萌芽阶段。

(1) 戏曲的萌芽

寻求戏曲的最初渊源，可以从原始乐舞开始。据世界上最早的一部大型系统的历史文献《尚书》中《尧典》记载："予击石拊石，百兽率舞。"这描述的是一群原始猎人披着兽皮模仿舞蹈，这种舞蹈很可能是出去打猎之前的一种原始宗教仪式或打猎归来后的庆祝仪式。楚地一带，祭祀歌舞的传统更加深厚，屈原在民间祭祀的巫舞歌词基础上创造了《九歌》，在巫与觋手舞足蹈、装神弄鬼中，已经可以看到了装扮和象征性的形态。并且在娱神的同时，兼有娱人的功能。由此可以看出，原始艺术活动无一例外地展现于原始宗教活动中，音乐、舞蹈、诗歌三位一体的原始祭祀歌舞中已经孕育了戏剧的萌芽。

但是，遗憾的是中国戏曲不同于与其并称世界三大古老戏剧体系的古希腊戏剧和古印度梵剧，中国戏曲没有能够像古希腊戏剧和古印度梵剧那样直接从祭祀和仪式中演化

---

[1] 张庚、郭汉城：《中国戏曲通史》（上），中国戏剧出版社 2006 年版，第 2 页。

出来,走向舞台,而是仍然仅仅处于原始拟态表演阶段。这很大程度上与中国始终未能发展出类似于古希腊和古印度的史诗文学,另一方面又受制于中国过早"成熟"的礼制规范,以及中华民族文化中对于神明保持的极端崇敬和畏惧有关。

①史诗文学的影响

成熟发展的史实文学对于戏剧的产生有着至关重要的作用。古希腊和古印度都有过灿烂的史诗文学,古希腊戏剧和古印度梵剧从这些史诗中汲取了诸多的材料和灵感。然而,中国却是个史诗文学相当不发达的国家,没有孕育出类似于古希腊和古印度史诗的长篇叙事诗作。史传文学由于受到严谨准确的中国传统史官文化的制约而讲求"信、达、雅",十分简练,这与古希腊和古印度的史诗长于叙事和构建人物心态与典型环境的笔法有着巨大的差异。中国原始戏剧在与宗教相脱离的时候,没有得到来自史诗文学的滋养,所以它没有能够直接蜕变成为戏剧艺术,而是走上优人表演滑稽优戏的道路。

②人神距离的阻碍

与古希腊和古印度神明那种仿人的性格和情感不同,中华民族的祖先对于神的敬畏是无以复加的。另外,从原始氏族社会一路走来的中国原始先民,保留了强烈的血统宗族意识,"帝"的概念对于他们来说有着双重意义,既是至上神,又是宗祖神[1],这就形成了自然崇拜和祖先崇拜的统一,显示出了神权和王权的合二为一。这种社会制度就造就了人们对于神权的绝对崇拜和服从。所以中国原始戏剧的主角——"神明"既不能像古希腊酒神那样热情豪放,也不能够像古印度湿婆那样的多情与风流,他们是崇高与威严的化身,只能够歌颂赞美,不能够对其赋予世俗化的性格和情感,阻碍了中国原始戏剧的主角从神转变为人,戏剧的因素逐渐被抹杀。所以黑格尔说:中国古代的"宗教观点也不适宜于艺术的表现"。[2]

③宗法制度和礼制规范的制约

森严的宗法制度扼杀并遏制了人们的创造激情,君权神授的帝王通过社会礼制规范来约束子民,维护并巩固自己的统治,祭祀活动为统治阶级所垄断,不再是群众性的集体娱乐,而是用以夸耀个人功德,装点一己尊严,同时显示出严格的等级分化。另一方面,原始氏族部落联盟的歌舞仪式,谨慎遵从祭祀规则的过程中讲究仪式的有序,以实现人们对于礼法制度的敬畏与遵循。祭祀中的戏剧歌舞成分在种种严格的限制下,只能够遵循特定的方式运行,扼杀了祭祀中戏剧因子的自由发展,使祭祀中的原始祭祀歌舞长久

---

1 郭沫若:《郭沫若全集·历史编》第一卷,人民出版社1982年版,第317~376页。
2 [德]黑格尔著,朱光潜译:《美学》第三卷(下册),商务印书馆1981版,第170页。

地固守着原有的职能，停留在抽象阶段难以聚合升华。

这些原因共同造成了戏曲在萌芽和形成阶段的缓慢发展，但是中国戏曲大器晚成，绝非艺术的综合性不够，而是由于种种原因，戏剧表演形式和文学内容没有能够及时地有机结合，迟迟停留在主观抒情的纯形式审美框架之中，这也是由我国当时的社会状态，尤其是政治和经济状态决定的。

(2) 戏曲的雏形

与希腊和印度不同，中国戏曲未能从祭祀仪式中直接蜕变出来，而是经过了优戏、宴乐百戏、角抵戏、歌舞戏，这样一个漫长的过渡。虽然唐、五代时期的戏剧雏形形态还不够完善，不能够编演完整的人生故事而是截取期间片段，但是却为中国戏曲走向成熟铺垫了决定性一步。

①优戏

巫在周朝长期的祭祀活动中发展了歌舞技能，后来慢慢为女乐继承，用于宴乐表演。优人则大都是身材发育畸形的侏儒，供人调笑戏弄。由于巫祭表演受到限制，戏剧因素无法破土而出，继承了巫的歌舞扮饰经验的女乐和优人结合在一起从事优戏演出，渐渐出现了世俗化的倾向，开始具备一定的情节，产生出了戏曲的雏形。但是，秦朝以前的优戏表演，戏剧化程度并不高，只是采用戏虐的语言，夸张的动作，运用谐音等手段表演简单的事情或对话，使之产生诙谐滑稽的效果，逗人发笑。所以，一般看来，优戏在这一阶段尚且处于低层次阶段，只满足于调笑与插科打诨，不注重人物的装扮和行动的模拟。而到了唐朝，优戏则发展到了一个新的水平，演出频繁且表演内容也趋向于社会类型化，如：弄参军、弄假官、弄孔子、弄假妇人、弄神鬼等。

②宴乐百戏

汉代优戏表演最初名为角抵戏，后来又改为百戏，它是随着秦汉崭新的封建经济和文化的到来而产生的新兴的表演艺术，是汉代艺术的主体。百戏混合了体育竞技、杂技魔术、杂耍游戏、歌舞装扮等表现形式，生动地体现了汉代气势雄浑、兼收并蓄、包罗万象的时代精神，同时，宴乐百戏也反映出汉人对于生活享乐的理解，成为汉人文化娱乐生活中最为普遍和不可或缺的一部分。

③角抵戏

汉代宴乐百戏中，最具戏剧性的表演部分就是角抵戏。角抵戏最初是由格斗竞技发展来的，由于它具有矛盾对立的演出结构，适宜戏剧冲突的展开，因而其表演重点逐渐转变到戏剧题材上来，发展成为具有一定情节和表演内容的小戏，是这个时期戏剧的主要代表。

(3) 戏曲的成熟

中国戏曲经历了萌芽阶段和雏形阶段，走过了十几个世纪的漫长演变发展过程后，终于迎来了戏剧的成熟阶段——两宋时期。宋代以前，产生的戏曲雏形优戏和歌舞戏等分别有着自己的表现侧重，优戏以生活拟态表演为主，歌舞戏则以歌舞为手段娱乐，互相不能融合，到了宋代，商业繁荣，城坊制度的实行使都城汴京城里产生了商业性的游艺场所——"瓦舍"，把诸多表演艺术，如优戏、歌舞戏等聚集在一起，并吸收了说唱艺术等艺术形式的营养成分，最终形成了一种新型的艺术样式——戏曲。中国戏曲至此才形成成熟的形态。

这时的戏曲已经能够熟练的运用诗歌、舞蹈等综合舞台形式来表现完整的故事情节和比较复杂的舞台场景。由角色装扮成剧中人物来模仿人物的生活场景，运用唱歌和对白的手段，利用舞蹈、身段、模拟动作、插科打诨等表演方式，在舞台上建立一定的人物联系和戏剧情景，制造戏剧冲突，从而展现一个完整的、有意义的人生故事。

(4) 戏曲的发展

①元杂剧

元代交通发达、商业繁荣，往来于城镇之间的商甲贵胄、游客王臣们对声色享乐需要，很大程度上刺激了戏曲艺术的发展。数以万计为生计所迫沦入风尘的妇女为戏曲表演准备了庞大而有力的演出队伍，产生了诸如珠帘秀、顺时秀等十几位著名的风尘艺妓。与此同时，一大批平民知识分子投身到杂剧创作之中，佳作层出不穷，把杂剧推上了一个历史的高峰。

②明清传奇

明清传奇的戏曲演出舞台艺术更加趋于完善，其形式高度综合性，上至皇室朝廷下至庙会草台都有频繁的演出，表演艺术的角色分工更加细致，昆山腔有"江湖十二脚色"的分法，让演员可以专攻某一类型性格的人物，使表演更加细致入微。明清传奇剧本创作在明末清初达到高潮，出现了李开先、梁辰鱼、郑之珍、李玉、洪升、孔尚任等剧作家，为戏曲的发展提供了丰富的剧作。

③"花""雅"之争

清朝乾隆、嘉庆时期，中国戏曲史上发生了一件大事——"花部"诸声腔向以往占统治地位的"雅部"昆曲发出了强有力的挑战。清朝地方戏如雨后春笋般破土而出，成为这一时期戏曲艺术发展的特点。"花部"诸声腔带着清新、鲜活、浓郁的舞台风貌，一经出现便吸引了广大底层人民的目光。虽然清朝统治者极力贬抑，却仍旧显示出了极强的实力，大获全胜。与此同时，四大徽班进京，"各擅胜场"，徽班、汉戏进一步在北京融合，并广泛地吸收了昆山腔、弋阳腔、秦腔等声腔的优长，发展形成了京剧。京剧是集大成融合的产物，艺术手段丰富，规范严格，艺术水平极高，在一段时间内有了独霸剧坛之势，使戏曲进入了又一个"黄金时代"。

（二）传播的性质和功能分析

19世纪末，西班牙考古学家桑图卡带着自己的小女儿在阿尔塔米拉的山洞第一次发现了一幅大约五万年前旧石器时代晚期壁画。壁画中，先人们用特殊的涂料勾画了150多头形态各异、妙趣横生的野牛、野猪等形象，其中最为世人知晓的是一头被称为"受伤的野牛"的形象，图中这只野牛在人们的包围下，虽身受重伤，但是仍然怒目圆睁奋力反抗，形象生动，场景气氛也描画得清楚明白。无疑，这是人类的祖先把发生在自己身边的事情、场景，用一种他们可以熟练掌握，也是最容易让他们明白的方式记录下来，以供自己或他人观赏甚至崇拜，或许还可以作为狩猎的教材来使用。这正是至今发现最早的人类在童年时期的传播活动。

可以说一有了人类，就有了传播活动。在人类祖先的眼里，大自然是那么的博大和神秘，有时像母亲一样给予他们温暖舒适的家，有时又像魔鬼一样无情的摧毁他们，使得人类想要生存下去，就必须联合起来共同努力，在这种联合当中，传播就成了必然。美国传播学家威尔伯·施拉姆曾经说过："人既不完全像上帝，也不完全像野兽，他的传通行为证明他的确是人。"人有别于动物之处，不仅仅在于人类能够制造和使用工具，还在于他能够根据自己的判断接受信息，运用符号来进行丰富的传播。

现代意义上的传播学，是以西方19世纪末以来的人文科学、社会科学和自然科学为背景，经过半个世纪的孕育演化而来，它发端于20世纪初的美国，20世纪60年代逐步形成自己的体系，成为一门新型的学科。美国社会学家库力这样定义传播："传播指的是人类赖以存在和发展的机制，是一切智能的象征和通过空间传达他们和通过时间保存他们的手段。"[1] 1949年，美国学者威尔伯·施拉姆编辑出版了《大众传播学》，第一次提出了大众传播学的框架，汇集了前人有关大众传播研究的研究成果，这标志着大众传播学正成为一门独立的学科，在此基础上，进一步将大众传播的理论体系普遍化，继而形成

---

[1] ［美］威尔伯·施拉姆、威廉·波特著，陈亮等译：《传播学概论》，新华出版社1984年版。

了传播学。完成了传播研究向传播学的转化，使其作为一门新兴的社会学科，具备学术研究的独立性、学术范畴的完整性、研究方法的科学性、研究成果的系统性。我们研究传播活动首先要弄明白的是，什么是传播。

1. 传播的概念

"传播"这一词语从传播学的角度来看包含了各种意义，每个传播学研究学者都有自己的认识，选取有代表性观点的加以介绍。

（1）强调共享

着眼于传播过程中传播内容的信息共享。威尔伯·施拉姆认为："我们在传播的时候，是努力想同谁确立'共同'的东西，即我们努力想'共享'的信息、思想或态度。"J.B.霍本认为："传播是以言语交换思想或观念"。[1] 随着这种交换行为的产生，原本属于一个人的信息、思想成为大家共同拥有的信息和思想。因此，A.戈德认为："传播就是变独有为共有的过程。"[2]

（2）强调传递行为

要同他人交换信息和思想已达到共同分享的目的，就必须要把信息、感情等表达出来，而这种表达行为就是传播。所以，传播学者G.米勒认为："传播的意义就是把信息从一个地方传道另一个地方"，J.B.霍本认为："传播就是用语言交流思想。"[3] 从这个角度来说，传播就是信息传递的行为或过程。

（3）强调"影响""目的"或"反应"

C.霍夫兰等认为："传播就是某个人（传播者）传递刺激（通常是语言的）以影响另一些人（接受者）行为的过程"。G.米勒认为："传播是在大部分情况下，传者向受者传递信息旨在改变后者的行为。"[4] 这是把传播描述为某人影响其他人的过程。

（4）强调互动

既然传播是发生在传播者和接受者之间的交流活动，传播双方就必然会产生相互联系的作用，因此传播学者G.H.米德认为："互动，甚至在生物层次上，也是一种传播，不然，共同行动就无法产生。"G.格伯纳认为："传播可以定义为通过讯息进行的社会的

---

[1] 周晓明：《人类交流与传播》，上海文艺出版社1990年版，第3页。

[2] 周晓明：《人类交流与传播》，上海文艺出版社1990年版，第3页。

[3] 李茂政：《传播学：再见！宣伟伯》，台北美国教育出版社1992年版，第51页。

[4] [美]沃那·赛佛林、小詹姆斯·坦卡德著，郭镇之等译：《传播理论：起源、方法和应用》，华夏出版社2000年版，第57页。

相互作用。"[1]

2. 传播的类型

由于信息的类型、流动的范围及状态的不同，传播也可以归纳很多种类型、很多种形态。在客观世界之中，我们可以在最普遍的意义上把传播分为自然界的传播和人类社会的传播，自然界的传播具体显现为狗吠、猫叫、花粉传授等，人类社会传播的具体显现为聊天、读书、听广播、看电视、看电影以及人们自身的思索等。传播学要研究的就是人类社会的传播活动。

而由于人类社会的信息的复杂多样性，人类社会的传播也可以根据信息的流动范围、方式、形态等不同分为很多种类。如，1987年，英国传播学者丹尼斯·麦奎尔将传播划分为个人层次、人际层次、群内层次、群际或协会层次、机构或组织层次和全社会层次。[2]与这些层次相对应，就可以划分出国内一般学者认同的自我传播、人际传播、组织传播、大众传播和随着网络时代的到来增加的网络传播。

（1）自我传播

自我传播，可以说是个体对信息的加工过程，即个体自己进行的思维活动，使自己和自己进行的交流活动，是一种最完全、最彻底的传播活动，主要表现为自言自语、独立思考、扪心自问、孤芳自赏、自我解剖、沉思冥想、暗自琢磨等。自我传播活动是人类最基本的传播活动，属于个人的意识活动和思维活动，所以它也是最为广泛和频繁的传播活动，只要有人的地方，只要有思维活动在，就有自我传播的存在。

（2）人际传播

人际传播，是指两个或者以上的群体之间进行的传播活动，是人与人之间的信息传输，同时也是人们在社会上最基本的生存行为之一。人们一方面通过人际传播得到外界信息并获得人生经验，形成世界观；另一方面，通过人际传播来表达自己的喜怒哀乐，因此，人际传播不仅是出于生存的需要，也是出于情感的需要。

（3）组织传播

组织传播，是指在组织内部成员之间、组织与其他群体之间的信息交流与传播活动。组织传播又分为组织内部传播和外部传播，内部传播是保障组织内部关系协调，提高内部运行效率的基础，而外部传播则是组织与外部公众或其他组织之间的信息传播活动，

---

[1] [美]沃那·赛佛林、小詹姆斯·坦卡德著，郭镇之等译：《传播理论：起源、方法和应用》，华夏出版社2000年版，第65页。

[2] 周晓明：《人类交流与传播》，上海文艺出版社1990年版，第32页。

是协调沟通相关关系的手段与渠道。

（4）大众传播

大众传播，是有组织化的专业传播机构及其专业传播人员通过大众传播媒介向人数众多、各不相同而又分布广泛的接受者传播信息的过程。在这种传播中，传播者职业化程度极高，受众人数众多，成分复杂，传播中信息具有大量复制、传播速度快的特点，传播媒介也是现今的机械设备和电子设备，总的来说，大众传播活动时高度社会化的传播活动，既能对社会产生巨大的影响，也能被特定的社会系统所控制。

（5）网络传播

网络传播，是指通过计算机网络系统，进行一对一或一对众的信息传播，或是信息发布和接受，或是信息互动交流，也可以是信息转发等活动。网络传播可以说是一种越传统大众传播、融合传统人际传播、组织传播和大众传播特点并具有以往传播所不能实现的强大功能的新型传播。因特网成为继报刊、广播、电视之后的第四大传播媒体，有着巨大的发展潜力。

3．传播的功能

传播研究自20世纪确立以来，受到了人们的普遍关注，但是，传播究竟对社会产生了什么样的影响呢？传播的功能是什么呢？

1984年，政治学家哈德罗·拉斯韦尔在《传播在社会中的结构和功能》一书中，归纳了三点对于传播的社会功能的研究观点：第一，环境监视，指社会上从事传播工作的人，如新闻记者、外交官员、驻外记者等时刻向社会提供有关信息，使人们可以了解自己处在什么样的环境之中。第二，使社会各个不同部分和力量相关联，从而适应和应付环境。第三，使社会遗产代代相传，使社会成员接受社会规范，承袭人们已经掌握的知识和技能，从而使社会得以继续发展下去。[1]

但是，这种界定是站在政治学家的立场上做的，有一定的片面性，后来又有学者从社会学角度作了重要补充，提出了传播具有第四项功能——娱乐；与此同时也出现了经济学家从经济学角度对传播的功能进行分析，等等，各个领域的学者众说纷纭。我们把传播的功能按正负功能分别介绍：

（1）传播的正功能

①联系与协调功能

---

[1] 单晓红：《传播学：世界的与民族的》，云南大学出版社2004年版，第25页。

人是生活在群体之中的，其生活必然与周围的环境和人类发生联系，在这种联系中，人们才能正常的、顺利地生活，施拉姆说："我们利用传播作为我们自己的管理工具，用于做出决定，用于说服和操纵别人。"[1]其次，有了联系关系，协调就能够实现，就是指传播可以通过信息的解释、舆论的引导或观点说服等方式，实现社会关系的联系与协调。

为了实现这个功能，传播者需要选择合适的信息和最好的方式加以组织，用令人愉快的东西来吸引人们对于信息的注意力，用一些技巧性的东西来加强民众对信息的认同感。

②监测社会

对于传播的监测社会的功能，施拉姆用"社会雷达"来形容，这个功能为社会的正常运转提供必要的资讯，使人们可以了解自己所生活的自然环境和社会环境。施拉姆说："商人要知道一个城市里的各种物价。农民要知道在他们打算种植的那天是否下雨。小伙子要知道一个新来的姑娘是不是他能试图约会的。"[2]

另外，这项功能还满足了人们"与周围的社会环境发生关联"的心理需要，施拉姆认为："人们往往借助于大众媒介得到一种同周围事态发展和社会有关联的感觉。他们尽管并不参与任何这类事态发展，但是由于密切注意新闻和各种思想的交战，他们克服了孤独和疏远带来的寒冷和黑暗。"因此，"我们大家都以不同的方式利用传播作为我们的社会雷达"。"我们利用它作为个人雷达，即观察有什么新事物，也寻求涉及我们同周围社会的关系的保证和指引，与此同时向别人证实我们的同一性和我们对关系的了解。"[3]

③教育功能

这是指通过传播实现教育、引导并解决现实问题的功能。在新事物层出不穷的年代，传播起到了启迪民智、促进社会化的作用。主要体现在：一方面，传播中的一些有关教育、知识普及和技能方面的讲解可以直接服务教育功能。另一方面，传播的信息涉及方方面面的知识、道德、规范等内容，可以使人们在日常的信息和娱乐传播的同时，学到新知识，受到道德、社会规范等方面的教育，这样一来，社会道德价值体系就在日常的潜移默化中形成了。

④文化娱乐功能

传播通过媒介向社会提供各式各样的休闲娱乐活动，使人们从中得到愉悦和乐趣。

---

1 [美]威尔伯·施拉姆、威廉·波特著，陈亮等译：《传播学概论》，新华出版社1984年版，第42页。
2 [美]威尔伯·施拉姆、威廉·波特著，陈亮等译：《传播学概论》，新华出版社1984年版，第43页。
3 [美]威尔伯·施拉姆、威廉·波特著，陈亮等译：《传播学概论》，新华出版社1984年版，第45页。

（2）传播的负功能

①人际传播在传播过程中，由于信息失真而导致误解、流言或是谣言。对于一个社会群体而言，这种误解、流言轻则会影响它的安定与发展，重则甚至威胁到它的存在。

②大众传播特别是电视电影在引导社会成员的社会化过程中，往往会有一些负面的影响。拉扎斯菲尔德与默顿共同写作的《大众传播的社会作用》一文中提出，大众传媒具有一种"麻醉功能"，对于帮助社会控制有着总要的意义，但是也有负功能。

首先，表现在剥夺人们独立思考的能力，人们在大众传媒每天持续不断的宣传中，不知不觉地丧失了独立思考的能力和客观的辨别力，顺从媒介所提供的思维方式和行为模式，从而不加思考的认同媒介的价值取向。其次，大众传播的商业化特征要求它必须要为社会提供大量的、最为通俗化的产品，不能满足社会的高知识阶层，大量的复制生产也造成产品水平不能提高，久而久之，在这样铺天盖地的产品的熏陶下，人们的审美趣味越来越通俗化、失去了个性色彩，降低了人们的审美能力和文化水准。再次，大众传媒提供大量的通俗产品，让社会成员沉溺于此，在猎奇和消遣娱乐中，浪费了大量的时间。最后，由于大众传媒的所有产品都是家庭式的，为人们提供了可以在家中享受的天南地北、无所不包的信息，时间长了，人们亲自参加活动的热情和能力都受到了损害。

三、戏曲传统传播状态

从古至今，戏曲一直未停止过自身的传播，并在不断的传播与交流中从戏剧萌芽发展到成熟的艺术形式。无论是戏曲的创作、演出还是欣赏都离不开具体传播表达的媒介。而戏曲传播中的媒介、传播者、受众等因素也在不停发生变化，给戏曲艺术的发展提供了新的机会和更加丰富的可能性，同时，戏曲也在传播过程中得到社会大众的肯定和认同，其艺术形态得以不断生成变化，从而使得古老的戏曲艺术在历史的长河中不断革新和发展。

但是戏曲虽然有过辉煌的历史，几百年来跟随并引导着中国人的审美趣味，近20多年来却出现了观众下降、举步维艰的状况，本章就从戏曲传统传播的类型特点和面临的考验这两个方面进行分析。

（一）戏曲传统传播的类型

戏曲艺术在其创造与被接受的过程中，离不开创作者和接受者之间的传播与交流。

而由于戏曲艺术创作和欣赏交流的媒介不同，必然会影响到其艺术形态和性质。正如中国人民大学社会学教授沙莲香所说："谁掌握了传播，谁就能传播"，"人类的一部分文明发展史，既是人类使用传播媒介的历史，也是媒介丛简单到复杂的发展历史。人类通过使用、控制传播媒介，使文化得以延存下去；而传播媒介又以其自身的规律和特点，对传播者得信息加以缩减或扩大。从传播学的角度看，人类超越生命的地方，不在于其自然的传递信息的感官能力有多强，而在于人具有创造、使用传播媒介的能力。"[1] 又如，戏曲传播媒介之一的剧场，它"是演员和观众的基本空间，包括演员表演区和观众欣赏区。演剧空间是一种什么样的形制，其间演员和观众是一种什么样的联系，由什么样的文化层次构成一种什么样的剧场气氛，直接关系到戏剧的形式和内容"[2]。所以从某种意义来说，中国戏曲艺术的发展史就是戏曲使用不同媒介进行传播的历史。按照传播学理论，人类传播媒介的发展过程大体上经过六个阶段，即符号和信号时代、说话和语言时代、文字时代、印刷时代、大众传播时代和网络传播时代，与之相对应，戏曲艺术的传统传播从媒介的类别上分，大概可以分为两个阶段：舞台传播阶段、剧本传播阶段。

1. 舞台传播

舞台，本意指的是为了表演而提供的空间，它可以使观众的注意力集中于演员的表演，并获得理想的观赏效果。这里的舞台泛指的是一切供戏曲表演的场地或者区域，包括勾栏、露台、戏台等，戏曲的舞台传播是指戏曲通过一定的演剧场所进行表演，直接传播给观众的一种方式，舞台就是传播媒介。

戏曲最初发源于民间的广场百戏，属于广场艺术，具有观演环境因地制宜等特点。后来，随着戏曲艺术形式的日趋丰富和成熟，戏曲的传播才从广场走进瓦肆、厅堂楼院，最后走进专业化的剧场。在这个过程中，戏曲也由于其载体和媒介的不同而呈现出不同的性质和形态。

(1) 广场戏曲

最初的广场演出形式是表演者在中间，观众围绕四周观看。在戏曲发展成形的过程中有一个很重要的阶段——汉魏百戏，它只是中国戏剧尚处于雏形阶段的一种演出形式，其演出特点是"杂"，将歌舞、竞技、角力、杂耍、俳优表演诸形式全部囊括进去。那时的演出对于表演场所没有特别的要求，演出内容可以随演出地点的不同而变更和调整。因此，汉魏时代的百戏没有固定的演出场所，随着观赏者需要到处表演，大都在广场上

---

[1] 沙莲香：《传播学——以人为主体的图像世界之谜》，中国人民大学出版社1990年版，第115页。
[2] 周华斌：《京都古戏楼》，海洋出版社1993年版，第3页。

进行，故而属于广场艺术的范畴。后来在戏曲形成初期的很长一段时间内，基本上一直延续了广场演出的传统。

据史料记载，中国早期戏曲在城镇的演出基本上采用划地为场，随处表演的形式，这种演出还有一个专有的称谓"打野呵"（又叫"打夜胡""打野泊"）。南宋《稿简赘笔》载："今之艺人，于市肆做场，谓之'打野泊'，皆谓不着所，今谓'打野呵'。"《武林旧事》也有记载："或有路歧，不入勾栏，只在耍闹宽阔之处做场者，谓之'打野呵'。"[1]这些都说明了早期的流浪艺人（"路歧人"）在广场上划地为场，随处表演的状态。

而在传统的农村，诸如此类的广场演出主要发生在农闲时节的庙会或者集市上，往往会持续数十日。平时很少有娱乐活动的农民借祭祀"娱神"之际趁机"自娱"，聚集观看表演。正是这时，广场上的表演区开始搭设高于地面之台，即"露台"，以便于人们更清楚地观赏表演。露台的出现一方面使人们可以更加清晰地观看表演，同时也增加了观看人数，扩大了传播范围，另一方面改善了戏曲杂耍的演出质量，使演出内容更加丰富，演出形式趋于规范。[2]

随着人们对于露台提高演出质量、改善观演环境的认识越来越深刻，庙会文化的进一步发展，以及各地交流的增多，戏曲的观演场地及硬件条件逐渐固定下来，并进一步走向规范化和建筑化。这一变化对于正处于形成期的戏曲来说有着重要的意义，"首先，永久性的舞亭、乐楼取代了用于祭祀、礼乐的献台、月台，意味着庙宇文化的发展和村民娱乐需求的增长。其次，半封闭的舞亭、乐楼取代了多功能的露台，意味着抒情色彩更浓的乐舞、说唱、杂剧与粗犷的社火百戏有所分离，村民们的观赏心理走向细腻"。

与此同时，露台、舞亭、乐楼的出现，使戏曲演出更趋向于以演员为中心，进一步凸现了表演的核心地位，有利于戏曲的诸多艺术规定性的形成。

（2）厅堂传播

产生于民间的戏曲起先因为"俗"而为文人士大夫们所不齿，然而随着戏曲在普通百姓生活中所占的位置越来越大，戏曲渐渐引起了一些贵族士大夫的注意，他们中的很多人也开始慢慢喜欢上戏曲，加入到戏曲观众的行列中来。而这些贵族士大夫们又碍于身份不愿和普通老百姓为伍一起在戏楼里观看，于是戏曲便被引入贵族绅士的家中，开始在厅堂中演出，并渐渐成为一种风气。厅堂戏曲应运而生。

厅堂戏曲一般在室内演出，演出时，厅堂内铺上地毯，大家一边看戏，一边吃喝。

---

1 施旭升：《中国戏曲审美文化论》，北京广播学院出版社2002年版，第51页。
2 周华斌：《京都古戏楼》，海洋出版社1993年版，第3页。

这种厅堂戏曲始于贵族士绅，是古代宴乐传统的延续，后来衍变为广泛的民俗，就是我们知道的"堂会"。

厅堂戏曲的兴盛大大促进了戏曲的发展和传播，同时也促进了演技的提高。"举办起来灵活，观众可以按照不同的需要来欣赏各种技艺，因而也要求艺人的水平更高、更精，所以，堂会的普及促进了表演艺术的发展。"[1]毫无疑问，为这种形式所迫，戏曲表演一步步走向成熟、正规、专业化和剧场化。于是，戏曲剧场传播的时代便到来了。

（3）剧场传播

纵向考察中国戏曲艺术的历史发展，我们不难看出，戏曲艺术之走向成熟和提高，与观演场所建筑化的趋向大体上是同步的。[2] 其中具有划时代意义的是一种专业化的演出场所——勾栏棚的出现，可以说，只有到了此时，中国剧场才正式形成。

勾栏产生于宋代，来源于隋唐时期的城市"戏场"，不同的只是，由于城坊制度的限制，隋唐时期的戏场大多只能设在庙宇里，而宋代城市制度改革，勾栏可以随便开设在商业区里。宋代是中国封建社会中商品经济发达、市民文艺空前活跃的时期。商业繁荣、娱乐的需求增加及城坊制度的施行共同促使一些大都市里产生了商业性的游艺场所——勾栏。其中演出的技艺除杂剧外还有小说、讲史、诸宫调、傀儡戏，等等。勾栏的出现对于戏曲的发展来说具有重大的意义。第一，戏曲本身从以前流动卖艺的广场艺术走向了固定的专业化的剧场；第二，由于演出地点的固定，戏曲演员不用再受制于风雨严寒等天气因素，有利于加强表演技能，提高演出质量。这样一来，演出不受天气因素的影响，戏曲表演的场次也增加了。勾栏这种呈四方形、三面敞开、一面设有上场门、下场门、观众围观的舞台结构样式，成为以后戏曲舞台的主流模式，它真正标志着中国戏曲剧场的形制基本完备。

到了元代，大城市里的勾栏演戏已经相当普遍，而到了明、清时代，剧场戏曲继续发展、分布广泛。明清时期的固定性剧场建筑，无论是从数量还是从质量上，都远远超过了宋元时代。它们大体上可分为庙台、私人宅第戏台、宫廷剧场和营业性戏院四大类。其中营业性的戏院或茶园逐渐成为当时全国最先进的戏曲剧场，这时戏曲艺人在酒楼茶坊中的表演和宋元时代不同，不再是在席间表演，而是设有专门的戏台以供演出。这种以酒馆、茶园为名义的戏园，在建筑上又是一大进步，对戏曲的发展和传播都有着深远

---

[1] 周华斌：《京都古戏楼》，海洋出版社1993年版，第3页。
[2] 中国大百科全书出版社编辑部主编：《中国大百科全书·戏曲曲艺卷》，中国大百科全书出版社1983年版，第452页。

的意义:其一,这种酒馆和茶园内的室内剧场拉近了观众和演出的关系,舞台呈四方形、三面敞开的构造"比之欧洲的镜框式舞台来,更有利于演员与观众之间的交流"[1],形成了一种特定的戏曲消费样式。其二,酒馆或茶园内的观众席和宋元时代的勾栏也有较大的改进,观众席分层次、分不同的观赏区。这就表明了表演艺术已经越来越成为观众注意的中心。其三,酒馆或茶园内的室内剧场是戏曲演出的采光有了变化,不再像以往那样只是利用自然光,而是逐渐使用人工照明。这种光线的改变使得演出更加吸引观众的注意力,另外也消除了戏曲演出的时间限制。这些改进使得北京的戏园成为当时全国最先进的剧场,但是,从某种意义上讲,这也就成了古代城市营业性剧场发展的最终形式。

现在戏曲剧场演出仍然是戏曲演出的主要形式。而现代的戏曲剧场跟以往有很大不同。现代的戏曲剧场是与20世纪以来西式舞台的引进以及剧场艺术观念的觉醒分不开的,舞台技术的改变,集编、演、音响、美工等多方面的艺术创造而予以直接的一次性地呈现等特点,使得观众只有置身于剧场才能够真正获得一种直接的享受。

2. 剧本传播

在戏曲传播的过程中,戏曲的剧本传播一直和舞台传播相伴而行,相辅相成并且互相促进。戏曲很大一部分都是通过剧本的文字记录得以保存和留传至今的。可以说,一种成熟的戏剧形态总有其优秀的文学剧本作为依托。在戏曲发展史中,早期戏曲剧本就主要担负着通过文字形式保存与记述戏曲的作用,从12世纪90年代正式的戏曲剧本诞生以来[2],戏曲艺术真正进入了以剧本为媒介的传播时代。但是,进入以剧本为媒介的传播时代并不是指剧本媒介独自传播,而是指在作为主体传播媒介的舞台传播的基础上增加了一个剧本传播的媒介与方式。剧本的产生对于戏曲发展来说举足轻重,甚至在某种意义上来说具有里程碑般的性质。因为剧本的出现并非仅仅意味着以文字的形式记录下舞台和演出,而且同时作为一种文人对于戏曲的参与,"意味着叙事、抒情、议论等技巧的提高,意味着思想、情感内涵的深化",更意味着戏曲艺术从随意而走向定则。[3]由剧本的形成而体现的戏曲的文人化过程也便成为戏曲发展的一个重要的历史阶段和必不可少的艺术提升的环节。

从目前历史上留下的戏曲剧本来看,戏曲剧本的类型有多种样式,而它们对戏曲传播的意义也是多种的,根据上海戏剧学院教授陈多先生的观点,可分为以下几种情况:

---

1 中国大百科全书出版社编委会编:《中国大百科全书·戏曲曲艺卷》,中国大百科全书出版社1983年版,第457页。
2 周华斌:《戏·戏剧·戏曲》,载胡忌主编《戏史辨》,中国戏剧出版社1999年版,第91页。
3 陈多:《说"剧本,剧本,一剧之本"》,载《戏曲艺术》2000年第1期,第104页。

第一，有演员和书会人才合作，用口述或文字记录的方式制定"条纲"或"幕表"，其中设置主要关目、关键情节或者再加上一些重点的唱词或白口，其余则由演员自己临场去创造发挥。第二，第一种情况的演出成为保留剧目后，首先通过口传心授成为口述作品，进而再用文字形式加以记录或整理成剧本。第三，由剧目创作者创作、并以文字形式写下来的剧本，如汤显祖的"四梦"、孔尚任的《桃花扇》等。[1]除此之外，还有一些是文人独立创作的案头剧，它并不一定要求搬演上舞台，而是在读者的阅读中得以流传的。

那些仅仅因演出而衍生的剧本（台本）和仅仅为演出而生成的剧本（幕表）与剧作者为演出而创作的剧本有着很大的不同。前者更多的是为了服务于演出，不是专门用于阅读，很可能就是寥寥数语，其受众主要是导演和演员。而后者就不仅着眼于舞台，也同时兼顾案头。这些剧本在演出之外，往往也有很高的阅读价值，王国维曾评价过："读元人杂剧而善之；以为能道人情，状态物，词彩俊拔，而出乎自然，盖古所未有，而后人所不能仿佛也。"[2]所以，剧本的传播之所以能够构成一个独立的传播阶段，就在于剧本有其相对独立的文本样式和阅读价值。但是，剧本更重要地价值还在于它与舞台的密切联系，它为舞台艺术提供了一个必要的艺术文本的依据。

综上所述，文本形态的戏曲剧本，特别是一些不能在舞台上搬演的案头剧，作为一种独立的传播方式，本身就有着相对自足的审美价值，而且由于数百年来它拥有着特定的受众和对舞台演出的影响，从而对于戏曲的总体传播发挥着一定的作用。但是，总的来说，作为一种戏剧样式，戏曲剧本传播的影响和效果都远不及舞台传播，也可以说，戏曲剧本传播只是舞台传播的一种不可缺少的补充。

（二）戏曲传统传播面临的考验

舞台传播和文本传播作为戏曲的传统传播方式，从戏曲萌芽开始，至今一直发挥着不可替代的作用，并一次次将戏曲的发展推向高潮。但是，随着时代的变迁，人们审美的变化和科学技术的日新月异，戏曲传统的传播方式已不能满足现代社会戏曲传播的需要，戏曲的发展正面临着巨大的考验。

改革开放以后，我国采取了积极的经济政策，人们的生活真正丰富起来。电视进入千家万户，给以舞台传播为主的戏曲传播带来沉重的打击。虽然20世纪50年代末中国就有了第一座电视台，但是电视真正成为人们生活的主要娱乐工具还是在80年代以后。

---

[1] 王国维：《王国维戏曲论文集》，中国戏剧出版社1984年版，第3页。
[2] 张庚：《戏曲艺术论》，中国戏剧出版社1980年版，第37页。

电视进入千家万户，上百个电视台每天24小时循环播映，人们可以足不出户就可以享受到各种娱乐节目，并且能够根据个人的爱好自由选择。从拍摄第一部戏曲电影《定军山》开始，戏曲也在不断地尝试以电视作为媒介传播，专业的戏曲频道、戏曲类节目层出不穷，人们不用去剧场就可以欣赏到各地的演出。继而，以电子信息为代表的电脑网络时代来临了。其信息量之大，令人惊叹，人们身居斗室，便可知天下事，真正进入了居室时代。同时，音像制品的出现又给了戏曲传统传播以当头棒喝，这种可存储信息和影像的磁盘，体积小便于携带，信息量大，方便查找，符合现代人的快速生活节奏的需要。电视的出现突破了戏曲舞台传播的地点限制，而网络和音像制品的出现不仅突破了戏曲舞台传播的地点限制，也突破了时间和空间的限制，使戏曲变成了可以随时随地欣赏的艺术形式，不再仅仅限于传统传播方式。

另外，改革开放以后我们打开了对外的大门，积极接受国外先进的科学技术的同时，西方的思想和理念也来到了中国，一时间外国文化（特别是欧美文化）充斥了社会的每个角落。西式舞台的引进、剧场艺术观念的改变等，戏曲演出的每个部分都在接受新兴文化的洗刷。这些新技术、新思潮的出现一方面促进了戏曲利用现代化的科学技术手段装饰舞台，用现代化的思想武装戏曲表演内涵，使表演更加趋于完美，向着现代社会审美变革；另一方面由于戏曲是我国传统文化的精髓，几百年来有着自己的规定和程式，要与现代化的科学技术和思想理念融合需要时间来摸索和磨合，所以融合之初的探索显示出了举步维艰的状况。

现代社会生活的快节奏使得人们已经习惯了快餐文化，年轻人的"时尚"和"潮流"几乎每天都有不同，电视、电脑成了人们和外界沟通的最主要的媒介，而戏曲这种慢节奏的高雅艺术，在现代社会中无所适从，不改变，就会和现代生活越走越远；改变，受新的思想和观念的影响，戏曲在很多方面需要颠覆几百年来形成的程式定制，中国戏曲的精髓便不复存在。因而，戏曲是否可以利用现代化手段，怎样利用现代化手段进行传播，成为引起争议的问题。

综上所述，戏曲在技术上的更新和在思想上的前进是戏曲现代化进程中最为困难的一步。但是，我们同样要看到，中国社会现在正处于"国学"复兴的时期，我们民族特色的传统文化越来越受到国人，乃至世人的重视。从世界各地为学习中国文化开设的"孔子学院"，到中央电视台播出的拥有几百万观众的中国历史、传统文化的讲座式栏目《百家讲坛》，再到受到青年一代特别是广大大学生喜爱的白先勇先生制作的青春版昆曲《牡丹亭》等现象不难看出，"国学"复兴是时代潮流的大势所趋。这样的大环境为戏曲的变革和发展提供了动力和机遇，有助于戏曲利用现代化的科学技术、新的理论体系和与时俱进的思想观念武装自己，以适应并引导日益变化的大众审美。

四、戏曲的现代化传播

进入现代化社会，丰富多彩的现代化媒介占据着人们的生活，如何利用现代化的传播手段传播戏曲，戏曲界一直都在努力在尝试。戏曲从某种意义上来说是代表我国民族传统的大众审美文化，其本身属于一种公众的传播。然而，其本质上并不属于现代大众传播的范畴，是前工业社会的娱乐文化产物。而我们现在所谓的现代化传播，即大众传播，指的是随着近代工商业的大规模的发展而来的，依赖工业化的印刷及光电技术，以大批量信息的快速传递为特征的媒介传播。现代大众传播包括报纸、杂志、通讯社、书籍、广播、电影、电视以及近年来发展壮大的电脑网络，等等。[1]

对于戏曲，可以说在出现了印刷术的剧本传播后期，就开始进入了大众传播阶段，因为那时的剧本传播已经具备了大众传播的四个主要方面：众多的传播者，即剧作家；组织化的传播机构，即作坊、书局等；技术性的传播媒介，即使用活字印刷术；人数众多、各不相同又分布广泛的受传者，即读者。但是这种剧本传播方式的改变，仅仅局限于文字剧本，没有波及直观的舞台表演传播。进入现代化社会，随着科学技术水平的发展，现代化的传播媒介对古老的戏曲产生了巨大的影响，使戏曲的很多方面都发生了改变，并衍生出了许多现代化的戏曲传播方式，下面着重从戏曲的大众传播和网络传播两方面介绍戏曲现代化传播。

（一）戏曲的大众传播

1. 声音传播

声音传播，顾名思义，就是指以声音作为媒介进行传播的传播行为。在戏曲的大众传播进程中，声音传播作为最早的戏曲大众传播手段打开了戏曲大众传播的大门。唱片传播和广播传播分别是其中两个最重要的组成部分。

（1）唱片传播

以声音为媒介的戏曲传播方式，在唱片出现的时候就已经开始了。大约在清朝光

---

[1] 李彬：《大众传播学》，中央广播电视大学出版社2000年版，第138页。

绪年间就出现了京剧唱片，后来又经历了蜡筒唱片、钢针唱片和钻针唱片三个阶段。[1]唱片传入中国，最早要属德国 BEKA 公司，时间约为 1895 年～1897 年。从此以后，COLUMBIA 公司、利威公司等，相继进入中国，在中国政府注册专利，并灌制唱片或开办唱片、唱机公司。到了 20 世纪 30 年代，在我国境内的中外唱片公司共约 60 余家，其中著名的有：BEKA、COLUNBIA、VICTOR、德商、利威、百代、高亭、开明、长城、荣利、丽歌、宝塔、歌林、昆仑、福泰、中国、大中华、传声、蓓开、国乐、北海、新月、百乐、得胜、太平、兰鸟、孔雀、峨嵋、金翼龙，等等。这些唱片公司大大推动了戏曲唱片的录制、发行和传播。许多剧本特别是京剧的名家名段都是被灌制成唱片才得以保存和流传的。许多经典的唱段由于深受观众的喜爱而供不应求，以至于唱片公司一再复制，不仅灌制成黑胶唱片，而且录入盒式录音带、数字化的 CD 光盘，至今仍有着相当广泛的市场。

(2) 广播传播

20 世纪 20 年代，广播（radio）出现了。它一开始便与报刊等文字媒体一样，肩负着传播新闻和文艺的双重职责。但是广播又区别于印刷品等文字传播的优势：其一，它以声音为媒介，比起纸质传媒更加快捷，也更具有听觉上的直观性；其二，广播的覆盖面更加广泛，也更迅速和及时，并且接收方便，不受限制；其三，广播适合不同文化程度的广大受众。所以，广播一经出现，很快便风靡了全世界，成为人们获得信息和娱乐的一种十分便利的媒介。戏曲的广播传播秉承戏曲唱片通过声音作为媒介进行传播的特点，传播速度快捷，范围广泛，以其特有的属性渐渐成为不同于舞台传播和剧本传播的新的传播方式。

中国的第一座广播电台是外国人办的，开播于 1923 年，第一座官办的广播电台创建于 1926 年，第一座私营广播电台开办于 1927 年，中国人民广播事业则创建于 1940 年 12 月，即中央人民广播电台的前身——延安新华广播电台。从第一座广播电台创立开始，广播便与戏曲结下了不解之缘，至今广播戏曲已经经历了 80 多年的风雨路程。从最初只是简单用声音记录实况演出到走向创新的戏曲艺术形式，出现过种类繁多的广播戏曲节目样式。就以中央人民广播电台为例：有知识性的专栏，如京剧常识、京剧音乐常识、京剧声腔介绍、流派千秋、听戏谈戏、地方戏曲介绍、戏曲演员谈唱腔等栏目；评论性专栏，如戏曲评论、剧目介绍、演员评介等节目；欣赏性专栏，如戏曲选段欣赏、京剧

---

[1] 吴小如：《吴小如戏曲文录》，北京大学出版社 1995 年版，第 785 页。

爱好者、戏曲爱好者、优秀传统剧目选播、戏曲录音剪辑、广播剧场、戏曲选粹、戏曲晚会、剧场实况录音剪辑等栏目；服务交流性专栏，如演员与观众、戏曲之友、农村俱乐部、文艺信箱、听众信箱、听众点播等栏目；报道性专栏，如新戏曲巡礼、一周来的首都舞台等栏目。总结这些戏曲节目中深受听众喜爱的栏目形式大致有以下几种：

第一，选场、选段。这类节目在广播中所占比例最大，一般是传统剧目中经典唱工的"重场戏"，重视视听形象和唱腔，既可以直接取材于戏曲舞台，就是采取录播的方式，也可以通过室内录音棚加工制作。

第二，戏曲故事。一般以介绍一个戏曲故事中的人物或故事情节为中心，将一些有关的选场和选段加入其中，串联在一起，是戏曲选场、选段的一种特殊形式。

第三，剧场演出实况录音剪辑。一般是把较长的一场大戏按照侧重唱腔的原则加以广播化的改造，对其删繁就简，进行艺术再创造，使其从视听综合性的艺术转变成听觉艺术，同时又做到突出主题，保持戏曲大戏的情节完整性、统一性和形式的独创性，以显示出原剧的风格特点和流派特色。

第四，戏曲知识。这类节目主要向听众介绍戏曲方面的基本知识。其中有的偏重知识普及，有的着重提高。

第五，戏曲专题。这种专题类节目往往因为选题不同而各有各的侧重，或者偏重知识性，或者偏重娱乐性，或者偏重纪念性，或者偏重于报道性等。

第六，戏曲广播剧。一般是指以戏曲的唱腔、念白、音乐为基础，借鉴人们所喜爱的广播剧的形式和表现手法而创作出来的一种广播戏曲形式。戏曲广播剧在确立剧本主题思想、规定戏剧冲突、安排情节结构、刻画人物性格等方面都与广播剧有共同之处，不同的是戏曲广播剧在语言上采用戏曲式的对白、解说和韵文唱词；音乐上以不同剧种的戏曲音乐作为配乐；在音响上则采用不同于舞台演出的传统戏曲器乐的音响，甚至采用现实生活中的音效。[1]

毋庸置疑，这些戏曲栏目既丰富了广播文艺节目，又为戏曲的传播探索并发展出了一种新的艺术样式，对于弘扬戏曲文化、培养戏曲受众，满足人们对戏曲艺术的欣赏要求做出了巨大的贡献。特别是广播戏曲以声音为传播媒介，延续了戏曲"听戏"的传统，进一步扩展了人们对于戏曲的听知觉功能。一方面，广播是戏曲摆脱了视觉方面的束缚，使人们可以专注于唱腔、音韵的体验。另一方面，对于戏曲来说，广播这种传播形式在

---

[1] 张凤铸：《中国广播文艺学》，北京广播学院出版社2000版。

视觉方面的缺失，从某种意义上来说又损害了戏曲艺术的综合性。

2．影视传播

影视戏曲传播方式是以视听结合的形式对戏曲进行传播。影视所拥有的强势媒体的魅力无可置疑，对戏曲的传播起到了极大的推进作用，构成了当代大众传播中的戏曲文化的新景观。下面我们着重介绍戏曲的电影传播和电视传播。

（1）电影传播

在中国，戏曲和电影早就有着极为密切的关联。戏曲走入影坛，可以说是20世纪的事。1905年，谭鑫培主演了我国第一部电影——舞台戏曲纪录片《定军山》。接着商务印书馆成立活动影戏部，拍摄了由梅兰芳主演的《春香闹学》《天女散花》等京剧舞蹈片段。1928年，谭富英、雪艳琴又主演了我国第一部有声戏曲片《四郎探母》。1948年则由费穆执导而试拍出了梅兰芳主演的京剧电影《生死恨》，这是中国首部彩色戏曲片。

新中国成立以后，戏曲片才大量拍摄和迅速发展。特别是20世纪50年代中后期和60年代前半期的10年间，可以算是我国戏曲电影的黄金时代。在此期间全国共拍摄完成了90多部戏曲影片。特别是1956年到1963年间，每年生产9至13部戏曲电影，到20世纪80年代每年仍有数部戏曲片问世。中国的"金鸡奖""百花奖"还特别设立了戏曲片奖的奖项。然而，由于各种原因，到了20世纪90年代，戏曲电影进入了前所未有的萎靡状态，数年间也只有寥寥几部而已。从1905年第一部戏曲片算起，到目前为止，我国大约摄制了300多部、约70多个剧种的戏曲片。[1] 其中有不少优秀作品，如越剧戏曲片《梁山伯与祝英台》《红楼梦》《五女拜寿》，黄梅戏戏曲片《天仙配》，豫剧戏曲片《七品芝麻官》《倒霉大叔的婚事》，昆曲戏曲片《十五贯》，绍剧戏曲片《孙悟空三打白骨精》，评剧戏曲片《杨三姐告状》《刘巧儿》，京剧戏曲片《杨门女将》《白蛇传》《铁弓缘》《徐九经升官记》《火焰山》，曲剧戏曲片《清宫怨》，等等。这些作品以其独特的艺术魅力征服了全国观众，成为中国戏曲电影的经典之作，给人们留下了深刻的印象。

在戏曲与电影结合的过程中，人们对戏曲电影这一新的戏曲传播形态的艺术观念和审美规律等多方面做出了进一步的探索，可以分为"舞台纪录片阶段""舞台艺术片阶段"和"实景戏曲片阶段"。

①舞台纪录片阶段

在早期，拍摄戏曲电影时，摄像机固定在一个机位，只在一个角度拍摄，纯粹是记

---

[1] 王永宏：《戏曲艺术片的理论与实践》，中国电影出版社1991年版，第3页。

录舞台演出状况，没有镜头的改变，不存在任何的再创作，几乎谈不上什么电影技巧。如梅兰芳主演的《春香闹学》《天女散花》等。

②舞台艺术片阶段

20世纪40年代左右，戏曲电影导演才开始运用实景拍摄戏曲电影。而人们对于舞台戏曲纪录片和戏曲艺术片在审美上的差别和意义直到很晚才有所认识，在审美和创作方面一直在戏曲审美和电影审美之间游走不定。直到20世纪60年代，戏曲电影导演崔嵬拍摄了京剧"三部曲"：《杨门女将》《穆桂英大战洪州》《野猪林》，才同时从观念和实践中认识到戏曲的舞台纪录片和电影艺术片的区别。他认为不是每个戏曲剧目都能拍成艺术片的，有的只能拍成"记录性"的影片。既强调电影表现特点又尊重戏曲规律的理论和实践，在随后的戏曲电影创作中产生了巨大的影响。

③实景戏曲片阶段

随着电影在20世纪的飞速发展，新的技术手段和理念不断应用到电影之中。如何运用电影作为艺术媒介重新营造真正属于戏曲的审美空间，也就成为戏曲电影所竭力追求的艺术目标，为此戏曲电影导演在不断的尝试。新中国成立后的第一部彩色戏曲艺术片越剧《梁山伯与祝英台》就明显的显示出了这种倾向。在影片中，导演第一次采用了虚实结合的艺术手法，运用具有民族特色彩的中国山水画作为背景，使影片既有诗情画意的环境气氛，又有独特的文化装饰，将背景图画融入演出故事中，把画面、表演和音乐统一起来，达到了意想不到的效果。该片获得了文化部优秀影片奖，第八届罗维·法利国际电影节音乐奖，第九届爱丁堡国际电影节映出奖和1957年文化部1949~1955年优秀影片奖。还有，郭大群先生导演的湘剧《马陵道》，采用"大虚小实"的表现手法，采用软景、虚景的结合来展示人物所处的环境，给演员留出了充分的表现人物、展示表演才华的空间，为以后戏曲电影的进一步探索做出了铺垫。但是，以电影艺术技巧拍摄的戏曲片在创新的同时也应该注重保持戏曲原有的特色，掌握戏曲电影化的尺度以避免使戏曲电影走向歧途。

总而言之，电影戏曲既为传播戏曲艺术发挥了积极的作用，同时无疑也创造出了一种新的戏曲传播方式，显示出一个戏曲发展的新的方向。电影戏曲在剧目的选择、舞台剧本的改编、导演艺术、写实与写意等方面的探索也为接踵而至的电视戏曲积累了理论和实践经验。但是，戏曲艺术写意的时空观念和虚拟的程式化表演与电影对于生活环境的真实性表现之间的冲突依然存在，特别是现在文化工业电影与戏曲古老的手工作坊式的生产工艺如何能够结合起来，依然是电影戏曲创作的一个富有挑战性的难题，有待进一步的探讨。

(2) 电视传播

戏曲与电视的结合几乎和我国电视事业同步进行。中国第一座电视台北京电视台试播不久，就实况转播了梅兰芳先生主演的《穆桂英挂帅》，尚小云先生的《双阳公主》，荀慧生先生的《红娘》，周信芳先生的《四进士》，马连良、张君秋先生合演的《三娘教子》，张君秋、叶盛兰和杜近芳合演的《西厢记》以及其他一些著名戏曲艺术家的表演，令当时的戏迷们大饱眼福。电视和戏曲自然地结合到了一起。之后，1964年北京电视台有了黑白录像设备，中国电视到了不仅可以现场直播而且能够录播的阶段。第一次使用录像技术录制的文艺节目就是常香玉主演的豫剧《朝阳沟》和京剧《红灯记》中的"智斗鸠山"一场。此外，电视的普及面极广，据统计，到2000年为止，我国进入家庭的电视机达2.8亿台，电视人口混合覆盖路已经达到85%左右，这就意味着中国电视观众有近10亿人。[1] 戏曲节目在电视上一经播放，可能获得的观众人数是千人以上大剧场表演获得的观众人数的几万倍甚至几十万倍，这个数目是惊人的。所以我们说从戏曲和电视结合至今，电视为传播、弘扬戏曲艺术做出了许多卓有成效的贡献。归结起来大致包含几个方面：

第一，宣传戏曲的动态，介绍戏曲艺术和戏曲文化知识。通过电视新闻或新闻类节目，报道戏曲节的动态、戏曲改革的动向、戏曲演出团体和戏曲院校体制改革的进展状况及新剧目排练上演及演出情况；并通过制作专题片介绍戏曲界的著名人物、个别剧种和传世剧目。以专栏形式介绍有关戏曲的各方面知识，如剧种、流派、程式、表演、脸谱、戏曲音乐、服装、舞台、道具，等等，或者教授戏曲剧目中脍炙人口的著名唱段，达到普及戏曲知识的目的。

第二，举办电视戏曲竞赛，组织电视戏曲评奖活动及其他戏曲有关的社会活动。如中央电视台举办的"梅兰芳金奖大赛""全国中青年京剧演员电视大赛"和"北京国际京剧票友电视大赛"，等等。

第三，录制、播出各类戏曲电视节目。有的是戏曲名家的代表剧目展播；有的是目前活跃在戏曲舞台上的著名戏曲演员的舞台演出；还有的是对传统节目进行现代化电视化处理而制作出来的戏曲电视剧；另外还有1994年来，一年一度的中央电视台"春节戏曲晚会"，以及以往各种晚会上的戏曲节目。[2]

自1958年电视戏曲节目开播以来，特别是1996年中央电视台开播了"戏曲·音乐频道"以至2001年开播专门的"戏曲频道"以来，从中央到地方都纷纷开设戏曲类专栏，

---

[1] 杨燕：《电视戏曲论纲：呼唤涅槃的火凤凰》，中国广播电视出版社2000年版，第75页。
[2] 刘习良：《借电视荧屏的威力 扬民族戏曲美名》，载《中国电视》1995年第8期。

这些栏目呈多元化态势传播了戏曲艺术，如中央电视台的《九州戏苑》《电视剧场》《神州戏坛》《戏曲欣赏》《大戏台》，北京电视台的《菊苑乐》《同乐园》，安徽电视台的《相约花戏楼》，河南电视台的《梨园春》，上海电视台的《戏曲大舞台》，河北电视台的《戏苑乡音》，辽宁电视台的《戏苑景观》，陕西电视台的《秦之声》，天津电视台的《戏曲之花》《金艺戏曲》，浙江电视台的《荧屏舞台》《百花戏苑》《钱江晚潮》，山东电视台的《好戏连台》，广东电视台的《粤韵风华》，等等，都在观众中产生了广泛的影响。可以说，目前的戏曲栏目，从中央到地方、已经初步建立起了一个戏曲传播体系。中央台是全方位关照，地方台突出乡土特色、地域风貌。戏曲有了自己的空中大舞台，同时，电视也为戏曲提供了一片再展英姿的新天地。[1]

当今，随着科技和社会的发展，电视已经逐渐成为强势传播媒体，成为大众获取信息和娱乐的主要渠道。正是为了把戏曲艺术推介给更多的电视观众，使戏曲这门古老的艺术形式能够被现代人们所认可，并以电视为媒介发展出新的艺术价值和审美趣味，戏曲和电视的传播模式才应运而生。戏曲与电视联姻的优势正在于电视强势传媒的地位和戏曲深厚的民族艺术文化积淀的结合。然而，戏曲与电视毕竟属于两个不同的文化艺术形式，前者是抽象的虚拟情景表演，而另一种则是生活再现的现实主义客观展示。两者是否能够有机结合进而创造出一种全新的电视戏曲艺术表现样式，仍然值得进一步探索。

综上所述，虽然电影和电视在传播方式及内容性质等方面仍存在着差异，但是它们都是作为一种视听相结合的传播媒介，在声画记录、艺术再创造和储存复制等方面的功能大致相同。总而言之，影视戏曲传播方式进一步突破了声音传播戏曲只能塑造音响形象的局限性，使得在听戏的同时还可以看戏，完善了传播路径。另外，影视戏曲以其特有的艺术手法对戏曲这种艺术形式的发展做了进一步的探索，它借助摄影机在场内的移动和各种表现手法全方位地展示了戏曲的魅力，并根据戏曲艺术特点形成了多种风格戏曲节目，满足了不同层次、不同口味的受众的需要，进一步扩大了受众的范围，为戏曲的传播和发展提供了极好的媒介支持。

（二）网络传播

网络传播作为继报纸、广播、电视三大传播媒介之后出现的"第四媒介"，正以一种来势凶猛的架势进入我们的生活、工作，并改变着我们传授信息的习惯。但是究竟什

---

[1] 杨燕：《电视戏曲论纲：呼唤涅槃的火凤凰》，中国广播电视出版社2000年版，第76页。

么是网络传播呢？一般意义上所谓的网络传播是指通过因特网（Internet）上的万维网站（WWW）、新闻组（Usenet News）、邮件列表（Mailing list）、公告板（BBS）、网络寻户（ICQ）等手段，进行一对一、一对众的信息传播，或是信息发布和接受，或是信息互动交流，也可以是信息转发等活动。

据有关数据表明，截止到20世纪末，全球信息产业正在以年均增长10%以上的速度高速发展，因特网已经连接了200多个国家近3万个电脑网络，7千多万台服务器主机，6千多个图书馆，1万多个数据库。2001年至2002年全国50个城市建成了1000个社区信息服务连锁站，特大城市建设10个信息化小区，大型城市建设5个信息化小区，中小型城市1个信息化小区；2004年，社区信息服务连锁站覆盖全国地级以上城市，全国主要城市20%的小区实现信息化；到了2005年，全国网络用户达到1.5亿，30%以上的家庭通过多种终端连入网络，城镇家庭、个人生活和社区服务等80%的信息流通将通过网络实现。[1]根据2008年1月最新发布的《中国互联网络发展状况统计报告》显示，截止到2007年12月，我国家庭上网计算机数为7800万台。目前我国家庭上网计算机的平均拥有量是20.6台／百户，平均每2.7个上网的人拥有一台家庭上网计算机，并且还有很大的发展空间。同时互联网的普及率也有了很大提高，2006年12月我国互联网普及率是10.5%，而到了2007年12月就增至16%，上网人数也增加到了2.1亿人，比2007年6月增加了4800万人，可见我国正处于上网人数快速增长的阶段。仅仅2007年一年上网人数就增加了7300万人，年增长率达到53.3%，也就是说，平均每天上网人数增加20万人。虽然我国上网人数增长迅速，但是目前的上网人数仍略低于美国的2.15亿[2]，位于世界第二位[3]。由此可见，我国的网络传播发展还具有相当大的上升潜力。

随着网络戏曲媒体的迅速崛起，戏曲与网络联姻从可能而变为现实，电脑网络也便继广播、影视之后可能成为戏曲艺术的一种新的传播媒介。一方面，从某种意义上来说，戏曲艺术需要不断适应新的环境，适应时代的要求，跟随时代前进的步伐更新自己的传播手段。我们知道，每一次传播媒介的改变，都为戏曲带来了新的契机和方向，产生了新的戏曲传播方式，更深刻地影响了戏曲的艺术样式。网络是当今的高科技产品，是新的信息载体和传播媒介，它一诞生就带有非凡的魅力，以其特有的全球性、交互性、超文本链接方式等特点对传统传播媒介造成了巨大的冲击。作为新兴媒介，网络对人类社

---

[1] 单晓红：《传播学：世界的与民族的》，云南大学出版社2004年版，第123页。

[2] www.internetworldstats.com。

[3] 《中国互联网络发展状况统计报告》http://www.cnnic.net.cn/index/0E/00/11/index.htm。

会的深刻影响无可置疑。因此，戏曲在新时代应该与网络结合，寻求新的发展机遇和突破口，这对于戏曲本身的生存和发展有着非比寻常的意义。另一方面，网络也需要戏曲来丰富自身的信息库，并为它增加新的内容和形式，使互联网上的信息更加全面和丰富多彩。

目前，通过网络传播的戏曲艺术，在形式上，不但有文字形式的，也有图片形式的，既有音频也有视频。在内容上，既有有关戏曲的行业动态新闻，又有戏曲知识的介绍，既有戏曲欣赏，又有戏曲理论。大量的戏曲信息资源正在各种网站以各种形式广泛传播。尤其是专业的戏曲网站，是网络上戏曲信息最为集中的地方，也是戏曲传播的主要渠道。

现在可以看到的一些专业的戏曲网站有专门介绍戏曲大师的，如"梅兰芳网站"(http：//go.163.com/%7Ehdmxz/)；有综合介绍戏曲或某一剧种的，如"中国戏曲网"(http：//www.chinaopera.net/html/2006-10/487.html)、"中华戏曲网"(http：//www.dongdongqiang.com/)、"中国昆曲"(http：//wwwkunquopera.com/)等等；有专门搜集戏曲某一行当信息的，如"京剧老旦"(http：//su441562417.cn-pkm.cnpkm.com/ArticleList.aspx?CID=218548)；有介绍剧院和剧团的，如"上海京剧院网站"(http：//www.pekingopera.sh.cn/navindex.asp)；另外还有大量便于戏曲爱好者网上交流的论坛，如"中国戏曲论坛"(http：//www.qinqiang.com/bbs/)，"中国戏曲新闻论坛"(http：//www.netsh.com.cn)、"中国配音艺术论坛"(http：//www.netsh.com.cn/bbs/2402/)，等等。这些虚拟的戏曲欣赏与文化交流的场所，让人们可以更快捷地了解戏曲发展动态；让戏剧的管理组织可以更广泛、更方便地选择和联系戏曲演出团体，宣传和预售门票；让剧院或演出团体可以及时全面地掌握观众对于演出情况的反应，随时掌握观众的审美倾向并与观众沟通，以便及时改进演出剧目或者改进演出方法。互联网的运用，使戏曲的传播互动化，大大提高了戏曲观演之间的信息交流频率，为戏曲的观演提供了一个更迅速、更便利的信息交流渠道。

作为新兴的现代化媒介，网络以其特有的传播属性使戏曲的网络传播呈现出与以往不同的传播特点：

其一，信息量巨大。网络上的信息资源丰富而多样，有文字的，由图片的，有音频的，也有视频的，五花八门，无所不有。

其二，查询、搜索功能强大，复制简单快捷。戏曲的网络传播不但像其他大众传播媒介（广播、影视）一样，可以跨越时空地域的限制，而且可以解决时间带来的阻碍。观众可以根据自己的需要，随时通过网络查找、搜索任何时候的信息。戏曲网络传播还使复制存储戏曲信息变得简单易行，受众可以把自己所需的文字、图片或是音频、视频资料直接拷贝到电脑中，方便快捷，为人们提供了更多的选择。

其三，多媒体形式的融合。网络融合了多种综合媒体的优势，使人们不但能在网上看到文字介绍，又可以欣赏到戏曲的视听资料，这种多媒体交互的多重表现手段改变了传统层面上的单一的戏曲欣赏方式，在欣赏网络戏曲一个唱段的同时查找相关的文字介绍或唱词，从多个侧面、多角度、随意的、解剖式的欣赏戏曲。

其四，超文本链接。在网络传播中，受众可以通过超文本链接的方式对感兴趣的信息进行追踪。只需用鼠标一点，便可以从一篇文章到另一篇文章，从一个网站到另一个网站，拓宽了浏览的范围。

其五，交互性的交流。互联网的特点之一就是交互性。它改变以往信息单向传播的方式，互联网上的用户可以直接交流信息。在传统的单向传播中，传播者和受众的位置是固定的，而在互联网上却没有固定的传播者和受众，每个人既是传播者也是受众，享受了前所未有的参与度。

然而，网络戏曲在给戏曲带来新的发展契机的同时，也不免会给戏曲带来某种程度上的负面影响。戏曲被完全虚拟化之后，就势必会降低其独特的艺术感染力。

总之，网络技术的日新月异，为艺术的传播和发展前景带来了丰富的可能性和不确定性。因此，现在要做的是在认同中国戏曲音乐的本质的基础上，充分利用网络传播的优势，有效地开拓戏曲艺术的领地，争取戏曲观众，并且体现出一种更加人性化的追求，为弘扬戏曲文化做出努力。

五、结语

舞台戏曲从撂地为场到临时性的露台，到舞亭、乐楼，到勾栏，再到专业的演出剧场，是戏曲形态特征随传播媒介的变化而变化的过程。在这个过程中，观演场所建筑化，表演逐渐成熟，审美日趋完善，特别是戏曲剧场化的完成，意味着戏曲艺术的体制完备。然而，大众传播时代的到来，使戏曲又面临着一次革命性的变革，多种戏曲传播形态的共时态构成，体现了戏曲文化消费的一种全新的样式，使得戏曲作为当今多元化文化选择的一个重要方面。广播、影视和网络等传播媒介不仅仅消解、转化了戏曲原有的建筑化剧场的观演时空，构成了戏曲文化的一个有效的现代化传播模式，而且使得传统戏曲观演模式得到极大的改变，传统戏曲的唱做和声腔与影视手段等结合，在更大范围内得以普及和弘扬，同时还带来了戏曲艺术创造与表现的多方面尝试与探索的可能性，对于丰富和普及戏曲文化、延续和强健戏曲的艺术生命，都有着重要的意义。然而，我们也要认识到，戏曲的大众传播，不仅需要接受大众的选择，而且受众的接受心理与审美趣味同样潜在地制约着戏曲传播地形态和走向。

建立在民俗基础之上的戏曲传播
——西安地区民俗活动与秦腔传播的关系研究

刘 海（2006级）

一、绪论

在历史发展的过程中，我们深刻的意识到，只有我们的传统文化才是中国的"软实力"之源。经过几个世纪孕育、发展并成熟的戏曲艺术承载着中国传统文化的精髓。面对来自多元文化的冲击，如何在当前城市文化语境下传承戏曲艺术，无疑是我们当代戏曲工作者所要面临的主要挑战。

就整体而言，新中国成立60年以来，中国通过改革开放等一系列举措，完成了计划经济体制向市场经济体制的转变，中国的社会结构发生了深刻的变化，经济建设成就世界瞩目。然而随着经济的繁荣和社会的变革，城市在现代化建设中并没有考虑到为本地的民俗文化提供一席之地，民俗活动数量锐减、民俗意识淡薄。脱离民俗文化后的戏曲艺术逐渐失去了原有的生命力和"传播活力"，戏曲演出市场缩小，戏曲院团生存状况让人堪忧。

就西部地区而言，秦腔作为中国西部最大、有着深厚历史渊源和人文内涵、群众基础广泛并在全国具有重要影响的剧种，在面对都市化和频繁的文化交流过程中，正遭遇现代文明和城市文明的侵蚀。与此同时，我们也应该看到，几百年来，秦腔粗犷的旋律与八百里秦川大地的结合，是当地劳动人民为秦腔传播注入了生命活力。符合当地人审美习惯的独到风格和韵味正是秦腔赖以生存的根本。

在调研区划上，笔者把调研范围确定在政治、经济和文化上有较多相似处的西安和咸阳这两座城市。本文针对秦腔在西安地区的传播状况开展调查，对戏曲与地域文化之间的关系深入研究，探索戏曲传播与地域民俗文化之间的关系并得出地域民俗文化是戏曲发展的土壤这一结论，为戏曲艺术的传承和发展提供新的理论依据。

本文将采用大众传播的理论试分析西安戏曲艺术的发展和传播现状。仅就传播学而言，传播学理论研究始于20世纪40年代的西方，而传播学真正传入我国应该追溯到1978年的改革开放，由于我国的传播学起步比较晚，大部分的传播学著述还停留在对国外著述的翻译这一层面上。本文部分理论采用西方传播学理论与西安戏曲传播实例结合的方法。在民俗、戏曲与传播的结合上，仲富兰《民俗传播学》与刘文峰的《中国戏曲文化》给笔者启发良多。

在戏曲与传播学结合的论著方面，由郑传寅先生编撰的《传统文化与古典戏曲》一书概述了中国传统文化对于戏曲传播的影响，从民俗文化、儒家文化和宗教文化三方面入手阐述了传统文化与戏曲传播的关系，笔者以大量的古典文献为依据，从宏观的角度阐述了戏曲传播与民俗之间的关系。傅谨《草根的力量》一书向读者展现了台州民间戏班的生存状况，其中也有部分文字涉及民俗与戏曲传播之间的关系。

在学术论文方面，有关戏曲传播的论文主要集中讨论如何通过现有的媒介（如电影、电视）来实现戏曲的传播，或者通过传播学理论来解读当今的剧目在当下市场中的运作，并没有涉及民俗文化。如发表在《当代戏剧》2007年第6期《从传播学的角度看青春版〈牡丹亭〉》。有关戏曲传播与地域民俗文化关系研究的论文主要有如刘兴武的《传统节日民俗与戏曲文化的传播》、郑传寅的《节日民俗与古代戏曲文化的传播》和《地域文化与戏曲论纲》，以上三者基本是从宏观的角度来审视传统民俗文化与戏曲之间的关系，即从整体的角度论述民俗文化对戏曲传播的影响。

由于本文研究的重点是围绕秦腔和民俗活动之间的关系，所以笔者也翻阅了大量关于秦腔的理论著作。清代有关秦腔的记述，有徐珂的《清稗类钞》和礼亲王昭梿的《啸亭杂录》，二者均为简短的介绍性文字。被誉为清代秦腔研究最有成就的学者严长明在其秦腔代表性著作《秦云撷英小谱》中着重介绍了清代秦腔名伶。清代焦循的《花部农谭》是作者在柳荫豆棚之下与农民谈论花部剧目的札记，虽然篇幅不长，但涉及许多花部乱弹剧目，对于考证秦腔的起源与发展有很好的参考价值。而之后王绍猷的《秦腔记闻》系统地记述了秦腔的历史源流、音乐和著名演员。以上著作虽有价值，但在解决现代都市秦腔的发展问题时存在一定的局限性。焦文彬编写的《秦腔史稿》是研究秦腔方面的重要理论著作，后来焦文彬和阎敏学合编的《中国秦腔》则从秦腔的起源与形成、音乐声腔、剧目、剧作家、班社、艺人和舞台表演艺术的发展几方面对秦腔做了详尽的描述。

鉴于以上原因，本文将从传播学的角度出发，透过现代社会城市中繁杂的民俗习惯，来探究戏曲发展与民俗活动之间关系。

二、当代秦腔在西安地区的传播

（一）西安地区秦腔传播概况

城市是人类社会文明进程的标志之一。人类由原始社会向现代化发展的过程，从某种意义上说，就是社会城市化的过程。中国戏曲经历了由乡村向城市发展的进程，通过民俗活动的媒介作用，在迈向都市化的过程中不断提高和发展并最终走向成熟和精致。可以说，戏曲的繁荣依托于城市经济的繁荣。

秦腔的传播与经济、文化和社会因素是分不开的，城市的繁荣为秦腔的发展提供了条件。西安是中国历史上的 10 朝古都。[1] 西安地区作为行政区划出现于中国文化形成的最初阶段，西安城市地位的确立就有几千年的历史。城市的繁荣是经济繁荣的重要体现，而文化的繁荣则建立在经济繁荣的基础之上。以汉、唐（均定都今西安地区）为代表的中国封建社会，在经济和文化上均达到了一定的高度。在此基础上诞生的汉唐文化影响了千年的中国文明。

形成在西安地区的秦腔本是陕西各路梆子戏的总称，但是从最近几十年的习惯来说，专指"西安秦腔"。就现在西安秦腔的传播范围而言，秦腔的传播范围不仅局限于陕西省的西安地区，其辐射范围还在陕西的基础上扩大至宁夏、甘肃、青海和新疆。本文研究范围为西安地区，在这里需要指出的是文中出现的西安地区并不仅仅局限于西安城市本身，还包含了在文化上具有极大相似性，与西安一水之隔的咸阳市。我们所熟知的秦朝，严格来讲，其都城是建立在今天的咸阳境内，可以说这两座城市共同见证了中国封建社会的灿烂文明。事实上，西安与咸阳的一体化进程已经成为不可逆转的趋势。两座城市已经达成共识，携手打造西安咸阳经济一体化，实现资源共享和优势互补，提高整体的竞争能力。西咸（西安与咸阳）一体化步伐的加快表明，两座城市存在许多相似之处，

---

1 关于西安的古都说，共有 10、11、12、13、14、16、17 朝古都 7 种说法，本文采用的 10 朝说，10 朝依照时间次序为：西周（前 363 年）、秦（统一后 15 年）、西汉（前 210 年）、前赵（11 年）、前秦（33 年）、后秦（34 年）、西魏（22 年）、北周（25 年）、隋（38 年）、唐（273 年）。

两地在语言、民俗习惯上也保持着很多一致性,并在很多领域存在互补性。中国陕西网 2008 年 10 月 13 日公布了陕西省建设厅发布的西咸一体化城市交通规划图,西咸两地将构筑以航空、铁路、高速公路为骨架的综合交通运输网络,城市交通形成环路加辐射加轨道交通的结构。[1] 这些标志着西咸一体化进程已经展开。

城市一体化有利于整合文化资源,为秦腔传播助力。一体化并没有对两座城市之间剧团的"势力范围"产生消极影响。相反,它让隶属西咸的秦腔剧团在分工上变得更加明确,使传播主体有了更加明确的传播定位,在一定程度上促进了秦腔的传播与发展。西咸一体化进程加速形成了该地区秦腔传播的四种重要形态。这四种形态包括:艺术类演出传播、仪式类或称民俗类演出传播、自娱自乐演出传播,[2] 此外还有旅游性质的演出传播。

(二) 秦腔在西安地区五大传播主体

陕西省西安地区戏曲传播主体有五大主体,它们分别是:以陕西省戏曲研究院为代表的省级秦腔剧团、以咸阳大众剧团和咸阳市人民剧团为主的地市级秦腔剧团、分散在各地的"秦腔自乐班"、曲江文化产业投资(集团)有限公司旗下的西安曲江文化旅游(集团)有限公司(含原西安大唐芙蓉园旅游发展有限公司、西安曲江大雁塔景区管理服务有限公司)和由旅游业兴起而发展起来的西安书院门文化街。

1. 陕西省戏曲研究院旗下的秦腔团体

它们主要承担了秦腔基于传统上的继承和创新。戏曲研究院为国家事业单位,这里集中了西北地区优秀创作人员,戏曲研究院更多负责秦腔的"传统基础上的继承",演出形式以剧场演出为主。但是为了完成省里的"每年演出一百场"的演出任务,戏曲研究院的各个院团都会有下乡演出。总体来说,戏曲研究院的演出形式主要分为两种,一是立足于城市的剧场演出,二是深入乡村的广场演出。从创立之初到现在,陕西省戏曲研究院创作出了不少优秀剧目,这些新编剧目大都为剧场式演出,符合城市观众的审美要求和节奏。研究院最近几年创作的精品工程获奖剧目如《迟开的玫瑰》,在陕西省内外均获得好评。研究院是秦腔对内、对外传播的主要力量。

2. 以咸阳大众剧团和咸阳人民剧团为代表的地方剧团

因为政府资助有限,积极拓展广大农村市场对于市级剧团来说显得尤为重要。咸阳

---

[1] 中国陕西网:http://www.shaanxi.cn/Html/2008-10-14/091018.html。
[2] 杨立川:《当代陕西地方戏曲传播的三种型态》,载《当代戏剧》2008 年第 1 期。

大众剧团和咸阳人民剧团为代表的地方剧团更多承担的是西安地区各区、县农村的秦腔演出。有时其辐射范围甚至达甘肃、宁夏、青海和新疆的广大农村腹地。市级院团演出形式主要为广场演出。咸阳剧团也承担了咸阳市由政府承办的民俗演出活动，比如今年在咸阳市举办的"首届中国花馍艺术节"，其开幕式上的秦腔表演由咸阳大众剧团承担。市级院团在一定程度上弥补了省级院团的市场空缺。

3. 自乐班

自乐班是西安地区散布在民间的秦腔传播主体。自乐班一般由当地居民自发组织而成。在我国，自娱自乐性质的戏曲演出自古就有。在张岱的《陶庵梦忆》中就有记载："民间及官宦家乐的演剧活动是丰富多彩的。就演剧方式而言，有文人与演员串戏以自娱……"[1]在陕西西安、咸阳，无论是在城市还是在郊区，自乐班非常普遍。自乐班虽然大部分由非专业的票友组成，由于散布十分广泛，几乎每个村都拥有自己的自乐班，在一定程度上满足了小众对秦腔的娱乐需求。大众自发形成的自乐班在广泛普及的同时也在向专业化发展。自乐班专业化体现在：一、有的自乐班由退休专业演员担当主演；二、自乐班演出阵容强大，有齐全的文武乐队和完整的演出服装；三、自乐班一般都有固定的演出场所、演出时间和观众群。因此，在传播功能上，自乐班在一定程度上弥补了专业秦腔剧团在演出旺季演出能力的不足。

4. 曲江文化集团

经过一系列的改制后，曲江文化集团已经成为陕西省文化产业的航空母舰。其旗下除了有像易俗社等老牌文化资源，还有曲江文化集团开发的"大唐芙蓉园"和"大雁塔文化广场"等旅游景区。在"大唐芙蓉园"内举办的秦腔演出以及由该集团策划的其他的一系列文化演出，虽然脱离了传统秦腔创作模式，但由于采用了比较先进的营销和包装理念，在社会上也有较大的影响力，推动了秦腔的对外传播。曲江文化集团着力把商业化的秦腔演出与旅游市场结合，从某种程度上来讲，与旅游结合的秦腔演出实现了秦腔的对外传播。

5. 以关中剪纸、皮影为代表的秦腔符号

仲富兰认为"民俗传播是人类借助各种各样的民俗符号来传达意义的行为，因此民俗传播总是与各式各样丰富多彩的民俗符号密不可分"[2]。代表秦腔艺术和关中文化的皮影在现代都市中演变成为秦腔传播的符号。书院门古文化街位于西安最繁华的钟鼓楼地区

---

[1] 叶长海：《中国戏剧学史稿》，中国戏剧出版社2005年版，第267页。
[2] 仲富兰：《民俗传播学》，上海文化出版社2007年版，第136页。

南侧，这里也是由钟楼至西安碑林必经之路。书院门古文化街集中了各类商铺，商品则大多为在西安及周边出土古玩、文房四宝、关中剪纸和秦腔皮影戏用的皮影。在2002年，只有一家商铺在经营皮影，但是现在共有超过30家商铺（最后统计时间为2009年2月21日），就连鼓楼的回民小吃一条街，部分商家都摆满了皮影进行销售。这说明了皮影市场需求在不断扩大，而购买皮影多为游客。在书院门古文化街，皮影成为代表关中民俗文化和秦腔的"符号"，是其原有功能的延伸，其规模的不断扩大在一定程度上也承载了秦腔的传播功能。

三、戏曲传播与民俗

戏曲艺术的主要成分是地域文化，离开了地域文化的土壤，戏曲艺术便失去了汲取营养的源泉，失去了它原有的生命力，久而久之，便会枯萎，甚至在人类的历史长河中消失。从宏观的角度来讲，一种文明孕育了一种戏剧形式，作为世界三大戏剧体系的中国戏曲，之所以在延绵不断的人类历史中幸存下来并取得辉煌的成就，正是因为它把更多的关注投向了民生，以地域文化为生存之根基，以民俗为创作之源，并伴随着文化的不断发展而得到了延续。

（一）地域民俗文化为戏曲传播提供良好土壤

1. 地域不同而曲不同

中国戏曲以地域文化为土壤的发展模式决定了她多样化的风格。我国地大物博，幅员辽阔，由于山水阻隔，交通不便，地域之间的沟通不畅。在这种情况下，我国古代各个地区文化地域化差异很大，文化的地域性凸显。东汉应劭在《风俗通义·序》提到了中国古人对这种关系的总结："风者，天气又寒暖，地形有险易，水泉有美恶，草木有刚柔也。俗者，含血之类，像之而生。故言语歌讴异声，咸归于正，圣人废则还其本俗。《尚书》：'天子巡守，至于岱宗，觐诸侯，见百年，命大师陈诗，以观民风俗。'《孝经》曰：'移风易俗，莫善于乐。'传曰：'百里不同风，千里不同俗，户异政，人殊服。'由此言之，为政之要，辨风正俗之上也。"[1]

中国戏曲成熟于宋元时期，而宋代正处于我国南北分裂的状态，政治意识形态的差

---

[1] 吴树平《风俗通义校释》，天津人民出版社1980年版，第1～2页，转引自郑传寅《民俗文化与古典戏曲》2005年版，第9页。

异和自然山水的阻隔，造成了生长于民间、建立在各地方言和乐曲之上的中国戏曲在一开始就是以不同的地域文化为生存土壤的。

魏良辅《南词引证》中有"论腔调"一条，说明了地方剧种形成与地域文化的关系，摘录如下："腔有数样，纷纭不类。各方风气所限，有：昆山、海盐、余姚、杭州、弋阳。自徽州、江西、福建俱做弋阳腔；永乐间，云、贵二省皆作之；会唱者颇入耳。"[1]说明了造成戏曲声腔纷纭不类的原因是由于"各方风气所限"。肯定了地域文化和语言对戏曲声腔的形成有着决定性的作用。魏良辅也做出过相似的结论："北曲与南曲大相悬殊。……五方言语不一，有中州调、冀州调，有磨调、弦索调，乃东坡所仿，偏于楚腔。"[2]他指出了言语关系到戏曲地方声腔的形成。郑传寅在《地域文化与戏曲论纲》中指出："地方特色是戏曲民族性的重要体现，这一特色在经济运行全球化和社会发展城镇化'语境'中，仍然有着巨大的吸引力和保留价值。取消地方特色，戏曲的艺术生命将会削弱。"[3]由此可见，地域文化与地方戏曲之间的关系是不容割裂的。

声腔是区分戏曲剧种的主要依据，地方语言是构成戏曲语言的基础。作为陕西最有代表性的戏曲剧种，秦腔独特的语言声腔和声腔美感，在全国众多的语言声腔类艺术中占有重要的地位。陕西省艺术研究院徐德宝在其论文《音乐是剧种的决定者》一文中提出了"音乐是区别剧种的主要依据"这一说法。他在文章中写道："任何一个戏曲剧种，都有其相对固定、完整的音乐结构形式，这既是最基本的又是最关键的。因为戏曲如果没有音乐，就不会称之为戏曲，也许会成为别的艺术品种。"[4]昆曲、京剧与秦腔可能在服装、化妆和剧目上都有相似，但是剧种之间最突出的区别就体现在这音乐和唱腔上。同样是《玉堂春》，我们在秦腔、京剧、昆曲中都能找到它。换句话说，戏曲的音乐是形成不同戏曲剧种的关键因素，是剧种的灵魂所在。"同一剧目，可用不同的剧种去表现，而剧目的不同，并不意味着剧种各异。这样一来音乐便成为剧种的决定者，而剧种则成为音乐的体现者。"[5]

然而，同样是梆子声腔系统的陕西秦腔、山西晋剧、河南豫剧和河北梆子为什么同声腔而不同剧种呢？要分析以上问题的原因，我们必须要深入地域民俗中去才能找到答

---

[1]《南词引证》，摘自叶长海：《中国戏剧学史稿》，中国戏剧出版社2005年版，第90页。

[2] 叶长海：《中国戏剧学史稿》，中国戏剧出版社2005年版，第90页。

[3] 郑传寅：《地域文化与戏曲论纲》，载《当代戏剧》2008年第2期，第8页。

[4] 徐德宝：《音乐是剧种的决定者——"西秦腔"研讨会有感》，载《当代戏剧》2008年第1期，第25页。

[5] 徐德宝：《音乐是剧种的决定者——"西秦腔"研讨会有感》，载《当代戏剧》2008年第1期，第24页。

案。"百里不同风"地域民俗是地方剧种多样化的另一个重要原因。清代严长明的《秦云撷英小谱》说:"弦索流于北部,安徽人歌之为枞阳腔(今名石碑腔,俗名吹腔);湖广人歌之为襄阳腔(今谓之湖广腔);陕西人歌之为秦腔……"[1]从这里我们可以看出,同样是以"弦索"为配乐,但是戏曲声腔在广为传播的同时,也深受地域民俗文化的影响,语言这一要素首当其冲,同样是梆子腔,辅以不同地域——陕、晋、豫的当地方言,一个个基于当地民俗文化之上的声腔系统就被赋予了新的生命力。

方言是文化差异的重要体现。德国思想家伽达默尔在其著作《真理与方法》中指出,语言"既是桥,又是墙"[2]。贾平凹也曾经发出过同样的感慨,他的小说《秦腔》要在上海读者间引起共鸣,其障碍是语言。[3]这都说明了语言对于艺术传播的影响是何其重要。语言在民俗传播的整个过程和领域中,扮演着十分重要的角色。不仅因为语言为戏曲的创作提供了最具有地域色彩的文学基础,而且,各种地方戏正是在各类方言的基础之上演变发展而来的。季国平先生曾说过:"失去了方言,地方戏就失去了剧中独有的内涵和灵魂,也就失去了该剧种。"[4]

在阐述方言和戏曲的关系时,徐渭在《南词叙录》中指出:"永嘉杂剧兴,则又即村坊小曲而为之,本无宫调,亦罕节奏,徒取其畸、市女顺口可歌而已,谚所谓随心令者,即其技欤?今之北曲,盖辽、金北鄙杀伐之音,壮伟狠戾,武夫马上之歌。"[5]由此可见语言对戏曲剧种确立的重要性。

民俗传播的语言传播是指以语言为媒介传播民俗事项,我国地方戏曲都是非常典型的以语言为媒介传播的民俗事项。民俗是靠语言和行为传承的文化行为模式,地域差异性造就了语言和风俗差异性,而正是这种差异造就了不同地域戏曲之间的"一体而万殊"。

在我国现存的几百种地方戏都是基于特定的地域文化发展起来的,与古希腊戏剧的"一体化"特征不同,我国任何一个剧种都是当地文化的集大成者。戏曲地域化的最主要特征在语言上。秦腔的语言采用的"泾三高",也就是泾阳、三原和高陵的地方语言。秦腔中的念白和唱,都以"泾三高"三地的语言为准。秦腔行内讲的秦腔标准音就是"泾三高"和在"泾三高"基础上的发展而来的尖、团字。如:秦腔中的"国家"不能读作"guó

---

[1] [清]严长明:《秦云撷英小谱》,陕西省戏曲研究所编:《秦腔研究论著选》,陕西人民出版社1983年版,第172页。
[2] 李正良:《传播学原理》,中国传媒大学出版社2007年版,第254页。
[3] 张中江编辑:中国新闻网:http://www.chinanews.com.cn/cul/news/2008/10-29/1429259.shtml。
[4] 季国平:《当秦腔遭遇现代文明》,载《当代戏剧》2008年第2期,第7页。
[5] 郑传寅:《地域文化与戏曲论纲》,载《当代戏剧》2008年第2期,第8页。

家"而应读作"guì家","脸"不能读作"liǎn"而应读作"健jiàn","我"就不能念成"wǒ",而要念成舌根与软颚接触后再张开用e作韵母发出的那个音:似"额";"山"就不能念成"shān"而要念成"sān";"是"不能念成"shì",而要念成"sì";"争"不能念成"zhēng",而要念成"zēng";在秦腔《杀狗劝妻》中焦氏有这样一句对白:"跑了和尚跑不了寺(事)。""寺"在陕西方言中就念成"shì"。

陕西方言在省内也有很大的差异。关中地区的语言和陕北地区的语言存在很大的差别,这也就能够解释为什么关中地区盛秦腔而陕北地区流行道情戏。盛行于西北五省区的秦腔也因为语言和地域文化的不同,而把在甘肃一代流行的秦腔与关中秦腔区分开来,称之为"西秦腔"。总而言之,声腔和语言共同确立了秦腔区别于其他剧种的最基本特征。

2. 秦腔与秦文化的关系

千姿百态的地域文化是各种戏曲剧种赖以发生、发展的土壤,根植于各种土壤之上的地方戏曲艺术也就有了各种不同的形态和特点。与此同时,地方文化土壤在戏曲演变的历史长河中,赋予了地方戏曲强大的生命力,为地方戏曲的发展源源不断地输送着给养。贾平凹在小说《秦腔》中生动地描述了地域风俗与秦腔的关系:"山川不同,便风俗区别,风俗区别,便戏剧存异;普天下之人不同貌,剧不同腔;京、豫、晋、越、黄梅、二黄、四川高腔,几十种品类;或问:历史最悠久者,文武最正经者,是非最汹汹者?曰:秦腔也。"

依托悠久的历史文化,西安地区演剧历史可以追溯到唐代。任二北在他的著作《唐戏弄》中说:"在唐人的生活中,正有无数种戏剧嬉戏在不能不谓已成风气。"[1] 虽然秦腔产生的具体年代已无确切年月可查,但是秦腔确实是一门历史悠久的艺术。

西安地区作为古都,是华夏文明的发源地之一,经历了周、秦、汉、唐时期,吸纳了儒、道、释三家的营养。严长明曾在《秦云撷英小谱》中云:"秦腔自唐、宋、元、明以来,音皆如此。"[2] 由此可见,作为陕西省的代表剧种,秦腔早在唐朝时期就被赋予了"汉唐雄风"之特点。根据王绍猷先生编写的《秦腔记闻》和焦文彬先生、阎敏学先生编写的《中国秦腔》两本著作,我们可以得出一个共同的结论:西安秦腔的产生和发展先后经历了秦风、秦声和秦腔三个阶段。

秦风的形成最早可追溯至"秦襄公收复丰镐"的秦国时期。秦风的特点被秦朝李斯

---

[1] 简兮:《谈戏剧的草根性》,载《当代戏剧》2008年第1期,第29页。

[2] [清]严长明:《秦云撷英小谱》,载陕西省戏曲研究所编:《秦腔研究论著选》,陕西人民出版社1983年版,第172页。

概括为："击瓮扣缶，弹筝博髀，而歌呜呜，快人耳目者，真秦之声也。"[1] 王绍猷在《秦腔记闻》中提到："秦腔发源颇古，自秦襄公收复丰镐，创建秦国以来，变温柔懦弱之气，成刚劲激昂之风，车辚驷铁，遗响犹存。"[2] 由此可知，生长于秦地的秦腔，自秦风形成之日就被赋予了高亢、激越的特点。

金元时期著名诗人元好问对秦声的特点总结如下："关中风土完厚，民质直而尚义，风声习气，歌谣慷慨。"[3] 元好问对秦声的概括也间接体现出"关中风土"与"民质"和"歌谣（秦声）"之间的关系。

秦腔之所以能够形成现在"慷慨激昂、苍劲悲壮"的特点，是"由于这里自然环境和历史的政治经济情况所形成的当地特有的风俗人情和斗争传统，反映在戏曲艺术上就形成了秦腔的表演与唱腔的特点。"[4]

从秦风到秦腔，地域文化赋予了秦腔慷慨激昂的特质，它符合"直而尚义"的人民的审美情趣。秦腔之所以能够产生如此之大的影响，与它博采众长、善于汲取其他剧种营养不无关系。

3．京剧在秦地的传播土壤缺失

如果比较秦腔与京剧在西安地区的发展，我们会很清楚地看到秦腔强大的群众基础和京剧有限的传播活力。我们甚至可以看到，京剧在西安地区面临巨大的生存危机。下面的几组历史事件可以说明京剧在西安的出现与政治因素是分不开的：

> 清宣统三年（1911），辛亥革命爆发，浙籍陕同盟会员、秦陇复汉军大统领张翔初等人为以戏曲启迪民智，恢复汉业，在西安创建枌榆学社。学社以演京梆为主，并从北京聘来唐寅虎、王长林任教练。该社促进了京剧与秦腔的交流，但是陕西军政头目频繁更换，学社深受其害，最终因经费不足于民国八年（1919）解散。
>
> 民国二十年（1931）"九一八"事变后，东北军移驻陕西，随着陇海铁路通至西安，京剧艺人来陕日增。
>
> 民国二十六年（1937）抗日战争爆发后，京、津、沪等地大批京剧艺人逃亡后方，西安京剧舞台兴盛一时。

---

[1] 王绍猷：《秦腔记闻》，载《秦腔研究论著选》，陕西人民出版社1983年版，第4页。
[2] 王绍猷：《秦腔记闻》，载《秦腔研究论著选》，陕西人民出版社1983年版，第4页。
[3] 焦文彬、阎敏学：《中国秦腔》，陕西人民出版社2005年版，第31页。
[4] 陕西省剧种介绍委员会编：《秦腔流派初览》，载《秦腔研究论著选》陕西人民出版社1983年版，第121页。

民国三十一年（1942），延安鲁艺平剧团与解放军一二〇师战斗平剧团合并成立延安平剧研究院。为繁荣革命根据地文艺活动，京剧在陕西兴起。

中华人民共和国成立后，新生京剧团在西安演出一个时期，后因难以维持，宣告解体，部分演员加入陕西省京剧团。

1958年成立的陕西省京剧团在中国人民解放军一野文工团基础上建立。[1]

陕西省京剧团最辉煌之时莫过于"文化大革命"后，尚长荣、李宗义、王金璐等人调入之时。但是随着政策的变化，老一辈艺术家纷纷调离，陕京逐渐失去了它的光辉。再加上京剧无法融入当地民俗，最终脱离市场，发展艰难。

由此可见：京剧在西安地区特定时期的繁荣，只与当时的历史、政治背景相关，而非当地地域文化自然选择的结果。

随着开放程度的加深和政治因素的减弱，京剧在西安多元城市文化的夹击下处境每况愈下。笔者曾在2009年2月去过陕西省京剧团，除大门后经翻修外，剧团所在地的内部建筑均为20世纪六七十年代所修。根据陕西省京剧团演员唐晓宁介绍，创作于2005年并荣获第五届中国京剧艺术节现代戏二等奖、名著改编奖的京剧版《雷雨》和2008年新拍的《风雨老腔》的获奖使得陕西省京剧院摆脱了惨遭改制的命运。而改编京剧主要目标是获奖，若想融入当地的文化对于京剧来说并非易事。

分析造成这种情况的主要原因，还是要回到我们上面所提到的民俗和方言这两个层面上来。与当地民俗活动的脱节是造成京剧走向衰落的主要原因。首先，在民俗活动这一层面上，按照陕西的民俗传统，逢年过节、红白喜事，请秦腔班组唱大戏是当地居民从祖上就传下来的约定俗成的习俗。1958年才成立的陕西省京剧团不可能令这一民间习俗发生改变。其次，在语言习惯上，秦腔的语言主要采用的是泾阳、三原和高陵的地方方言，这是陕西人所熟悉的。而京剧采用湖广音、中州韵，这是陕西人所听不懂和不能接受的。不是"吼"出来的京戏也不符合陕西当地人的审美习惯。所以在广袤的农村，京剧失去了最为广泛也是最为重要的群众基础。如此一来，就不难理解京剧在陕西不景气了。

通过比较我们可以得出这样的结论，地域文化和民俗活动解决了地方戏曲的三个重要问题。首先，"橘生淮南则为橘，生于淮北则为枳"，特定的地域文化作为土壤，孕育

---

[1] 以上数据均来自《中国戏曲志·陕西卷》。

了与其相匹配的地方戏曲剧种。其次，民俗活动为戏曲的生存和发展提供了广阔的演出市场，戏曲演出一般伴随着民俗活动而展开。西安地区民俗活动保存相对完好，即使在当前城市语境下西安民俗活动也有较好保留，这也为戏曲发展提供了基础。就近几年来看，西安市区内的民俗活动作为西安旅游产业的一个重要组成部分得到了有效的保护[1]，由此秦腔演出市场得到了保障。再次，一个地区的地域文化为该地区的地方剧种培养了大批戏曲观众。南甜北咸、东辣西酸，秦腔的产生建立在秦文化与民俗的基础之上，符合当地观众的审美需求也为当地人民所认同。总之，地域文化是地方剧种产生的基础，而基于特定地域文化之上的民俗活动为地方戏曲发展提供了生存空间。

（二）戏曲传播与民俗的关系

地域文化的主导成分其实就是民俗文化。一方面，特色鲜明的地域文化培育了当地的戏曲艺术；而另一方面，戏曲作为当地民俗文化的一个重要组成部分，丰富了民俗活动。

首先，戏文本身就属俗文学，戏曲是俗文化的一部分。唐文标在其著述中称："中国戏曲确为民间产物，为民间所好，也在民间自我成长，其精神与传统长存于民间。"[2]吕天成在《曲品》中用这样的词汇描述戏曲：戏曲"描画世情"，"凑拍常语"，"有意近俗"，它（戏曲）"质朴而不以为里，肤浅而不以为疏"。[3]郑振铎在《中国俗文学史》中指出"中国的俗文学包括的范围很广，因为正统的文学的范围太狭小了，于是'俗文学'的地盘便愈显其大。差不多除诗与散文之外，凡重要的文体，像小说、戏曲、变文、弹词之类，都要归到'俗文学'的范围里去。凡不登大雅之堂，凡为学士大夫所鄙夷，所不屑注意的问题都是'俗文学'。"[4]吴同瑞在其著作《中国俗文学概论》中也指出，"俗文学是通俗文学、民间文学、大众文学、口头文学的总称，是一切文学作品之母……话本、南戏、诸宫调，元代的杂剧……都属于俗文学的范围"。[5]以上引文都界定了戏曲与俗文化之间的关系。

其次，戏曲艺术源于"俗"，也因为俗而易于传播，"花雅之争"的史实也告诉我们戏曲也只有积极参与到民俗活动中才能最大程度实现戏曲的传播与繁荣。

李渔在《闲情偶寄》"贵浅显"一节中有这样的一段描述："曲文之词采与诗文之词

---

[1] 据陕西省摄影协会关于陕西民俗活动统计，仅西安地区就有超过120个庙会、社火等民俗活动。http://www.snfpa.com/dasai_view.asp?id=452。
[2] 唐文标：《中国古代戏剧史》，中国戏剧出版社1985年版，第95～138页。
[3] 吕天成：《曲品》，载《中国古典戏曲论著集成》六，中国戏剧出版社1959年版，第209页。
[4] 郑振铎：《中国俗文学史》，东方出版社1996年版，第1页。
[5] 吴同瑞：《中国俗文学概论》，北京大学出版社2000年版，绪论。

采非但不同，且要判然相反。何也？诗文之词采贵典雅而贱粗俗，宜蕴藉而忌分明。词曲不然，话则本之街谈巷议，事则取其直说明言。凡读传奇而有令人费解，或初阅不见其佳，深思而后得其意之所在者，便非绝妙好词，不问而知为今曲，非元曲也。"[1]这段话阐明了戏曲创作要本着"俗"的原则，要符合戏曲广场演出形式，符合各个阶层各类人群的审美需求，进而才能够雅俗共赏。也就是说，只有在内容上达到雅俗共赏的境界，戏曲才能在民俗活动上得到观众的接受，进而才有传播。

再次，民俗活动为戏曲传播提供了平台。德弗勒认为："大众传播是一个过程，在这个过程中，职业传播者利用机械媒介广泛、迅速、连续不断地发出信息，目的是使人数众多、成分复杂的受众分享传播者要表达的含义，并试图以各种方式影响他们。"[2]在我国古代，传统节日往往是形成丰富的集市物质市场和精神产品市场（如戏剧演出）集散地的重要时间，"我国的传统节日（大众节日）一般是全民性的，官民共庆，老少同乐，一国之人皆若狂"[3]。西安地区市郊和农村大都还保留有这样的集市，并有固定的时间和地点。在这样的集市中虽然没有秦腔的现场演出以及古代集市那种"城市及村落人，水逐陆奔"的繁华场面，但是不少商贩会选用秦腔作为背景音乐，从某种意义上来说也为戏曲大众传播提供了时间和空间平台。随着城市化的不断加深，超市等大型购物场所逐渐取代传统集市。城市中的"赶集"活动受到不同程度的影响，规模和数量锐减。

民俗活动在秦腔的传播中体现在如下两个方面。一是传统节日，如庙会、社火；二是人生礼仪。《梁书·武帝纪》中记载："五十外便断房室，不饮酒，不听音声，非宗庙祭祀大会飨宴及诸法事，未尝作乐。"[4]戏曲的传播与发展离不开各种传统民俗节日。孟元老在《东京梦华录》就有《元宵》一节，记有"御街两廊下'奇术异能，歌舞百戏，鳞鳞相切，乐声嘈杂十余里'"，《中元节》一节，记有"构肆乐人自过七夕，便般目连救母杂剧，直至十五日止"。[5]这都描述了在民俗节日中戏曲的演出盛况。张岱在《陶庵梦忆》中也对在民俗活动中的戏曲演出有过记载："可以看到演剧活动与各种传统节日活动联系在一起的热闹场面，如元宵、清明、端午、中秋以及庙会等。"[6]由此可见戏曲演出与民俗

---

[1] 李渔：《闲情偶寄》，岳麓书社出版2000年版，第49页。
[2] [美]梅尔文·德弗勒、[美]埃弗雷特·丹尼斯：《大众传播通论》，华夏出版社1999年版，第12页。
[3] 郑传寅：《传统文化与中国戏曲》，湖南人民出版社2005年版，第37页。
[4] 转引自陕西艺术研究所编：《秦腔研究论著选》，陕西人民出版社1983年版，第6页。
[5] 叶长海：《中国戏剧学史稿》，中国戏剧出版社2005年版，第28页。
[6] 叶长海：《中国戏剧学史稿》，中国戏剧出版社2005年版，第267页

活动是不可分的。

　　农耕文化构成了我国传统文化的主体，而戏曲艺术又是中国农耕文化的集大成者。自古以来，以"广场演出"为主的地方戏曲演出活动就构成了传播学中"群体传播"的重要形式。民俗文化在戏曲传播过程中扮演了重要的媒介作用。秦腔在西安地区具有广泛的群众基础，是西安地区农村喜闻乐见的娱乐形式。在田间、集市、庙会和社火，随处可见秦腔的身影。尤其是在西安地区的乡村，至今仍然保留有大量的传统广场式演出。而且西安地区的城市和田间也还保留有大量的戏台，如户县、蓝田、大荔、乾县、长安县等区县。

　　西安地区保存有大量的戏台这一现象，可以追溯到明代。明初对戏台的建设有明文的规定："明初，明太祖朱元璋敕令修建城隍庙，各地按省、府、州、县的行政区划修建城隍庙，庙前必须有一个与其品级相适应的戏楼，并成为寺庙总体建筑不可缺少的一部分。从此陕西民谚就有了'城隍庙对戏楼'的说法。"[1] 由此看出戏台是城隍庙的一部分。现存很多戏台虽然历经沧桑，但是仍然发挥着戏曲传播的作用。另外，西安地区远离战火所以部分明清戏台得以保存。位于西安市中心鼓楼西大街的城隍庙，内设戏台建于明代，经历过战火后几经修缮，仍在每年的正月十五上演秦腔。除了正月，西安城隍庙每年农历四月初八与八月中秋逢会，也都会定期举办秦腔表演。这些延续下来的民俗活动为戏曲在城市中的传播提供了时间和空间上的可能。

　　在西安市郊和广大的农村地区民俗得到了很好的保护，凡是有民俗活动的地方就会看到秦腔。咸阳大众剧团和咸阳人民剧团均属秦腔剧团，二者都成立于1950年。经采访得知，两个剧团演员的大部分时间都是扔在了"乡间野外"。造成这一现象的原因是：西安地区的区、县农村市场广阔，农村市场需求大。

　　据咸阳大众剧团"台柱子"、国家三级演员马亚娟介绍，她所在的剧团一直在农村演出。由于农村演出任务繁重且演出条件差，这位30多岁的戏曲演员的脸部历经风吹日晒已经布满了黑斑。乡村间的秦腔演出与民俗活动联系紧密，春节期间的各类民俗活动又比较集中，正值秦腔演出"旺季"，所以演出任务就显得格外繁忙。在采访时，这位刚刚从村一线赶回来的秦腔演员一脸疲惫。

　　除了民俗节日之外，个人的生命仪式，包括出生、满月、周岁、成丁、结婚、死亡、死亡后3周年和各种民间仪式都需要请剧团、唱秦腔。正如贾平凹所说，几乎每个关中

---

[1] 焦文彬、阎敏学主编：《中国秦腔》，陕西人民出版社2005年版，第5页。

农民都是由秦腔迎到世间,又由秦腔送离世间的,秦腔已经成为人生的盛大典礼的象征。据咸阳大众剧团退休演员焦绪英介绍:在陕西,农村人很讲究秦腔演出排场,排场不仅要求场面大,而且戏要好,演员的唱要好,功夫要做到家。虽然陕西各区县都有自乐班,但是自乐班毕竟多为业余演员组成,他们的演出不能满足农村观众对专业秦腔演出的需求,简单说就是自乐班的排场不够。而市级剧团的价格适中能够满足农村观众的审美需求。因此咸阳的专业剧团承担了西安地区大部分的农村演出,有时演出范围还会扩展至西北五省区农村腹地。

可以说,民俗活动促进了秦腔的传播,并形成持久且深远的影响。从某种意义来说,这种影响力广泛且普遍。"人类的文明之所以能够发展到如此的高度,都是因为自人类产生以来的文化都被保存下来,并在现代传播中不断发展。"[1]秦腔只有在不断的传播中才有继承与发展的可能。正如邵培仁在其著作《传播学》中所讲:"传播使文化在历史的长河中得以保存,因而形成了深厚的文化积淀和丰富的文化成果,这为文化享用提供了丰富的内容。"因此我们可以推断出这样一个结论,现代城市文化中民俗活动的减少,直接导致戏曲演出减少。

(三)戏曲传播与当地观众欣赏趣味的关系

观众审美在一定程度上决定了戏曲的发展方向。在观众与戏剧关系的论述中,郑传寅说过:"没有观众就没有戏剧。以观众和演员交流为特点的戏剧,从诞生那天起,就开始寻找尽可能多地吸附观众的方法和途径"。[2]因此,观众的审美趣味对一个剧种的发展来说十分重要。秦腔的观众基础体现在传播的广度和深度上。

首先,从秦腔传播的广度上,秦腔影响广泛,遍及全国。秦腔又名"秦声",正是因陕西简称为"秦"而得名。秦腔是秦地陕西的地方剧种,在"秦地"有深厚的群众基础,王绍猷在其著述《秦腔记闻》中提到秦腔在关中可谓是"秦中人人出口"。秦腔的辐射范围波及整个西北五省区,流传于甘肃、青海、宁夏和新疆,是西北五省区都有的地方戏曲剧种。

秦腔的影响不仅局限于西北五省区,其影响还遍及全国。齐如山先生在《中国戏曲源自西北》中就有"研究戏剧,须要西北去"的说法。梅兰芳在其《谈表演艺术》一文中说:"秦腔跟京剧有密切的关系","主要曲调'西皮'就受秦腔的影响很大,此外,剧

---

[1] 李正良:《传播学原理》,中国传媒大学出版社2007年版,第59页。
[2] 郑传寅:《传统文化与中国戏曲》,湖南人民出版社2005年版,第15页。

本、表演等方面，也都有相似的地方"。田汉更强调："秦腔不仅是陕西一千万人的剧种，也是六亿人的剧种。……京剧有很多剧目是秦腔的，许多表演方法也受秦腔的影响。可以说，秦腔对于现代京剧的形成是功不可没的。"[1] 根据齐如山先生的观点，各种戏剧的起发点，都是来自陕西，即现在的昆腔，弋腔，都是来自西北，可见秦腔对全国戏曲剧种的影响之深。

其次，从秦腔传播的深度来看，秦腔对当地观众的影响是根深蒂固、无法撼动的。在昆曲盛极一时的清代，秦人的首选剧种仍是秦腔。清人孙静庵《栖霞阁野乘》卷下"记其伶事"条记载过："某伶者，色艺工绝，游于陕。陕尚秦省，无解南音者，困甚，无所得衣食。"[2] 由此可见，地域文化对观众欣赏习惯的影响巨大，风靡全国的昆曲丝毫不能撼动秦腔在陕西观众心里的位置。

秦腔是西安地区人民群众喜闻乐见的娱乐形式。关于秦腔的观众群，王绍猷在其著作中用"万口一词，八方同调"来形容秦腔在西安地区的广泛群众基础。现如今，在民间还流传着很多顺口溜。在这些顺口溜中，人们经常拿美味佳肴与对秦腔的喜爱作对比，表达当地人民对秦腔的炽热感情。如："看了润润子的《渔家乐》，哪怕回去掌柜的砸了锅"；"快跑快跑，德尔（陈雨浓）的《皇姑打朝》；紧走别歇，德娃（陈雨浓）的《曹玉莲走雪》"；"看了咬牙旦（赵杰民，即老福生子），一年四季不吃饭"……这些谚语都体现了陕西人民对秦腔的挚爱。

提到秦腔与当地观众欣赏趣味之间的关系，我们还可以在文学作品中找到相关的描述。文学作品是作者生活经历的凝练，以"秦腔"为名，贾平凹曾经创造过两部作品，一部是散文，一部是长篇小说。散文《秦腔》不仅用精彩的文字描述了西部百姓对秦腔的热爱和痴迷，更倾注了作者对秦腔的感情：

> 有了秦腔，生活便有了乐趣，高兴了，唱"快板"，高兴得像被烈性炸药爆炸了一样，要把整个身心粉碎在天空！痛苦了，唱"慢板"，揪心裂肠的唱腔却表现了多么有情有味的美来！美给了别人享受，美也熨平了自己心中愁苦的皱纹。当他们在收获时节的土场上，在月悬中天的庄院里大吼大叫唱起来的时候，那种难以想象的狂喜、激动、雄壮，与那些献身诗歌的文人，与那些有吃有喝却总感空虚的都市人相比，常说的什么伟大的永恒的爱情是多么渺小、有限和虚弱啊！我曾经在西府走

---

[1] 焦文彬、阎敏学主编：《中国秦腔》，陕西人民出版社 2005 年版，序言。
[2] 王廷信：《昆曲与民俗文化》，春风文艺出版社 2005 年版，第 70 页。

动了两个秋冬，所到之处，村村都有戏班，人人都会清唱。在黎明或者黄昏的时分，一个人独独的到田野里去，高高的土屋的窗户口里就飘出一阵冗长的二胡声，几声雄壮的秦腔叫板，我就痴呆了，猛然发现了自己心胸中一个强硬的气魄随同着胳膊上的肌肉疙瘩一起产生了。秦腔在这块土地上，有着神圣的不可动摇的基础。凡是到这些村庄去下乡，到这些人家去做客，他们最高级的接待是陪着看一场秦腔。他们一生最崇敬的只有两种人：一是国家领导人，一是当地的秦腔名角。广袤旷远的八百里秦川，只有这秦腔，也只能有着秦腔，八百里秦川的劳作的农民只有也只能有着秦腔使他们喜怒哀乐。秦人自古是大苦大乐之民众，他们家乡的交响乐除了大喊大叫的秦腔还能有别的吗？

我们不难从中读出秦腔在秦川大地上的广泛而坚实的群众基础。

齐如山先生曾经说过研究戏曲要到西北去，通过实地调查后我们发现如果想体验戏曲在中国大地上的广大群众基础，到西北确实不失为一个不错的选择。西北大地上随处听得到吼出来的秦腔，让人感受到一种强大艺术生命力和号召力所带来的震撼。

根据尼尔森媒介研究调查（NMR）数据显示，陕西人民广播电台戏曲广播收听率为0.2183%，为了更加直观地对相关数据进行比较，现将陕西省西安市其他主流广播收听率整理并列表如下表1：

表1 陕西省西安市主要广播台收听率一览表[1]

电台名称	收听率
陕西人民广播电台交通广播	0.4033 %
陕西人民广播电台都市广播	0.1442 %
陕西人民广播电台戏曲广播	0.2183 %
陕西人民广播电台新闻广播	0.2358 %
陕西人民广播电台故事广播	0.0175 %

由此可见，陕西人民广播电台的戏曲广播并没有预期想象的那样"惨淡经营"，收听率仅次于交通广播和新闻广播。通过为期一个月的实地收听之后，笔者发现，陕西人民广播电台戏曲广播的某些节目并不像国内一些知名媒体那样，"天天过《秋江》，夜夜拷

---

[1] 梅花网媒体库 http://www.meihua.info/resource/mediumPage.aspx?mediumID=b414f8f1-b418-4ff5-ba63-66ca87f6f3b0&login=no。

《红娘》。不把王魁捉（《活捉》），就把裴生放（《放裴》）。永不关店的《迎贤店》，一年四季《做文章》"[1]，它们的节目剧目丰富，经常播放冷门剧目。

除了有戏曲普及、戏曲点播类的节目外，陕西人民广播电台的最大特色莫过于增进了戏迷的参与性与互动性。最具特色的莫过于一档叫《今天我是角儿》的戏曲娱乐节目，在这档节目中，戏迷可以打进热线电话，现场直播演唱自己拿手的戏曲唱段。该节目为广大戏曲爱好者搭建起一个展示自我、实现梦想的舞台。事实证明，这样的互动得到了广大戏迷朋友的喜爱，赢得了很好的收听率。通过一个多月的实地收听，笔者发现打进热线的戏迷从未间断过。通过该节目，我们也看到了秦腔在秦川大地上的扎实的群众基础。

从收音机中可以听出，戏迷都是用陕西地方方言来与主持人沟通。主持人在接到热线电话后都会与听众寒暄一番，由此我们也可以得知戏迷的平均年龄：大多在45～60岁之间，分布地区也主要集中在陕西省西安、咸阳市和各郊区县。对于其他戏曲类节目来说，陕西戏曲广播的做法还是具有一定借鉴之处的。当然，这样的互动性节目也需要一个庞大的听众群。

斯蒂文·小约翰在《传播理论》中说："传播是与人类生活各个方面交织在一起的，对人类活动的任何研究都必然会触及到它……我们把传播作为人类生活的中心。"[2]从民俗传播学的角度来看，人是民间文化的创造者，民俗往往代表了一个地域集体的意愿，秦腔在西安地区，在当今社会下之所以还具有传播动力，重要的原因就是西安地区人群对秦腔的集体选择，体现了当地人民的"集体意愿"。

这种"集体意愿"体现在民间自发形成了秦腔班社，他们的某些日常活动甚至都可以看作是秦腔在乡村传播的具体化。提到陕西秦腔戏迷的广泛性，我们不得不谈一谈在西安市区和郊区县随处可见的"秦腔自乐班"。[3]余秋雨先生曾经在其著作中有这样的论述："城市中的市民口味曾对戏剧艺术的成熟进行过关键性的催发，从此，戏剧的主航道也就集中到了城市中。即便是在乡间阡陌间孕育的曲调和故事，也需要在城市显身，才有可能成为一种有影响的社会存在。"余秋雨所说论证了戏曲的繁荣是要走城市化路线的。但是对于当今时下的秦腔来说，其传播和发展模式体现了"农村包围城市"特点。

"自乐班"是盛行在秦川大地上的业余戏曲组织，以西安、咸阳及所属的区、县尤盛。在形成的原因上，"秦腔自乐班"绝非是某些政府政策的产物，而是由民间自发形成的一

---

1 吴乾浩：《当代戏曲发展学》，文化艺术出版社2007年版，第71页。

2 [美]斯蒂文·小约翰著，陈德铭译：《传播理论》，中国社会科学出版1999年版，第3页。

3 余秋雨：《中国戏剧史》，上海教育出版社2006年版，第233页。

种民间娱乐组织，具有很强的自发性和广泛性。不仅局限在西安市，各类秦腔"自乐班"还活跃在陕西省各城市和乡间。"秦腔自乐班"往往有专业的分工，这种分工不仅体现在乐队上，在演员的角色划分上同样也有所体现，是实实在在的秦腔民间传播力量。

像"自乐班"这类的民间班社多为戏曲爱好者自发建立，成员主要为退休老干部、老教师、老工人和民间的老艺人。自乐班的主要服务对象也均为中老年观众。咸阳大众剧团的焦绪英告诉笔者，30年前在她年轻的时候，看到台下是"白茫茫"的一片；时隔30年，当她再次深入民间演出时，台下还是白发老人。秦腔观众群在西安地区的演出市场中没有发生多么大的变化，中老年人组成了秦腔的最主要的受众群体。

通过实地走访，可以发现"自乐班"的一些基本情况：自乐班一般有固定的演出时间、地点，甚至有固定的参与者与观众群体。城市"自乐班"同样有固定的演出时间，但是演出场地有限且比较集中，西安城区的"自乐班"主要集中在西安古城墙根下的护城河公园、城市公园和文化广场（如西安大雁塔南广场）。

除了休闲娱乐与传播功能以外，自乐班在促进社会主义新农村建设以及建设和谐社会中都扮演了重要的角色。西安雁塔区北山门口村"同乐社"自清代成立以来，几百年来演出从未间断，现在已经发展成为西安雁塔区重要的文化活动中心，其辐射范围已经远远超过了北山口村。另外，在创作上颇具特色的是西安灞桥区东李村的"自乐班"。根据《当代戏剧》编辑部采访小组的介绍，该村常自编自演村里的好人好事，对促进精神文明建设，构建社会主义和谐社会，促进秦腔在当今的传播都有一定积极的意义。成立于1998年的"蓝田县群众艺术团"以玉山村许庙戏楼为活动场所，经常为当地的群众百姓演出秦腔，体现了戏曲原有的"广场艺术"生存状态，博得了广泛的群众基础。

从某种意义上说，西安民间农村业余剧团在秦腔的传播和社会主义文化建设中都是不容忽视的。这无疑与国家"十一五"文化发展纲要中的"加强基层文化建设"有关。从分布广泛的自乐班来看，秦腔与当地人民的审美趣味是符合的。庞大的群众基础为秦腔在现代都市语境下的传播提供了强有力的支持。

四、秦腔的现状与未来发展的思考

（一）现代秦腔发展的困境

也许有人会认为，西安地区深处中国大陆腹地，城市文化并没有受到很强烈的外来冲击，保存有较好的本土性。可是根据西安市文化局统计的《西安艺术场馆年报》，西安市儿童影剧院、西安市大明宫影剧院、西安解放剧场、西安市长乐影剧院除放映电影以外的艺术演出场次均为"零"。咸阳市大剧院在原秦都剧院的基础上改建后，实行自负盈亏的市场经济经营体制，在没有政府拨款的情况下为了能够取得一些利润维持剧院的日常开销，曾经一度组织较为低俗的演出，在社会中造成了不良影响。经过一系列的整顿后，这种淫秽、低俗演出已经消失，但是咸阳大剧院却仍然没有摆脱自己市场经济下自负盈亏的命运——现在的它成了某房地产开发商的售楼中心。中央政策和监管的力度影响不了置于西北的陕西，文化演出市场混乱已经成了西安地区文化市场的一个特征。根据西安文化局官方网站公布的调研信息："截至2005年底，我市卡拉OK厅、夜总会、慢摇吧等民营文化娱乐业经营户386家，2004年营业收入1.7亿元。"[1] 现代城市娱乐业的发展呈现了以下两种趋势：1、随着高新技术的发展，城市娱乐业与高科技的结合越来越紧密；2、现代文化娱乐业发展的另一趋势，是跨行业经营，形成综合型文化产业企业。现代娱乐业在城市中能够吸引更多的观众，其影响力逐渐加大，对戏曲发展产生了一定的影响。

西安市文化娱乐业是近几年来发展较为迅速的文化产业，也是以民营文化企业为主的产业，现已成为居民基本文化生活消费需要、涵养税源、促进就业、扩大内需、拉动经济增长的一支产业生力军。在看到了西安市民营娱乐业的不错业绩后，对比西安艺术场馆演出年报，我们同样可以看到这样的事实：西安市群众艺术馆、新城区文化馆、莲湖区文化馆、碑林区文化馆、雁塔区文化馆、未央区文化馆、临潼区文化馆、灞桥区文化馆、长安区文化馆、阎良区文化馆、周至县文化馆、高陵县文化馆、户县文化馆、蓝田县文化馆等西安市文化场馆的演出营业收入绝大多数都为零。[2] 在西安市的演出娱乐业中，现代化的娱乐项目已经占领了更多的市场。在面临市场经济浪潮和多元的城市文化时，以传统演出娱乐为主的演出场馆处境艰难，以文化馆为主的戏曲演出场所逐渐把营业项目转移到了其他行业，如曾斥巨资建成的咸阳大剧院已经成了售楼中心。

在为《秦腔记闻》作序时，高培之对秦腔发展的窘迫曾经有过这样的感慨：

> 民初所聘老教练，犹能采用于新剧本者，十之一二，其后老成凋谢，新生只能抱残守缺，以致阳春白雪，渐成绝调，此可惜者一也。以音乐论，旧日曲牌，名目繁多，几数百种，随场取用，能其听者，觉其有色有声，环生妙趣，其后学者，艰

---

1 西安文化局：http://www.xawh.gov.cn/ilist.asp?newsid=275&ilist=%B2%FA%D2%B5%B5%F7%D1%D0.
2 参见附录（二）。

于学习，不能深造，以致名曲多半失传，白华芜黍，空存篇目，此可惜者二也。以规矩论，旧时传授，为师徒制，情感密切，管理严密，丝毫不苟，故能使学者研学精进，登峰造极，今则该行教学制，法本良善，可以化私为公，不过行之者，未得其意，以致演成各不负责，应酬故事，成效教前差甚，此可惜者三也。有此三弊，此艺术未能进化之最大原因。[1]

上述文字不仅道出了秦腔的发展瓶颈，同时也适用于整个戏曲的发展。虽然在西安地区，秦腔有广泛的市场，但是对于秦腔的长期发展来说，在多元城市文化的冲击下，人才的流失、剧目的失传、戏曲教育和观众培养环节的缺失都是阻碍秦腔继续向前发展的因素。另外改革开放以来，一切以经济建设为中心的城市建设忽略了对民俗文化的保护，在这样的情况下，戏曲在城市中的发展也就失去了原有的活力。

（二）民俗文化建设要软硬件并重

在现代城市语境下，只有通过营造民俗环境，提升民众民族文化意识，才有可能拉动戏曲演出市场。

在现代化建设发展迅速的今天，西安一直在试图通过文化建设提升城市的综合竞争力。刚刚建成的大雁塔文化广场是西安文化建设的重头戏。其中的"关中百工坊"民俗文化体验街区、陕西戏曲民俗文化园是大雁塔文化广场的主体设计的重中之重。但是，笔者通过实地走访发现，秦腔在这个文化建设项目中并没有占到较大的比重。大雁塔在民俗文化广场建设上存在如下问题：

首先，是民俗元素的缺乏。妇孺皆知的关中八大怪把秦腔收录其中，但是在该项目的建设上几乎看不到秦腔的影子，与秦腔相关的只是零售摊位上的秦腔戏曲人物剪纸。大雁塔广场在旅游地图上虽然明确标示出了陕西戏曲广场，但是我们最终只是在人不是很多的南广场发现了一个"秦腔自乐班"平日聚唱的小亭子。

其次，在民俗环境的营造上，经济元素过重。各类餐饮商铺占到了整个广场的80%以上，餐饮商铺甚至代替了原本规划给戏曲的位置，这与筹建广场的初衷和打造陕西戏曲文化的设计思路相差甚远。更有甚者，美国快餐肯德基也成为大雁塔民俗文化广场的一个组成部分，这显然与关中民俗文化的营造没有任何的关系。

---

[1] 王绍猷：《秦腔记闻》，陕西人民出版社1983年版，第3页。

因此，在民俗文化的营造上，硬件基础设施固然重要，但是城市的民俗文化建设同样需要建设，需要城市中的人的参与。民俗是以人为主体的传播，仲富兰在《民俗传播学》中说："从人类起，就有人谋取生活资料的劳动，也就有了民间文化创造。"[1] 脱离了人的参与，再好的硬件建设只能成为摆设，脱离了人的参与，再悠久的非物质文化遗产也失去了传播的可能。大雁塔民俗园应该为人们体验民俗而服务，而不应成为一个过分强调商业价值的商业场所。只有妥善处理民俗营造与经济建设的关系，才能够充分发挥文化对经济建设的推动作用。

政府首先应该在文化政策上予以指导，把非物质文化遗产与物质文化遗产的保护与宣传提升到相同的高度。通过实地走访我们发现，西安市在城市文化氛围的营造上偏重于物质文化遗产，如兵马俑、大雁塔等历史古迹，而没有把非物质文化遗产如秦腔作为陕西省文化名片建设宣传的重点。原西安易俗社社长、著名剧作家冀福记在接受采访时说道："陕西人写的作品，讲述的是发生在陕西的故事，却没有成为陕西的一张文化名片，这是个值得思考的问题。"齐如山在《梅兰芳游美》一书中有这样的记载："大致国外人到北平来，都把'故宫''天坛''长城''访梅君''观梅剧'，作为同等必要的游程。"[2] 由此可见，非物质文化遗产对城市文化氛围的建设和城市文化名片的打造是同等重要的，如果我们把戏曲赖以生存的地域文化作为土壤来讲的话，那么戏曲反哺城市文化就好比是"化作春泥更护花"。只有充分利用西安的优势历史文化资源，发掘秦腔等非物质文化遗产的潜力，加以规范的市场运作和适当的宣传包装，才能使得把西安"城市名片"做得更加有声有色。

（三）利用民俗活动，结合低票价策略，推动戏曲普及

在现代的城市语境下，推广戏曲一定要与推广民俗活动相结合。戏曲与民俗活动的结合不仅体现在时间的契合上，最根本的还是要让戏曲走进平常百姓，使戏曲的传播具有广泛性。

新闻社陕西分社主办的陕西新闻在2009年2月22日刊登了这样一则评论："通过一年多的演出实践（2008年），'陕西省戏曲研究院剧场天天晚上有秦腔'活动总共演出380余场，吸引观众数十万人次。在演出市场低迷、观众群体萎缩的背景下，他们以'经典性剧目，高水平演出，公益性票价'的定位，打造出了可喜的都市文化新景观。同时

---

[1] 仲富兰：《民俗传播学》，上海文化出版社2007年版，第70页。
[2] 齐如山：《梅兰芳游美记》，辽宁教育出版社2005年版，第6页。

全方位展示了该院的豪华阵容，锻炼了人才队伍，剧场演出上座率平均达到87%。遇有精品剧目、新创剧目以及名家名角的演出，甚至出现座无虚席、一票难求的情况，已成为西安文化消费的新热点。"[1]

当然，这是来自媒体正面的报道，为了探个究竟，笔者来到陕西省戏曲研究院大剧场对演出情况进行实地调研。据戏曲研究院内部人员介绍，整个2008年的演出票房收入并不乐观。经过研究院内部的谈论研究，他们认为是票价定得过高——票价分别是80元、100元和120元（VIP）三个价位——造成了整个2008年演出季票房收入不景气，平均票房成绩为每晚每场1000至3000元之间，其中以1000～2000元价格区间为主。

在政府财政"文化惠民工程"政策下，这一情况在今年有所改变。陕西省戏曲研究院坚持以低票价面向观众，还戏于民。2009年戏曲研究院改变了票价策略，将演出票价分别为甲、乙、丙票，价格分别为10元、20元、30元。从正月初六到正月廿八的票房来看，在戏曲研究院大剧院演出的《五女拜寿》票房总成绩最好的为一晚卖出3000多元的门票。省戏曲研究院演出部的潘先生在接受采访时做出了这样的结论：归根结底，还是我们的广告没有打出去，很多城里人爱看戏，但是他们不知道在我们的大剧场10元钱就能看一出由专业演员演出的秦腔。由于戏曲研究院拥有自己的大剧院，因此对本院的演出活动不收取任何费用，再加上院里的补贴和政府的经济补贴，研究院对低票价的"天天有秦腔"惠民演出和秦腔在城市的振兴充满了信心。但是我们也看到没有民俗文化的支撑而仅仅局限在剧场的演出让秦腔传播显得有些力不从心。

（四）戏曲演出要辅以现代化市场营销手段

市场营销在一定程度上能对秦腔在城市的发展与传播产生重要的影响。与民俗活动结合较好的秦腔，过年期间自然就成了戏曲演出市场的香饽饽，任何一个剧团都不会错过这一演出旺季。在同一个演出旺季中，笔者在西安亲身体验到了两种差距较大的市场营销方式。一是以陕西省秦腔剧院《梦回长安》大型交响诗的全方位的演出营销模式，另一个是以陕西省戏曲研究院《五女拜寿》、青春版《杨门女将》的传统的市场营销活动。

企业化的改制只能产生一个结果，那就是整合之后的易俗社，必须以市场为准绳，一切演出都要围绕市场进行运作。于是大型交响诗《梦回长安》在创作之初就把城市观众作为演出主要受众群体。下面是《梦回长安》宣传语：

---

[1] 中国新闻网，陕西文化新闻 http://big5.chinanews.com.cn:89/gate/big5/www.shx.chinanews.com.cn/news/2009/0222/shx_chinanews_3260.shtml。

>　　戏曲活化石，东方交响乐
>　　一部蕴含周秦汉唐灿烂文明的恢弘史诗
>　　一台展现盛世长安恢弘大气的交响诗画
>　　一场交响与秦腔完美结合的戏曲盛典
>　　一段展示大西北奔放豪迈的艺术狂想

众所周知，秦腔艺术作为宝贵的非物质文化遗产，是陕西戏曲的旗帜，它的创新、发展对弘扬戏曲文化、秦文化均有着重大的现实意义。

《梦回长安》由西安曲江文化旅游集团主持开发，是融秦腔、交响、歌舞、舞美诗画于一炉的全新艺术演出。在使用传统舞台手段之外，它还用4D概念对秦腔艺术大胆创新，试图让观众全方位享受演出。它将周、秦、汉、唐历史风云重新搬上舞台，在保持秦腔内核、延续传统的同时，进行全面创新。

整台演出将交响乐融入戏曲音乐，使听觉享受更富层次感；同时采用立体化的音响、灯光、舞美手段，全方位再现盛世长安的恢弘大气和文化内涵，带给观众视觉、听觉上更多丰富的艺术感受。

《梦回长安》演出活动突出了大制作、新视听、城市化、可发展的理念思路，是基于对中国传统秦腔艺术的拯救和保护而进行的一种全面创新和改革，更是深入推进秦腔市场化进程和进一步繁荣秦腔演出市场的重大举措。

从上面的介绍中我们不难发现，《梦回长安》的演出形式脱离了传统意义上的秦腔演出形式。该剧更多展现的是秦腔中的声音和视觉元素，引入了一个让人感觉时尚但是很模糊的概念——4D。与传统的秦腔演出相比，我们只能说它运用了秦腔元素而并非一出秦腔戏，整台演出更像是一台经过精心策划和包装的综合晚会。

改制后的秦腔剧团在市场营销方面有了新的突破，在城市中推出了一系列的营销手段。笔者通过实地走访发现，《梦回长安》的包装很专业，市场宣传行为力度大，广告涉及公交车、繁华街道沿街广告展位、网络宣传和报纸媒体宣传。其广告投放涉及范围之广，影响之大，是北京的戏曲院团也不能及的。如此庞大的市场行为，让其门票"身价"也上升到了200元一张。但就是200元，票房收入也非常可观："首演时间的消息一经传出，融侨集团、中海地产、协和置业、荣华集团、紫薇地产、金地集团、万业公司、浐灞生态区等企业单位团体订票，将前10天的门票一抢而空，《梦回长安》的11场演出，

10场成了专场演出。"[1]正如陕西省戏曲研究院的潘增耀所说,现在秦腔在城市范围内的演出,宣传显得尤为重要。陕西省戏曲研究院自2008年开始就开展了"西安天天晚上有秦腔"演出活动,这一活动一直持续到了现在,并且会贯穿整个2009年。但由于陕西省戏曲研究院的宣传力度不够,宣传媒介只涉及部分报纸、网络,让票房一直没有起色。因此,戏曲演出根据岁令时节推广固然重要,广泛的营销活动也还是很有必要的。

(五)秦腔发展的思考

十七大报告中指出:"兴起建设文化新高潮的现实条件已经具备。"对于中国来说,不断增强的经济实力,使我们可以拿出更多人力、物力、财力投入文化建设;人民群众日趋旺盛的精神文化需求,为文化大发展大繁荣提供了强大动力和广阔空间;全社会对文化建设的关注和重视,为推动文化大发展大繁荣创造了良好的社会环境。如何发掘我国传统文化中的"软实力""打造中华民族精神支柱""构建中华主流文化"成为当前文化建设的当务之急。西安也将"推进社会事业全面发展,满足市民多样化、多层次需求"纳入到《西安市国民经济和社会发展第十个五年计划纲要》中。《纲要》还指出:"以注重人的全面发展为宗旨,大力发展社会事业,逐步树立健康、文明、舒适的都市生活方式。积极推进文化建设。坚持'二为'方向和'双百'方针,弘扬优秀传统与时代脉搏相融合的文化艺术,创建富有西安特色的都市文化产业体系。"

西安拥有雄厚的历史文化资源,但就目前来看,西安文化资源的开发偏重物质文化遗产的开发。一提到西安,人们总是想起兵马俑、华清池等历史遗迹。如何利用现有的文化资源实现民俗文化的发展和秦腔的传播是当前西安文化发展需要解决的问题之一,因为保护民俗文化资源对西安城市的发展有着重要的战略意义,我们清楚地看到,文化在推进经济建设中所起到的关键作用。不仅是文化遗产可以产生经济效益,近些年来,一些民俗活动也渐渐成为旅游项目中的香饽饽。西安地区拥有特色鲜明的民俗文化活动,对这部分内容加以扶持同样可以产生良好的经济效益。

在城市化进程不断加速的过程中,民俗文化的缺失为戏曲发展带来诸多问题。民俗文化意识的淡薄可能导致文化的断层,而文化断层将直接导致戏曲观众的缺失。如果仅仅在资金上解决问题,对戏曲院团提供支持,对于戏曲的发展来说只能是解决燃眉之急、

---

[1] 吴广怀、范超、文静、吉炜涛、刘慧、陈旭:《用秦腔打造中国歌剧》,《华商报》电子版2008年1月23日 http://hsb.hsw.cn/2008-01/23/content_6786921.htm。

一时之渴。戏曲是民俗活动的一个重要组成部分，因此若要形成戏曲发展的长效机制，培养观众戏曲欣赏意识和审美情趣，形成文化自觉是关键。而文化自觉需要通过民俗活动的普及来形成，只有形成了区域内的文化共鸣，才能形成一种可继承的文化约束力，带动民俗文化的传播，推动戏曲艺术的发展。民俗是一个生命力很强的文化现象，只有立足西安地区地域文化，注重文化设施的建设，提倡民俗活动，为当地民俗活动的继承与发展切实提供一系列便利措施，才能从根本上解决培育秦腔的"土壤"问题。

晚清学者黄遵宪在《日本国志·礼俗志》这样解释民俗："风俗之端，始于至微，搏之而无物，察之而无形，听之而无声；然一二人倡之，千百人和之，人与人相接，人与人相续，又锤而行之，及其既成，虽其极陋甚鄙者，举国人之习以为然；上智所不能察，大力所不能挽，严刑峻法所不能变。夫事有是有非，有美有恶，旁观者一览而知之，而鄙国称之为礼，沿之为俗，乃仍举国之人，辗转沉锢其中，而莫能少越，则习之囿人也大矣。"[1] "囿"原指养动物的园子。[2]作者用在这里形象地描述了民俗对人们巨大的约束力。这种约束力无论是在民俗传播的力度和时间上都具有很大的影响。秦腔借助陕西地区独有的民俗活动而存在，陕西民俗活动也通过秦腔得以诠释和传播。作为关中民俗的一个重要组成部分，秦腔经受住了一代又一代的关中观众的检验。戏曲演出活动大都伴随着岁时节令，如果缺乏民俗活动这一重要媒介，戏曲是难以生存与发展的。西安地区的秦腔与该地区的京剧发展现状就是一个很好的例子。同样，戏曲也为民俗的传播起到了重要的作用，正是秦腔把关中地区的民俗活动渲染得热热闹闹。如果关中地区的民俗活动少了秦腔，那么这一民俗活动就缺乏节日气氛。总之，民俗活动伴随着戏曲演出，而戏曲演出同时丰富了节日的庆祝方式，强化了节日的意义。

秦腔与秦文化的关系只是中国几百种地方戏曲艺术与各自地方文化之间关系的一个缩影。要继承和发扬中国戏曲艺术，只有通过适当的政策对民俗活动进行保护，才能在源头上解决戏曲发展的市场问题。

---

1 黄遵宪：《日本国志·礼俗志》，转引自郑传寅著《传统文化与中国戏曲》，湖南人民出版社2005年版，第29页。
2 中国社会科学院语言研究所词典编辑室编：《现代汉语词典》，商务印书馆2005年版，第1657页。

附录

（一）采访人员一览表

姓名	隶属单位及职业	访谈时间
唐晓宁	陕西省京剧团主要演员	2009年1月
刘培斌	陕西省京剧团主要演员	2009年1月
冀福记	西安易俗社原社长	2009年2月
潘增耀	陕西省戏曲研究院演出部主任	2009年2月
马　辉	陕西省戏曲研究院主创人员	2009年2月
焦绪英	陕西省咸阳市大众剧团原剧团主演	2009年2月
马亚娟	陕西省咸阳市大众剧团现剧团主演	2009年2月
钱　娇	陕西省咸阳市人民剧团现剧团主演	2009年2月

（二）2007年西安市群众艺术馆、文化馆（文化中心）基本情况年报

艺术场馆名称	组织文艺活动次数	经营收入
西安市群众艺术馆	0	0
新城区文化馆	19	0
莲湖区文化馆	15	0
碑林区文化馆	65	0
雁塔区文化馆	10	0
未央区文化馆	4	0
临潼区文化馆	5	0
灞桥区文化馆	10	0
长安区文化馆	8	0
阎良区文化馆	23	0
周至县文化馆	8	0
高陵县文化馆	23	0
户县文化馆	35	0
蓝田县文化馆	23	0

数据来源：陕西政府网

（三）陕西省文化部门艺术演出剧团体每团平均演出场次统计及位次统计表（1964～2007年）

年份	场次	位次
1964	320	20
1978	166	16
1980	238	17
1985	210	13
1990	209	6
1995	193	7
2000	186	6
2005	176	9
2006	196.43	9
2007	182	13

数据来源：陕西政府网

（四）秦腔对外演出活动一览表

时间	地点	目的	演出剧目
1987	香港	中国地方戏曲展	碗碗腔《杨贵妃》
1990	香港	同上	秦腔《西湖遗恨》、眉户《屠夫状元》《盗草》和《借扇》
1992	日本	文化交流	秦腔《千年一帝》
1993	芬兰	国际艺术节	秦腔《西湖遗恨》
1994	芬兰	国际艺术节	碗碗腔《真的，真的》（根据芬兰同名话剧改编）
1997	荷兰	国际艺术节	秦腔《西湖遗恨》
1997	香港	中国地方戏曲展	秦腔《杀嫂》《鬼怨·杀生》《借扇》《顶灯台》
1999	德国	国际艺术节	秦腔《杨七娘》
2001	伊朗	国际艺术节	秦腔《杨七娘》
2002	日本	中日建交	秦腔《杨七娘》
2002	台湾	两岸戏曲展	秦腔《窦娥冤》《鬼怨·杀生》等

资料来源：陕西省戏曲研究院内部资料

探索中的生存
——以北京京剧院、北京风雷京剧团为例分析地处北京市的京剧院团演出运营现状

刘 夏（2006级）

一、引言

京剧市场化不是新课题。京剧自它诞生那天起就是靠市场经济来养活自己，二百年来莫不如此。直到今天，许多院团也没有停止过营业演出，只不过营业演出的具体操作方式不同罢了。

在当今国家大力提倡"文化大发展、大繁荣"的形势下，京剧艺术作为民族艺术越来越引起人们的重视，而京剧院团作为承载着戏曲艺术发展方向的重要载体，它们的兴衰与否直接决定着京剧艺术的繁荣或衰落。反之亦是如此，京剧艺术被大众的接受程度也直接影响着京剧院团的生死存亡。在某种程度上可以说，京剧院团与京剧艺术二者可谓是命悬一线。因此对京剧院团市场运营情况进行调查研究，不仅仅能够从一个侧面获知当今京剧市场的运行情况，也能为研究京剧院团的革新与发展提供一个充实的确切依据，更能从中进行探究京剧院团的未来发展之路。

北京作为首都城市，不仅是全国的文化中心，其经济发展在全国也是处于举足轻重的地位。在某种程度上来说，全国的文化产业都在以北京的文化产业的发展为基石。而对于京剧艺术来讲，北京更是全国的中心地带，地处北京的京剧院团的发展情况直接影响着全国各地京剧院团的发展。因此，对地处北京京剧院团的市场运营进行调查研究，

从中发现普遍性与特殊性，探求京剧院团的未来发展之路，对全国京剧行业的发展亦能起到借鉴作用。

本文意在调查研究北京京剧院团演出现状，探索京剧院团的运营模式，分析京剧院团发展中的成功经验与困难所在，为京剧院团的发展开拓新思路，并为其早日摆脱困境，在新时代下形成一种自己特有的运营模式提供依据。

二、戏曲演出市场环境

（一）我国文化产业情况

改革开放 30 年以来，我国的经济建设加快，产业结构不断向优化升级的方向发展，其中第三产业的发展尤为迅速，在产业结构中所占的比重越来越大。三项产业中，1978～2007 年第一产业年均增长 4.6%，第二产业增长 11.4%，第三产业增长 10.8%。从构成看，第一产业所占比重明显下降，第二产业所占比重基本持平，第三产业所占比重大幅上升。其中，第一产业所占的比重从 1978 年的 28.2% 下降到 2007 年的 11.3%，下降了 16.9 个百分点；第二产业所占比重由 47.9% 上升为 48.6%，上升 0.7 个百分点；第三产业所占比重由 23.9 上升为 40.1%，上升 16.2 个百分点。现代经济的结构性特征越来越明显（表1）。

表1 1978～2007 年三项产业增加值比重变化情况

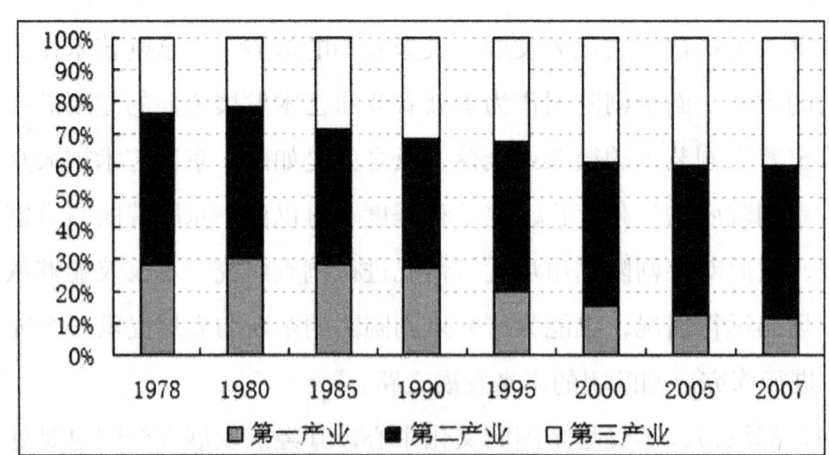

如表1所示，伴随着经济结构的大调整，三项产业的就业结构也发生了明显的变化。70% 的就业人口从事农业的局面有了很大的改观，相当比例的人口转而从事工业和服务

业。其中，第一产业就业人数占总就业人数的比重由1978年的70.5%下降到2007年的40.8%，下降了29.7个百分点；第二产业就业人口所占比重由17.3%上升至26.8%，上升了9.5个百分点；第三产业就业人口所占比重由12.2%上升至32.4%，升了20.2个百分点。[1]

由此不难看出，第三产业已经成为整个国民经济的支柱产业，其迅猛的发展自然也为演出业带来了良好的发展环境。近年来，随着我国经济结构的调整，演出业处于发展的探索阶段，而相应政策的出台也加快了演出业的改革和整合。2006年，《国家"十一五"时期文化发展规划纲要》（以下简称《纲要》）正式发布。《纲要》的重要性和特殊性正如文化部孙家正部长2006年9月14日在国务院新闻办发布会上所指出的那样："中共中央办公厅、国务院办公厅近日颁布的《国家"十一五"时期文化发展规划纲要》，是新中国成立以来由中央制定的第一个专门部署文化建设的规划纲要。"[2]文化部部长蔡武也表示："社会主义市场经济条件下文化发展的基本思路，就是一手抓公益性文化事业，一手抓经营性文化产业，两轮驱动，两翼齐飞。在九大文化产业领域中，文化系统涉及动漫业、演艺业、娱乐业、文化会展业、文化创意产业等，占到一半以上，我们有责任更加重视文化产业发展，有义务加快文化产业发展。"[3]这更加说明了文化产业在当今的重要性。

（二）戏曲演出业背景

1. 国内演出业背景

《纲要》中明确了演艺业是"十一五"时期重点发展的九大重点文化产业之一。从2005年开始，随着中央政府发布的《关于非公有资本进入文化产业的若干规定》《营业性演出管理规定》（修订）以及文化部、财政部、人事部、国家税务总局联合发布的《关于鼓励发展民营文艺表演团体的意见》，文化部发布的《关于完善审批管理促进演出市场健康发展的通知》等政策的出台，演艺业生存环境得到巨大改观，发展环境迅速优化，演艺行业领域在体制、资源、机制方面的活力得以逐步释放和重新焕发，演出经营机构发展迅猛。

---

[1]《改革开放30年经济结构在优化升级中实现重大调整》，国家统计局。http://www.gov.cn。

[2] 徐世丕：《我国首部国家文化发展规划纲要解读》，文化传播网。http://www.ccdy.cn。

[3] 谌强：《文化部部长蔡武：以文化新局面迎新中国60华诞》，新华网2009年2月16日。www.chinanews.com.cn。

截止到2007年，全国共有各类艺术表演机构4512个，比2006年全国2866个表演机构的数量增加了1646个，包括话剧、儿童剧、滑稽剧团242个，占总数5%；歌剧、舞剧、歌舞剧团164个，占总数4%；歌舞团、轻音乐团729个，占总数16%；乐团、合唱团49个，占总数1%；文工团、文宣队、乌兰牧骑320个，占总数7%；京剧剧团116个，占总数3%；其他戏曲剧团1917个，占总数42%；曲、杂、木、皮团529个，占总数12%；其他446个，占总数10%。[1]（见表2）

表2 全国艺术表演机构数量分配图

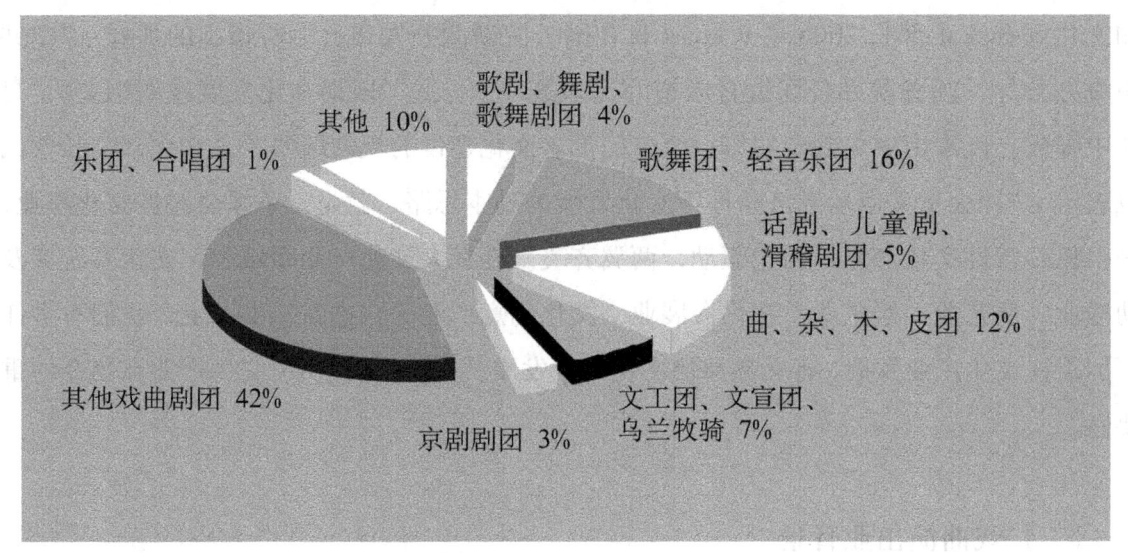

由其中数据可以发现，京剧及其他戏曲院团的数量较多，在演出表演机构中所占的比重非常大，几乎将近占到了总数一半。可见中国传统戏剧仍然占据当代中国人文化需求的主要位置。"有调研数据显示，地方戏曲仍然是各地大众参加文化娱乐活动的主要消费对象。"[2]

2．北京演出业背景

近年来，北京演出市场迅速扩大。到2006年底，北京市累计审批艺术表演团体194家，其中社会办团138家，较2005年增加了两倍多。如表3所示，北京市文化局2006年底公布的数据显示，这些团体全年演出17629场，国内观众1167万人，演出收入2.9

---

[1]《全国艺术表演团体分剧种机构数》，国家统计局。
[2] 徐世丕：《2006年中国演艺业发展报告》，载《文化蓝皮书·2007年：中国文化产业发展报告》，社会科学文献出版社2007年版，第234页。

亿元，较 2005 年，演出场次增加约 15%，国内观众增加约 80%，演出收入增加约 170%。演出经纪机构数量也出现大的增长，伴随着 2005 年各项鼓励性法规的出台，当年年底机构数量就由上年度的 96 家增加到 200 多家，到 2007 年，北京市文化局审批演出经纪机构累计达到 504 个。[1]

表3 2006年北京市专业艺术表演团体基本情况 [2]

指标	计量单位	合计	文化部直属	市属	区县属	中央其他部委	社会办团	部队院校
机构数	个	194	9	11	7	6	138	23
演出总场次	场	17629	1762	6668	1354	1145	6700	—
国内观众人次	万人	1167	280	315	19	252	301	—
演出收入	万元	28563	10786	9139	495	4543	3600	—
平均每团年演出场次	场	——	196	606	193	191	——	—

备注：1、社办团机构数，为历年累计审批数据。
2、社办团业务活动数据，沿用2005年调查数据。

据北京演出行业协会对全市 54 家主要从事营业性演出场所的逐月统计以及对演出市场各类信息的收集分析，2008 年全市演出 13232 场，与 2007 年同期 13240 场基本持平；观众总人数 808.9 万人次，与 2007 年同期 805.1 万人次相比略有增加。

在演出方面，国有艺术院团，特别是国家和省级文化部门直属院团以及一些实力雄厚的地市级院团，仍然是打造培育舞台表演艺术精品力作的国内演出市场主力军。据北京市文化局公布的数据显示，市属 11 个专业院团在 2006 年共演出 6668 场，演出收入 9139.2 万元，占当年全部演出收入的 32%。与国家推出一系列改革政策前的 2003 年相比演出场次增长了 76%，演出收入增长了 1.6 倍。到了 2008 年，市属 11 个专业艺术院团全年演出 6912 场，其中，国内演出 6509 场，国内观众 378 万人次，演出收入 1.53 亿元，[3] 占当年全部 6.27 亿元收入的 24%。在这其中，旅游演出占了绝大部分。以梨园剧场、北京崇文区红剧场、朝阳剧场、湖广会馆、天桥乐茶园等为主要演出场所的旅游演出逐步

---

[1] 政府信息，北京市文化局。

[2] 政府信息，北京市文化局。

[3] 《北京（2008年）》，北京市统计局。

形成了规模。"这些剧场常年演出杂技、京剧等艺术种类，一般天天有演出，据 2007 年上半年统计，其演出场次占北京市全部演出的 48%。"[1]

在北京的艺术演出中，五一、十一、元旦及春节等比较大的节日期间演出最为密集，演出品种、场次、观众人数都保持了较大的规模。一些大的专业演出场所，如保利剧院、长安大戏院、北京展览剧场大部分的营业收入是在这些比较大的节日期间完成的。

演出收入增长的主要原因，是由于艺术表演团体积极开拓演出市场，在艺术生产的投入、管理、经营分配等方面实施重大改革，坚持贴近实际、贴近生活、贴近群众，做到了艺术作品思想性、艺术性和观赏性的统一，因而受到观众的喜爱。

3. 北京地区京剧演出业背景

在近年来北京演出业迅速扩大的背景下，北京戏曲类演出业也同样得到了快速发展。越来越多的外地戏曲演出团体来北京寻求演出机会，在丰富了北京戏曲演出市场的同时，也带来了激烈的竞争。这对刺激戏曲演出市场的活力有着非常积极的作用。

据北京演出行业协会公布的演出场次及观众人次排行中显示，2005 年，排名第一的为戏剧类演出，共 1829 场，占全市总场次的 28%。观众达 112 万人次，占全年总人数的 28.5%。其中：京剧 1132 场，观众 68 万人次。话剧 611 场，观众 38 万人次。其他戏曲剧种 86 场，观众 5 万多人次。[2] 戏剧类演出排在第一位的主要原因是在北京有长安大戏院、梨园剧场以及湖广会馆、老舍茶馆等演出场所常年以演出京剧为主和以国内外游客和戏剧爱好者为主的稳定观众群。到了 2007 年，全市 54 家营业性演出场所共演出 13240 场，比 2006 年同期的 9280 场增长 42.6%。其中京剧演出 1221 场，占总场次 9.2%，比 2006 年同期（1604 场）减少 23%。观众总人数达 805.1 万人次，比 2006 年同期的 528 万人次增加 49.4%。其中京剧观众 54 万余人，其他剧种观众 12 万余人。[3]

拿 2005 年与 2006 年北京地区戏曲剧团演出情况为例做一详细比较（表 4）：

---

[1] 薛晓金：《北京市文艺演出市场分析报告》，载《北京蓝皮书·北京文化发展报告（2007～2008）》，社会科学文献出版社 2008 年版，第 149 页。

[2] 《2005 年度北京演出场次统计分析》，北京演出行业协会。该报告所用数据来自全市城八区 39 家经常性演出场所的每月演出报表进行汇总整理得出的数据。

[3] 《2007 年北京市演出市场统计与分析》，北京演出行业协会。

表4 2005～2006年北京市戏曲剧团演出情况明细[1]

项目	机构类别	全部戏曲剧团		京剧剧团	
		2005年	2006年	2005年	2006年
从业人员（人）	总计	1116	1133	457	474
	高级职称	176	177	82	82
	中级职称	504	495	220	216
本年新排上演剧目（个）	总计	10	4	6	2
	本团创作首演剧目	7	3	3	1
演出场次（千场）	总计	3	3	1	1
	国内演出场次	3	3	1	1
国内演出观众人数（千人次）	总计	1554	1754	677	540
	农村观众人次	294	827	27	30
	本年新创剧目观众人次	125	23	48	15
收入情况（千元）	财政拨款	116288	105496	48434	49265
	演出收入 总计	21683	23690	13925	13231
	演出收入 本年新创首演剧目演出收入	3777	60	1987	0
支出情况（千元）	人员支出	45038	50107	22097	22964
	本年新创首演剧目费用支出总额	5954	718	2124	300

从表4中显示的信息可以看出，2005～2006年，北京地区新创戏曲剧目的数量和投入明显减少；戏曲类演出虽然在场次上基本没有变化，但是在剧种和观众类型上却有了明显变化。2006年观看戏曲类演出的观众数量要比2005年多出20万人，其中农村观众人数急剧增加，由2005年的29.4万人次迅速增加到82.7万人次。但是在这些观众当中，观看京剧演出的人数却有所下降。在演出收入一项中也有所体现，在总体上2006年的戏曲演出演出收入增加，但是京剧演出收入却减少了。可见，在这两年北京市戏曲演出市场上，除京剧外其他剧种的演出市场迅速扩大，尤其在农村演出市场上具有很强的竞争力。

之所以会造成这样的市场份额，一方面是国家自2005年开始出台的一系列促进演出

---

[1] 政府信息，北京市文化局。

市场发展的政策及规章制度发挥了巨大作用。另一方面与北京市近年来出台的一系列惠民政策亦有着密不可分的关系。2005 开始，北京市推出了"文艺演出星火工程""周末场演出计划""民族艺术进校园"等一系列活动，这些虽然是属于在政府组织下的公益性演出活动，但也极大地拓展了北京市的演出市场，培养了广泛的观众群。"民族艺术进校园"活动是针对大、中、小学的学生群体开展的一项艺术普及活动，以普及和推广民族艺术文化为目的，采取演出加讲座的形式，让学生们更加直观地了解民族艺术，从而使更多的年轻人关注并走进民族艺术，同时也可为民族艺术的演出市场培育青年观众群体。"文艺演出星火工程"是为了完善北京市公共文化服务体系，以农村为重点，主要针对北京周边各区县的农民观众群体，采取政府补贴方式，鼓励专业演出团体深入边远山区农村演出，民间职业、业余演出团体本地演出、跨区域演出。这种政府"买单"、农民免费看戏的新型公共文化服务供给模式，扩大了公益性演出的受益范围，提高了农村公共文化供给质量，拓宽了农村公共文化供给渠道，解决了农村"看戏难"的问题，极大地丰富了农村文化生活。"周末场演出计划"是为了引导京郊居民文化消费，培育郊区演出市场而推出的。采取政府补贴，低价售票的方式，吸引当地居民走进剧场，培养居民买票看戏的习惯，逐渐培育郊区演出市场。在 2005 年活动试点工作取得了非常好的收效后，2006 年开始在 10 个郊区（县）全面推广"周末场演出计划"；将"文艺演出星火工程"由 5 个试点区（县）扩大到 13 个涉农区（县），覆盖了居住人口在 300 人以上的行政村，并将其制定成为一项长期的惠民政策。这对戏曲类演出提供了一个非常好的平台，不仅可以丰富年轻演员的演出经验，还可以拉近戏曲艺术与群众的距离。在这其中，京剧和昆曲相对来说更受大学生群体的欢迎，而更加通俗的地方类剧种比较贴近民众，更容易被农民观众群体所接受。

三、北京地区京剧院团演出运营现状

现在北京地区除了隶属文化部的中国国家京剧院及属于部队文工团的北京军区战友京剧团之外，戏曲表演院团共有 5 个，分别为北京京剧院、北方昆曲剧院、中国评剧院、北京河北梆子剧团、北京风雷京剧团，其中北京京剧院、北京风雷京剧团为京剧表演院团。

(一) 北京京剧院[1]

1. 剧院概况

①体制机构

北京京剧院建立于1979年,其前身是北京京剧团和北京市京剧团,现为国家重点京剧院团,也是北京市规模最大的京剧表演艺术团体。北京京剧院现隶属于北京市文化局,属于差额拨款事业单位,按照国家有关规定执行事业单位工资标准。北京市按照事业单位标准以每年60%的差额比例进行财政拨款,余下40%由院团组织营利性演出等活动自行筹措。

现剧院下设三个表演团,分别为北京京剧院一团、北京京剧院梅兰芳京剧团及北京京剧院青年团,均为国家A级演出团体。这三个表演团各自管理本团事务,制定演出计划。一团的演员数量是三个团中最多的,排演的大型新编剧目也是三团之首。团长王蓉蓉是青衣张派艺术的领军人物,拥有众多戏迷,具有很强的票房号召力。剧团演出主要以张派剧目为主。梅兰芳京剧团是中国唯一以艺术家名字命名的国家级京剧艺术表演团体,从创建至今已有80余年的历史,京剧艺术大师梅兰芳先生是该团的首任团长,在国内外享有极高的声誉。现任团长是京剧艺术家梅葆玖先生,常务团长李宏图。剧团演出主要以梅派剧目为主。青年团的前身即北京京剧院二团,演员主要以年轻演员为主,平均年龄25岁,这在国内同行业中是绝无仅有的。剧团团长迟小秋是青衣程派艺术的优秀传人,有"四小程旦"之称。演出剧目以程派剧目为主。

此外,剧院还设立了业务办公室,对三个表演团的演出等活动从整体上进行统筹规划,对演出人员进行合理调配,组织演出等活动。

②艺术成就

北京京剧院的前身是北京京剧团和北京市京剧团。梅兰芳、尚小云、程砚秋、荀慧生"四大名旦",马连良、谭富英、张君秋、裘盛戎、赵燕侠等流派艺术大师为北京京剧院艺术品牌的确立与发展奠定了非常坚实的基础。

北京京剧院现已建院近30年,无论在继承传统,还是在发展创新方面,北京京剧院都有骄人成绩。恢复加工上演的优秀传统剧目有近300出,创作改编的各类题材的新剧目有30余出。如20世纪80年代的《司马迁》《管仲拜相》《三打陶三春》《八珍汤》《贺家姐妹》《驿亭谣》,90年代的《北国情》《画龙点睛》《黄荆树》《圣洁的心灵—孔繁森》

---

[1] 除特殊标记外,本章节数据均来自北京京剧院。

《甲申祭》以及近代历史故事剧《风雨同仁堂》等，先后获国家文化部颁发的"文华大奖""中国京剧艺术节金奖""五个一工程奖"等重大奖项。进入21世纪，剧院继续推陈出新，创作了一批顺应时代审美观的大型新编剧目，如《宰相刘罗锅》《洛神赋》《蔡文姬》《梅兰芳》《袁崇焕》《武则天》和《下鲁城》等，并荣获了很多国家大奖。此外，剧院推出的京剧小剧场剧目《马前泼水》《阎惜姣》等，开创了京剧小剧场的先河。

此外，在国际文化交流事务上，北京京剧院在近30年中走访了欧洲、亚洲、南美洲、北美洲及大洋洲的众多国家，将京剧艺术带到了世界各地，并收到了非常好的反响，为国粹艺术推向世界，使世界了解中国传统文化，加强中国与国际的文化交流起到了非常积极的促进作用。

2. 经营战略

由于北京京剧院属于差额拨款事业单位，北京市按照事业单位标准以每年60%的差额比例进行财政拨款，余下的40%的差额由院团组织营利性演出等活动自行筹措。为了更好地树立剧院形象，明确自身定位，同时也为了保证剧院收入以及为剧院谋求更多资金保障，1997年北京京剧院根据自身特点和实际情况制定了人才、品牌、营销三大经营战略。

①人才战略

自古以来就有"看戏看角儿"的说法。京剧作为最具代表性的戏曲舞台表演艺术，"名角儿"的作用更不可忽视。"名角儿"不仅是京剧艺术产品的生产者，也是产品质量的标志。作为营利性的艺术表演团体，演出的创作者和表演者是这个团体的核心人物，一场演出的成功与否与演员的表演有着直接原因，为了适应市场而做出的对剧本的调整、新戏的编排等，完全取决于创作者的专业素养。因此北京京剧院非常重视人才的培养和引进，将努力发掘专业人才作为一项战略性工作，并且将其放在相当重要的位置上。

自北京京剧院建院30年来，不断地进行改革调整，剧院的演职人员、创作队伍的专业艺术整体水平在同行业中始终处于上乘。剧院现有国家一级演员、演奏员、编导、舞美等高级艺术人才50余名。当前活跃在北京京剧院演出舞台上的主要演员阵容，无论在流派的多样性，还是在老中青的梯形结构的完整性上，依然在全国专业京剧表演团体中保持着一流的整体水平。他们之中有老而弥坚的梅派艺术掌门人梅葆玖、马派艺术优秀代表张学津、谭派余派老生李崇善、陈志清；有正在处于艺术成熟期、退而不休依旧活跃在舞台上的优秀演员赵葆秀、阎桂祥、王树芳、赵世璞、叶金援、赵乃华、关静兰、王文祉、刘建元、谭孝曾、安云武、赵燕侠；有剧院当前的中流砥柱、优秀流派传人王蓉蓉（张派青衣）、杜镇杰（余派老生）、李宏图（叶派小生）、迟小秋（程派青衣）、董圆圆（梅派正旦）；有崭露头角日渐为广大观众所熟悉的优秀中青年演员朱强、陈俊杰、尚伟、年金鹏、杨少彭、李红艳、王怡、张笠媛、康静、郭伟、包飞、常秋月、张淑景、谭正岩、张馨月、张建峰、韩胜存、姜亦珊、王雪清、李丹、穆宇、窦晓璇、朱虹、魏学雷、詹磊、王盼、杜喆、于帅等。

除此之外，北京京剧院还有一大批优秀的艺术创作者和演奏家，如作家汪曾祺、王雁、王新纪等；作曲家和演奏家李慕良、姜凤山、何顺信、陆松龄、燕守平、朱绍玉等。

②品牌战略

除去作为国家级院团的中国国家京剧院不谈，北京京剧院作为北京市属京剧院团，无论在规模上还是业务水平上在国内都可算是首屈一指，在业内有着非常大的影响力。制定品牌战略就是为了能更好树立院团形象，打造精品。前面提到的人才战略同时是品牌战略的一项重要内容。北京京剧院有着其他同行业院团无法比拟的人才优势。

首先，许多前辈艺术大师为剧院品牌的确立与发展奠定了坚实的基础。如梅兰芳、尚小云、程砚秋、荀慧生"四大名旦"，马连良、谭富英、张君秋、裘盛戎、赵燕侠等流派艺术大师，他们的舞台风范、艺术成就、流派风格，始终是剧院的鲜明旗帜，渊源界碑。还有许多老一辈京剧表演艺术家，如李万春、吴素秋、姜铁麟、李慧芳、李宗义、李元春、李韵秋、赵荣琛、王吟秋、马长礼、谭元寿等都是当今业内极具声望的艺术家。

其次，许多京剧流派大家的优秀弟子及传人也是北京京剧院一项不可或缺的人才资源，他们已经成为广大观众认可的名角，并且几乎都曾获得过中国戏剧界和京剧艺术界的最高奖项——梅花奖或梅兰芳金奖。据不完全统计，其中曾获得过中国戏剧梅花奖的包括张学津、孙毓敏、杨淑蕊、迟小秋、阎桂祥、宋丹菊、赵葆秀、马玉璋、叶金援、王树芳、关静兰、王蓉蓉、秦雪玲、李宏图、董圆圆、杜镇杰等16人；获得过梅兰芳金奖的包括杨淑蕊、赵葆秀、王树芳、叶金援等4人；获得过梅兰芳金奖提名的包括安云武、王蓉蓉、杜镇杰、黄彦忠、叶江翔、李宏图等6人。

剧院非常重视人才培养，招收的演员都是本科或本科以上学历，并为青年演员提供充分的实践机会和学习机会。比如剧院会对演员进行定期的培训，邀请一些知名的专家教授来对演员进行进一步的培养。1996年中国戏曲学院成立中国京剧优秀青年演员研究生班，至今已经有139名毕业生取得了研究生学历，其中有20名毕业生来自北京京剧院，而他们当中的一些毕业生现已经成为当今京剧舞台的名角儿。而其他的一些优秀的青年演员也正逐渐得到观众的认可。

这些人才战略下打造出来的人才品牌不仅使剧院的流派艺术风格更具品牌资质，也成为提高剧院社会认知度的重要标识。

除了人才品牌外，还有一批经典的剧目现已形成了剧院的剧目品牌，如传统剧目《状元媒》《赵氏孤儿》，红色经典剧目《沙家浜》《杜鹃山》《红灯记》，新创剧目《宰相刘罗锅》《梅兰芳》《武则天》等都是剧院经常上演的品牌剧目。

③营销战略

北京京剧院以改革为艺术发展建设的先导，以培养人才品牌作旗帜，以精品剧目的创作树形象，以扩大主流文化市场的演出份额为目标，在传承民族艺术的同时，积极探索在现代时期下京剧艺术的发展之路。北京京剧院本着出人、出戏的原则，积极地进行对京剧艺术的营销。

剧目生产和经营是重点。在生产方面，除了剧院近些年不仅复排了一些经典剧目，如《红灯记》等，还新创作了一批新编剧目，如《宰相刘罗锅》《洛神赋》《蔡文姬》《梅兰芳》《袁崇焕》《武则天》《下鲁城》等，其中《梅兰芳》两度入围国家舞台精品工程初选剧目，荣膺第四届中国京剧艺术节金奖及"观众最喜爱剧目奖"。此外还有小剧场剧目《马前泼水》《阎惜娇》等。针对不同需要生产不同类型的剧目。在针对剧院打造品牌剧目，提高知名度等方面，剧院通过制作大型的新编戏来完成。这些新编戏通常都是具有超强的演员阵容，舞台华丽、服装精美、道具精致都是这些新编戏的看点所在。制作小剧场剧目的一方面是为了开辟京剧发展的新路径，另一方面由于小剧场艺术更容易被诸如大学生这样的年轻观众群体所接受，所以对吸引年轻群体，培养潜在观众有一定积极作用。

在经营方面，北京京剧院走的是品牌与市场相结合的路子，即一方面要有品牌意识，另一方面凭借品牌形象积极经营市场、开拓市场。作为一台京剧剧目的演出，就目前来讲，名家名段自然是商业演出票房的最大号召力。名段是久演不衰传承下来的经典剧目，是京剧艺术自身魅力延续的结果；能否成为名家取决于演员自身的悟性和勤奋，同时也离不开领导的重视和剧院的培养。北京京剧院一方面以人才优势经营商业演出，另一方面积极开拓旅游演出市场和农村演出市场，这样既保证了收入，维持了剧院的正常经营，又为青年演员提供了大量实践机会。

3. 演出经营现状

①政府扶持

1994年国家对院团的扶持制度进行改革，即国家不再对院团进行100%的扶持，而是只是提供给院团60%的经费，剩下的40%由院团自己自行承担。政府每年会给院团制定演出任务，如果任务没能完成，政府会将余下的经费收回。这样一来，改变了从前"饭来张口"的松散状态，促使院团走入市场竞争的大潮中。北京京剧院作为北京市属最大的戏曲类演出机构，在国内戏曲艺术领域有着举足轻重的地位，现如今在北京戏曲演出市场已经占有相当大的市场份额，基本上每年都是超额完成的演出任务。拿2006年来说，政府为其制定的任务是200场演出，200万的演出营业额，但是最终剧院演出310场，演出营业额达到了307.5万元。同时，每年40%的补差经费也都能够通过演出顺利筹措到位，并且还能有所盈利，剧院的生存问题已经解决。除此之外，京剧作为国粹艺术，国家非常重视其发展，因此政府几乎每年都会划拨给剧院一定的必要经费。如2006年北京市给北京京剧院拨款500万元，作为其购置戏曲服装和设备等工作经费。

②演出模式

（1）商业演出

商业演出是剧院收入的主要来源，北京京剧院每年进行的商业演出平均可达100余场，其方式主要有以下几种：

第一，与集团合作。这里主要指的是与长安大戏院的合作。长安大戏院是有着近70年历史的老字号的戏院，主要经营戏曲演出。北京京剧院与其有着长期合作的关系，是剧院进行商业演出的主要剧场。剧院每年在长安大戏院的演出场次可占全年演出总数的五分之一，平均上座率达6成，票价从80元到800元不等，是剧院节假日演出收入的主要来源。演出的内容以旅游戏为主，如晚场上演的旅游版《龙凤呈祥》等，其他诸如新创剧目和演出几乎都是在这里进行的。

第二，旅游演出。从1991年至今，北京京剧院一直在梨园剧场进行旅游演出。演出针对的观众群基本上是各地区及国外的旅游团体，散客很少，其中以欧美国家的游客团居多，日韩游客团占少部分。且以折子戏和武戏为主，几乎近70%的演出都是满场。由于演出针对的是旅游群体，每年的12月份是淡季，4至11月份是旺季。旺季的时候剧院几乎每天都有在梨园剧场的演出，这部分演出收入是剧院整体收入中非常重要的一部分。

第三，外地巡演。剧院每年都会有一部戏在其他城市的演出。这些演出有些剧团根据自身情况，自己联系当地有关单位进行的演出，有些是经其他省（市）有关单位邀请而去进行的演出。演出多在中北部地区，如河北、河南、东北等地居多。据不完全统计，2008年北京京剧院在外地的巡演近70场，占全年演出总量的7%。这类演出虽然数量不多，但仍然是各团完成演出任务、创收盈利的方式之一。

第四，娱乐演出。这项演出模式是北京京剧院梅兰芳京剧团在2008年下半年刚刚开发的一种全新的演出形式。皇宫大戏楼是2008年新开业的一个集餐饮和戏曲演出于一体的高级饭店，其经营模式借鉴了清代戏楼的经营模式，区别在于前者以餐饮为主，后者以演出娱乐为主。在这里客人可以在进行餐饮消费的同时欣赏到专业的戏曲演出。这种新的演出模式正逐渐成为北京京剧院又一项重要的收入来源。

（2）公益性演出

这类演出主要包括"文艺演出星火工程""周末场演出计划""民族艺术进校园"三个部分。这类演出是由政府拨款，由市文化局将演出场次下分到各区县，各院团直接与各区县文化部门沟通争取演出场次，是一种政府买单行为。

虽然是公益性演出，但并不属于纯公益性的演出，因为政府会按照标准规定每场演出支付演出单位固定的演出补贴，这对于市场有局限性的戏曲类演出院团来说是很有价值的演出机会，因此各院团都积极争取演出场次，竞争非常激烈。其中政府规定的演出补贴"文艺演出星火工程"为每场5000元，2009年开始增加到每场6000元；"民族艺术进校园"为每场10000元；"周末场演出计划"分为三个档次，即一档每场30000元；二档20000元；三档15000元，北京京剧院多为一档的演出。

以2008年为例，北京京剧院共组织"文艺演出星火工程"41场、"周末场演出计划"23场、"民族艺术进校园"59场，演出的剧目多为普通观众耳熟能详的传统经典剧目。其明细如下（表5～表7）：

序号	日期	剧目	地点	单位	收入
1	7月3日	《综艺》	丰台文委	业务办	5000元
2		《综艺》	丰台文委	业务办	5000元
3		《综艺》	丰台文委	业务办	5000元
4		《综艺》	丰台文委	业务办	5000元
5		《综艺》	大兴文委	业务办	5000元
6	7月4日	《综艺》	平谷	业务办	5000元
7		《综艺》	平谷	业务办	5000元
8		《综艺》	平谷	业务办	5000元
9	7月5日	《综艺》	平谷	业务办	5000元
10		《综艺》	平谷	业务办	5000元
11		《综艺》	平谷	业务办	5000元

续表

序号	日期	剧目	地点	单位	收入
12	7月6日	《综艺》	平谷	业务办	5000元
13		《综艺》	平谷	业务办	5000元
14		《综艺》	平谷	业务办	5000元
15		《综艺》	平谷	业务办	5000元
16	8月25日	《综艺》	大兴	业务办	5000元
17		《综艺》	大兴	业务办	5000元
18		《综艺》	大兴	业务办	5000元
19	8月26日	《综艺》	大兴	业务办	5000元
20		《综艺》	大兴	业务办	5000元
21		《综艺》	大兴	业务办	5000元
22	8月27日	《综艺》	大兴	业务办	5000元
23		《综艺》	大兴	业务办	5000元
24		《综艺》	大兴	业务办	5000元
25		《综艺》	大兴	业务办	5000元
26	10月29日	《综艺》	大兴	业务办	5000元
27		《综艺》	大兴	业务办	5000元
28		《综艺》	大兴	业务办	5000元
29	10月30日	《综艺》	大兴	业务办	5000元
30		《综艺》	大兴	业务办	5000元
31		《综艺》	大兴	业务办	5000元
32	10月31日	《综艺》	大兴	业务办	5000元
33		《综艺》	大兴	业务办	5000元
34		《综艺》	大兴	业务办	5000元
35		《综艺》	大兴	业务办	5000元
36		《综艺》	大兴	业务办	5000元
37		《综艺》	大兴	业务办	5000元
38	10月31日	《综艺》	大兴	业务办	5000元
39		《综艺》	大兴	业务办	5000元
40		《综艺》	大兴	业务办	5000元
41		《综艺》	大兴	业务办	5000元

表5 北京京剧院2008年星火工程演出统计（共41场）

序号	日期	演出剧目	演出地点	单位	收入
1	1月27日下午	《吕布与貂蝉》	平谷影剧院	梅团	3万
2	1月27日晚上	《凤还巢》	平谷影剧院	梅团	3万
3	1月30日下午	《十老安刘》	密云大剧院	梅团	3万
4	1月30日晚上	《四郎探母》	密云大剧院	梅团	3万
5	2月1日晚上	《红灯记》	大兴影剧院	梅团	3万
6	2月2日晚上	《红灯记》	大兴影剧院	梅团	3万
7	2月4日晚上	《吕布与貂蝉》	大兴影剧院	梅团	3万
8	2月21日下午	《红灯记》	怀柔剧院	梅团	3万
9	2月21日晚上	《红灯记》	怀柔剧院	梅团	3万
10	5月4日下午	《乌龙院》	丰台影剧院	一团	3万
11	5月4日晚上	《凤还巢》	丰台影剧院	一团	3万
12	5月11日下午	《穆桂英挂帅》	丰台影剧院	一团	3万
13	5月11日晚上	《典妻》	丰台影剧院	一团	3万
14	5月28日下午	《穆桂英挂帅》	门头沟影剧院	一团	3万
15	5月28日晚上	《吕布与貂蝉》	门头沟影剧院	一团	3万
16	6月29日下午	《锁麟囊》	密云大剧院	青年团	3万
17	6月30日下午	《玉堂春》	密云大剧院	青年团	3万
18	9月13日下午	《玉堂春》	燕山石化	青年团	3万
19	9月13日晚上	《玉堂春》	燕山石化	青年团	3万
20	10月5日晚上	《苏武牧羊》	大兴影剧院	一团	3万
21	10月11日上午	《四郎探母》	石景山游乐园	青年团	3万
22	10月11日下午	《四郎探母》	石景山游乐园	青年团	3万
23	10月11日晚上	《苏武牧羊》	大兴影剧院	一团	3万

表6 2008年周末场演出统计（共23场）

序号	时间	剧目	地点	单位	收入
1	3月17日	《霸王别姬》	国家大剧院	梅团	1万
2	3月29日	《贵妃醉酒》《扈家庄》	北京外国语大学	一团	1万
3	3月31日	《贵妃醉酒》《盗御马》	北京第二外国语学院	一团	1万
4	4月3日	《三岔口》（清唱）《小宴》	中国政法大学	梅团	1万

续表

序号	时间	剧目	地点	单位	收入
5	4月9日	《状元媒》《三岔口》《讲座》	计算机学院	一团	1万
6	4月11日	《贵妃醉酒》《三岔口》《讲座》	中国青年政治学院	一团	1万
7	4月17日	《三岔口》《秋江》	北京航天航空大学	一团	1万
8	4月19日	《贵妃醉酒》《三岔口》	中国地质大学	一团	1万
9	4月30日	《秋江》《盗御马》（清唱）	前门外国语学校	一团	1万
10	4月30日	《三岔口》《下山》	阜成门外一小	业务办	1万
11	5月6日	《三岔口》《秋江》	育翔小学	业务办	1万
12	5月7日	《三岔口》《智斗》《秋江》	北京机械工业学院	业务办	1万
13	5月9日	《三岔口》《智斗》《秋江》	赵登禹中学	业务办	1万
14	5月12日	《三岔口》（清唱）《秋江》	一零一中学	业务办	1万
15	5月14日	《三岔口》《秋江》《课本剧目》	西什库小学	业务办	1万
16	5月30日	《讲座》（清唱）《三岔口》	赵登禹小学	业务办	1万
17	6月2日	《秋江》（清唱）《三岔口》	北京五中分校	青年团	1万
18	6月5日	《折子戏专场》	中科院研究生院	业务办	1万
19	6月6日	《折子戏专场》	中科院研究生院	一团	1万

续表

序号	时间	剧目	地点	单位	收入
20	7月9日	《散花》《三岔口》《闹天宫》	北京第一实验小学	业务办	1万
21	9月1号	《京剧知识讲座》（清唱）《三岔口》	皇城根小学	业务办	1万
22	9月5号	讲座，折子戏	中国戏曲学院附中	一团	1万
23	9月12号	《京剧知识讲座》《武松打店》	中国戏曲学院	青年团	1万
24	9月19号	京剧知识讲座《盗仙草》	北京戏曲艺术职业学校	业务办	1万
25	9月25号	《京剧知识讲座》（清唱，彩唱）	赵登禹小学	业务办	1万
26	9月26号	《京剧知识讲座》（清唱，彩唱）	赵登禹中学	业务办	1万
27	10月7号	京剧知识讲座（折子戏）	中国戏曲学院	业务办	1万
28	10月8号	《京剧讲座》《三岔口》《秋江》	大兴区第四中学	青年团	1万
29	10月9号	《京剧知识讲座》清唱《三岔口》	海淀区温泉中心学	青年团	1万
30	10月9号	京剧知识讲座《三岔口》	北京戏曲艺术职业学校	业务办	1万
31	10月10号	《京剧知识讲座》清唱《三岔口》	北京市第二十五中学	青年团	1万
32	10月13号	《拾玉镯》《三岔口》《讲座》	昌平区大东流中学	青年团	1万
33	10月14号	《京剧知识讲座》《秋江》《三岔口》	第二十五中学（分校）	青年团	1万
34	10月15号	《拾玉镯》《三岔口》《讲座》	北京市昌平实验学校	青年团	1万

序号	时间	剧目	地点	单位	收入
35	10月17号	《拾玉镯》《三岔口》《讲座》	小汤山中学	青年团	1万
36	10月19号	京剧折子戏《下山》《盗仙草》	北京市私立树人·瑞贝学校	青年团	1万
37	10月27号	《京剧知识讲座》（清唱，彩唱）《三岔口》	北京市第一零九学	青年团	1万
38	10月28号	（彩唱）《三岔口》《讲座》《坐宫》	北京吉利大学	业务办	1万
39	10月30日	京剧知识讲座、清唱《三岔口》	大兴第八小学	青年团	1万
40	11月10日	讲座、《拾玉镯》《三岔口》清唱	昌平第四中学	青年团	1万
41	11月12日	《浮生六记》	北方工业大学	青年团	1万
42	11月16日	《霸王别姬》《盗仙草》（清唱）	北京邮电大学	一团	1万
43	11月17日	《讲座》（清唱）《借扇》	北京师范大学附属中学	一团	1万
44	11月18日	《状元媒》《将相和》《雏凤凌空》	北京建筑工程学院	一团	1万
45	11月26日	《盗仙草》《击鼓骂曹》（清唱）	华北电力大学	青年团	1万
46	11月27日	《柜中缘》《八大锤》清唱	政法大学	青年团	1万
47	11月28日	《三岔口》《讲座》（清唱）	北京市十一中学	青年团	1万
48	11月28日	《浮生六记》	中国传媒大学	青年团	1万
49	11月29日	《浮生六记》	北京化工大学	青年团	1万
50	11月3日	讲座、折子戏	大兴一小	一团	1万
51	11月24日	讲座、折子戏	大兴滨河小学	一团	1万
52	11月6日	讲座、折子戏	西罗园小学	业务办	1万

续表

序号	时间	剧目	地点	单位	收入
53	11月26日	讲座、折子戏	西罗园小学	业务办	1万
54	11月25日	讲座、折子戏	芳星园中学	业务办	1万
55	12月1日	《三岔口》讲座、清唱	大兴兴华中学	青年团	1万
56	12月2日	《除三害》清唱《战太平》	北京语言大学	青年团	1万
57	12月3日	《三岔口》《拾玉镯》讲座	崇文小学	青年团	1万
58	12月13日	讲座、折子戏	北京市计算机工业学校	青年团	1万
59	5月8日	讲座、折子戏	西罗园小学	业务办	1万

表7 2008年民族艺术进校园演出统计（共59场）

（3）国际文化交流

北京京剧院每年有一些出国演出的任务，这类演出多属于政府指派的国际文化交流活动。北京京剧院作为市属的唯一一家京剧院团，在承接政府的出国演出任务方面有着得天独厚的优势，这是其他小型剧团无法比拟的。

作为文化交流活动，目的是传播中国文化，加强国家间的文化交流，因此演出内容多为民族气息浓郁的传统经典剧目。这类演出只占剧团全年演出非常少的一部分，其场次多少取决于政府当年的对外文化交流演出计划，没有固定数量。所演出的剧目多为经典的武戏，以及少量的传统经典文戏。以2008年为例，北京京剧院的对外文化交流演出共计57场，占全年演出总数的6%。其中日本38场，马来西亚2场，新加坡5场，香港2场，台湾10场，剧目包括《龙潭鲍骆》《乌盆记》《棒打薄情郎》《战马超》《大登殿》《锁麟囊》《战马超》《赤桑镇》《状元媒》《三岔口》《二进宫》《八仙过海》《盗仙草》《赤桑镇》《击鼓骂曹》《拾玉镯》《闹天宫》《盗库银》《活捉三郎》《十八罗汉斗悟空》等传统经典剧目，其中武戏居多。

③新创剧目

2007年，文化部、财政部颁布实施的《国家重点京剧院团保护和扶持规划》中明确将"支持国家重点京剧院团新剧目的创作和生产"作为该规划的一项主要内容。可见国家已经越来越重视新剧目的创作，新剧目的创作对京剧的发展是有着积极作用的。在此之前，北京京剧院就一直没有停止过对新剧目的创作和探索，既有投入大量资金打造的大型新编剧目，也有低成本探索性的小剧场剧目。

2000年创作演出的贺岁连台本戏《宰相刘罗锅》采取的是强强联合的形式，打破省市和院团界限，在全国范围内吸纳创作人才。该剧于当年获得文华新剧目奖、第六届中国艺术节金奖，于2002年获文华新剧目奖，2003年名列首届国家舞台艺术精品剧目榜首。

2001年创作的《蔡文姬》和2002年创作的《洛神赋》分别荣获第三届中国京剧艺术节金奖和银奖；《蔡文姬》还获得了第二届全国少数民族艺术节创作、舞美和演出金奖。

2004年剧院斥巨资打造的《梅兰芳》是京剧历史上第一部交响剧诗，编剧、导演、作曲均为特邀国内顶尖人才。包括于魁智、李胜素、孟广禄、赵葆秀、李宏图、朱强等在内的在10位主演中，有6位来自外单位。强大的演员阵容，华丽的舞台效果，使当年"五一"期间仅5场演出的收入达百万元，创造了新剧目首演"票房"新高。该剧两度入围国家舞台精品工程初选剧目，并获得第四届中国京剧艺术节金奖及"观众最喜爱剧目奖"。

再有，2005年创作演出的大型新编历史剧《袁崇焕》，2007年演出的新编历史京剧《武则天》以及2008年创作演出并荣获第五届中国京剧节优秀剧目展演活动一等奖的《下鲁城》等都是北京京剧院近年来推出的精品大戏。

除此之外，北京京剧院还以低成本创作了一些具有探索性的小剧场剧目，如《马前泼水》《阎惜姣》等，并先后获得第七届中国戏剧节"金芒果杯"银奖和第八届中国戏剧节"都宝杯"金奖。此后2008年又推出了《浮生六记》。这些小剧场剧目颇受青年观众的青睐，开创了京剧小剧场艺术的先河。

④近年演出情况统计

从北京市文化局和北京京剧院得到的相关数据显示，近年来北京京剧院每年的演出场次平均为760场。

在国内进行的演出方面，由于从2005年开始政府推出了一系列优惠政策，为各院团提供了更多的演出机会，因此2005年及2006年的演出场次明显多于2004年。2008年的演出场次有所回落，这是由于北京奥运会期间，政府为保证奥运会各方面顺利进行，限制了一些演出场所的演出权，减少了各剧院的演出场次。

在国内观众人数方面，2006年开始观众人数有所减少。这是因为政府颁布了有关刺激城乡居民观看艺术演出的各项规定或政策，使各地居民对欣赏戏曲演出方面有更多更好的选择权，这样京剧演出场次自然会因为受到昆曲等其他地方戏剧种演出的冲击而减少。虽然这几年剧院每年演出总数场次有所波动，但是演出收入方面总体上呈平稳上升趋势，仅在2006年稍有下滑（表8）。

表8 北京京剧院近年演出情况统计[1]

项目	年份		2004年	2005年	2006年	2008年
新创剧目（个）			1	1	0	1
演出场次（场）	总计		743	823	747	746
	国内演出	总计	644	760	718	689
		本年创新剧目演出	20	22	0	20
		其他	624	738	718	669
	国外演出		99	63	29	57
国内观众人数（人次）	总计		515200	576000	440000	—
	农村观众		78000	27000	15000	—
	本年度新创剧目观众		40000	44000	0	—
演出收入（万元）			801.2	1301	1210.4	1570

（二）北京风雷京剧团[2]

1. 剧团概况

①体制机构

北京风雷京剧团前身是民乐社，成立于1937年。北京风雷京剧团目前是北京市唯一一家区属京剧团，2002年划归北京京都文化投资管理公司，属于经营性事业单位。北京风雷京剧团是国家A级演出团体，按照国家有关规定执行事业单位工资标准，北京市按照事业单位标准以每年60%的差额比例进行财政拨款，余下40%由院团组织营利性演出等活动自行筹措。

虽然该剧团是事业单位的身份，实行的却是企业管理制度。剧团几乎完全按照市场化管理进行经营。政府每年为其拨款100万元（2009年为90万元），余下的经济来源几乎完全来源于市场经营。与北京众多大的院团相比，风雷京剧团在规模上只能算小团。剧团共有从业人员58人，包括在编人员37人，外聘人员21人。这其中有7人负责剧团全部日常行政管理工作，包括党委书记1名，团长1名，办公室主任1名，会计1名，出纳员1名，后勤工作人员2名。剧团除了办公室主任、会计、出纳员、后勤工作人员等5人完全处理行政事务，其他人包括党委书记及团长在内均要参加演出工作。

---

[1] 2004年、2005年、2006年数据来源于北京市文化局，2008年数据来源于北京京剧院。
[2] 本章节数据来源：除特殊标记外，本章节数据均来自北京风雷京剧团。

剧团下设有两个经营性产业单位。其一是北京三益永剧装销售中心，该中心是北京市剧装生产厂家之一，聘请优秀的设计人员和经验丰富的传统服装制作工艺人员，承做各种传统戏曲服装、影视歌舞和现代服装服饰及各类演出布景道具等。风雷京剧团的演出服装主要由该中心提供，这样剧团既可以保证服装供给，又节省一大批服装制作及修补方面的开支。其二是北京风雷健身艺术培训学校。这是风雷京剧团开办的一所利用课余时间进行正规训练的少儿京剧艺术培训学校。宗旨是京剧艺术要从娃娃抓起，让少年儿童了解京剧知识，锻炼提高他们的身体健康素质和外在的形体美。同时，可以更好地普及民族艺术，弘扬民族文化，培养后继人才。几年来，北京风雷健身艺术培训学校已培养千余人次，有的同学经过培训作为特长生考入北京师大附小、北京第十五中学、北京石景山中学等重点学校；有的同学考入北京戏曲职业学院和中国戏曲学院附中。同学们多次参加市、区举办的少儿京昆大赛，中央电视台举办的少儿京昆大赛及全国举办的戏曲小梅花少儿京昆大赛，获得过一、二等奖的优异成绩。2003年该校与中国戏曲学院附中联手办起了"中国戏曲学院附中少儿京剧学前教育基地"。2004年被宣武区教委命名为特色学校。李鸣岩、松岩、薛宝臣、焦玉贵、谢晔华、吴小平等艺术家及专业教师均曾为该校的学生授课。学校现年龄最大的学生12岁，最小的仅有4岁。

②演员及演出情况

北京风雷京剧团作为一个有历史的老剧团，演出剧目多达300余出，培育和锻炼出许多知名的京剧演员，如京剧表演艺术家梁益鸣、张宝华、吴素秋、姜铁麟等。徐东来、吴纪敏、李鸣岩等老艺术家也曾在该团担任主演。近些年，剧团招收了一批青年演员，现共有演员53人，其中国家一级演员只有团长松岩一人。剧团在松岩团长的带领下，以中青年演员冉海峰、苏卓、焦健琪、郝莹、王志刚、唐淑安、马子强、陈伟等为艺术骨干，组成了一支年富力强的演出队伍。

北京风雷京剧团的演出足迹遍及全国各地，甚至海外，所演剧目在中央电视台、北京电视台、中央人民广播电台多次播出。年演出场次达400场以上，成为首都戏剧界中演出场次最多的剧团之一。曾多次出访美国、日本、俄罗斯、澳大利亚、新加坡、马来西亚等国家，引起了强烈反响，取得了非常好的演出成绩。

除此之外，剧团还曾多次接待来访的外国元首、政府高级官员，及各国驻华使节等。1993年美国前总统尼克松访华期间观看风雷京剧团的演出后称赞道："中国的过去曾是伟大的，未来更会伟大。我永远忘不了这次演出。"[1] 可见该剧团的实力。

---

[1] 刘嵩崑：《风雷京剧团七十年》，载《中国戏剧》2008年第11期，第59页。

剧团经常上演的剧目达 60 余出，主要以武戏为主，如《窦娥冤》《九江口》《望江亭》《清风寨》《潇湘夜雨》《艳阳楼》《恶虎村》《野猪林》《汉宫惊魂》《赤桑镇》《乌盆记》《金龟计》《潞安州·八大锤·断臂说书》《打渔杀家》《打严嵩》《白蛇传》《四郎探母》《捉放曹》《龙凤呈祥》《文昭关》《挑滑车》《英雄义》《长坂坡·汉津口》，以及新编剧目《武松》《长征路上》等。

2. 经营战略

风雷京剧团属于差额拨款事业单位，其主管单位北京京都文化投资管理公司每年固定拨给剧团的运营经费不足以支撑一个剧团的正常运营。因此风雷京剧团的生存几乎完全是靠剧团自身的市场化经营来维持的。从剧团成立的那一天起，它所面对的就是大众，是市场。

20 世纪 80 年代末，随着社会的飞速发展，文化娱乐活动逐渐多样化，戏曲界受到猛烈的冲击。风雷京剧团也不例外，观众日益减少，人才流失，剧团经济愈加拮据。1993 年，剧团结合自身的实际情况进行了社会调查和分析研究，制定出坚持主业、瞄准旅游市场开展旅游演出的模式。这种演出模式为剧团带来了转机，剧团凭借地处宣武区能发展旅游产业的优势，积极拓展旅游市场，发展旅游京剧。2001 年，剧团与湖广会馆合作，长年在湖广会馆大戏楼进行旅游演出。时至今日，湖广会馆大戏楼已经成为剧团固定的演出场所，经营旅游演出市场业已成为风雷京剧团赖以生存的法宝。

近些年，剧团一直在积极开发演出市场。以 2008 年为例，剧团的工作的重点依然在开发演出业务方面，制定了调节市场运作思维，注重提高演出档次和艺术水平的政策导向。扩大演出业务范围，努力寻觅、开拓一些可能形成的国际演出市场，并做出了一些成绩。

3. 演出经营现状

①演出模式

第一，旅游演出。这是剧团从 1993 年开始进行的，至今一直是剧团赖以生存的主要演出模式，湖广会馆大戏楼是剧团经营旅游市场的主要场所。湖广会馆作为一个有着浓郁北京特色的旅游景点，常年吸引着国内外的旅游团体。除了大年三十以外，剧团几乎每天都在湖广会馆演出。由于面对的观众是各国的游客，其剧目以热闹的武戏为主。剧团在湖广会馆大戏楼的演出收入只占剧团全年收入的 54%，而其余部分将通过别的演出来弥补。为此，剧团开始转向戏楼以外的地方，比如海淀剧院、北京市工人俱乐部以及会馆、酒店等演出场所。随着风雷剧团知名度的提升，剧团还去到其他城市进行演出，如 2006 年剧团组成了 60 余人的演出团，赴山西省参加了长达 9 天的阳泉煤矿艺术节。

第二，包场演出。剧团每年除了固定的旅游演出外，还有一部分演出是通过外包演出的形式进行的。一些企事业单位的年会、产品展示会等经常会邀请剧团进行演出，如电影《功夫》新片发布会、JVC 的新品发布会、IBM 公司包装产品发布会以及汇丰银行的策划工作会等。仅 2008 年上半年，剧团便应邀参加了新加坡地产业庆祝会、第五届法国电影展开幕式、北京西城宣南艺术节等活动。通过包场演出，剧团从中得到了可观的经济效益和社会效益。2008 年 5 月份，中国交通银行在上海举办建行 100 周年庆典活动，风雷京剧团应邀为其量身打造了京剧喜剧《八仙争第一》，得到了银行方面很高的评价，客户不仅负担了往返上海的全部费用，并为这 18 分钟的小剧目支付了 4 万元的高额演出费。

第三，国际文化交流。出于拓展市场的需要，剧团的对外交流演出活动开展较早。剧团曾出访过美国、俄罗斯、澳大利亚、新加坡、马来西亚等国家，取得了非常好的演出效果。剧团曾 4 次出访日本，还特聘了日本友人岩田十士先生为剧团的名誉团长。但是作为一个区属京剧院团，风雷京剧团几乎很难接到政府派遣的政策性演出任务，再加上自身各方面条件的限制，与其他大的剧院相比，风雷京剧团出国演出的机会仍是非常少的。在 2008 年《中日和平友好条约》缔结 30 周年之际，剧团应日本日中友好协会邀请，于 2008 年 10 月 12 日至 11 月 8 日在日本 13 个城市进行了为期 28 天的友好访问演出，演出剧目选择了日本观众较为熟悉的西游记题材《美猴王》，并以《扈家庄》《霸王别姬》等经典剧目作为热场节目。此次演出虽然是纯民间性的交流演出，却在日本得到了非常强烈的反响。中国国际广播电台、东京 NHK 电视台、日中友好新闻等各大主流媒体都对这次演出活动进行了大量宣传报道。此次活动中日两方的组织团体均获得了丰厚的经济收入，仅风雷京剧团的纯利润就高达 15 万人民币。活动结束后，日方表达了希望与剧团进行长期交流合作的强烈愿望。此次活动不仅为剧团带来了经济效益，更重要的是激活了剧团这些年在国际演出市场的静止状态，同时也提高了剧团在国际演出市场中的竞争力，把剧团的演出档次和艺术水平提高到了一个新的水平，这对剧团日后的发展有着非常积极的意义。

②新创剧目

为了能够让京剧这种国粹艺术号召力融入现代人的生活中尤其是得到年轻人的喜欢，同时也是为了适应市场需要，风雷京剧团从来就没有停止过对剧目的创新和探索。如 2005 年的新编剧目《窦娥冤》《孙悟空大闹地府》《武松》，2006 年的《长征路上》等。

2005 年，由北京风雷京剧团团长松岩亲自改编并主演的《武松》，就是为了适应市场，培养新观众而重新编排的。该剧在继承传统艺术的基础上，大胆创新，利用老戏新唱的方法来展现武松的人物性格，突出剧情重点。该剧开打突破过去程式化，采用现实生活中的搏杀，加上高难度技巧，一公演就得到专家认可、领导关注和观众的好评。

2006年剧团为纪念长征胜利70周年，独资创作了大型现代京剧《长征路上》，该剧分电视剧、舞台剧两个版本。这是剧团首次拍摄戏曲电视剧。这部弘扬主旋律的新创剧目，为剧团赢得了8万元的资金奖励。

与国家院团及市属院团多为评奖而排演大型新编剧目不同的是，风雷京剧团进行改编、新创剧目的目的多是为了开拓市场、培养新观众，因此新创剧目多为武戏。这是因为武戏要比文戏更具市场竞争力，在形式上更容易吸引观众。

③近年演出情况统计

风雷京剧团一直以每年不低于400场的演出数量运营着，近年的演出场次及收入均处于上涨趋势。2008年由于北京奥运会的召开，剧团赖以生存的旅游演出受到了很大的冲击，一些旅游演出点被取消，如新世纪饭店、东苑戏楼等。这些旅游演出场所的取消，对剧团的演出场次和收入都造成了很大的影响。但剧团以其他方式寻求了补救措施和办法，如日本的交流演出等，使得2008年创造了近年演出收入的最高纪录。其详细情况如下表（表9）：

表9 北京风雷京剧团近年演出情况统计[1]

项目		年份	2004年	2005年	2006年	2007年	2008年
新创剧目（个）			4	5	2	—	0
演出场次（场）	总计		521	496	474	570	446
	国内演出	总计	521	496	474	—	424
		本年创新剧目演出	50	3	6	—	—
	国外演出		—	—	—	—	22
国内观众人数（万人次）	总计		9.6	10.08	10	—	11
	农村观众		0	0	1.5	—	—
	本年度新创剧目观众		3	0.4	1.5	—	—
演出收入（万元）			85.1	91.5	112.7	—	150.8

4．经营特点

北京风雷京剧团灵活机动的运营方式以及超强的市场适应能力是该剧团经营中最为

---

[1] 2004年、2005年、2006年数据来源于北京市文化局，2007、2008年数据来源于北京风雷京剧团。

突出的特点。虽然与大的市属剧团相比，在政府的重视程度、资金占有及人才实力上风雷京剧团都远不及那些大的剧院团，但正所谓"船小好调头"，风雷京剧团正是以其灵活的经营方式锻炼出了超强的市场适应能力，使其能够在激烈的市场竞争中保有自己的一席之地。

以剧团为IBM公司所做的一个软件的广告演出为例。软件的名叫"刀客"，在该软件的发布会上，剧团为配合其产品策划了一个演出创意，即将京剧用刀的剧目和角色结合在一起设计一个演出，让最传统的戏曲与最现代的电脑软件融合在一起。演出很成功，很多其他企业也相继慕名而来。包括前文提到的为中国交通银行百年庆典活动创作的京剧喜剧《八仙争第一》，也是为适应客户需要而为其量身打造的。像这样在不违反京剧传统韵律基础上，尝试接近市场的演出，使得剧团在市场中能够逐渐地成熟起来。

风雷京剧团自成立以来，"它没有非常伟大或者很荣耀的历史事件"[1]，与那些如温室花朵般的大的院团相比，它就像室外的一颗小草，只是在那里默默地存在着，但是它所展现出来的坚韧的生存精神却让人无法忽视它的存在。"疾风知劲草"，也许有一天当所有的院团都开始真正面对市场冲击的时候，最先能站稳脚跟的恰恰就是当初这个弱小却有着顽强生命力的北京风雷京剧团。

四、研究之窥见

北京京剧院和北京风雷京剧团是北京地区京剧院团比较有典型性的两个院团。前者是市属的国家重点京剧院团之一，享受国家保护和扶持政策；后者是区属的经营性事业单位，直面市场，自负盈亏。通过对这两个各具代表性院团的调查研究，可以从中窥见在当下京剧艺术发展中所面临的一些共同的问题，并从中找出原因，以待解决。

（一）北京市京剧院团发展的桎梏
1. 演出市场环境的改变

改革开放以来，经济发展迅速，北京演出市场发生了明显变化。文化生活越来越丰富，传统的文艺演出业面临挑战。社会的发展、文化的繁荣、科技的进步不仅使得人们的休闲娱乐方式大大丰富，也使得舞台表演艺术的传播手段更为丰富。人们不再像以前

---

[1] 北京风雷京剧团团长松岩在接受千龙网《两会直播间》访问时所说。

一样只能选择单一的剧场演出作为休闲方式，而且不进剧院通过电视媒体同样能收看到舞台表演，剧场和舞台的艺术形式已不再是文化消费的主流。

2. 社会审美的改变

社会生活巨大而深刻的变化，必然引起人们审美趣味的变化。现代社会生活空前丰富，社会意识不断更新，生活在信息社会的现代人审美趣味自然有着质的变化。在当今这个"信息爆炸"的时代，在超大的信息量面前，人们快速接受着各种信息。现代人的这些变化必然影响人们的审美心理，并在欣赏艺术时表现出来。人们开始对节奏缓慢、唱腔冗长的京剧演出表现出不耐烦，转而喜欢综合性、快餐式的文艺晚会，并对运用现代科技手段丰富艺术表现力、给人以新奇感观享受的演出产生极大兴趣。

就目前来说，比较有市场的京剧演出形式仍然是旅游京剧，这类京剧多以热闹的武戏的为主，观众只是将其作为一种热闹好玩的旅游节目来欣赏，并没有将其作为一种艺术形式来品味。这种审美观念的改变是时代所赋予的。

3. 院团体制

虽然近年来我国不断进行文化体制改革，但在事业体制下，市属京剧院团的生存、发展依然较多地依赖政府，从业人员有相对稳定的经济收入。这些造成了从业人员工作懈怠，状态散漫，缺乏市场竞争意识；院团缺乏既懂业务又懂经营理念的管理人才。这不仅导致院团很难培养出能够引领京剧市场的京剧名家，也导致国有剧团在策划、营销方面的能力很弱，自身活力不足，独立性较差，与成为真正的文化市场经营实体和文化产业发展的主力军差距巨大。

而作为小型剧团，如北京风雷京剧团，政府的扶持力度很小，剧团不得不自己面对市场，争取市场份额。在市场的激烈竞争中，剧团打造出一套适合自身生存的市场应对机制。但是这类小型剧团的弊端就在于对演员的要求上，因为剧团为了生存而走的旅游演出路线，所面对的观众都是仅为看热闹的"外行"，这就导致演员在演出过程中的懈怠，对自身的要求不高，很难提高业务水平。另外，剧团也很难胜任大型剧目的演出。

可见，市属大型院团要想真正独立还要经历很长的时间的"断奶期"；小型剧团要想在市场中与大型院团竞争，一定要有一套符合自身特点"适销对路"的经营策略。

4. 票务问题

在针对北京京剧院调研期间发现，虽然其每年在长安大戏院的演出上座率可以达到平均每场六成，但是其中很大一部分由于是剧院的"自产自销"，真正意义上的卖票只占很少的一部分。造成这种现象的原因有很多：

其一，北京作为首都城市，国家机关数量庞大，出于各种原因，送票、赠票成为演出经营单位的例行公事，加大了经营负担。多年的赠票也潜移默化地影响和破坏了演出市场的发展。

其二，北京观众不习惯自己买票。"蹭票""蹭戏"一直就是京剧演出市场惯例，最后导致戏迷"蹭戏"看，对京剧没有太大兴趣的观众不想买票看，这种恶性循环也导致京剧票房的畸形。"团体票没有，市场就不好。"[1]这句话虽然不是专门形容京剧演出市场，却也是北京演出市场的一个缩影。在上海，演出团体票对散票达到一半对一半；在北京，这一比例则为65%对35%。

其三，演出票价偏高，这主要是针对大院团在高档剧场的商业演出来说的。真正希望欣赏到高质量京剧演出的观众几乎不会去湖广会馆、梨园剧场这类剧院，因为这类剧院多经营的是给外行"看热闹"的旅游京剧，而可以给内行"看门道"的京剧演出多在国家大剧院、长安大戏院、梅兰芳大剧院、天桥剧场这类高档的演出场所，而这类剧院的票价少则八九十，多则数百元，有的甚至高达一两千元，百元以下的价位虽不算低，但已属低价票。仅以北京京剧院在长安大戏院的演出票价来说，价位几乎都在80到800元之间。这样"高贵"的京剧演出，一方面导致真正想看戏却买不起票的戏迷不得不"蹭戏"看，助长了不正之风；另一方面，昂贵的票价也让有心想了解京剧的观众望而止步，将一些潜在的观众挡在了大门外。

（二）京剧院团应走产业化发展道路

1. 必要性

进入21世纪以来，文化产业的蓬勃发展已经成为一种不容忽视的社会现象，它的兴起与发展是市场经济发展的必然结果。作为21世纪的朝阳产业，文化产业的发展不仅可以提高人们精神文化生活的质量，并且对国民经济的增长有着不可小觑的促进作用。现在，文化产业成为各国经济发展战略选择的趋势已是必然，在某些发达国家中，文化产业已经成为其重要的支柱产业。中国京剧作为一种传统的民族性极强的文化产物，于当今时代，有着其重要的历史地位和社会地位，然而由于京剧艺术和京剧市场的特殊性及复杂性，决定了其在产业化道路上必然要面临种种挑战。作为全国文化的中心，北京地区京剧院团产业化道路成与败、发展与变化直接关系着全国京剧行业的发展。

---

[1] 卢铁栋：《北京文艺演出业现状及未来发展》，文化发展论坛。http://www.ccmedu.com。

2. 产业化的条件

京剧作为一种拥有两百多年历史的民族艺术，是中国传统文化的重要组成部分，因此京剧院团要向产业化的方向发展，第一步是要弄清楚什么是文化产业。有关文化产业的界定，于不同的角度有着不同的界定方法，其定义也是众说纷纭，但概括其要点，可以得出文化产业"是指生产文化产品或提供文化服务以满足社会精神文化需要的行业门类的总称"[1]这一定义，它的本质特征"在于它是从事物质和精神文化产品的生产、流通和以文化为内涵的各种服务活动或部门的集合"[2]。由此可以看出，文化产业首先是一种产业，其次它需要具备文化的属性。所谓产业，从狭义上来说指的是"生产物质产品的集合体"[3]，而广义上"泛指一切生产产品和提供服务活动的集合体"[4]。这样看来，产业就是通过生产产品来完成交换过程，以此达到其营利的目的。京剧作为一种传统的中国艺术，其具备文化属性这一点自然是毫无疑问的，京剧院团所生产的产品就是京剧本身。这样看来，京剧院团完全具备产业化经营的基本条件。

3. 怎样向产业化经营过渡

就当今北京主要京剧院团的管理体制和京剧市场的现状来看，令其立刻改制走产业化的道路不仅是不切实际，甚至可能会造成适得其反的效果。首先，以北京京剧院为例，其经费的主要来源是依靠国家拨款和政府支持。这种政策已实行多年，院团早已经习惯这样的生存方式，如果贸然改制走完全产业化经营道路，自负盈亏的方式会使院团措手不及，很难马上改变工作方式和工作制度。在没有适应新的运营方式前，改制会加大加重院团负担，甚至会致使整个院团瘫痪不前。其次，北京京剧市场的观众占有率情况也并不是特别乐观，剧团的演出经常会出现"自己演给自己看"的情况，甚至整场演出的票要全部依靠赠送的方式才能保证观众的基本数量。绝大多数的京剧演出都是采取"政府买单"的方式才能保证剧团的正常运行。在这样的情况下，完全产业化的经营方式对各大院团来讲也许将是致命的。

但是反过来讲，造成今天京剧市场萎靡不振的一大原因也是由于现行的院团体制。正如前文所述那样。但是剧团在没有做好完全面对市场的准备下去与市场竞争，其结果自然很容易失败。因此，北京地区京剧市场的产业化道路不能操之过急。

---

1 孙安民：《文化产业理论与实践》，北京出版社2005年版，第10页。

2 孙安民：《文化产业理论与实践》，北京出版社2005年版，第10页。

3 孙安民：《文化产业理论与实践》，北京出版社2005年版，第7页。

4 孙安民：《文化产业理论与实践》，北京出版社2005年版，第7页。

"产业化的一个显著特征是其核心产业具有强大的产业关联效应。戏剧艺术的产业关联，既包含戏剧艺术与文化产业内部的其他产业（如旅游业、音像出版业等）的关联，也包括它与文化产业以外的产业（如商业、玩具业等）的关联。虽然城市发展和文化建设（如节庆活动）严格地说不能被看作是产业，因而谈不上产业关联，但他们也是艺术产业化的重要场合，因此我们也可以把这些归入戏剧艺术的产业关联的含义之中。"[1]在对北京京剧院和北京风雷京剧团的调查研究中可以发现，很多京剧院团已经开始了诸如旅游演出、庆祝活动演出等演出模式，而且正逐步成为支撑院团生存与发展的主要手段。可见，产业化将是京剧院团最终走向的生存之道。此外，京剧是一种文化性和艺术性极强的民族艺术，从京剧的周边元素入手，逐渐扩大产业化使其最终能够有足够的能力面对整个市场，这也是对京剧市场实行产业化管理和运行的有益尝试。现在国家正在逐步推行国家演出院团改制，为此而出台的很多政策法规和优惠政策，正是政府为了让院团逐渐适应市场而制定的过渡性措施。

（三）京剧院团应该如何在当代社会应对发展

1. 京剧艺术的"两条腿"策略

京剧院团想要在新时期下发展壮大，拥有广泛的观众群，固守自封、墨守成规是行不通的。必须要在传承的基础上进行创新，才有可能走出一条发展的新路。

京剧的发展史上有过三次艺术鼎盛期，皆是因为京剧在顺应时代发展的前期不断改革、创新以及自我完善，使自身与时代接轨，以符合不同历史条件下观众不同的欣赏口味和审美情趣。事物都是在不断发展变化的，今天的京剧市场萎靡，原因之一在于京剧没有找到一条可以让自己完全适应当今社会的艺术道路。面对传承了上百年的京剧艺术，当代的艺术工作者有责任也有义务对其传承、保护以及发扬。但这并不代表要拘泥于传统的表现形式，切不可为了固守昔日的辉煌而忘记了要有开阔的视野，闭塞了艺术道路。

京剧发展的过程绝不是对传统的否定，也不能简单地认为是在迎合大众心理而抛弃经典，应该用发展的眼光看问题。要达到更高的艺术山峰就要面临必要的改变和革新。当然，发展与创新也并不是在单纯地追求"变"，而是要在符合京剧规律的基础上做出调整。比如北京风雷京剧团在进行市场演出时，在不改变京剧表演手法的基础上，编创了一些适应市场需要的新形式的京剧剧目，收到了非常好的市场效果，但不会有人说这种

---

[1] 刘彦君：《中国戏剧文化产业发展中的转型现象》，载《影响中国文化产业发展的重要报告》，群言出版社2007年版，第152页。

形式不是京剧。这是很值得思考的。

与此同时，在改革创新的过程中绝对不能忘了"传承"。传承是根本，任何改革都要围绕着这个根本进行。因此京剧艺术需要采取一边传承，一边发展的"两条腿"走路的模式，二者缺一不可。

2．剧目"大制作"问题

文化部艺术司司长于平教授在第二届国家重点京剧院团长高峰论坛上的讲话中在谈到对"剧目创作"这一项目的扶持结果表示遗憾，于司长指出："11个国家级重点京剧院团申报扶持的剧目，至少有半数是不甚理想甚至是很不理想。"[1]

这引出了现在新剧目"大制作"的一系列问题。在打破了京剧舞台传统的"一桌二椅"的形式后，"大制作"的确成为京剧舞台上令人赏心悦目的风景，精制的布景、做工精良的道具等加上现代科技的运用，使得观众经常对耗资庞大的戏曲舞美赞叹不已。但是"大制作"真的会为戏曲带来新的繁荣吗？"大制作"真的适合中国戏曲吗？

从对北京地区京剧院团的调查研究中发现，尤其是比较大型院团在新创剧目生产中存在很多弊端。首先是院团在剧目的创作成本上没有节制，铺张浪费。有的作品只是为了拿奖，又有专门的拨款，从上到下的节约意识很差，在舞台设计时很少考虑到剧目今后的生存与发展，导致制作而成的剧目成为短期行为。现在越来越多的剧院的新创剧目一味追求"大"，且多是弘扬主旋律之作，其目的多为获奖，这就导致"大制作"在轰轰烈烈演出和获奖之后，便被束之高阁，彻底变成了"高堂艺术"，造成了人力、财力、物力的极大浪费。其次，高成本导致高票价，而高价票又会使得消费者望而止步，造成恶性循环。"大制作"让一场京剧演出的"分量"大大加重，其最直接的后果就是一套舞美只能适用于一出戏，大大削弱了戏曲的便携性，使得某些剧只能在具备条件的剧院里演出，无法将其带入民间。此外，由于"大制作"带来舞美写实化，"一桌二椅"的虚拟性舞台正逐渐被写实性所取代，如此一来就会大大削弱京剧充满想象的虚拟性表现。中国文化是一种"写意"的文化，一切尽在似与不似之间。如果打破这种朦胧美，用直白的语言描绘，那么一切都将变得索然无味，"意境"全无。"大制作"打破了京剧的朦胧之美，虽然感官上能够带给观众最直接的冲击，但是冲击过后，不会在观众心中回味，京剧之韵味不能说荡然无存，也所剩无多了。

"在文化市场的发育过程中，首先崛起的时娱乐性文化消费，以一种比较客观的态

---

[1] 于平：《落实科学发展观，谋划京剧现代戏——在第二届国家重点京剧院团长高峰论坛上的讲话》，载《中国京剧》2008年02期。

度来正视这一现实，我们表演艺术生产的理念就应对艺术产品的娱乐功能加以关注。加强艺术产品的娱乐功能，并以此来考虑艺术产品的审美构成，使我们当下创新表演艺术生产理念的一个重要方面。"[1]从这个意义上来讲，"大制作"作为京剧寻求自身发展的一种探索是有其价值所在的，但舞美的"大制作"绝不是也不应该是戏曲的发展方向。京剧演出的核心是剧本创作和人物塑造，其他一切元素都应该是也必须是为这两者服务的。一场戏曲演出，观众的注意力应该是被演员的表演和故事所吸引，如果演出结束后观众所津津乐道的是舞台上的布景，那么这场演出就是失败的，而它的舞美即便再精美，也会因其喧宾夺主没有履行好自身的职责而失败。

"大制作"并不是不可取，而是需要有一个"度"，怎样在"大制作"的同时又不丢失戏曲文化的韵味，当其与传统相结合得恰到好处时，"大制作"才能算是成功的。正所谓"万变不离其宗"，改变也要遵循一定的规则。"大制作"不能一味地追求"大"，而要弄清楚为何而"大"，这样才不会本末倒置。

3. 京剧剧团市场化运营分析

①优势

作为表演性团体，京剧剧团最大的优势在于其经营的产品是极具民族性的演出。这是京剧院团开拓海外市场的重要法宝。虽然当下的京剧市场还处在萎靡状态，但是从表2中可以看出，与其他戏剧形式相比，京剧在普通老百姓当中的影响力仍然是最大的。此外，京剧表演中所采用的服装及化妆技法都是非常精致的，很容易对其进行既不丧失原味，又不夸张过分的包装宣传。

②劣势

首先，在快餐文化盛行的现代社会，剧场艺术处于颓靡的状态，京剧节奏的缓慢很难将人们拉进剧场。其次，观众老龄化，青年观众市场还没有充分培育起来，这很有可能造成观众群的断代。再次，人才培养的长期性和低收入往往造成人才的流失。培养一名优秀的京剧演员需要几年甚至十几年、几十年的时间，北京市一名普通京剧演员的月收入平均在2000至3000元，与那些仅经过短期训练甚至没有训练就能快速成为日进斗金的娱乐明星比起来，京剧演员这个职业显然有些"费力不讨好"。此外，京剧圈内严重的保守势力和教条主义对京剧院团的发展同样是很大的制约。

---

[1] 刘国超：《演给谁？演什么？谁来演》，载《影响中国文化产业发展的重要报告》，群言出版社2007年版，第170页。

③机遇

近些年，国家大力发展文化产业，中共十七大也提出了努力实现"社会主义文化大发展、大繁荣"的口号，同时国家也出台了一系列的政策法规积极发展文化产业，扶持演出业。这是京剧院团寻求发展道路的大好时机，要把握好历史机遇，充分发挥院团自身的能动性，积极进行艺术创作的创新及商业运作模式道路的开拓，增强京剧艺术的市场竞争力。

④挑战

国家现大力推行国有艺术表演院团改革，一直靠国家"吃饭"的国有院团被完全推向市场，自负盈亏，与众多文化娱乐产业进行竞争，这对国有院团是个很大的挑战。怎样找到自身定位，应对市场化的大趋势是京剧院团迫在眉睫的大问题。

五、结语

当今时代，文化越来越成为民族凝聚力和创造力的重要源泉，越来越成为综合国力竞争的重要因素。京剧，这一民族性极强的文化产物在丰富人民群众精神文化生活和繁荣发展我国文化产业的道路上起着至关重要的作用。北京作为全国文化的中心，其京剧市场是否能够繁荣，是否能够在整个市场化的艺术运营中占有一席之地，对带动整个京剧演出行业的活力，对京剧艺术能够更好地传承和发展具有不可代替的作用。

进入21世纪，人们对艺术的欣赏方式发生着变化。随着世界文化更加广泛地流通，内容极大地丰富，文化领域制作机构也开始寻找更新的艺术元素。北京京剧院及北京风雷京剧团的市场演出经验告诉我们：生产具有深厚文化底蕴、鲜明民族文化特色的传统文化艺术节目，是今后一段时期内世界主流文化市场的需求方向。"民族的才是世界的"，这也是国际舞台演艺界始终追寻的步伐。随着中国经济的发展，中国在国际上影响力的增强，中国的传统文化艺术已开始受到全世界的极大关注。京剧作为中国最具代表性的国粹艺术，理应通过创作的创新以及商业运作模式的突破，来实现京剧国际商业化演出的目标。

本文通过对北京地区具有典型性的北京京剧院、北京风雷京剧团市场运营现状研究，分析了京剧院团在现代社会中面临的一些问题，希望京剧艺术能够早日摆脱它本身及院团发展的桎梏，再创民族艺术的辉煌。

附录：北京京剧院各团 2008 年演出统计表

表 1 北京京剧院一团 1 月演出统计

日期	演出地点	演出剧目	主要演员	收入（元）
1月3日	长安大戏院	《沙家浜》	王蓉蓉、韩巨明	24321
1月5日	山西榆次	《沙家浜》	王蓉蓉、王金钟、宋昊宇、韩巨明、张文杰	70000
1月6日	山西榆次	《状元媒》	包飞、常秋月、张大环	70000
1月7日	山西太原	《状元媒》	包飞、常秋月、张大环	50000
1月8日	山西太原	《四郎探母》	杜镇杰、王蓉蓉、包飞、宋昊宇、张文杰、王金钟	50000
1月11日	梨园剧场	《三岔口》《虹桥赠珠》	崔欣馨、刘尧、王春燕	3768
1月12日	梨园剧场	《霸王别姬》《十八罗汉斗悟空》	王怡、韩巨明 李宏宾	6385
1月13日	梨园剧场	《拾玉镯》《水斗》	王岳凌、孙震、王怡、王春燕	3907
1月14日	梨园剧场	《八仙过海》	王金钟、王春燕、叶江翔	3005
1月15日	梨园剧场	《霸王别姬》《盗库银》	尚伟、韩巨明、安彦丽	4296
1月16日	梨园剧场	《三岔口》《虹桥赠珠》	崔欣馨、刘尧、王春燕	7557
1月17日	梨园剧场	《霸王别姬》《十八罗汉斗悟空》	王盼、韩巨明 李宏宾	2558
1月18日	梨园剧场	《拾玉镯》《水斗》	常秋月、王怡、王春燕	4199
1月19日	梨园剧场	《八仙过海》	王金钟、王春燕、叶江翔	4473
1月20日	梨园剧场	《霸王别姬》《盗库银》	尚伟、韩巨明、安彦丽	6413
1月21日	梨园剧场	《扈家庄》《十八罗汉斗悟空》	王晓丽 李红宾	2579
1月22日	梨园剧场	《天女散花》《十八罗汉斗悟空》	尚伟 叶江翔	5275
1月29日	国家大剧院	《下鲁城》	杜镇杰、王蓉蓉、安平、赵葆秀	80000
1月30日	国家大剧院	《下鲁城》	杜镇杰、王蓉蓉、安平、赵葆秀	80000
共计：19场				

注：收入一栏除非特别标注，一般指人民币。

表2 北京京剧院一团2月演出统计

日期	演出地点	演出剧目	主要演员	收入（元）
2月2日	梨园剧场	《三岔口》《虹桥赠珠》	崔欣馨、刘尧、王春燕	6919
2月2日	京丰宾馆礼堂	京剧彩唱		5000
2月7日	长安大戏院	《龙凤呈祥》	杜镇杰、王蓉蓉、杜鹏、李长春、叶少兰、赵鸣华、李红宾、包飞、韩巨明	58691
2月8日	国家大剧院	《四郎探母》	杜镇杰、王蓉蓉、赵葆秀、张建峰、窦晓璇、王怡、包飞、刘山丽、宋昊宇	58691
2月10日	长安大戏院	《下鲁城》	杜镇杰、王蓉蓉、安平、赵葆秀、高彤、韩巨明	68501
2月11日	长安大戏院	《下鲁城》	杜镇杰、王蓉蓉、安平、赵葆秀、高彤、韩巨明	56871
2月15日	马来西亚	《三岔口》《拾玉镯》《盗仙草》	崔欣馨、刘尧、常秋月、王春燕	1000（美元）
2月17日	马来西亚	《三岔口》《拾玉镯》《盗仙草》	崔欣馨、刘尧、常秋月、王春燕	1000（美元）
2月20日	新加坡	《三岔口》《活捉三郎》《盗仙草》	崔欣馨、刘尧、常秋月、张楠、王春燕	1000（美元）
2月21日	新加坡	《三岔口》《闹天宫》《盗库银》	崔欣馨、刘尧、李红宾、安彦丽	1200（美元）
2月22日	新加坡	《拾玉镯》《闹天宫》《盗库银》	李红宾、常秋月、张楠、安彦丽	1200（美元）
2月21日	新加坡	《盗仙草》《活捉三郎》《十八罗汉斗悟空》	王春燕、常秋月、张楠、李红宾	1200（美元）
2月24日	新加坡	《盗仙草》《活捉三郎》《十八罗汉斗悟空》	王春燕、常秋月、张楠、李红宾	1200（美元）
2月23日日场	邢台	演唱会	包飞、王莉春、王盼、张大环、王晓丽、宋昊宇、张文杰、高彤、尚伟、王蓉蓉、杜鹏	50000

续表

日期	演出地点	演出剧目	主要演员	收入（元）
2月23日晚场	邢台	《女起解》《文昭关》《挡马》《大登殿》	王盼、孙震、杜鹏、宋昊宇 王晓丽、叶江翔、王蓉蓉、高彤、王莉春、张文杰、魏昌桓	50000
2月24日日场	邢台	《女起解》《文昭关》《挡马》《大登殿》	王盼、孙震、杜鹏、宋昊宇 王晓丽、叶江翔、王蓉蓉、高彤、王莉春、张文杰、魏昌桓	50000
2月24日晚场	演唱会	演唱会	包飞、王莉春、王盼、张大环、王晓丽、宋昊宇、张文杰、高彤、尚伟、王蓉蓉、杜鹏	50000
2月25日晚场	演唱会	演唱会	包飞、王莉春、王盼、张大环、王晓丽、宋昊宇、张文杰、高彤、尚伟、王蓉蓉、杜鹏	50000
2月27日	梨园剧场	《三岔口》《虹桥赠珠》	崔欣馨、刘尧、王春燕	不详
2月28日	梨园剧场	《拾玉镯》《十八罗汉斗悟空》	王岳凌、孙震 王文增	不详
2月29日	梨园剧场	《拾玉镯》《盗库银》	王岳凌、孙震、安彦丽	不详
共计：23场				

表3 北京京剧院一团3月演出统计

日期	演出地点	演出剧目	主要演员	收入（元）
3月1日	梨园剧场	《拾玉镯》《十八罗汉斗悟空》	王岳凌、孙震、王文增	8610
3月2日	梨园剧场	《秋江》《天女散花》《盗库银》	常秋月、孙震、王莉春、安彦丽	8175
3月3日	梨园剧场	《三岔口》《虹桥赠珠》	崔欣馨、刘尧、王春燕	6446
3月4日	梨园剧场	《八仙过海》	王金钟、王春燕、叶江翔	5613
3月5日	梨园剧场	《挡马》《十八罗汉斗悟空》	王晓丽、叶江翔、李红宾	4617
3月6日	梨园剧场	《霸王别姬》《盗库银》	尚伟、韩巨明、安彦丽	4419
3月7日	梨园剧场	《三岔口》《虹桥赠珠》	崔欣馨、刘尧、王春燕	4567
3月8日	梨园剧场	《八仙过海》	王金钟、王春燕、叶江翔	10984
3月9日	梨园剧场	《秋江》《天女散花》《盗仙草》	常秋月、尚伟、王春燕	8724
3月9日	恭王府	《十八罗汉斗悟空》清唱、《状元媒》选段	叶江翔、王金钟、张文浩、王蓉蓉	12000
3月10日	梨园剧场	《盗御马》《天女散花》《十八罗汉斗悟空》	方旭、王莉春、李红宾	5563
3月11日	梨园剧场	《扈家庄》《十八罗汉斗悟空》	王晓丽、叶江翔	6804
3月12日	梨园剧场	《八仙过海》	王金钟、王春燕、叶江翔	8341
3月13日	梨园剧场	《霸王别姬》《盗库银》	尚伟、安彦丽	7815
3月14日	梨园剧场	《扈家庄》《十八罗汉斗悟空》	王晓丽、李红宾	8183
3月21日	恭王府	《三岔口》、彩唱《三家店》	崔欣馨、刘尧、包飞、常秋月、韩巨明、杜镇杰	12000
3月27日	梨园剧场	《三岔口》《虹桥赠珠》	崔欣馨、刘尧、王春燕	11083
3月28日	梨园剧场	《扈家庄》《十八罗汉斗悟空》	王晓丽、叶江翔	10143
3月29日	梨园剧场	《盗御马》《天女散花》《十八罗汉斗悟空》	方旭、王莉春、李红宾	13224
3月30日	梨园剧场	《拾玉镯》《天女散花》《盗仙草》	常秋月、孙震、尚伟、王春燕	11573
3月31日	梨园剧场	《霸王别姬》《盗库银》	尚伟、安彦丽	6355
共计：22场				

表4 北京京剧院一团4月演出统计

日期	演出地点	演出剧目	主要演员	收入（元）
4月4日	长安大戏院	《打侄上坟》《别宫祭江》	包飞、高彤 王蓉蓉、赵葆秀、韩巨明	不详
4月5日	长安大戏院	《典妻》	常秋月、宋昊宇、韩巨明、张大环	不详
4月9日	计算机工业学院	讲座、清唱《扈家庄》	陆翱、宋昊宇、王晓丽	10000
4月11日	梨园剧场	《天女散花》《十八罗汉斗悟空》	王莉春 叶江翔	7823
4月11日	中国青年政治学院	《秋江》、清唱《扈家庄》	王岳凌、张大环、方旭、王盼 王晓丽	10000
4月12日	梨园剧场	《天女散花》《十八罗汉斗悟空》	王莉春 李红宾	不详
4月13日	梨园剧场	《盗御马》《天女散花》《盗库银》	方旭、王莉春 安彦丽	8259
4月15日	梨园剧场	《八仙过海》	王金钟、王春燕、叶江翔	12996
4月16日	梨园剧场	《三岔口》《虹桥赠珠》	崔欣馨、刘尧、王春燕	13578
4月17日	梨园剧场	《霸王别姬》《十八罗汉斗悟空》	尚伟、韩巨明 李红宾	11684
4月17日	航空航天大学	讲座、清唱《扈家庄》	陆翱、王盼、宋昊宇、张大环、王晓丽	10000
4月18日	梨园剧场	《八仙过海》	王金钟、王春燕、叶江翔	14797
4月19日	梨园剧场	《秋江》《天女散花》《盗库银》	王岳凌、王莉春、安彦丽	9552
4月19日	地质大学	《秋江》、清唱《三岔口》	常秋月、宋昊宇、张大环、方旭、王盼、崔欣馨、刘尧	10000
4月20日	梨园剧场	《扈家庄》《盗御马》《盗库银》	王晓丽、方旭 安彦丽	12089
4月23日	长安大戏院	《下鲁城》	杜镇杰、王蓉蓉、安平、赵葆秀	不详
4月24日	长安大戏院	《下鲁城》	杜镇杰、王蓉蓉、安平、赵葆秀	不详

续表

日期	演出地点	演出剧目	主要演员	收入（元）
4月25日	长安大戏院	《下鲁城》	杜镇杰、王蓉蓉、安平、赵葆秀	不详
4月26日	长安大戏院	《三岔口》《活捉三郎》《虹桥赠珠》	崔欣馨、刘尧、常秋月、包岩　王春燕	6000
4月27日	长安大戏院	《扈家庄》《天女散花》《十八罗汉斗悟空》	王晓丽、尚伟　叶江翔	6000
4月27日	石家庄人民剧院	《状元媒》	王蓉蓉、包飞、宋昊宇、高彤、韩巨明、王金钟	60000
4月28日	长安大戏院	《宰相刘罗锅》	李岩、陈少云、董圆圆、罗长德、马增寿	不详
4月29日	长安大戏院	《宰相刘罗锅》	李岩、陈少云、董圆圆、罗长德、马增寿	不详
4月30日	长安大戏院	《扈家庄》《天女散花》《十八罗汉斗悟空》	王晓丽、王莉春　李红宾	6000
4月31日	前门外国语学院	《三岔口》《扈家庄》讲座	崔欣馨、刘尧、王晓丽	10000
共计：26场				

表5 北京京剧院一团5月演出统计

日期	演出地点	演出剧目	主要演员	收入（元）
5月1日	长安大戏院	《四进士》	包飞、高彤、宋昊宇、尚伟、高云霄	12276
5月1日	长安大戏院	《下鲁城》	杜镇杰、王蓉蓉、韩巨明、安平、赵葆秀、张建峰	32635
5月2日	长安大戏院	《吕布与貂蝉》	包飞、王怡、韩巨明、宋昊宇	5879
5月2日	长安大戏院	《下鲁城》	杜镇杰、王蓉蓉、韩巨明、安平、赵葆秀、张建峰	36837
5月3日	长安大戏院	《下鲁城》	杜镇杰、王蓉蓉、韩巨明、安平、赵葆秀、张建峰	16692
5月4日	丰台影剧院	《乌龙院》	高彤、常秋月	30000
5月4日	丰台影剧院	《凤还巢》	尚伟、宋昊宇、包飞、高彤、包岩、孙震、韩巨明、张文浩	30000
5月11日	丰台影剧院	《穆桂英挂帅》	尚伟、宋昊宇、包飞、朱强、韩巨明、张大环、高云霄、司小丽	30000
5月11日	丰台影剧院	《典妻》	常秋月、宋昊宇、韩巨明、张大环	30000
5月11日	梨园剧场	《霸王别姬》《十八罗汉斗悟空》	王怡、贾世明 叶江翔	12425
5月12日	梨园剧场	《三岔口》《虹桥赠珠》	崔欣馨、刘尧、王春燕	14881
5月13日	梨园剧场	《拾玉镯》《水斗》	王岳凌、王怡、王春燕	11363
5月14日	梨园剧场	《霸王别姬》《盗库银》	王盼、安彦丽	13476
5月14日	中戏排演场	《武松》	李红宾	无
5月15日	梨园剧场	《霸王别姬》《盗库银》	王盼、安彦丽	11077
5月16日	梨园剧场	《三岔口》《虹桥赠珠》	崔欣馨、刘尧、王春燕	8696
5月17日	梨园剧场	《拾玉镯》《水斗》	王岳凌、王怡、王春燕	15971
5月18日	梨园剧场	《扈家庄》《十八罗汉斗悟空》	王晓丽 李红宾	12024
5月22日	梨园剧场	《拾玉镯》《水斗》	王岳凌、王怡、王春燕	15971
5月23日	梨园剧场	《三岔口》《虹桥赠珠》	崔欣馨、刘尧、王春燕	12930
5月24日	梨园剧场	《三岔口》《虹桥赠珠》	崔欣馨、刘尧、王春燕	9679
5月25日	梨园剧场	《霸王别姬》《十八罗汉斗悟空》	王怡、韩巨明 叶江翔	9083
共计：22场				

表6 北京京剧院一团6月演出统计

日期	演出地点	演出剧目	主要演员	收入（元）
6月8日	长安大戏院	《白蛇传》	王蓉蓉、王怡、包飞、王春燕、韩巨明	12742
6月9日	长安大戏院	《凤还巢》	尚伟、宋昊宇、包飞、高彤、包岩、孙震、韩巨明、张文浩	2909
6月10日	长安大戏院	《下鲁城》	杜镇杰、王蓉蓉、韩巨明、安平、赵葆秀、张建峰	13214
6月11日	长安大戏院	《下鲁城》	杜镇杰、王蓉蓉、韩巨明、安平、赵葆秀、张建峰	5180
6月12日	长安大戏院	《狮子楼》《打店》《蜈蚣岭》	李红宾、王春燕 纪烈祥	13449
6月18日	梨园剧场	《三岔口》《虹桥赠珠》	崔欣馨、刘尧、王春燕	4894
6月19日	梨园剧场	《扈家庄》《十八罗汉斗悟空》	王晓丽 叶江翔	8765
6月20日	梨园剧场	《拾玉镯》《水斗》	王岳凌、王怡、王春燕	6522
6月21日	梨园剧场	《八大锤》《天女散花》《盗库银》	包飞、王莉春 安彦丽	6211
6月22日	梨园剧场	《三岔口》《虹桥赠珠》	崔欣馨、刘尧、王春燕	6793
6月23日	梨园剧场	《霸王别姬》《十八罗汉斗悟空》	王盼、张超凡 李红宾	3357
6月24日	梨园剧场	《拾玉镯》《水斗》	王岳凌、王怡、王春燕	5802
6月25日	梨园剧场	《霸王别姬》《盗库银》	王盼、方旭、安彦丽	3333
6月26日	梨园剧场	《扈家庄》《十八罗汉斗悟空》	王晓丽 叶江翔	不详
6月27日	梨园剧场	《秋江》《虹桥赠珠》	常秋月、王春燕	
6月28日	门头沟影剧院	《穆桂英挂帅》	包飞、宋昊宇、陈俊杰、尚伟、倪胜春、张大环、高云霄、司小丽	30000
6月28日	门头沟影剧院	《吕布与貂蝉》	包飞、王怡、宋昊宇、陈俊杰	30000
6月28日	梨园剧场	《秋江》《天女散花》《盗仙草》	常秋月、魏昌桓、王莉春 王春燕	15971
共计：18场				

表7 北京京剧院一团7月演出统计

日期	演出地点	演出剧目	主要演员	收入（元）
7月11日	长安大戏院	《武则天》	王蓉蓉、杜镇杰、包飞、常秋月、韩巨明	11585
7月12日	长安大戏院	《武则天》	王蓉蓉、杜镇杰、包飞、常秋月、韩巨明	20301
7月14日	天津中华剧院	《下鲁城》	杜镇杰、王蓉蓉、韩巨明、安平、赵葆秀、张建峰	不详
7月15日	天津中华剧院	《下鲁城》	杜镇杰、王蓉蓉、韩巨明、安平、赵葆秀、张建峰	不详
7月18日	梨园剧场	《三岔口》《虹桥赠珠》	崔欣馨、刘尧、王春燕	7389
7月19日	梨园剧场	《秋江》《天女散花》《十八罗汉斗悟空》	常秋月、王莉春、李红宾	6183
7月20日	梨园剧场	《八大锤》《天女散花》《十八罗汉斗悟空》	包飞、王莉春、叶江翔	3410
7月21日	梨园剧场	《盗御马》《天女散花》《盗库银》	方旭、王莉春、叶江翔	3378
7月22日	梨园剧场	《三岔口》《虹桥赠珠》	崔欣馨、刘尧、王春燕	3187
7月23日	梨园剧场	《八仙过海》	王金钟、王春燕、叶江翔	6847
7月24日	梨园剧场	《八大锤》《天女散花》《十八罗汉斗悟空》	包飞、王莉春、叶江翔	不详
7月24日	梨园剧场	《霸王别姬》《十八罗汉斗悟空》	尚伟、韩巨明、叶江翔	1512
7月25日	梨园剧场	《霸王别姬》《盗库银》	尚伟、韩巨明、安彦丽	6630
7月26日	梨园剧场	《秋江》《天女散花》《十八罗汉斗悟空》	常秋月、王莉春、李红宾	3989
7月27日	梨园剧场	《盗御马》《天女散花》《盗库银》	韩巨明、尚伟、安彦丽	3662
7月28日	梨园剧场	《八仙过海》	王金钟、王春燕、叶江翔	2983
7月29日	梨园剧场	《拾玉镯》《十八罗汉斗悟空》	常秋月、包岩、李宏宾	2976
7月30日	长安大戏院	《下鲁城》	杜镇杰、王蓉蓉、韩巨明、安平、赵葆秀、张建峰	不详
7月31日	长安大戏院	《下鲁城》	杜镇杰、王蓉蓉、韩巨明、安平、赵葆秀、张建峰	不详
共计：18场				

表 8 北京京剧院一团 8 月演出统计

日期	演出地点	演出剧目	主要演员	收入（元）
8月13日	梅兰芳大剧院	《京剧风采》	不详	20000
8月14日	梅兰芳大剧院	《京剧风采》	不详	25000
8月21日	梨园剧场	《秋江》《虹桥赠珠》	常秋月、王春燕	6438
8月22日	梨园剧场	《盗御马》《扈家庄》《十八罗汉斗悟空》	方旭、王晓丽 叶江翔	4500
8月23日	梨园剧场	《霸王别姬》《虹桥赠珠》	王怡、王春燕	3782
8月24日	梨园剧场	《盗御马》《扈家庄》《十八罗汉斗悟空》	方旭、王晓丽 李红宾	2247
8月25日	梨园剧场	《秋江》《天女散花》《盗仙草》	常秋月、尚伟、王春燕	7188
8月24日	梨园剧场	《盗御马》《扈家庄》《十八罗汉斗悟空》	方旭、王晓丽 李红宾	2247
8月25日	长安大戏院	《盗御马》《扈家庄》《诗文会》	方旭、王晓丽、王盼、包岩	不详
8月26日	梨园剧场	《霸王别姬》《水斗》	尚伟、王怡、王春燕	不详
8月27日	梨园剧场	《拾玉镯》《盗库银》	王岳凌、安彦丽	不详
8月28日	梨园剧场	《霸王别姬》《水斗》	王盼、王怡、王春燕	不详
8月29日	梨园剧场	《八仙过海》	王金钟、王春燕、叶江翔	不详
8月30日	梨园剧场	《拾玉镯》《虹桥赠珠》	王岳凌、王春燕	不详
8月31日	梨园剧场	《八仙过海》	王金钟、王春燕、叶江翔	不详
共计：14 场				

表 9 北京京剧院一团 9 月演出统计

日期	演出地点	演出剧目	主要演员	收入（元）
9月10日	大兴影剧院	《京剧风采联唱》	方旭、王盼、王金钟	30000
9月11日	中国科协技术研究院	《盗御马》《法门寺》《诗文会》《扈家庄》	方旭、包岩、王盼、王晓丽	不详
9月11日	梨园剧场	《秋江》《天女散花》《盗仙草》	王怡、尚伟、王春燕	不详
9月12日	长安大戏院	《四郎探母》	杜镇杰、王蓉蓉、刘山丽、宋昊宇、高云霄	40000
9月12日	梨园剧场	《秋江》《天女散花》《盗仙草》	王怡、尚伟 王春燕	不详
9月13日	梨园剧场	《扈家庄》《十八罗汉斗悟空》	王晓丽 叶江翔	不详
9月14日	梨园剧场	《拾玉镯》《盗库银》	王岳凌、安彦丽	不详
9月14日	长安大戏院	青年中秋演唱会	方旭、宋昊宇、王盼、包飞、常秋月	不详
9月15日	梨园剧场	《秋江》《天女散花》《盗仙草》	常秋月、王莉春 王春燕	不详
9月15日	奥林匹克公园	《霸王别姬》《虹桥赠珠》	王怡 王春燕	不详
9月16日	梨园剧场	《盗御马》《天女散花》《水斗》	方旭、尚伟 王怡、王春燕	不详
9月17日	梨园剧场	《八仙过海》	王金钟、王春燕、叶江翔	20000
9月18日	长安大戏院	《大探二》	李国静、孟广禄、王珮瑜、韩巨明、王蓉蓉、张克、杨赤	不详
9月19日	梨园剧场	《秋江》《天女散花》《盗仙草》	王怡、王莉春 王春燕	不详
9月20日	梨园剧场	《扈家庄》《十八罗汉斗悟空》	王晓丽、李红宾	不详
9月21日	长安大戏院	《下鲁城》	杜镇杰、王蓉蓉、安平、翟墨、张建峰	80000
9月22日	长安大戏院	《下鲁城》	杜镇杰、王蓉蓉、安平、翟墨、张建峰	80000

续表

日期	演出地点	演出剧目	主要演员	收入（元）
9月23日	长安大戏院	《下鲁城》	杜镇杰、王蓉蓉、安平、翟墨、张建峰	80000
9月25日	长安大戏院	外地参赛剧目	不详	不详
9月29日	长安大戏院	参赛剧目、《诗文会》	王盼	不详
9月30日	长安大戏院	参赛剧目、《扈家庄》	王晓丽	不详
共计：22场				

表 10 北京京剧院一团 10 月演出统计

日期	演出地点	演出剧目	主要演员	收入（元）
10月1日	长安大戏院	《龙凤呈祥》	李红宾、杜鹏、杜镇杰、李长春、李鸣岩、王蓉蓉、叶少兰、包飞、韩巨明	55007
10月2日	长安大戏院	《状元媒》	王蓉蓉、王盼、宋昊宇、杜喆、包飞、王金钟、韩巨明	45558
10月5日	大兴影剧院	《苏武牧羊》	杜镇杰、张慧芳、方旭、韩巨明、宋昊宇	30000
10月6日	梨园剧场	《霸王别姬》《十八罗汉斗悟空》	尚伟、叶江翔	不详
10月7日	梨园剧场	《霸王别姬》《十八罗汉斗悟空》	尚伟、李红宾	不详
10月8日	梨园剧场	《秋江》《天女散花》《盗仙草》	常秋月、王莉春、安彦丽	不详
10月9日	梨园剧场	《秋江》《天女散花》《盗仙草》	常秋月、王莉春、安彦丽	不详
10月8日	长安大戏院	《霸王别姬》《十八罗汉斗悟空》	王怡、李红宾	不详
10月9日	长安大戏院	《霸王别姬》《十八罗汉斗悟空》	王怡、李红宾	不详
10月10日	梨园剧场	《扈家庄》《十八罗汉斗悟空》	王晓丽、李红宾	不详
10月11日	梨园剧场	《扈家庄》《十八罗汉斗悟空》	王晓丽、李红宾	不详
10月10日	长安大戏院	《秋江》《廉锦枫》《将相和》《盗仙草》	常秋月、尚伟、方旭、安彦丽	不详
10月11日	长安大戏院	《秋江》《廉锦枫》《将相和》《盗仙草》	常秋月、尚伟、方旭、安彦丽	不详
10月12日、13日	梨园剧场	《秋江》《天女散花》《盗库银》	王岳凌、王莉春、安彦丽	不详
10月12、13、16、28、29日	长安大戏院	《状元媒》《借扇》	王盼、王晓丽	不详

续表

日期	演出地点	演出剧目	主要演员	收入（元）
10月14日、15日	梨园剧场	《拾玉镯》《秋江》《盗仙草》	王岳凌、包岩、王怡、安彦丽	不详
10月14日、15日	长安大戏院	《活捉三郎》《将相和》《扈家庄》	常秋月、方旭、王晓丽	不详
10月16日、17日	梨园剧场	《天女散花》《十八罗汉斗悟空》	尚伟、李红宾	不详
10月20日、21日	济南历山剧院	《下鲁城》	杜镇杰、王蓉蓉、安平、翟墨、韩巨明、张建峰	
10月23日	长安大戏院	《霸王别姬》《十八罗汉斗悟空》	尚伟、韩巨明 李红宾	不详
10月24日、25日	长安大戏院	《沙家浜》	王蓉蓉、王金钟、韩巨明、宋昊宇、张文洁	140000
10月26日、27日	梨园剧场	《秋江》《天女散花》《盗仙草》	王岳凌、王莉春、安彦丽	不详
10月26日、27日	长安大戏院	《活捉三郎》《将相和》《廉锦枫》《扈家庄》	常秋月、张楠、方旭、尚伟、王晓丽	不详
10月28日、29日	梨园剧场	《拾玉镯》《十八罗汉斗悟空》	王岳凌 李红宾	不详
10月30日	梨园剧场	《霸王别姬》《盗库银》	王盼、韩巨明、安彦丽	不详
10月31日	梨园剧场	《秋江》《天女散花》《盗仙草》	常秋月、尚伟、安彦丽	不详
10月31日	梅兰芳大剧院	《龙凤呈祥》	李红宾、杜鹏、高彤、方旭、张大环、王蓉蓉、包飞、韩巨明	50000
共计：40场				

表 11 北京京剧院一团 11 月演出统计

日期	演出地点	演出剧目	主要演员	收入（元）
11月1日、2日	梨园剧场	《秋江》《天女散花》《盗仙草》	常秋月、尚伟、安彦丽	不详
11月1日	梅兰芳大剧院	《望江亭》	王蓉蓉、包飞、孙震、韩巨明、王金钟	50000
11月2日	梅兰芳大剧院	《状元媒》	王蓉蓉、宋昊宇、高彤、包飞、王金钟、韩巨明	50000
11月3日	梨园剧场	《扈家庄》《天女散花》《盗仙草》	王晓丽、王莉春、安彦丽	不详
11月4日	梨园剧场	《霸王别姬》《十八罗汉斗悟空》	王莉春、张超凡、李红宾	不详
11月5日	梨园剧场	《拾玉镯》《十八罗汉斗悟空》	王岳凌 李红宾	不详
11月6日	梨园剧场	《秋江》《十八罗汉斗悟空》	王岳凌 李红宾	不详
11月6日	中戏附中	《借扇》《状元媒》	王晓丽、刘尧、王盼、包飞、高彤	不详
11月7日	梨园剧场	《三岔口》《盗库银》	崔欣馨、刘尧、安彦丽	不详
11月8日	梨园剧场	《扈家庄》《十八罗汉斗悟空》	王晓丽 李红宾	不详
11月9日	梨园剧场	《霸王别姬》《盗库银》	王盼、安彦丽	不详
11月10日	梨园剧场	《扈家庄》《十八罗汉斗悟空》	王晓丽 李红宾	不详
11月16日	北京邮电大学	《霸王别姬》《盗仙草》讲座	陆翱、尚伟、韩巨明、王春燕	不详
11月17日	北京师范大学附中	讲座、清唱、《借扇》	陆翱、方旭、张大环、宋昊宇、王盼、王晓丽、刘尧	不详
11月18日	北京建筑工程学院	《状元媒》《将相和》《雏凤凌空》	王盼、方旭、王晓丽	不详
11月20日	长安大戏院	《白蛇传》	王怡、王蓉蓉、韩巨明、包飞、王春燕	70000

续表

日期	演出地点	演出剧目	主要演员	收入（元）
11月26日	迁安会堂	《赵氏孤儿》	杜镇杰、王蓉蓉、韩巨明、王金钟、高彤、宋昊宇、梅庆羊	70000
11月27日	迁安会堂	《金玉奴》	常秋月、包飞、包岩、刘明哲、宋昊宇、张文洁	70000
11月28日	迁安会堂	《秦香莲》	王蓉蓉、孟广禄、宋昊宇、高彤、张大环、王怡、王金钟	70000
11月29日	迁安会堂	《白蛇传》	王怡、王蓉蓉、韩巨明、包飞、王春燕	70000
11月30日	迁安会堂	《凤还巢》	尚伟、包飞、宋昊宇、孙震、包岩、韩巨明、高彤、张文洁	70000
共计：22场				

表 12 北京京剧院一团 12 月演出统计

日期	演出地点	演出剧目	主要演员	收入（元）
12月1日	迁安锦江会堂	《苏武牧羊》	杜镇杰、张慧芳、韩巨明、方旭、宋昊宇、刘明哲、包岩	7000
12月2日	迁安锦江会堂	《望江亭》	王盼、包飞、孙震、张文洁	70000
12月4日	民族文化宫大剧场	研究生演唱会	王蓉蓉 一团乐队	不详
12月5日	民族文化宫大剧场	《大登殿》	王蓉蓉、杜镇杰、王怡	不详
12月11日、12日	梨园剧场	《三岔口》《虹桥赠珠》	崔欣馨、刘尧 王春燕	不详
12月13日	丰台影剧院	《吕布与貂蝉》	包飞、王怡、韩巨明、宋昊宇	30000
12月13日	丰台影剧院	《借扇》《遇后龙袍》	王晓丽、刘尧 张大环、方旭、刘明哲	30000
12月13日	梨园剧场	《秋江》《天女散花》《盗仙草》	王岳凌、王莉春、王春燕	不详
12月14日、17日	梨园剧场	《扈家庄》《十八罗汉斗悟空》	王晓丽 李红宾	不详
12月15日	梨园剧场	《拾玉镯》《水斗》	王岳凌、王怡、王春燕	不详
12月16、23、28日	梨园剧场	《三岔口》《盗库银》	崔欣馨、刘尧 安彦丽	不详
12月18日	梨园剧场	《扈家庄》《十八罗汉斗悟空》	王晓丽 叶江翔	不详
12月19日	梨园剧场	《秋江》《天女散花》《盗仙草》	王岳凌、王莉春、安彦丽	不详
12月19日	石家庄大戏院	《沙家浜》	王蓉蓉等	85000
12月20日	梨园剧场	《霸王别姬》《盗库银》	尚伟、安彦丽	不详
12月21日	梨园剧场	《拾玉镯》《天女散花》《盗仙草》	王岳凌、王莉春、王春燕	不详
12月22日	梨园剧场	《秋江》《天女散花》《盗仙草》	王岳凌、王莉春、王春燕	不详

续表

12月24日	梨园剧场	《霸王别姬》《十八罗汉斗悟空》	尚伟 叶江翔	不详
日期	演出地点	演出剧目	主要演员	收入（元）
12月25日	梨园剧场	《挡马》《天女散花》《盗仙草》	王晓丽、叶江翔、王莉春、王春燕	不详
12月26日	梨园剧场	《秋江》《天女散花》《盗仙草》	王怡、王莉春、王春燕	15000
12月27日	长安大戏院	《坐宫》	王怡、王金钟	5000
12月29日	梨园剧场	《霸王别姬》《十八罗汉斗悟空》	王怡、韩巨明 叶江翔	不详
12月30日	梨园剧场	《借扇》《天女散花》《盗仙草》	王晓丽、刘尧、王莉春、王春燕	不详
12月30日	国家大剧院	《09年迎春晚会》	王蓉蓉、杜镇杰、韩巨明	
12月31日	梨园剧场	《三岔口》《天女散花》《十八罗汉斗悟空》	崔欣馨、刘尧、王莉春、叶江翔	30000
12月31日	梨园剧场	《秋江》《天女散花》《盗仙草》	马娜、王莉春、王春燕	不详
共计：30场				

表 13 北京京剧院青年团 1 月演出统计

日期	演出地点	演出剧目	主要演员	收入（元）
1月1日	长安大戏院	《战马超》《断桥》《文昭关》	詹磊、彭晓亮、窦晓璇、张淑景、杨少彭、穆宇	不详
1月1、4、7、9日	梨园剧场	《三岔口》《盗仙草》《天女散花》	张旭冉、王雪桦、窦晓璇、丁桂玲、冉金淼	不详
1月2日	长安大戏院	《状元媒》	王磊、张笠媛	不详
1月2、5、8日	梨园剧场	《秋江》《斗罗汉》	张云、梅庆羊、詹磊、李扬	不详
1月3、6、10日	梨园剧场	《八仙过海》	丁桂玲、杜喆	不详
1月4、9、13日	长安大戏院	《拾玉镯》《斗罗汉》	王倩倩、梅庆羊、詹磊、李扬	不详
1月14日	长安大戏院	《沙家浜》	杨少彭、刘山丽	不详
1月14日	长安大戏院	《赤桑镇》《斗罗汉》	李小培、侯宇、詹磊、李扬	不详
1月19、29日	长安大戏院	《龙凤呈祥》	杨少彭、张云	不详
1月20日	中央电视台	《梨园擂台》	不详	不详
1月23日	长安大戏院	《盗仙草》《斗罗汉》《天女散花》	丁桂玲、冉金淼、窦晓璇、詹磊、李扬	不详
1月24日	梨园剧场	《四郎探母》	迟小秋、杨少彭	不详
1月24、26日	长安大戏院	《霸王别姬》《秋江》《盗库银》	张云、景宝琪、窦晓璇、梅庆羊、张淑景、翟岗	不详
1月25日	梨园剧场	《红鬃烈马》	迟小秋、张建峰	不详
1月28日	梨园剧场	演唱会、《盗仙草》		不详
1月26、28日	北京电视台	春节晚会	冉金淼、徐小刚	不详
1月27日	大厂	演唱会	杨少彭、杜喆	不详
1月28日	梨园剧场	演唱会、《盗仙草》	张云、杜喆、丁桂玲、冉金淼	不详
1月28日	长安大戏院	《玉堂春》	迟小秋、包飞	不详
1月29日	霸州	《玉堂春》	迟小秋、李宏图	不详
1月30日	香河	《战马超》《空城计》《游龙戏凤》	詹磊、彭晓亮、张云、穆宇、谭正岩、李小培	不详

续表

1月30日	香河	《锁麟囊》	迟小秋、李海青	不详
1月30日	长安大戏院	《龙凤呈祥》	杨少彭、郑潇	不详
日期	**演出地点**	**演出剧目**	**主要演员**	**收入（元）**
1月31日	香河	《红鬃烈马》	张建峰、窦晓璇	不详
1月31日	香河	演唱会	迟小秋、杜喆	不详
1月31日	长安大戏院	《龙凤呈祥》	由奇、郑潇	不详
共计：39场				

表14 北京京剧院青年团2月演出统计

日期	演出地点	演出剧目	主要演员	收入（元）
2月1日	高级法院	《赤桑镇》《空城计》《春秋亭》	李小培、侯宇、谭正岩、裘继戎 迟小秋、李海青	不详
2月1、3、11日	梨园剧场	《三岔口》《天女散花》《盗仙草》	詹磊、李丹、窦晓璇、丁桂玲、王荻	不详
2月2日	京西煤矿	《赤桑镇》《文昭关》《大登殿》	李小培、侯宇、杨少彭、穆宇、张建峰、窦晓璇	不详
2月2日	长安大戏院	《三岔口》《秋江》《盗库银》	詹磊、李丹、陈静、梅庆羊、张淑景、翟岗	不详
2月3日	长安大戏院	《龙凤呈祥》	谭正岩、郑潇	不详
2月4、12日	梨园剧场	《秋江》《盗库银》	窦晓璇、梅庆羊、张淑景、翟岗	不详
2月4、12日	长安大戏院	《龙凤呈祥》	杨少彭、郑潇	不详
2月5日	梨园剧场	《三岔口》《天女散花》《盗仙草》	张旭冉、王雪桦、窦晓璇、丁桂玲、王荻	不详
2月5、13日	长安大戏院	《龙凤呈祥》	杨少彭、张云	不详
2月6日	梨园剧场	《三岔口》《虹桥赠珠》	詹磊、李丹、丁桂玲、王荻	不详
2月7日	长安大戏院	《红鬃烈马》	窦晓璇、张建峰	不详
2月8日	长安大戏院	《锁麟囊》	迟小秋、李海青	不详
2月8日	梨园剧场	《三岔口》《盗库银》	詹磊、李丹、张淑景、翟岗	不详
2月9日	梨园剧场	《八仙过海》	丁桂玲、杜喆	不详
2月10日	梨园剧场	《秋江》《十八罗汉斗悟空》	张云、梅庆羊 詹磊、李扬	不详
2月12日	长安大戏院	《大探二》	杨少彭、郑潇	不详
2月16日	北京京剧院	京剧风采	张淑景、詹磊、杨少彭、郑潇	不详
2月17日	北京京剧院	京剧风采	杨少彭、张云	不详
2月29日	香港	《龙潭鲍骆》《乌盆记》	谭正岩、刘山丽、谭孝曾、郑岩	不详
共计：27场				

表15 北京京剧院青年团3月演出统计

日期	演出地点	演出剧目	主要演员	收入（元）
3月3日	长安大戏院	《拾玉镯》《十八罗汉斗悟空》	王倩倩、苏从发、李丹、李扬	不详
3月4日	长安大戏院	《三岔口》《天女散花》《盗库银》	张旭冉、王雪桦、窦晓璇、张淑景、翟岗	不详
3月5日	长安大戏院	《拾玉镯》《十八罗汉斗悟空》	朱虹、苏从发、李丹、李扬	不详
3月9、12日	长安大戏院	《战马超》《盗仙草》《十八罗汉斗悟空》	詹磊、彭晓亮、丁桂玲、王荻、李丹、李扬	不详
3月10日	长安大戏院	《三岔口》《秋江》《八仙过海》	张旭冉、王雪桦、张云、叶江翔、丁桂玲、杜喆	不详
3月11、13日	长安大戏院	《竹林记》《秋江》《无底洞》	丁桂玲、于帅、窦晓璇、梅庆羊、张淑景、詹磊	不详
3月14日	长安大戏院	《三岔口》《秋江》《八仙过海》	张旭冉、叶江翔、张云、包岩、丁桂玲、杜喆	不详
3月17日	长安大戏院	《龙凤呈祥》	谭正岩、张笠媛	不详
3月18、19日	长安大戏院	《龙凤呈祥》	杨少彭、张云	不详
3月20日	长安大戏院	《龙凤呈祥》	谭正岩、张云	不详
3月21~26日	长安大戏院	《龙凤呈祥》	杨少彭、张笠媛	不详
3月21、23、25日	梨园剧场	《三岔口》《虹桥赠珠》	张旭冉、王雪桦、丁桂玲、翟岗	不详
3月22、24、26日	梨园剧场	《秋江》《盗库银》	张云、梅庆羊、张淑景、翟岗	不详
3月26日		好戏周周看	李扬、王磊	不详
3月27日	长安大戏院	《龙凤呈祥》	杜喆、温如华	不详
3月27日	广播电台	《京剧风采》	丁桂玲、于帅、杨少彭、张云	不详
3月28、29日	长安大戏院	《龙凤呈祥》	谭正岩、郑潇	不详
3月30、31日	长安大戏院	《拾玉镯》《霸王别姬》《盗仙草》	和志莉、包岩、裘继戎、李海青、安彦丽	不详
3月30	武昌	演唱会	迟小秋、燕守平	不详
3月30	汉口	《沙家浜》	杨少彭、张笠媛	不详
共计：34场				

表16 北京京剧院青年团4月演出统计

日期	演出地点	演出剧目	主要演员	收入（元）
4月1、2、3、12日	长安大戏院	《拾玉镯》《霸王别姬》《盗仙草》	和志莉、苏从发、窦晓璇、裘继戎、张淑景、冉金淼	不详
4月2日	湖北	《锁麟囊》	迟小秋、鲁彤	不详
4月3日	湖北	演唱会	迟小秋、张笠媛	不详
4月5日	荆州	《三岔口》、演唱会	詹磊、李丹、迟小秋、张笠媛	不详
4月6日	长安大戏院	《拾玉镯》《霸王别姬》《盗仙草》	和志莉、苏从发、窦晓璇、裘继戎、安彦丽、冉金淼	不详
4月7、9、13日	长安大戏院	《三岔口》《天女散花》《盗库银》	张旭冉、叶江翔、窦晓璇、梅庆羊、朱明杰、李孟嘉	不详
4月7日	湖北	《沙家浜》	杨少彭、张笠媛	不详
4月8、10日	长安大戏院	《拾玉镯》《霸王别姬》《盗仙草》	和志莉、苏从发、窦晓璇、裘继戎、张淑景、王荻	不详
4月8日	岳阳	《三岔口》、演唱会	詹磊、李丹、迟小秋、张笠媛	不详
4月10日	新乡	《锁麟囊》	迟小秋、鲁彤	不详
4月11日	长安大戏院	《三岔口》《天女散花》《盗库银》	张旭冉、郭鑫、窦晓璇、朱明杰、李孟嘉	不详
4月11日	新乡	《沙家浜》	杨少彭、张笠媛	不详
4月14、16、18日	长安大戏院	《拾玉镯》《霸王别姬》《盗仙草》	和志莉、苏从发、张云、裘继戎、丁桂玲、冉金淼	不详
4月15日	长安大戏院	《三岔口》《天女散花》《盗库银》	张旭冉、王雪桦、窦晓璇、张淑景、翟岗	不详
4月17日	长安大戏院	《三岔口》《天女散花》《盗库银》	张旭冉、郭鑫、窦晓璇、张淑景、翟岗	不详
4月19日	长安大戏院	《三岔口》《天女散花》《盗库银》	张旭冉、郭鑫、窦晓璇、张淑景、翟岗	不详
4月21日	梨园剧场	《秋江》《盗库银》	陈静、梅庆羊、张淑景、翟岗	不详
4月22日	梨园剧场	《三岔口》《天女散花》《盗库银》	詹磊、李丹、窦晓璇、张淑景、冉金淼	不详
4月24日	大同	《锁麟囊》《三岔口》	迟小秋、杜喆、詹磊、李丹	不详

续表

日期	演出地点	演出剧目	主要演员	收入（元）
4月25日	朔州	《战马超》《大登殿》演唱会	詹磊、彭晓亮、张笠媛、张云 迟小秋、燕守平	不详
4月23、25日	梨园剧场	《秋江》《盗库银》	陈静、叶江翔、张淑景、翟岗	不详
4月24、26日	梨园剧场	《三岔口》《天女散花》《盗仙草》	张旭冉、叶江翔、窦晓璇 白伟琛、冉金淼	不详
4月26日	太原	《玉堂春》	迟小秋、张笠媛	不详
4月27日	太原	《盗库银》《锁麟囊》	张淑景、彭晓亮、迟小秋、杜喆	不详
4月28日	汾阳	《三岔口》、演唱会	詹磊、李丹、迟小秋、燕守平	不详
4月27、28、30日	梨园剧场	《三岔口》《天女散花》《盗仙草》	张旭冉、郭鑫、窦晓璇、安彦丽	不详
4月29日	梨园剧场	《秋江》《盗库银》	陈静、潘德才、张淑景、张成力	不详
4月29日	大寨	演唱会	杨少彭、迟小秋	不详
4月29日	阳泉	《赵氏孤儿》	张笠媛、李扬	不详
共计：41场				

表17 北京京剧院青年团5月演出统计

日期	演出地点	演出剧目	主要演员	收入（元）
5月1日	梨园剧场	《三岔口》《虹桥赠珠》	张旭冉、王雪桦、丁桂玲、翟岗	不详
5月2、4、6、27、31日	梨园剧场	《秋江》《斗罗汉》	张云、梅庆羊、詹磊、李扬	不详
5月3、5、8、26、29日	梨园剧场	《三岔口》《虹桥赠珠》	詹磊、李丹、丁桂玲、翟岗	不详
5月7日	华彬山庄	《京剧风采》	张建峰、黄京平	不详
5月7、30日	梨园剧场	《天女散花》《无底洞》	窦晓璇、张淑景、詹磊	不详
5月9、28日	梨园剧场	《秦琼观阵》《盗库银》	杜喆、徐小刚、张淑景、张成力	不详
5月10日	梨园剧场	《秋江》《斗罗汉》	和志莉、梅庆羊、詹磊、李扬	不详
共计：17场				

表18 北京京剧院青年团6月演出统计

日期	演出地点	演出剧目	主要演员	收入（元）
6月1、5日	梨园剧场	《霸王别姬》《盗库银》	景宝琪、张云、张淑景、张成力	不详
6月2日	五中分校	《秋江》、清唱、《三岔口》	张云、梅庆羊、李小培、张凯、张旭冉、王雪桦	不详
6月2日	梨园剧场	《天女散花》《无底洞》	窦晓璇、张淑景、李丹	不详
6月3、6日	梨园剧场	《三岔口》《虹桥赠珠》	张旭冉、王雪桦、丁桂玲、翟岗	不详
6月4、7日	梨园剧场	《秋江》《斗罗汉》	张云、梅庆羊、李丹、李扬	不详
6月19日	长安大戏院	《火烧余洪》《天女散花》《无底洞》	丁桂玲、于帅、窦晓璇、张淑景、李丹	不详
6月20日	长安大戏院	《锁麟囊》	迟小秋、杜喆	不详
6月22、26日	长安大戏院	《龙凤呈祥》	谭正岩、张云	不详
6月23、24、25日	长安大戏院	《龙凤呈祥》	杨少彭、郑潇	不详
6月28日	长安大戏院	《沙家浜》	杨少彭、张笠媛	不详
6月29日	梨园剧场	《三岔口》《天女散花》《盗仙草》	张旭冉、王雪桦、窦晓璇、丁桂玲、冉金燊	不详
6月29日	密云	《锁麟囊》	迟小秋、鲁彤	不详
6月30日	长安大戏院	《龙凤呈祥》	杨少彭、张云	不详
6月30日	梨园剧场	《秋江》《盗库银》	窦晓璇、梅庆羊、张淑景、张成力	不详
共计：21场				

表 19 北京京剧院青年团 7 月演出统计

日期	演出地点	演出剧目	主要演员	收入（元）
7月1、3日	长安大戏院	《龙凤呈祥》	谭正岩、张笠媛	不详
7月2、13、15日	长安大戏院	《龙凤呈祥》	杨少彭、张云	不详
7月14、16、28、29日	长安大戏院	《龙凤呈祥》	杨少彭、张笠媛	不详
7月17日	长安大戏院	《锁麟囊》	迟小秋、鲁彤	不详
7月24日	长安大戏院	《拾玉镯》《金钱豹》	王倩倩、梅庆羊、于帅、李丹	不详
7月1、3、7日	梨园剧场	《三岔口》《天女散花》《盗仙草》	张旭冉、王雪桦、窦晓璇 丁桂玲、冉金淼	不详
7月2、5、8日	梨园剧场	《秋江》《盗库银》	窦晓璇、梅庆羊、张淑景、张成力	不详
7月4、6、31日	梨园剧场	《秋江》《斗罗汉》	陈静、梅庆羊、李丹、李扬	不详
7月9日	梨园剧场	《秋江》《斗罗汉》	陈静、梅庆羊、詹磊、李扬	不详
7月10日	梨园剧场	《三岔口》《天女散花》《盗仙草》	詹磊、李丹、窦晓璇、丁桂玲、冉金淼	不详
7月29日	中央电视台	《百年圆梦》	张蓓、张云	不详
7月30日	梨园剧场	《三岔口》《盗库银》	詹磊、王雪桦、张淑景、张成力	不详
共计：24场				

表20 北京京剧院青年团8月演出统计

日期	演出地点	演出剧目	主要演员	收入（元）
8月1、2、5、6、7日	梨园剧场	《三岔口》《天女散花》《盗仙草》	詹磊、李丹、窦晓璇、丁桂玲、詹磊	不详
8月3日	梨园剧场	《秋江》《盗库银》	张云、梅庆羊、张淑景、张成力	不详
8月4日	梨园剧场	《金钱豹》	于帅、李丹	不详
8月9日	梨园剧场	《三岔口》《天女散花》《盗仙草》	张旭冉、王雪桦、李海青、王春燕、刘书俊	不详
8月10日	梨园剧场	《三岔口》《天女散花》《盗仙草》	张旭冉、王雪桦、窦晓璇、王春燕、刘书俊	不详
8月1、2、24日	长安大戏院	《龙凤呈祥》	杨少彭、郑潇	不详
8月7日	地坛	《京剧风采》	李青、黄京平	不详
8月9日	长安大戏院	《龙凤呈祥》	由奇、郑潇	不详
8月9日	长城饭店	《三岔口》《贵妃醉酒》《秋江》《盗仙草》	詹磊、李丹、窦晓璇、张云、梅庆羊、丁桂玲、冉金淼	不详
8月11、28日	长安大戏院	《龙凤呈祥》	杨少彭、张笠媛	不详
8月12日	长安大戏院	《龙凤呈祥》	杨少彭、张云	不详
8月25日	长安大戏院	《打金砖》	杜喆	不详
8月27日	长安大戏院	《断桥》《姚期》《游龙戏凤》《打金砖》《状元媒》《界牌关》	窦晓璇、包飞、裘继戎、张凯、张云、高彤、杜喆、张笠媛、詹磊、彭晓亮	不详
8月30、31日	长安大戏院	《龙凤呈祥》	谭正岩、郑潇	不详
8月16、17日	国家大剧院	《龙潭鲍骆》	于帅、谭正岩	不详
共计：25场				

表21 北京京剧院青年团9月演出统计

日期	演出地点	演出剧目	主要演员	收入（元）
9月1日	长安大戏院	《挡马》《秋江》《虹桥赠珠》	张淑景、李丹、陈静、梅庆羊、丁桂玲、翟岗	不详
9月2、3、4、9、19、20、21日	长安大戏院	《龙凤呈祥》	杨少彭、郑潇	不详
9月5日	长安大戏院	《拾玉镯》《雁荡山》	王倩倩、梅庆羊、王磊、李扬	
9月6日	长安大戏院	《二进宫》《三岔口》《姚期》《断桥》《界牌关》	郑潇、杨少彭、张旭冉、王雪桦、裘继戎、张凯、窦晓璇、包飞、詹磊、彭晓亮	不详
9月7日	长安大戏院	《三岔口》《游龙戏凤》《二进宫》《界牌关》《打金砖》	张旭冉、王雪桦、张云、高彤、郑潇、杨少彭、詹磊、彭晓亮、杜喆	不详
9月7日	燕山	《玉堂春》	张笠媛、朱虹	不详
9月10、11日	长安大戏院	《龙凤呈祥》	杨少彭、张笠媛	不详
9月13日	长安大戏院	《龙凤呈祥》	由奇、郑潇	不详
9月17日	长安大戏院	《断桥》《游龙戏凤》《二进宫》《状元媒》《盗库银》	窦晓璇、包飞、张云、高彤、郑潇、杨少彭、张笠媛、高彤、张淑景、彭晓亮	不详
9月21日	长安大戏院	《大探二》	杜喆、张笠媛	不详
9月22日	长安大戏院	《二进宫》《游龙戏凤》《姚期》《盗库银》	郑潇、杨少彭、张云、高彤、裘继戎、张凯、张淑景、张成力	不详
9月25、26日	七色光	《浮生六记》	谭正岩、窦晓璇	不详
9月27日	七色光	《浮生六记》	张凯、张云	不详
9月13日	珠江帝景	《三岔口》《坐宫》《闹龙宫》	张旭冉、王雪桦、杨少彭、张笠、李丹、翟岗	不详
9月19日	梅兰芳大剧院	《锁麟囊》	迟小秋、鲁彤	不详
9月20日	梅兰芳大剧院	《碧玉簪》	迟小秋、常建忠	不详
9月21日	梅兰芳大剧院	《玉堂春》	迟小秋、常建忠	不详
9月22日	梨园剧场	《三岔口》《秋江》《盗仙草》	张旭冉、王雪桦、侯美、魏昌桓、安彦丽、张旭冉	不详

续表

日期	演出地点	演出剧目	主要演员	收入（元）
9月23日	梨园剧场	《三岔口》《天女散花》《盗仙草》	张旭冉、郭鑫、窦晓璇、安彦丽、张旭冉	不详
9月25、26、29日	梨园剧场	《天女散花》《斗罗汉》	王莉春、詹磊、李小培	不详
9月24日	梨园剧场	《三岔口》《天女散花》《盗库银》	张旭冉、叶江翔、王莉春、李红艳、张成力	不详
9月27、28日	梨园剧场	《三岔口》《盗库银》	张旭冉、叶江翔、李红艳、张成力	不详
9月26、27、28、29日	日本都民剧场	不详	詹磊等	不详
9月30日	梨园剧场	《天女散花》《斗罗汉》	陈章霞、詹磊、李小培	不详
共计：41场				

表 22 北京京剧院青年团 10 月演出统计

日期	演出地点	演出剧目	主要演员	收入（元）
10月1、2、5日	梨园剧场	《天女散花》《斗罗汉》	李海青、詹磊、李小培	不详
10月3、4日	梨园剧场	《八仙过海》	李红艳、杜喆	不详
10月18、19日	梨园剧场	《三岔口》《秋江》《盗仙草》	李孟嘉、郭鑫、陈静、梁军委、安彦丽、李春生	不详
10月20日	梨园剧场	《三岔口》《秋江》《盗仙草》	李孟嘉、郭鑫、陈静、梁军委、朱明杰、李春生	不详
10月21、22日	梨园剧场	《天女散花》《斗罗汉》	李海青、詹磊、李小培	不详
10月23日	梨园剧场	《三岔口》《秋江》《盗仙草》	詹磊、叶江翔、陈静、梁军委、朱明杰、李春生	不详
10月24、25日	梨园剧场	《天女散花》《斗罗汉》	李海青、詹磊、赵海龙	不详
10月10日	台湾	《棒打》《战马超》《大登殿》	朱虹、包飞、詹磊、彭晓亮、张笠媛、张云	不详
10月12日	台湾	《锁麟囊》	迟小秋、张笠媛	不详
10月15日	台湾	《棒打》《战马超》《赤桑镇》《状元媒》	朱虹、包飞、詹磊、彭晓亮、沈文莉、李小培、张笠媛、张云	不详
10月9日	台湾	《三岔口》《二进宫》《八仙过海》	詹磊、叶江翔、张笠媛、杨少彭、李红艳、杜喆	不详
10月30日	台湾	《锁麟囊》	迟小秋、鲁彤	不详
10月31日	台湾	《盗仙草》《赤桑镇》《击鼓骂曹》	王春燕、李小培、沈文莉、杨少彭	不详
10月17、19日	台湾	《战马超》《锁麟囊》	詹磊、彭晓亮、迟小秋、张笠媛	不详
10月17日	小汤山中学	《三岔口》《拾玉镯》讲座、清唱	李孟嘉、郭鑫、陈静、魏光明、黄臣、由奇、侯宇	不详
10月11日	石景山	《四郎探母》	郑潇、由奇	不详
10月19日	盲人学校	《下山》《盗仙草》	梁军委、朱明杰、李春生	不详
10月13日	昌平大东流村小学	《三岔口》、《拾玉镯》讲座、清唱	李孟嘉、郭鑫、陈静、魏光明、黄臣、由奇、姜柯	不详

续表

日期	演出地点	演出剧目	主要演员	收入（元）
10月14日	廊坊25中分校	《三岔口》《秋江》讲座、清唱	李孟嘉、郭鑫、陈静、魏光明、黄臣、由奇、姜柯	不详
10月15日	昌平实验中学	《三岔口》《拾玉镯》讲座、清唱	李孟嘉、郭鑫、王梦婷、陆翱、黄臣、由奇、姜柯	不详
10月10日	35中学	《三岔口》、讲座清唱	李孟嘉、郭鑫、陆翱、黄臣、由奇、姜柯	不详
10月27日	109中学	《三岔口》、讲座清唱	詹磊、叶江翔、陆翱、黄臣、由奇、朱虹	不详
10月27日	中国戏曲学院	《浮生六记》	谭正岩、窦晓璇	不详
10月30日	大兴八小	《三岔口》《秋江》讲座、清唱	崔欣馨、司献伟、陈静、梁军委 魏光明、黄臣、由奇、朱虹	不详
10月27日	太原	《盗库银》《锁麟囊》	张淑景、彭晓亮、迟小秋、杜喆	不详
10月2日	延庆	《浮生六记》	张云、张凯	不详
10月8日	大兴四中	《三岔口》《秋江》讲座、清唱	李孟嘉、郭鑫、陈静、梁军委 魏光明、黄臣、郑潇、侯宇	不详
10月9日	温泉小学	《三岔口》、讲座清唱	李孟嘉、郭鑫、魏光明、黄臣 魏光明、黄臣	不详
	日本（23场）			
共计：59场				

注：本表中"日本（23场）"为当年访日演出作者没有提供详细资料。

表 23 北京京剧院青年团 11 月演出统计

日期	演出地点	演出剧目	主要演员	收入（元）
11月1日	高雄	《三岔口》《赤桑镇》《击鼓骂曹》《盗库银》	张旭冉、叶江翔、李小培、沈文莉、杨少彭、李小培、王春燕、刘书俊	不详
11月2日	高雄	《锁麟囊》	迟小秋、鲁彤	不详
11月3日	高雄	《霸王别姬》《游龙戏凤》《十八罗汉斗悟空》	窦晓璇、李小培、张云、穆宇、詹磊、李小培	不详
11月7日	中国科学技术研究院	《浮生六记》	窦晓璇、谭正岩	不详
11月10日	昌平四中	《三岔口》《拾玉镯》讲座、清唱	张旭冉、王文增、陈静、陆翱、黄臣、李小培、侯宇	不详
11月11、13、17日	梨园剧场	《天女散花》《斗罗汉》	陈张霞、詹磊、李小培	不详
11月12日	北京工业大学	《浮生六记》	张云、张凯	不详
11月12日	梨园剧场	《秋江》《盗库银》	陈静、包岩、安彦丽、张成力	不详
11月14日	梨园剧场	《秋江》《盗库银》	陈静、梁军委、安彦丽、张成力	不详
11月15日	梨园剧场	《天女散花》《斗罗汉》	窦晓璇、詹磊、李小培	不详
11月15日	国家京剧院	《游龙戏凤》《赤桑镇》	张云、穆宇、李小培、沈文莉	不详
11月16日	不详	《浮生六记》	张云、张凯	不详
11月16日	中央电视台	传统经典片段录制	迟小秋	不详
11月16日	梨园剧场	《秋江》《盗库银》	窦晓璇、梁军委、安彦丽、张成力	不详
11月18、19日	梨园剧场	《三岔口》《天女散花》《盗仙草》	张旭冉、叶江翔、窦晓璇、安彦丽、黄臣	不详
11月18、19日	长安大戏院	《龙凤呈祥》	谭正岩、张笠媛	不详
11月20日	梨园剧场	《三岔口》《天女散花》《盗仙草》	张旭冉、王雪桦、窦晓璇、张淑景、王荻	不详
11月21日	长安大戏院	《龙凤呈祥》	谭正岩、郑潇	不详

续表

日期	演出地点	演出剧目	主要演员	收入（元）
11月22日	长安大戏院	《京剧风采》	谭正岩、郑潇	不详
11月26日	华北电力大学	《盗仙草》、讲座《击鼓骂曹》	丁桂玲、张旭冉、陆翱、张凯 杨少彭、李扬	不详
11月27日	中国政法大学	《女起解》、讲座《盗仙草》、清唱	杨丹阳、梅庆羊、陆翱、丁桂玲、冉金淼、侯宇、郑潇	不详
11月28、29日	朝阳文化宫	《浮生六记》	谭正岩、窦晓璇	不详
11月28日	11中学	讲座、《三岔口》清唱	陆翱、李扬、李丹、王雪桦 朱虹、郑潇	不详
11月30日	梨园剧场	《三岔口》《天女散花》《盗仙草》	詹磊、李丹、陈张霞 丁桂玲、王荻	不详
11月30日	梨园剧场	《龙凤呈祥》	杨少彭、郑潇	不详
	日本（11场）			
共计：43场				

注：本表中"日本（11场）"为当年访日演出作者没有提供详细资料。

表 24 北京京剧院青年团 12 月演出统计

日期	演出地点	演出剧目	主要演员	收入（元）
12月1、4、10日	梨园剧场	《秋江》《盗库银》	陈静、梁军委、张淑景、张成力	不详
12月1日	兴华中学	《三岔口》《拾玉镯》讲座、清唱	张旭冉、王雪桦、陈静魏光明、由奇、侯宇	不详
12月2、6、7、8日	梨园剧场	《三岔口》《天女散花》《盗仙草》	詹磊、李丹、窦晓璇丁桂玲、冉金淼	不详
12月2日	北京语言大学	《除三害》《战太平》清唱	裘继戎、张凯、杜喆、郑潇、杨少彭、张笠媛	不详
12月3日	梨园剧场	《三岔口》《天女散花》《盗仙草》	詹磊、李丹、窦晓璇丁桂玲、冉金淼	不详
12月3日	崇文小学	《三岔口》《拾玉镯》讲座、清唱	李丹、王雪桦、朱虹魏光明、由奇、沈文莉	不详
12月5日	梨园剧场	《八大锤》《盗库银》	詹磊、徐小刚、张淑景、张成力	不详
12月8日	长安大戏院	《八大锤》《柜中缘》《柳荫记》《女起解》《战太平》	詹磊、张云、窦晓璇、张笠媛、杜喆	不详
12月6日	长安大戏院	《八大锤》《柜中缘》《战太平》、讲座	詹磊、徐小刚、张云、杜喆、郑潇、陆翱	不详
12月9日	梨园剧场	《三岔口》《八大锤》《盗仙草》	张旭冉、王雪桦、詹磊、于帅、丁桂玲、冉金淼	不详
12月20日		《京剧风采》	张淑景、李丹	不详
12月22、23、24、26、27日	国家大剧院	《赤壁》	于魁智、李胜素	不详
12月23、25日	哈尔滨	《锁麟囊》	迟小秋、张笠媛	不详
12月24、26、27日	哈尔滨	《挡马》演唱会	张淑景、李丹、迟小秋、杨少彭	不详
12月25、27、28、29日	国家大剧院	《赤壁》	张建峰、张凯	不详

续表

日期	演出地点	演出剧目	主要演员	收入（元）
12月26日	哈尔滨	《四郎探母》	杨少彭、张笠媛	不详
12月27日	哈尔滨	《龙凤呈祥》	杨少彭、张笠媛	不详
12月30日	国家大剧院	新年晚会	迟小秋	不详
共计：34场				

表 25 北京京剧院梅团 1 月演出统计

日期	演出地点	演出剧目	主要演员	收入（元）
1月1日	长安大戏院	《龙凤呈祥》	朱强、杜镇杰、陈俊杰、高彤、张克、尚伟、谭正岩	47638.9
1月4日	江苏徐州淮海堂	《红灯记》	张馨月、韩胜存、康静、黄彦忠	50000
1月5日	江苏徐州淮海堂	《红灯记》	张馨月、韩胜存、康静、陈俊杰	50000
1月10日	长安大戏院	《红灯记》	张馨月、康静、陈俊杰、耿巧云、尚长荣等	不详
1月15日	固安	演唱会		135000
1月18日	长安大戏院	《群英会》	钱江、马长礼、谭元寿、李长春	40000
1月18日	大兴梅地亚饭店	《贵妃醉酒》	梅团班底	5000
1月20、21日	长安大戏院	《袁崇焕》	于魁智、孟广禄、李宏图	不详
1月22日	中国戏曲学院	《红灯记》	张馨月、韩胜存、康静	60000
1月23、25日	梨园剧场	《八仙过海》	王雪清、李红艳	不详
1月24日	梨园剧场	《霸王别姬》《天女散花》《火神阻路》	张馨月、陈俊杰、胡文阁、年金鹏	不详
1月25日	高等教育委员会	《大探二》	陈俊杰、韩胜存、姜亦珊	45000
1月26日	梨园剧场	《秋江》《斗罗汉》	索明芳、梅庆羊、王文增	不详
1月27日	梨园剧场	《秋江》《斗罗汉》	和志莉、梅庆羊、王文增	不详
1月27日	平谷	《吕布与貂蝉》	李宏图、张馨月、陈俊杰	30000
1月27日	平谷	《凤还巢》	胡文阁、张馨月、黄柏雪、方志成、韩胜存、康静	30000
1月28日	梨园剧场	《霸王别姬》《天女散花》《火神阻路》	张馨月、陈俊杰、谭茗心、年金鹏、黄彦忠	不详
1月29日	梨园剧场	《霸王别姬》《盗库银》	胡文阁、陈俊杰、李红艳	不详
1月30日	昌平	京剧演唱会		50000

续表

日期	演出地点	演出剧目	主要演员	收入（元）
1月30日	密云	《十老安刘》	朱强、李宏图、陈俊杰、黄柏雪	30000
1月30日	密云	《四郎探母》	韩胜存、朱强、王亚娜、张馨月、姜亦珊、胡文阁、康静	30000
1月31日	霸州小戏楼	小型演唱会	李宏图、陈俊杰、朱强等	50000
共计：24场				

表 26 北京京剧院梅团 2 月演出统计

日期	演出地点	演出剧目	主要演员	收入（元）
2月3日	怀柔	《红灯记》	张馨月、韩胜存、康静、年金鹏、王雪清	不详
2月4日	大兴	《吕布与貂蝉》	李宏图、张馨月	不详
2月5日	大兴	《红灯记》	张馨月、韩胜存、康静	不详
2月7日	国家大剧院	《龙凤呈祥》	谭元寿、梅葆玖、张学津、李宏图、朱强、黄彦忠	不详
2月9日	长安大戏院	《十老安刘》	张学津、朱强、李宏图、陈俊杰、黄柏雪	不详
2月10日	梅兰芳大剧院	《风采演唱会》	孟广禄、李维康、耿其昌、李宏图	不详
2月11日	长安大戏院	《四郎探母》	韩胜存、朱强、王亚娜、张馨月、姜亦珊	不详
2月12日	长安大戏院	《秦香莲》	孟广禄、吴昊颐、朱强、韩胜存	不详
2月13、14日	梨园剧场	《天女散花》《斗罗汉》	谭茗心、王文增	不详
2月15、16、19日	梨园剧场	《秋江》《斗罗汉》	索明芳、魏昌桓、王文增	不详
2月17日	梨园剧场	《霸王别姬》《盗库银》	胡文阁、朱峰、李红艳	不详
2月18日	梨园剧场	《天女散花》《斗罗汉》	胡文阁、王文增	不详
2月19日	廊坊（两场）	银苑芬芳演唱会	梅葆玖、谭元寿、李宏图	不详
2月20日	石家庄	《凤还巢》	梅葆玖、李宏图	不详
2月20日	梨园剧场	《三岔口》《盗库银》	李孟嘉、陈峰、朱明杰	不详
2月21、25日	梨园剧场	《闹天宫》	年金鹏	不详
2月22、26日	梨园剧场	《霸王别姬》《天女散花》《火神阻路》	陈俊杰、谭茗心、年金鹏	不详
2月23日	梨园剧场	《三岔口》《虹桥赠珠》	冯胜章、刘晓冬、李红艳	不详
2月24日	梨园剧场	《霸王别姬》《盗库银》	谭茗心、朱峰、李红艳	不详
共计：25场				

表27 北京京剧院梅团3月演出统计

日期	演出地点	演出剧目	主要演员	收入（元）
3月12日	霸州	《盗仙草》《霸王别姬》《火神阻路》	李红艳、胡文阁、陈俊杰、年金鹏	不详
3月12日	霸州	《吕布与貂蝉》	李宏图、张馨月	不详
3月13日	霸州	《三岔口》《贵妃醉酒》《闹天宫》	冯盛章、王文增、胡文阁、年金鹏	不详
3月13日	霸州	《白蛇传》	王艳、李红艳、李宏图、黄彦忠	不详
3月14日	霸州（录像）	《挑滑车》《钟馗嫁妹》《游龙戏凤》	王雪清、朱强、张馨月	不详
3月15日	梨园剧场	《霸王别姬》《天女散花》《火神阻路》	胡文阁、朱峰、李红艳、年金鹏	不详
3月16日	长安大戏院	《战马超》《写状》《沙桥饯别》	叶金援、王博文、钱江	40000
3月17日	国家大剧院	《贵妃醉酒》	胡文阁、黄柏雪、曾宝玉	不详
3月17日	梨园剧场	《三岔口》《虹桥赠珠》	冯盛章、王文增、李红艳	60000
3月18日	梨园剧场	《秋江》《斗罗汉》	索明芳、魏昌桓、王文增	不详
3月19日	梨园剧场	《霸王别姬》《盗库银》	谭茗心、陈俊杰、李红艳	不详
3月20日	梨园剧场	《霸王别姬》《天女散花》《火神阻路》	谭茗心、朱峰、李红艳、年金鹏	不详
3月28日	霸州	《四郎探母》《锁麟囊》《红娘》《游龙戏凤》《状元媒》	张艳玲、唐禾香、张馨月、郭伟、张萍	不详
共计：13场				

表 28 北京京剧院梅团 4 月演出统计

日期	演出地点	演出剧目	主要演员	收入（元）
4月1、2、8日	梨园剧场	《秋江》《斗罗汉》	索明芳、魏昌桓、王文增	不详
4月3日	梨园剧场	《霸王别姬》《盗库银》	胡文阁、陈俊杰、李红艳	不详
4月3日	中国政法大学	《三岔口》《小宴》	冯盛章、王文增、李宏图、张馨月、韩胜存	不详
4月4、7日	梨园剧场	《三岔口》《天女散花》《火神阻路》	冯盛章、王文增、胡文阁、年金鹏	不详
4月5日	梨园剧场	《闹天宫》	年金鹏	不详
4月6日	梨园剧场	《三岔口》《虹桥赠珠》	冯盛章、王文增、李红艳	不详
4月9日	梨园剧场	《三岔口》《天女散花》《火神阻路》	冯盛章、王文增、谭茗心、年金鹏	不详
4月10日	梨园剧场	《霸王别姬》《盗库银》	胡文阁、朱峰、李红艳	不详
4月16日	霸州	小型演唱会	李宏图、韩胜存	不详
4月18、19、20、25、27、28、29、30日	北京电影学院	《袁崇焕》电影	孟广禄等	不详
4月20日	铁道大厦	金融颁奖演唱会	李宏图、朱强、胡文阁、陈俊杰	不详
4月24日	长安大戏院	《凤还巢》	胡文阁、张馨月、李宏图	不详
4月25日	香河	京剧风采演唱会	李宏图	不详
共计：23场				

表 29 北京京剧院梅团 5 月演出统计

日期	演出地点	演出剧目	主要演员	收入（元）
5月16日	长安大戏院	《探阴山》《赤桑镇》《将相和》	康万生、孟广禄、邓沐玮	40000
5月17日	长安大戏院	《锁五龙》《打婴》《秦香莲》	康万生、孟广禄、邓沐玮	40000
5月18日	长安大戏院	《遇皇后》《打龙袍》《姚期》	康万生、孟广禄、邓沐玮	40000
5月28日	霸州	地震赈灾演唱会	朱强、韩胜存、郭伟	不详
5月29日	长安大戏院	赈灾义演	李宏图、朱强、陈俊杰	不详
共计：5 场				

表 30 北京京剧院梅团 6 月演出统计

日期	演出地点	演出剧目	主要演员	收入（元）
6月6、7日	长安大戏院	《袁崇焕》	于魁智、孟广禄、李宏图	不详
6月8、15日	梨园剧场	《秋江》《斗罗汉》	魏昌桓、索明芳、詹磊	不详
6月9、12、16日	梨园剧场	《霸王别姬》《天女散花》《火神阻路》	谭娜、陈俊杰、胡文阁、年金鹏	不详
6月10、14日	梨园剧场	《闹天宫》	年金鹏	不详
6月11日	梨园剧场	《霸王别姬》《盗库银》	陈俊杰、胡文阁、安彦丽	不详
6月13、17日	梨园剧场	《霸王别姬》《盗库银》	朱峰、胡文阁、安彦丽	不详
6月27日	长安大戏院	《红灯记》	韩胜存、张馨月、康健、陈俊杰	不详
共计：13 场				

表 31 北京京剧院梅团 7 月演出统计

日期	演出地点	演出剧目	主要演员	收入（元）
7月2日	霸州	小戏楼演唱会	李宏图、朱强等	30000
7月8日	万豪酒店	《贵妃醉酒》	胡文阁	10000
7月11日	梨园剧场	《霸王别姬》《天女散花》《火神阻路》	胡文阁、谭娜、陈俊杰、年金鹏	不详
7月12、14日	梨园剧场	《闹天宫》	王雪清	不详
7月13、16日	梨园剧场	《霸王别姬》《盗库银》	朱峰、胡文阁、王春燕	不详
7月15、17日	梨园剧场	《霸王别姬》《天女散花》《火神阻路》	胡文阁、朱峰、谭娜、年金鹏	不详
7月18日	长安大戏院	《凤还巢》	董圆圆、李宏图、陈俊杰、黄柏雪	50000
7月19日	长安大戏院	《宇宙锋》	胡文阁、李宏图、韩胜存、黄彦忠	50000
7月20日	长安大戏院	《梅花香韵》	梅葆玖、张馨月、李红艳、谭娜、胡文阁	50000
7月21日	长安大戏院	《穆桂英挂帅》	董圆圆、李宏图、朱强、曾宝玉	50000
7月22日	长安大戏院	《女起解》《玉堂春》	窦晓璇、张馨月、李宏图、朱强	50000
7月23日	长安大戏院	《梅派演唱会》	梅葆玖、叶少兰、史依弘、王奕戈、马小曼	50000
7月24日	恭王府	《廉锦枫》《霸王别姬》《大登殿》	谭娜、胡文阁 窦晓璇、吴昊颐	50000
7月25日	恭王府	《遇皇后》《御碑亭》	陈俊杰、康静、胡文阁、李宏图	50000
7月26日	恭王府	《火神阻路》《梅派演唱会》	年金鹏 梅葆玖、赵葆秀、李维康、耿其昌	50000
7月27日	恭王府	《武家坡》《状元谱》	韩胜存、窦晓璇、李宏图、朱强	50000

续表

日期	演出地点	演出剧目	主要演员	收入（元）
7月28日	恭王府	《天女散花》《说破》《贵妃醉酒》	谭娜、李宏图、朱强、胡文阁	50000
7月30日	霸州	《杨门女将》	董圆圆、吴昊颐、康静、索明芳	不详
7月31日	李少春剧院	《白蛇传》	窦晓璇、李宏图、黄彦忠、王春燕	不详
共计：22场				

表 32 北京京剧院梅团 8 月演出统计

日期	演出地点	演出剧目	主要演员	收入（元）
8月9日	香河	《小闹天宫》	年金鹏	26000
8月10日	皇宫大戏楼	《火神阻路》《钓金龟》《游龙戏凤》	年金鹏、康静、黄柏雪、张馨月、朱强	不详
8月11日	梨园剧场	《霸王别姬》《盗库银》	胡文阁、陈俊杰、王春燕	不详
8月12、14、17日	梨园剧场	《秋江》《十八罗汉斗悟空》	索明芳、魏昌桓、王文增	不详
8月13、18日	梨园剧场	《三岔口》《天女散花》《火神阻路》	冯胜章、刘晓冬、胡文阁、年金鹏	不详
8月15日	梨园剧场	《霸王别姬》《盗库银》	胡文阁、朱峰、王春燕	不详
8月20日	梨园剧场	《天女散花》《火神阻路》	窦晓璇、年金鹏、黄彦忠	不详
8月12日	皇宫大戏楼	《三岔口》《天女散花》《霸王别姬》	冯胜章、谭娜、胡文阁、朱峰	8000
8月14日	皇宫大戏楼	《廉锦枫》《三岔口》《贵妃醉酒》	谭娜、魏学雷、胡文阁	8000
8月15日	皇宫大戏楼	《廉锦枫》《赤桑镇》《武家坡》	谭娜、康静、韩胜存	8000
8月16日	皇宫大戏楼	《拾玉镯》《遇皇后》《坐宫》	索明芳、陈俊杰、康静、王奕戈、韩胜存	8000
8月17日	皇宫大戏楼	《三岔口》《天女散花》《霸王别姬》	谭娜、魏学雷、胡文阁、陈俊杰	8000
8月18日	皇宫大戏楼	《秋江》《林冲夜奔》《望江亭》	索明芳、魏昌桓、冯盛章、姜亦珊、黄柏雪	8000
8月19日	皇宫大戏楼	《合钵》《三岔口》《钓金龟》	吴昊颐、魏学雷、康静	8000
8月20日	皇宫大戏楼	《打店》《朱痕迹》《霸王别姬》	不详	8000
8月21日	皇宫大戏楼	《钓金龟》《火神阻路》《合钵》	沈文莉、黄柏雪、年金鹏、吴昊颐	8000
8月22日	皇宫大戏楼	《打店》《赤桑镇》《贵妃醉酒》	魏学雷、潘月娇、陈俊杰、康静、胡文阁	8000
8月23日	皇宫大戏楼	《西厢记》《艳阳楼》《朱痕迹》《谢瑶环》	王奕戈、王雪清、韩胜存、张馨月	8000

续表

日期	演出地点	演出剧目	主要演员	收入（元）
8月24日	皇宫大戏楼	《拾玉镯》《火神阻路》《坐宫》	索明芳、年金鹏、王奕戈、韩胜存	8000
8月25日	皇宫大戏楼	《廉锦枫》《林冲夜奔》《二进宫》	谭娜、冯盛章、姜亦珊	8000
8月26日	皇宫大戏楼	《秋江》《三岔口》《钓金龟》	索明芳、冯盛章、李晓东、康静、黄柏雪	8000
8月27日	皇宫大戏楼	《望江亭》《朱痕迹》《十八罗汉斗悟空》	姜亦珊、黄柏雪、韩胜存、王文增	8000
8月28日	皇宫大戏楼	《三岔口》《武家坡》《艳阳楼》	冯盛章、青松、韩胜存、姜亦珊、王雪清	8000
8月29日	皇宫大戏楼	《钓金龟》《战马超》《坐宫》	康静、黄柏雪、魏学雷、王博文、王奕戈、韩胜存	8000
8月30日	皇宫大戏楼	《扈家庄》《廉锦枫》《赤桑镇》《春秋亭》	谭娜、康静、陈俊杰、郭伟	8000
8月31日	皇宫大戏楼	《林冲夜奔》《女起解》《朱痕迹》《艳阳楼》	冯盛章、张馨月、韩胜存、王雪清	8000
共计：31场				

表 33 北京京剧院梅团 9 月演出统计

日期	演出地点	演出剧目	主要演员	收入（元）
9月1日	皇宫大戏楼	《天女散花》《战马超》《坐宫》	谭娜、魏学雷、王博文、王奕戈、韩胜存	8000
9月2日	皇宫大戏楼	《朱痕迹》《钓金龟》《扈家庄》	韩胜存、康静、黄柏雪、潘月娇	8000
9月3日	皇宫大戏楼	《合钵》《林冲夜奔》《贵妃醉酒》	吴昊颐、冯盛章、胡文阁	8000
9月4日	皇宫大戏楼	《拾玉镯》《打店》《遇皇后》	马珍珍、魏学雷、潘月娇、康静、陈俊杰	8000
9月5日	皇宫大戏楼	《钓金龟》《打店》《遇皇后》	康静、黄柏雪、索明芳、魏昌桓、谭娜	8000
9月6日	皇宫大戏楼	《天女散花》《林冲夜奔》《朱痕迹》	谭娜、冯盛章、韩胜存	8000
9月7日	皇宫大戏楼	《秋江》《钓金龟》《扈家庄》	索明芳、魏昌桓、康静、黄柏雪、潘月娇	8000
9月8日	皇宫大戏楼	《钓金龟》《林冲夜奔》《贵妃醉酒》	康静、黄柏雪、冯盛章、胡文阁	8000
9月9日	皇宫大戏楼	《三岔口》《霸王别姬》	冯盛章、张青松、胡文阁、陈俊杰	8000
9月10、30日	皇宫大戏楼	《拾玉镯》《林冲夜奔》《遇皇后》	马珍珍、冯盛章、康静、陈俊杰	16000
9月11日	皇宫大戏楼	《天女散花》《拾玉镯》《三岔口》	谭娜、马珍珍、冯盛章、张青松	8000
9月12日	皇宫大戏楼	《三岔口》《合钵》《扈家庄》	冯盛章、张青松、吴昊颐、潘月娇	8000
9月13日	皇宫大戏楼	《秋江》《天女散花》《斗罗汉》	索明芳、魏昌桓、谭娜、王文增	8000
9月14日	皇宫大戏楼	《秋江》《三岔口》《霸王别姬》	索明芳、魏昌桓、冯盛章、张青松、谭娜	8000
9月16日	皇宫大戏楼	《天女散花》《拾玉镯》《合钵》《火神阻路》	谭娜、马珍珍、吴昊颐、年金鹏	8000

续表

日期	演出地点	演出剧目	主要演员	收入（元）
9月17日	皇宫大戏楼	《廉锦枫》《林冲夜奔》《大保国》	谭娜、冯盛章、韩胜存、姜亦珊、陈俊杰	8000
9月18日	皇宫大戏楼	《打店》《二进宫》	魏学雷、潘月娇、韩胜存、姜亦珊、陈俊杰	8000
9月19日	皇宫大戏楼	《西厢记》《闹天宫》《霸王别姬》	王奕戈、王雪清、谭娜、陈俊杰	8000
9月20日	皇宫大戏楼	《林冲夜奔》《柜中缘》《扈家庄》	冯盛章、索明芳、潘月娇	8000
9月21日	皇宫大戏楼	《打店》《天女散花》《火神阻路》	魏学雷、潘月娇、谭娜、年金鹏	8000
9月22、29日	皇宫大戏楼	《打焦赞》《廉锦枫》《斗罗汉》	王博文、孟妍欣	16000
9月23日	皇宫大戏楼	《三岔口》《空城计》	冯盛章、张青松、韩胜存、陈俊杰	8000
9月24日	皇宫大戏楼	《拾玉镯》《三岔口》《谢瑶环》	索明芳、冯盛章、李晓东、张馨月	8000
9月25日	皇宫大戏楼	《合钵》《钓金龟》《闹天宫》	吴昊颐、康静、黄柏雪、王雪清	8000
9月26日	皇宫大戏楼	《三岔口》《坐宫》	冯盛章、张青松、王奕戈、韩胜存	8000
9月27日	皇宫大戏楼	《三岔口》《二进宫》	冯盛章、张青松、韩胜存、陈俊杰、王奕戈	8000
9月28日	皇宫大戏楼	《打店》《赤桑镇》	魏学雷、潘月娇、康静、陈俊杰	8000
9月1、6、8、9、10日	梨园剧场	《秋江》《斗罗汉》	索明芳、魏昌桓、王文增	8000
9月2、4、7日	梨园剧场	《天女散花》《火神阻路》	胡文阁、年金鹏	8000
9月3日	梨园剧场	《霸王别姬》《盗库银》	谭娜、朱峰、王春燕	8000
9月5日	梨园剧场	《霸王别姬》《盗库银》	谭娜、陈俊杰、王春燕	8000
共计：40场				

表34 北京京剧院梅团10月演出统计

日期	演出地点	演出剧目	主要演员	收入（元）
10月1日	皇宫大戏楼	《天女散花》《三岔口》《坐宫》	谭茗心、周恩旭、张青松、王奕戈、韩胜存	8000
10月2日	皇宫大戏楼	《天女散花》《三岔口》《大保国》	谭茗心、周恩旭、张青松、王奕戈、韩胜存、陈俊杰	8000
10月3日	皇宫大戏楼	《碰碑》《盗仙草》《赤桑镇》	周梦梅、马艳艳、方旭、侯宇	8000
10月4日	皇宫大戏楼	《扈家庄》《探皇陵》《坐宫》	陈沁妤、方旭、周梦梅、王奕戈	8000
10月5日	皇宫大戏楼	《钓金龟》《盗仙草》《三岔口》	侯宇、舒展、马艳艳、周恩旭、张青松	8000
10月6日	皇宫大戏楼	《打店》《天女散花》《坐宫》	王鑫、马艳艳、王莉春、周梦梅、王奕戈	8000
10月7日	皇宫大戏楼	《盗仙草》《探皇陵》《三岔口》	吴镕秀、方旭、周恩旭	8000
10月9日	皇宫大戏楼	《红娘》《三岔口》《赤桑镇》	李红、周恩旭、张青松、刘超、方旭	8000
10月10日	皇宫大戏楼	《打店》《天女散花》《武家坡》	王鑫、马艳艳、郭潇、周梦梅、王奕戈	8000
10月11日	皇宫大戏楼	《扈家庄》《钓金龟》《坐宫》	李娜、刘超、舒展、周梦梅、王奕戈	8000
10月12日	皇宫大戏楼	《拾玉镯》《天女散花》《赤桑镇》	王梦婷、李海青、刘超、方旭	8000
10月13日	皇宫大戏楼	《霸王别姬》《武家坡》	司晓丽、贾世明、周梦梅、王奕戈	8000
10月14日	皇宫大戏楼	《扈家庄》《钓金龟》《坐宫》	陈沁妤、刘超、周梦梅、王奕戈	8000
10月15日	皇宫大戏楼	《霸王别姬》《武家坡》	王莉春、贾世铭、周梦梅、王奕戈	8000
10月16日	皇宫大戏楼	《拾玉镯》《坐宫》	王梦婷、周梦梅、王奕戈	8000
10月17日	皇宫大戏楼	《三岔口》《女起解》《盗仙草》	周恩旭、张青松、王奕戈、马艳艳	8000
10月18日	皇宫大戏楼	《拾玉镯》《大保国》	吴镕秀、周梦梅、王奕戈、方旭	8000

续表

日期	演出地点	演出剧目	主要演员	收入（元）
10月19、21日	皇宫大戏楼	《钓金龟》《武家坡》	刘超、舒展、周梦梅、王奕戈	16000
10月20、22日	皇宫大戏楼	《拾玉镯》《坐宫》	吴镕秀、周梦梅、王奕戈	16000
10月23日	皇宫大戏楼	《拾玉镯》《女起解》	索明芳、魏昌桓、王奕戈	8000
10月24日	皇宫大戏楼	《打焦赞》《坐宫》	孟妍欣、王博文、韩胜存、王奕戈	8000
10月25日	皇宫大戏楼	《女起解》《打焦赞》	魏昌桓、王奕戈、孟妍欣、王博文	8000
10月26日	皇宫大戏楼	《秋江》《武家坡》	索明芳、魏昌桓、韩胜存、王奕戈	8000
10月27日	皇宫大戏楼	《秋江》《天女散花》《空城计》	索明芳、魏昌桓、谭茗心、韩胜存、赵海龙	8000
10月28日	皇宫大戏楼	《打店》《拾玉镯》《斗罗汉》	魏学雷、潘月娇、索明芳、王文增	8000
10月29日	皇宫大戏楼	《三岔口》《钓金龟》《霸王别姬》	周恩旭、张青松、刘超、谭茗心、朱峰	8000
10月30日	皇宫大戏楼	《林冲夜奔》《坐宫》《天女散花》	韩胜存、谭茗心、韩胜存、王奕戈	8000
10月31日	皇宫大戏楼	《天女散花》《盗库银》《霸王别姬》	谭茗心、孟妍欣、胡文阁、朱峰	8000
10月28日	霸州	霸州文化节开幕	不详	150000
10月29日	胜芳	胜芳演唱会	不详	
共计：33场				

表 35 北京京剧院梅团 11 月演出统计

日期	演出地点	演出剧目	主要演员	收入（元）
11月1日	皇宫大戏楼	《天女散花》《卖水》《斗罗汉》	索明芳、谭茗心、王文增	8000
11月2日	皇宫大戏楼	《秋江》《钓金龟》《盗库银》	索明芳、魏昌桓、康静、黄柏雪、孟妍欣	8000
11月3日	皇宫大戏楼	《三岔口》《大保国》	林庆、刘晓冬、韩胜存、王奕戈、陈俊杰	8000
11月3日	长安大戏院	《吕布与貂蝉》	李宏图、张馨月	30000
11月4日	皇宫大戏楼	《天女散花》《扈家庄》《乌盆记》	谭茗心、潘月娇、韩胜存	8000
11月5、13日	皇宫大戏楼	《女起解》《挑滑车》	王奕戈、黄柏雪、王雪清	16000
11月6日	皇宫大戏楼	《钓金龟》《卖水》《斗罗汉》	康静、索明芳、王文增	8000
11月7日	皇宫大戏楼	《三岔口》《武家坡》	林庆、刘晓冬、韩胜存、姜亦珊	8000
11月8日	皇宫大戏楼	《天女散花》《扈家庄》《盗库银》	谭茗心、潘月娇、孟妍欣	8000
11月9、15日	皇宫大戏楼	《铁弓缘》《斗罗汉》	索明芳、王文增	16000
11月10、16日	皇宫大戏楼	《三岔口》《大登殿》	林庆、刘晓冬、吴昊颐、姜亦珊	16000
11月11日	皇宫大戏楼	《拾玉镯》《天女散花》《赤桑镇》	马珍珍、谭茗心、陈俊杰、康静	8000
11月12日	皇宫大戏楼	《林冲夜奔》《武家坡》	冯盛章、鲁彤、周梦梅	8000
11月14日	皇宫大戏楼	《拾玉镯》《天女散花》《遇皇后》	马珍珍、谭茗心、陈俊杰、康静	8000
11月17日	皇宫大戏楼	《林冲夜奔》《武家坡》	冯盛章、王奕戈、周梦梅	8000
11月18日	皇宫大戏楼	《天女散花》《三岔口》《霸王别姬》	谭茗心、林庆、刘晓冬、胡文阁	8000
11月19日	皇宫大戏楼	《卖水》《空城计》	索明芳、韩胜存	8000
11月20日	皇宫大戏楼	《女起解》《遇皇后》	黄柏雪、王奕戈、陈俊杰、康静	8000

续表

日期	演出地点	演出剧目	主要演员	收入（元）
11月21、25日	皇宫大戏楼	《打焦赞》《大保国》	王博文、孟妍欣、韩胜存、姜亦珊、方旭	16000
11月22日	皇宫大戏楼	《林冲夜奔》《女起解》	冯盛章、姜亦珊、黄柏雪	8000
11月23、26日	皇宫大戏楼	《拾玉镯》《扈家庄》《将相和》	马珍珍、潘月娇 韩胜存、陈俊杰	16000
11月24日	皇宫大戏楼	《坐宫》《三岔口》	王奕戈、周梦梅、林庆、刘晓冬	8000
11月27日	皇宫大戏楼	《卖水》《武家坡》	索明芳、马珍珍、鲁彤、周梦梅	8000
11月28日	皇宫大戏楼	《天女散花》《卖水》《乌盆记》	谭茗心、索明芳 韩胜存、黄柏雪	8000
11月29日	皇宫大戏楼	《扈家庄》《钓金龟》《霸王别姬》	潘月娇、康健、黄柏雪 谭茗心、朱峰	8000
11月30日	皇宫大戏楼	《拾玉镯》《武家坡》	索明芳、王奕戈、周梦梅	8000
共计：42场				

旅游京剧

钟 馨（2006级）

一、引言

随着国际交流的日益增多，京剧艺术作为中国传统艺术的代表将在传播中国文化的过程中越来越重要。北京旅游业的迅速增长带动了旅游京剧演出市场的繁荣。北京作为中国的文化中心，京剧最为繁荣的城市，更是成为旅游京剧的代表城市。旅游界已有一句俗语，来北京一定要"登长城、吃烤鸭、看京剧"，京剧演出已成为北京旅游项目中的重要内容。与美国百老汇、法国红磨坊、日本歌舞伎一样，北京的旅游京剧市场也应成为一个世界著名的动态旅游人文景观。

然而在此领域的调查研究却较少，本文旨在研究北京旅游京剧的历史与现状并结合文化创意产业的发展，探索其未来发展的可能性，借鉴国外成功经验，总结规律，为相关行业政府管理部门和经营单位提供参考与建议。

二、"旅游京剧"概念、特征及分类

（一）"旅游京剧"概念

"旅游京剧"是指针对旅游市场开发的京剧演出及附属其他服务。就其产业范围来划分,旅游京剧必然属于文化产业,进一步又属于文化产业中的演出产业与旅游产业,二者的交集即为旅游演出,京剧旅游演出是旅游演出中的一部分。以图表的方式来划分旅游京剧的从属,如图1所示:

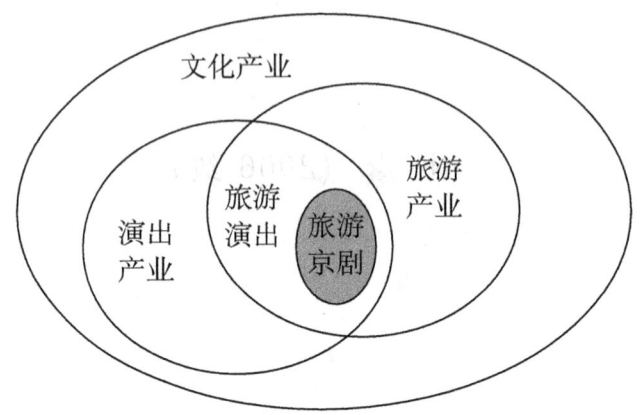

图1 旅游京剧在文化产业中的位置

由于旅游京剧属于文化产业,则它必然具有文化产业的性质。对于文化产业,比较流行的定义是"生产文化产品或提供文化服务以满足社会精神文化需要的行业门类的总称"[1]。文化产业不同于其他产业,既具有文化的属性,也具有产业的属性,它在作用于人的精神层面,满足社会精神文化需求的同时,又是以营利为主要目的的。

套用文化产业的定义,我们在这里可以给出旅游京剧产业的定义,即为:提供京剧演出产品及相关服务,满足以游客为主的观众需求的产业。从演出的生产者与运作者来看,营利是其主要目的;从消费者即欣赏演出的游客角度来看,通过付出一定的金钱,来满足自身观看京剧的文化需求。

(二)"旅游京剧"特征

第一,旅游京剧具有浓厚的商业色彩。艺术与商业之间永远存在距离乃至对立。这个矛盾在文化产业,尤其是演出业中比较明显,特别要求作品的经济效益与社会效益的结合。而旅游京剧,虽然也属于演出业,其艺术方面的投入相对于其他演出行业作品明显少得多,因为更多地追求经济效益,生产规模更大,表现在演出场次多,大多数旅游演出都是长期的演出,"铁打的演出流水的客",相对比较稳定。

第二,旅游京剧受旅游业影响大。由于旅游京剧市场的消费者以游客为主,客源的

---

[1] 孙安民:《文化产业理论与实践》,北京出版社2005年版,第10页。

稳定对于旅游京剧业显得至关重要。旅游业的良好发展对于旅游京剧业的发展影响是直接的。目前我国旅游业发展势头良好。

2004年上半年，我国旅游业增长率达到33.6%，直接创造2892亿元的国内生产总值和5410万个工作岗位，而且我国旅游及旅行投资将达5121亿元人民币，约合612亿美元，占总投资额的9.6%。到2013年，我国旅游及旅行业创造的国内生产总值将达到8446亿元，直接或间接创造6580万个工作岗位，并吸引更多的投资。中国旅游及旅行业在未来10年有望实现10.4%的年增长率，中国将成为世界第四大旅游业发展经济体。[1]

从数据可以看出，近年来中国旅游业一直在迅猛增长，这为旅游京剧演出业提供了丰富的客源。而反之，一旦旅游业受到打击，旅游京剧演出也必然受到冲击。如2008年的第三季度，由于接近奥运会非常时期，政府对入境游客严加控制，导致许多低价位旅游团受阻，旅游业不兴盛，旅游京剧的演出也是上座率不高。

第三，旅游京剧产品剧目突出京剧特色，带有典型性、代表性。由于观众主要是游客，而不是京剧艺术的爱好者，从消费者的角度来分析，他们的消费多为一次性消费，也就是猎奇的心理，想看看现场的京剧演出是什么形式，来北京一趟，有代表性的演出是必不可少的节目。然而就如同长城不可能反反复复地登一样，对普通游客来说，京剧演出也没必要再看第二次，当然也不排除有观众从此喜欢上京剧，再次进剧场的可能。旅游京剧演出是京剧艺术对外宣传的一个重要窗口，在短短的一场演出内，通过精彩的京剧节目向大多是门外汉的观众传递京剧的神韵，让观众体会京剧艺术综合性、程式性、虚拟性。选择的剧目大多为武戏、做工戏为主，情节上通俗易懂，没有太多语言障碍，又比较有京剧特色，如《三岔口》《天女散花》《霸王别姬》《闹天宫》等。尤其是放在最后的猴戏，总能使演出在结束时达到气氛的高潮，看到身形灵巧的美猴王将金箍棒舞成阵阵光圈，现场的观众往往激动不已。

（三）"旅游京剧"分类

"旅游京剧"分为"传统剧目"与"新编剧目"两类。

北京旅游京剧演出以传统折子戏为主体，选择出一些剧目，以适应外国游客及国内没有接触过京剧演出的观众的口味。这些演出本质上与其他非针对旅游市场的京剧演出没有什么区别，只是以更少的语言障碍、更多肢体语言来方便游客的欣赏。

---

[1] 汤莉萍等编：《世界文化产业案例选析》，四川大学出版社2006年版，第80页。

另有一部分演出，就是区别于传统京剧折子戏的新编剧目了。因为以外国游客为主体的观众对中国语言较陌生，对中国传统文化更是知之甚少，而折子戏都是掐头去尾的片段，情节连贯性不强、形式单一，舞台布景又是一桌二椅，这都造成了文化隔阂。因此要针对外国游客与中青年观众的欣赏特点，为之打造有头有尾的"旅游京剧"，在保留京剧传统特色的前提下，融入歌舞、民俗、杂技等表现手法，增强艺术感染力，紧跟时代步伐。然而排新戏意味着前期成本的大量投入，只能由实力院团或演出公司进行操作。比较有代表性的是长安大戏院在前几年创作的《白蛇传奇》（演出410余场）、《梅华香韵》（演出100余场）、《铸剑》（演出近100场）、《碧波金鳞》（演出近200场）[1]。这些戏都将中国传统故事浓缩在90分钟内，又多借鉴其他民间艺术形式，相较之下更有特色。

三、旅游京剧的地位与作用

（一）地位

旅游京剧演出是旅游业与演出业结合的产物。旅游业与演出业同属文化产业，随着中国开放程度不断地深化，国内外文化交流日益频繁，两者都在迅速发展之中。尤其是旅游业，入境游为旅游京剧演出提供客源，是影响旅游京剧演出行业的主要因素。旅游业的迅猛发展必然为旅游京剧演出行业提供良好的发展机会。然而由于旅游京剧演出具有地域性特点，主要集中在北京，规模小、行业不成熟、各演出场所之间不良竞争、剧场与旅行社之间不当操作等问题仍然存在，阻碍了行业的发展。

从整个京剧演出业来看，旅游京剧是比较边缘的。主要是因为其观众多为普通游客，而适合他们的剧目比较少。然而由于客源稳定，几乎天天演出，旅游京剧市场又成为演出团体重要的经济来源。在我国主流京剧演出单位主体结构中，国有资本占有绝对的垄断地位，这一定程度上限制了演出创作人员积极性、主动性的发挥，导致演出产品不能满足市场的需求。国家近年来也在逐渐地把原有的事业型经营机制向市场导向的经营机制转变，然而短期内难取得大的成效。所以说，旅游京剧演出是京剧演出中完全市场化的一个类型。

（二）对京剧艺术的作用

对京剧演出团体来说，旅游京剧演出至少有两个作用：一是稳定的演出带来稳定的

---

[1] 薛晓金：《赵洪涛创新在长安》，北京支部生活网站2006年6月。

收入,能提高行业收益,为更多艺术创作提供强有力的经济支持。二是为演员提供锻炼的平台。近年来京剧演出的减少是不争的事实,许多演员的舞台实践越来越少,旅游京剧演出为演员提供了上台的好机会。尤其旅游京剧主要以武戏为卖点,也给了武戏演员极好的舞台磨练机会。但是也有人认为,旅游京剧毕竟只演一些删减了的折子戏,且以武戏为主,长此下去,不利于演员的全面发展与提高。

旅游京剧市场也对京剧艺术有普及推广作用。虽然,短短一个小时左右的小戏无法概括京剧艺术博大精深的魅力,但为艺术性较强的其他京剧演出奠定了一定的观众基础。

(三)对中国传统文化的作用

京剧是中国传统文化的一个重要代表。京剧在海外,就像是一张文化的名片,对中国文化感兴趣人士对之备加推崇。中国京剧极其丰富,包罗万象,服装、化妆体现了中国人传统的审美观念,戏曲故事注重"仁、义、礼、智、信",强调"善有善报,恶有恶报"的儒家思想。长期以来,我们中国人的思维模式和思维内容,都与西方人迥异,想介绍中国文化给外国人,实在是一个艰难的任务。而京剧演出,一方面能满足外国游客猎奇的心理需求,另一方面也以娱乐的方式向海外介绍了中国传统文化。

四、以湖广会馆为例,看旅游京剧的历史与现状

(一)旅游京剧的历史与现状综述

由于旅游京剧演出与旅游市场息息相关,其出现及发展也必然是依附于旅游业的。改革开放后,我国的旅游市场逐渐打开,旅游业从无到有,并一直保持高增长,到20世纪90年代中期,北京的旅游京剧产业有了一定的规模,然而由于市场份额小,还没有受到社会的关注。我们可以从当时的报道中了解旅游京剧在刚刚成型时的状态:

> 旅游京剧,因观众多为中外旅游者而得名。最早搞旅游京剧演出的,是北京前门饭店梨园剧场,后来,京城复建和新建了多处老式戏楼,这些戏楼以其古色古香的氛围吸引了大量旅游观众,于是北京各京剧团分兵把口,干脆把戏楼当成了固定的演出场所。如北京京剧院的三个团,每晚在梨园剧场、湖广会馆戏楼及长安大戏院演出,每年演出达千场以上;北京风雷京剧团在大观园戏楼演出,战友京剧团每周六晚在正乙祠戏楼演出,北方昆曲剧院去年在恭王府戏楼演出,今年5月起又在

湖广会馆演出周末昆曲专场。这些演出虽说受旅游淡旺季的影响而上座率不够稳定，但基本上能保证各剧团每年演出 200 场以上，并有相当可观的演出收入。[1]

以上是《光明日报》在 1998 年的记录。而时至今日，北京旅游京剧业经过多年的发展，已具有比较稳定的形式，演出旅游京剧的场馆主要有：北京湖广会馆、北京前门饭店梨园剧场、正乙祠戏楼、老舍茶馆、恭王府戏楼、朝阳剧场、长安大戏院、菖蒲河戏楼。

这几家演出场所各有特色，然而在京剧演出的经营模式上却大同小异。笔者选择其中比较有代表性的早在 1996 年开张经营的湖广会馆进行了深入的调查研究。

（二）湖广会馆

北京湖广会馆座落于宣武区虎坊路 3 号，虎坊桥西南隅，东为虎坊路，北为骡马市大街，南边是北京工人俱乐部，西为居民住宅区，地理位置十分便利。同样是北京市古戏楼的正乙祠戏楼与之相比，所处的胡同道路狭窄，无法停车，给旅游者前来看戏造成不便，所以客源不稳定，一度维持艰难。而与之相隔不远的梨园剧场，虽然傍着前门饭店客源稳定，然而由于其前身只是饭店闲置用作仓库的旧礼堂，与湖广会馆近 200 年的风风雨雨相比缺乏历史的厚重感。

1. 历史上的湖广会馆

湖广会馆是湖南、湖北两省旅京人士为联络乡谊而创建的同乡会馆，主要用于同乡寄寓或岁时聚会。自清嘉庆十二年（1807）集资兴建，至今已有 200 多年的历史。是目前北京仅存的建有戏楼的著名会馆之一，也是按原有格局修复并对外开放的第一所会馆。

湖广建省，始于元代。明洪武九年（1376），分置湖广、广东、广西三布政使司。自此，"湖广"遂专指两湖之地。清康熙三年（1664），分置湖南省和湖北省，唯两湖总督还有"湖广总督"之称。然而两湖人民相处已久，不忍离析，联合组织，共建会馆，可见乡谊之深，历久不渝。

湖广会馆属于"试馆"，其馆舍主要接待来京赴考的举人以及在京等待任命的官员。因该馆地处宣南繁华之区，交通方便，商业发达，故凡有喜庆宴会等盛事，也往往在该馆举行。

两湖旅京人士云集馆中，上自一二品大员，下至末秩平民，同聚一堂，杯酒联欢，并邀请著名京剧演员，在戏楼演出三日，霓裳同咏，盛况空前。

---

[1] 苏丽萍：《看戏到底难在何处》，载《光明日报》1998 年 5 月 14 日。

由于湖广会馆规模宏敞，地势爽垲，素有宣南巨宅之称。因此，不仅名流宴集、喜庆丧吊，大都在此举办，而且还曾是清末民初政治、社会活动集会的重要场所。

在湖广会馆成为公共场所之前，原是清代达官名流的宅第。会馆建筑格局别致，曲折幽深，进正门迎面而来的即是大戏楼，而原应为主体的厅堂却隐蔽在后，这样独特的格局凸显了戏楼的地位，以至于两百年后，提到湖广会馆，人们首先想到的就是京剧演出的老戏楼。会馆最有价值的就是这座戏楼，可说是具有很好的品牌效应。

总的说来，湖广有两"古"：

一是文物之古：虽然经过多次重修翻修，现存的建筑都不是过去的建筑，然而起码还在原址且仍然保留许多古迹，如戏楼内正中上方的博古画、子午井等。

二是人文之古：湖广的历史与多位名人纵横交错。名人大多可分为两类：政界名人和戏曲界的演艺名人。政界名人中最出名的有两位：一是曾国藩，这位在晚清年间成为"中兴第一名臣"的湖南籍大员，历尽宦海，却善始善终，在道光二十九年（1849）主持重修会馆。第二位则是孙中山，1912年他先后5次来到湖广会馆并宣布其领导的国民党在湖广成立。这一事件在湖广的历史上写下了浓墨重彩的一笔。许多来过湖广，甚或在湖广工作的人并没有意识到这个会馆曾经在政治的烽火中扮演过重要角色。1997年湖广会馆重新开业，其中的风雨怀人馆（乡贤祠和文昌阁的后室）曾是孙中山纪念室，室中悬挂着孙中山的巨幅照片，立柜中收藏有关这位伟人的各种文物与资料。然而10年之后，此室已改为湖广的办公室，虽剧照与资料仍然保存，却不免有些不伦不类。另外戏曲界在此演出过的名人，仅列个名单就可显出湖广的分量：谭鑫培、梅兰芳、余叔岩……

历史的烟云终将散去，辉煌也日渐远去，到了现代，如其他许多历史古迹一样，湖广剩下的只是一片摇摇欲坠的废旧老屋。1986年，有关人士正式提出湖广重建。历经10年，重建的会馆终于出具形态，用一个表格展示其重建与发展，大致如表1：

表1 湖广会馆重建大事记录表

时间	大事
1996年5月8日	湖广会馆大戏楼正式对外开放
1997年4月	湖广会馆饭庄开业
1997年6月28日	湖广会馆全面对外开放
1997年9月	湖广会馆作为北京市第一百座博物馆"北京戏曲博物馆"成立
2005年	饭庄改制为股份制，更名为湖广会馆私家菜——楚畹园
2008年5月	湖广茶楼装修完毕，正式营业

之所以要重述湖广的历史，是因为正是湖广的历史，造就了今日的湖广。从1996年至今，随着北京城经济文化的发展，湖广的发展可说是基本跟上了时代，但发展时快时慢，时好时坏。发展的快慢好坏固然有大环境的影响，也有自身经营的因素在内。审视会馆的历史，由古而知今，如何发挥会馆的主体经营能动性，这是此论文开篇叙古的第一个意义。

叙述湖广历史的另一个意义在于，古为今用，在后面的经营管理研究方面，探索湖广业务的开拓方面，应该发挥湖广的优势，利用历史、开掘历史，在历史的基础上大做文章。

2. 今日之湖广会馆

今日之会馆占地面积4300平方米，主要建筑有乡贤祠、文昌阁、风雨怀人馆、宝善堂、楚畹堂、戏楼等。

虽然湖广会馆原来的建筑名称十分雅致，但现在日常称呼已简化为：戏楼、茶楼、酒楼、博物馆。实际上这三楼一馆就是湖广会馆的主要格局。下面以参观者的角度简单介绍各个部分的情况：

（1）戏楼

东侧之正门，门口的地上支着几块大牌子，上面用水粉写着连续几日晚间戏楼演出的剧目、演员表、票价等。周六上午的"赓扬集"京剧联谊会（票房性质）也会有宣传。另外，临时在戏曲博物馆内做的展览也可以在正门摆一个"易拉宝"的宣传。

到了晚上六七点，就是戏楼快要活跃的时候了。如果是旅游团组织带来的客人，会由导游直接领进戏楼，再由戏楼领班安排座位。而如果是散客，则是在门口售票处购票。在笔者调查期间（2008年7～8月），售票处下午4点就下班，这时候门口会有一两名带领客人购票的工作人员，看见有散客在门口询问的，就将其领到戏楼，用中文或英文介绍票价及相应的位置，观众经过思索，考虑好了要购买的票价，则又会被告知，不管现金还是刷卡，由于售票处已经下班，只能到后面楼上财务室交钱。因此观众又得跟着去一趟财务室。当时的购票方式较不便利。后来售票处固定在了正门旁边茶楼一进门的收款台，并在门口有醒目的"售票处"中英文标识，方便游客随时购票。

买好票后，如果已经到了进场时间（7点进场，7点半开演），则观众可以进到戏楼茶座等候演出开始，也可以在正门内的柜台前看看各种小商品，或参观隔壁茶楼、餐馆的庭院。正门入口处有个小桌卖竹编（卖主声称竹编，似乎是草编）的各种小动物，非常精美；正对正门有个小桌卖微雕艺术品；左右两侧的柜台则是卖的各种工艺品，跟老北京文化、戏曲有关的书籍。这里卖的东西更新很慢，许多十几年前，二十几年前的出版物或工艺品仍然摆在柜台上。有一次，一位中年外国男游客拿着一本被人翻旧了的连环画书兴奋地询问价格。那是一本大开本硬皮的连环画《孙悟空三打白骨精》，奇特的是居然是全法文的。这位游客是法国人，所以看见法语的连环画感觉非常亲切，但他不敢相信书背后贴着的12元的标价。售货员答12元是10年前的价格，现在应该是120元。尽管价格一下涨到10倍，这位游客仍然高高兴兴地买了下来。可见旅游商品的销售，只要对了游客的口味，价格不是问题。

如果不购物，游客还可以游览古色古香的游廊，戏楼南边的小院处处渗透着老北京的味道，游廊一边靠墙，墙上挂的是2008年5月中旬日本国宝级歌舞伎大师坂东玉三郎来湖广演出的剧照，大约十几幅，用玻璃框挂在墙上，为整个小院增添了几分艺术的气息。小院靠东面还有一个门，平时不开，门首形成一个小亭，挂满了鸟笼，这些鸟都是湖广会馆工作人员自己养的，不是会馆的，其中的八哥能说人话，游人常逗它们说话。在小院靠近戏楼后台的入口，演员们演出前有时会在院里走戏、对戏。小院上方搭着架子，墙根种着葫芦、看瓜，夏天葫芦藤长地飞快，几天就爬满了架子，湖广的人还准备了一个长杆，用来拨弄葫芦藤。院南一间长屋挂着牌子——会议室，平时没有人，到周六周日总能听见有不少人在里面唱戏，实际上是被票友用作小票房了。

戏楼是典型的中国戏园子，分为楼上楼下，全是四方桌，靠背椅，票价包含茶水、点心。演出晚上7点半开始，8点40结束，中间10分钟休息。

演出有主持人中英文报幕，戏台正面及两个侧面还有电子显示屏显示演出的中英文字幕。另外，演出前还有专人负责出租同声翻译的耳机，有英语和日语翻译，价格是人民币40元，负责出租的并不从属于湖广会馆，而是游走于梨园剧场与湖广会馆之间做生意的文化公司。

湖广戏楼的座位大致是280个，由于其格局是古典的戏楼形式，靠背椅和四方桌都是可以挪动、增减的，最多时可以容纳超过300名观众。

演出票价分4个档次：680、380、280、180元。

(2) 戏曲博物馆

戏曲博物馆位于湖广会馆的文昌阁，原来的一层与二层都是展厅，2008年初由于新建湖广茶楼，占了会馆的东北角，把一系列的办公室挤走了，办公室就搬到了二层展厅，所以现在的戏曲博物馆只占一层，大约五六十平米。原来二层的展品有些收起来了，有些就摆在二层的角落里。自1997年开业以来，戏曲博物馆逐渐萎缩，这与戏曲行业本身的不景气有关，但也与管理、宣传有关，许多游客来过湖广会馆看过演出却不知道有个戏曲博物馆。

（3）餐馆——楚畹苑

1997年对外营业，2005年改为股份制，主要经营湖南、湖北菜。

（4）茶楼——湖广茶楼

茶楼为湖广会馆2008年最新的经营项目。前面是茶店，售卖茶叶、茶点、茶具，后面是茶馆，可供游客饮茶聊天。

3. 湖广会馆调查

1996年3月，宣武区委书记王火、副区长刘义在湖广会馆修复工程现场办公会议上明确了由北京天桥投资开发公司承担湖广会馆的修复工程工作，同时也明确了由该公司负责北京戏曲博物馆的经营管理。这是北京市第一个由企业承办的博物馆，是文化事业改革的一项重要的尝试。

现在的湖广会馆，性质属于国企，是京都公司名下的企业。现在的管理格局如图2所示：

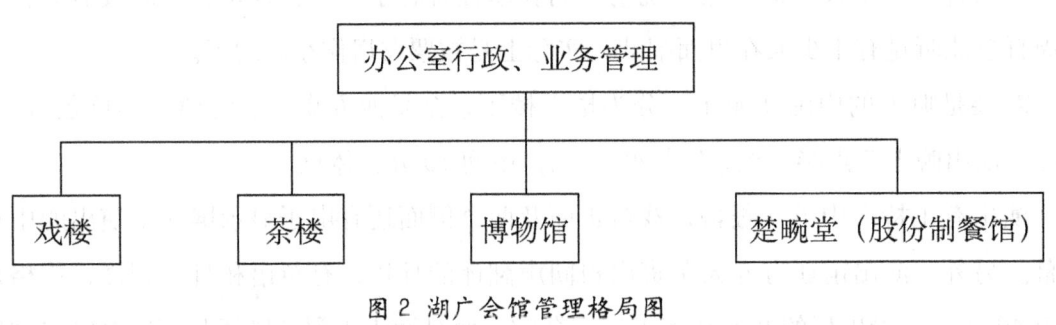

图2 湖广会馆管理格局图

湖广会馆大戏楼是北京市旅游京剧市场的重要代表，笔者在2008年7~8月对其进行过实地调查。

（1）演出团体

在湖广会馆长期演出的剧团为北京风雷京剧团（以前北京京剧院也在此演出过），剧团与会馆之间的合作由来已久。风雷京剧团是一个有着近70年历史的老剧团，年演出场次达400场以上，是北京市演出京剧场次最多的剧团之一。现在的分账方式是由湖广付给风雷每场2000元的演出费，演出风险由湖广完全承担。

（2）演出剧目

自湖广开始针对旅游市场的京剧演出以来，剧目总体上没有太大变化，都是能体现京剧特色的传统折子戏，行话叫"骨子老戏"。以调查期间的剧目为例，2008 年 6 月，上演剧目 18 出，平均一个晚上演出 2～3 个戏，节目时长 1 小时，文武搭配，武戏偏多，而且武戏中的猴戏占重头（表 2～表 3）。演出《白蛇传》的晚上就是前面演《水斗》，后面演《断桥》，虽然这是先武后文，但由于两折戏情节相关，依照逻辑顺序，这样安排是很合理的。剧目的安排以 8 天为一个周期，第 9 天又开始重复第 1 天的剧目。

表 2 湖广会馆 2008 年 6 月戏码

时间	《探皇陵》	《红线盗盒》	《扈家庄》	《霸王别姬》	《闹龙宫》	《拾玉镯》	《虹桥赠珠》	《盗御马》	《廉锦枫》	《孙悟空三借芭蕉扇》	《白蛇传——水斗、断桥》	《刺蚌》	《天女散花》	《孙悟空大闹天宫》	《三岔口》	《盗仙草》	《秋江》	《十八罗汉斗悟空》
1 日 周日	✓	✓	✓															
2 日 周一				✓	✓													
3 日 周二						✓	✓											
4 日 周三								✓	✓	✓								
5 日 周四											✓							
6 日 周五												✓	✓	✓				
7 日 周六															✓	✓		
8 日 周日																	✓	✓
9 日 周一	✓	✓	✓															
10 日 周二				✓	✓													
11 日 周三						✓	✓											
12 日 周四								✓	✓	✓								
13 日 周五											✓							
14 日 周六												✓	✓	✓				
15 日 周日															✓	✓		
16 日 周一																	✓	✓

续表

时间	戏码																	
2008年6月	《探皇陵》	《红线盗盒》	《扈家庄》	《霸王别姬》	《闹龙宫》	《拾玉镯》	《虹桥赠珠》	《盗御马》	《廉锦枫》	《孙悟空三借芭蕉扇》	《白蛇传——水斗、断桥》	《刺蚌》	《天女散花》	《孙悟空大闹天宫》	《三岔口》	《盗仙草》	《秋江》	《十八罗汉斗悟空》
17日 周二	✓	✓	✓															
18日 周三					✓	✓												
19日 周四						✓	✓											
20日 周五								✓	✓	✓								
21日 周六											✓							
22日 周日												✓	✓	✓				
23日 周一						✓									✓	✓		
24日 周二																	✓	✓
25日 周三	✓	✓	✓															
26日 周四					✓	✓												
27日 周五						✓	✓											
28日 周六								✓	✓	✓								
29日 周日											✓							
30日 周一												✓	✓	✓				

湖广会馆2008年6月戏码

表3 剧目分类

以武打为主	唱做舞并重	以演唱为主
《扈家庄》	《红线盗盒》	《断桥》
《闹龙宫》	《秋江》	《探皇陵》
《虹桥赠珠》	《天女散花》	
《孙悟空三借芭蕉扇》	《刺蚌》	
《白蛇传——水斗》	《廉锦枫》	
《孙悟空大闹天宫》	《盗御马》	
《三岔口》	《拾玉镯》	
《盗仙草》	《霸王别姬》	
《罗汉斗悟空》		

风雷剧团的演员主要由20世纪60年代和80年代出生的演员构成,70年代出生的演员占少数。表4所示是调查期间(2008年6～8月)在湖广演出的几名演员的概况:

表4：在湖广会馆演出的演员介绍(不完全统计)

演员	性别	出生	行当	学校	入团时间	参演剧目
王旭	男	1975年10月	老生	1995年毕业于中国戏曲学院表演系大专班。	1995年	《探皇陵》
焦健琪	男	不详	花脸	1992年毕业于中国戏曲学院附中。	1992年	《霸王别姬》《白蛇传——水斗、断桥》《孙悟空大闹天宫》《盗御马》《闹龙宫》
李旭	男	1978年2月	花脸	1993年考入中国戏曲学院附中。	2001年8月	《盗御马》《探皇陵》《霸王别姬》《罗汉斗悟空》
苏卓	女	1982年1月	青衣、花衫	2003年毕业于中国戏曲学院表演系本科。	2003年	《霸王别姬》《白蛇传——水斗、断桥》《天女散花》
方书	女	1984年6月	花衫、刀马旦	2005年毕业于中国戏曲学院表演系。	2005年	《廉锦枫》《秋江》
郝莹	女	1985年7月	武旦	2002年毕业于北京市戏曲艺术学校。	2002年	《盗库银》《盗仙草》《扈家庄》《虹桥增珠》《孙悟空三借芭蕉扇》
孙铭阳	女	1987年3月	刀马旦	2006年毕业于中国戏曲学院表演系本科。	2006年	《扈家庄》《白蛇传——水斗、断桥》
姚颂	女	1984年5月	刀马旦、花衫	2005年毕业于中国戏曲学院表演系本科。	2005年	《刺蚌》《红线盗盒》《秋江》《盗仙草》

续表

演员	性别	出生	行当	学校	入团时间	参演剧目
侯　美	女	1986年7月	青衣、花衫、花旦	2006年毕业于中国戏曲学院表演系本科。	2006年	《霸王别姬》《天女散花》《白蛇传——水斗、断桥》
程　宁	女	1984年5月	武旦、刀马旦	2005年毕业于中国戏曲学院表演系本科。	2005年	《盗仙草》《白蛇传——水斗、断桥》《刺蚌》《孙悟空大闹天宫》《扈家庄》、

从以上表格，可以看出演员的主体是20出头的年轻人，大多数从中国戏曲学院毕业不久。年轻演员在台上自然是青春亮丽，然而缺乏经验，疏漏较多，掉枪掉棍的事情时有发生，更不说演唱的功力了。湖广会馆这样的古典戏楼理论上是不用麦克风的，所以每晚的演出，至少在声音效果上是很差的。

为了解风雷京剧团在湖广会馆演出的演员生存状况，笔者重点采访了其中一名演员。

王超，男，1985年出生，23岁，工武丑，河北人，2000年来京，2005年加入风雷京剧团。在被问及对湖广会馆演出的感受时，王超表示待遇还是不错的。风雷剧团成员平均每场演出的酬劳是60元，不分乐队演员，不分主演次演，从每场总计2000元的演出费均分，一场演出的参与者大概有十六七人。王超每月基本工资加演出酬劳及其他补贴，收入在两三千左右，演出多时则更多。现在的王超生活稳定，在湖广会馆附近胡同里租了住房，这样方便每天到湖广演出。

谈及风雷京剧团，王超感到很有信心，他认为风雷属于京都公司名下的国营企业，演出场次很多，几乎每年都在进人，现在对演员的需求基本已满，但缺小生，在湖广演出有的演员一晚上得赶两个角色。除了国内的演出，风雷也有许多出国的演出。如采访时（2008年7月），剧团正在为10月赴日本演出排练猴戏。

（4）票务

湖广会馆的京剧演出主要针对国外旅游团，全部观众的70%是外国观众。带团来看演出的旅行社有中青旅、国旅等，有时大车来几十人、也有十几人，几人不等。而湖广会馆给这些旅行社的折扣则属于商业秘密，不同的旅行社与湖广之间形成不成文的协议，旅行社之间也互相不知道对方在湖广的折扣是多少，折扣与旅游的淡旺季有关，淡季折扣高，旺季折扣低，就调查期间，正值奥运会开幕前一个月，本应火爆的旅游行业异常冷清，当时来湖广的旅行社差不多能拿到半价甚至更低的折扣。

除旅行团之外，散客也有不少，而且散客都是在售票口买全价票，有时一个散客顶好几个团客的票价。散客大多是看到旅游杂志的介绍慕名而来的。湖广会馆在各类旅行手册、旅行杂志上的出现率是相当高的。笔者曾经问过湖广的管理人员，湖广在演出推广方面主动做过什么宣传，这位工作人员回答说，湖广从来不在宣传上花钱，都是外面主动求着采访报道，有时还要收对方的钱。笔者留意了一下，几乎所有主流旅游手册上都会将湖广会馆作为京剧演出的老戏楼向游客推荐，从而替湖广招揽了许多散客。但是当笔者在各种杂志报纸上遍找各种针对外国游客的演出广告时，却一无所获。

（5）服务

作为一个每天迎来送往的戏楼，服务是经营的本质内容，了解观众的感受，监督服务的质量，才能随时调整运营机制，最大限度满足游客的需求，获得更好的经济与社会效益。这都要求管理部门长期与服务对象保持沟通。然而长期以来湖广会馆没有这项调查，主要原因是湖广的大多数管理及服务人员都不通外语。因此，为了对戏楼服务质量进行一个大致的了解，2008年7~8月，笔者在为期近一个月的时间里，通过问卷调查的方式随机调查了100名观众。调查报告如下：

湖广会馆戏楼服务问卷调查报告

地点：北京湖广会馆大戏楼

时间：2008年7月28日～2008年8月20日

调查对象：晚场京剧演出观众（非旅游团客）

调查目的：1. 对现有服务观众满意度的了解

2. 对观众其他要求的了解

发放问卷：100份

回收有效问卷：中文33份，英文67份

发放方式：随机发放

中文问卷：

湖广会馆服务质量问卷（33份）

1. 您对演出满意吗？

☐ 是（33）100%　　☐ 否　　☐ 不确定

2. 您认为节目长度_____？

☐ 太长　　☐ 太短 (17) 51.5%　　☐ 很合适 (16) 48.5%

3. 您认为湖广会馆的服务_____？

☐ 太差　　☐ 一般 (6) 18.2%　　☐ 好 (23) 69.7%　　☐ 非常好 (4) 12.1%

4. 您认为节目的翻译（包括主持及字幕）_____？

☐ 太差 (5) 15.2%　☐ 一般 (15) 45.5%　☐ 好 (12) 36.4%　☐ 非常好 (1) 3.0%

5. 您购买的票价是？

☐ 680　　☐ 380 (4) 12.1%　　☐ 280 (7) 21.2%　　☐ 180 (22) 66.7%

6. 您通过什么渠道购买演出票_____？

☐ 旅行社　　☐ 湖广售票处（直接购买）(33) 100%

7. 您是如何得知演出信息的？

☐ 旅行社　　☐ 湖广会馆外部海报 (2) 6.1%

☐ 杂志报纸介绍 (6) 18.2%　　☐ 其他 (7) 21.2%

网络 (6) 18.2%　　导游书 (2) 6.1%　　电视 (3) 9.1%　　朋友推荐 (8) 24.2%

8. 您是否会向亲友推荐湖广会馆？

☐ 是 (29) 87.9%　　☐ 否 (1) 3.0%　　☐ 不确定 (3) 9.1%

9. 我们是否有需要改进的地方？（开放性）

A. 对白应该加上字幕 (3)

B. 翻译有错误 (6)

C. 点心质量不太好 (1)

D. 希望茶馆管理人员对客人的态度能有所改善 (1)

E. 希望票价要大众化一些，有利于培养小朋友的兴趣 (1)

感谢您光临湖广会馆，欢迎您提出对我们的要求以及宝贵意见！

英文问卷：

Service Quality Questionnaire (67 份)

1. Are you satisfied with the performance?

☐ yes (66) 98.5%　　☐ no　　☐ unsure (1) 1.5%

2. You think the length of the performance is_____？

☐ too long   ☐ too short (17) 25.4%   ☐ perfect (49) 73.1%

3. In your opinions, the service of Huguang Guildhall is _____?

☐ poor   ☐ fair (7) 21.2%   ☐ good (31) 46.3%   ☐ excellent (29) 43.3%

4. In your opinions, the translation is _____?

☐ poor (18) 26.9%   ☐ fair (26) 38.8%
☐ good (19) 28.4%   ☐ excellent (4) 6.0%

5. How much did you pay for the ticket?

☐ 680 (3) 4.5%   ☐ 380 (11) 16.4%
☐ 280 (21) 31.3%   ☐ 180 (32) 47.8%

6. You bought the ticket through _____?

☐ Travel Agency (3) 4.5%   ☐ Ticket Office (directly) (62) 92.5%
Hotel (2) 3.0%

7. How did you know our performance?

☐ Travel Agency (2) 3.0%   ☐ Advertisement outside (7) 21.2%
☐ Introductions in magazines and papers (12) 17.9%
☐ Others (8) 11.9%
Guidebook (22) 32.8%   Internet (1) 1.5%   Friends (11) 16.4%   Hotel (3) 4.5%

8. Will you recommend us to your friends?

☐ yes (65) 97.0%   ☐ no (1) 1.5%   ☐ unsure (1) 1.5%

9. Anything we need to improve?

A. 老舍茶馆更值 (1)

B. 小吃需要改进 (1)

C. 希望能提供冰水 (1)

D. 希望饮料选择多一些，有啤酒 (1)

E. 翻译需要改进 (22)

F. 报幕非常难懂 (3)

G. 演出前最好有节目介绍的印刷品 (1)

H. 希望多一些对京剧，对剧目的介绍 (4)

I. 音乐比唱的声还大，听不清 (7)

J. 还想看一个节目 (1)

K. 3个剧目都要看孙悟空（1）
Any suggestion or comment from you will be highly appreciated. Thank you!

结果分析

第一部分：观众总体满意度

问题1. 您对演出满意吗？

☐ 是 (33) 100%　　☐ 否　　☐ 不确定

1. Are you satisfied with the performance?

☐ yes (66) 98.5%　　☐ no　　☐ unsure (1) 1.5%

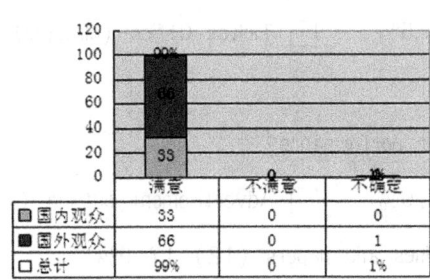

从总体来看，99%的观众感到满意，只有1名国外观众对此表示不确定。这是对湖广服务的基本肯定。

问题8. 您是否会向亲友推荐湖广会馆？

☐ 是 (29) 87.9%　　☐ 否 (1) 3.0%　　☐ 不确定 (3) 9.1%

8. Will you recommend us to your friends?

☐ yes (65) 97.0%　　☐ no (1) 1.5%　　☐ unsure (1) 1.5%

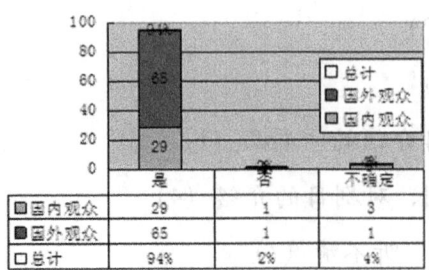

在此，我们注意到，问题8与问题1出现了大致的相同，却又有一些不一样。问题1问是否满意，问题8问是否推荐给亲友。如果特别满意，按照情理就会很乐于向亲友推荐。从数据中可以看出，有4名对湖广"满意"的国内观众，同时又有2名国外观众不愿意或不太确定是否愿意将湖广推荐给自己的亲友。为什么会这样呢？推测的原因是这一部分"满意"的观众并不是十分坚定，不是特别满意，但也不是不满意，所以勉强填写"满意"。

而国内观众与国外观众相比，国内观众推荐率87.9%，低于国外观众97%的推荐率。这是由于前期市场定位就是针对国外旅游演出市场，而不是国内观众。

第二部分　票务信息调查

问题5. 您购买的票价是？

☐ 680　　☐ 380（4）12.1%　　☐ ￥280（7）21.2%　　☐ 180（22）66.7%

5. How much did you pay for the ticket?

☐ 680（3）4.5%　　☐ 380（11）16.4%

☐ 280（21）31.3%　　☐ 180（32）47.8%

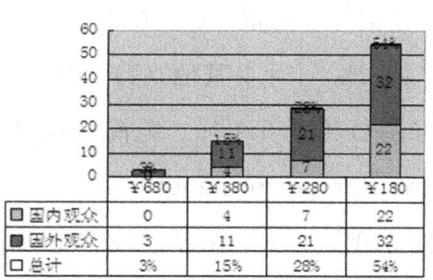

从购买票价来看，购买数量随票价降低而增多，这本身是演出票务市场的普遍规律。而从国内与国外观众比较来看，国外观众购票价位比国内观众更均匀一些，每个价位都有，不似国内观众集中于180元的价位，达到66.7%。所以就票价定位来说，还是很符合国外游客演出市场的。

问题6. 您通过什么渠道购买演出票_____？

☐ 旅行社　　☐ 湖广售票处（直接购买）（33）100%

6. You bought the ticket through_____？

☐ Travel Agency（3）4.5%　　☐ Ticket Office（directly）（62）92.5%

Hotel（2）3.0%

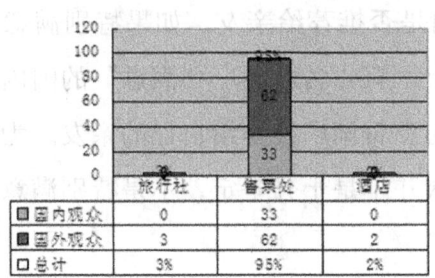

购买渠道这个问题在这里需作一点解释，在问卷设计之初，是计划给所有观众抽样调查。然而在开始调查时，考虑到旅游团游客在购票等方面自主性较差，而团客与散客在其他消费方面是一样的，能达到同样的问卷效果，所以抽样都是针对散客。

这个问题的意义不大，不过在我们问卷设计选项只有旅行社和售票处时，有观众提出是通过酒店购票，说明了酒店代销也是票务的一个渠道。我们的业务方面可以再深入调查其潜力大小。

问题 7．您是如何得知演出信息的？

☐ 旅行社　　☐ 湖广会馆外部海报　（2）6.1%

☐ 杂志报纸介绍（6）18.2%　　☐ 其他（7）21.2%

网络（6）18.2%　　导游书（2）6.1%　　电视（3）9.1%　　朋友推荐（8）24.2%

7. How did you know our performance?

☐ Travel Agency（2）3.0%　　☐ Advertisement outside（7）21.2%

☐ Introductions in magazines and papers（12）17.9%

☐ Others（8）11.9%

Guidebook（22）32.8%　　Internet（1）1.5%　　Friends（11）16.4%　　Hotel（3）4.5%

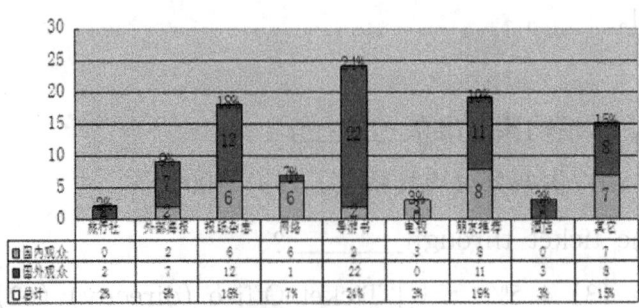

消息渠道方面应该是我们宣传注意的重点。从数据看国外观众最高有32.8%通过导游书知道湖广会馆，并且有8名受调查观众在问卷上注明了是一本名叫Lonely Planet《孤独的地球》的导游书，而其次就是报纸杂志，达到国外散客的17.9%，再次就是朋友推荐，达到16.4%。而国内游客在这方面有明显差异，靠朋友推荐最高，达到24.2%。

由于现在进入信息时代，我们的选出信息通过哪个渠道，以多大的力度散播出去，是我们宣传部门的重点。国外观众与国内观众必须有所区分。以国外游客为主，我们的宣传重点就要放在通往国外游客最有效的渠道上。例如：导游书、报纸杂志、酒店等。而国内观众，电视、网络等都比较有效。

另外，我们还可以看出口碑的重要性。有营销学的规则认为：一个消费者后面站着几十个消费者。好的评价往往是一传十，十传百，是一种无花费然而非常有效的宣传途径。要有好的口碑必须有好的服务，要克服一种观点，认为大凡游客一辈子来湖广也就一次，服务好也不见得有回头客，得罪了也没关系。打造湖广的口碑，是长远的目标。

第三部分　具体服务满意度

问题2. 您认为节目长度＿＿＿＿＿？

□ 太长　　□ 太短（17）51.5%　　□ 很合适（16）48.5%

2. You think the length of the performance is＿＿＿＿＿?

□ too long　　□ too short（17）25.4%　　□ perfect（50）73.1%

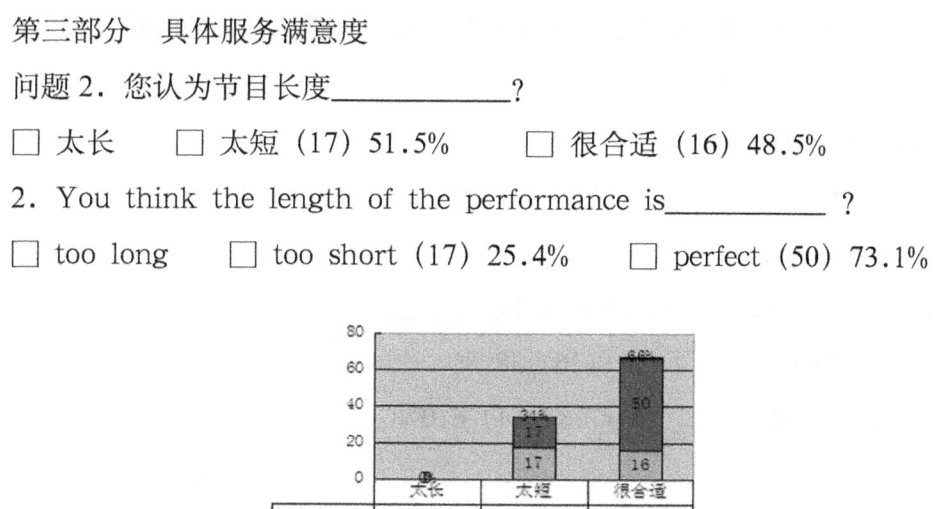

在节目长短方面，73.1%的国外观众认为非常合适，而相对国内观众48.5%认为合适。这个演出时间是根据市场定位来调整的，旅游演出市场不同于一般演出的2个或2.5小时规律。旅游市场10来年的实践证明，1个小时的演出还是很合适的。

问题3. 您认为湖广会馆的服务＿＿＿＿＿？

□ 太差　　□ 一般（6）18.2%　　□ 好（23）69.7%　　□ 非常好（4）12.1%

3. In your opinions, the service of Huguang Guildhall is _____?
   □ poor   □ fair (7) 21.2%
   □ good (31) 46.3%   □ excellent (29) 43.3%

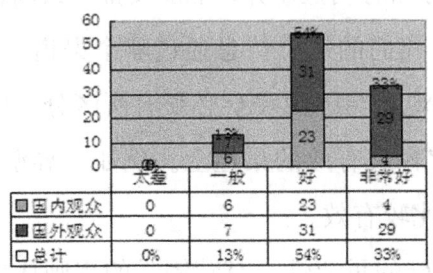

这里的服务指的是狭义的服务，仅指戏楼内部购票、茶点、引座等服务人员的服务。从图表来看，如果认为好和非常好是及格的话，总共 87% 的客人是认为湖广人员服务及格了。但另一方面看，仅有 33% 的客人认为非常好，那么剩余 67% 的客人都认为湖广的服务还有提升的空间。认为服务一般的客人占到了 13%。说明的问题是，湖广在服务上还得再下功夫，才有可能在现在这个注重服务质量、注重人性化服务的时代占有市场。

问题4．您认为节目的翻译（包括主持及字幕）_____？
   □ 太差（5）15.2%   □ 一般（15）45.5%   □ 好（12）36.4%
   □ 非常好（1）3.0%

4. In your opinions, the translation is_____?
   □ poor (18) 26.9%   □ fair (26) 38.8%
   □ good (19) 28.4%   □ excellent (4) 6.0%

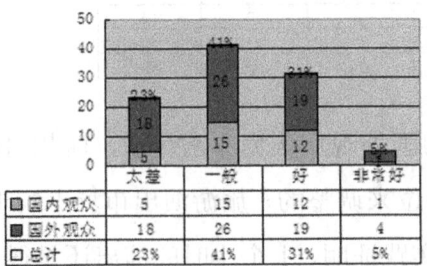

湖广演出的主要市场是国外游客，因此注重演出资料的翻译，注重服务人员外语的培训，应该是比较重要的。从观众反应情况看，远远没有达到满意的程度。"太差"加"一般"总共有64%的观众。而比较依赖字幕的国外游客有65.7%认为"太差"或"一般"，其中认为太差的就有26.9%。这些数字其实说明很严重的问题。

湖广过去提起中英文字幕引以为豪。当然有比没有强，然而不问好坏地扔给观众，再不过问客人的感受是极不负责的态度。我们在软硬件服务上都应该追求更好。如字幕的问题，在初始就应该把好质量关，可以考虑包给翻译公司，或请专业人士制作。即使有一小笔花费，也是一劳永逸的方便之举。

翻译有错漏，质量不高是一方面。另外字幕敲打的质量，也应该重视。不能因为是长期演出就懈怠。如果一般针对国内的演出，字幕半天没有，或者跟不上，恐怕观众都会很不舒服的。对国外观众的演出，没有理由降低标准。

第四部分　开放性建议和意见

中文问卷

1. 对白应该加上字幕（3）
2. 翻译有错误（6）
3. 点心质量不太好（1）
4. 希望茶馆管理人员对客人的态度能有所改善（1）
5. 希望票价要大众化一些，有利于培养小朋友的兴趣（1）

英文问卷

A. 老舍茶馆更值（1）

B. 小吃需要改进（1）

C. 希望能提供冰水（1）

D. 希望饮料选择多一些，有啤酒（1）

E. 翻译需要改进（22）

F. 报幕非常难懂（3）

G. 演出前最好有节目介绍的印刷品（1）

H. 希望多一些对京剧，对剧目的介绍（4）

I. 音乐比唱的声还大，听不清（7）

J. 还想看一个节目（1）

K. 3个剧目都要看孙悟空（1）

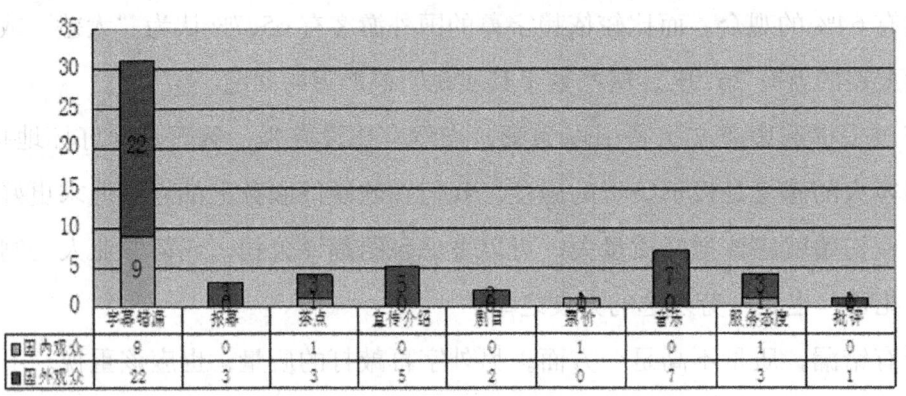

开放性建议、意见就是观众可以将问卷设计没有考虑到的方面补充全面。在统计结果时，将大致意思相符的归纳到一起，做图表时，又将相关方面的意见融到一起。大致有9个方面。

从此部分可以看出，中文问卷33份中有12条意见，英文问卷67份回收46条意见。其中，意见比较集中在字幕的错漏问题上，31条，占全部意见的53.4%。

其次，在音乐方面，15.2%的国外游客提出，乐队音乐太吵，压了演员的声音。湖广百年来的演出都是这样，京剧乐队向以喧闹著称，没有必要屈就外国游客的欣赏习惯。而演员的声音有时能听见，有时听不见，很大程度上和演员自身的条件有关。可以再研究一下，决定有没有必要准备个地麦，甚至身麦。

有3名外国客人提出想要别的饮料或认为小吃不好，3名认为报幕的英语非常难懂，5名认为应该加一些京剧以及剧目的介绍。另外3名国外游客，1名国内游客认为服务态度不好。还有1名国外游客直接说在湖广会馆看戏性价比不如老舍茶馆。

与人打交道少不了有效的沟通。问卷调查的意义就在于方便顾客与我们的沟通。只有重视这样的沟通，才能知道顾客的需求，顾客对我们的评价。从问卷中可以看出，顾客对我们的评价不低，但也不是太高。如果从湖广的地位来看，不像故宫、长城，是外国游客来京的首席游览地，而是对北京深层游览，或特色游览的场所，游客参观与否是两可之间。怎样铸造湖广的品牌，提高服务是很重要的。

五、大力发展首都旅游京剧

（一）优势

1. 在旅游市场中的独特地位

旅游业是永远的朝阳产业，具有投入少、见效快、耗能污染少、增加就业、创汇能力强、刺激消费和带动相关行业发展等特征，是发展中国家普遍重视开发的行业。

世界旅游组织预测国际旅游业在未来几年里将继续保持良好的发展势头。预计到2010年全世界国际旅游人次将达到10亿，2015年达到12亿，2020年达到16亿。2020年，全球国际旅游消费收入将达到2万亿美元，国际旅游消费年均增长率为6.7%，远远高于世界财富年均3%的增长率。[1]

中国在2020年将成为世界最大的旅游目的地，同时也会成为世界10大客源国之一。如表5

表5 2020年世界10大旅游目的地

国家／地区	接待人次（万）	市场份额（%）	1995～2020年增长率（%）
中国	13 710	8.6	8.0
美国	10 240	6.4	3.5
法国	9 330	5.8	1.8
西班牙	7 110	4.4	2.4
中国香港	5 930	3.7	7.3
意大利	5 290	3.3	2.2
英国	5 280	3.3	3.0
墨西哥	4 890	3.1	3.6
俄罗斯联邦	4 710	2.9	6.7
捷克共和国	4 400	2.7	4.0
合计	70 880	44.2	—

来源：世界旅游组织预测

中国旅游业的迅速增长，又以几个重点旅游城市为代表，入境游客主要集中在几个著名旅游城市。根据马耀峰等教授对1994～1998年我国12个旅游热点城市的研究，发

---

[1] 汤莉萍等：《世界文化产业案例选析》，四川大学出版社2006年版，第198页。

现海外旅游者对中国旅游城市是有选择性的，海外旅游者对北京、上海的选择性最高。因此在客源方面，对于旅游京剧演出来说将是持续增长的势头。

正在撰写《中国京剧文化的沿革与市场流变》一书的民俗专家齐晓山先生曾表示，就北京而言，京剧文化展示场所早已成为一座座值得细细品味、值得大书特书的文化景点。既然什刹海有以京剧为主题的"梅府菜四合院"、宣武区有票友集中、中外游客看好的湖广会馆、颐和园内的古戏台、古街有梅先生的故居、天桥一带有品茶看京剧的老字号茶馆、琉璃厂有展卖京剧旅游商品的摊点……旅行社就该通过整合资源、细化项目，不断推出以京剧文化为特色的线路。

2."京味儿文化"的独特代表

京剧是全国影响力最大的戏曲剧种，被称为国粹。然而又带有浓重的北京地域特色，这与其形成发展于北京密不可分。毫无疑问，在北京才能看到最地道的京剧演出，更何况是在历史悠久的老剧院、古戏楼。对于城市来说，艺术和文化是紧密联系的。如同提到歌剧，人们就会想到意大利；说到音乐，不能不提音乐之都维也纳；京剧也是北京京城文化的一张名片。扩大京剧影响力与提升"京味儿文化"两者是相辅相成的。一方面认真研究传统文化（包括京城文化），继承其中的优秀部分，并以之与西方文化进行实事求是的对撞，这对于振兴京剧就是一本万利的好事；另一方面，京剧的演出与其他形式的推广，正是在为"京味儿文化"做具体的实事。

随着社会的迅猛发展，大众的"怀旧"心理也越来越明显。从近年来"老"字号的文化产品逐渐引起人们越来越浓厚的情趣可以发现，"怀旧"好像已经成了当今人类心中永远的爱。怎样从中国传统宝库中汲取营养，深入发掘本土文化精华，是对产品（体验京味）进行设计包装时获取灵感的关键。

（二）来自太阳马戏团的启示

作为世界顶级的综艺表演团队，太阳马戏团（Cirque Du Soleil）成立于1984年，最初只是加拿大魁北克省蒙特利尔的一个街头艺人表演组合。经过20多年的发展，如今太阳马戏团已经拥有了包括《神秘人》《喜悦之旅》等经典节目在内的众多演艺和文化衍生产品，在世界享有很高的声誉；而该团不自己培养人才、靠招揽人才并专注于扮演艺术运营商角色的运作特点，也在业内引起了褒贬不一的争议。然而，太阳马戏团作为加拿大最大的文化产业出口项目，如今已是国际上闻名遐迩的巨型娱乐"帝国"，它给马戏注入了新的活力，并在全球掀起了马戏复兴的潮流，20年里源源不断制作出13个原创节目、给4大洲100多个城市的5000多万名观众带去了惊奇和欢乐。作为一个国际公司，太阳马戏团多次获奖，每年的总收入为5亿多美元，其中85%来自于票房收入，而雇用的员工超过了3000人。[1]

1. 顾客的创新

随着电影、电视等新兴娱乐业的发展，传统的演出业包括马戏表演越来越失去观众。马戏表演是一个日渐萎缩的行业，马戏表演的主要观众——孩子们——有更多的娱乐方式；不仅如此，大牌马戏表演明星的表演费开价较高，这也增加了马戏团的成本。

不过，太阳马戏团不是靠在日益萎缩的马戏市场中与竞争对手夺取顾客而获得成功，而是通过节目形式创新、开拓新的市场空间而成功，这是它令人信服的一个重要原因。传统马戏市场的主要顾客是儿童，当马戏遭遇现代娱乐形式的冲击时，太阳马戏团并未与其他的竞争对手就不多的市场份额进行竞争，而是吸引了崭新的顾客群，即成年人、商界人士等。这些顾客支付高于传统马戏表演门票几倍的价钱来欣赏这项娱乐节目。进行客户创新、开拓新的市场，使太阳马戏团彻底甩掉了原有的竞争，如入无人之境，自然会取得商业上的巨大成功。

在这里，必须强调的是，太阳马戏团走了一条介于马戏、戏剧、舞蹈之间的道路，既非马戏，亦非戏剧，更非舞蹈，而是吸收了这些艺术形式中的元素并进行了再创造，开创了一个全新的娱乐领域，已经与传统意义上的动物马戏相去甚远了。

2. 全球的市场，全球的演员

短短25年的发展，太阳马戏团由在街头杂耍踩高跷的几个小伙子，发展成为跨国演艺巨舰，可以说是演出业的神话。太阳马戏团在全球有3个常设剧场，分别在拉斯维加斯、东京、澳门。[2] 在东京的剧场耗资140亿日元（约合1.3亿美元）、耗时约2年建成。剧场有7层楼高，内部采用圆形设计，拥有最先进的杂技舞台表演设施，可容纳2700多名观众。大多数常设演出每天都演，如东京剧场就是每天演2场，剧场建筑在东京迪斯尼乐园内，拥有大量观众来源。除了常设剧场，马戏团还有十余个表演团队在全球演出。2005年十一期间，太阳马戏团的《ERA时空之旅》在上海演出14场，观众上座率高达95%，票房收入超过300万元。看太阳马戏团的演出，观众能感受到的是，它已经是一种无国界、无民族的表演。不同文化背景的观众都能够欣赏这种现代派的超越时空的幻想。太阳马戏团的市场是巨大的，而如果当初仅仅局限于蒙特利尔市（人口292万），或

---

1 太阳马戏团官方网站 www.cirquedusoleil.com。

2 新华网2008年10月3日《东京迪斯尼太阳马戏团剧场举行首演》。

者仅仅是加拿大一国（人口 2700 万），显然是不可能形成今天的演出巨头的，现在看过太阳马戏团演出的全球观众已超过 5000 千万。

太阳马戏团的演员来自全球 40 多个国家，也有来自中国的演员，多方面的、各式各样的、不同背景的演员充实了马戏团的创作，使表演更加多元化。不同的艺术人才给节目创作提供了非常多的可能性，某种意义上讲，开放的创作思维是太阳马戏团的优势之一。马戏团强调团队的合作。任何一个节目出来时，都有一个创意的主旨或意图，然后很多的创作人才一起提供和发挥他们各自的艺术特长，对整个节目进行创意整合和策划。太阳马戏团从不强调个人，而是通过包括杂技、舞蹈、音乐、戏剧等在内的很多艺术家一起，把节目制作得非常精致、丰富。这种团队合作的精神，是把各种不同艺术较好地融合在一块的最重要的因素。在太阳马戏团，没有谁是主要演员、谁是主角的提法，太阳马戏团的每一部作品本身就是主角。人们不是因为某个演员、某个编导或者明星来看表演，而是因为马戏团的明星节目而来。

3. 大本营的坚强后盾

太阳马戏团总部位于加拿大第二大城市蒙特利尔市，是马戏团唯一的项目创作与制作中心。作为炙手可热的大演艺集团，太阳马戏团的总部却是可以向公众开放的，参观只需要预约。2008 年秋天，笔者有幸参观了马戏团的总部，带领我们参观的是马戏团的一名星探。太阳马戏团的总部由一片现代化的建筑群构成，有两个主要部门：创意工作室和艺术工作室。创意工作室要负责为太阳马戏的所有项目构思、设计、开发新的设备和杂技项目。艺术工作室则设计制作各类演出中需要的服装和道具。带领我们参观的星探介绍说，每年光是做服装，要用掉 20 多公里的布料。

太阳马戏团中的工作可以分成两种，一种是创作组，他们主要在蒙特利尔总部工作；一种是执行组，在各地巡演。创作组是每一出马戏的设计者，他们是"混乱的制定者"；执行组负责确保制定出的马戏精准落实，不允许丝毫偏离。具体又有各种细致分工，通过团队的紧密合作，最终创作出许多能上演十几年的剧目。从太阳马戏团这个文化现象，我们能看到创新的魔力。在面对全球的观众时，太阳马戏的剧目很多时候说不上是源自什么文化，没有这样那样的限制，更像是现当代派的作品，将艺术性与震撼性融为一体，是演出的革命，视觉的革命。

从太阳马戏团的管理我们可以看出，其本身是资金雄厚、人才济济的大型国际文化企业，建立起一条软性的生产流水线，通过对一个个成功的演出项目的启动与管理，挖掘并占领世界多个国际大都市的演出市场。其创新不仅仅是在艺术上，更多的是在市场的创新，资源的创新，营销的创新。北京旅游京剧也曾经做过一些类似的旅游京剧剧目，性质是一样的，最初的收效也不错，然而没有形成一定的气候，与太阳马戏团一个剧目长达十几年的生命期相比，只能算是旅游演出的萌芽。

（三）为北京旅游京剧的发展出谋划策

1. 给湖广会馆的几点建议

（1）增加观众对京剧演出理解、对京剧知识了解的服务

这方面包括许多许多宣传理解的手段，翻译是旅游京剧的重要方式，如果没有翻译，或是翻译不准确，观众对于剧情的理解就会大打折扣。人对于自己无法理解的东西都会失去兴趣，无法理解也就谈不上享受演出了。湖广会馆的翻译包括字幕的英文翻译，舞台上方的电子字幕机，还包括报幕员的简单介绍。事实是，这两方面水平都不尽人意。字幕本身的翻译有不少错漏，跟着演出敲字幕的工作人员也常出现操作问题，有时字幕出现时演员都唱下一句了。而报幕员虽然身着旗装，表情却是呆板，缺乏热情，完全应付了事。如果说欧美演出主持人诙谐热烈，那么湖广报幕员则可说是冷酷了。

另外，在演出的节目单上，可下的功夫太多了。关于各个剧目情节的中外文介绍，以前做过，但若干年后，由于演出剧目的变化，已经无法应付现在的演出。而发放介绍的情况是，一般不问是不给的。如果真从观众了解认识京剧的角度出发，演出前就应备好剧目介绍，发放京剧知识的介绍单，或者还可加上湖广会馆的介绍册。演出前最好能引导游客参观戏曲博物馆，对于完全不了解京剧的观众进行戏曲知识的普及，这才有助于观众更好的欣赏演出。

（2）严格控制服务质量

演出的服务质量是湖广会馆经营的中心。广义上的服务质量应该包括演出节目质量与演出场所的服务质量。怎样让观众满意，是所有演出经营主体的主要关注问题。基本来说，观众的需求有四个层次：

一是精彩的京剧演出，这是演出服务的核心产品，是剧场提供的基本内容。这要求京剧演出团体的整体业务水平要达到一定水准。演出团体与演出场所并非管理与被管理的关系，而是合作关系。合作关系比较松散，演出质量本身也很难量化评定。例如，用合同的形式规定演出出错则扣演出方劳务费，这样并不能从根本上解决问题。改善这一问题靠的是演出团体、演出人员的职业操守与诚信。而演出场所也可以在选择合作伙伴的问题上引进竞争机制，使演出团体有危机感，从而提供保证质量的演出。

二是良好的现场气氛。演出的气氛有时能起到画龙点睛的作用。尤其是有主持人的情况下，主持人的风格水平对于演出的总体效果有一定的影响。在涉外演出中，更要考虑国外游客的审美喜好。欧美观众大多喜欢热烈、幽默的演出气氛。主持人良好的外语能力是必不可少的。在介绍京剧节目的同时，若能简单介绍京剧常识或讲一点趣事、笑料，相信效果会更好。

三是热情周到的服务。这是演出观众会有的期望产品。除了观看实质性的演出，观众还期望整个过程是舒适愉悦的。要达到长期高服务质量水平，需要科学而有力的管理。使管理程序化、标准化、制度化，服务达到观众的要求。尤其是涉外演出场所，工作服务人员都应该掌握外语，以更好地与观众沟通，为之服务。

四是额外的惊喜。这是演出服务的潜在产品。可以是赠送小礼物，抽取幸运大奖，观众互动游戏等等各种形式。高质量的演出能满足观众，意外地惊喜能取悦观众。例如，在调查期间，为增加湖广茶楼的顾客量，所有观众可凭演出票在茶楼领取京剧主题的扑克牌，这一举措不仅带动了茶楼的销售，也取悦了观众。

2. 市场前景及营销分析

（1）市场现状

入境旅游迅速发展，市场规模不断扩大。随着近年的迅速发展，北京越来越国际化，来北京的外国游客数量增长迅速，早在 2001 年，北京的国际旅游外汇收入为 294599 万美元，增长 6.4%，位居全国首位，接待入境旅游人数为 285.79 万人次，增长 1.3%[1]。在目前和今后都有较大的市场空间，前景广阔，因此旅游京剧表演项目必须抓住目前的有利时机，开拓市场，在较短时间内将旅游京剧表演项目推向全世界，让世界了解中国京剧。

在北京，针对旅游业的文艺表演，除了京剧，还有其他如歌舞表演、杂技表演、武术表演与之竞争，比较来讲，武术表演对于外国人来说，有较强的吸引力，对于京剧表演有有一定的市场竞争力。

（2）营销目标

短期目标：在迎来旅游高峰的时机，占领京剧表演的制高点，形成以发行、管理京剧特色文化、时尚享受为主的表演性节目的经营体系。

长期目标：通过京剧表演项目，形成以京剧表演为核心、京剧文化商品及京剧体验

---

[1] 汤莉萍等编：《世界文化产业案例选析》，四川大学出版社 2006 年版，第 80 页。

为基础的业务体系，为将来实现中国京剧主题旅游战略目标奠定基础。

（3）营销策略

目标市场定位应针对外国人的旅游演出服务，分为团体消费市场和零散的消费市场。

团体的消费市场主要有：旅行社和国际会议、会展。

现在各个旅游京剧演出剧场或戏楼的主要客源都来自于旅游团队。最初的有北京前门饭店梨园剧场，后来，京城复建和新建了多处老式戏楼，这些戏楼以古色古香的氛围吸引了大量旅游观众，于是北京各京剧团分兵把口，干脆把戏楼当成了固定的演出场所。如北京京剧院的三个团，每晚在梨园剧场、湖广会馆戏楼及长安大戏院演出，每年演出达千场以上；北京风雷京剧团在人观园戏楼演出，战友京剧团每周六晚在正乙祠戏楼演出，北方昆曲剧院以前在恭王府戏楼演出，后又在湖广会馆演出周末昆曲专场。旅游京剧表演项目作为中国传统文化艺术，具有广阔的空间。

团队游客的营销目标包括：外国旅行社驻国内的分支机构；国内旅行社的国际部或涉外部；在国内召开的大型国际会议或会展。

随着我国政治经济文化的发展，吸引了世界各地大量商务、公务游客来中国，这些商务散客除了公务以外，有娱乐、购物的需求，同时中国对外机构接待的外国友人、外国常住人口，也有了解中国传统文化的需求，京剧表演项目为他们提供了一扇窗口。

商务客人的营销目标包括外国常驻机构：外企、大使馆等；外国常住人口：留学生、专家等；四星级以上饭店的外国旅客；中国的对外机构：如对外友协、外经贸部；商务公司、贸易公司等。

由于海外团队客人的来源主要在各旅行社手中，因此要获得客源与市场的保证，必须给旅行社以高折扣，而高折扣必然导致利润的降低。通过与旅行社的重点合作，建立长期稳定的关系，保证上座率，在获得稳定的市场份额后，还可以通过对众多旅行社的调整，达到扩大份额的目的。

具体的操作中，除了传统的与各旅行社签订合作协议，使之成为旅游线路的一部分，还应与各星级饭店的销售部，各团队的全陪或领队、国外旅行社、外企等机构发展良好合作关系。

散客的利润会比团队要高，团队给的是批发价，而散客则相当于是零售价。例如湖广会馆的散客票价为280元、380元、480元，而团队的折扣价则一半都不到，因此争取散客观众是旅游京剧表演项目良性发展的保证。

散客的营销侧重于商务客人及常驻北京的外籍人口，其营销方式以建立营销网络、发展合作伙伴为主，通过直销达到提高收益的目的。

　　散客营销比团队营销更需注重京剧演出节目的品牌打造，因为散客的消费自主性很强，是否能成为顾客或"回头客"，都取决于演出项目的观众口碑。关键的两点：一是京剧表演项目的时尚性、文化性、艺术性；二是宣传的力度。

　　旅游京剧营销创意是关键。现在各个行业都在强调文化创意，旅游京剧市场也应该插上创意的翅膀，以适应游客深层需求、增加旅游文化含量。

　　中国国际旅行社总社市场推广部部长陈月亮认为独创性、观赏性的缺乏是目前文艺表演难以取得国内观众认同的原因之一。以京剧为例，北京的京剧演出场所较多，水平也较高，但总体上看曲高和寡，并不是每个游客都会对京剧有了解并愿意观看，所以旅行社往往给游客安排的都是热闹的武生戏，而且没有什么新意，目前市场上缺乏经过现代制作、让人眼睛一亮的戏曲表演。

　　而在几年前，长安大戏院搞了好几出针对旅游市场的旅游京剧：《白蛇传奇》《梅华香韵》《铸剑》和《碧波金鳞》，使长安大戏院旅游京剧一炮走红。这些戏与传统折子戏不同，讲的是有头有尾的故事，把整出戏浓缩在90分钟里，尽可能多地借鉴了我国其他民间艺术形式。也许这样的创新的东西在刚开始时不易被人接受，然而市场证明其作用有很突出的亮点：一是抓住市场观众群；二是传播了京剧，弘扬了民族戏曲艺术。

　　创意是无处不在的，除了对于演出节目内容和形式上进行创新，在营销方式上进行开拓，在促销方面的许多细节上也可体现出，传统的活动促销也许有赠品、有奖售票、优惠票价等，而举办专题活动，创造机会扩大京剧表演项目影响也十分有效。例如举办京剧文化周或周年庆典，其促销效果是非常深远的。

　　品牌形象的创立也需要创意，如开展新闻报道，及时对有意义的事件加以宣传；积极与外部联系，通过与政府机构、社会团体、会展中心的联系进行宣传；参加公益活动等。这样形成的品牌也许是某个剧院，或老戏楼，或者是某个演出团队，也有可能是某个剧目。

　　体验京剧也是一个有意思的创新点，在各种服务娱乐行业里，已经不满足于简单的产品交换，现代人的消费热点已转向体验经济，消费者希望得到的是一种体验。落到旅游京剧上说，如果能够体验京剧舞台，参与京剧化妆、服饰、留影等活动，也许会对京剧有更多的了解。

　　开拓旅游京剧的相关市场，使之与高科技结合，或者与其他时尚结合，也是有很大潜力的，例如与京剧相关的电影、流行音乐、游戏、小说都有待创意的火花将其点燃。

六、结语

欧美发达国家已经拥有一批成熟的文化企业，对于其城市乃至国家的文化产业发展起着重要的推动作用。如本文中提到的加拿大太阳马戏团，就是当地重要的经济发展因素，它带动了一系列相关附属产业的发展。其他如美国的百老汇，早已经是文化产业中发展的成功范例，前纽约市长朱立安曾说，百老汇是纽约经济发展的动力之一，是纽约最吸引人的地方，百老汇就是纽约的同义词。

中国本土的企业也在奋勇直追，中国文化企业的发展必须结合中国国情，中国文化城市的建设也要有中国特色，把北京建的跟纽约一样也意义不大。如何打造首都北京的民族文化产业，最大程度发挥本土特色，需要在文化产业的各个领域打造有规模的文化企业，因为文化企业是文化产业的重要组成部分，是文化市场生产和经营的主体。只有为中国文化企业量身建立"中国式的"管理模式，符合中国国情，具有中国特色，同时广泛借鉴国外先进的管理模式，才能日益缩小中西方管理思想和实践上的差异。

北京传统文化产业的振兴，需要将北京多方面文化资源发挥到更大的程度，包括丰富多彩的民俗文化资源（如京味文化），历史悠久的人文旅游文化资源，源远流长的艺术文化资源（如京剧、曲艺等）和别具特色的商业文化资源（如老字号等）。致力于传统文化的企业在整合、利用这些资源的同时，也需要从自身出发，大力开发产业潜力。主要有以下几个方面：

第一，企业内部加强改革，形成科学的管理方法。近年来许多原来的文化事业单位受体制的束缚，纷纷改制，实行"事业单位企业化管理"，然而很难真正成为自负盈亏的市场主体，明显缺乏活力和竞争力，实际是"假企业"。文化事业单位改革的基本目标，一方面在于发掘有产业价值的商机，另一方面在于保障重点文化事业单位有充足的运营资金，不是减少行政拨款的数量，而是要提高重点事业单位的运行质量。

第二，北京应培养重点企业与品牌产品。北京的文化企业发展还在初级阶段，总体状况是规模小、竞争力差。这需要企业按照市场经济规律，通过兼并、联合、重组等方式加快集团的建设，提高企业效益，参与国际竞争，增强首都文化产业综合竞争力。

第三，北京的传统文化市场尚待积极开拓。市场的开拓培养需要政府及企业的共同努力。大众的文化消费需求比例不平衡，企业需要对市场进行培育与引导，从而为自身的生存发展拓展空间。现阶段许多企业的产业意识较弱，还没有彻底从"事业型"文化转向"产业型"文化。

第四，加大创新力度。传统文化看似必须因循守旧，其实仍需大力开发，"新瓶装旧酒"甚或"旧瓶装新酒"都未尝不可。中国的传统文化里有许多可以开发的内容，可满足当代消费者的需求。例如，"故乡情结"，定位于老北京，使海外游子在旅游中得到宾至如归般的接待，国外来客在异国他乡得到一种不是家园、胜似家园的温馨娴雅的心灵抚慰。另外，中国古老的"天人合一"的理念所投射的是大自然之母与其所养育的人类相融合相协调的社会生态意识，这种意识具有非常深远的意义。

总之，北京的文化产业发展，不能脱离北京的传统文化。大力开发北京传统文化资源，对于北京文化产业的发展繁荣具有重要意义。

北京地区京剧演出市场分析及营销模式探索

周 沫（2007 级）

一、引言

（一）选题背景及意义

京剧，是目前我国流行范围最广、影响程度最深、最具有代表性的戏曲形式之一，自其产生之日起至 20 世纪上半叶一直是人们所喜闻乐见的娱乐手段。随着时间的推移，大众娱乐手段由单一化向多元化发展，电影、电视、网络及其他各种娱乐方式和娱乐项目在短时间内迅速兴起，京剧这种较为古老的娱乐手段必然受其冲击，逐步丧失其娱乐主导地位，不复 20 世纪二三十年代的辉煌。20 世纪 60 年代以前，人们认为能够在现场欣赏一次梅兰芳先生的演出是极为荣幸的事情，可见当时，梅兰芳在民众心目中有着"国民偶像"般的地位；反观现今，别说是京剧中的"角儿"，就是曝光率极高的娱乐明星，也几乎不可能得到这样的认可。这表明，京剧逐渐失去其地位和市场的部分原因在于——娱乐的多元化与技术的进步。与此同时，作为京剧的生产者——院团，也被推到市场化浪潮的风口浪尖。

回顾历史不难发现，新中国成立以后，文化作为计划经济的一个子系统，一直处于计划管理体制下。20 世纪 50 年代，国家对已有京剧演出团体进行整合，将班社制改为院团制，京剧演员不必像新中国成立前一般为了生计而劳碌奔波，而是可以安心创作，提高其艺术水平。在国家"统包统管"政策下,京剧的生存状态有了明显好转,从此逐渐脱离市场,不再为市场竞争而左右。可以说,国有院团,在新中国成立初期直至中国进入市场经济以前,确实显示了其比照班社制前所未有的优越性。然而,随着改革开放进程的推进,迎来了市场经济时代。京剧,作为一种艺术门类的同时,亦是一种商品。这种商品在历经近30年计划经济体制后再度被推回市场,表现出一系列无法适应市场的状况:观众群缺失,市场萎缩,与市场脱节,无法适应市场规则,管理混乱,人才匮乏……这些状况使得京剧院团在市场竞争中情况不容乐观。

那么,京剧如何在市场化的大浪淘沙中稳固自己现有的市场份额,如何发展出更多的潜在观众来支持京剧票房收入,如何利用现代的管理、营销手段适应在经济环境下的行业竞争,找到一条适合自身发展的道路就是本文需要探讨的问题。

本文以京剧演出市场作为研究对象,就其各个影响因素进行立体分析,试图探索京剧演出运营的规律与趋向,力求以数据分析为出发点,结合实际操作具有可行性的原则,对京剧演出市场进行探索,将京剧院团的运营环节与一些国外演出机构相比较,对京剧院团经营模式进行分析,京剧院团的市场开拓、院团改革及院团市场运营模式选择具有一定借鉴意义。

(二) 相关概念界定

1. 计划经济

计划经济或计划经济体制,又称指令型经济,是一种对生产资料分配及产品消费事先进行计划的经济体制。解决生产什么、怎样生产和为谁生产这三个基本经济问题的是政府,且其中大部分资源由政府拥有,因此不受市场影响。其初衷是有规划、有计划地发展经济,从而避免由于市场经济发展的自发性、盲目性、滞后性和不确定性等问题,给社会经济发展造成的危害,如重复建设、恶性竞争、工人失业、地域经济发展不平衡、产生社会经济危机等问题。

在理论上,计划经济是共产主义范畴的经济体系,其建立为社会经济的发展提供科学保证。只有实现计划经济,社会经济才能消除资本主义市场经济所产生的弊端,从而达到社会经济高速、平稳、健康发展。其优点为:所有人都有工作;生产资料和资源配置由国家计划得出,相对市场经济,有利于资源的优化组合;贫富差距和身份等级较小。

若要获得计划经济的成功,社会首先要具备如下条件:要有全面、准确、快速和及时的信息收集、加工和传达系统;劳动者和管理人员要有劳动和工作的积极性;生产经营者要有决策权；不许无偿侵占他人的劳动成果。

然而，我国在实施了30年计划经济体制后，所看到的，是其政企职责不分，条块分割严重；国家对企业统得过多过死，权力过于集中；忽视商品生产、价值规律和市场机制的作用；分配中平均主义严重……事实证明，计划经济是一种不利于生产力发展的、带有自然经济色彩的、落后的经济体制。

2. 市场经济

市场经济是以维护产权、促进平等和保护自由的市场制度为基础，以自由选择、自愿交换、自愿合作为前提，以分散决策、自发形成、自由竞争为特点，以市场机制导向社会资源配置的经济形态。在这种经济形态下，产品和服务的生产及销售完全由市场的自由价格机制所引导，而不是像计划经济一般由国家所引导。在市场经济里，并没有中央协调的体制来指引其运作，但是在理论上，市场将会透过产品和服务的供给和需求产生复杂的相互作用，进而达成自我组织的效果。其特点为：(1) 由封闭走向开放；(2) 机器化；(3) 科学化；(4) 雇工经营；(5) 专业化和社会化；(6) 厂商（或企业）成为最基本的经济组织形式；(7) 私有制范围扩大了；(8) 利润取代具体产品成为直接生产目的；(9) 生产要素资本化；(10) 实行市场机制；(11) 广泛而激烈的市场竞争；(12) 政治民主；(13) 规范化；(14) 对外扩张和全球化；(15) 市场经济局限性。而平等性、竞争性、法制性、开放性被认为是其一般特征。

我国实施的是国家宏观调控下的市场经济，其进程大致可分为三步：1978年12月十一届三中全会后，在新的历史条件下，实行改革开放；1984年十二届三中全会提出发展有计划的商品经济；1992年十四大提出发展社会主义市场经济。目前，我国已经基本建立市场经济体系，步入市场经济国家行列。

3. 京剧演出市场

京剧，作为中国国粹，在其市场化的道路上经历了不同的历史阶段。从早期宫廷演出与市场演出并进；到20世纪10～40年代的类市场化发展；再到改革开放之前效仿前苏联，在国家计划经济体制下的无市场演出；直到改革开放至今，在宏观调控下逐步迈向市场经济。这样一路走来，可以看到京剧演出市场的诸多问题。一直以来，不少学者将这些问题的研究范围限定在某一因素上，体制、院团、观众……而在本文中所要考虑的京剧演出市场，是与物质市场相对应、作为一个整体的开放的复杂系统。

在现代社会经济环境中，一个完整意义上的市场必须具备以下五方面要素：

一是市场主体：即拥有各种商品或劳动服务并根据自己的意愿自主的进行交易活动

的组织和个人，一般指买卖双方，包括生产者、经营者和消费者。在京剧演出市场中，生产者和经营者即是院团和剧场，而消费者则是观众。

二是市场客体：是指作为交换对象的各种产品和服务，包括物品、劳动、货币、技术、信息……京剧演出即是京剧演出市场中的市场客体。

三是市场交易设施：指为开展交易活动所必需的物质条件，主要包括商业网点、集市场地、服务场馆、服务场馆、物流设施、网络系统等。京剧演出市场中，交易设施以剧场为主，同时还包括酒店、茶楼等一些非剧场机构设置的演出地点。

四是市场运行机制：指在市场交换及其相关经济活动中能起自动调节作用的经济规律及其作用机制。这其中，供求关系、竞争规律等是为京剧演出市场的运行机制。

五是市场规则系统：是为了保证交易活动正常进行而建立的法律规范体系以及执法机构，包括维护市场有序进行的各种法律、法规、法章、制度等。与京剧演出市场相关的规则如《文化部涉外文化艺术表演及展览管理规定》《文化市场行政执法管理办法》《营业性演出管理条例》《营业性演出管理条例实施细则》……

上述市场的五个构成要素，相辅相成，结合成一个有机的整体。缺少任何一个要素，市场就无法运行，甚至不复存在。[1]

二、京剧演出市场与其生存环境

20世纪90年代初，中国开始由计划经济体制向市场经济转型。曾在计划经济体制中显示出优越性的京剧院团亦面临着改制，在此过程中，观众群减少、市场萎缩、人员机构冗杂、管理方式混乱等一系列问题也随之浮出水面。京剧这种古老的艺术门类的生产方式与其他物质生产和文化产品的生产相比，有其独有的特点，这也决定了其在改革发展中不能全盘遵循着一般企业的模式，而是需要通过对其市场和历史变革的分析，寻找一条真正适合其艺术发展规律的道路。

（一）京剧演出市场

市场的概念有狭义和广义之分。狭义上，所谓京剧演出市场，就是将京剧演出作为一种商品，进行商品交换的场所，也就是以商品的形式向消费者提供京剧演出这种有偿

---

[1] 李康华：《文化市场营销学》，上海文艺出版社2005版，第18页。

的娱乐服务的场所。把京剧演出这种商品的生产者和消费者联系起来，交换其社会劳动，实现京剧演出的价值，是京剧演出市场的主要功能和作用。广义的京剧演出市场，是指作为商品的京剧演出服务在其交换过程中所反映的各种经济关系的总和，不仅包括演出的场所，而且涉及京剧演出与其他任何形式的商品之间的交换关系。

1. 京剧的商品属性

马克思认为，艺术亦是一种生产，在具有精神属性的同时，也具有物质属性；艺术生产，既是精神劳动，也是物质劳动。他认为，艺术"不过是一种特殊的生产方式，并且受生产普遍规律的支配"[1]。由此我们可以认为，艺术是一种意识形态的生产，艺术家是精神产品的生产者，当这些精神产品被用作交换，那么，艺术作品，或者说艺术本身就成为商品。

京剧作为一种艺术门类，同样无法脱离生产的普遍规律。政治经济学认为，商品是用来交换的产品，其本身具有价值和使用价值，而判断一个产品是否是商品的标准，就在于它是否被用以交换。

京剧，与其他商品不同的是，其既可以作为商品获取经济利益，同时又可以以一种纯粹的精神娱乐产品而独立存在：宫廷演出满足皇室及官员的娱乐需求，戏迷票友的自娱自乐是其纯粹精神娱乐产品的体现；京剧演员为了生活在堂会、酒店、茶楼、剧场进行的演出活动，则是以获取经济利益为目的，此时，它便有了商品的属性，并且，京剧的商品属性，一直贯穿于它的整个发展脉络中，鲜有中断。

2. 中国京剧的社会生存环境

京剧，作为一种用于交换的艺术商品，并非独立存在，其生存发展需要依赖于社会。社会环境的变化，完全影响京剧的生存状态；京剧艺术各个阶段的变革，也是由中国当时的社会环境所决定的。依据中国近现代史的划分方式，京剧的生存状况可分为四个时期。

（1）清末民初

这一时期就整个社会性质而言，中国属于半殖民地半封建社会。此时期社会前进的步伐相对平静迂缓。京剧艺术正是在这一时期凝练成熟起来，其剧本文学、表演艺术、音乐唱腔、演出形式、班社体制、演员阵容、观众票房等，均呈现一片新面貌，成为根植北京，影响全国的艺术形式。[2]

此时期，虽然国内社会处于封建状态，民族资本主义却得到了发展机会，中国民族

---

[1] [德] 马克思：《1884年经济学—哲学手稿》，人民出版社1995年版，第78页。
[2] 北京市艺术研究所、上海艺术研究所编：《中国京剧史（上卷）》，中国戏剧出版社1996年版，第130页。

资产阶级开始走上政治舞台，成为一支独立的社会力量。在经济上，瑞蚨祥、荣宝斋、全聚德等老字号店铺相继创立；由于北京地区商业相对发达，商人的会馆建设也得以迅速发展。据史料记载，清末北京的对外贸易有所发展，且一些服务于市民的行业，如布匹、米面、油盐、饭馆等也大为繁荣。当时，前门、大栅栏成为新兴的商业市场，其中戏园、茶楼、饭庄生意红火。

经济的发展、商业的繁荣这些不仅为频繁的剧场演出提供了物质保障，同时也为剧场、戏班的经营管理带来了新元素。

（2）20世纪初至40年代

这是中国京剧发展的鼎盛时期。从1914年开始，由于第一次世界大战爆发，西方帝国主义忙于欧战而无暇东顾，恰恰给了中国民族资本主义以迅速发展的契机，纺织、绞丝、榨油、卷烟等轻工业欣欣向荣。中国对外贸易出口额逐年增长，演出场所不断增加，观众队伍不断扩大。京剧也终于在此时，于津、沪等新兴商业城市站住脚跟，演员的生活水平有了很大提高。

1929年以后，西方列强为了转嫁经济危机，加紧对中国的侵略。除大量对中国输出资本外，更是进一步支配中国的金融财政，控制经济命脉。值得庆幸的是，尽管在这样的外患之下，中国经济并未出现大规模倒退，比之清末还显有发展。特别是1928年北伐战争胜利，结束了从民初开始的军阀割据的混战局面，稳定了时局。此期间由于军阀割据而中断的交通得以恢复，经济、文化又向着进步的方向发展。

在战争期间散处乡间的一些地主、部分官僚转变为新的资本家和工商业者，并向城市集中，这为京剧在城市的营业性演出提供了物质需求和现实购买力。另一方面，由于中国商业中心的转移，大批贫困的农家子弟投身戏班，进入茶楼酒肆，承应私家堂会，京剧从业人员队伍得以扩大，使京剧艺术得到广泛传播。

1937～1949年，京剧演出市场的发展情况很复杂。可以说，京剧自身的创作和京剧演出市场的发展是不平衡的。在东北伪满洲国、北平、天津等沦陷区和国统区，京剧的生存环境和创作条件虽然堪忧，但还存在相当大量的营业性演出；而在根据地和解放区，京剧艺术本身有良好的生存环境和活跃的创作氛围，但由于对京剧政治宣传作用的强调，比照东北伪满洲国、沦陷区和国统区，演出市场的发展并不好。或者说，在这一时期的根据地和解放区，京剧艺术的发展和京剧演出是十分活跃的，但并不存在真正的营业性演出。

(3) 20世纪50~70年代

1949年10月1日，中华人民共和国成立。社会制度的重大变革带来政治、经济、文化等多方面的根本性变化。新的历史时期，中国共产党在文化方面制订了一系列方针政策，使京剧从内容、形式和体制管理等方面发生了根本性的变革。

1956年春，毛泽东在中共中央政治局扩大会议上，正式提出在科学文化工作中，实行"百花齐放，百家争鸣"方针，即在艺术问题上的"百花齐放"，在学术问题上的"百家争鸣"。他还强调"百花齐放""百家争鸣"是一个基本性、长期性的方针。在"双百"方针的鼓舞下，中国文学艺术界硕果累累。老舍的话剧《茶馆》、郭沫若的历史剧《蔡文姬》、杨沫的长篇小说《青春之歌》……都是"双百"方针推出后的出色作品。文艺期刊的数量增加、质量提高，大大丰富了社会主义初期人们的文化生活。这种影响，自然而然也涉及京剧界。

50年代初至60年代中的十余年中，京剧艺术的革新从形式到内容，京剧从业人员的世界观得到改造，京剧从业团体的管理体制得以改革，舞台艺术全面革新的戏曲改革在全国范围内蓬勃发展。这一时期的京剧作为一种舞台艺术，其形式和内容都得到了一定的发展。

1964~1979年的15年间，国内政治形式急剧变化，历经"文革"前夕、"文革"十年浩劫和粉碎"四人帮"后拨乱反正三个不同历史时期。由于政治运动扩大化，特别是"文化大革命"的到来，一些学术问题被当成政治问题，甚至升级为阶级斗争。不同的学术观点，被看作代表不同的阶级利益。一些优秀作品受到错误批判，作者多被划为"右派"或"反动学术权威"，许多知识分子受到伤害，文艺园地百花凋零。

在这15年中，京剧的发展比任何时期更直接地受到政治形式变化的影响。在曲折艰难中发展的中国京剧，曾一度遭受困厄。自1963年起，传统剧目、新编历史剧被视作封建主义、资本主义和修正主义文化，从不敢编、不敢演到不许编、不许演，最终升级为遭受批判，在"文革"中被彻底"打倒"。直至粉碎"四人帮"后，优秀传统剧目和新编历史剧才得以重新登上舞台。

在新中国成立之初30年中，京剧从"百花齐放"到逐渐凋敝，再到重新焕发活力，经历着曲折的发展过程，而此时由于国家实行计划经济体制，京剧的生产不由供求关系决定，这破坏了市场运行机制的链条，严格说，这一时期是不存在京剧"演出市场"的。

(4) 20世纪80年代至今

"文革"结束后，文学艺术和学术领域清算了极左路线。邓小平指出，"我们的文艺属于人民,要为人民服务,为社会主义服务"。他还强调坚持贯彻"双百"方针,对我国发展科学文化具有重要意义。20世纪80年代初,中共中央提出加强社会主义精神文明建设,以"五讲四美"为内容的精神文明建设开展起来。文学方面,出现了反映"文化大革命"的"反思文学""伤痕文学",以及以改革实践为主题的文学作品,还有反映丰富社会生活的戏剧、电影。随着改革开放的深入,文学艺术的内容更加丰富,形式也向多样化发展,中国文化正走向世界。

20世纪80年代初期,京剧一度呈现繁荣的景象,传统戏演出成为热潮,但为时不久,这股"传统热"便开始降温,不少京剧观众对"老戏老演"的形式表示不满。20世纪80年代中、后期,全盘西化的谬论影响到戏曲领域,"京剧消亡"的论调日渐甚嚣尘上。20世纪90年代后,国家大力倡导弘扬民族文化,振奋民族精神,包括京剧在内的民族艺术获得了转机。

在国家的大力支持下,有关部门采取了一系列措施,多次举办全国汇演和各种活动。在进入21世纪后,京剧一方面看到了前所未有的良好发展机遇,另一方面也面临着严峻的挑战。与此同时,京剧院团亦在走向市场经济以后,不断地探索自身的发展道路。

(二)京剧演出市场的历史沿革

京剧演出市场,是伴随着京剧的形成而产生的,在中国京剧发展的近200年历史中,京剧演出市场随着京剧艺术的发展而发展,伴随着时代的发展而变革,与京剧艺术的生存环境相伴,大致可以分为清末民初、20世纪初至40年代、新中国成立后、改革开放至今四个时期。

1. 1790～1917年

1790年徽州商人组织戏班进京给乾隆皇帝贺寿被视为京剧萌芽之始。当时第一批进京的徽班,即是高朗亭所率领的"三庆班"。从此以后,又有一些徽班相继进京,以"四喜""和春"和"春台"最为著名,加之"三庆",便形成了中国戏曲史上轰动一时的"四大徽班"。道光年间,皮黄腔在花雅之争中胜出,从此成为中国戏曲界的中坚力量。

应该说,1790～1840年这半个世纪,是京剧的孕育形成阶段,此时也只可以将其称之为皮黄腔。从1840～1917年这70多年的时间,京剧才逐渐跨入成熟阶段,同时,北京地区的京剧演出市场也逐渐形成。

此时的京剧演出市场,就市场主体而言,戏园林立,班社众多,几乎当时的名伶都由自己挑班唱戏;观众方面,京剧演出在当时已经成为市民娱乐的一种主流手段,大多戏园子、茶楼之类的演出场所座无虚席。就市场客体而言，当时的京剧演出剧目甚多，除了如今我们可以看到的一些经典传统戏外，还有更多当今已经失传的武戏和花旦戏。清乾隆年间，京师梨园界将前门大街南段的精忠庙购置为梨园子弟公所，即梨园的行会组织。因行会设在精忠庙内，故其会首亦称为精忠庙庙首。可以说，梨园行会是群众组织，其庙首由京剧届推举德高望重、技艺精湛又热心于公益事业、能为同行排解困难之人担任。[1]此时，由梨园行会所制定的一些行业规范和约定俗成的规矩，可以视为这一时期的市场运营机制。与民间组织的精忠庙相对应的，是清内务府于嘉庆九年（1804年）所设的专门管理精忠庙事务的衙门，由旗人任堂郎中，专职向内廷传戏班进宫演出以及向梨园行公布禁令等行政事务。堂郎中的设立，以及清政府对梨园行的干预，就是京剧演出市场早期市场规则系统的雏形。当然，这种干预尚未形成一定体系，仅仅在与宫廷演出的情况下才起到一定的作用。

事实上，清末民初这一期间京剧演出市场的发展方向是分为两个方向的，即宫廷演出和市井演出。当时京剧名伶进宫演戏，并不构成实质意义上的交换行为，也就没有真正的市场；与之相反，一直不是戏班关注焦点的市井演出，却因时代的变化而蓬勃发展起来，渐渐在民国初年形成了一定的市场规模。

2. 1917～1949年

这是一段在中国京剧发展史上极为重要的时期。此期间，在社会求新思想的冲击下，观众层次有了丰富，为了迎合不同层次观众的不同要求，演员锐意革新、大胆创新，相互之间展开竞争，以争取更多观众。19世纪60年代京剧传入上海，此后，其影响迅速扩大至全国。在京、津、沪等地，票友更是多如雨后春笋，票房红火。

此期间，剧团体制较之前期有所发展。京剧演出团体，在名称上将"班"改为"社"，虽一字之差，却反映出其组织内部结构的深刻变革。作为"班"，其内部结构牢固，艺人入班后，不能轻易离去，艺人不得跨班演出，人身束缚很大；在经济上，实行"包银"制，即一年工资总付，因此演员的个人所得比较平均。从名角挑班开始，即将"班"改"社"以后，原来的组织结构松动，一位艺人可跨2～3社演出；同时，在收入分配上，也由"包银"制改成"戏份"制，等次明确，多演多得，不演不得，颇有"按劳分配"意味。

自民国以来，京剧的演出场所除沿用原来的一些戏园外，新式剧场日益增多，第一舞台、新明戏院、开明戏院……其中建于1921年的真光剧场，是当时北京的第一家"剧场"，在经营管理方面，已实行预先购票、凭票入场、对号入座等办法。京剧发展的另

---

[1] 刘嵩昆：《京师梨园轶事》，江西美术出版社2007年版，第7页。

一重镇——上海，继新舞台后一些规模宏伟的新型剧场和舞台在1926年前后相继于租界的繁华地段出现。与北京剧场不同的是，上海剧场在组织演出方面发挥了更大作用，其舞台布景、道具、服装等都由剧场自备，且常年设置一些基本演员，如二路、三路、龙套演员等。这里，剧场已经不再是一个简单的演出场所或中介，而是承担了部分市场主体——经营者和生产者的职能。

此时班社与剧场的收入分配上也已经较为成熟，通常为两种形式：分成（劈账）和场租。分成是光绪末年常见的一种形式，即每场演出的收入按约定比例双方各得若干。20世纪20年代以后，"场租"的形式开始流行，即班社每演一场戏，无论收入如何，均要付给戏园固定的费用。这两种付费方式，一直沿用至今。

3. 1949～1979年

在新中国成立之初的30年中，京剧在管理体制上，从班社制改为院团制，国家剧院与民营公助剧团发展模式相辅相成，戏曲学校、研究实验机构相继建立，并且其领导与示范作用得到充分发挥。然而，在大环境下，国家在体制上效法前苏联，实行计划经济体制，对剧院剧团也采用统包统管的方式。这样的计划经济体制下，市场运行五要素中的运行机制被破坏殆尽，供求关系完全不能发挥其作用。在这一时期，剧团的生产、观众的消费都是在国家的计划之下，供过于求或供不应求的现象常有发生。

此时，虽然还是可以看到一般的营业性演出，剧场虽然也会向观众卖票，但这种营业性演出却完全不是以市场为出发点的。同时，由于国家的计划性演出，各个院团不存在市场意义上的竞争关系，这就导致没有相关的法律法规规范、约束市场行为的演出，市场规则系统不复存在。因此可以得出结论，在1949～1979年这30年中，京剧演出市场是中断的，而这种中断，也严重影响了日后在市场经济环境下剧团的运营。

4. 1980至今

改革开放以后，中国逐渐迈向市场经济的时代。在这一时期，京剧的主要生产者——院团开始探索适合自身发展的道路，不少院团与剧场建立长期合作关系，如北京京剧院与长安大戏院就是这样一直关系。就生产者而言，院团积极创排新剧，将各种现代舞台技术应用于表演，以期适应观众多元化的口味；就消费者而言，观众对于京剧剧目和演员的选择上，更为自由自主；就充当演出中介的剧场而言，其对于京剧演出的宣传力度加大，宣传手段到位，总能找到不同观众的兴奋点，引导观众进入剧场；就市场系统规则而言，各种演出管理条例相继出台，以保证京剧演出市场竞争公平、有序进行。

与此同时，京剧院团不仅将目光局限于国内，更是扩展至国外。历史上，京剧的出访演出多是一种宣传性的、学术性的活动,而在改革开放以后,一些京剧院团看准了国际市场,将这种宣传性、学术性的演出转变为市场性的演出,从而提高演员的收入,增强京剧在国外的影响力,为开发国外的潜在市场做好准备。

三、京剧演出市场的管理与经营

京剧演出市场,主要由作为市场主体的院团和观众,作为市场客体的京剧剧目、作为交易设施的剧场,作为主要市场运行机制的供求关系和作为市场规则系统的相关法律法规所组成。由于剧场与市场运行机制、规则系统相对客观,且市场客体随着生产者的变化而相应变化,这些元素具有一定的不可更改性和稳定性,因此,对市场主体——作为生产者的院团和作为消费者的观众进行分析,就显得尤其重要了。

(一)京剧演出市场生产者状况分析

中国京剧从业团体自其产生之日起,就是一个由地缘关系到业缘关系所组成的次级群体,其从业者最初可能是同乡,后来随着组织结构的发展壮大,地缘关系的重要性便退居其次,而作为同行的内部联结力开始日益显出重要作用。于是,地缘关系群体逐渐转变为有着行业内部规则、由业缘关系作为联结的正式群体。纵观京剧发展史,演出团体的管理方法,经营手段并不是戏曲史学家所格外注重的环节。人们更多愿意将目光投向作为个体的艺术家在其艺术道路上所取得的成就,而剧团的管理手段、经营模式、仅仅是京剧演员在实际演出中慢慢摸索的过程。

作为京剧演出市场的生产者,京剧院团在发展中并不像人们想象中的一帆风顺,其市场收益也并不尽如人意。从以下由国家统计局和北京市统计局发布的数据中,京剧院团目前的生存情况便可见一斑(表1)。

表1 2008年中国文化、文物机构,从业人员统计表

机构类别	机构数(单位:所)	从业人数(单位:人)
戏曲院团	1914	82205
京剧院团	90	7383
剧场	1944	42049
文化市场经营单位	305589	1409876

注:这其中,北京艺术表演团体有18所,艺术表演场馆54所。

表2 2006～2008年京剧院团收支情况（单位：万元）

年份	总收入	财政拨款	演出收入	总支出	经费自给率
2006	47189.5	36946.2	4880.8	45275.2	28.73%
2007	60657.3	48817.3	6380	55250.1	21.43%
2008	81521	66653	6590	70256	21.16%

注：经费自给率的计算方法为：经费自给率=（总收入－财政拨款）／总支出×100%

从表2中可以看到，国家对于京剧艺术的拨款逐年增加，这对于京剧的生产者院团来说是一件好事，但同样是在该表中，京剧院团的经费自给率却是在逐年下降。经费自给率，是考核一个文化事业单位自身生存能力的指标。经费自给率越高，则文化事业单位的生存能力越强；反之，则越弱。由此我们可以得出结论：在国家财政高度重视京剧艺术的前提下，京剧院团的自我生存能力反而逐年下降。而单就表中数据计算，每位京剧工作者的平均收入不足1000元，也就导致了很多知名演员外出走秀，而耽误了正规演出。造成这种现象的原因，有市场因素、有观众因素，但更多的，是院团自身因素。

1. 京剧院团所存在的问题

很多戏曲史论类书籍习惯将京剧院团在经营管理中的弊端归结为：布局不合理，大中城市中的团体过多，市（县）或再下一级的地区则几乎没有；人浮于事，机构冗杂；领导体制和经营管理不适应艺术生产的需要；艺术表演团体在分配上存在平均主义，人人捧"铁饭碗"，吃"大锅饭"；艺术创作，艺术评论，艺术研究等方面缺少骨干力量，工作薄弱；鼓励、发展艺术创作的制度不健全等几大方面。

这种归纳从宏观的角度阐释了京剧院团在现实中存在的问题，但是这种归纳随着国家文化单位系统体制改革的推进，有些问题已经有所变化，并且在各个剧团的实际运营中，还存在着更为微观的现实问题。

（1）院团内部各组织划分不合理

乍看起来，组织结构问题似乎并不影响整个院团的运营，实则不然。在现代企业中，或多或少的都存在着一些组织内部划分不尽合理的现象。而我们在此要讨论的，并不是职能划分上的偏颇，而是以复杂系统的分层和涌现的性质为依据，从各个组织划分依据的方面来考量其不合理性。

1994年4月美国《科学》杂志出版了"复杂系统"专辑。两位编者Richard Gallagher和Tim Appenzeller在导言中对复杂系统做如下阐述：通过对一个系统的分量部分（子系统）的了解，不能对系统的性质做出完全的解释，这样的系统成为"复杂系统"通俗讲即是，对于复杂系统，整体的性质不等于部分性质的和，即系统整体与部分之间的关系不是一种线性的关系。[1]

层次性是认识系统，认识客观世界的一个视角，一种思维方式。所谓分层，即是从局部到整体，从部件的层次到全局的层次。越是复杂的系统，层次就越多，层次之间关系的正确处理，就越成为系统健康发展的关键。所以，层次的概念、层次之间的关系、层次之间的过渡、层次关系的协调与控制是系统科学中不可缺少的重要内容。[2]

系统的涌现性是指，在客观世界的各个领域，诸多部分一旦按照某种方式形成系统，就会产生出系统整体具有而部分或部分总和不具有的属性、特征、行为、功能等，一旦把整体还原为互不相干的各部分，这些属性、特征、行为、功能便不复存在。系统科学把这种整体具有而部分不具有的东西，称为涌现性。从层次结构的角度看，涌现性是指那些高层次具有而还原到低层次就不复存在的属性、特征、行为和功能。[3]

举例来说，一个学校，整体上为××学校，是一个复杂系统。其内部分成教学、行政、后勤、财务等若干个小的复杂系统。教学系统内部又要分出各个系，系的内部还要分为各个专业。也正是身为各个专业的小的复杂系统组成了一个系，不同系又组成教学部门这一更为高级的复杂系统，教学系统和与其同等的行政、后勤、财务系统最后组成的××学校这个最高级的复杂系统。这便是复杂系统的分层与涌现的性质。

京剧院团的内部组织划分，并非是以这种复杂系统的分层涌现性质作为依据的。就现在院团来说，几乎是统一院下设团，一个京剧院下设3~4个剧团。这些剧团各自拥有独立的演出阵容、乐队、服装道具管理部门、演出经营部门，甚至是独立的财务系统。这种各自为政的局面，对于院团的管理造成很大障碍。

首先，各个剧团拥有独立演出阵容、乐队、财务系统的划分方式。就小的方面而言，演员之间为了竞争演出机会而相互掣肘，这种现象对于任何一个京剧院团来说都十分常见。不得不说，城市中京剧演出市场相对固定，且观众需求量有限，而与这种有限和固定相对应的，是京剧生产者——院团所提供的演出服务供过于求，所以，观众对于演员的选择也就更为宽泛。很多京剧演员在这样的市场环境中得到更多登台机会，对于同行的排挤、掣肘也就成了京剧圈里的人所共知的事情。造成这种现象最根本的原因就是京

---

1 许国志主编：《系统科学与工程研究》，上海科技教育出版社2000年版，第2页。
2 许国志主编：《系统科学与工程研究》，上海科技教育出版社2000年版，第100页。
3 许国志主编：《系统科学与工程研究》，上海科技教育出版社2000年版，第170页。

剧院团组织结构划分不合理，致使各组织成员缺少向心力。其次，京剧院在各剧团的演出安排上，除以剧院为单位的大型演出活动外，均不做统一调度。一些剧团内部演员行当并不齐全，在特定剧目演出中需要从院内其他剧团借调人员。此时，若被借调人员当天本团没有演出还可以通融；若是有演出，那么"撞车"就是必然，也只能以本团演出为重，这是组织结构划分不合理表现在人员调配上的不合理。

另外，也是最为重要的——每个剧团都有自己的演出任务和独立的财务系统，这就势必造成各团之间利益不趋同。管理学上认为，只有组织成员的个人利益与组织目标趋同时，才能在最大限度上发挥组织绩效。各剧团的组织目标是完成本团的演出任务，至于同院中的其他剧团，则不列入本团成员的考虑范围。这种现象存在于很多国有剧团中，对于一个剧团来说可能无伤大雅，但是对于一个京剧院的管理来说却是十分不利的。

（2）经营、管理重心不明确

一般观念上，提及管理则定要联系到经营，经营和管理是紧密联结在一起的，事实上也正是如此。但是，无论二者的联系有多么紧密，在其本质上还是有所区别的。

所谓管理，是组织单元通过一定的计划、组织、指挥，协调和控制手段来达到组织目标。而经营，则是企业通过市场经济选择，科学合理优化配置经济要需，并通过管理的手段达到企业的目标。就生产过程而言，管理是劳动社会化的产物，经营是商品经济的产物；就目的而言，管理是为了提高组织绩效，而经营则是为了提高经济目标。

无论管理还是经营，都是为了一定的组织目标。那么，京剧院团是否有明确的组织目标，其组织目标又是什么？谈这个问题就要牵扯到京剧院团的体制问题，其究竟是文化事业单位还是文化企业？在规定上，京剧院团属于文化事业单位这毋庸置疑，而随着时代的进步，文化事业单位越来越不能适应市场环境下的竞争行为，因此，国家出台一系列政策方针，很多文化事业单位就此改制，成为独立的企业法人。

京剧院团作为文化事业单位来而言，是国家为了适应我国社会主义建设和满足广大人民群众精神文化生活的需要，相应设立的经由国家核拨经费，从事教育、科学、卫生、广播电视、社会福利等领域的服务于社会的组织。这是我国特有的一种组织形式，与国外的非营利性文化组织有着某种相似之处："其一，在活动上都是为特定的社会人群提供某种服务，但并不追求营利；其二，其投资者不能通过盈利分红的方式获取投资回报。"[1]在"事改企"过程中，京剧院团的工作人员，很多是70%工资制度，即国家承担70%工资，

---

1 王晨：《文化企业管理》，湖南文艺出版社2006年版，第17页

剩下30%是浮动工资，需要由各个剧团的在商业演出的分红决定实际收入。这一点更接近于文化企业。

京剧院团若走向文化企业，那么则是以利润最大化为目标（无论是现实利润还是潜在利润），以文化创意和人力资源等无形资源为投入要素，提供文化产品和服务（即准精神产品），以及运用这些精神内容获取商业利益的组织。[1]但是在事实上，任何国营京剧院团都不可能完全做到以利润最大化为目标而获取商业利益。作为社会主义社会意识形态宣传的一种手段，京剧在更多情况下，只能追求社会效益，而无法做到社会效益与经济效益兼得。

在京剧院团的性质定位上，目前还有很多不明确的地方。也正是这种定位上的暧昧，使得院团领导在管理手段上不能明确方向，究竟是以管理为主获取社会效益，还是以经营为主获取经济效益？若是以管理获得社会效益为主，整个院团中的工作人员的生活水平要如何保障；若是以经营获得经济效益为主，又要如何保证经济效益与社会效益的兼得。

由此可见，京剧院团的体制问题事实上是以上所有提出的问题的基础，在根本上明确了各个院团的性质，才能够针对前面的各个方面对症下药，真正的从根本上解决问题。

（3）不进行投资预算，缺乏市场意识

新中国成立以前，戏班都是自负盈亏的演出团体，剧团经营者需要知道观众喜欢看什么，自己要演什么，怎么演才能让观众进戏园子。只有观众掏腰包看戏，自己的班社才能够维持生存。

昔日，马连良先生演《十老安刘》一定要"双出"，前面"淮河营"饰蒯彻，后面"盗宗卷"饰张苍，也正是为了适应观众"看马连良"的需要。观众买票进戏园子看的就是马连良；只有马连良的"活儿"越多，功夫越出彩，观众才会越满意；观众满意了，下一场演出的票房自然也就有了保障。

京剧院团虽然在性质上是文化事业单位，但在实际运营中却是要面对作为消费者的观众，面对市场。既然要面对市场，那么就一定要详细的了解市场行情，消费者需求，消费者构成，什么价格最容易被接受，同行中有哪些竞争者，其竞争力又如何。换句话说，就是要做好市场调查，做好投资预算。

不过，这只是我们所说的理想状态。大多数剧团在投拍新戏之前不会进行预算且缺

---

[1] 王晨：《文化企业管理》，湖南文艺出版社2006年版，第21页。

少完备的财务准则。这种不进行预算的习惯，主要是由于不少新戏为国家拨款的文化建设项目，其预算由上级文化部门包办，剧团仅仅需要做一些简单的成本核算，而这种核算也往往不完全。国有京剧院团在投拍新剧所用到的成本核算，是如何花钱的核算，通常不会区分演出各期成本的界限，也不会提前预估票房收入是否与投资成正比。

院团缺乏市场意识还体现在不注重市场宣传上。任何形式的商品都是通过广告宣传让广大民众得知其存在，通过民众的实际体验得到是否受到消费者欢迎的反馈。这一点，文化产品也不例外。但是我们可以肯定地说，京剧院团很明显并不注重广告的宣传作用。

在北京地铁站、公交车站等广告宣传栏中，可以看到歌剧、话剧、音乐剧……各种演出信息，但唯独京剧宣传十分少见。京剧演出宣传，通常只在表演剧场的内部进行，我们经常可以在长安大戏院、梅兰芳大剧院这些以京剧演出为主的剧场大堂看到京剧演出的海报。这是几乎可以认为是一种只针对长期进剧场的戏迷的宣传手段，而在现有的这些固定的戏迷以外，还有很多潜在观众由于不能及时了解演出信息而错过自己中意的剧目；同理，剧团也由于这样的原因与潜在的票房收入失之交臂。

市场是瞬息万变的，只有在这瞬息万变中提前做好所有的准备，预料到一切可能出现的状况，才可能真正在市场中找到自己的位置，获得相应的投资回报。

（4）经营管理人才匮乏

缺乏经营管理人才应该是几乎所有京剧院团普遍存在的问题。纵观现在的国有京剧院团，几乎均由该团台柱级别的主演来出任团长一职，这似乎是班社制中名角挑班的一种延续。然而随着时代的不同，身为剧团领导的内涵和职责也明显不同。从前，挑班的名角所需要关心的，是如何提高自己的艺术水平，如何使自己的班社维持生存或得到发展。现代名角担任剧团团长所需要关心的，则更侧重于行政事务和一些琐事。即使是在过去，也有例如高朗亭"1803年30岁时任三庆班班主，任后不常演出，偶尔登场"[1]的先例，那么现代身任团长的名角登台也不是十分常见也就不奇怪了。另外，在京剧院团当中，几乎所有行政职位都由演员来兼任。他们"出则为兵，入则为民"；演出时登台，平时则在办公室处理行政、商业以及一些琐碎事务。

或许，这种做法是希望以名角的艺术和声望来提高该剧团的知名度，使之成为票房保证，并且节省人力资源。但是，就行为科学管理理论的一个重要组成部分——领导行为理论而言，这种节省人力的方法则非常差强人意。

---

[1] 徐城北：《京剧与中国文化》，人民出版社1999年版，第584页。

行为科学管理理论认为，身为领导者，需要具有以下六大方面的素质：身体素质，心理素质，思想品德素质，科学文化水平和业务能力素质，沟通、联络和与不同类型人交往、合作素质，应变能力素质。单就第四项"科学文化水平和业务能力素质"而言，对由演员组成一个剧团的管理团队来说是一件很吃力的事情。

首先，直至目前为止，京剧演员依旧多为专业院校出身，他们从小便进入中专艺校接受戏曲基本功训练，对于科学文化知识的习得非常有限，系统的管理学和经营学培训就更无从提起。由此，对于京剧演员来说，剧团的管理经营工作之于他们而言，只能是摸着石头过河，是否能够取得良好效果，自己也没有把握。

另外，京剧演员，或者说整个梨园行都或多或少的存在着这样的一个偏颇——即特别注重感觉，而不擅长做分条缕析的解构。王瑶卿曾经给过四大名旦一字评：梅兰芳的"样"（像），程砚秋的"唱"，尚小云的"棒"，荀慧生的"浪"。这一字评并不是王瑶卿经由分析得出，而是随口归结。由此，京剧演员多不会注重理性的逻辑分析，多为随意性的有感而发的这种习惯也就可见一斑。这种随意性的归纳虽然在一定的程度上可以抓住事物的本质，但对于剧团的管理经营却并不适用。毕竟，剧团是一个结构、层次多元化的复杂系统，更多的时候需要的是理性的抽丝剥茧。

再有，人们常说昔日的梨园是一个封闭的小系统。这个封闭的小系统就算是在今天也没有彻底开放。尽管在市场化的浪潮中，系统被劈开了一条不小的裂缝，但是也仅仅是局限于系统内部人员外流，而外部人员想进入梨园行，还是一件非常困难的事情。对于梨园行的多数人来说，这个小系统外部的人，无论有多喜欢戏曲艺术，都仅仅是外行，或者至多就是戏迷票友，"外人"能够真正被梨园内部接受，其数量是绝对有限的。某位剧团的领导曾经非常无奈地说："院团不接受非戏曲类学校毕业的学生来工作是不成文的规定。"这种"不接受"不是依照所学习的专业来划分，而是根据出身来划分。

应该说，类似于外语、经营管理、市场调查、市场营销这些对于京剧院团来说是很稀缺的人才，出身于戏曲院校的就更是少之又少。但是，如果出身学校不符合这"不成文的规定"，无论这样的人才有多么优秀，依旧不具备进入梨园行的通行证。梨园行内部人才大量向外流失，而外部的各专业人才又无法进入，造成了经营管理人才的匮乏。这正像一个人只有呼气而不见吸气是很难维持其生命的。一个循环的系统停止了循环，取而代之以单向流动，造成系统内部失衡，后果非常可怕。

2. 针对上述问题的思考

经营管理人才的缺乏是现在院团所面临的最为迫切，也是最容易解决的问题。适当的引进一些有关经营管理和市场调研的人才，对于一个京剧院团的发展是有着十分积极的作用的。在管理上，他们能够将自身所学习的理论应用到剧团的事务当中，在经营上又可以及时掌握市场的动向，分析投资的潜在利润，真正使京剧院团适应市场化的浪潮，在文化市场的竞争中立于不败之地。

这种人才的来源主要有两条途径。一条途径是从梨园行以外的领域中引进。吸收综合高等院校经济管理类毕业生进入到京剧院团工作，以这些人才的专业特点带动院团向真正的市场化方向发展。然而，这一类型人才的缺点是，对戏曲的认知甚少。他们不熟悉戏曲的创作规律和运营模式，很容易在管理和经营中产生偏颇，做出有悖于戏曲发展的决定。另一条途径则是由戏曲院校培养专门针对戏曲院团经营管理的高级人才。这些人才既懂得管理理论、市场运作规律，又了解戏曲文化及其创作发展规律，应该说，是戏曲院团理想的经营管理型人才。虽然现在，这类人才的培养还尚在起步阶段，有一些培养不合理之处，但是我们有理由相信，经过若干年的摸索，这种针对性极强的人才培养方式会对院团的经营管理大有裨益。

京剧院团若想提高组织绩效，在特定项目中获得利益，就必须要在该项目正式开始实施之前做好一切计划工作。这其中的计划指的是对于该项目未来一切活动的预先安排。在充分考虑了风险和灵活性、可操作性的前提下，制定计划可以使项目中各个层次和各个活动串联成线，降低院团在市场中所面临的不确定性，并且是实现院团利润长期增长的有效手段。

另外，在市场经济环境中，仅仅有计划还是不够的，还要对各项资源投入和使用进行分配，就是我们所说的，要进行预算。这里所说的预算，不是现在文化事业单位通常进行的成本核算，而是要经过资本预算、筹资预算、财务预算等方式制定各种开支项目的额度和明确的去处。经过了这种科学而周密的预算后，一个演出的项目策划便具有很强的说服力，为院团争取更多的投资和更为广阔的市场。

应该说，京剧院团内部组织结构不够合理和管理、经营重心不明确归根结底其实应该是现在院团的管理体制的问题。在组织结构上，应该尽量改变传统的分团方式，向文化企业学习，依照职能划分各个部门，统一财务部门和管理系统，增强院团内部成员的向心力。而在管理、经营的重心问题上，当然还是需要相关部给予京剧院明确的定位。

解决京剧院团的体制问题是使一切问题从根本上得到解决的根本保证。只有明确了院团日后的定位和前进方向，才可能明确院团的工作重心，真正的实现市场化才有了可以依靠的基础。

（二）京剧演出市场消费者状况分析

消费者，是一个演出市场存在的基本要素之一，没有消费者，市场交易也就无从谈起。对于京剧演出市场而言，其消费者就是观众群。

1. 观众群分类

在当前市场环境下，中国的京剧观众主要可分为常规观众和随机观众两大类。

常规观众是指经常购票观看京剧演出的一部分观众。他们有自己喜欢的剧目、中意的演员，每逢自己喜欢的剧目上演或喜欢的演员演出，则必到现场。

从积极的方面说，常规观众是京剧演出市场比较稳定的一部分票房收入。他们喜欢京剧艺术，愿意在京剧演出上投入自己的热情。而从消极的方面讲，这样的观众通常都与自己喜欢的演员关系良好，经常借由演员的人情而看戏，或由演员赠票，是造成京剧演出上座率不错票房惨淡的一部分因素。因此，京剧演出市场真正大部头的收入并不在这些常规观众身上。

随机观众又可以分为不同类别。旅游团、企业、机关包场演出的观众几乎都可以认为是京剧演出市场的随机观众。这一部分观众并非真正热爱戏曲艺术，仅仅是在机缘巧合下进入剧场。如旅行团会为来京旅游的客人安排观看京剧演出以体会京味生活，机关、企业会定期邀请固定的京剧院团进行专场演出作为员工的文化福利。这些随机观众虽然不是真正喜欢京剧，却保证了京剧演出市场的大宗票房收入。但是仍然需要看到的是，随机观众并不像常规观众一样具有长久的购买潜力，伴随着客观的一次性购买数额而来的，是其背后长期购买力的不确定性。

2. 高票价将观众拒之门外

京剧演出市场是由剧团、剧场和观众组成的三方市场。剧团非市场性演出行为导致大多数剧团没有形成真正的演出经营机构，即使是存在着这样的机构，也不能物尽其用，起到作为剧团与市场之间的纽带作用。

京剧院团在和剧场合作时，多采取分票房或付场租形式。由于演出费用、场租和设备消耗费用过高，在进行成本核算后，只能以高票价来达到剧场的盈利。尽管有很多观众反映京剧演出票价过高，但很多剧团经营者却认为"京剧演出的票价其实一点也不高"，剧场也是打着"低票价"的旗号向观众宣传，希望可以以此吸引观众进入剧场。事实却是，"低票价"只能算是一个宣传作用的噱头，在更多剧场中，低票价座位往往少之又少。

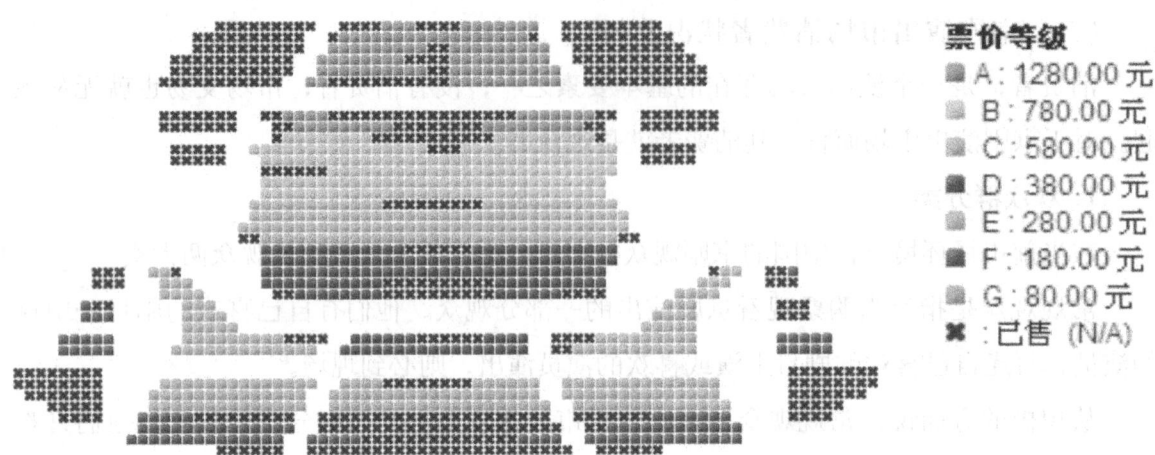

图1：北京保利剧院2010年5月11日演出座位图

图1北京保利剧院2010年5月11日昆曲《怜香伴》的价格和座位图，图2为日本宝冢歌舞团"花组"演出《虞美人》信息。通过两图比照可知，日本宝冢剧团演出票价根据演员的知名度和席位等级来制定票价，由凤真由、天咲千华这样"花组"台柱级演员主演的《虞美人》最高端票价折合人民币约990元，而由新人主演的票价最高也只相当于人民币450元，这比照保利剧院的演出还要相对便宜。

根据数据显示，我国城镇居民中，北京市居民月平均收入，最高为1822元人民币，可支配部分为人民币1612

图2 日本宝冢剧团演出价位图

元。日本人均月收入税后为304281日元，按照实时汇率折算成人民币为21345元，其收入最高的东京地区人均月收入税后为405580日元，折算为人民币即是28455元。由这组数字不难看出，东京地区人均月收入是北京市居民月收入的17.65倍，而在其文化市场中，演出票价却比中国演出市场还要走"低端路线"。这样，我们不得不反思，所谓的"低价"是否货真价实。虽然有不少人认为一场演出买80元的票也未尝不可，这还在人们可以接受的范围内。但事实是，剧场所设置的80元价位的票品极少，几乎在演出信息刚刚公布之初就被抢购一空。

演出时剧场需要调动的人员设备过多，导致剧场内部损耗过大，因此，剧场有剧场的打算；因为场租过高，剧团又必须要演出，因此，剧团有剧团的想法；再加上票务体制的缺欠，使得票贩子从中渔利，最后受苦的只有观众。观众能够和这种现象抗衡的唯一手段就是索性不再进剧场看戏，到最后吃亏的还是剧场和剧团。

3. 京剧的复兴与其观众基础

近几年，联合国教科文组织"人类非物质文化遗产"目录进入人们的视野，昆曲、粤剧等戏曲形式纷纷"申遗"成功，因此，不少人认为京剧也可以如同昆曲一样"申遗"，毕竟这一有着近200年历史的古老剧种比起百年不到的其他地方剧种，在"申遗"方面有着太多的优势。"申遗"，并非是一种要将京剧划入博物馆的想法，而是因为但凡"申遗"成功的艺术门类，政府部门均给予更多的重视，财政拨款和政策扶植力度加大，自然而然也就会呈现出"繁荣"的态势。正是这种现象，让很多人误以为，只要京剧"申遗"成功，必然是其复兴的前兆。但事实却并非如此，究其原因，可以归结为京剧并不具备复兴的观众基础。

观众的断代、观众群的逐步减少以及挖掘潜在观众的困难是当前京剧演出市场所要面临的比较现实的问题。

其一，京剧的衰萎形势并非一时半日，这其中有一段漫长的历史因素。"文化大革命"期间，几乎所有京剧传统剧目均被列入禁演行列，人们能看到的京剧，仅仅是八大革命京剧样板戏。这种特定的历史、特定的时间所造成的必然结果，就是20世纪50年代以后出生的人群对京剧的认知也只停留在样板戏上，而对于京剧传统戏的认知则少而又少。"文化大革命"结束以后，虽然传统剧目的演出渐有恢复，此时又赶上改革开放的浪潮，港台、欧美、日韩等地的文化、艺术和娱乐形势渐入内地，吸引了70年代出生人群的注意，这其中，鲜有能够关注京剧的人。正是在这样的历史环境下，京剧观众在实质上出现了严重的断代现象。

其二，京剧所讲求的，是一种意境，是让观众在慢慢咀嚼、细细品味中感受它的韵味与精髓。一段唱腔、一个身段、几句念白，乍听乍看之下，实在是难以道出其中的精妙，只有真正潜下心来、经过反复琢磨，方能体会其中魅力，这是一种艺术的境界。但显然，这种境界并不适合于现代社会的忙碌与压力。一段西皮唱段，从导板转原板再转到二六和流水，唱下来不过十余分钟，可要真正学会，需反复听上月余；一首流行乐则要简单得多，听上三五遍后，就能跟着音乐哼唱。在生存与竞争的压力下，更多的人愿意在周末闲暇时去卡拉OK放松一下自己，此时，流行音乐的朗朗上口便获得了人们的喜爱，而京剧唱段，在速成性和可参与性上，则失去了竞争力。

其三，人们愿意花钱去电影院，是因为这其中有俊男美女的爱情、有勇者斗恶龙的刺激、有行侠仗义的快意，更有夺人眼球的特技。在这方面，京剧显然存在着巨大的差距。就技术层面上说，舞台艺术本就限制颇多，而题材方面，除了传统戏以外，新编京剧更多的作为歌颂主旋律的载体，而非人们放松的渠道。或者说，更多的人愿意在闲暇时选择娱乐自己而不是接受主旋律教育。由此，在技术与题材方面。京剧又受到了多方限制。

其四，任何一种表演艺术都是"角儿的艺术"。人们欣赏电影、电视剧、话剧等表演艺术，很大程度是为了看到自己所喜爱的艺术家或艺人。换一个角度考虑，人们肯在表演艺术上投入自己的金钱，或多或少是受到"明星效应"的影响的。京剧明星，也就是我们通常所说的"角儿"，只是在京剧这个半闭合的圈子中才有一定的知名度，其曝光程度远远不及那些娱乐明星，除去戏迷这一小众的认可，扩大到更广泛的人群中，则其知名度便要大打折扣了。因此我们说，京剧圈的"角儿"们，在挖掘其潜在观众的实力方面，与娱乐明星并不站在一个等位上。

以上四方面因素，归结为一句话，便是京剧的复兴，并不存在广泛的观众基础。众所周知，观众，即市场五要素中的消费者，是市场存在的客体，没有消费者群或消费者群薄弱的产品时无法在市场竞争中存活的。

当然，为了使京剧吸引更多的观众，很多创作者提出了对京剧的改良方案，这些方案虽然尚未形成文字书本，却已经在其创作的剧目中有所体现。在不少现代戏、新编戏中，创作人员更多地运用新式的服装造型、宏大的舞台背景和精巧的舞台机关，以期达到吸引观众眼球的目的。与此同时，还有部分人认为，京剧的念白一直采用"湖广音、中州韵"，这对于观众的理解造成很大的障碍，因此提倡将韵白改为普通话……对这些改革，不少京剧戏迷表示不满，认为之所以称这个剧种为"京剧"，就是因为其特点鲜明：湖广音、中州韵的念白和唱腔，"手、眼、身、步、法"的程式以及写意虚拟的表达方式。新创的服装破坏了舞台的空间意境、过于写实的舞美背景和舞台机关限制了演员的表演和观众的主观想象。

在笔者的前期调查中，一位戏迷这样认为："这（京剧）就好比诗词，绝句之所以是绝句，因为它就只有四句；律诗之所以是律诗，因为它有八句，别管这其中是五言还是七言。如果一首诗写了六句，你说它是什么？现在的京剧改得连原来的特点都看不出来了，就干脆不要叫京剧，换个别的名字好了。这戏改来改去，就是没见到都有几个人来看的！"

这位戏迷的言论虽有偏激之处，细细回想，却并非完全不在道理。也许，我们希望有更多的观众愿意进入剧场观看京剧，对其自身在艺术上的改良是一个方面，更多的，应该是看清眼前的形势，正确选择将来的发展道路。

四、京剧演出市场营销模式探索

在上文分析过京剧演出市场的生存环境及其在经营、管理中存在的问题后，就需要建立起适合京剧演出市场的营销模式。

（一）京剧演出市场的营销模式

在市场经济下，一切商品都需要营销，有效的营销手段是获取盈利有效手段。随着经济的发展和物质生活的提高，人们对于精神产品的需求也越来越高，他们希望自己购买的产品是有个性、有品位并且可以得到别人尊重和赞赏的。此时，适当的营销手段就显得极为重要。

"营销"本来源于物质产品的销售，在近十年被引入文化市场，就其营销手段的侧重点不同，可以分为4P理论、4C理论和4R理论三种。

1. 4P 理论

4P理论是一种以市场导向为目标的营销手段。最初由美国学者麦卡锡于20世纪60年代在《基础营销》一书中提出。4P理论中的4个字母"P"分别代表了产品（product）、定价（price）、渠道（place）和促销（promotion），成为营销理论的经典，是现代市场营销学理论最具划时代意义的变革。[1]

2. 4C 理论

由于市场竞争环境的变化，4P理论逐渐无法满足消费者更高的消费需求，因此，代表更高层次的市场营销理论也就应运而生——这就是以满足消费者需求为目标的4C理论。针对4P理论的不足之处，美国学者劳特朋提出4C营销理论：从消费者的需求和欲望出发（consumer wants and needs）、考虑消费者愿意支付的成本（cost）、消费者交易的便利性（convenience）和通过与消费者沟通把顾客和生产者、经营者的利益整合在一起（communication）。[2]4P理论向4C理论的转化，在实质上，是实现了市场由变卖到

---

[1] 孙安民：《营销文化》，北京出版社2007年版，第40页。

[2] 孙安民：《营销文化》，北京出版社2007年版，第42页。

聆听的转变。

3. 4R 理论

尽管 4C 理论是以消费者的需求为根本出发点，但是这无疑使生产者和经营者在市场交换中处于被动地位，不利于竞争。因此，就生产者和经营者的利益而言，4C 理论依旧存在着很多不足。

其一，4C 理论注重消费者导向，但对于现代经济而言，更应注重的是市场的竞争导向。这种仅仅注重客户需求而忽视竞争对手的营销手段显然是不理智的；其二，在 4C 理论经过一段时间的运作和发展后，虽然在一定程度上可以促进市场销售的发展进步，但由于不同的生产者和经营者之间的差异，这种营销手段并不能形成他们在销售中的个性与特色，自然也就无法保证与顾客之间关系的稳定性；其三，4C 理论仅仅强调以顾客的需求为导向，却不考虑生产者和经营者如何面对顾客需求、最大程度满足顾客的问题；其四，即是 4C 理论强调顾客需要什么，生产者便生产什么，经营者便销售什么，这就使生产者和经营者完全处于被动的地位。

正是由于 4C 理论的多方不足，美国学者唐·舒尔茨提出了 4R 理论这种全新的营销方式。它由 4 个全新的营销组合要素构成：关联（relativity）、反应（reaction）、关系（relation）和回报（retribution）。这种营销方式以关系营销为核心，重点在于顾客建立于生产者和经营者的忠诚关系。[1]

4P、4C 和 4R 这三种营销方式的不同，可用表 3 表示：

表 3 4P、4C 和 4R 三种营销方式表

	4P 理论	4C 理论	4R
理念	生产者导向	消费者导向	市场竞争导向
模式	推动型	拉动型	供应链
方式	规模营销	个性化营销	整合营销
目标	根据营销情况，满足企业生产者、经营者的营销目标，实现利润最大化	满足现实和潜在的消费者的差异性需求，赢得顾客的好感	根据市场的变化不断改变营销方式，并最终实现生产者、经营者和消费者的共赢
沟通	单向	双向	多项交流合作
投资	短期成本较低，长期则成本偏高，利于短期投资	短期成本较低，长期则成本偏高	短期成本较高，长期投入则成本较低，利于长期投资
重点	市场	消费者	市场竞争

---

[1] 孙安民：《营销文化》，北京出版社 2007 年版，第 45 页。

（二）营销理论在京剧演出市场的应用

4P、4C、4R 三种理论作为营销方式的模型，同样适用于京剧演出市场，且不同的营销手段针对不同的观众群，可以收到不同效果的经济收益。总体来说，京剧演出市场的营销方式可用图 3 进行描述：

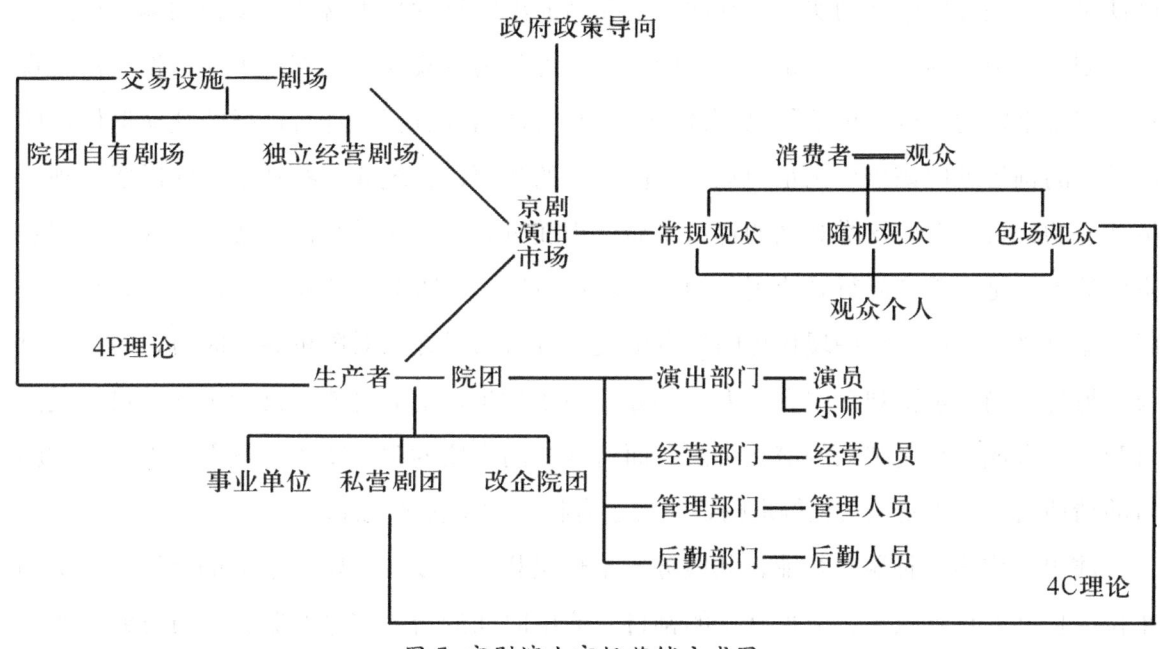

图 3 京剧演出市场营销方式图

1. 4P 理论在京剧演出市场的延伸

4P 理论模型是一种院团、剧场和观众之间的互动博弈，其以京剧演出、票价、京剧演出市场的扩散渠道和演出营销形成营销组合最为基本的框架。应该说，这是一种适用于随机观众的营销手段。

（1）产品策略

京剧演出市场的产品策略，实质上就是演出的目标市场为基点，以观众的需求为导向的营销策略。理论上说，京剧院团和剧场推出各种题材、风格和表演方式的演出，都是为了满足各种类型、各种层次的观众的需求。

在现实中，院团在产品策略上的发挥并不值得人们期待。可以说，市场营销手段首先是建立在强大的调研基础之上的，所谓产品策略，一定要知道消费者希望看到什么，自己所面对的观众群体是何等欣赏水平，等等。只有将这些信息完全掌握，产品策略才能行之有效。

撇开院团的相关因素不谈，在4C理论的产品策略中，首先要突出剧目的差异化。随着经济的发展和演出市场集中度的提高，剧目差异化的需求正在明显化。京剧演出中能够体现出院团特色、演员自身特色的剧目正在逐渐被更多观众接受。当前，京剧名角的带有自身特点、能够向观众展示特色表演方式的剧目的上座率，要明显高于其他剧目，这便是剧目差异所带来的实惠。其次，要提高演出剧目的技术含量和精神内涵，促进剧目的创新。现在的京剧观众正如上文所分析，可分为常规观众和随机观众。作为常规观众，都是京剧的"行家里手"，是人们所说的"行家看门道"。针对这样的观众群体，院团排演的剧目就应该需要满足观众"看门道"的需要，传统戏，特别是一些需要展现演员功底的剧目就很对这类观众的胃口；而作为随机观众，多是初次接触京剧或极少观看京剧的人，是属于"外行看热闹"的类型，针对这一类观众，首先需要满足的就是观众的视觉享受，因此，一些现代化的舞台机关和舞台布景在面对随机观众时就显得很是重要。另外，当今京剧观众中有很大一部分是高校学生，他们可能是常规观众，可能是随机观众，有成为常规观众的潜在可能。面对这些高素质的观众团体，就需要提高京剧剧目的精神内涵，要使观众觉得京剧是"言之有物"的文化消费品。

演出业作为一种服务行业，其服务质量也是相当重要的。剧场情节的环境、舒适的座位、良好的视听效果、值得欣赏的剧目、演出时间的合理安排及服务人员良好的服务态度……这些都包含在产品策略当中。

（2）定价策略

京剧演出作为一种产品，实际是生产者物质劳动和精神劳动结合的产物。因此，其定价与普通物质产品有相类似之处。京剧演出这种产品是人们物化劳动的结晶，其价值最终要通过价格的形式表现出来。当然，京剧表演艺术自身的特点，也决定了其有别于普通商品的定价方法。

其一，京剧演出的价值与价格之间有非常明显的不确定性，即京剧演出的价值比照普通商品的价值，也难用价格加以衡量；其二，京剧演出的价值具有明显的层次性，从而使反映其价值的价格也具有很强的层次性。这就要求经营者在制定票价时，应该充分考虑其特点。

京剧是中国的国粹，很多表演艺术大师穷其一生从事这项事业，所谓"台上一分钟，台下十年功"。除去京剧演出中可以明确用价格来衡量的物质成本不算，只是演员的水平和等级，就必须是票价制定时要考量的问题。表演艺术家技艺精湛、从艺时间长、舞台经验丰富，而年轻演员虽青春靓丽，却总让观众觉得"活还不够细"、缺少舞台经验，那么，这种在技艺上的差异，其实也是要体现在票价上的。

日本著名的宝冢歌舞团，一共分为"花""雪""月""星""宙"5组，5组演员各有其见长的表演风格。公演时，也是按照演员的知名度和剧目的知名度来制定票价。比如"宙"组男役"头牌"和花组女役"头牌"的演出，票价最高的特等席（SS席）可买到11000日元，最低的席位（B席）也要3500日元。相较头牌的演出，新人公演的票价则要便宜得多，SS席的票价为5000日元，B席也仅仅需要2000日元。

类似于日本宝冢歌舞团的票价制定方式在中国的京剧演出市场还没有完全形成。北京长安大戏院的票价在50～580元人民币不等，这种差异是按照座位的差异来划分的，但是，在长安大戏院，几乎不会因为演员的不同而更改票价，也就是说，无论是京剧表演艺术家的演出，还是当红演员的演出，或者是年轻演员的演出，其价格均会在这一个区间变化，不会出现太大的浮动。

（3）渠道策略

渠道是指京剧演出从其生产者向消费者转移时在流通领域走过的路线。京剧剧目从生产领域进入流通领域最终达到消费领域的过程，是京剧剧目流通过程的表现，在此过程中，生产者——院团即是京剧演出这种商品的起点，而消费者——观众则是其流通渠道的终点。

在北京的京剧演出市场，京剧演出流通渠道可分为三种形式：北京京剧院与长安大戏院模式、国家京剧院与梅兰芳大剧院模式和国家大剧院模式。

北京京剧院与长安大戏院签有长期合作合同，北京京剧院的演出几乎都安排在长安大戏院进行，偶有其他剧场演出，但不属于主流。在合作期间，长安大戏院会根据剧目的上座率向北京京剧院点戏，即剧院可以根据剧场的要求安排演出内容。梅兰芳大剧院隶属于国家京剧院，虽然在实际经营上还要与院团分区而治，但是，这种剧院与剧场"一家亲"的形式无疑为降低制作成本提供了保证。

国家大剧院模式应该是京剧演出渠道的一种新尝试，即剧场作为制作人、生产者组织投排戏剧。这在国外并不罕见，但是对于京剧演出来说，却是很重要的一种尝试。在这种有剧场充当制作人角色的模式下，剧团的投资减小，而且更为贴近市场，了解市场需求。同时，剧场本身作为经营者，一手包办票务工作，产销一体化的经营模式是生产周期简短，生产成本降低，更有利于演出的实际盈利。

除剧场演出之外，京剧院团联系的包场性质的商业演出也是京剧演出的一种流通渠道。

(4) 促销策略

促销，即促进销售，在京剧演出市场就是经营者——剧场要把演出信息通过各种渠道告知消费者，使其有所了解进而积极购买，以此来实现扩大票房收入的目的。简而言之，即是广而告之。

当前京剧演出市场最不尽人意的当属生产者和经营者的促销行为。正如前文提到过的，生产者京剧院团缺乏市场意识的表现之一就是不注重广告的效应。当然，这其中也有部分因素是由于广告宣传费用过高，而在院团看来其投入无法与回报成正比。

然而，就目前市场经济环境来看，广告宣传等促销手段是营销环节中较为重要的一点。中国传统认知中的"酒香不怕巷子深"在市场竞争中并不适用。有些时候，"吆喝"也是一种营销的艺术。只有通过各种促销手段是大众知道京剧的演出信息，才能吸引观众走进剧场，也只有进行适当的宣传促销手段，才能挖掘更多的潜在观众。

2.4C 理论在京剧演出市场的延伸

从渠道上来说，京剧演出并不是一种实物，因此它的传播渠道也就并不一定要局限于剧场演出。而观众之所以愿意进入剧场观看演出而不是在家中看电视节目或 DVD 光盘，主要还是为了在现场体验京剧演出的内容与形式，并且在了解体验过程中获得精神上的满足。简单来说，即观众所追求的"现场感"和"零距离"。

(1) 顾客

顾客即是京剧演出市场的消费群体——观众。但是在京剧演出市场的营销中，并不是彻底以消费者需求为导向，而是通过营销手段来引导消费者的需求，即京剧院团和剧场要在 4C 模型中化被动为主动。通过营销引导使观众在心中产生想要看某场戏的欲望，并通过观众实际买票观看实现院团和剧场的最终经济效益。

(2) 成本

对于京剧演出而言，生产成本并不是营销的关键性因素。观众观看演出的消费在本质上并不与生产成本成比例，而是与观众自身的欣赏水平、文化素质、内涵深度和兴趣爱好等有关。从这个意义上来说，成本因素的考量其实是针对不同的消费群体、不同层次的观众群。在观众的认知中，愿意出多少成本来观看一场演出，其实是值得京剧演出的经营者思考的问题。

(3) 方便

便利，亦是京剧演出消费得以实现的一个重要条件。消费的便捷与否直接影响了观众的消费动机。京剧演出，多为周末晚上 19：30 分，而在工作日则甚少演出，即使间或有一些并不重头的、青年演员的表演，其上座率也不乐观。这其实就是消费者对于演出"方便"这一性质要求的体现。只有满足观众消费"方便"的原则，才能在最大程度上保证应有的票房收入。

（4）沟通

迪格雷斯认为，文化产品的营销重点就是在于建立消费者与文化产品之间的沟通。虽然其原始目的并非为了满足消费者的需求，但却可以逐步吸引消费者注意来实现其对文化产品的了解和欣赏，进而实现企业的经济效益。[1]

迪格雷斯的这套理论在京剧演出市场的营销中同样起作用。剧团和剧场通过与观众的沟通使一些随机观众了解京剧的魅力，使之有成为常规观众的可能；而剧场通过与常规观众的沟通了解观众希望看到什么剧目，哪类题材，担纲主演是哪位……这些信息，以此向生产者——院团点戏，进行有目的的销售。

3.4R 理论在京剧演出市场的应用

由于 4R 理论是一种多项交流合作性质的营销理论模型，所以以此为基准而衍生出的营销模式也是种类繁多。正对京剧演出市场的现实情况，比较适合营销模式的主要为情感——关系营销和品牌——忠诚营销。

（1）情感——关系营销

情感营销是指在京剧演出市场中与观众建立良好、稳定、持久的交流，并最终实现演出流通以保证利润，其实质是在京剧演出市场营销中，院团、剧场和观众建立长久稳定的依存关系，从而求得彼此的协调发展。这种关系营销师建立在生产者、经营者和消费者三方互相信任和互惠互利基础上的。

（2）品牌——忠诚营销

顾客忠诚主要表现为一种行为和关系的稳定性和恒久性、购买方式、频率、情感关系和口碑等。顾客忠诚是企业通过自己卓越的产品和服务，从而对消费者进行"感化"，把他们培养成为企业的伙伴、朋友，树立企业在消费者心目中的影响力。[2]

关系营销和忠诚营销在一定程度上都是用于京剧演出市场中的常规观众。这些观众有自己追捧的"角儿"，"角儿"对于他们来说，就是一个品牌。由于梨园系统相对封闭，不少常规观众，或者说戏迷，希望与自己追捧的演员建立一种互动的关系，这是有利于关系营销和忠诚营销的。毕竟在各种营销手段中，消费关系的建立通常由生产者或消费

---

[1] 孙安民：《营销文化》，北京出版社 2007 年版，第 51 页。

[2] 孙安民：《营销文化》，北京出版社 2007 年版，第 63 页。

者作为主动方，而在京剧演出市场的营销中，特别是面对常规观众，这种关系建立的主动方就从院团、剧场变更为观众。真是观众愿意主动与演员建立互动关系，才更加容易培养消费者对于"角儿"这一品牌的忠诚度。

京剧演出市场在关系营销和忠诚营销上最为成功的案例，当属著名程派青衣张火丁。2008年，张火丁在北京展览馆剧场上演新编革命京剧《江姐》。开演前，剧场门口人头攒动，很多观众在同笔者聊天时纷纷表示："就是冲着张火丁来看这戏的"，"火丁的演出一定要来看"。在开演后，剧场上座率大约有7成。北展剧场座席共43排，大约2700余座，7成上座率等于到场观众达1800人。这在京剧演出上座率上实属罕见。

五、结语

演出市场作为一个产业链条对于中国而言尚属于起步阶段。但是对于发达国家来说，就已经是极为成熟的了。在本文中提到的日本宝冢歌舞团，是东方典型的将演出市场作为文化产业来进行经营并取得成功的典范。而美国百老汇经过近200年的发展历史，已经成为纽约经济发展的动力之一。京剧作为一种古老的表演艺术，已经积淀了足够的历史精华和岁月沧桑，但是京剧演出市场对于刚刚迈进市场经济不足30年的中国来说，还尚显稚嫩。完全按照西方的营销理论来经营京剧是不理智的，中国京剧演出市场的发展必须结合中国国情，要是有中国特色。

对于中国京剧演出市场而言，还需要明确以下道路：

其一，对院团组织结构进行调整，明确分工，加快其体制改革步伐。近年来许多文化事业单位在政策的促进下纷纷改制，实行"事业单位企业化管理"，却很难真正做到自负盈亏，成为真正的市场主体，缺乏活力和竞争力。而真正的文化企业，需要在市场竞争的大浪淘沙中稳固自己的市场份额。因此，京剧院团与真正的文化市场还有很长的一段距离。

其二，结合京剧演出市场的现实情况，将先进的营销方式作为开发市场的必要手段。现在中国的京剧演出市场还没有形成产业化经营，而产业化经营的最大优势就在于其可以进行资源互补和资金整合，在市场竞争中更具有竞争力。这种竞争其实并不是单纯的存在于京剧演出市场内部，而是将京剧演出作为一种文化产品，参与到更为广阔的文化市场竞争中去。毕竟，市场是一个开放的系统，面对内容日益丰富的文化市场，有越来越多的文化产品，剧目演出同京剧争抢观众，分摊市场，这就需要院团和剧场将目光放远、放广。

其三，正如前文分析，现在京剧演出市场的观众基础极为薄弱，京剧演员的号召力也不比当红影视明星。因此，尽最大可能去培养、挖掘消费者就是经营者所要考虑的。当前，有很多院团都在实行"京剧进校园"活动，这是一种普及京剧的宣传方式，其作用不在于让所有大学生都了解京剧、热爱京剧，而是使这些年轻人中的一部分对京剧产生兴趣，并在将来成为京剧演出的常规观众。

事实上，京剧作为一种艺术形式，其生命力是旺盛的；但矛盾的是，作为演出市场的一部分，其前景并没有人们预计的那么乐观。现在国家大力倡导文化事业单位改制，向文化企业过渡。对于很多曾经大锅饭的京剧院团来说并非易事，而且很多人也将"事改企"当成"噩耗"。但是从市场竞争角度而言，将京剧院团推向市场，无疑有助于其适应市场。只有经过市场的淬炼，京剧演出市场才能真正焕发活力。

或许，很多院团会在市场经济中败下阵来，但是只有真正在竞争中存活下来的院团，才是具有生命力的。而此时，可能再度需要国家对其进行适当保护，以保证在获取经济利益的同时取得良好的社会效益。所以，京剧演出市场的发展，是一个竞争与保护并进的过程。

从《奥赛罗》《欲望城国》《樱桃园》看京剧的跨文化改编

岳 萍（2008 级）

一、绪论

（一）研究意义

在过去的几百年里，中国传统戏曲曾经是最受大众欢迎的流行艺术。随着电影、电视、广播、网络等娱乐形式的出现，传统戏曲的主流地位受到了严重的威胁。大量的观众在流失，传统戏曲的发展与传承都面临严重的危机。在这种情况下，传统戏曲应该如何发展，成为摆在人们面前急需解决的问题。怎样使传统戏曲跟上时代前进的步伐，适应新时代观众的审美要求，大家都在不断地做探索与实践。

20世纪80年代以来，改编自国外文学的戏曲作品大量涌现，取材从古希腊戏剧、莎士比亚戏剧到欧洲各国等地的作品都有，这种改编方式成为戏曲汲取新元素、吸引观众的手段之一。创作者希望通过对原著不同程度地改编，给传统戏曲的发展注入新鲜的元素以及时代的活力。但是，此类改编由于跨越了两个国家、两种文化、两种不同的艺术形式，所以存在着一定的困难，出现了一些问题。因为戏曲的跨文化改编，实际上也是戏曲艺术主动与国外戏剧进行跨文化交流的体现，这种跨文化交流的动力来自于两种不同戏剧文化之间的差异。

在这些众多改编国外题材的戏曲作品中，京剧改编作品数量众多，这也是新时期以来京剧开拓创新并主动进行跨文化探索的一个表现。本论文希望通过对京剧跨文化改编这一现象产生的文化背景进行探讨，分析研究京剧跨文化改编的模式。希望找到一种适应现代社会和现代人审美的京剧发展方向，从而为中国京剧艺术在文化交流日益频繁的大背景下如何进行对外推广与交流提供借鉴与思路。

（二）国内外研究现状

目前，国内外对于跨文化戏剧交流方面的研究和探讨还是很多的，都以专著和论文的形式为研究成果呈现给大家。在笔者所查询的资料当中，许多专著和论文都是以"中西戏剧比较"和"中西戏剧文化交流"作为题目和研究内容的。比较研究的目的，就是探讨中西戏剧的异同，通过比较，认清各自的优势和不足，从而使中西方戏剧能互相交流，取长补短，吸收对方有利于自身发展的因素使双方都能更好的发展。对于京剧跨文化改编这个问题，国内外都还没有专门的著述来研究和探讨，但是关于研究这一问题的论文，还是有不少的。

1. 论著

中西戏剧的比较研究，在我国已经有上百年的历史，期间也获得了许多成果。20世纪初期，王国维首先运用比较文学的方法对中西悲剧进行了比较；20世纪10年代末，陈独秀、胡适等人也发表了有关中西戏剧比较的言论和文章；20世纪20～40年代，程砚秋、许地山、焦菊隐等人，将中西戏剧比较研究做了逐步推进。

20世纪初的中西戏剧比较，立足点是借西方文化来批判和否定中国传统文化，借西方的戏剧来否定中国传统戏曲，而近年来的中西戏剧比较，则是用更加客观和科学的态度来进行比较，目的是为了弘扬中国的传统文化、传统戏曲。

提起中外文化交流，大家首先想到的可能是西方思想和科学技术的传入对我们产生的影响，也就是说，中外文化交流较多的是"西学东渐"。任教于美国凡萨大学的都文伟在2002年出版的《百老汇的中国题材与中国戏曲》一书中，却提供了一个全新的视角，他以中国戏曲文化的西渐为研究对象，指出文化交流和融合并不是单向，它有着双向选择和认同的过程。此书第一章从《蝴蝶君》谈起，认为它在百老汇的成功演出标志着中国题材和中国演剧方式走到了一个新的里程碑。其后八章对一系列涉及中国题材、中国人物和中国戏曲的百老汇戏剧进行了历史的分析和探讨。

李强在2002年所著的《中西戏剧文化交流史》一书中，借用史地考据的科研方法，横排竖写，经纬交织，以地域文化板划分来描述中西戏剧；以历史编年与人类大文化研究原则贯串著作始终。从远古至近现代以人类历史进程线索，论证了"前戏剧""泛戏剧"等原始文化如何过渡到严格意义的戏剧艺术。

何辉斌在其2004年所著的《戏剧性戏剧与抒情性戏剧：中西戏剧比较研究》一书中，就中西戏剧的话语模式、结构、情境、人物、行动、结尾方式、视野、悬念、总体特征和文化基础进行比较研究。

刘彦君在其2005年所著的《东西方戏剧进程》一书中，纵观人类文明史上的戏剧现象，涵括东方戏剧和西方戏剧的主要类型，阐述其从始至今的发展演变过程，诠释它们之间的交流影响以及不同美学品性的比较，对东西方剧场的变迁、舞台空间和技术的变化和发展、舞台各门类艺术手段的协调与配合，都投注了相当的注意力。

吾文泉在其2005年所著的《跨文化对话与融会：当代美国戏剧在中国》一书中，对当代美国戏剧引入中国后，在国内引起的种种反响进行了分析，并对由此引起的两种不同背景的文化的碰撞产生的结果进行了研究，理出了半个多世纪来美国当代戏剧在我国的翻译、演出、评论和被中国读者、观众、学者和戏剧家接受、借用和融合的脉络和轨迹，并由此总结出文化交流中的一些规律。

任教于新西兰惠灵顿维多利亚大学的孙玫，2006年出版了《中国戏曲跨文化研究》一书，该书并非将中国戏曲和中国之外的戏剧进行对照和比较，探讨二者之间的"异"或者"同"，而是专门以中国戏曲为研究对象，从跨文化的视野来进行观照和省思，因而在一些前人熟视无睹的现象中发现了新的问题。在该书的下编中，他以《西方强势文化冲击下的国粹——传统戏曲现代历程多面观》为题，论述了在20世纪西方文艺思潮影响下西方戏剧和中国戏曲的交互影响以及戏曲研究的现代进程。他指出，中国戏曲受到西方戏剧的影响和它对西方戏剧产生的作用两者是非对等的，西方的观念和方法已经全方位渗透到了戏曲研究之中，他还分析了西方思潮对中国戏曲乃至中国文化传统的一些消极影响。

吴戈2006年所著的《中美戏剧交流的文化解读》一书，从中美交流的基本情况、总体评价和现实处境出发，提出了文化研究的框架和意义，通过梳理中美戏剧文化交流的史料，不仅对中美戏剧交流的基本状况进行了总体扫描，还将中美戏剧交流的具体事件同整体关系构成结合起来探索其深层意味，从而揭示出近现代东西方文化交流的寓言和东西方关系构成的隐喻及其意义。

孙惠柱2006年出版的《谁的蝴蝶夫人——戏剧冲突与文明冲突》一书，以西方人创作演出的跨文化戏剧为架构，把重心放在几台与中国人有关系的跨文化戏剧演出上，比如法国伏尔泰的《中国孤儿》、意大利高奇和普契尼的《图兰朵》及普契尼的《蝴蝶夫人》、美籍剧作家黄哲伦的《蝴蝶君》等，探讨了在东西方两种文明的冲突下，如何解决戏剧冲突的问题。

荣广润、姜萌萌、潘薇2007年所著的《地球村中的戏剧互动：中西戏剧影响比较研究》一书，指出戏剧是全人类共有的一种文化活动方式，但是由于产生的民族、历史、社会发展、文化传统的不同，中西戏剧反映的是不同的审美理想，构成的是不同的方法体系。该书通过对中国古典戏曲在西方的传播与接收以及西方戏剧在中国的传播与影响的论述，阐释了地球村中两种风格迥然不同的戏剧形态的相同和差异以及在交流中所产生的变化。在《西方戏剧对中国古典戏曲"现代化"进程的催化》这一节中，作者指出戏曲要在当代社会图存和发展，现代化道路是必经之途，而多种艺术元素，包括西方戏剧艺术手法的综合融汇是戏曲进一步提升自身美学品格、拓展艺术表现力的重要手段。

廖奔2007年所著的《东西方戏剧的对峙与解构》一书从横向的文化深层结构和纵向的历史深度对东西方戏剧的文化根源和发展脉络进行了谨慎客观的分析。

蓝凡2008年出版的《中西戏剧比较论》一书，旨在对我国民族戏剧与西方戏剧的不同特点予以介绍、比较和分析，通过对戏剧和戏曲在舞台、表演、演唱、导演、结构等方面的比较，探讨中西戏剧在艺术形态和表现上的相同与差异。

福建师范大学副教授梁燕丽于2009年出版的《20世纪西方探索剧场理论研究》一书，对20世纪西方剧场变革理论，特别是表演理论做较为系统的研究，从中找出四条主要的发展线索和四次观念转型：一是从幻觉剧场到反幻觉剧场；二是从剧本中心到表演中心；三是从艺术表演到文化仪式；四是全球化语境下的跨文化戏剧。而第四部分所论述的"全球化语境下的跨文化戏剧"，对彼得·布鲁克、格洛托夫斯基、巴尔巴三人的"跨文化戏剧"观念做了阐释。

2. 论文

1998年，上海戏剧学院孙惠柱教授在《文明冲突与戏剧冲突——兼评亨廷顿和赛义德的文化理论》一文中提出跨文化戏剧的三个阶段：内容上的跨文化戏剧（指自古希腊戏剧伊始的直接用人物和情节反映文化冲突的戏剧）——形式上的跨文化戏剧（指1960年以来欧美戏剧导演在东方艺术影响下所做的一系列戏剧实验）——内容和形式相结合的跨文化戏剧。

2004年，台湾师范大学国文系博士生徐宗洁发表在中央戏剧学院学报《戏剧》上的论文《从〈欲望城国〉和〈血手记〉看戏曲跨文化改编》，对同样改编自莎士比亚名剧《麦克白》的《欲望城国》与《血手记》在主题意识与人物塑造两方面做了主要比较，探讨了传统戏曲改编外国著作时常用的手法，并分析了其艺术价值与不足之处。

2007年，孙惠柱发表在《社会观察》杂志上的《上海的跨文化戏剧》一文梳理了在上海上演的戏剧作品，指出20世纪的跨文化戏剧多"你来"少"我往"，而21世纪的跨文化戏剧则实现了"你来我往"，从20世纪到21世纪的变化是上海戏剧努力探索寻求自身发展的可喜之处。

福建师范大学梁燕丽教授在她2008年的论文《全球化语境下的跨文化戏剧》中指出，20世纪西方剧场变革从剧本中心到表演中心／剧场中心的发展历程必然走向跨文化戏剧，跨文化戏剧是戏剧回应全球化挑战的必然选择，全球化时代戏剧家最重要的使命就是探索跨文化的"戏剧语言"等重要观点。

在2008年中央戏剧学院学报《戏剧》第一届亚洲戏剧论坛专辑里，国际戏剧评论家协会副主席、韩国艺术大学戏剧学院教授金润哲在《由跨文化舞台演出引发的思考》一文中，以立陶宛上演的莎士比亚《威尼斯商人》(2004)和日本上演的欧里庇得斯《美狄亚》(2004)为例，指出东西方在对对方戏剧进行阐释的时候，对对方戏剧美学的扭曲和夸张在所难免，这是跨文化舞台演出中需要探讨的问题。

同样是2008年，孙惠柱在《跨文化戏剧的跨文化解读》一文中，指出目前出现的跨文化剧作中西方改编的跨文化题材著作比东方改编的著作更有文化内涵，更能抓住对方文化的特点的现象，提出我们要认真分析2500年来西方经典作家创作跨文化戏剧的成败得失、获得的经验和教训，以便于我们更好的改编西方著作的希望。

2009年上海戏剧学院硕士研究生卢秋燕的毕业论文《关于上海近年来京剧改编外国名著的思考》，以改编京剧《培尔·金特》《温莎的风流娘儿们》《王子复仇记》为例，从剧本改编、舞台呈现两个大的方面，详尽地分析了三个剧作，最后得出"外国名著的京剧化改编是有路可循"的结论。实际上，本文的初步构思也是用三个例子来论证分析京剧演绎国外戏剧经典的现象，但是，本文想要探讨的问题和方向与此文还是不太一样。

上海大学的朱恒夫教授发表在《戏曲研究》杂志上的《中西方戏剧理论与实践的碰撞与融汇——论中国戏曲对西方戏剧剧目的改编》一文，对中国戏曲改编的西方剧目进行了梳理，并在此基础上做了分析，从"如何选择西方剧目""怎样让西方戏剧剧目与戏曲有机地相结合""戏曲改编西方戏剧剧目对于振兴戏曲的意义"三个方面进行了探讨。此文对于本文的写作无疑是一个很好的启发。

还有一些论文，围绕着剧目，从创作、导演、表演、音乐、舞台以及剧目上演之后产生的影响等方面展开论述，也给本文写作提供了重要的参考资料。

3. 综合评价

从以上所列出的专著的情况可以看出，目前对于中西戏剧的研究大致有两个方面：一个是着重研究中西方戏剧本体的相同与差异，一个是从交流的角度着重研究中西戏剧的互相影响。中西方戏剧本体相同与差异的研究，关键在于找出中西戏剧的异同现象，以及这些现象背后的原因、联系，为中西戏剧的比较提供系统的诠释。而中西戏剧的异同比较，可以说为进一步深入探讨中西戏剧的互相影响奠定了基础。中西戏剧的交流，不是单向的，而是相互的，早在18世纪中叶，元杂剧《赵氏孤儿》就被伏尔泰搬上了法国舞台，随之，中国戏曲题材成为美国戏剧界改编、移植的热门，而中国戏曲改编外国题材的作品也是数不胜数。随着时代的发展，"跨文化戏剧"概念的提出，使人们更加关注在中西戏剧交流中出现的这种现象，并深入研究。从所列出的论文来看，上述几篇论文关注的焦点在于跨文化戏剧以及戏曲的跨文化改编。论文中指出，跨文化戏剧的出现，是时代发展的必然，并提出跨文化戏剧发展的三个阶段。而戏曲跨文化改编是围绕着剧目推出的背景、创作者的创作动机、改编产生的影响等方面来进行论述的。这些专著和论文都为本文的写作提供了大量的资料以及写作思路，而本文的着重点在于从文化交流的角度来分析京剧的跨文化改编。

（三）研究思路

根据选题，本文通过对文献的研究来获得资料，对中西戏剧比较、跨文化交流、跨文化戏剧以及东西方文化思潮等方面的资料进行研读，并将资料进行进一步的搜集整理，了解京剧跨文化改编的历史以及对跨文化改编的文化背景进行分析。以京剧《奥赛罗》《欲望城国》《樱桃园》三个作品作为案例，在调研与访谈的基础上，分析这三部作品，从而找出京剧艺术进行跨文化交流的发展之路。之所以选择这三部作品作为本文的案例，是为了把京剧艺术的跨文化交流的过程予以呈现，因为这三部作品的产生都是以往京剧艺术工作者在进行京剧跨文化交流与传播过程中做出的有益探索与尝试，也是当下京剧工作者在从事京剧艺术对外传播工作中必要的借鉴。

二、京剧跨文化改编的历史溯源

中西戏剧的交流自古就有，历史源远流长，"丝绸之路"的开辟促进了东西方各方面的交流，其中，基于东西方不同文化板块与不同性质的戏剧文化，也产生了接触、碰撞和交流。随着社会的发展和进步，尤其是全球化进程的加快，使世界各国的联系更加紧密，不同民族不同文化之间的交流也越来越密切，在全球化的语境中，跨文化交流已经成为一种发展潮流。中国戏曲与西方戏剧同属于大戏剧范畴，但是由于所属文化土壤的不同，在舞台表现形式、表现手段、表现内容等许多方面也都表现出差异，但是两者之间的交流与碰撞却从未停止过，戏曲艺术不断从各种艺术样式中寻找能借鉴的元素，而国外的戏剧经典作品更是常常被戏曲借鉴，从内容到形式，戏曲在自身发展的过程中，一直从各种不同的戏剧形式里汲取营养，来拓展表演的题材，丰富着自身的表演。

中西方戏剧的交流，可以追溯到18世纪中叶。中西戏剧的交流，不是单向的，而是相互的，早在1735年，元杂剧《赵氏孤儿》由法国人马若瑟译成法文，并在1775年被伏尔泰搬上了法国的戏剧舞台，随后在西方国家广为流传。《赵氏孤儿》被移植成《黄马褂》搬上美国戏剧舞台，可以算作是中西方戏剧文化交流与融合的一次成功的实践。而中国戏曲排演国外题材作品也很普遍，用京剧演绎的西方戏剧经典，更是不胜枚举。"在1909年的上海新舞台，冯子和根据小仲马的《茶花女》改编演出了京剧《二十世纪新茶花》，从那时算起，中国戏曲演绎西方经典文本已有将近百年的历史，20世纪80年代后，此类演出更是层出不穷。除改编频率最高的莎士比亚戏剧和古希腊悲剧之外，易卜生、奥尼尔、布莱希特等欧美现代戏剧名家的作品也曾不止一次被地方剧种改编移植，现实主义、象征主义、史诗剧等西方现代戏剧流派随之在中国戏曲舞台上留下了印记。"[1]

在中国戏曲的舞台上，改编自国外戏剧经典的作品数目众多，比如改编自《天方夜谭》的越剧《沙漠王子》，改编自莎士比亚《第十二夜》的越剧《第十二夜》，河北梆子的古希腊悲剧《美狄亚》，"诗化戏曲"荷马史诗《奥德赛》，京剧版安徒生童话《野天鹅》和《夜莺》，改编自雨果名著《皇帝寻乐》《巴黎圣母院》的京剧《弄臣》和《圣母院》，改编自雨果同名小说的京剧《悲惨世界》，改编自意大利作曲家普契尼歌剧《图兰朵》的京剧《图兰朵公主》，改编自莎士比亚四大悲剧的京剧《奥赛罗》《王子复仇记》《李尔在此》《欲望城国》《岐王梦》和昆剧《血手记》，改编自契诃夫同名戏剧的京剧《樱桃园》，据美国剧作家奥尼尔名剧《榆树下的欲望》改编的川剧《欲海狂潮》，据夏洛蒂·勃朗特同名小说改编的越剧《简·爱》，据话剧《贵妇还乡》改编的越剧《风雨祠堂》，等等。

从这些改编后的戏曲作品来看，有三种类型：一种是完全尊重国外原著的故事内容，

---

[1] 朱雪峰：《等待戈多与中国戏曲——兼议戏曲的跨文化实验与创新》，载《艺术百家》2007年第2期。

只在舞台表现形式上按照戏曲的演出规律做了一定的调整，就是用戏曲的形式，穿外国的服装，演外国的故事，如《奥赛罗》《悲惨世界》；一种是将国外原著故事移植到东方文化的历史背景之下用戏曲演绎，即以中国的故事、服装、戏曲程式来演绎国外的作品，如《樱桃园》《王子复仇记》；还有一种，是前面两种类型的结合，是用戏曲演绎国外戏剧故事，但是在表现形式上，除了戏曲之外，还融入了其他艺术表现形式及新剧场观念，如《欲望城国》《李尔在此》。无论是哪种类型的改编，都是戏曲艺术在现代化进程中寻求自身发展的一个探索过程，是戏曲主动与国外戏剧交流的体现。

三、京剧跨文化改编出现的文化背景分析

近代西方文明的输入，引起了中国社会各界尤其是思想学术界的强烈的震荡，引起人们向西方学习的热潮。20世纪80年代后，全球化现象的出现，西方文化霸权的推行，又引起人们对中西文化的大讨论，如何对待自身的文化，应对西方文化持什么样的态度，中西方文化能不能互相交流与融合等问题引起了社会各界的普遍关注与广泛讨论。进入21世纪以来，经济全球化所带来的文化全球化发展，又一次引发人们对于自身文化与世界文化如何共同发展等问题的热议。而中西文化的几次碰撞与交融期，都对中西戏剧的比较与交流产生了深刻影响。

（一）19世纪末20世纪初

19世纪末20世纪初，中国处于大变革时期，这一阶段是中国的"转型期"，由传统社会向现代社会的转变，虽然这一转变的动力更大程度上说是来自西方而并非中国自身，但是，中国知识分子自此走上了中国社会现代化的探索道路。

鸦片战争的爆发，打破了中国社会长期以来闭关锁国的状态，中国几千年的儒学思想和程朱理学受到了严重的冲击，西方文化也趁势涌入。为了冲破封建专制的桎梏，挽救空前严重的民族危亡、文化危机，社会各阶层都在不懈地寻找救国救民、变革法制的思路。在19世纪后半期，西方思想文化大量涌入国内，"西学东渐"达到了高潮，中国的思想文化由此发生了重大的改变，开始由传统文化向近代文化的转型。

在19世纪末20世纪初这一时期，各阶层都在积极主张向西方学习，无论是技术、制度、还是文化方面。为了挽救民族危亡，一股股旨在挽救民族危亡的进步社会思潮不断产生。以曾国藩、李鸿章为代表的洋务派提出"师夷之长技以自强"，主张学习西方的

科技文化；以康有为、梁启超为代表的维新派宣传资产阶级维新思想，以进化论为基础，主张君主立宪，实行戊戌变法，效仿西方资本主义制度文化；以孙中山为代表的资产阶级革命派提出了"三民主义"这个资产阶级民主革命思想，并将理论转化为实践，发动了辛亥革命，进一步推行资本主义制度文化；以陈独秀、李大钊等为代表的资产阶级激进民主主义者领导了新文化运动，引进西方先进的观念文化，大力提倡民主与科学，动摇了封建思想的正统地位，推动了人们思想的空前解放。后来李大钊在中国积极宣传十月革命，宣传社会主义。五四运动以后，新文化运动发展到传播马克思主义的新阶段，从而为中国人民提供了拯救国家、改造社会的思想武器。

西方现代文明进入中国，在戏剧方面对中国的影响最突出的表现是以日常的语言和社会的行为作为表现媒介的西方"话剧"，通过日本传到中国。如何实现传统的戏剧样式——戏曲和西方当代戏剧的结合，在当时是人们不断探索、具有争议的话题。受此影响，京剧舞台上也出现了一些新的变化，许多革新出现了，"如对于戏班习俗、制度的改革，编演反映现实生活的'时事新戏'，强调戏剧的社会作用，艺人社会地位的提高以至一些进步的戏曲艺人直接参加一些资产阶级的革命斗争……等等，这些变革，就是清末所谓的'京剧改良运动'"[1]。在这一时期，京剧的题材和内容发生了很大的变化，以前的京剧是以演历史题材为主，但是这一阶段的京剧，却更多地反映现实生活，把当时的时事新闻也编成京剧搬上舞台演出，比如《黑籍冤魂》《秋瑾》，"剧中人物穿的是当时流行服装，故名时装京剧"[2]。在当时，外国故事也被搬上了京剧舞台，如《黑奴吁天录》《拿破仑》《新茶花》等，"剧中人物是外国人，自然穿洋人服装，被称为洋装京剧"[3]。在这一时期，京剧舞台上除了出现一批改编自国外故事的剧目之外，舞台观念也发生了一些重大的变化。上海出现了新型的剧场化的舞台——西方镜框式舞台，声、光、电等高科技也开始在京剧舞台上运用，写实布景的出现，时装戏盛行，这一系列的变化，都是京剧受到西方写实主义戏剧观念影响向西方戏剧学习的体现。

梅兰芳于1919年和1924年成功访问了日本，在1930年又访问了美国，1935年访问了苏联。程砚秋于1932年赴欧洲考察戏曲音乐。他们把中国的京剧艺术带出了国门，介绍给世界的观众，将京剧艺术推上了国际舞台，这是京剧艺术与国外文化艺术的对话，也有力地促进了中外戏剧艺术的交流。"1949年新中国成立之后，于五六十年代，有大

---

1 苏移：《京剧二百年概观》，北京燕山出版社1989年版，第166页。

2 马明捷：《京剧改良运动百年纪念》，载《戏曲艺术》2009年第3期。

3 马明捷：《京剧改良运动百年纪念》，载《戏曲艺术》2009年第3期。

批京剧院团,作为中国人民的友好使者,把中国京剧艺术之花带到了全球几十个国家和地区,使人对这美轮美奂的艺术刮目相看。"[1]中国京剧从20世纪初开始登上了世界舞台,与国外戏剧不断地交流与碰撞,对世界戏剧文化的发展产生了广泛的影响。

(二) 20世纪80~90年代中期

全球化是20世纪80年代以来在世界范围日益凸显的新现象,是当今时代的基本特征。全球化发端于经济领域,"经济全球化"这个词,最早是由T·莱维于1985年提出的,但至今没有一个公认的定义。经济全球化作为一个概念自20世纪80年代中期被提出以后,引起了世界范围内的广泛关注。20世纪90年代以信息技术革命为中心的高新技术迅猛发展,不仅冲破了国界,而且缩小了各国和各地区的距离,使世界经济越来越融为整体,这使经济全球化形成了新的高潮。经济全球化使全球经济相互交织,相互交融,形成一个全球性的整体,随着经济交流活动的日益增多,政治、文化和社会生活的全球化趋势也愈来愈明显。由于市场经济体制的广泛传播,科学技术的飞速发展,全球文化交融日益加剧。在这一情境下,中国开始积极主动地与西方进行文化艺术交流。文化全球化虽然加速了各国文化的交流与融合,但是同样也带来了挑战和冲击。由于不同国家不同民族的综合国力也大不一样,所以,在全球文化交流与融合的过程中,综合国力强的国家和民族的文化必然对弱势一方的文化的存在和发展带来冲击。西方国家利用大众传媒、国际文化交流和发展文化产业的机会推行文化霸权,对一些国家和民族文化的发展产生了巨大的冲击,由此衍生了文化主权问题。中国大众文化在这一时期蓬勃发展,但是也不可避免地受到了西方文化的冲击。怎样在全球文化融合的大趋势下抵御西方文化的冲击,保持中华民族的优秀文化,坚持我们自己的价值观,是不容忽视的文化安全问题。

在这一时期,随着社会的发展和科学技术的进步,国内外各种各样的艺术样式都涌现出来,并且随着广播和电视以及网络的传播而迅速普及,人们可选择的文艺样式越来越多,流行艺术越来越普遍,传统艺术形式收到了严重的冲击。京剧由于是传统艺术,形式和内容上都比较陈旧,在众多新兴艺术样式的冲击下,很难吸引观众尤其是年轻一代的观众,京剧独占鳌头的局面已经被打破并且难以恢复,市场萎靡、处境艰难,京剧艺术的发展出现了危机。在这一情况下,1980年"戏曲剧目工作座谈会"的召开,对新时期戏曲工作出现的问题进行了总结和探讨。"(20世纪) 80年代中、后期,资产阶级自

---

[1] 陈培仲:《全方位的传播——改革开放以来京剧走向世界的特点》,载《京剧与现代中国社会——第三届京剧学国际学术研讨会论文集(上)》,文化艺术出版社2010年版。

由化思想泛滥，鼓吹民族虚无主义和历史虚无主义，主张全盘西化的荒谬论调也影响到戏曲领域，'戏曲消亡论'甚嚣尘上，加重了京剧的艰难处境。"[1]进入20世纪90年代后，党中央十分重视京剧艺术的发展，大力倡导弘扬民族文化、振兴京剧艺术、振奋民族精神，为此制定了一系列的措施，为京剧艺术的繁荣和发展提供了政策上的支持，给京剧艺术从业者带来了精神上的鼓励。在这种情况下，京剧怎样以新的形象和面貌呈现出时代的特色，是大家探讨的问题，京剧的现代化成为急需解决的难题。

在这一时期，中国对西方的学习热潮再次涌起，全球化使京剧艺术的发展有了更加开阔的视野，中外文化的交流、传统与现代的交融使京剧艺术在内容与题材方面寻求新的突破，京剧艺术从业者自己也在不断探索如何发展京剧，这促成了京剧改编国外名著的新的发展，许多中西融合的跨文化改编京剧作品也在这一时期产生，例如本文后面要讨论的京剧《奥赛罗》和《欲望城国》。这些改编作品相对于以前，在形式和内容上都有了更多的变化，跨文化的意义更为深刻。

（三）20世纪末～21世纪

20世纪末是充满困惑、希望与挑战的时刻，世界与中国都处在文化大转型时期，各国都在对自己的文化进行重新解读与审视，中国文化也在重估自己文化的价值，寻找在新世界中的地位。在全球化浪潮中，如何保护本民族的传统文化？如何保护世界文化的多样性？这些问题已经引起越来越多的人去关注。

改革开放以来，中国经济迅速发展。2001年，中国加入世界贸易组织（WTO），持更加开放的态度，主动学习、吸收和借鉴西方优秀文化因素，使其成为中国文化进步、创新的因子。文化的发展离不开经济的繁荣。中国在政治、经济、科技等各个方面取得了令人瞩目的成就，这使我们有信心与不同国家与民族主动进行交流与合作，而且对西方文化的态度更加理智与明确，不是全盘吸收，也不全盘否定，而是有所吸纳，有所拒斥，有所融合。在这种交流和融合中，中国更加注重借鉴西方文化的优秀因素来发展自己的传统文化，保护本民族的传统文化艺术朝着现代化的方向迈进而且不受到外来不良因素的侵袭。

作为中国传统文化代表的京剧艺术，如何保持自己的传统而又有所创新发展，是这一时期需要探索的重要问题。2010年11月，京剧入选"人类非物质文化遗产代表作名录"，这意味着京剧艺术在世界范围内都得到了认可，保护与传承京剧艺术在21世纪显得尤为

---

[1] 马少波、章力挥、陶雄、曾白融：《中国京剧史》，中国戏剧出版社2005年版，第2023页。

重要。当下，中国文化与西方文化、世界文化进行着广泛的交流，京剧正在以一种全新的面貌冲出国门，走向世界，在世界舞台上发挥着它独特的魅力。

1990年，意大利知名导演尤金尼奥·巴尔巴明确提出"欧亚戏剧"概念，成为跨文化戏剧的重要理论之一。但是，什么是跨文化戏剧？目前还没有一个统一的定义，不同人有不同的理解。"按照法国戏剧理论家帕垂斯·帕维斯的说法，就是'凭借对来自不同文化区域的表演传统故意或自愿的混合，创造出一种杂交形式。这种杂交是常常发生的，以致原先的形式不能再辨别'。这一定义强调的是形式。孙惠柱教授则认为跨文化戏剧有三种类型，一种重在内容，一种重在形式，还有一种注意内容与形式的结合。他认为，古希腊那些在内容上反映文化冲突的戏剧可以看成最早的跨文化戏剧，20世纪60～70年代西方的跨文化戏剧着重于形式上的探索，而近年来的跨文化戏剧则是在内容和形式相结合的意义上跨文化。这就是说，跨文化包括了内容和形式两个方面。还有一种观点，认为在以剧本为中心的时代，不通过翻译，跨文化是不可能的；当现代戏剧超越了以剧本为中心的逻各斯中心主义之后，才具备了跨文化的可能；因为剧本之外的舞台艺术要素如节奏与旋律、色彩与图形本身就是跨文化的，不同民族国家的人都可以感受领悟得到。这种观点强调的还是形式。"[1]

跨文化戏剧概念的提出，在全世界范围内都得到了广泛的回应，戏剧工作者纷纷探讨这一问题，在戏剧作品中实践着"跨文化"，出现了许多跨文化的戏剧作品。在这一时期，跨文化成为戏剧发展最重要的特征。在这一时期，京剧艺术工作者以更加开放和包容的态度，接受来自不同文化的戏剧样式，寻找其中的内容和形式的契合点进行创作，在将京剧艺术推向世界舞台方面，做了积极的探索和尝试。京剧《樱桃园》就是在这样的背景下产生。

四、京剧跨文化改编的三个案例

戏曲的跨文化改编，指"以外国著作为基础，重新编创为戏曲的创作手法"[2]。这种改编手法，由于跨越了两个国家、两种戏剧文化，所以面临着文化差异的考验。而如何最

---

[1] 陈世雄：《跨文化，还是"忘我"文化？——从京剧〈中国公主杜兰朵〉与谢克纳版〈奥瑞斯提亚〉谈起》，载《艺苑》2009年第8期。

[2] 柯立思：《传统戏曲且行表演新诠释——以当代京剧〈穆桂英挂帅〉、〈杜鹃山〉及〈欲望城国〉之剧场表演为范畴》，台湾艺术学院戏剧所，2000年。

大限度地突出戏曲艺术的特色，又尽量不背离原著的精神，是戏曲工作者要着力解决的难题。

本文选取了京剧《奥赛罗》《欲望城国》与《樱桃园》这三个作品，分析探讨在剧作改编过程中如何实现对文化差异的跨越。

（一）《奥赛罗》

1. 产生源起

（1）莎士比亚《奥赛罗》

众所周知，《奥赛罗》是英国文艺复兴时期伟大的剧作家、诗人莎士比亚的四大悲剧之一，大约写于1603年，讲述了一个悲惨凄美的爱情故事，揭示了关于爱情与嫉妒、轻信与背信、异族通婚等主题。《奥赛罗》出版之后，于1604年11月1日在伦敦的Whitehall Palace进行了首演，后来又陆续被改编成歌剧、电影和游戏，可以说，《奥赛罗》不仅在英国，在全世界都是非常著名的、很受欢迎的作品。

（2）京剧《奥赛罗》

京剧《奥赛罗》上演于1983年6月，导演是郑碧贤，编剧是邵宏超（执笔）、郑碧贤、逯兴才，主演马永安。邵宏超毕业于中央戏剧学院，学的是西方戏剧，后来任教于中国戏曲学院，正是这样的学习与工作经历，才使他产生了将戏剧与戏曲结合在一起的想法。而在那时，邵宏超也遇到了几位知音——逯兴才、郑碧贤、马永安，这三位艺术家在对待戏曲艺术创新的观念上与邵不谋而合。"他们将目光锁定在了邵老师熟悉的莎士比亚戏剧。莎士比亚在世界戏剧史上占有独特地位，被广泛认为是古往今来最伟大的剧作家。莎剧留给后世无数种解读方式，而各个时期、各个地域的艺术家也都以自己的思想进行不断的创新，几乎没有重样的演绎方式。将莎士比亚悲剧中结构最完美的《奥赛罗》改编成京剧——这个在当时算得上石破天惊的念头跃然闪现在他们的构思里。"[1] 经过讨论，他们发现莎士比亚的笔下，有一个本来就需要画黑脸的角色——奥赛罗，这非常适合马永安擅长表演的花脸行当，而其他的莎剧里还没有适合花脸行当的人物。而且加上《奥赛罗》的故事很好理解，于是他们决定改编《奥赛罗》。在做出这个决定之后，邵宏超开始编写京剧《奥赛罗》的剧本，2个月后，手稿被送到了时任北京京剧团团长的剧作家郑天健的案头。郑天健在读过剧本之后，要求先试排三场，由于试排的三场效果

---

[1] 吴焕：《从〈奥赛罗〉到〈奥德赛〉——剧作家邵宏超20年剧作管窥》，载《戏曲艺术》2003年8月。

非常好,于是郑天健决定立项排演此剧。1983年6月,由马永安、李雅兰主演的京剧《奥赛罗》与观众见面。而当时正值改革开放初期,这样大胆的改编与创新在戏剧界引起了巨大的轰动。

1986年,京剧《奥赛罗》又在中国首届莎士比亚戏剧节上演出,获得了国内外的一致好评,受到观众的热烈欢迎,国内外的戏剧家都给予了很高的评价。曹禺先生特别提出:"没有京剧《奥赛罗》,就不能叫莎士比亚戏剧节"。[1] 英国莎士比亚学会主席、国际莎士比亚学会会长布洛克·班克教授说:"我在欧洲看了四个《奥赛罗》,而看了今天京剧,才是我心中的《奥赛罗》。"[2]

2. 京剧《奥赛罗》与莎士比亚《奥赛罗》的比较

(1) 剧本改编

京剧《奥赛罗》的剧本是根据莎士比亚《奥赛罗》的译本改编的,故事内容是相同的,剧中人物的名字也没有变化,但是,如何将这西方戏剧故事以符合京剧艺术特征规律的方式呈现出来,这是一个必须解决的问题,也是一个难题。"莎士比亚笔下的《奥赛罗》原著共五幕二十五场,邵宏超谨慎地保留主线,大胆删掉副线,又根据中国戏曲的艺术特征重新写了两场戏,成为共七场的京剧剧本。"[3] 对剧本做这样一个改编,是为了适应京剧的演出习惯,因为如果按照原著的二十五场来演的话,时间太长,京剧毕竟不像西方话剧一样是写实性的,它具有虚拟性,它不会像话剧一样把所有的场景都在舞台上展示给观众,京剧舞台在很多时候都会在时间和空间上给观众留有想象的空间,这是京剧艺术区别于话剧的独特的舞台面貌。

(2) 行当的划分

戏曲的程式不仅体现于表演身段,而且体现在剧本体质、脚色行当、音乐唱腔、化妆服装等各个方面,程式性是京剧艺术的特征之一。在京剧演出中,人物塑造的程式化体现就是行当。演员按照人物角色属于的行当的程式规范来进行表演,不同的行当在唱、念、做、打方面的要求也不相同,具有各个行当鲜明的特征。这种类型化的人物塑造方法正是京剧艺术区别于其他艺术类型的最显著的特征。

京剧在塑造人物的时候,按照不同的性格、年龄、性别、人物身份等划分为不同的行当,是将人物内在特征加以外化,这是京剧经过长期的提炼和规范而形成的独特的塑

---

[1] http://news.163.com/05/0514/15/1JNL3LDT0001122B.html。

[2] 《当代中国》丛书编辑委员会:《当代中国戏曲》,当代中国出版社1994年版,第662页。

[3] 吴焕:《从〈奥赛罗〉到〈奥德赛〉——剧作家邵宏超20年剧作管窥》,载《戏曲艺术》2003年8月。

造人物的方法。为了适应京剧艺术的这种艺术特征,在京剧《奥赛罗》中更好地运用京剧的表演程式,编剧给剧中的人物按照性格划分了行当,奥赛罗是花脸,苔丝德蒙娜是青衣,她的父亲是老生,凯西奥是武生,伊阿古是老生。"最难决定的是伊阿古的行当,可以简单地把他和罗德利哥一起归入丑角一类,但那样的话,这个主要反角的分量就轻了,因此他们最后决定让一个擅长演传统的曹操式的奸猾人物的老生来演伊阿古,同时也要他采用一些丑角的程式。"[1] 这样的划分使观众一目了然,也比较尊重原著中人物的性格特征,通过对脚色行当的划分,在演出的时候,演员就按照人物各自的行当来进行表演,无论唱念做打,都按照程式化的手法来展现。

(3) 舞台呈现

"在表演手法上,京剧讲求把内心体验融于外部程式之中,以求内容与形式的统一。郑碧贤在戏剧学院学习时,曾学习了苏联斯坦尼斯拉夫斯基和法国大师布莱希特的表演手法。这次,她在京剧《奥赛罗》里既保留着京剧的传统表演手法,又吸取了外国戏剧的表现手法。'翻筋斗''大旋子'与西方击剑,芭蕾结合;'走圆场'与欧洲民间舞并存。"[2]

在话剧《奥赛罗》中,舞台美术的布景是写实的,舞台上的场景是实物,尽量和现实生活接近,表现时间空间的转换是由布景的转换来完成的,换一个布景就意味着换了时间和空间。而京剧《奥赛罗》中,舞台美术很简单,背景采用了京剧服饰图案中海水江崖的造型,色彩鲜艳,只用了石凳、卧榻、山石等几件道具。在服装方面,京剧《奥赛罗》的服装既有欧洲的历史风格,又融入了京剧的元素,体现了中西的结合。例如奥赛罗身着铠甲,外面披一件斗篷,斗篷的花纹是传统戏曲里常见的"龙戏珠"和海水江崖。"但在视觉形象上,他们都没有沿用原来的脸谱,而走了一条相对写实的路子。奥赛罗的脸虽然是黑的,但没有画成传统的图样,而是按照写实的要求和手一起画黑。苔丝狄蒙娜没有贴脸,穿的也是介乎京剧服装和西式连衣裙之间的裙子。"[3]

3. 分析与评价

京剧《奥赛罗》是京剧艺术工作者的一次大胆创新和探索,从演出效果来看,京剧《奥赛罗》是成功的。京剧《奥赛罗》在故事情节上尊重原著,故事内容是相似的,人物、时间、地点等,基本上按照莎士比亚原作,只是将一个国外的戏剧故事用京剧的方式进行演绎,这是京剧跨文化改编的一种模式,是在形式上的跨文化。这是近年来京剧跨文

---

[1] 孙惠柱:《谁的蝴蝶夫人:戏剧冲突与文明冲突》,商务印书馆2006年版,第107页。

[2] 钟秀:《谁是白头到老的人》,北方妇女人民出版社1987年版,第167页。

[3] 孙惠柱:《谁的蝴蝶夫人:戏剧冲突与文明冲突》,商务印书馆2006年版,第103页。

化改编的常用手法之一，可以说是西方戏剧的中国版本。

像京剧《奥赛罗》这样的京剧跨文化改编手法，其特点就是在于尊重原著，接近于原作，这样的改编由于故事比较被人熟知，使不了解戏曲的国内外观众也能看懂和接受。京剧改编国外戏剧经典的这种方式一方面扩大了京剧的表现范围，使京剧不仅仅局限于表现传统文化的忠孝节义等内容，而有了更丰富的题材，另一方面也是京剧在全球化背景下主动与国外艺术进行交流的一种体现。

京剧《奥赛罗》的成功之处在于它用京剧程式化的表演很好地体现了原著的思想，但也存在着一定的不足，在一定程度上还是削弱了京剧艺术的魅力。京剧在这部戏里，只是一种元素的呈现，而没有表现出京剧的思维。而且比如用京剧化的念白来念外国人物的名字，以及用京剧的唱腔来演唱莎士比亚剧作散文化的语言，这让观众听来有些别扭。但不能否认的是，京剧《奥赛罗》已经迈出了京剧跨文化改编很重要的一步——形式上的跨文化。

（二）《欲望城国》

1. 产生源起

（1）莎士比亚《麦克白》

京剧《欲望城国》改编于莎士比亚的戏剧《麦克白》。《麦克白》创作于1606年，讲述了一个由英雄麦克白变成暴君麦克白的故事：苏格兰大将麦克白和班柯平定叛乱后胜利回国，路上遇到了三个女巫。女巫预言麦克白将会称王，但是他没有子嗣能继承王位，反而是班柯的后代要做王，而且比麦克白更富有、更有地位。由于野心，麦克白在妻子的唆使下谋杀了邓肯，做了国王。为了掩人耳目，他杀死了邓肯的侍卫，害死了班柯。恐惧和猜疑使麦克白越来越冷酷。最后麦克白夫人发疯自杀，邓肯的儿子和他请来的英格兰援军一举消灭了麦克白。《麦克白》是莎士比亚戏剧中心理描写的佳作，全剧弥漫着一种阴郁可怕的气氛。《麦克白》问世后也相继被改编为戏剧和电影上演，是莎士比亚著名的四大悲剧之一。

（2）京剧《欲望城国》

京剧《欲望城国》是台北当代传奇剧场1986年的创团之作。吴兴国任导演，剧本改编是李慧敏、吴兴国，主演吴兴国、魏海敏。吴兴国在这部戏中是集编、导、演于一体，身兼数职。吴兴国是当代传奇剧场的创办人，也是一位优秀的京剧演员，还曾经在云门舞集做舞者，甚至拍过电影并且得奖。去国外进行舞蹈演出与京剧演出让他看到了外国人对待二者的不同态度,"对云门的演出是没有国界的专业视角,而看京剧演出却像是在看中国传统民艺技术,完全出于一种对异民族的好奇。这样的比较与冲击激使他对于京剧产生'走出国际性格、在国际舞台上获得艺术感通掌声'的期待"[1]。当时在台湾,传统京剧日渐式微、观众稀少,有感于此,吴兴国与一群平均年龄不到三十岁的京剧演员与文艺工作者产生了为中国戏曲的命运及其改革努力的决心。他们深信"传统是现代的根,现代是传统的种子,时代不停地往前走,艺术家引导群众的口味,群众也影响创作性格"[2]。于是,源于这种初衷,吴兴国想到了从西方文学作品中寻找灵感,尔后一眼看中了莎士比亚的名著《麦克白》作为改编的底本,历经三年的讨论与准备,对这部戏的角色、情感、造型、服装、唱腔和各种细节翻来覆去地尝试。1986年,当代传奇剧场将《欲望城国》搬上了舞台。

为什么选择莎士比亚的戏剧作为新编京剧的蓝本,在吴兴国的《英雄不卸甲》一书中是这样写的:"第一,两者都为了四处旅行演出的便利性,而以诸如京剧'一桌二椅'等写意的道具,象征各种演出场景;第二,莎士比亚剧作文辞优美,其台词念白与已经发展得相当成熟而精致的京剧诗韵,正有异曲同工之妙处;易言之,二者的剧本都能巧妙地发挥语言的功能、诗意的意象和浓厚的叙事性;第三,《麦克白》故事发生的情景又和中国东周列国历史中所记载的历史事件相当接近,所以,取材《麦克白》的架构,再转化成中国的背景和中国的情感,并不会产生冲突,莎剧与京剧,可谓门当户对。"[3]

京剧《欲望城国》于1986年在台湾上演之后,20余年间又在英国、韩国、日本、香港、法国、德国、荷兰、西班牙、美国、澳洲、北京、上海、香港等世界各地进行演出,受到了各国观众的喜爱与好评:

> 《欲望城国》惊动台北艺文界,国剧演员不凡演出值得大喝彩。这是改编外国剧最成功的一次,也是京剧改良最好的一次,是一出超高水平的演出。
> ——《中国时报》一九八六年台北社教馆世界首演[4]

> 强而有力的表演,扩大了戏剧空间,令人感到巨大的气魄,是一个全新的诠释

---

[1] 黄千凌:《当代台湾戏曲跨文化改编》,台湾大学戏剧研究所2001年,第37页。
[2] 吴兴国、林秀伟:《英雄不卸甲》,日月文化出版股份有限公司2010年版,第131页。
[3] 吴兴国、林秀伟:《英雄不卸甲》,日月文化出版股份有限公司2010年版,第132页。
[4] 吴兴国、林秀伟:《英雄不卸甲》,日月文化出版股份有限公司2010年版,第154页。

而又深厚的作品。

——日本《读卖新闻》一九九零年日本东京新宿文化中心演出[1]

这是我见到最好的东西文化交融之一。

——英国《卫报》一九九零年英国皇家剧院演出[2]

《欲望城国》转变了教皇官广场的气氛，观众们是真正的沉醉在戏剧里。

——法国《普罗旺斯报》一九九八年亚维农艺术节演出[3]

2. 京剧《欲望城国》与莎士比亚《麦克白》的比较

（1）京剧《欲望城国》的文本变化

京剧《欲望城国》把《麦克白》的故事完全改为发生在中国背景下的故事：东周战国，诸侯纷立。蓟国内乱，相国威烈伯谋叛。东城守将敖叔征及副将孟庭，平定乱世。在班师还朝途中，偶遇山鬼，预言敖叔征日后必受封相国，后登王位，而孟庭之子会继登王位。回朝之后，敖叔征果然受封相国，此事为夫人得知，便百般怂恿敖叔征篡位。事当蓟侯夜宿相府，敖叔征在夫人强说下，弑杀蓟侯，并嫁祸守卫，遂登上蓟主之位。敖叔征恐孟庭之子继登王位，决派刺客谋害孟庭父子，庭身亡，其子逃脱。敖叔征在大宴群臣之时，酒醉见孟庭鬼魂，惊吓中道出阴谋。刺客回，报之庭之子逃走，夫人大怒，杀死刺客灭口。孟庭之子率燕兵攻打敖叔征，兵乱之际，夫人疯狂，幻见手染血迹，不断搓洗双手，自尽而亡。敖叔征怒返森林，山鬼言，除非森林移动，否则敖叔征将永保王位。敖叔征回城，对军民言明所遇之事，军心大振。突见森林移动，原来是燕军砍伐树林，手执枝叶以为掩护。蓟军大乱，敖叔征最后身中乱箭，倒地而亡。[4]

其实，对照莎士比亚《麦克白》与京剧《欲望城国》的剧情不难看出，两者的剧情是一样的，只不过京剧《欲望城国》是将《麦克白》的故事改编为在中国的时代背景下所发生的故事，把《麦克白》中国化了。但这个戏的实质是没有改变的，都是要讲一个

---

1 吴兴国、林秀伟：《英雄不卸甲》，日月文化出版股份有限公司2010年版，第154页。
2 吴兴国、林秀伟：《英雄不卸甲》，日月文化出版股份有限公司2010年版，第154页。
3 吴兴国、林秀伟：《英雄不卸甲》，日月文化出版股份有限公司2010年版，第154页。
4 吴兴国、林秀伟：《英雄不卸甲》，日月文化出版股份有限公司2010年版，第79页。

利欲熏心的英雄为了权力之争而走向了恐怖的深渊，都在强调人物命运以及宿命观。但在剧本的文学表现上，京剧《欲望城国》体现出了京剧语言诗样的特质。

京剧《欲望城国》第三幕：

第一场〈人物〉马夫四人、孟庭、孟登

孟庭：嗯！叫你等备马，已然过了半日，为何还不见备好？

马夫：宝马平日温驯，今日狂乱不安，我等降它不住！

孟庭：哼！无用的东西！今日新君初登大宝，若是误了时辰，看你等那个担待得起！

马夫：我等担待不起！

孟登：啊！爹！不必动怒，这马儿平日通灵温顺，今日狂乱不安，必有缘故！

孟庭：我儿不必多虑！马夫！

马夫：在！

孟庭：带马！

（上马，乌鸦啼，马嘶）（马夫下）

孟登：啊！爹爹！方才宝马狂奔，难以驯服，如今寒鸦鸣啼，声声凄厉，莫非有甚么不祥之兆么？

孟庭：乌啼马嘶，皆是常情，我儿不必多虑！

（狂风马噪）

孟登：哎！爹爹呀！狂风马噪，非比寻常，孩儿只觉心中不安。既是大宴群臣，为何定要孩儿一同前去？莫非其中有甚么蹊跷不成？

孟庭：事到如今，为父就与儿实说了吧！自那日，我与你敖叔伯父平定叛逆，路过森林，偶遇山鬼神灵，是袍预言，敖叔有称王之命，我儿在他之后，要继登王位。为此，特邀我父子共赴大宴，以明示百年之后，要将王位传让与你，此乃天意，我儿你去，也要去，不去还是要去，若是误了时辰，你我父子俱都担待不起，快快随定为父，一同前往！（下）

刺客：走！奉王命，要把那孟庭父子命除掉。

莎士比亚《麦克白》第二幕第一场堡中庭院：

仆人执火炬引班柯及弗里恩斯上。

班柯：孩子，夜已经过了几更了？

弗里恩斯：月亮已经下去，我还没有听见打钟。

班柯：月亮是在十二点钟下去的。

弗里恩斯：我想不止十二点钟了，父亲。

班柯：等一下，把我的剑拿着。天上也讲究节俭，把灯烛一起熄灭了。把那个也拿着。催人入睡的疲倦，像沉重的铅块一样压在我的身上，可是我却一点也不想睡。慈悲的神明！抑制那些罪恶的思想，不要让它们潜入我的睡梦之中。

对比莎士比亚《麦克白》中的台词，从以上的人物对话念白可以看出，京剧《欲望城国》的语言已经由原著中散文一样的语言完全转化为京剧化的念白，完全变成了符合京剧艺术规律的对白。

（2）人物设置

在京剧《欲望城国》之中，主要人物跟《麦克白》的人物是相同的，但是将人物放在了中国的东周列国历史背景之中，人物也都换成了中国式的人物。例如《麦克白》中的三个女巫，在京剧《欲望城国》中就被换成了一个山鬼，这符合中国人在当时的信仰，符合中国人的思想观念。但是，这样的故事与人物在中西方的历史上都曾经发生过，所以说，京剧《欲望城国》虽然将《麦克白》的故事改编为中国历史背景下发生的故事，但是融入中国的文学、哲学、宗教思想，符合中国的历史状况，一点也不牵强。

（3）行当的突破

戏曲的角色行当，是戏曲表演艺术的特点，什么角色该由什么行当的演员来扮演都有规定，演员借助行当来扮演人物。但是，在京剧《欲望城国》中，男主角吴兴国突破了京剧角色的行当划分，突破了一个演员在一出戏中只扮演一个行当的限制，在从将军、丞相到国王的身份转换中，根据人物性格的发展变化，跨越了武生、老生和花脸三个京剧行当，成功诠释了处在矛盾中不断变换的敖叔征。还有扮演敖叔征夫人的魏海敏，也根据不同时期心理变化，结合青衣、花旦、泼辣旦的个性，成功塑造了包藏祸心的这样一个女人。

京剧《欲望城国》在人物塑造上突破了行当的限制。这一革新的体现，就是根据人物所处情境的不同，在基本行当的基础上，融入了其他行当的表现手法，来体现人物在不同情境中的独特性。由此可见，行当是为人物服务的。而行当与人物性格的匹配，行当的思维都体现了一种跨文化的概念。

（4）舞台呈现

在京剧《欲望城国》中，我们发现加入了话剧和现代舞的许多元素，借鉴了其他门类艺术的表现形式。由于吴兴国与夫人林秀伟都曾经是现代舞演员，所以在《欲望城国》中，舞蹈的元素也被借鉴。"林秀伟透过《欲望城国》的舞俑便展现了最直接的影响：其于脸上戴着一只橘黄色面具，腰间另挂着两只白色面具，'俑舞'善于象征敖叔征夫妇之变脸，且极适合表达原著《麦克白》的哲学。"[1]

在人物的化妆上，《欲望城国》并不是按照京剧传统的脸谱勾勒，而吸取了戏曲其他剧种甚至国外脸谱的造型，很有力度。

《欲望城国》的服装，"一方面参考了秦代兵马俑与汉代服饰，另一方面加上了歌舞伎的风格。而且认为传统京剧的亮丽服饰不适合《欲望城国》的悲剧情节，故而运用了暗淡的色彩。新式服装设计衬托了新式表演系统"[2]。

《欲望城国》的舞美设计，没有采用传统京剧表演的灿烂亮丽的舞台模式，而是用斑驳、写意的条状垂布，辅以灯光，营造出了一种阴森、沉重、血腥的氛围色调。舞台上所用的道具、布景，可以根据剧情的需要，代表不同的场景，被赋予不同的含义。

3. 分析与评价

京剧《欲望城国》于1986年上演之后，在当时引起了人们的广泛关注，并存在争议。由于它的对白很多，唱腔相对少，而且在化妆、服饰、表演、灯光、音响、布景上做了很大的突破，有的观众不习惯它的混搭的表演方式，说它不是京剧也是有原因的，但是，《欲望城国》最大的成功就是能使不懂京剧的人也能看懂，而且让很多年轻的观众也看得津津有味，受到了观众的热烈欢迎。可以说，《欲望城国》是一个结合了传统京剧的唱、念、做、打并加入了现代剧场声、光效果的新式剧场风格。自从《欲望城国》在台北首演之后，陆续接到国外的邀请演出，去了10个国家，15个城市，《欲望城国》不仅成为台北当代传奇剧场的创团之作，也成为当代传奇的品牌之作，更是台湾文化交流的戏剧品牌。

《欲望城国》是当代传奇剧场融合传统戏曲和现代剧场而做出的一种实验性的尝试。这种改编模式，将西方的戏剧故事搬到中国的背景下加以改编，化用京剧程式性的表演来进行演绎，并加入了其他艺术表现形式，这是京剧探索新剧场形式的实验性与探索性

---

[1] 柯立思，《传统戏曲旦行表演新诠释——以当代京剧〈穆桂英挂帅〉〈杜鹃山〉及〈欲望城国〉之剧场表演为范畴》，台湾艺术学院戏剧所2000年。

[2] 柯立思，《传统戏曲旦行表演新诠释——以当代京剧〈穆桂英挂帅〉〈杜鹃山〉及〈欲望城国〉之剧场表演为范畴》，台湾艺术学院戏剧所2000年。

的创新。《欲望城国》的改编模式，是内容与形式上双方面的跨文化，它体现了京剧艺术现代化的思维，是京剧的一种实验性的呈现，由于在各方面都做了很大的突破与尝试，打破了很多京剧艺术固有的观念，所以引起争议也是在所难免。但是，一种艺术样式到底能不能生存与发展，取决于观众，只要观众认可、爱看，有票房，这样的艺术才是活的艺术，才能在现代社会中发展和传承下去。

（三）《樱桃园》

1. 产生源起

（1）契诃夫《樱桃园》

《樱桃园》是俄国艺术大师安东·巴甫洛维奇·契诃夫于19世纪后半叶批判现实主义的戏剧创作，也是他最优秀的四幕话剧。《樱桃园》创作于1903～1904年间，故事发生在19世纪80年代俄国朗涅夫斯卡雅的樱桃园里，展示了贵族的没落和由新兴资产阶级所代替的历史过程，同时表现了毅然同过去告别和向往幸福未来的乐观情绪：樱桃园伐木的斧声伴随着"新生活万岁！"的欢呼声。100年来，《樱桃园》一直活跃在俄国的话剧舞台上，并且也被搬上了国外的话剧舞台，不同时代的导演以自己的理解对《樱桃园》进行着思考与阐释。

（2）京剧《樱桃园》

京剧《樱桃园》是在2008年由中国戏曲学院导演系、表演系、音乐系、舞美系、戏文系为了参加亚洲当代戏剧季而联合创作的新印象京剧，冉常建为导演，颜全毅编剧。京剧《樱桃园》讲述了一个在清末民初贵族阶级没落、新兴的资产阶级与进步思想者之间在各自心理空间生活、斗争的故事，故事体现出在历史的车轮之下，没有什么能够逃脱得了时代的变迁，故事中的人们最终在各自的梦想空间里见证着樱桃园的衰落与变化。

导演冉常建在《京剧樱桃园导演阐述》一文中写道："我们排演京剧《樱桃园》，就想在吸引青年观众，让更多的青年观众接受上做出有益的探索。这种探索主要体现在演剧方法的风格样式上，即我们要排演一出青春漫画版的京剧《樱桃园》。为了实现京剧《樱桃园》的艺术追求，我们将本剧的风格样式定位于'青春漫画版京剧樱桃园'。所谓'青春'，就是要面向青年观众，在表现形式上满足他们的审美心理，赢得他们的喜爱。所谓'漫画版'，实际上是原著讽刺喜剧的现代演绎。也就是说，漫画风格是在原著讽刺喜剧的内核的基础上发展变化而来的，它会使原著的讽刺喜剧具有更多的现代气息。"

2. 京剧《樱桃园》与契诃夫《樱桃园》的比较

（1）主题思想

契诃夫的《樱桃园》的创作背后有着时代背景与意义，当时俄国的解放运动进入无产阶级革命的新阶段，20世纪初社会运动进一步高涨，契诃夫意识到社会将会产生重大的变革，希望每个人都为即将到来的美好未来做准备。契诃夫把这部以变化与失去为主题的话剧叫作喜剧，他在《樱桃园》里表达的是对新生活的期盼和向往。

京剧《樱桃园》将契诃夫讲述的发生在俄罗斯20世纪初的故事改为发生在中国民国初年的故事。这样的时代背景下发生的故事，与契诃夫的《樱桃园》的时代背景相类似，也是处于新旧社会的交替中，故事的结局也以樱桃园被砍伐作为结束，在主题思想上与契诃夫的《樱桃园》契合。

（2）人物塑造

京剧《樱桃园》将契诃夫的《樱桃园》移植到了中国，时间设置为民国初年，原剧中的人物也改为中国人物，柳苞芙改为子雅，加耶夫改为大老爷，罗巴辛改为罗甘兴，安尼雅改为安妹，这样的改编比较适合京剧的发声，在唱念方面也更利于演员的表演。按照人物性格，京剧《樱桃园》也将人物划分了行当，使之有利于京剧程式化的表演。

（3）舞台呈现

契诃夫的《樱桃园》是一部话剧作品，而将其改为京剧，在时空方面必须要处理好。话剧是写实的艺术，以逼近生活形态的动作、说白为表现手段，讲究对现实人生的真实模仿，而京剧是虚拟性、具有程式性的表演艺术，二者的审美形态截然不同。于是，在改编的时候，京剧《樱桃园》很注重这一点，把契诃夫的非线性的故事发展结构改为京剧的线性结构，这在第三场和第四场有着很好的体现。在第三场，运用灯光将舞台分为了两个光区，一个是樱桃园的麻将桌上，另一个是拍卖场上，随着灯光的不断移动，两个场景交相呼应，麻将桌与拍卖场交替出现，随着演员的唱和念，人物的心理也表现得淋漓尽致。在第四场，子雅与安妹在不同时空的对话，也是依靠灯光的分区来完成，这样的时空的自由转换正式体现了京剧艺术的舞台时空的流动性。

京剧《樱桃园》的表演中，融入了现代元素，比如打麻将那一场景的身段，是根据现实生活当中的打麻将的动作作为原型，将其进行再创作，加入节奏和舞蹈元素，于是形成了具有戏曲程式性的戏曲身段"麻将舞"。像这样的再创作还有剧中的"算盘舞"和"踢踏舞"。

3. 分析与评价

京剧《樱桃园》将契诃夫的《樱桃园》搬上了京剧的舞台，将契诃夫笔下的俄国故事搬到了中国的背景之下，加以中国化的改编，在尊重原著、忠实反映原著的基础上，在剧情上增加了一些矛盾冲突，使之更加适宜京剧艺术的表现形式，加之以中国化的故事背景以及人物设置，将契诃夫的这部四幕话剧以京剧的形式表现出来，可以说是一次成功的探索和尝试。京剧《樱桃园》将俄罗斯故事完全搬到了中国，将故事人物和语言改成了适合中国观众审美的中国化人物和语言，将原著的情节和精神融合在了京剧当中，体现了在内容上的跨文化。

京剧《樱桃园》无论从表演、音乐还是舞美设计都体现出了京剧艺术的特点，是以京剧思维来改编一个国外的故事，它以京剧为主体，最大化地保持京剧的艺术特色，张扬京剧艺术的美，发挥京剧艺术的表现力。而从当前京剧跨文化改编的剧目来看，大部分的剧目选择了这样接近于戏曲传统思维的改编方法，这也是京剧在全球化的语境当中，力图通过吸收借鉴国外戏剧优秀因素来完成对自身的提高的表现，为当代京剧的发展提供了一个参考。

五、利用跨文化改编模式完成京剧的跨文化交流

从张骞出使西域之后，我们就开始沿着陆路和海上的丝绸之路与世界各国人民进行交流；在世界历史上，不同文化与文明之间的交流与对话一直存在。而随着全球化进程的加速，如今的交流早已经不仅仅限于贸易的经济层面，各种不同的文化互相交流、沟通与竞争的态势将会一直持续下去。在这样的态势影响下，不同类型的戏剧之间，也必然出现互相影响的情况，跨文化的戏剧形态也将成为大家关注的一个重点。

随着全球化进程的发展，"我们拿什么献给世界"是一个引起各国重视的课题，优秀的民族文化瑰宝将在这个大背景下得到进一步发展。随着中国综合国力的增强，中国的国际地位不断提高，中华文化的影响力和吸引力越来越大，全球化为中国京剧走向世界提供了国际舞台，凭借这个舞台，中国向世界展示自己的文化风貌和力量。早在20世纪30年代，梅兰芳先生就把京剧带到了日本、美国和苏联，不仅增进了各国人民对中国文化及京剧艺术的了解，也使我国京剧艺术跻入了世界戏剧之林，是用京剧进行跨文化交流的先驱。当下，京剧艺术的跨文化交流与传播，对弘扬中国传统文化和民族精神有着极其重要的意义。

京剧的跨文化改编，是京剧与不同艺术形式的一种交流方式，无论是京剧改编西方的故事还是借用西方的艺术形式，都是京剧主动与异域文化交流的表现，也是时代发展的必然，是京剧艺术在全球化大背景下主动进行现代化变革、适应现代人审美情趣的表现。

那么，我们以京剧跨文化改编模式来完成京剧的跨文化交流时，要注意以下几个方面。

（一）保持京剧艺术的主体地位

京剧跨文化改编这种方法，是京剧利用其他艺术形式来完成对自身的丰富和完善的一种途径，是京剧在全球化的背景下进行跨文化探索发展创新的一种方式，是京剧改革求变，增强自己生命力与适应力的表现。但是，我们要思考的是，如何在跨越异质文化的同时，更好地保留京剧的传统，无论是在形式还是内容上的跨文化或者是二者的结合，都要保持京剧的主体地位。如何保持京剧艺术的主体地位，要做到这一点，最重要的，是要用京剧艺术的思维方式来处理人物、处理舞台时空；用京剧艺术的悲喜观来处理剧情；要充分利用京剧艺术的形式，来展示中国文化的丰富。

在京剧的跨文化改编中，要保持京剧的主体地位，就是要保持以演员为核心的演出系统，毕竟，京剧艺术的本质在于"演"，是以歌舞演故事。京剧之所以有着独特的艺术魅力，正在于它有着区别于其他艺术形式的独特的程式化的表演以及虚拟性的舞台时间和空间，这其中蕴含了中华民族独特的戏剧美学思想，如果说，在改编的过程中没有注意到这些，那么，京剧的艺术个性也会丧失，这样不是我们想要的结果。

在这个全球化时代，只有拥有自己独特的文化与艺术的民族，才有资格和能力在世界文化的多元格局中占据一席之地。京剧是我国独特的一种艺术表现形式，具有特色的民族艺术是有很大的生存空间的。它将歌舞、绘画、武术、杂技等多种独立艺术形式融会贯通，经一代又一代艺人心血的积淀，形成了海涵万状、神奇绚丽的艺术传统。今天，在全球化的文化背景下，京剧失去了曾经独步天下的地位，与本土的、外来的文化品种一起进入竞争激烈的行列。但中国京剧深深扎根于历史的沃土，具有顽强的生命力。我们有理由相信，京剧能够继往开来，拓展出一片充满希望的疆土，在全球化的背景下，发出它耀眼的光芒。

（二）克服跨文化改编过程中的文化障碍

由于历史、政治、地理位置、宗教信仰等因素的不同，导致了各国、各地区的文化的不同，这就是所谓的文化差异。文化差异体现在各个方面，是不可避免和回避的，有差异也就一定有互补和交融，也会有冲突。但这不代表着，不同文化间就没有交流与融合的可能。

无论是在东方还是在西方，戏剧都是具有悠久历史的舞台表演艺术，带有鲜明的民族特色。由于中西文化存在着很大的差异，所以，在各自文化背景下产生的中西戏剧文化的差异也不言而喻，观赏习惯欣赏趣味等也不尽相同。所以，在进行跨文化改编的时候，必须要考虑到观众的接受问题，在最大限度地保持京剧艺术主体地位的同时，又能使观众接受外来的戏剧样式。1931年梅兰芳先生访美演出的时候，也按照西方人的审美习惯做出了相应的改变，最后演出获得了很大的成功。这也显示出当两种异质文化交流的时候，在对方的影响下，必然要发生一些变异。

在全球化的今天，无论东方还是西方，都应该重视对自己民族戏剧文化的保护，但也不能闭关自守因而失去与各国戏剧交流的机会，中西戏剧的跨文化交流，会使彼此更加了解。在全球化的背景下，我们只有积极努力地去进行交流，消除文化隔膜与差异，才能实现戏剧文化的融合。

（三）推动京剧艺术题材与形式上的创新

京剧艺术从产生到现在已经有近200年的历史，在全球化的今天，京剧已经失去了它在以往作为主流艺术的地位，观众流失，面临危机。对于具有悠久历史的京剧艺术来说，目前京剧舞台上经常上演的都是传统的题材，时代在不断发展，生活也在进步，京剧艺术如果想在现代化的社会里生存与发展，就必须紧跟时代步伐，在题材与形式上进行新的探索，以满足现代人的欣赏需要。而用京剧的形式演绎国外的戏剧作品，这不仅在题材上扩大了京剧的表现内容，而且，也吸收了国外戏剧的优秀因素，在表演形式上也有了新的探索。这种探索，使来自不同文化背景的观众都能在作品中找到各自文化的影子，引起不同文化受众的共鸣。

用京剧艺术形式来表现来自其他国家的故事的做法，从内容上，更符合京剧艺术现在的身份，即世界非物质文化遗产，它的包容性也通过这种内容上的拓展而表现了出来。在形式上，创作者在突显京剧艺术特质的同时，还可以通过对其他艺术形式的借鉴，来丰富京剧艺术的表现手段，就像《欲望城国》所做的那样。艺术是没有国界的，艺术创作手法，也是可以互为借鉴的。正是在这种借鉴中，艺术得到了发展。

京剧的跨文化改编，在内容、形式上都使京剧呈现出与以往不同的全新面貌。在形式上，这种跨文化的改编，是在表演与剧场风格方面的探索与实验。京剧的跨文化改编是京剧艺术的创新发展，京剧的创新发展不等同于颠覆，创新体现在形式上，也可体现在内容上，但是，创新发展并不意味着我们要抛弃京剧传统，而是在传统基础上的创新。

六、结语

随着全球化现象的普遍发展，文化全球化已经成为一种不可逆转的发展趋势，不同民族的文化相互交流和借鉴，也有冲突和斗争，文化的传播与交流已经成为新时代的重要特征。在这个中西方文化大碰撞的时代，多元化意识逐步深入人心，人们已经不仅仅满足于对自己国家文化的掌握和了解，对于异域文化，人们同样充满着好奇心和新鲜感。

戏剧作为中西方共有的艺术样式，产生于民间，在人们的生活当中起到了举足轻重的作用。随着时代的发展以及科学技术的进步，观众的审美要求也在跟着时代改变，这就要求戏剧艺术也要保持与时俱进，不断努力创造出具有鲜明时代特点的、符合观众审美要求的戏剧作品。所以，一个民族的戏剧艺术需要对外交流才能获得更好的发展，要借鉴各种各样的艺术门类中的元素，来完成对自身的提高和升华。无论是中方还是西方，人们都试图从对方的戏剧文化传统当中寻求自身戏剧变革的支持和依据，不断地探索戏剧变革，在一次又一次的实践当中，风格迥异的戏剧表演形式、表演风格以及表现手法不断涌现，给观众带来惊喜的呈现。在这种交流与碰撞的过程当中，无论是中方还是西方，都吸收了对方戏剧中的优秀因素，使自己的戏剧呈现出了与以往不同的风貌。京剧艺术的跨文化改编，是京剧在现代社会寻求自身发展的一种现代化的改变，这样的模式有利于京剧的传承与发展，在不知不觉中，京剧也利用这样的模式完成了与不同艺术形式的跨文化交流。在当今世界的全球化语境中，原汁原味地保护京剧传统固然重要，但另一方面，京剧也需要吸收外来元素，寻找引起当代观众共鸣的新主题和新形式，这样才能真正走出危机，在舞台上生存下去。

18世纪中国戏曲文本在欧洲的传播模式研究
——以《赵氏孤儿》为例

周 凯（2008级）

一、中国戏曲对外交流与文本传播问题引出

中国戏曲的形成经历了一个漫长而复杂的过程，戏曲传播紧紧伴随着戏曲成长和发展的全过程。在戏曲形成后的几百年里，中国戏曲的传播在人们的日常生活中很常见，主要以戏曲本身为传播的主要内容，其传播是非常直接和迅捷的。我们知道，中国戏曲是戏曲剧本、戏曲音乐、舞台表演、戏曲服饰等诸多元素的综合体。在传播中，与戏曲相关的各种元素，诸如戏曲服饰图案、戏曲舞台美术、戏曲脸谱艺术以及戏曲广告等，也一并影响着受众，或为受众所接收，逐渐渗入并影响受众的日常审美，这也属于戏曲传播的范畴。戏曲的传播过程即是被受众所接受的过程。从传播学的角度来看传播的起始过程，要求一个传播过程必须要具备三个环节：信息源、传播媒介、受众。其中，信息源就是信息的生产和信息本身的内容；传播媒介是使信息在社会上传播的工具；受众接受信息的影响并可以控制信息的接收与否。中国戏曲史上不乏流传千古的经典名剧，创作的累累硕果无疑满足了传播过程中的第一环节：信息源，同时，戏曲自身又肩负着传播媒体的使命，进行着文化传统的传播以及戏曲音乐、词文、大众审美的传播。但是戏曲自身的媒介作用已经在减弱，"进入工业社会，尤其是20世纪后半叶科技发达的时代，现代媒体日益兴隆，不仅戏曲自身的媒体作用被淹没了，人们不再希望通过戏曲了

解思想、文化方面的知识，而且也给戏曲自身的生存带来不便。也就是说，戏曲不仅作为一种媒体已经彻底边缘化，而且作为一种艺术也出现了危机"[1]。当今艺术的多元化时代的到来使中国戏曲失去了昔日一枝独秀的基础。戏曲在新的时期必须重新进行自我的定位，而且这种定位需要立足于现代文化的发展，并尽可能地凸显出自己文化娱乐的本质属性，同时要保持自己的特性和特色。戏曲的娱乐属性决定了中国戏曲必须以传播为自己的生存方式，只有在传播中艺术才具有生命力。探寻戏曲的对外交流与传播方式，寻求适合中国戏曲发展的良好策略，成为戏曲研究者迫在眉睫的工作。

中国戏曲在欧洲传播的历史是从18世纪《赵氏孤儿》在欧洲的传播开始的。由于历史条件的限制，文本传播先于演出，《赵氏孤儿》剧本率先为法国传教士马若瑟节译，随后杜赫德神甫主编的《中华帝国全志》在法国出版。本文通过对文本传播的影响因素进行细致梳理，旨在建立起18世纪中国戏曲剧本在欧洲传播的概念模型，并为当下戏曲的对外交流和传播方式提供理论依据。

二、案例：18世纪《赵氏孤儿》在欧洲的文本传播

（一）《赵氏孤儿》文本在欧洲传播的原因初探

1. 文本价值是《赵氏孤儿》跨文化传播的基础

（1）剧情之美为精品所持

中外戏剧研究者普遍认为：剧本的故事性是评价剧本的基础。如果一出戏的故事情节和框架漏洞百出，即便唱词纯熟优美，也难以称之为精品。只有剧情的发展层层递进、环环相扣且充满逻辑性，才能拉住观者的心，这样的剧情才是流畅的，故事性十足的。纪君祥的《赵氏孤儿》向我们证明了中国古代的剧作家是十分注重故事情节的，以情节取胜是剧本写作的法宝之一。

纪君祥所创作的《赵氏孤儿》取材于《史记》和《左传》，讲述的是晋灵公时期，武将奸臣屠岸贾仅因其与忠臣赵盾不和，同时嫉妒赵盾之子赵朔为驸马，竟杀害了赵盾家300余人，仅剩赵朔夫人即晋灵公的女儿藏于宫内。赵朔夫人怀有身孕，生下一子，遗孤被赵朔门客程婴所救出。屠岸贾下令将全国一月至半岁的婴儿全部杀尽，以绝后患。程婴遂与老臣公孙杵臼上演"偷天换日"之计，以牺牲公孙杵臼及程婴之子为代价，成

---

[1] 王廷信：《京剧传播的两个层次》，载《艺术百家》2006年第4期。

功保住赵氏最后血脉。20年后，孤儿长大成人，而此时他已经名为程勃，又过继给了屠岸贾，改名屠成。程婴绘图告之国仇家恨，赵氏孤儿终报前仇。[1]作品描写了忠正与奸邪的矛盾冲突，揭露了权奸的凶残本质，歌颂了程婴等人维护正义、舍己为人的高贵品质，气壮山河，感人肺腑。

《赵氏孤儿》的最大成功在于其故事情节，甚至可以说，作为中国戏曲史上的一部杰作，他的成功和唱词的质量关系不大。奸臣屠岸贾的狠毒，程婴、公孙杵臼的忠诚慷慨、自我牺牲，在剧中构成了尖锐激烈的戏剧冲突。在《赵氏孤儿》中，程婴和公孙杵臼成了故事的主角，他们藏匿孤儿、舍亲子性命以存孤儿、教孤儿报仇，这些情节引人入胜，吸引着观众的注意力。同时，《赵氏孤儿》塑造了程婴、公孙杵臼、韩厥等一批正面人物形象，他们忠勇无畏、视死如归，其品格之崇高，行为之悲壮令人扼腕而叹。纪君祥塑造人物并不仅仅通过简单的道德观念外化，而是通过设计故事情节和情境将他们的性格凸现出来。程婴受托救孤，为报知遇之恩毅然接受。当奸臣屠岸贾盛宴要杀尽全国半岁幼儿时，他舍弃了自己的儿子。后为保护赵氏孤儿，程亲手拷打良友公孙杵臼，又亲眼见到自己的儿子被屠岸贾当作赵孤剁为三段。所有这些情节都旨在塑造程婴的痛苦和坚毅，而支撑他的就是心头的忠义道德和对最终胜利的信心。

剧情之美奠定了《赵氏孤儿》成为精品剧作的基础，同时，《赵氏孤儿》的文学价值使得它在所有的元杂剧中拥有显赫的地位。戏曲的文本必须有价值才可能被传媒选中，可见，《赵氏孤儿》能够被马若瑟看到并译介并非只是一个偶然。

（2）剧本围绕中国传统文化的思想核心

文化意义是戏曲文本自身因素之一。《赵氏孤儿》作为一部悲剧著作，鲜明表达了"善有善报，恶有恶报"的传统观念，同时也把我国传统文化中的"铁肩担道义，虽九死亦无悔"的精神表现得淋漓尽致。一方面，奸臣屠岸贾为了个人的嫉妒和私恨，杀赵盾全家，又为搜孤而下令屠杀全国幼儿，其残忍程度令读者发指，这也是他最终被灭亡的原因。另一方面，程婴为救孤儿，舍弃亲生幼子换取孤儿性命，洋溢着磅礴的正义精神，道义的力量撼动人心，也注定了该剧的基调高昂和凄凉并存。王国维在《宋元戏曲考》中说："而其蹈汤赴火者，仍出于其主人翁之意志，即列之于世界大悲剧中，亦无愧色也。"正因为《赵氏孤儿》的主题思想突出了中国传统文化中的"仁爱"和"忠义"的思想，所以在当时对中国伦理道德甚感兴趣的法国人来说，是个不小的诱惑。

---

[1] 张西平：《欧洲早期汉学史》，中华书局2009年版，第563页。

2. 传媒在跨文化传播中所起的作用

(1)《赵氏孤儿》的文本翻译

我们知道，不同语系的语言之间存在着很大的差异。在进行戏曲文本的跨文化传播时，两种语言或几种语言的对译是否能够做到"信、达、雅"是十分重要的。中国戏曲剧本中的一些专有名词、文言唱词等是翻译的一大障碍。在翻译中，戏剧发生的社会背景也应当一并介绍给读者，这样才能有助于读者更好地了解戏剧情节和冲突发生的原因。念白、唱段的翻译也非常重要，翻译者既要不违背剧本的剧情和主题，又要让国外读者能够充分理解并觉得雅致。

《赵氏孤儿》是最早被翻译到欧洲的中国传统戏曲文本。法国基督传教士约瑟夫·普雷马雷（汉名马若瑟）于康熙三十七年（1698）来到中国进行传教，到过江西饶州、南昌等地。他通晓汉语，翻译了《尚书》和《诗经》第八章内容，并著有《汉语札记》。他对中国戏曲十分感兴趣，尝试翻译中国戏曲剧本，但鉴于曲词翻译的难度甚大，只节译了戏曲剧本《赵氏孤儿》的宾白部分，并将其命名为《赵氏孤儿：中国悲剧》（*Tcho-chi-cou-eulh ; ou, L'orphelin de la Maison de Tchao, tragédie chinoise*）。这是他所翻译的中国文化典籍中最有影响的作品。

当时"中国戏曲"被译为"opera"，这种翻译令人误以为戏曲是歌剧，既然是歌剧，就应该同西方歌剧一样以唱为主。但马若瑟在翻译《赵氏孤儿》时，剧中所有的曲子都未译出，只是将剧中的对白翻译出来，在该起唱的地方注明"由此处起唱"。可能因为马若瑟的文言功夫的确不够好，这样省略性的翻译减弱了元杂剧的艺术魅力。伏尔泰在看到该法文译本后，对中国戏曲甚感失望也是情理之中的。王国维曾在《宋元戏剧考》中说："元剧之词，大抵曲白相生。"曲子和宾白相辅相成，缺一不可，而马若瑟译本仅有宾白，只能让读者了解故事梗概而已，这就割裂了中国戏曲的曲白相生之美。陈受颐在所著《中欧文化交流史事论丛》一书中，谈及马若瑟所翻译的《赵氏孤儿》时说："原文的大体结构，尚能保存；而难明的地方，亦加注解，于当时读者，颇有帮助。"

(2)《赵氏孤儿》的多语言改编

①威廉·哈切特和《中国孤儿：历史悲剧》

杜赫德神甫主编的《中华帝国全志》在其出版的第二年，即1736年就被翻译成了英文，这样一来，马若瑟节译的《赵氏孤儿》就有了第一个英文版本。威廉·哈切特看到该剧之后十分兴奋，决定将其改编。为反映当时发生在英国的复杂的政治斗争，他在剧中明确说该剧献给他崇敬的阿盖尔公爵。他在剧本中说，他的剧作是从马若瑟翻译的《赵氏孤儿》那里改编而来。1741年，伦敦查尔斯科贝特印刷所出版了哈切特英文改编版本，题为《中国孤儿：历史悲剧》。哈切特的《中国孤儿》基本与元杂剧《赵氏孤儿》基本相同，但将原来剧中的时间缩短，采用了西方的"三一律"来改造剧本，这样，剧情的演进加快，主题更容易凸显，减少了许多不必要的枝蔓。为了和《赵氏孤儿》相区别，哈切特将故事发生的时间从春秋时期改到了明末清初，把剧中所有人物的姓名都做了改动，甚至将中国的历史人物随意使用。由于哈切特不懂中文，无从知晓中文名字的具体含义，所以他改动的名字十分不符中国人的逻辑和审美，剧中人物显得混乱不堪。比如，他把韩厥改为吴三桂，把公孙杵臼改为老子，把赵氏孤儿改为康熙，这在中国人看来十分可笑。因为这个剧本是要反对当时的首相华尔波，献给首相的政敌阿尔盖公爵，哈切特将原剧的武臣屠岸贾杀害文臣赵盾一家改为文臣（影射首相）陷害武臣大将军（影射阿尔盖公爵）。这样改的主要目的就是为了讽刺英国当时的首相专权乱政，具有很强的政治目的。也因如此，此剧未能得到上演，但是剧本一经出版，还是在英国产生了强烈的影响。

②伏尔泰改编《赵氏孤儿》

法国传教士马若瑟翻译并出版纪君祥所写的杂剧《赵氏孤儿》是在18世纪30年代。法国著名思想家、文学家和戏剧家伏尔泰接触到《赵氏孤儿》之后，感受到了中国文化的魅力。伏尔泰对中国文化表现出的兴趣和热情，极大地推动了《赵氏孤儿》在欧洲的文本传播。尽管伏尔泰对于马若瑟节译版的《赵氏孤儿》并不非常认可，但通过阅读，他仍然认为原剧作的《赵氏孤儿》应该是一部很宝贵的作品，对于了解中国人的精神世界和东方文化很有帮助。多数法国人自认为法国是世界上最文明的国度，他们站在世界文化的顶端，不屑于任何国家的文化和文明，对于东方的文化并不接受。但是启蒙思想家伏尔泰却崇尚东方文化，并认为"东方是一切艺术的摇篮，东方给了西方以一切"[1]

伏尔泰在《赵氏孤儿》这部剧作中看到了中国传统文化意识和道德意识的宣扬，但他对翻译本的情节和主题一点都不满意。于是伏尔泰决定亲自改编这部中国戏曲剧本，旨在重塑和展现中国文化和东方文明。1753年，伏尔泰在德国和腓特烈大帝交谈世界文明的问题时出现了分歧并不欢而散，之后他就开始了《赵氏孤儿》的改编工作。伏尔泰的剧本是一个全新的戏剧剧本，与纪君祥的《赵氏孤儿》相去甚远，取名为《中国孤儿》。作为18世纪法国思想的领袖人物，伏尔泰的《中国孤儿》是从法国的启蒙思想出发的。《中国孤儿》与《赵氏孤儿》相比，剧本的时代背景向后推移了1800多年，将发生在中国春

---

[1] [法]伏尔泰：《风俗论》上册，商务印书馆1996年版，第201页。

秋时期的故事转移到了13世纪的中国元代。其大体情节是：成吉思汗占领北京之后，追杀宋朝皇帝的遗孤，宋朝大臣张惕临危受命。为保护孤儿，他决定献出自己的儿子，但张妻伊达美不同意。为保护丈夫和孤儿，伊达美向他年轻时的恋人成吉思汗说出了实情。成吉思汗旧情复燃，逼迫伊达美，并以张惕、孤儿的性命相胁迫。伊达美决定舍生取义，要和丈夫双双自杀。二人的大义凛然感动了成吉思汗，他赦免了张惕夫妇，收养了孤儿，并命令张惕留在宫中，以中国文化教化元朝百官。[1] 称霸世界的成吉思汗固然可以呼风唤雨，但最后却为崇高的道义所折服，这就是道义的力量。在剧本的序言中，伏尔泰宣称："这是一个巨大的明证，体现了理性和才智最终必然凌驾于愚昧和野蛮"，这句话"寄托了他在晚年坚持百科全书派的理想和专制继续斗争的信念和决心"[2]。

这是一部典型的宣扬道德力量的剧作，道德的感召可令人幡然醒悟，这是伏尔泰赋予该剧本的思想内核。在《中国孤儿》剧本的扉页上，伏尔泰这样写道："根据孔子的教导编写的五幕剧"，这显示了伏尔泰对中国传统文化的吸取和接受，甚至继承和发扬。在给友人的一封信中，伏尔泰解释了为什么要改编《赵氏孤儿》："我对剧本作了修改，为的是大胆宣扬孔子的教诲。"《中国孤儿》宣扬了孔子的儒家思想，同时抨击了当时在西方占主导地位的基督教思想。发生在不同文化背景之间的跨文化传播，一种文化往往被另一种文化"借用"和"移植"，伏尔泰改编的《中国孤儿》就是这样。这种对剧本的改造移植，加速了戏曲文本在欧洲的传播。伏尔泰的《中国孤儿》从1755年8月20日开始在巴黎等地的各家剧院上演，演出获得了巨大的成功，震惊了当时整个欧洲。

③阿瑟·莫夫与他的《中国孤儿》

《赵氏孤儿》的另一位改编者是英国剧作家阿瑟·莫夫。当他看到伏尔泰改编的《中国孤儿》时，触动甚大。他说："当我愉快地得知伏尔泰的《中国孤儿》在巴黎演出时，我热切希望阅读这一剧本，并希望剧作家紧紧抓住真实感人的情节，描绘出一个意义深长的故事。"1756年阿瑟·莫夫完成了他的改编初稿，后来又经多次修改，终于在1759年正式出版《中国孤儿》剧本，该剧于同年的4月22日在英国上演。阿瑟·莫夫版《中国孤儿》演出在英国获得了成功，仅仅一个多月的时间就演出了9场。莫夫的《中国孤儿》的情节与伏尔泰类似，描述了蒙古的铁木真想入主中原，进攻宋朝，欲将宋朝皇族灭尽，最后仅剩下赵氏孤儿一人。宋朝忠臣盛缔收留藏匿了孤儿，改名爱顿，同时把与爱顿同年的儿子哈墨特送到了高丽国。后来铁木真再次劫掠中原，并攻陷北京城。此时的爱顿

---

[1] 孟华：《伏尔泰与孔子》，新华出版社1995年版，第115～118页。
[2] 朱少华、耿丽萍：《〈赵氏孤儿〉在欧洲的传播》，载《中国戏剧》2005年第2期。

和哈墨特两人刚年满20岁，两人均参加了卫国战争，战争中哈墨特为铁木真所俘虏。铁木真怀疑哈墨特即是赵氏孤儿，于是要挟盛缔，说如果不能将赵氏遗孤找到，就杀尽全国20岁的青年。盛缔夫妇经过痛苦地思考，向铁木真诈说哈墨特就是前朝遗孤。结果盛缔一家被满门抄斩。此时，赵氏孤儿爱顿带领军队击毙了铁木真，报了血海深仇。"在七年战争的紧张年代，这出戏曾被认为是宣扬爱自由、爱祖国的作品，而作者莫夫被认为是爱国主义者的导师。"[1]

（3）传媒导向为《赵氏孤儿》的跨文化传播创造了有利条件

1734年，马若瑟托请从北京回国的法国传教士维莱尔和布罗塞二人将自己的法文译本《赵氏孤儿：中国悲剧》带回国内，于1734年10月被巴黎的《法兰西时报》选载，一经发表，立刻引来其他媒体的关注，这是中国戏曲剧本首次在欧洲露面。后来，法国的《水星杂志》认为这部中国戏剧"能够激发法国读者的新鲜别致感"，就在当年发表了马若瑟节译版《赵氏孤儿》。

传媒是否选择某信息直接影响到接受者能否接收到该信息，这就是传媒的选择性。在《赵氏孤儿》的翻译和刊载过程中我们看到，作为传媒的翻译者马若瑟选择了《赵氏孤儿》，而《法兰西时报》和《水水星杂志》也选择了刊登马若瑟翻译的《赵氏孤儿》。这样，法国读者才能接触到中国戏曲剧本《赵氏孤儿》，并产生"新鲜别致感"。当然，我们也应看到，马若瑟翻译的《赵氏孤儿》并不能把原剧的价值充分体现，这是信息在由传媒进行编码和译码过程中的丢失和改变。正因为如此，伏尔泰等人在看到该译本时，对译本本身的文学和艺术价值并不赞赏，但这对文化传播的意义来说，影响深远。在传播过程中信息的改变还可以在威廉·哈切特改编的《赵氏孤儿》中看到。哈切特的《中国孤儿：历史悲剧》纯粹是为了迎合当时英国的政治斗争，失去了原剧所要表达的主题。伏尔泰的《中国孤儿》是对《赵氏孤儿》最为成功的改编，这从1755年9月法国思想家卢梭的话中可见一斑："剧场里挤得满满的，咖啡间里回响着他们的警句，塞纳河畔的书摊上放满了人们的小册子，人们对《孤儿》是一片欢迎之词……"1755年，《就〈中国孤儿〉致一位旧时代人物的信》发表；1756年，《奇怪可笑的瓷像：1756年3月19日由国王的喜剧演员演出的一幕诗剧〈中国孤儿〉的模仿剧》面世；1756年，《中国孤儿》由一个叫拉奥的人制成搪瓷像；德·乌尔克西尼衷的作品《论〈中国孤儿〉》出版，1760年再版；1775年，《悲剧〈中国孤儿〉的分析》《就〈中国孤儿〉致某夫人的信》陆续问世；1762年，

---

[1] 林延清、李梦芝著：《五千年中外文化交流史》第二卷，世界知识出版社，第447页。

英国汉学家托马斯·帕西又翻译了《赵氏孤儿》新的英译本，收入其编著的《中国诗文杂著》一书；1834年，巴黎出版了由法国著名汉学家斯坦尼斯拉斯·朱利安翻译的新的法译本《赵氏孤儿》，此译本在欧洲颇负盛名，被中外学者推崇为第一流译作。

（4）外交政策和国外政府的支持对《赵氏孤儿》的传播影响巨大

1698年11月7日，马若瑟跟随老师白晋一起来到中国。白晋是康熙最信任的传教士之一，也是第一个全面向欧洲介绍康熙皇帝的人，曾著有《康熙皇帝传》（于1697年在法国出版）。康熙皇帝对西方国度使者的友好态度，使得西方的传教士有机会进入中国，学习并翻译中国的文化艺术著作。马若瑟正是在这个时期来到中国，接触到元杂剧《赵氏孤儿》，并节译该剧作。马若瑟的所译《赵氏孤儿》一经发表，引发了一连串反应，各报刊纷纷刊载，故而赢得更多读者，以致整个欧洲都为之影响。先后几十年间,《赵氏孤儿》被译成了英、德、俄、意等版本，甚至还出现了关于该剧的新编小故事在流传，这些小故事可以列为戏曲周边文化产品一类。中国戏曲剧本被欧洲读者接受，跟这些因素都是紧密相关的。马若瑟的节译本《赵氏孤儿》收录于1735年在巴黎出版的法国传教士杜赫德神甫主编的《中华帝国全志》（全名为：《中华帝国及其鞑靼地区的地理、历史、编年、政治、物理之记述》）第3卷,《中华帝国全志》出版后立即引起人们的注意。后来，马若瑟节译本《赵氏孤儿》又收录在1736年在海牙出版的第2版《中华帝国全志》第3卷内。

18世纪的欧洲正处于封建社会向资本主义社会的过渡阶段，新型的资产阶级对世界上的先进文化和文明充满了向往。这一阶段，欧洲各国之间的联系十分紧密，从政治、经济到文化各个方面都联系密切。在欧洲的新型资本主义国家中，以法国和英国的影响力最大。英国的社会制度在当时是最先进的，法国则盛产思想家，在欧洲曾出现过向法国学习的高潮。法国启蒙思想家卢梭、伏尔泰和孟德斯鸠等人的作品一经出版，即刻就传播到其他国家，英语、德语、意大利语等译本很快出版，人们竞相传诵。《中华帝国全志》在1747年被翻译成德语，马若瑟节译版《赵氏孤儿》就有了德语版本。1774年,《赵氏孤儿》被匿名者改编为德语剧目，名为《中国人或公正的命运》。此德文改编版本不用传统的五幕剧形式，而改用六部抑扬格诗句写成。作者在剧本前言中写道，本次改编的意图是为展现古老中国的特点，特别是展现他的"东方专制主义的习俗"。[1] 德国文学家歌德在看到《赵氏孤儿》后，触动非常之大，也曾尝试改编成一个德国剧本，"他曾于1781年8月着手将其改编成《俄尔彭诺》一剧，但只完成两幕便中辍"[2]，可惜没能完成心

---

[1] 卫茂平：《中国对德国文学影响史述》，上海外语教育出版社1996年版，第55页。
[2] 张国刚、吴莉苇：《中西文化关系史》，高等教育出版社2006年版，第464页。

愿。1759年，俄国著名诗人、剧作家苏马卢科夫翻译了德文版《赵氏孤儿》，刊载在俄国圣彼得堡的《勤劳蜜蜂》杂志上，这是中国戏曲剧本首次登陆俄罗斯，开始了在俄罗斯的文本传播。18世纪的俄国正是处于启蒙思想盛行时期，法国的启蒙主义思想传入俄国，与此同时，在法国掀起的对中国文化的研究也一起传入俄国，法国著名启蒙思想家的作品被译介到俄国。1774年，俄文版的《中华帝国全志》在圣彼得堡出版发行，其中的《赵氏孤儿》同时被翻译为俄文。1778年俄国戏剧家涅恰耶夫翻译了伏尔泰的《中国孤儿》。可贵的是，俄文版的《中国孤儿》在俄国剧院上演，并得到俄国宫廷贵族的喜欢。可见，政府的文化政策的制定影响着戏曲文本在该国的传播。

3. 欧洲受众因素对《赵氏孤儿》剧本传播的影响

（1）18世纪欧洲文化背景

启蒙思想家们反对封建贵族的专制主义统治，弘扬人文主义精神。他们提出了自由、平等的口号，涌现出伏尔泰、卢梭、孟德斯鸠等一批杰出的思想家。此时，先进的资产阶级已经为替代腐朽的封建阶级做好了准备。启蒙运动者提倡智慧和教育，这与统治欧洲整个中世纪数百年的基督教义处于相对立的地位。启蒙思想督促人们向非基督教的东方世界寻求"合乎理性法则的思想材料"。[1] 作为东方大国，中国具有与欧洲完全不同气质的文化和文明。经过传教士的介绍，中国的文化流播欧洲各地，成为启蒙思想家们汲取营养之泉。在这一时期，儒学的"仁"，理学的"道"是最被推崇的思想。德国哲学家莱布尼茨非常崇拜中国儒学的自然神论，他在《致德雷蒙先生的信：论中国哲学》中说道："这种哲学学说或自然神论是从约三千年以来建立的，并且极有权威，远在希腊人的哲学很久很久以前。"他认为中国人是将神和物质合为一体的，中国哲学的信念就是尊崇理性。马若瑟的老师白晋则认为中国的天命、天道是天在其运行中确定不移的法则，要服从理性的法则则必须顺天以达到和谐统一，这说明他崇尚中国理学，也显示出他对中国文化的推崇。启蒙思想家伏尔泰是唯物主义的信徒，他继承莱布尼茨，抨击欧洲社会自认为的文明。中国古老而优秀的文明，经传教士和商人传至欧洲以后，在伏尔泰看来，这是对基督教世界的挑战。他曾经对中国作出这样的褒扬："中国是举世最优美、最古老、最广大、人口最多、治理最好的国家。"他还赞美中国的历史是"从一开始起便写得合乎理性"。伏尔泰把孔子所持的道德规范大加赞赏，这也是他决意改编《赵氏孤儿》为《中国孤儿》的重要原因。他想"通过对中国思想和政治的赞美，表示了他们（百科全书派的

---

[1] 沈福伟：《中西文化交流史》，上海人民出版社2006年版，第418页。

启蒙学者）反对神权统治下欧洲君主政治制度的残暴统治，而把一个具有崇高理性、合乎道德的、宽容而有节度的政治制度作为理想的目标"[1]。

当然，由千古一帝康熙所开创的"康乾盛世"在任何一个时代都应当被人们羡慕和颂扬，也只有在这个时期，中国敞开的胸怀一方面海纳百川，容许西方传教士进入中国传教和西方商人经营，吸取西方的先进经验和文化，另一方面积极开展对外的交流，把中国的文化、中国的商品推向西方。伏尔泰赞美中国是唯一把政治制度和伦理道德相结合的国家，并承认一个国家繁荣昌盛必须依靠道德的力量。作为启蒙运动思想的中心，法国的思想很快流传整个欧洲，为多个国家推崇和借鉴。为表达向中国学习的信心，法王路易十五甚至仿效中国皇帝于1756年举行春耕祭天仪式。中国戏曲剧本《赵氏孤儿》正在这种文化背景下传播至法国，继而流播欧洲。

(2) 18世纪在欧洲刮起的"中国风"

进入17世纪以来，东西贸易往来加剧。中国的丝绸、茶叶、瓷器等流入欧洲。中国的商品是在17世纪末传入法国，得到了法国人的喜爱。18世纪中期，随着中国的书籍、绘画、艺术作品传播到法国，一度掀起"中国热"的高潮。这个时期的法国人，从贵族到平民百姓，崇尚中国式的建筑和装饰，喜爱中式园林、中国绘画、漆器等艺术品。"英国上流社会开始收集和展示东印度公司运来的中国瓷器相标榜，法国的路易十四宫廷也热衷于通过东印度公司获取大量正宗的中国漆器和其他物品。"[2]来自中国的商品呈现给欧洲人以特别新鲜的美感，另外，传教士们又带来了有关中国古典文化论著的翻译以及一些游记文学，把中国形容为一片乐土。中国在当时欧洲人的心中是美好的，也因为对中国的遥远不可知，人们在猜测里对中国文化充满了好感。"中国远在天边，神秘莫测，若说一提到罗马就使人想起重要的政治观点和艺术思想，那么中国就不是这样。中国作为辉煌的古代东方文明鲜为人知，也很难取得直接经验。建筑家若想涉猎中国的宝塔、中国的人和中国的风景，等等，他可以不必担心会出手不当，或违背某种规程。一旦有这种自由，中国风味就和洛可可精神结合起来，而洛可可的图案也就常常对中国式装饰进行胡思乱想的杜撰混合起来。"[3]中国趣味一方面是因为中国的商品进入欧洲后产生的影响，另一方面也可以说是因为这一时期风靡欧洲的思潮所致。

18世纪"中国风"的掀起，说明欧洲人对中国文化的态度是友善和接受的。从中国

---

[1] 沈福伟：《中西文化交流史》，上海人民出版社2006年版，第422页。

[2] 张国刚、吴莉苇：《中西文化关系史》，高等教育出版社2006年版，第470页。

[3] [英]马德林·梅斯因著，钱乘旦译：《剑桥艺术史》，中国青年出版社1994年版，第242页。

商品到中国技艺，再到中国的文化艺术，中国式价值观在欧洲获得了广阔市场。《赵氏孤儿》在法国出版以后，剧中的仁爱和道德思想不仅俘获了伏尔泰的心，也使德国文学家歌德大为青睐。从某些方面来说，欧洲观众接受《赵氏孤儿》，并不是完全从其文本价值上来接受，而是把该剧所蕴含的思想内容作为自己抒发社会理想的一个载体而已。当然，来自异国异质的文化元素，如其故事情节等还是能够为欧洲观众所吸引的。中国戏曲剧本《赵氏孤儿》在18世纪除了在欧洲法、英、德、俄等国传播外，在意大利和波兰等国也有改编本的出现。意大利的剧作家梅斯塔齐奥曾将《赵氏孤儿》改编成《中国英雄》，并在意大利上演。梅斯塔齐奥的改编本与原来的《赵氏孤儿》出入较大，他把原剧中的复仇剧改编成了供宫廷娱乐的大团圆喜剧。另外，波兰剧作家福尔泰勒也于当时将中国戏剧《赵氏孤儿》改编成波兰版的《中国孤儿》，并在波兰上演。

（二）从《赵氏孤儿》的文本传播初设中国戏曲文本传播模型

通过案例，我们分析了《赵氏孤儿》的文本价值和文化意义，作为传播信息，其承载的思想内涵、文学价值、文化意义是它能够被传播的基础。《赵氏孤儿》能够被翻译者和改编者所看中，是一个偶然性和必然性并存的现象。18世纪的欧洲，尤其是法国，对中国文化表现出了少见的热衷。尤其对于中国的传统文化中的伦理道德、中国的政治制度非常感兴趣，恰好《赵氏孤儿》蕴含的思想内核便是中国的伦理道德，符合当时西方受众的需要。康熙时期的中国允许西方的传教士、学者和商人进入，康熙皇帝甚至拜西方学者为师并给他们封官加爵。良好的文化政策，使得马若瑟等人顺利到达中国学习，并能够接触到中国戏曲剧本《赵氏孤儿》。在《赵氏孤儿》的翻译阶段，由于信息在编码和译码中发生了缺失，马若瑟仅翻译了《赵氏孤儿》宾白部分，使得原剧的完整性、流畅性等美学价值打了折扣。这里第一次显示出传媒的重要性。

法国政府的文化政策也是非常积极的，尤其对于中国文化，表现出极大的兴趣。这样，《赵氏孤儿》才有随着《中华帝国全志》一并出版面世的可能。观众为什么会对《赵氏孤儿》感兴趣呢？这里一个很重要的原因就是当时席卷欧洲的"中国风"。"中国风"之所以能够刮起，是因为当时中国的商品、艺术品等源源不断流入欧洲，中国文化日渐渗透到人们的生活当中。这些文化其中就有包含了中国戏曲文化。故而，戏曲周边文化产品所充当的信息载体作用就显示出来。

《赵氏孤儿》的戏曲剧本自身、传播媒介和受众三者之间联系十分紧密。翻译者和改编者作为传播媒介的人，他们负责对剧本进行审美和选择。只有戏曲剧本本身的价值为翻译者和改编者所认可，才可能被译介，然后在接受地区推广。戏曲剧本自身包含的情节、思想能否为受众接受和欣赏也是传播能否顺畅的关键所在。可见，戏曲剧本自身因素和受众因素的联系是十分紧密的。戏曲剧本自身因素作用于文本传播，表现在《赵氏孤儿》文本自身价值和文化意义对传播的重要性。概念模型只能表达出这种关系，但难以表现这种作用到底有多大。同样，传媒、受众两大元素作用于核心问题，即《赵氏孤儿》的文本传播，也是一样的情况。

至此我们得到结论，18世纪《赵氏孤儿》在欧洲传播的影响因素可以归结为三大类：剧本自身因素、传播媒介因素和受众因素。《赵氏孤儿》剧本自身因素（文本价值、文化意义）、传播媒介因素（翻译者、改编者、周边产品、政府外交）、受众因素（文化背景、态度）三大影响要素共同作用于核心问题。这三大因素之间是互相影响、互相渗透的，他们之间没有主次和先后之分，是并列的关系。而且，不管哪一个因素的缺失都会导致整个传播链条的断裂，传播将无法实现。

通过对18世纪《赵氏孤儿》在欧洲的传播研究，笔者对传播的影响因素进行了分类列举和归结。《赵氏孤儿》是中国古典戏曲剧本在欧洲传播的先例，也是影响最为广泛且最具代表性的一个。以此为根据，本文将结合复杂系统建模理论建立起18世纪中国戏曲剧本在欧洲传播的概念模型。

三、中国戏曲文本在欧洲的传播模式

（一）文本传播的本质和过程分析

国内外的戏曲研究者在对中国戏曲进行研究时发现：中国戏曲从真正意义上形成的那一天开始，就不仅仅是一门舞台艺术。因为很多剧目都没能在舞台上演，只以文本状态存在，成为地地道道的案头文学。显然，在某些时候戏曲文本的文学价值已然代表了该戏曲的全部价值。因此，对戏曲文本的研究就显得尤为必要。由于舞台演出有瞬时性，所以只通过少数遗留的古代戏台、戏楼以及出土的墓葬雕塑等信息来研究中国戏曲的舞台呈现形式，显然是不够的。我们还必须通过流传下来的大量戏曲文本去解读、挖掘更深更为翔实的戏曲信息。

中国戏曲的欧洲传播，最初只停留在文本传播的层面。早在300年前的康熙王朝，中国古代戏曲剧本《赵氏孤儿》就已被译为法文传播欧洲，虽然译本只是节译了《赵氏孤儿》中的宾白部分，却也开创了中国戏曲文本在欧洲跨文化传播的先河。自此以后，被翻译并传入欧洲的中国戏曲作品日见增多，像《西厢记》《牡丹亭》《汉宫秋》等剧作都不止一次被翻译成外国文字。在跨文化语境下对中国戏曲文本在欧洲的传播情况摸实排非有着重要意义：一方面有助于捋清中国戏曲文本传播的脉络，另一方面可以通过文本传播情况分析欧洲受众对待中国戏曲的态度。当然，关于中国戏曲文本传播的研究方法有很多种，研究方向也有许多。从时间上来说，可以研究不同时期戏曲文本传播的方式和状况；从空间上来说，可以分别研究戏曲文本在欧洲传播和在中华大地传播的方式和状况。本文主要探索18世纪中国戏曲文本在欧洲传播的情况。

一般来说，传播有两方面的含义，一是社会信息的传递或社会信息系统的运行；二是带有社会性的，共同的人类信息交流的行为和活动，其特点具有双向性，共享性，快速性和广泛性。顾名思义，文本传播是用文字来进行传播的，一样具有传递性和双向性。戏曲文本出现以后可以供不同时代、不同地域的人阅读。这样，戏曲文本，即剧本，其传播方式就不止在舞台上了，案头阅读成为很重要的传播方式。通过文本、文字符号进行戏曲传播的方式即为戏曲的文本传播。文本传播跟文学阅读不同，文本信息有文学语言的描述，而传播中受众对文本中所蕴含的舞台展现又有想象。从而，我们对戏曲文本传播的研究就不只是对剧本文学性的研究，还要考虑到传媒、受众等诸多因素。在中国戏曲形成以后的相当长的历史时期，都没有在欧洲演出的可能，文本传播先于舞台演出成为必然。很多优秀的戏曲剧本是被翻译成外文在欧洲出版传播之后，才有那些经典剧目被改编以后在外国的剧院演出的现象发生。

因此，最初始中国戏曲文本在欧洲传播的过程可以表述为：

传统戏曲剧本→翻译者；改编者；出版社→欧洲读者

中国戏曲文本被当时在中国的传教士翻译、节译并介绍到国外，为国外的读者欣赏和接收。戏曲文本本身具有丰厚的文化信息，劝讽教化，不论描述帝王将相的悲喜还是才子佳人的离合，中华文化的仁、义、礼、智、信始终是根本的价值取向。国外读者在阅读被翻译的中国戏曲文本，在欣赏故事的同时，也是一种多角度、多层次的审美活动。

随着高科技手段的日新月异和文本传播的日渐深入和广泛，文本传播开始借助报纸、期刊、和互联网，出现了复杂多样的传播形式。网络自诞生以来，日渐走入更多人的生活当中，影响着人们的衣食住行。鉴于网络文学作品的鱼目混珠，学术界对其繁盛褒贬不一，然而，网络报纸、网络期刊、网络文学论坛等出现和盛行势必使文本传播更为快捷。网络文学的存在方式大致分为三类，一为印刷作品的网络化，现成作品上传至网络供人阅读下载；二为原创作品网络化；三为超文本综合文学作品的网络化（集文字、声音、图像、视频为一体）。文本传播的实现离开了书本作为介质，在网上就可以浏览、阅读和下载剧本。这时戏曲的文本传播过程可以表述为：戏曲剧本网络上传→欧洲读者网络阅读

这样的文本传播形式极大拓展了戏曲的传播空间，为戏曲文本的欧洲传播创造了更有利、更便捷的条件。当然，新的文本传播形式的出现并不意味着以往传播手段的消亡殆尽，即便是在21世纪的今天，书籍、报刊仍然是不可或缺的文本传播方式。

（二）戏曲文本跨文化传播的影响因素分析及概念模型

1. 戏曲文本的自身因素

（1）戏曲文本的艺术价值。通过阅读近年来关于价值问题的论文，其中比较流行的一个观点就是：价值的意义就在于需要的满足。也就是说，有需要就是有价值。从中国戏曲的产生过程就可以看出，它根植于劳动人民的社会生活之中，是与劳动人民的生活息息相关的，可见是被人们所需要的，具有价值。中国戏曲，没有像古希腊戏剧、古印度梵剧那样陈列于博物馆，相反，它以顽强的生命力活跃在舞台上。中国戏曲剧作，一部分是古代剧作家遗留下来的既定的果实，一部分是近代和现代剧作家改编和创新的剧目。纵览从古至今中国传统戏曲的文本我们发现，其文学性是特别突出的，中国的词曲艺术在唱词上表现得淋漓尽致。文人的介入，使中国传统戏曲剧本的文学性艺术性与诗词歌赋相得益彰，尤其是元杂剧、明清传奇的文学价值极高，其中佳作如《窦娥冤》《西厢记》《牡丹亭》等，不胜枚举。中国戏曲文学，是指"运用唱词、念白、科介等手段，通过一定结构形式，敷陈情节，开展冲突，刻画人物，抒发感情，表达主题思想的一种文学形式"。明代嘉靖中期的王世贞在《曲藻》的开篇就提出："三百篇亡而后有骚、赋，骚、赋难入乐而后有古乐府，古乐府不入俗而后以唐绝句为乐府，绝句少宛转而后有词，词不快北耳而后有北曲，北曲不谐南耳而后有南曲。"这里的北曲即包括北杂剧，南曲就是南戏。从这几句中可以看到，传统戏的唱词是要"入乐""入俗"和"谐耳"，这是词曲艺术的审美要求。精品剧作经典之处表现在"琢句之工""使事之美"和"体贴人情"这三个方面。也就是说，精品应该达到语言工整、宾白自然，对人物的刻画亦能够做到生动且合乎情理。戏曲文本的唱词和宾白多能在一语一调之间令人或酸鼻刺心、扼腕叹息，或傲然万物、壮怀激烈。只是近年来新编的一些传统戏曲的唱词实在粗浅，其水准令人不敢恭维，难登大雅之堂了。

（2）戏曲文本的文化意义。传统戏文本在唱词和宾白上都是十分讲究的，不但押韵

合辙，还讲求故事性、说教性。封建的中国传统文化，有它固有的落后和保守属性，但它更蕴含着仁、义、礼、智、信的深刻意义，这是中国传统文化的根基。不论在古代还是现代，一部好作品都必须满足"厚人伦、美风化"的标准。戏曲应当具有教化功能，必须与诗词文章一样，宣扬正统的文化思想，劝善惩恶，教化民众。把中国传统戏曲文本推介到欧洲，无疑是把中国传统文化介绍给外国人的一种重要方式。《赵氏孤儿》的舍生取义，《灰阑记》的清正廉明，《西厢记》的缠绵悱恻，《窦娥冤》的悲凄憾天动地，都是对中国古代社会和传统文化的描绘和解读。

2. 传播媒介

所谓传媒，就是传播各种信息的媒体。"传媒""媒体"或"媒介"，都是指传播信息资讯的载体，是传播方式和传播手段的具体化，即信息传播过程中从传播者到接受者之间携带和传递信息的一切形式的物质工具。传媒的迅猛发展使这个世界在无限变小。马歇尔·麦克卢汉说，正是传媒的力量使我们生活的世界变成"地球村"。在跨文化传播中，人本身往往就是传播媒介。传播媒介通过把要传播的信息进行编码和译码，把思想、情感、意向或者其他物质能量的信息转化为接受者能够理解的信息。在研究中国戏曲文本在欧洲传播时，由于彼此之间的文化差异很大，所以多方位多角度进行编译是非常重要的。传播媒介在中国戏曲剧本在欧洲传播中起到至关重要的作用，它是把中国戏曲推向世界的一个必需窗口。

（1）戏曲文本的翻译。语言是人类传播的基本工具，它是"人类精神认识实在、构造人类经验世界的工具和途径"[1]。人类认识世界需要借助语言，同时语言帮助人类记录世界的内容。创造和运用语言的行为对人们的社会关系产生重要影响。"语言学的任务在于：寻求在一切语言中永恒地普遍地起作用的力量，整理出能够概括一切历史特殊现象的一般规律。"[2] 语言不仅能够表达人的思想，也能够左右他人的心理活动和印象分析。人们借助语言来传递人类文明的成果。作为民族的重要特征之一，一般来说几乎每个民族都有自己的语言。不同的语言和语境存在使戏曲文本必须要有合适的翻译才能进行传播。戏曲剧本的翻译，是戏曲剧本跨文化传播的起始。翻译者翻译传统戏曲文本，通过国外的出版社或者报刊刊刻发行，这是一般的传播媒介所起到的作用。数字化、信息化时代的到来，互联网成为重要的传播媒介。戏曲文本的上传者（也可能是翻译者）、互联网站都是传媒的一个元素。当然，随着中国国际地位的提升，越来越多的外国人开始学习汉语，

---

[1] 孙春英：《跨文化传播学导论》，北京大学出版社2008年版，第53页。
[2] ［瑞士］费迪南德·索绪尔著，刘丽译：《普通语言学教程》，中国社会科学出版社2009年版。

大有不用通过翻译就可以直接阅读中国传统戏曲文本的趋势。但就目前来说，传播媒介翻译工作的作用依然不可忽视。

自法国传教士马若瑟节译《赵氏孤儿》以来，很多经典的戏曲剧本被翻译、介绍到国外。通过这些翻译和节译的作品可以知道，翻译者的翻译水平对欧洲读者理解原著影响巨大。比如马若瑟仅翻译了《赵氏孤儿》的宾白部分，大概当时是对唱词翻译的难度太大，这就直接影响到欧洲观众对中国戏曲的理解。如今，中国戏曲在演出时开始越来越多的使用双语甚至多语的字幕，以便让外国人更好的看懂中国戏曲。但是如果对文本翻译不规范、不恰当或是漏字母、漏单词，甚至翻译错误的话，就不能体现中国戏曲的艺术价值，更不可能让外国观众喜欢中国的中国戏曲。戏曲文本的翻译问题已经成为现阶段亟待解决的问题。

（2）传媒的导向作用。传媒学家认为"传媒具有选择性"[1]，比如在现实和政治事件中，传媒不提供对重要事件可信和准确的指南。传媒可以控制受众能够得到的信息，并通过信息作用于人的心理，进而潜移默化影响受众对事件的感觉和映像。传媒在进行编码和译码的过程中，一方面加入了本身对信息的理解，另一方面控制着信息的全面性。也就是说，受众所接受的信息未必是起始形态的信息。传媒影响着信息的真实性是跨文化传播研究尤其需要关注的。在传媒的导向作用下，在一种文化环境下形成并发出的信息，其意义与在其他文化环境中的接受者所领会到的意义可能大相径庭。在中国戏曲文本在欧洲传播中，传媒对戏曲文本的选择，能否把剧本中真正的思想内涵传递给受众，这直接影响接受者对中国戏曲的态度。尤其对于互联网来说，大众传媒的属性使之缺乏规范，有些不良网民发布一些糟粕剧目的文本，甚至改编成色情内容上传，误导了外国读者对中国戏曲的理解。传媒不应当从主观愿望出发，损害信息的全面和真实。中国戏曲文本作为一种文化符号，其出版发行也可以作为一项文化产业，在推向世界的过程中必须依靠媒介的宣传和推介，这就要求传媒应当实事求是地传递信息，树立中国传统文化艺术的国际形象，使之更具体更生动更为受众接受。

（3）戏曲周边文化产品的带动作用。从17世纪末开始，繁荣的中西贸易使得中国的瓷器、漆器、纺织品、绘画等各式各样的特产物品流入欧洲。新颖的东方样式、造型及图案给欧洲人以耳目一新的感觉。这些中国商品在潜移默化中得到了欧洲顾客的青睐。尤其是带有中国戏曲图案，包括戏曲服饰、脸谱等图案的商品，也悄悄走进欧洲人的视

---

[1] ［美］塞伦·麦克莱著，曾静萍译：《传媒社会学》，中国传媒大学出版社2005年版。

线。欧洲本地的生产者和经销商们也模仿制造了大量中国风格的产品。在18世纪中期有大量中国画进口到欧洲，英国和法国成为这些中国画主要的消费国家。在中国加工的瓷器中加入了一些欧洲情调的装饰，瓷器上精美的中国式图案和是欧洲人最为欣赏的，"他们相信从这些图形、纹饰、形状中所看到的就是中国"[1]。

戏曲周边文化产品一方面是戏曲传播的载体，另一方面又组成了戏曲传播的环境。不同文化背景的人们有自己独特的世界观和审美，在社会生活中逐渐形成的对事物的认识和看法难于改变。接受的过程有时是个潜移默化的过程，戏曲周边的文化产品作为戏曲传播的媒介，使受众可以通过了解和接受戏曲文化产品从而接受和喜欢中国戏曲。如：戏曲画册、脸谱陶艺、传统服饰、纱阁戏人等周边文化产品的出口传播，给欧洲受众留下了对戏曲的模糊认识和初步审美。也许正是对传统戏曲的美好感觉促使他们走进剧场看一场中国戏曲。从了解中国戏曲到接受中国戏曲的文本样式是同一过程，所以，戏曲剧本的传播深受戏曲周边文化产品这一传播媒介的影响。

（4）外交手段。政治在很多人心里都是一个敏感的字眼，同时也是传媒最为关注的对象之一。传统文化在政治的对外交流中起到很大的作用，比如，政府首脑在对外访问中带着中国的国粹京剧以显示中国文化的博大精深，同时也把中国戏曲剧本推向国外观众。这样，戏曲的对外演出成为一种外交手段，外交则充当了戏曲的传播媒介。外交关系的变化影响着戏曲剧本的传播：在中外外交关系稳定的时期，不论是官方的还是民间的，戏曲艺术的交流是很顺畅的。一旦邦交出现问题，则直接导致官方交流的中断，民间交流也会大受影响，导致交流的机会和频率都会下降。当今的世界整体局势稳定，我们正处于相对一个和平稳定的国际大环境下，各个国家都在相互的竞争和合作中寻求新的全面的发展机遇。外交政策的制定直接影响着文化艺术的交流和传播。我国的外交政策承认文化的多元化共存和发展，认可积极开展不同文化的对话，以构建人类美好的精神家园为根本目的。其实每一个国家，只要是具有开拓进取精神，富有顽强的生命力，就应该通过外交等手段促进文化的交流与合作，不断汲取他国文化的营养。

（5）外国政府支持。外国政府的支持与否，对官方和民间的剧团之间的交流产生影响，同时也势必影响中国戏曲剧本在该国的传播，有时这种影响是起到决定性作用的。假使一国政府不支持或者禁止中国戏曲的输入，戏曲剧本就不能够在该国发行，传播的媒介发生中断，整个传播过程也就无法完成。相反，在政府支持的前提下，戏曲文本在

---

[1] 张国刚、吴莉苇：《中西文化关系史》，高等教育出版社2006年版，第473页。

该国传播就很容易实现。在中国的经济实力很弱，国际地位极低的时代，中国戏曲也是被他国摒弃的一类，戏曲文本在传播的路途是十分坎坷的。21世纪以来，中国的国际地位已经有了很大的提升，经济实力也日渐加强，由此戏曲的产业化发展已经成为可能。国外的政府部门应该给中国戏曲一个展示的舞台，支持戏曲在该国进行演出活动，而且准许中国传统戏曲剧本在该国发行。

3. 欧洲受众

（1）受众的文化背景

在文化的传播过程中，受众作为对信息的解读者，自身的知识背景和社会地位等的不同也会成为信息被误读的原因。社会规范、观念体系和思维方式是在一种文化背景下长期形成的，对文化的误解和偏见是普遍存在的现象。异质文化背景的两种文化在交流碰撞中往往表现出不相容或不和谐，习惯了一种文化背景之后而产生的排他性往往是文化传播受阻的重要因素。不同的文化背景和知识结构造成了审美的不同，这必然会影响到欧洲受众对中国戏曲文本的理解。对于开放自主的个体主义思想占主导地位的西方社会来说，他们的文化背景和中国传统思想的核心内容是相悖的。要想让他们接受传统文化，就必须跟他们讲孔、孟，讲中国文化的儒、释、道。若非对中国传统文化有所了解，就不可能理解中国戏曲剧本中所包含的儒学、禅学、礼学以及封建的婚丧嫁娶方式和观念。可是，不要说外国人，中国人自己对这些了解的也不是很多，至少精通的不占多数。所以说，要想看懂剧本就必须对中国文化先做了解，也就是说中国戏曲的观众是需要培养的。虽然在与中国传统文化渊源较深、被中国传统文化影响较大的日本以及东南亚地区，人们比较能接受中国的传统戏曲，但是在异质文化背景下，欧洲、美洲等地的观众依然难以接受中国戏曲。中国戏曲多写意，就算是剧本也离不开读者的想象力，这对于习惯了写实风格的西方观众来说肯定是个障碍。

（2）欧洲受众对中国文化的态度

我们都知道，文化是个群体共享的东西。文化的层次性，让文化所包含的内容有了客观显性和主观隐性之分。一个国家的核心文化，就是人们头脑中最根深蒂固且不容质疑的东西，比如美国的核心文化中的人人平等、个体自由独立。这些观念在美国人的社会生活中是不必要思索的，这些观念也是他们生活的依据所在。一个社会的核心文化难以为另一个社会的人们所接受和理解，这是个不争的事实。人类社会在长期实践和意识活动中育化而来的价值观念、审美情趣、思维方式等构成很难改变。文化差异是客观存在的，而人们对待这种文化差异的态度却是主观的，可以改变的。18世纪德国文学家歌德曾有过让不同文化、不同生存方式共存的理想。文化差异直接会导致文化的误读，这是"基于已方的社会规范、观念体系、思维方式等对另一种文化产生的偏离事实的理解和评价"。[1] 在相当长的一段时间，西方人会把东方形容为落后的事物来进行评点，对东方文化的解读充斥偏见和歧视。一般情况下，当受众一方对一种文化产生抵触情绪后，传播行为很难取得进展。

中国传统文化是中华民族奉献给人类的极其伟大的贡献。从文化典籍的浩如烟海到文学艺术的精彩纷呈；从道德伦理的完备深刻到宗教哲学的智慧逻辑，共同构成了中国文化的主要内容。在历史上，我们的文化曾经走在世界的最前列。时至近代，开放的世界和闭塞的中国之间矛盾百出。落后的国度，其文化也必然受到鄙夷。在这种情况之下，中国戏曲的文本传播和戏曲的舞台演出一起为多数欧洲受众所不接受。在17世纪到20世纪中期以前，戏曲剧本在欧洲的文本传播相对缓慢是跟欧洲受众对中国文化的不认可态度息息相关的。然而今天，由于我国的经济实力不断增长，国际地位不断提高，越来越多的外国人对中国文化产生了好奇，也对中国戏曲这种陌生的戏剧样式产生了兴趣，戏曲文本在欧洲的发行日渐增多，导致戏曲的传播比以往更加的频繁，而且越来越成功。

（3）中西观众对戏曲的欣赏视角不同

17至18世纪的欧洲，是浪漫主义盛行的时候，西方人将中国戏曲列入了通俗剧的行列。直到19世纪末期，现实主义才被多数导演所反对，而中国戏曲跳进跳出表演模式吸引了西方戏剧工作者的注意。中国观众欣赏戏曲不但欣赏舞台的唱念做打的技艺，还很注重欣赏戏曲唱词，戏曲已经融入农耕社会时期人们的日常生活当中。而19世纪的欧洲观众却以一种很挑剔的心理来看待中国戏曲，并毫不留情的对其嗤之以鼻。西方人习惯性认为观看戏剧是一种高雅的社交活动，当他们看到中国观众在戏院喝茶、交谈甚至赌博时，难免会产生厌恶情绪。这在一定程度上也促进了中西戏剧心态视角差别的形成。

（三）集结影响要素及建立概念模型

1. 集结要素并初步建立概念模型

戏曲文本自身因素、传播媒介因素、欧洲受众因素共同涉及文化、经济、政治的各方面，共同作用于中国戏曲文本在欧洲的传播，它们构成了传播的三个环节，任何一项的缺失都会导致传播过程的中断。这三个要素之间互相联系、互相渗透、互相影响，而

---

[1] 孙英春：《跨文化传播学导论》，北京大学出版社2008年版，第95页。

核心问题是中国戏曲文本在欧洲的传播。每一大要素还包含若干下一层次的元素，下一层次的元素之间同样联系紧密、互相影响。自身、传媒、受众这三大要素之间相互联系，相互制约，但又各自独立。首先它们不是因果关系，不是先后关系，也不是主次关系，它们三个是在同一层次上的并列关系。至此，本文完成了对影响戏曲文本传播的影响因素的列举和集结。通过对各影响因素的梳理，我们得出影响戏曲文本在欧洲传播的三大要素就是戏曲文本自身因素（自身）、传播媒介因素（传媒）和受众因素（受众）。这三大影响要素共同作用于核心问题，即戏曲文本的欧洲传播。这时，我们考虑，把三大要素放置在一个三角形的三个角上，中心是核心问题。一方面，三大要素对中心点处的核心问题，即戏曲剧本的欧洲的传播发挥着自己的独特作用；另一方面，三大要素通过直线相连，表示他们之间的关系。这样我们可以初步建立概念模型如图1：

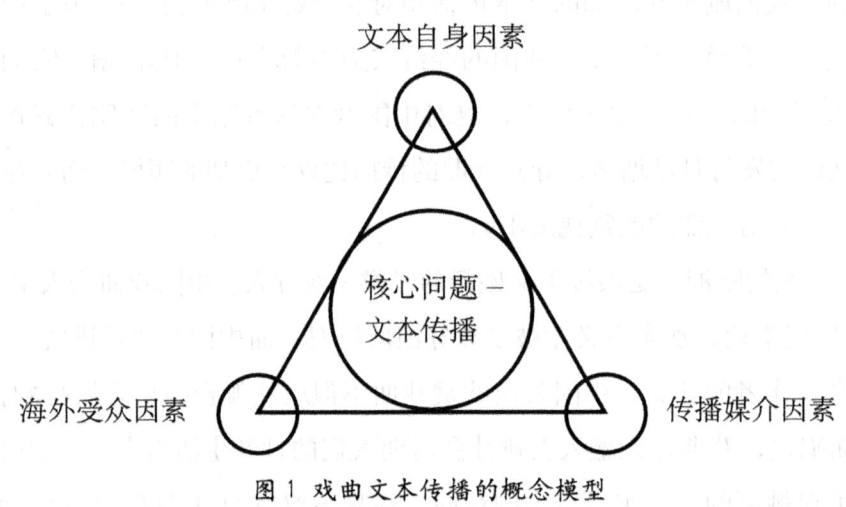

图1 戏曲文本传播的概念模型

其中：中间大圆球代表核心问题戏曲文本传播；三角处小圆球分别代表影响传播的三大要素。

2. 模型的扩大过程和模型分析

在模型中，从任一个元素出发，以受众为例，进行横向的分析。我们发现，受众一方面受传媒要素的影响，另一方面也受戏曲文本自身这个要素的影响。同时，受众影响着传媒要素，并且影响着戏曲文本自身要素。可见它们三个因素相互作用、相互制约，而这三大要素之间的关系是由它们之间的连线表示，连线的长短变化可以表示出三大要素之间关系的动态变化。而这三个要素是处于同一个层次的横向影响关系，它们处于同一个平面上，又与核心问题紧密相关，它们共同作用于核心问题并从属于核心问题。同样三大要素和中心的核心问题之间的关系可以通过调节它们之间的连线来实现，例如在某一情况下传媒对核心问题的影响增强的话，就可以缩短它们之间的距离，使核心问题靠近传媒这一要素。可见这个概念模型不但能够表达出各个要素之间的横向关系，还能形象表达各要素和核心问题的关系。这样就把戏曲文本在欧洲传播的各个影响因素用概念模型表述出来。但是该概念模型有它固有的缺陷，对核心问题不能清晰表达出各个要素间相互作用的量的关系，而且这样的模型不是唯一的。

这样通过建立概念模型就把戏曲文本在欧洲传播的影响因素作了简要的分析和论述，最后把所有的影响因素归结为戏曲文本自身因素、传播媒介因素和欧洲受众因素三大要素。三大要素之间的关系以及和核心问题的关系已经通过概念模型做出了表达。而这三大要素作为一个复杂系统的元素是可以再分到下一层次的，不但它们之间的关系错综复杂，它们还分别和周围的环境存在能量和信息的交换，具有开放性。该模型能够表达几乎所有的在18世纪中国戏曲剧本在欧洲的文本传播状况。

四、对戏曲文本跨文化传播的新思考

中国戏曲剧本《赵氏孤儿》在18世纪经马若瑟翻译后，在法国出版，后传入欧洲并在欧洲各国之间广泛传播，这是中外戏剧文化交流的重大事件。同时，这也标志着中国和西方戏剧文化交流的真正的开始，说明了中国戏剧在世界戏剧文化史上写下了自己浓墨重彩的一笔。通过分析我们发现，这个传播的过程是十分艰苦的，某一个环节出现纰漏都会对传播造成很大的影响甚至造成传播的中断。庆幸的是，中国戏曲剧本《赵氏孤儿》冲破各种困难，第一个抵达欧洲，让欧洲的读者们第一次感受到了中国戏曲这一艺术样式，第一次领略中国元杂剧的文化内涵和无穷魅力。中国的儒家思想在西方的传播，《赵氏孤儿》作出了自己的贡献。自20世纪以来，《赵氏孤儿》在欧洲的编演热潮虽然已经过去了，但这个剧本的新译本以及评论著作仍不断出版。1973年，伦敦出版了艾伦翻译的《赵氏孤儿：五幕戏剧》。由此可见《赵氏孤儿》在西方足以称得上是一棵常青树了。1990年，孟华博士翻译了伏尔泰的改编本《中国孤儿》，后来该剧与京剧《赵氏孤儿》在天津同台演出，这在中西文化交流史上不能不说是一桩盛事。2001年，李岚清访问法国时，向法国总统希拉克赠送《赵氏孤儿》书籍作为礼品。另外，充满东方神韵的戏曲故事在西方的剧场累次上演，尤其是近年来，京剧、越剧、豫剧版的《赵氏孤儿》都曾在法国、德国、意大利等欧洲国家登台亮相，展示着中国戏曲的风采。

《赵氏孤儿》开启了中国戏曲文本在欧洲传播的先河，此后，大量剧本被译介到欧洲。

据专家统计,中国传统戏曲剧本被翻译推介到海外的作品有将近50种之多,包括《西厢记》《灰阑记》《汉宫秋》《琵琶记》《牡丹亭》《长生殿》《桃花扇》《倩女离魂》《十五贯》《望江亭》《单刀会》《杀狗劝夫》《金钱记》《玉镜台》《鸳鸯被》《合汗衫》《谢天香》《救风尘》《东堂老》《潇湘雨》《来生债》《薛仁贵》《梧桐雨》《老生儿》《砂担》《铁拐李》《秋胡戏妻》《岳阳楼》《马陵道》《黄粱梦》《昊天塔》《两世姻缘》《酷寒亭》《桃花女》《忍字记》《梅香》《误入桃园》《抱妆盒》《看钱奴》《货郎担》《风筝误》《奈何天》《慎鸾交》《比目鱼》《燕子笺》等。其中有很多部作品被全译成多种文字,广受海外读者的欢迎。比如我们熟知的《高加索灰阑记》,就是德国著名戏剧家布莱希特根据我国元代戏剧家李行道的《包待制智勘灰阑记》改编的。《高加索灰阑记》的问世,也是中国戏曲文本传播的幸事,布莱希特直接套用中国戏剧的基本情节而写成的剧本,被公认是最重要和最成功的叙述体戏剧之一。

中国戏曲是世界三大古老戏剧唯一生命依然的一脉。梵剧已经随着古印度文明的凋零而不复存在,"希腊悲剧便因内战和亡国偃旗息鼓,代之而起的罗马帝国的公民们,也爱戏剧但更爱角斗竞技,他们没能承担起弘扬希腊戏剧的重任。捱过中世纪的漫漫长夜后,戏剧艺术在文艺复兴的曙光里逐渐振兴。但就总的趋势而言,希腊古典戏剧的综合性已荡然无存;伴随着工业社会的精密分工和机器轰鸣,西方戏剧艺术也逐渐分割成为话剧、歌剧、舞剧等专门艺术单行其道,各自得到高度发展"[1]。

以上我们梳理了中国戏曲文本在海外的传播情况。虽然戏曲文本的海外传播速度一直在加快,但仍然无法和舞台演出传播速度相提并论。尤其是近年来,影音技术的进步使得戏曲影视的发展非常迅速,只需要在戏曲网站上点击一下就可以下载戏曲视频来欣赏。视频的直观性让海外受众较之文本来说更容易理解中国戏曲,而且观看视频占用的时间一般比阅读文本要少得多,对忙碌的现代人来说,省时是无比重要的。这是戏曲文本传播相对落后的原因之一。

另外,自进入21世纪以来,文化的侵略和渗透日益加深。从好莱坞的商业大片和百老汇的音乐剧到以英、法、德、意为代表的西方流行艺术,在世界范围内掀起一场文化入侵的高潮。西方人的价值观念在潜移默化中根植于年轻人心中,达成了以西方文化为主流文化的共识。中国传统戏曲凭借民族特色,在国际艺术舞台上只拥有立足之地,跟好莱坞大片、百老汇音乐剧和意大利歌剧相比,显然处于劣势。西方艺术潮流的冲击成为中国传统戏曲文本海外传播的绊脚石。

---

[1] 谢柏梁:《中华戏曲文化学》,南京师范大学出版社2004年版,第66页。

影音的视听优势固然是文本所不能及,然而文本也有自身的优势。剧本语言的文学性自然是通过文本来体现的,还有文本给读者留下的想象空间也是影音所不具备的。在翻译和出版剧本过程中,可以适当添加一些古典的插图,增加书本的美感。翻译必须是对中国戏曲的唱词有深入研究之后才可以进行,切忌出现错译现象。节选之后进行翻译也是个不错的传播手段,很多南戏和传奇的篇幅巨大,可以选取其中经典的几折精确翻译,方便海外读者阅读。另外,要建立有影响力的网站,不但提供戏曲影视的下载,更要提供文本的阅读和下载链接,最好是多语言的版本。这样就方便了海外的读者上网查询中国戏曲,阅读戏曲剧本。

(一)基于影响因素探寻中国戏曲对外传播方式

通过对戏曲跨文化传播的影响因素列举和梳理,我们发现戏曲自身因素、传播媒介的因素和海外受众的因素是影响中国戏曲对外交流与传播的影响因素的第一层次,它们的次级因素包括:文本价值、文本的文化意义、翻译和改编、传媒的导向作用、戏曲周边文化产品的带动作用、外交手段和政府文化政策、受众的文化背景、受众对中国文化的态度等。我们想要促进中国戏曲文本在海外的传播,就必须首先解决好这些问题。对这些因素进行划分,可以分为政治范畴、经济范畴和文化范畴。政治范畴的解决方式,可以通过加强官方的对外演出,民间戏曲交流课作为辅助。经济范畴的解决方式,可通过商业的对外宣传,官方协助制定相关政策。文化范畴主要应该通过受众对戏曲的体验,产生对戏曲的美好感觉,以及加强中西戏剧高校和研究机构之间的戏剧交流。这样,促进中国戏曲文化传播的方式可以暂时把它们归结为如下四种:对外演出、对外宣传、戏曲体验和戏剧理论交流。

(二)具体传播方式的分析

1. 对外演出

对外演出可以分为官方组织演出和民间自发演出,其中官方组织演出这一传播方式的提出是因为外交手段和外国政府支持这两个政治因素;民间自发演出则多为经济和文化方面的原因。在对海外受众因素进行分析时我们知道,在国内欣赏戏曲对于当今年轻人来说已经不再是一种娱乐欣赏,进剧场看戏也渐渐成为人们偶尔的一次文化怀古和朝圣。中国戏曲的对外演出,不管是出于官方的政治外交目的,还是出于民间的经济考虑,都充当了文化和友谊的使者。据明人姚旅《露书》记载,中国戏曲的对外演出早在明代万历年间就开始了，福建的戏曲艺人曾在万历年间到琉球国王宫演出过《姜诗》《王祥》《荆钗记》等。清代及以后，戏曲的海外演出愈发紧锣密鼓，张桂轩抵日本、朝鲜演出，第一次将京剧介绍到海外。之后的杨月楼、黄月山、王鸿寿、李多奎、高庆奎、周信芳、王宝魁、王少奎等也都曾远涉重洋，还有影响深远的梅兰芳的旅美演出，把中国戏曲呈现在西方观众眼前。新中国成立以后，中国戏曲的对外演出更是从未间断，演出团体多出于政治外交需要充当文化大使。随着全球化进程的加快，戏曲的对外演出可谓是官方和民间双管齐下，中国京剧院和地方各院团经常参加一些国际戏剧节和进行一些海外商业演出。这是中国戏曲对外交流和传播的第一方式，也是最直接的方式。

2. 对外宣传

在传播媒介的因素中，传媒的导向作用十分重要，对外宣传是中国戏曲对外交流和传播的又一方式。戏曲可以通过国际广播、国际电视和互联网来传播，依靠媒体进行宣传和推介。我们知道，当年梅氏访美的成功得益于中美两国各大媒体的争相报道。当今世界传媒业的迅猛发展，形成了一批实力强大的传媒集团，它们早就突破了以往仅仅作为政府喉舌的身份，而中国的传媒业发展显得有些滞后。中国的国际广播和国际电视应该采取措施，逐步改变国际舆论市场中"西强我弱"的局面，挤进由美、英、俄等国控制的第一方阵。我们应该建立中国戏曲的国际网站，并提高唱词翻译水平，对中国戏曲进行对外宣传。

3. 戏曲体验

所谓戏曲体验就是通过让异质文化背景的海外受众对中国戏曲进行体验，达到使他们喜欢中国戏曲的目的，进而实现戏曲的对外交流和传播。该传播方式的提出来自于对传媒要素之"戏曲周边文化产品的带动作用"和海外受众因素的解析。具体的体验方式有很多，比如开发戏曲旅游、生产戏曲周边文化产品等。"体验经济理论认为工作就是剧场，服务作为舞台，商品作为道具，消费者和服务人员都是演员，顾客的表演过程就是消费过程，这样的过程使顾客产生美好的感觉和难忘的体验。"[1] 对于戏曲体验的获得则可以根据戏曲的故事情节铺设场景，为他们提供戏服并化妆，使游客有置身于戏中的感觉，身临其境，去体会剧中人物的悲欢离合情感曲折，同时可以让他们亲自参与到戏曲表演中来。这样做必然会使旅游者获得"美好的感觉和难忘的体验"。北京前门饭店的"梨园剧场京剧旅游"、周庄的"昆曲旅游"、杭州的"黄龙越剧旅游"等都是比较成功的案例。

---

[1] [美]约瑟夫·派恩、詹姆斯·吉尔摩著，毕崇毅译：《体验经济：工作是剧场，业务是舞台》，机械工业出版社2002年版，第125页。

与戏曲旅游开发相伴的还有戏曲脸谱、戏曲人物陶艺和"纱阁戏人"的生产制作，通过亲手制作戏曲周边的文化产品而获得的美好体验定然会令人产生对中国戏曲的喜爱，这是进行戏曲海外传播的又一方式。

4．戏剧交流

中西戏剧学术交流多发生在研究中心和高校之间。中国戏曲的艺术水准和艺术价值已越来越得到世界各国戏剧研究者的认可，不管在演出上还是在文本唱词上，学术研讨工作频繁举行。以中国戏曲学院为例，近两年分别与美国宾汉顿大学、加拿大康考迪亚大学和瑞士苏黎世艺术大学开展文化交流合作项目，并与宾汉顿大学、苏黎世艺术大学、俄罗斯圣彼得堡国立戏剧学院、俄罗斯国立戏剧学院、韩国中央大学、灵山大学、首尔大学等海外学院缔结为姊妹院校。戏曲学院一方面频繁举办关于中国戏曲的学术交流和研讨会，另一方面向海外院校派遣学生充当戏曲教师，同时准备与姊妹院校合作建立戏曲孔子学院，这对戏曲的海外传播起到很大的助推作用。

五、结语

18世纪是中国戏曲剧本在欧洲传播的一个高潮时期，《赵氏孤儿》更是一个中国戏曲剧本在欧洲传播的典型。分析《赵氏孤儿》在欧洲的传播情况，就能够弄清楚这一时期中国戏曲剧本在欧洲传播的影响因素。通过梳理这些影响因素，论证影响因素之间的关系以及对核心问题的影响，本文建立起了18世纪中国戏曲剧本在欧洲传播的概念模型。影响18世纪中国戏曲剧本在欧洲传播的因素归结为剧本自身因素、传播媒介因素和欧洲受众因素，这三大因素都包含着下一层次的次级因素，各因素之间关系、各因素对核心问题的作用都在概念模型中得以体现。在此基础之上，本文对当下中国戏曲文本传播提出了几个可行的刺激性方案，旨在为中国戏曲的跨文化传播提供一些建议和思考。

京剧跨文化传播非语言要素研究

乔 玉（2009级）

一、引言

在交流和传播中，我们离不开语言交流和非语言交流的运用。通常我们谈到交流和传播时，总是首先想到运用语言进行交流，因为"语言是人类社会中最重要的符号系统，它是人们进行交流、沟通最主要的工具"[1]。伴随着人类社会的产生而形成的语言，是人们在长期的社会交往中约定俗成的，所以拥有相同语言系统和文化背景的人们在一起用语言交流是十分自然的。

其实语言的使用只是我们进行交流和沟通时所使用的方式之一。语言在交流过程中固然起了很大的作用，但也仍有不足之处。德国著名语言学家和哲学家 Wilhelm von Humboldt 明确而系统地提出了语言相对论。他的主要观点有三个方面：第一，一门语言的结构对语言使用者心理过程的某些方面有决定性的影响；第二，不同的自然语言有不同的语言结构；第三，自然语言的语言结构是稳定的，是不因语言使用者个人的努力而改变的。Humboldt 的第一和第二个观点实际上是在说：不同的语言结构决定人们不同的认知和思维。……由于语言本身是人类思维的产物，所以，使用不同语言的人们会用不同

---

[1] 董璐：《传播学核心理论与概念》，北京大学出版社2008年版，第139页。

方式思维。[1]比如，中国文化就是很典型的高语境文化，交流的时候需要根据对方的身份，以及交流的时间、地点等来决定用什么样的词汇，所以中文的表达是非常复杂也是十分微妙的，而我们也会经常从交流时的其他方面来理解对方的真实意义，比如通过在交流时所运用的其他方式，如表情、动作、语调、服饰、时间、空间等。我们通过这些语言交流之外的方式，即非语言方式，来表达自己的感情和思想，传达各种信息。使用非语言进行交流是整个交际过程中必不可少的组成部分，它具有语言交流所不可替代的交际功能。

作为交流和传播的一个组成部分，非语言符号进行交流的运用是很重要的。一方面，非语言符号的使用是文化的一部分，它来源于文化，同时受文化的制约；另一方面，从某种程度上来说，它反映了文化及其价值的深刻内涵。具体到跨文化交流中，语言符号的交流是可以通过语言学习而逐渐习得的，但对于深深扎根在文化之中的非语言行为的学习就必须依赖于对一种文化及其价值的深入理解。所以与语言符号的交流相比，非语言符号的交流形式更能体现交流双方的内心。由此可见，非语言符号也是社会发展的产物，是人类重要的交流与传播工具。在人际沟通过程中，往往比语言符号包含着更多真正的隐含意义。

在交流过程中，尤其是跨文化的交流中，我们更需要将语言交流和非语言交流结合使用，使两者相互补充，更好地完成交流的整个过程。在很多语境中，没有非语言符号的辅助，语言符号往往难以实现有效的交流目的；而非语言符号也必须在一定的语言符号配合之下，才能达到明确的交流目的。

中国的京剧艺术博大精深，作为"国粹"，京剧已经成为中国文化的代表符号之一，同时京剧艺术也深为外国观众所喜爱。说到京剧的表演，就不能不提到"四功五法"，即唱、念、做、打，手、眼、身、法、步。在"四功"中，唱、念虽在狭义上归属于语言的范畴，但从广义上说，唱的旋律、节奏，念的音调等"副语言"则属于非语言的研究范畴。"五法"则更明显是非语言范畴。除此之外，一向为外国观众所感兴趣的京剧脸谱、京剧服装等也属于京剧艺术中的非语言范畴。由此可见，非语言要素在京剧表演艺术中起到了很大的作用。

近年来，京剧艺术作为中国民族传统文化的优秀代表不断地走出国门，走向世界，还于2010年11月16日被联合国教科文组织列入了"人类非物质文化遗产代表作名录"，这必将会引起更多外国观众对京剧艺术的兴趣。那么，如何能让外国观众更好地欣赏及理解京剧艺术，如何将京剧艺术的精髓传递给外国观众，是我们所需要重视和研究的问

---

[1] 严文华：《跨文化沟通心理学》，上海社会科学院出版社2008年版，第50页。

题。不难发现,在为外国观众演出的京剧中,武戏、做功戏占很大的一部分,这便从一个侧面说明了京剧中的非语言要素在其进行跨文化传播时起到的促进作用。所以本文选取跨文化传播中的非语言符号研究与京剧艺术的跨文化传播相结合,力图通过分析京剧中的非语言要素在跨文化交流时的作用和对观众产生的影响,来进一步探索京剧跨文化传播之道路。

另外,从目前学者对京剧艺术的研究来看,研究京剧中非语言要素的尚属少数,一般仅会在介绍性的文字中出现且一带而过,并未明确指出是从非语言要素的角度进行研究。本论文的研究即从非语言的角度出发,为研究京剧艺术,尤其是京剧艺术的跨文化传播提供了一个全新的视角。

二、非语言交流概述

梅拉宾曾提出,在面对面的沟通中,人们所有的感受,只有7%来自语言,而38%来自声音,55%来自面部表情。[1] 也有统计显示,在面对面的人际传播中,大约65%"社会含义"是通过非语言符号表达的。[2] 这些数字充分地表明了非语言沟通的重要性,即人们在交流的过程中语言并不能代替所有,还需要有非语言作其补充,来弥补语言沟通在信息传播中的某些不足。

(一) 非语言交流及其特点

依照伯古和塞恩(Burgoon and Saine)的界定,非语言交流是"不用言辞表达的、为社会所共知的人的属性和行动,这些属性和行动由发出者有目的地发出或被看成是有目的地发出,由接受者有意识地接受并可能进行反馈"[3]。通过这一定义我们可以看出,非语言交流是语言交流之外的一种交流方式,其中包含的信息是社会所共知的,交流的结果是由信息的传送者、接受者和交流环境所共同作用产生的,这样的信息对交流双方都有潜在的价值或意义,一旦这些信息被对方感知,就产生了交流意义。

一般来说,非语言交流具有以下几个特点。

---

1 严文华:《跨文化沟通心理学》,上海社会科学院出版社2008年版,第65页。
2 张国良:《传播学原理》,复旦大学出版社2008年版,第103页。
3 陈雪飞:《跨文化交流论》,时事出版社2010年版,第206页。转引自Burgoon J.K., and Saine T., *The Unspoken Dialogue: An Introduction to Nonverbal Communication*. Boston: Houghton Mifflin, 1978。

第一，非语言交流的无意识性。相对于语言交流来说，绝大多数非语言交流都是在无意识中进行的。语言具有正式的语法和使用规则，交流时有法可依；而非语言交流则没有正式的规定或成型的模式，绝大多数的非语言交流甚至是在完全无意间表现出来的，比如那些由生理本能所产生的反应。从这一层面而言，非语言交流的信息常常在无形中被感知，比语言交流更真实，更可靠。"如果对方所说的话与其非言语信号不一致，人们更倾向于相信非言语信号所揭示的信息。因为语言是高度社会化的产物，人们更擅长用它来掩饰自己，而非言语信号更多的与我们内隐的情绪、内在的感受、潜意识相联系，更少受到正规训练，因而更可信。"[1]

第二，非语言交流受环境的制约。"同样的非语言行为，在不同的时候，可以有不同的含义，例如人们会因悲伤、愤怒、激动、高兴而哭泣。"[2]我们用"微笑"这一表情来举例，人们在高兴的时候用微笑来表示喜悦，但微笑用来作为一种掩饰也会出现在悲伤的时候。有时微笑表示赞同和肯定，但有时微笑则表达嘲笑和讥讽，所以其含义完全取决于行为发生时的具体情境。此外，在不同的文化环境中，人们对同一非语言符号的理解也可能会产生偏差。比如同是点头这一非语言行为，在有些文化里表示同意，而在另一些文化里则表示不同意。所以非语言交流不能离开环境，否则就很难说明其意义。

第三，非语言交流的连续性。语言交流是有始有终的，以一段完整的语言结束而停止，它是非连续性的，可间断的。而非语言交流却具有连续性，比如，"在激烈的讨论之后，也许不再开口，保持沉默——语言交际中断或停止，但是冷眼凝视、怒目相看的面目表情却仍在传递着许多的信息。也就是说只要他人或你自己感觉到你的身体、面部和自身的存在，非语言交际的可能性就存在。"[3]可见，即使一个人看似没有动作，他的非语言行为也同样会发出某种信息。

第四，非语言交流的组合性。非语言交流的行为很少孤立出现，在实际的交流过程中，往往是多种非语言行为同时出现，共同传达信息。

（二）非语言符号

在人类长期的交往和实践中，非语言交流的行为经过慢慢的积淀就形成了某种社会的共同习惯，于是非语言交流的行为就逐渐被解读成为一套有意义的符号体系。

---

[1] 严文华：《跨文化沟通心理学》，上海社会科学院出版社2008年版，第65页。
[2] 樊葳葳、陈俊森、钟华编：《外国文化与跨文化交际》，华中科技大学出版社2008年版，第149页。
[3] 樊葳葳、陈俊森、钟华编：《外国文化与跨文化交际》，华中科技大学出版社2008年版，第149页。

所谓符号，就是用某种能感知的形式来代表某种事物或现象的结合体。符号由两个要素构成："一个是形式，必须是人们可感知的途径，如听觉、视觉、嗅觉、触觉、味觉等；另一个是意义，即这个形式所代表的事物或现象。形式和意义一结合，就成了'符号'。"[1] 从中我们可以看出，符号是信息的物质载体，是进行交流和传播过程中不可或缺的元素。"在人类生活中，符号实质上是信息的感性袒露和外在表征。"[2] 那么，在交流过程中，交流双方将信息转化为可令对方接受和理解的符号，而后接收到符号的一方将接收到的符号还原为对方所要表达的信息和意义，这实际上就是一个通过符号进行编码和译码的过程。在交流过程中，符号就是交流信息的代码，是信息传播的媒介和载体。

由于非语言行为具有社会性，所以非语言符号就是人类在长期的生产生活中，将社会实践和生活经验中的非语言行为符号化并赋予了特定意义的产物。非语言符号是指"不以人工创制的自然语言（如汉语、英语）为语言符号，而以其他视觉、听觉等符号为信息载体的符号系统，例如手势、表情、声调等"[3]。在进行交流与传播时，这些符号所代表的事物或指代的现象是社会约定俗成的。比如，古时用烽火做信号来表示有敌人进犯，男人给女人送玫瑰花表示爱情。不同工作的人穿着不同的制服来表示他们的职业，红色信号灯提示人们注意或表示有危险，等等。诸如此类的很多非语言行为，如人的手势、姿势、动作、眼神、表情、穿着等，在特定的语境中就成为一种特定含义的"符号"。

（三）非语言符号的分类

通常情况，我们将非语言信息分为两类：一类是主要由身体行为发出的信息，如外表、动作、面部表情、目光接触、触摸、味道和副语言；另一类是个体同环境相结合所发出的信息，如空间、时间和沉默。

所谓外表和服装，即穿得多与少，样式如何等，这些都可以反映出某种文化的价值取向。

身体动作，如姿势和就座习惯、手势、面部表情的表露、目光接触和凝视时间的长短、触摸等。

副语言指的是讲话的语言要素，也就是说话的方式，而不是所说的话的实际意义。它可以分为三种：声音特征词，如笑、哭、喊、呻吟、哀鸣、打嗝、打哈欠等；声音

---

[1] 吴为善、严慧仙：《跨文化交际概论》，商务印书馆2009年版，第13页。
[2] 孙培菡：《从京剧脸谱看视觉符号在文化传播中的体现》，载《河南广播电视大学学报》2010年10月。
[3] 董璐：《传播学核心理论与概念》，北京大学出版社2008年版，第141页。

修饰词，如音量、音质、音律、音频、共振、音调；声音区分词素，如un-huh, shh, uh, oooh, mmmh, humn。

空间和距离是指个人空间的大小，如何安排座位、摆放物品等。

时间是指人们对时间的感知与态度，比如对过去、现在、未来的感知，以及是单维时间观念还是多维时间观念等。

沉默也是非语言符号的一种，沉默传递着一些与我们的交流情境相关的信息。比如沉默可以给对方一些时间去思考，同时也有助于信息的反馈。有时甚至会超越语言渠道，揭示话语里隐含的内容。

那么，从广义上讲，我们又可将所有的非语言符号分为两大类：视觉符号和听觉符号，即语义学家佛迪南·德·索绪尔（Ferdinand de Saussure）的分类方法。其中，视觉性的符号又分为动态，如身体语言、人际距离、运动画面等，以及静态，如标志、衣着、道具、绘画、摄影、雕塑等。听觉性的符号包括类语言，如笑声、哭声、呻吟、叹息等，以及其他声音符号，如乐声、鼓声、口哨、汽笛等。[1]

（四）非语言交流的作用

使用非语言符号进行交流在交际过程中的作用是不可忽视的。我们在交流过程中也会有这样的体会，尤其是面对面交流时，我们是不可能避免非语言交流的，比如一颦一笑、一个眼神都可以传递信息。即使不开口说话，我们其实就已经通过自己的衣着、动作、姿势等传递了许多信息。也可以说，"非语言总是先于语言'暴露'了我们自己"[2]。

非语言交流在沟通中具有重要的作用。拉里·A·萨默瓦和理查德·E·波特指出，非语言交流具有重复、补充、替代、调控、冲突的作用：[3]

所谓重复，即以非语言的方式重复表达语言信息，这种非语言与语言的意义类似，相互强调。比如说"是"的同时点点头。

补充，即用非语言的暗示、面部表情、手势、人与人之间的距离或副语言等来为语言增加一些额外的信息，用以强化添加信息的传播，起到补充的作用。

替代，即用非语言信息代替语言信息发出信息，比如见到朋友会心一笑便是问候，

---

[1] 董璐：《传播学核心理论与概念》，北京大学出版社2008年版，第138页。

[2] 陈雪飞：《跨文化交流论》，时事出版社2010年版，第209页。

[3] [美]拉里·A·萨默瓦、理查德·E·波特著，闵惠泉、王纬、徐培喜等译：《跨文化传播》（第四版），中国人民大学出版社2004年版。

无需多言。

调控，是指用非语言行为调整和控制交流的过程。比如在对方讲话时点点头表示同意对方的观点，可以让他继续讲下去。

有时，非语言行为发出的信号会与语言行为相反，这即是冲突。比如你在说"不紧张"的时候，声音却在颤抖，出现这种情况时，非语言行为往往就更具有真实性。

莱瑟斯（Leathers）认为非语言交际较语言交际具有更重要的功能和意义，主要依据以下6个理由：第一，非语言要素在人际交往的语境中起着决定其含义的作用；第二，通过非语言交际的手段表达的情感更为准确无误；第三，非语言交际传达的信息不会被歪曲，所以相对来说真实无欺；第四，非语言交际具有超交际功能，交际者往往依赖非语言暗示来判断交际者的意图，以达到高质量交际的目的；第五，非语言交际的暗示作用可以更有效地传达信息；第六，非语言交际最适宜间接地传达隐含的示意，即一些只可意会难以言传的交际内容。[1] 由此可见，非语言交流可以弥补语言交流的不足，在语言交流的基础上增强交际的力度，促成交际全过程的完整性。交流双方也可以依靠非语言符号来判断对方的真实意图，体会到一些"只可意会，不可言传"的内容。所以，非语言交流是人们在交往中不可缺少的组成部分，它同语言交流相辅相成，共同完成整个交流的过程。

在跨文化的交流中，非语言行为所起到的作用更不可忽视。由于语言存在差异，所以在没有翻译的情况下，非语言就成为人们沟通的主要方式，并通过一些手势、动作、表情等来传达自己的意思使对方明白。但同时我们也要看到，非语言交流是复杂的、多方面的，是便于产生共鸣的，但也是容易引起误解的。

非语言交流的意义通常是模糊的。伍德强调这一点时说："我们永远也无法确保他人能够理解我们用非语言行为所表达的意思。"[2] 尤其又是在与不同文化背景的人进行交流时，我们更需要注意到文化的差异，在跨文化的交流中充分、合理、恰当地利用非语言要素。

尽管利用非语言要素进行交流是跨文化交流中的重要内容，但是相对于语言交流而言，人们对它的研究还不够深入，"造成这种情况的原因之一在于非言语信号本身具有动

---

[1] 樊葳葳、陈俊森、钟华编：《外国文化与跨文化交际》，华中科技大学出版社2008年版，第151页。

[2] J.T.Wood, *Communication Mosaics: A New Introduction to the Field of Communication* (Belmont, CA:Wadsworth, 1998),105. 转引自[美]拉里·A·萨默瓦、理查德·E·波特著，闵惠泉、王纬、徐培喜等译：《跨文化传播》（第四版），中国人民大学出版社2004年版。

态性,进行量化研究有诸多困难,研究的起点受到各种限制,如编码问题。如何对面部表情进行编码?如何对目光接触进行编码?"[1]而这样的问题却可以在京剧的跨文化交流中得到一定的解决。京剧艺术历经200多年的发展,将中华传统文化沉淀其中,这使得京剧中的某些手势、动作、服装、化妆的细节及某些道具的使用都成为一种约定俗成,即形成了程式。某一眼神代表什么意思,某一服装显示出了人物怎样的身份,某种道具的摆放体现了何种情境等都已经成为被"编码"好了的符号,形成了京剧中我们所说的"程式"。在京剧舞台上,演员就是运用这种程式化的手段来表现故事、表达情感的。所以,非语言要素在京剧跨文化交流中所起的作用是不容小觑的。

三、京剧中的非语言要素

京剧中的非语言要素运用是强大的,一出完整的戏,可以没有语言,但却不能没有这些非语言的要素。比如在1952年,当时的东北戏曲研究院京剧实验团就创作出了现在京剧舞台上的经典武戏《雁荡山》,这出戏开创了一种不用唱、念词语,全剧完全运用非语言元素,即肢体语汇和音乐伴奏来呈现的方式。至今,此戏在京剧舞台上仍久演不衰。

下面分为几个方面来介绍一下京剧中的非语言要素。

(一)京剧演出中的听觉要素

提到京剧演出中的听觉要素,可能大家首先想到的就是唱段,是戏词,认为这是京剧中的语言部分。实际上,在京剧表演中,演唱时的旋律、念白时的节奏等对剧本语言的诠释都起到了极大的作用。京剧的音乐创作讲究"因情谱曲,按字行腔",所以,唱念中所表达出的不仅是剧情内容,更有人物情感。

1. 声腔

在京剧中,我们根据剧中的情境和人物的心理情感状态,用声腔旋律来确定抒情基调。比如〔西皮〕的旋律活泼、高亢、明亮,且节奏可快可慢,可以用来表现激昂、欢快的心情,亦可表现坚毅、愤懑等情绪;而〔二黄〕的旋律则比较暗淡,所以多用来表现感叹、忧伤、压抑等情绪;〔反二黄〕的旋律则是跌宕起伏,适于进一步表现悲壮、苍凉、愤慨等情感;〔南梆子〕则细腻柔美,宜于表达幽思之情。

---

[1] 严文华:《跨文化沟通心理学》,上海社会科学院出版社2008年3月第1版,第66页。

2. 板式

在京剧中，不同的节奏方式表达着人物的不同感情。如〔原板〕多用于叙事和描述，感情色彩不是很强；而〔慢板〕则更加细腻、精致，抒情性强；〔流水〕适宜表现慷慨激昂的情绪；〔快板〕则比〔流水〕明显速度快，节奏更加急促，"使唱段的词语斩钉截铁地迸发出来，基本上是一字一音，显得十分的铿锵有力。由于词句之间无间奏过门，非常适合表现人物异常激动的场面和内心情绪，也适合表现人物急促的质问或对答，表现剧中矛盾比较尖锐或人物异常激动的剧情状态，或者人物急于表态、急于辩理以及激烈争论的场面。"[1]

3. 锣鼓

锣鼓是辅助演员表演，加强其表现力极为有效的手段之一。如果没有锣鼓伴奏，演员的表演就会显得黯然失色。锣鼓伴奏有空、有缓、有急，打出了人物在特定情境中的内心情感。比如《空城计》中，当诸葛亮得知司马懿大兵来袭时，锣鼓打【乱锤】的点子，便将诸葛亮此时寻思、焦急、纷乱的情绪鲜明地烘托了出来。再如，【急急风】打起来紧如疾风，表达出故事情节、人物情绪激化到了一定程度，用于两国交战、摆开战场的宏大场面。又如《杨门女将》中，佘太君闻杨宗保以身殉国的噩耗之后，开唱前用的是【撞金钟】锣鼓，不仅贴切地配合了佘太君年迈龙钟的动作，而且还准确地揭示出老人此时悲痛欲绝的心情。可见，锣鼓伴奏有烘托剧情、渲染感情、制造气氛的重要作用。

另外，锣鼓伴奏还可以强化表演的节奏感，完成动作舞蹈化和舞蹈的音乐化、韵律化。如戏曲中的"起霸""趟马""走边"之类成套程式动作，是由繁简不同的系列动作组合而成，为了达到节奏多变，使舞蹈富于音乐化，就需要不同的锣鼓点子组合到一起使用。如"起霸"就用【四击头】【长尖】【冲头】【撕边一击】【归位】等点子。此外，锣鼓也可以用来暗示环境，摹拟效果。表现水浪声可以轻击大锣、铙钹，如京剧《秋江》；用阴锣可以表现风声，比如京剧《野猪林》中林冲唱"大雪飘"一段时；表现夜深人静的环境，可以轻击堂鼓；用小锣可以表现出门环声、箭声等。

4. 副语言

非语言要素中不能忽视的还有副语言。在京剧舞台上，同样是"笑"，不同的行当要"笑"出不同的特色来，如花脸要阔而宏，武花脸要宽而放，老生要坚而永，武生要刚而脆，老外要庄而穆，小生要柔而炼，穷生要呆而戚，武小生要坚而脆，方巾丑要冷

---

[1] 齐如山：《国剧艺术汇考》，辽宁教育出版社2010年版，第118～119页。

而隽,武丑要炼而促,小丑要呆而谐,老旦要柔而缓,青衣要静而婉,闺门旦要轻而倩,花旦要脆而媚,彩旦要呆而散。[1]这是从人的性格角度而言的。另外根据不同的情节,"笑"也有很多种,如正笑、冷笑、气笑、强笑、狂笑、傻笑、僵笑、媚笑、羞笑、苦笑、讥笑、疯笑,等等。这些副语言要素,传递给观众该人物的性格及在剧中的情感。

(二)京剧演出中的动态视觉要素

京剧演出中的动态视觉要素就是我们所说的"做"和"打"。凡表演者通过身体与四肢的动作姿态以及脸部的表情神态所表现的内容,戏曲统称为"做"。[2]凡牵涉到武打武艺方面的身体与四肢的动作内容,包括翻扑跌打的跟头功夫,还有那些运用器械和拳脚表现搏杀的功夫,被统称为"打"。[3]

在京剧表演中,离不开做和打。在给外国朋友呈现的剧目中,更是以做工戏和打戏为主,比如湖广会馆为外国客人演出就多演《拾玉镯》《闹天宫》《闹地府》等戏。外国观众也对此反应热烈。可见,做、打是京剧非语言要素的重要组成部分,是外国观众理解京剧剧情的突破口。

1. 动作

人们说话的时候,一般都会有动作来做语言的注解。在京剧中也是如此,有适当的动作配合、辅助、衬托更能加强唱念的感染力,同时也更好为观众所理解。

京剧中的动作是经过高度提炼了的程式动作,一方面有生活依据,另一方面又是经过了艺术家的想象、加工和创造,并非是对生活现象的直接模拟。比如我们在京剧舞台上常见的云手、起霸、走边、趟马等程式动作。"起霸"是表示大将在出兵之前,先将全身披挂整理一番的动作。所以他所有的动作,都是在表示整理扎束,比如整头盔,勒紧胸前的甲绦等等,都是试验全身装束是否合适的意思。"趟马"就是人物骑马时做的各种身段,表现马奔跑或马不听指挥等,所以有前窜后蹲等姿势。"走边"表示的是夜间行路,或盗贼在夜间前去偷盗,且这些行动不便在大路上行走,怕别人看见,所以要在墙边或路边行走,同时还要仔细查看脚下的路是否平坦,或看看前边是否有人。此外,还有一些程式性的动作技巧,如"甩发""甩髯口""耍翎子"等,可以突出表现人物某种激动的情绪。

---

[1] 田志平:《戏曲舞台形态》,文化艺术出版社 2008 年版,第 301 页。

[2] 田志平:《戏曲舞台形态》,文化艺术出版社 2008 年版,第 235 页。

[3] 田志平:《戏曲舞台形态》,文化艺术出版社 2008 年版,第 329 页。

但即使是同一个动作，不同的行当表演出来也是不同的，因为动作要体现的是类型人物的性格特点。著名京剧武生表演家张云溪先生，曾介绍了京剧舞台表演中"多种程式的妙用"。他在介绍"喝"这种视像元素的表演方法时说："怎么喝呢？这说道可就多了，要考虑器皿的大小，也要考虑人物的不同类型……那遮掩面部一仰脖子便了事的喝法很洗练，脖子扬动的大小，喝的过程的快慢，袍袖挥舞劲头的刚柔，对人物的性格、风度、情绪等也有一定的表现力……就以如何喝酒举例吧，如张飞、马武、李逵、窦尔敦等这类粗犷型人物勾着大花脸，嘴上挂着'扎'（一种露出嘴巴的长胡须），只要不是为了群饮的画面、动作整齐，就可以采用一手端杯，另一手撩起一绺长须，面对观众而眉飞、眼转、鼻翅扇张，口角和脸上肌肉跳动不停地喝完了这杯酒。"[1] 可见，动作不仅告诉观众剧中人正在做什么，而且还体现了不同人物的性格。

2. 手势

京剧表演中用的手势也对观众理解人物性格有所帮助，演员通过手的各种姿势来表达剧中人物的喜怒哀乐等复杂感情和各种生活动作。即使同是一个兰花指，因人物的年龄、身份不同，表现起来也不一样。"天真活泼的小丫鬟，正值花蕊期，她表演的指法虽然也是兰花指，但拳头的释放程度要小一点，突出一个食指来表现自己年龄的特征。而千金小姐、大家闺秀，在兰花指指法的运用上就要表现出含苞待放的形状。20多岁的少妇，好似兰花开放，虽然花瓣全部开启，但与大家闺秀相比，却又不乏含羞姿态，适合使用激情加柔、软、婉、转的表演手姿。"[2]

不同的手势表示不同的意思，比如用中指指自己心口表示表白心愿；双手食指亮开画一圈再合并比喻成双成对；中指和食指交错轻敲脑门，表示若有所思；用手指轻揉眼角则表示睡意朦胧或作如梦初醒；双手向下十指颤抖则表示恐惧……

3. 姿势

京剧里所说的姿势是指演员在台上的架势，一站一坐等都是其内在的体现。尤其是亮相。亮相是指"剧中人在上、下场或一段舞蹈动作结束时的短暂停顿，通过形体造型，表现人物的精神状态"[3]。亮相并不是单纯的一个定格，而是要根据不同的人物和不同的剧情展示出该角色在剧中所处的或主或从、或胜或败、或褒或贬的地位。

---

[1] 张云溪：《艺苑秋实》，中国广播电视出版社1995年版，第19页。转引自傅谨主编《京剧学初探》，文化艺术出版社2011年版，第45页。

[2] 郭翠屏：《"手、眼、身、法、步"在戏曲舞台表演中的应用》，载《大舞台》2011年第4期。

[3] 田志平：《戏曲舞台形态》，文化艺术出版社2008年版，第313页。

再比如说坐，不同的行当不同的人物在不同的情境中的坐法也是不一样的，由于要体现人物特色，所以对坐的各种身姿也有不同的要求。张云溪先生说：生、净的两脚多"八"字形左右平放，……而旦的正坐多两腿交叉，两腿前后叠放，这手脚如此紧收的姿势倒也反映出了古代妇女久受礼教约束的特色；饰演习武健美的豪爽人物受礼教影响小，性格也多开朗，正坐时两脚便可用"丁"字形斜向平放；梳旗头、穿旗装的妇女一般多风姿洒脱，翘起"二郎腿"——一条腿搭在另一条腿的膝上，这种翘腿的姿势是颇有北国妇女风采的……[1]

4. 眼神

在日常的人际交往中，旁人对你是热情还是冷淡，是尊重还是鄙夷，是认真还是敷衍，是真诚还是虚假，是稳重还是轻浮，都会在眼神上有所表露。斯坦尼斯拉夫斯基也说："精神世界和内部形象，是通过外表——面部和眼神来认识的。因为它们直接反映着内心世界。"[2]

京剧中所说的"眼神"，即演员用眼珠的转动或眼光的投射来表现其内心活动。在京剧演出中，眼神是传达人物思想感情的主帅。如京剧《群英会》打盖一折，周瑜对诸葛亮的观察、窥测、嫉恨、气恼，以及诸葛亮的胸有成竹、洞若观火、泰然自若，都通过各自的眼神，鲜明深刻、惟妙惟肖地表现了出来。因此艺人说"做戏全凭眼，情景在心生""一身之戏在于脸，一脸之戏在于眼"，可见眼神的重要性。而且，从完整的京剧做工方面来看，绝大部分身段动作和脸上的表情，都是需要得到眼神恰如其分的配合才可以产生"传神"的效果。

5. 武打

京剧舞台上的武打可以用来表现各种冲突、打斗的场面；也用来表现各种特殊的行为，如夜行、攀山、涉水等；还可以用来外化人物特定的心理状态，如用翻扑跌打来表现人物内心的恐惧等。京剧舞台上的打并不是专门为打而打，而是要打出情节，打出人物，要"有情感、有节奏、有层次，敌对双方要配合默契、熟练、得心应手、快慢有序，打出炽热火爆、真实感的情绪，表现出强烈的战斗气氛"[3]。所以剧中人物的气质、精神、个性等等，都是在武功技艺的铺垫和展示过程中体现出来的。比如《长坂坡》中赵云的

---

[1] 根据张云溪《艺苑秋实》相关内容摘编（中国广播电视出版社1995年版，第60页）。转引自田志平《戏曲舞台形态》，文化艺术出版社2008年版，第303～304页。

[2] 杨非：《中国戏曲导表演专论》，中国戏剧出版社2003年版，第280页。

[3] 何金海：《武打在戏曲中的作用》，载《戏曲艺术二十年纪念文集·戏曲表演卷》，中国戏剧出版社2000年版，第692页。

忠诚，《艳阳楼》中高登的跋扈，《挑滑车》中高宠的自信，等等。"换句话说，如果不是为了塑造人物，丰富精彩的武功技艺就会沦为简单的技艺杂耍。"[1]

6. 舞台调度

京剧中的舞台调度，尤其是龙套不同的队形变化，会给观众的视觉造成较大的影响，而这些变化则体现的是场景的转换，剧情与台上氛围的变化，等等。龙套的服装、扮相，手持道具不同，以及站立的位置和排列组合的不同队形，就传达出了不同的环境特色。如元帅升帐前，兵将们的队形就传达出威严的阵势，构成帅府的场景。皇上、皇后出场时，宫女们手持掌扇、宫灯等排成队形走出来，八字站位，就构成了皇宫内院的场景。

此外，龙套在运动中的队形变化，可以表示不同场景的交换。如几个衙役随着官员在台上绕场时，通过他们的队形变化，我们可以想象出这一队人从衙门出来走在大街小巷上的场景转换。再如双方打仗，龙套分别从舞台的上下场门以"二龙出水"队列出场，就构成了两军对垒的阵势，形成了战场环境。诸如此类，龙套的队形变化很多，如"龙摆尾""十字花""推磨""双进门"，等等。

（三）京剧演出中的静态视觉要素

1. 砌末

砌末是京剧舞台上大小道具与一些简单装置的统称。比如我们最常见到的"一桌二椅"，但别小看这一桌二椅，不同的组合形式，可以让它们代表一切事物。比如两个地位平等的人一同饮酒，就是在两场门外，斜向各摆一桌，这种摆法叫"八字桌"，如京剧《群英会》中，周瑜与蒋干对饮。如果是主人或主客身份较高，就在中间摆一桌，两旁各摆一桌，叫"三堂桌"，如京剧《三堂会审》。此外，桌椅还可以表示桥，即用一张桌，一边一椅，有时再摆一个桥形景片，如京剧《长坂坡》中，张飞立于桥上，就是如此。桌椅还可以代表织布机，即在椅子上罩一腰裙，如京剧《三娘教子》中所用。[2]

随着京剧艺术的发展，后来渐渐出现了景片，用来表现环境，点染气氛。如《空城计》中所用的布城、《白蛇传·盗仙草》中用的山的景片、《闹天宫》中表示天宫时用的云片，等等。

此外，砌末还包括一些生活用具，如文房四宝、茶具、酒具、烛台、灯笼等；还有表示交通工具的轿子、船桨、马鞭等；以及各种武器，如各种刀、枪、剑、棍、棒等。

---

[1] 田志平：《戏曲舞台形态》，文化艺术出版社2008年版，第338页。
[2] 齐如山：《国剧艺术汇考》，辽宁教育出版社2010年版，第466～474页。

这些都向观众传递着信息，同时又辅助着演员的身段造型，形成各种技巧，也成为了塑造人物形象的手段。

2. 服装

日常生活中，人们为了表现自己的身份、地位、职业以及个性气质等信息，最常借助的就是服装，所以也有谚语说：人靠衣装马靠鞍。同样道理，京剧舞台上各种人物的身份、地位、职业和个性气质等信息内容，在一定程度上也是依靠服装来直接表现的。

京剧的服装抓住了人物的性别、年龄、职业、社会地位等要素进行充分的装饰，形成了蟒、靠、帔、褶、衣一套固定的服装形式。如表现宫廷帝王将相以及朝廷命官等身份的人物通常穿蟒，身居地方的官员则穿官衣；皇后、嫔妃等的主要服饰有女蟒、女官衣、宫装等；武将要扎靠；女帔则是夫人、小姐的主要服饰；青褶子专为贫困中年妇女所穿；花旦穿绣花袄和裙子，等等。由于传统京剧中的服装不强调时代性，所以女子穿旗装是表示番邦人，而不代表是清朝人或是满族人。

服装上不同的纹样，也有不同的寓意。比如蟒在服饰上分为君绣五爪龙、臣绣四爪龙；穿戴上文臣穿团龙图案，武将则穿行龙图案，俗称"文团武行"。通晓天文地理的人，服装上常画有阴阳八卦图来表现其运筹帷幄和深谋远虑，如诸葛亮。官宦人家的小姐衣服上多用牡丹来显示其家境富有。在表现年轻英俊的平民书生时，多用梅、兰、竹、菊来体现其文静的性格、高洁的品格和潇洒的气质。

此外人物身份、性格的划分还体现在服装颜色的运用上，即用上五色（青黄赤白黑）和下五色（紫粉蓝湖绛）来表现人物的不同性格和身份。"明朝法律规定：民间'不许用黄'，'文武官员的公服一至四品，服绯，五品以下服青绿'。所以，传统京剧舞台上的黄色都被帝王专用。红色也成为高贵之色，只有青、绿色才是下层贫民的主要服饰色彩。"[1] 再比如，在中华文化中，黑色象征天色，有庄重威严的含义，所以京剧中包拯、张飞、项羽等豪放刚直性格的人物穿黑色；而红色与绿色的对比，可以让人有忠正之感，所以把这种刚柔相济的色彩用在关羽、赵匡胤的服装上，更能衬托出人物的个性；同时小丫鬟的坎肩也常使用红绿色的对比，给人以鲜明、充满活力之感。

3. 脸谱

脸谱是传统美学传神论在戏曲化妆上的具体表现，艺人通过粉墨青红的色块与线条，借助夸张与变形的手法，把某种最能代表人物性格本质特征的神情鲜明地表现出来，以

---

[1] 田志平：《戏曲舞台形态》，文化艺术出版社2008年版，第210页。

收到"遗貌取神"的艺术效果。[1]

京剧人物脸谱的颜色和图案一般是根据古代小说对该人物的描写而描画的，有些是根据人物姓名中某个字的延伸义或相关的民间传说等进行描画的。

脸谱的颜色是根据不同人物的性格、年龄、身份或者观众对这些人物人格的评价来表现的。艺谚曰："红忠紫孝、油白奸傲、黄恨灰贪、蓝凶绿躁、水白奸邪、黑正粉老、神妖精灵，金光普照"。[2] 具体来说，京剧脸谱用红色表现耿直诚信、赤胆忠心，比如关羽；用紫色表示为人沉稳庄重，富有正义感，比如徐延昭、姚期；用黑色表示正直，如包公，同时也表示勇猛，如李逵；蓝色则表示刚正不阿，多为桀骜不驯之人，如窦尔敦、马武；绿色象征骁勇暴躁，如青面虎；用水白色象征阴险奸诈，如曹操；而油白色象征刚愎自用，如马谡；粉色象征英雄暮年，如杨林；黄色象征骁勇凶暴，如典韦；金银色主要用于神话中的角色，象征神佛精灵，如孙悟空、二郎神之类。

脸谱的图案都是对人物进行某种程度的象征或赋予人物某种寓意，有时还有进一步对人物做出评价的功能。比如包公额头上的"月牙儿"象征着他是天上的星宿下凡，可以"日断阳，夜断阴"；杨七郎的额头上勾一个草书的"虎"字，象征他是黑虎星下凡，同时也显示出杨七郎像老虎一样勇猛的个性；姜维的脑门上勾一个"太极图"，表示他是诸葛亮的弟子，具有神机妙算的本领；《霸王别姬》中的项羽，眉纹为"寿"字图案，表示他短寿，因为项羽只活了31岁，未得善终。

（四）京剧演出的舞台时空观念

舞台时空是指戏曲舞台演出中时间与空间的存在状态以及布局安排的方式、手法。在一个面积有限的舞台上，根据戏剧故事内容的需要，必须营造出各类丰富的环境景象和人物的样态。这样，剧情故事的时空内容和呈现这些戏剧内容的舞台时空局限性之间就构成矛盾关系；而解决这个矛盾关系的种种手法和方式，就形成了戏剧时空的特有形态。[3]

1. 时间观念

在舞台演出的几个小时内，故事情节从开端到结尾有长有短。在京剧舞台的时间处理上，并不要求情节延续的时间与演出时间一致，这样就可以简略无关紧要的地方，而

---

[1] 朱恒夫：《中国戏曲美学》，南京大学出版社2008年版，第189页。

[2] 杨非：《中国戏曲导表演专论》，中国戏剧出版社2003年版，第177页。

[3] 田志平：《戏曲舞台形态》，文化艺术出版社2008年版，第181页。

用大部分时间集中表现冲突矛盾和人物感情。所以，有时仅用一段唱腔就表示过了漫长的一夜，如《文昭关》；而有时会在故事进行中单独停下，唱一大段来表达自己的内心情感，这时就好像时间被凝固了。

2. 空间观念

在一个舞台上，要把故事中不同的环境和不同的地点表现出来。京剧的舞台环境基本是不固定的，演员从上场门出来，进入舞台开始表演，舞台的环境也就随之产生，也就是说，京剧的舞台环境是高度依附于演员的。比如京剧《秋江》，从江边到船上，在船上行进，等等，如此的转换都是在同一个舞台上，也没有布景，但观众是可以接受并理解的。如《白蛇传》"水斗"一折，从水上到寺院，从寺院再到水中，都是以演员反复不断的上场、下场来表现空间的转换。再如《三岔口》的摸黑开打，虽然舞台上打着灯光，但观众可以从演员的表演中看出这是一个伸手不见五指的漆黑的屋子。《徐策跑城》就是演员在舞台上跑几圈圆场，就表示徐策跑了很远。这即是一种"虚"的舞台时空环境，演员根据剧情需要将其转换成流动的时空环境，形成"景随人移"的操作方式。

（五）京剧舞台呈现中非语言要素的传达分析

非语言要素在京剧舞台呈现中起到重要的作用，传达出剧情信息及人物情感。比如在演员说"吃酒去"的同时做出喝酒的手势，便起到了重复的作用。而在人物之间的情感交流通过唱念语言的铺垫达到一种需要整体环境随之共鸣的状态时，就可以发挥非语言要素的补充作用，来表达语言所无法表达出的感情，如京剧《霸王别姬》中虞姬的剑舞，不仅表现了虞姬对项羽柔肠百转，同时也表现出了她的去意已定。此外，非语言行动可以替代语言，如《拾玉镯》中花旦一系列表示喂鸡、做针线活、拾玉镯的动作；再如《三岔口》《雁荡山》等戏就是纯粹用非语言要素来传达意思。除了动作，还有演员的表情，如《空城计》中探马报告司马懿率大军夺取西城时，诸葛亮脸部和眼睛的表情，就传达出了其内心丰富的活动，而这些内心感受是很难运用唱念词语一时表达清楚的。武戏中的节奏常常起到调控整个场面的作用，尤其是将演员外化的形体表演转入心理感情的呈现。如在京剧《虹霓关》中表现东方氏和王伯当一番对打后，便有意放慢节奏，给了双方观察对方、暗中赞赏对方的机会，来表达各自的心理情感。在京剧舞台上也经常会出现语言要素和非语言要素表达的感情是相反的情况，而我们则更倾向于相信非语言所表达出的情感。如京剧《白蛇传·断桥》中白素贞虽然嘴上说恨许仙，但当小青举剑要杀许仙的时候，白素贞却是百般阻挡。

(六) 京剧舞台呈现中各种非语言要素的关联性分析

京剧中的非语言要素不是孤立的,要在整体中进行把握,因为任何一个要素脱离了整体情境都无法表达出完整的意思。

由于"在现场表演的活动中往往呈现出时间上的绵延和空间上的延展",[1]所以音乐、动作、眼神等等都是互相配合,在一个完整的表演活动中构成其意义的,我们无法离开表演情境去孤立地理解某一个表情或动作姿态,同时各个要素相互配合,才能更好地展现戏剧内容。比如在京剧《拾玉镯》中,前半部分孙玉姣喂鸡、绣花、拾到玉镯的表演,全都是利用非语言要素在表现。各种手势、动作表明了她在做的事情,但是只靠手势和动作也只能表现出一些表面的东西,要表现内心感情则离不开眼神的作用。孙玉姣与傅朋之间的目光接触等就表现出了她内心微妙的起伏,这样的配合就使得舞台趣味横生。而如果把这些段落换成语言的方式来表现,就不会产生可以令观众"会心一笑"的剧场效果了。武打也是一样,不只是单纯的按程式套路去打,而是在打的时候表现情节和内心情感,所以脚步、手势、内心、眼神都要密切配合。正如戏谚所说,"以手带眼,以眼带步,以步带锣鼓"。同时,在运用的时候也要遵循"眼先引、头后跟、步相随、手势准"的要求,靠面部与身段的协调、内心情感的掌握、唱念的节奏、伴奏锣鼓等的有机配合才能达到传情的效果。再比如我们所说的一桌二椅,可以是桌椅,也可能是寒窑门,或可能是桥甚至是云端,这些都只有在具体的情境中才有意义。

综上所述,京剧表演中的这些非语言要素都不是独立起作用的,而是相互联系、相互配合的有机整体。演员通过手、眼、身、步、舞美、伴奏等有机统一、协调一致的有规律活动,来表现特定人物的思想性格,当然舞台上表现出的所有非语言要素要成为有意义的信息是离不开观众结合演员的表演去想象和联想的。

所以本文选取跨文化传播中的非语言符号研究与京剧艺术的跨文化传播相结合,力图通过分析京剧中的非语言要素在跨文化交流时的作用和对观众产生的影响,来进一步探索京剧跨文化传播之道路。

四、京剧中非语言要素在跨文化传播中的作用及局限性

为了了解外国观众对京剧中非语言要素的感知,笔者采用了问卷的方式,对在湖广

---

[1] 陈鸣:《艺术传播原理》,上海交通大学出版社2009年版,第190页。

会馆看戏的外国观众进行了调查。

调查中所涉及的剧目有《拾玉镯》《闹天宫》《水斗》《断桥》《闹龙宫》和《闹地府》。其中除《断桥》是文戏外，其余都为武戏和做工戏。而据笔者在现场的观察，观众对于以唱为主的《断桥》反响最为不热烈，甚至在问卷里"你是否喜欢本次演出？"的问题中填的是"No"。而他们却对武戏和做工戏十分喜欢，尤其是在演员展示技巧的时候反响最为热烈。这一结论也可在问卷中显示出来。在对问题"您对什么样的京剧感兴趣？"的回答中，选择以唱为主的观众有22.8%，选择以武打为主的有50%，选择以表演为主的有50.9%。从中我们不难看出外国观众还是比较乐于接受京剧中的非语言要素。《号角报》曾报道天津京剧团在阿根廷、巴西的演出："京剧一切都很美。武打艺术在打击乐的融合下，达到了世界戏剧史上的高峰。舞蹈、做功精确细腻，表演严肃认真，内容非凡。色彩、脸谱、节奏、音乐及做功表演构成了舞台的画面。"[1] 从这个报道中，我们也可以看出外国观众关注更多的是京剧中的非语言要素，如"色彩、脸谱、节奏、音乐及做功表演"等。

来自不同国家的人可能会因语言的不同而无法理解彼此说话的内容，但对非语言要素则不同，通常人类的动作表达的意思是相近的。"就心理学来讲，人类受惊、饥饿等必有类似的生理动作来反应，另外一些心理的感受，表现的方法都足以和别的民族相互交通，因为我们先肯定了人类有好些共通的质素，这些是'放诸四海皆准'的。例如：头部往往斜侧、手心朝下，举至眉眼间，这就表示伤心哭泣。惊讶、喜悦，以拍手相形容。顿足来说明一个人生气，失去耐性。以手触及对方下颏，表示爱情或关心。"[2] 所以，京剧中的非语言要素对外国观众理解京剧剧情产生了重要的作用也就不难理解了。

由于影响京剧跨文化传播效果的非语言要素有很多，所以本文仅根据调查过程中外国观众的反馈，对京剧跨文化传播中较为典型的非语言要素进行分析。

（一）外国观众对京剧感知的问卷调查分析概述

通过对调查问卷的分析，笔者发现外国观众对于京剧的感知更多的是依靠非语言要素，京剧中的非语言要素对于外国观众理解京剧剧目是有很大帮助的。在回答问卷中"你是否能够理解舞台上发生的故事？"这一问题中，一多半的观众表示能够理解。这也是

---

1 谢国祥：《天津京剧团在拉美演出纪实》，参见《中国戏剧年鉴》1981年版。转引自陈伟《西方人眼中的东方戏剧艺术》，上海教育出版社2004年版，第113页。

2 施叔青：《西方人看中国戏剧》，人民文学出版社1988年版，第114页。

由于调查中所涉及的演出剧目中武戏占了大多数，所以并不存在太多的语言障碍，而且在每出戏开始之前都会有主持人用英语介绍大致剧情，在戏中也有英文翻译的字幕。但大多数观众表示能看懂舞台上的故事还主要是通过动作来理解的，因为毕竟主持人的介绍仅是大致意思，而且英文翻译的字幕仅仅有唱词而不翻译念白，所以意思也是断断续续不连贯的。所以，不管是主持人用英文介绍的大致剧情还是英文翻译的字幕，起到的也都是辅助作用。此外，即使观众看懂了字幕的翻译，其实也仅是理解了表面意思，有些"言外之意"恐怕不是仅看字面意思就能体会的。我们都知道，京剧中的唱词多是七字句或十字句，像诗一样的语言，还有很多比喻、借喻、成语、典故等，所有的这些都需依靠丰富的想象力才能够领悟，而"某些借喻又与习惯用语、迷信行为、民间故事和习俗有关，或是源自寓言、神话、中国人特有的文化观，需要精深的研究和专门的学问才能把握"。[1] 由于外国观众不具备相关的中国传统文化基础，所用语言与汉语又不是同一语言体系，仅通过几句简单的介绍和唱词翻译是不容易明白的。

但京剧中的非语言要素则直观得多，对于外国观众来说比较好理解。从许多资料记载中我们不难发现，从中国京剧开始走出国门，外国观众就一直是对京剧中的武戏情有独钟。"中国剧团在20世纪前后，先后几次到欧、美等国巡回演出，由外国报章杂志及戏剧专家的评论文字看来，总会得到一个几乎一致的结论，即是洋人喜欢京剧的杂耍、特技表演。"[2] 这是由于京剧中的这些成分不会产生语言上的障碍，观众易于看懂，又十分精彩有趣，所以才会得到外国观众的强烈反响。但笔者也曾与一些外国观众交流过看戏的感受，他们一般是将这些武戏当作杂技、舞蹈或武术来认识的，觉得非常好看、非常过瘾，但却很少有人会把这些看成是戏剧性的艺术，因为他们几乎看不出这些表演与戏剧情节的发展有什么相关性，只觉得是演员技艺的展现。当然，这也与他们观看的大部分都是折子戏有关，由于只表演一个片段，并没有前后故事的关联，所以易于产生此种误解，且由于现在的折子戏确实多为演员技巧性的展示。不过即便如此，真正懂戏的观众也还是可以从演员的表演中感受出人物情感的。其实早就有学者告诉观众，不要轻视京剧的特技表演。如 Kenneth Tynan 在看完京剧《三岔口》《闹天宫》等开打的武戏后所说："你可能以为这不是有深度的，我却不能说它是一种肤浅的艺术。京剧演员利用身体四肢做弹性的韵动，说明了一种动作的语言，以致一个弯曲的手臂，可以变成一个微

---

1 荣广润、姜萌萌、潘薇：《地球村中的戏剧互动》，上海三联书店2007年版，第10页。
2 施叔青：《西方人看中国戏剧》，人民文学出版社1988年版，第27页。

笑；一个简单的筋斗，可以代表一个隐喻。"[1]在这里，Kenneth Tynan 就看到了京剧中非语言要素的作用，认为其是有深度的，可以代表"隐喻"，可以表达人物的情感。

在梅兰芳先生访美后，京剧成为中国传统艺术的代表被外国观众所广泛知晓，越来越多的外国观众也逐渐意识到了京剧中非语言要素所传达的内容。1929 年，挪威著名作家诸达尔·格里格作为一名记者来到中国。他在看了梅兰芳的表演后，十分激动，后来专门写了《梅兰芳》一文，叙述了他看戏时的情景和感受，表达了对梅兰芳的钦佩和敬意。他在看京戏时注意到，"当梅兰芳一出场，所有人的疲容立时一扫而光，人人脸上露出了抖擞的精神和充满了刚刚迸发出来的期望。大家都坐得像蜡烛一般笔直，眼睛是年轻的、炯炯发光的。梅兰芳就像一团裹在白色绸缎里的絮云般轻轻柔柔地出现在舞台上。人们看不清楚他做了什么动作，仿佛他没有挪动脚步，人已经袅袅娜娜地飘荡过来，仿佛他的双手徐徐卷舒出一层朦胧的轻纱。他抬起了手臂，连一个外国人，一个对此道一窍不通的门外汉都可以看出来，他的这个动作美极了，姿势优雅，神韵端庄。就在这个时候，整个剧场像是点燃了熊熊的火焰。观众们站立起来，他们高声呼喊：'好！''好啊！'……"[2]从这位挪威作家的描述中可以看出，一个即使对京剧一无所知的西方人，通过观看梅兰芳先生的表演仍能感受到他所显现的美。俗话说，艺术是没有国界的，美是共通的，这也是外国观众为什么可以不通过语言的描述，仅通过观看梅兰芳先生的动作就感受到了美。

(二) 外国观众对京剧演员表演中非语言要素的感知

那么，京剧中的哪些非语言要素对外国观众理解剧情最有帮助呢？

在观众回答"你是通过哪些非语言要素来明白人物和剧情的？"问题中，所供选择的非语言要素有"音乐和唱腔的旋律、演员的面部表情、演员的姿势、演员的手势、演员的眼神以及锣鼓的节奏"。从数字统计来看，观众们认为演员的手势对他们理解人物和剧情起到的作用最大，有 63.2% 的观众选择了此项。其次是音乐和唱腔的旋律以及演员的姿势，有 52.6% 的观众选择了此项。再次是演员的眼神，有 48.2% 的观众选择。随后是锣鼓的节奏，有 42.1% 的观众选择。最后是演员的面部表情，有 33.3% 的观众选择。其实在京剧表演中，演员的面部表情是表现人物情绪和性格的重要手段，但之所以在问卷中并未体现出来，是与在问卷调查中观众观看的剧目有关的。由于多是武戏，所以较

---

[1] 转引自施叔青：《西方人看中国戏剧》，人民文学出版社 1988 年版，第 27 页。
[2] 陈伟：《西方人眼中的东方戏剧艺术》，上海教育出版社 2004 年版，第 90～91 页。

为细腻的心理刻画就相对较少，而且热闹的武打场面也冲淡了观众对细小之处的注意。那么，下文就针对问卷调查中对外国观众影响比较显著的几个京剧表演中的非语言要素进行一下分析。看看外国观众为何会更容易接受京剧中的这些非语言要素，这些非语言要素在跨文化的交流中又是如何起作用的。

1. 做工

手势、姿势、眼神等都属于京剧中的做工，可见观众们多是通过演员形体表现的动作来理解剧情的。因为形体的动作在日常生活中也是被广泛运用的，且即使文化背景不同，人们所使用的动作也大体相同，所以京剧中的做工部分更容易被外国观众所理解。

以手势为例，日常生活中我们谈话时经常会辅以手势，我们可以借助手势来开始和结束谈话，也可以利用手势调节谈话时的节奏和气氛，还可以用手势来表达我们想说但没有说出来的话。在京剧表演中亦是如此，手势起着非常重要的作用，细微的手势变化表示着剧中角色的种种心情变化。在调查中，外国观众们认为手势对他们理解剧情和人物的帮助最大。这不禁令我们想起当年梅兰芳先生访美的时候，他的手势也是最受人关注的。"有一位美术家，专研究手的美观，每遇见有人手生得好看，他必要设法照一个相存留。梅君演戏，他来看了一回，以为梅君的手姿势非常美。以后又连着来看了好几次，却是专为来看手的。所以他特托人介绍，把梅君的手照了一相……他说：'我所见过美人的手很多了，但是比起来，要算梅君的最好看。'"[1] "罗森城也有一位大塑像家，他因为看着梅君的手特别好看，所以托人介绍，来与梅君塑了几种手的姿势。"[2] 这些美国的艺术家们专门为梅兰芳先生的手拍照和塑像，表达了他们对梅兰芳先生"双手表现力的惊叹与折服"。[3]

时隔多年，笔者调查统计出的结果依旧印证着手势在京剧表演中的巨大作用。

东西方戏剧的观念不同，西方重写实而东方重写意。由于西方戏剧是写实的，所以较少注重演员身体的功能，多用对白来推动剧情的发展。而中国京剧则更偏爱用外形的动作，特别是手的姿势来外化人物的心理变化。在京剧的发展过程中，演员们"依寻人的心理反映，找出动作的根源，整理出一套可以共通的动作语言，不借口说，而能更广面地，不受限制地和旁的民族交通而畅行无阻"[4]。由于这种中西方戏剧中对手势运用的不同，外国观众便对京剧中演员手势运用的种类之多、造型之美产生了兴趣。

---

1 齐如山口述，齐香整理：《梅兰芳访美记》，辽宁教育出版社2005年版，第150页。
2 齐如山口述，齐香整理：《梅兰芳访美记》，辽宁教育出版社2005年版，第151页。
3 吴戈：《中美戏剧交流的文化解读》，云南大学出版社2006年版，第298页。
4 施叔青：《西方人看中国戏剧》，人民文学出版社1988年版，第97页。

至于眼神，也是中西艺术中的一个差异。希腊罗马的雕像中常有"有眼无珠"的现象，而这在注重眼能传神的东方，是绝不会出现的。中国历代诗人画家都曾不厌其烦地以笔描绘出女人那一对"灵魂之窗"，"回眸一笑百媚生""怎奈临去秋波那一转"一类的句子更是绝佳的赞赏。[1] 同样，在京剧表演中，演员也更善于运用眼神来外化人物内心的感受。而这在西方的戏剧中则不太被重视，但外国观众看到京剧演员的目光流转，却颇感兴趣。

在梅兰芳先生访美时，美国观众曾做出过这样的评价："美国写实派戏剧家的做工表情都显得呆板肤浅，一看就懂了。梅兰芳的做工表情——从身体的动作到手的动作，都是恰到好处，没有过分的毛病，姿态非常生动，使人看了以后，也同样地懂了；但是懂了以后，仿佛还有点含蓄不尽的美的意味深藏在里面。"[2] 从中我们可以看出美国观众能够看懂中国京剧中的做工表演，同时可以体会到由此带来的韵外之致。

2．音乐

音乐的艺术语言和表现手段主要有旋律、节奏、曲式、调式等。其中的旋律起伏表达着人们的情感。"艺术家通过这些手段组织乐音在时间中流动，来传达感情，表现内心感受，然后在表演过程中调动欣赏者的感受力去想象与体验，在内心唤起一定的情感意向，从而完成音乐形象和音乐意境的塑造。"[3] 人们常说，音乐是无国界的。所以音乐所表现出来的意境也是可以基本为人类所理解的。

在京剧的音乐中，曲牌、唱腔、板式等更是表达着人物的内心。虽然外国观众可能不理解唱词的内容，但如文章上一部分中所列举的，中外观众都可以从〔二黄〕中听出悲凉，从〔西皮〕中听出欢快。锣鼓更是烘托了舞台上的气氛，传达出人物的内心感受。

此外，除了由乐器演奏出的音乐，念白的音乐感也不容忽视。日常交流中我们也不难发现，不仅说话的内容会传递信息，说话时的语音语调也会传达信息。Gumperz (1982) 就曾发现：英国人普遍认为在咖啡吧工作的印度和巴基斯坦女招待对顾客不礼貌。通过在咖啡吧中的仔细观察，他发现这些女招待与顾客对话没有语言上的困难，但声调与当地英国侍者不同，英国服务生在上完一道菜后会报一下菜名，"Gravy"（肉汤），用的是升调；而印度女侍者上完这道菜后则用降调说这句话。顾客对降调的知觉是：对顾客没有礼貌、态度粗鲁。后来 Gumperz 用两种不同声调的录音训练印度女侍者，让其在发现

---

1 施叔青：《西方人看中国戏剧》，人民文学出版社1988年版，第98页。

2 陈伟：《西方人眼中的东方戏剧艺术》，上海教育出版社2004年版，第100页。

3 李锦云：《表演心理学》，世界图书出版公司2007年版，第43页。

差异后改变语调；而结果顾客的反应变成积极评价。[1]可见语调对于语义的传达有着极大的作用。在京剧舞台上，唱词的曲调、念白的音调也都发挥着同样的作用，所以哪怕理解不了念白的内容，观众也可以通过语调来领会其中的大意。

还有一个现象也引起了笔者的关注，即外国观众对于武戏、脸谱、服装的喜爱基本是一致的，但对于京剧音乐则有截然不同的态度。有些人十分喜爱，有些人则觉得京胡的声音刺耳，也觉得演员的假声很难接受。尤其是对于锣鼓的态度更是不同，笔者曾观察到，有的外国观众在听到京剧锣鼓时兴奋得手舞足蹈，而有些观众则皱着眉，觉得嘈杂至极。关于这一点，则可由余滨生所著的《国剧音乐及唱念法研究》一书中得到解释。他说："国剧唱腔是国剧歌唱艺术中的精华所在。它牵涉到音乐原理，民族及个人风格，传统规律等。戏剧音乐一定与中国文字的组织有关。国剧是先有唱词而后谱腔的，这脱胎于旧时五言七句的形式，形成一种极端民族的东西。"[2]由于具有强烈的民族特色，京剧音乐相对而言就难以为外国观众所接受。因为一般说来，对于一种不懂的东西，人们往往因不习惯而会下意识地加以排斥。尤其是像京剧中所使用的打击乐，在西方是没有的，而这种直接的听觉冲击会让有些外国观众一时很难适应。

（三）外国观众对京剧人物造型中非语言要素的感知

在回答"您是否喜欢京剧的脸谱、服装？"这一问题中，有89.5%的观众选择了喜欢，不喜欢或不是很喜欢的总共也不到4%。这说明外国观众对于京剧的脸谱和服装是有兴趣的，脸谱谱式的夸张与多变，服装的华美与艳丽，确实给了外国观众视觉上的冲击。

在回答"您是否可以通过服装看出人物身份？"的问题中，有57%的观众回答"可以"，有20.2%的观众回答"不能"，有11.4%的观众表示可以看出一些，但不能完全看出，可见大部分观众是可以从服装上看出人物身份的不同的。但能读懂脸谱和化妆的观众则并不多，如在问题"您是否可以通过脸谱和化妆了解人物性格？"中，有43%的观众表示可以，虽是大部分，但这个数字仍然没有超过半数；有27.2%的观众认为无法理解；18.4%的观众可以理解一部分。由于做问卷的观众中，有一部分是北京语言大学的留学生，在看戏前，老师给他们讲过一些关于京剧的知识，所以有的人在此题旁边写道：能看懂是因为之前老师讲了，若是不讲也不明白。如此看来，若调查的都是一般观众，表示能够看懂脸谱和化妆的观众百分比又会降低。还有观众写道，他旁边的朋友认为台上

---

[1] 严文华：《跨文化沟通心理学》，上海社会科学院出版社2008年版，第57页。
[2] 施叔青：《西方人看中国戏剧》，人民文学出版社1988年版，第24页。

的小生是个女人。可见，京剧的脸谱和化妆对于外国观众来说还是不容易理解的。也有观众在问题旁写道：虽然不懂，但很喜欢。这也说明了脸谱和化妆对于引起外国观众对京剧的兴趣确实是起到了一定作用的。

另外，从一些报道中也可以看出外国观众对京剧服装和脸谱的喜爱。如《洛杉矶时报》对1980年北京京剧院的访美演出报道说："京剧的服装是令人惊叹的。特别是花脸的造型，使人想起了古希腊神话中的人物奥狄浦斯和亚加米农。"[1]从这则报道中我们也可以看到，观众对脸谱感兴趣的一个原因是因为中国京剧中的脸谱让他们联想到了古希腊神话中的人物，而这是与他们的文化有共通点的。可见人们在接触另一种文化时，总是喜欢找到与本文化中相似的地方，才更便于接受。但若谈到对京剧脸谱和服装的真正理解，则确实需要对中国文化有一定的了解。

从调查结果来看，外国观众对于京剧服装的不同款式表现不同的人物地位和身份比较容易理解，因为这从服装表面的华丽程度上就比较容易看出来。比如凤冠霞帔和青褶子的华美程度是显而易见的。不过，对于服装上的纹样，恐怕不同的文化会对其有不同的阐释。比如京剧服装上的龙纹样。在中国，龙是帝王的象征，受人尊崇；而西方的龙则被当作是邪恶的化身。不过随着文化的全球化，西方观众也渐渐了解了中国龙的寓意，所以在西方的影视作品中，龙也有了正面的形象，成为正义慈悲的化身。但是，京剧脸谱却并不容易读懂。首先，是脸谱的图案。在上文中已有介绍，脸谱的图案是夸张、变形，突出显示人物性格且带有某种程度的象征和寓意的，如果不了解该人物的性格和事迹，便很难将脸谱的图案和这个人物联系在一起。而且，即便是同一个人物，他在不同的年龄阶段或不同的场合中，脸谱的谱式也会发生变化，比如张飞的脸谱在《芦花荡》和《战马超》中就不甚相同。此外，"在京剧传统剧目中，每个净、丑行当的演员，在遵循固定谱式勾画的同时，不同演员扮演同一个角色所勾画的脸谱，要根据自己脸部特征和对角色的理解，各有不同的勾画方法。在大格局不变的情况下，每个名家都在各自勾画的脸谱中，显示出独具的个性和魅力、气质和功力，从而形成不同的脸谱流派。"[2]这样一来，脸谱图案的深层意义就更难为外国观众所理解了。其次，是脸谱的颜色。颜色是人们对客观世界的一种感知。在跨文化的交流中，由于不同民族、不同文化背景的人们有着不同的历史文化、价值体系、思维方式、宗教信仰，等等，所以同样的颜色词便有了不同的象征意义。比如在西方文化中，黑色象征着邪恶、痛苦与不幸；而白色则象征

---

[1] 陈伟：《西方人眼中的东方戏剧艺术》，上海教育出版社2004年版，第110页。
[2] 张连：《中国戏曲舞台美术史论》，文化艺术出版社2000年版，第139页。

着上帝、天使、幸福和快乐。所以在芭蕾舞剧《天鹅湖》中，黑天鹅代表了邪恶、欺诈和仇恨；白天鹅则代表了善良、纯洁和美好。而在中国传统文化里，黑、白两色都象征着不祥。比如在葬礼上，死者的亲属朋友都会在手臂上戴黑纱，胸前别白色的花，以此来表达对死去亲人的哀悼。再如，黄色在中国传统文化里是"帝王之色"，象征着皇权、辉煌和崇高。而西方文化中，黄色常常有忧郁、令人讨厌的意思，比如yellow-dog（卑劣的人）、yellow looks（阴沉多疑的神色）等。在西方，红色常用来表示残酷、血腥等意。而红色在中国人心中却是喜庆、吉利、兴旺发达的意思。蓝色，会让我们联想到蓝天、大海，感到轻松愉快、辽阔宽广。但在西方文化中，蓝色则经常和不愉快的情绪联系在一起，如"in a blue mood"表示情绪低沉、忧郁。当然，以上所说的都是颜色词的基本象征意义，而颜色的象征意义并不仅限于此。比如在西方，黑色既象征死亡和灾难，同时也象征庄重和威严。其他颜色的象征意义亦存在此种情况，不再一一列举。具体到京剧脸谱中，颜色的引申义又会发生些许变化，比如前文提到过的"红忠紫孝、油白奸傲、黄狠灰贪、蓝凶绿躁、水白奸邪、黑正粉老、神妖精灵、金光普照"。可见，京剧脸谱无论是色彩还是图案，都是蕴涵着一定意义的审美符号，只有了解了色彩与图案符号的意义，才能对各种脸谱进行深度的审美。

从观众的角度来说，了解脸谱的象征意义，有助深入理解剧中人物的性格。而如果不了解这一点，就会影响对京剧表演的欣赏。20世纪20年代初，有一些美国议员在北京看戏，梅兰芳"饰妇女，体态声容无不酷肖"，他们看出来了；下面"又一人状似强徒，貌极狰狞，声极粗厉，面涂黑色，一望而知为狡猾之人也。反之，善人之面则涂白色。故中国戏剧中，人之善恶可以其面色之黑白而衡断之"，[1] 这话却恰恰说反了。[2] 所以，对脸谱理解的偏差是会影响观众对整出剧目的理解的。

由此可见，不管是服装还是脸谱，在京剧中被观众理解的时候都是通过其表象与象征意义共同作用的。"如服装的某一色彩细节，它首先是舞台画面中的一个视觉成分，但它也被纳入色彩的符码化象征，它又是人物服装的一部分，指向比如人物的社会地位或其戏剧功能，它还可以表示标志其穿着人与另一个也穿这种服装的人物的纵聚合关系。"[3] 而这里的"象征意义"就与社会文化有关，不同的文化对同一现象有着不同的理解。所以，外国观众要想真正理解服装、脸谱的含义还需要去了解他们本国文化与中国文化的不同。

---

[1] 徐一士：《一士谭荟》，中华书局2007年版，第63页。
[2] 赵山林：《中国戏曲观众学》，华东师范大学出版社1990年版，第174～175页。
[3] [法]于贝斯菲尔德著，宫宝荣译：《戏剧符号学》，中国戏剧出版社2004年版，第17页。

（四）外国观众对京剧演出中舞台时空的感知

时间与空间也是非语言的重要组成部分。西方人和东方人对于时间和空间的感知是不同的，尤其是在戏剧中，中西方戏剧时空观的差异很大。西方戏剧是写实的，遵循"三一律"的创作理念，即剧本创作必须遵守时间、地点和行动的一致，整个戏剧行动必须发生在一天之内和一个地点。而中国京剧则是写意的，京剧舞台上的时空是自由的。可以将一瞬间的内心活动唱十分钟，也可以将几十年的时间用一句话带过。空间上更是如此，走一个圆场就可以代表千里万里。同时，具体的生活场景也可以灵活处理，即戏谚所说："看山如山在，看水如水流"，演员这样看，观众也这样看，其实观众眼中的"山"和"水"，都是在演员表演的启发诱导下，通过想象而生成的。比如布莱希特看梅兰芳演出的《打渔杀家》，本来虚拟的景，本来虚拟的动作，在他眼前都活了起来："一个年轻女子，渔夫的女儿，在舞台上站立着，划动一艘想象中的小船。为了操纵它，她用一把长不过膝的木桨。水流湍急时，她极为艰难地保持身体平衡。接着小船进入一个小湾，她便比较平稳地划着。……这个女子的每一动作都宛如一幅画那样令人熟悉；河流的每一转弯处都是一处已知的险境；连下一次的转弯处在临近之前就使观众觉察到了。"[1]

由于这样的时空观念在西方戏剧中是不存在的，所以观众在理解京剧舞台上的时空特性上就存在困难。这点从问卷中也可以显示出。在问题"您是否可以理解京剧舞台上时间的相对性？"中，有33.3%的观众认为可以理解，41.2%的观众不理解，能理解一点的观众仅为7%。从这个比例来看，不理解的观众占多数。在问题"您是否可以理解京剧舞台上空间的自由性？"中，38.6%的观众可以理解，33.3%的观众不理解，2.6%的观众可以理解一些。虽然可以理解的观众稍占多数，但仍是一个不大的比例。可见，对舞台时空的理解是外国观众对京剧非语言要素理解中较为困难的一点，这就需要我们在看戏前对这一部分内容进行一定的讲解，以便使他们更好地看懂京剧剧目。

（五）非语言要素在京剧跨文化传播中的局限性

京剧中非语言要素在跨文化交流中的优势从问卷及以上分析中就可以看出，外国观众对京剧中非语言要素最感兴趣，比如对武戏、脸谱和服装，而且理解京剧主要也是依靠其中的非语言要素。由于这些非语言要素有一定的共通性，且避免了因语言不通而引起的交流障碍，所以利用京剧中的非语言要素进行京剧跨文化传播是存在一定优势的。

---

[1] 赵山林：《中国戏曲观众学》，华东师范大学出版社1990年版，第170～171页。

然而，其局限性也不容忽视。"在跨文化沟通中，非言语沟通是最容易产生误解的部分，因为非言语信号的编码和解码充满了灵活性、不确定性和情境性。"[1]

在戏剧的观演关系中，一个十分重要的阶段就是观众的"解码"阶段。由于演员在舞台上的表演，即编码过程，"无法从简单意义上决定或保证观众将如何解读"，[2]所以观众产生误读是不可避免的。由于受众者自身存在一定的差异，"包括观念差异——政治观、阶级观、价值观、美学观等；背景差异——文化背景、艺术修养、身份地位、民族信仰、生活环境等；个性差异——气质禀赋、兴趣爱好、特定氛围等"，[3]所以不同的观众对相同的表演会有不同的感受，有时甚至是天壤之别。且由于不同的人有着不同的先前经验，又有着看戏的不同需要和动机，看戏时也会有不同的情绪和心境，所以不同的人在看戏的时候就已经有了不同的心理定式，"它像一把把无形的尺子，帮助观众去衡量自己从舞台上看到、听到的一切，它像一片片被大自然的阳光雨露不同程度地滋润过的土壤，即使是同样的种子，飘落到它们的上面，也会开出不尽相同的花儿来。"[4]更何况京剧的跨文化传播面对的是不同文化背景的观众，来自不同文化背景的人在人生态度、情感方式、思维模式、价值观念等方面都会存有很大差异，所以人们对同样的非语言符号就可能会产生不同甚至完全相反的理解，出现对京剧中的非语言要素产生误读的现象。比如也提到的，有观众在问卷旁边注释道：他身边的朋友以为台上的小生是个女人。在京剧中，小生这个行当多用来表现年轻的男子，不带髯口（胡须），扮相清秀、英俊，与老生和花脸都不同；在唱念时采用真假声结合，假声听起来较为尖、细、高，显得比较年轻，由于旦角（除老旦）的唱念也是用假声，所以容易使外国观众产生混淆，而懂戏的观众则可以听出小生和旦角（除老旦）的假声实际是不一样的，小生的假声比较刚、劲、宽、亮，听起来声音很清脆，但是并不柔媚。外国观众会把小生当成女人，一方面是由于他们缺少看戏的经验，另一方面是由于在他们的印象中，舞台上扮相清秀的、用假声的一般都是女人，有了这样的心理定式，就很容易产生误读。

当然，在跨文化传播的情境中，产生误读是很正常的现象，因为编码者和解码者并不在相同的文化背景中，但是我们应尽量让不同文化背景中的人可以对同一个概念产生同样或是类似的反应，减少京剧在跨文化传播中的误读现象，这是论文的下一部分要讨

---

[1] 严文华：《跨文化沟通心理学》，上海社会科学院出版社2008年版，第65页。
[2] 庄晓东：《传播与文化概论》，人民出版社2008年版，第217页。
[3] 曾耀农：《艺术与传播》，清华大学出版社2007年版，第201页。
[4] 赵山林：《中国戏曲观众学》，华东师范大学出版社1990年版，第155页。

论的问题。

五、强化非语言要素的京剧跨文化传播理念构建

"艺术文化的传播是传播者的编码和解读者的解码互动阐释的过程,是主体间进行文化交往的创造性的精神活动。"[1] 既然是互动,就要有双方的交流。

那么,我们先来分析一下传播者。京剧是中国传统文化的集大成者,书法、绘画、服饰、武术、舞蹈等元素都融合在京剧当中,中国美学中的虚拟、空灵、意境等观念也体现在京剧中。所以有人认为,既然京剧是"国粹",那么就应该让外国人了解到真正的京剧,所以对外传播时也没有必要改变。同时,由于京剧已经被列入了"非物质文化遗产",那么就更应该把其原汁原味的状态呈现给外国观众。而与其相反的另一种观点则认为:时代变了,京剧也应当随着时代的变化而变化,随着观众的需求而变化。尤其是在给外国观众介绍时,更应适应他们的审美需要,融入多种现代艺术元素,为其提供强烈的视觉和动作冲击,以吸引他们。

再来看解读者对京剧的态度。据笔者所做的调查问卷显示,有84.2%的观众表示喜欢京剧,只有3.5%的观众说不喜欢。事实上,外国观众虽然对京剧感兴趣,但真正深入了解的人却非常少,一般就是在来中国旅游时看看京剧,感受一下中国的民族特色艺术。比如问卷中问到"您之前是否看过京剧?",只有25.4%的人看过,而且很多观众在旁边注明了是在电视上看过,但没有在剧场里看过;有71.1%的人都没有看过。所以他们所说的"喜欢",也仅是有兴趣、不反感。那么,如何使世界的观众对我们的国粹更加了解、更加喜爱,如何更好地开展京剧的跨文化交流,怎样才能更好地达到京剧跨文化交流的目的,都是值得我们思考的问题。

(一)强调差异

不难理解,"不同的文化结构势必会带来不同的人对同一事物的不同理解与欣赏观念上的差异。史雷格尔指出:'每一个民族,都是按照自己的不同风尚和不同规则,创造它所喜欢的戏剧。一出戏,是这个民族创作的,很少能令别的民族完全喜欢。'"[2] 不同的文

---

[1] 庄晓东:《传播与文化概论》,人民出版社2008年版,第3页。
[2] [丹]约·埃·史雷格尔:《关于繁荣丹麦戏剧的一些想法》。转引自余秋雨《观众心理学》,上海教育出版社2005年版,第30页。

化背景，不同的戏剧风格，必然存在差异。不了解中国文化的观众无法完全理解京剧的故事、程式动作、服装造型、音乐等方面，也无法从戏曲中真正体会到中国文化的内涵。但差异的存在并不是观众无法理解京剧的唯一原因。受众的接受状态也会影响艺术传播的效果，比如"接受者的文化层次、学术水准、鉴赏能力及生理状态都有可能影响到艺术信息接受的清晰度"[1]。在跨文化的传播中，差异是无法避免的，虽然差异会使一部分观众无法接受京剧，但差异也可以被用来打动观众，因为"文化交流中往往首先从注意对方迥然有异的东西开始"[2]。

虽然存在语言差异，但外国观众依然可以看懂京剧，这就说明其中的非语言要素起到了重要作用。有了这些丰富的非语言要素的支撑，我们就不必担心外国观众接受不了原汁原味的京剧，就可以用突出强调京剧与西方戏剧差异的方法，给外国观众心理上造成冲击与震撼。

就心理学层面而言，受众都有个性化的心理需求，即希望接受传播中的新鲜事物，突出自己的个性。同时也有新奇心理，即好奇心，喜欢接受新颖的、罕见的信息。"多变的、新鲜的信息对于人的神经中枢是一种强刺激，容易引起审美的注意。'人情厌常喜新''耳目无久玩，新者入我怀'，这是人们在审美过程中一种常见的心理状态。"[3]中国的京剧便是与西方戏剧迥然不同的戏剧样式，大多数外国观众观看京剧也是因为对它的好奇，所以我们就是要强调京剧与西方戏剧的差异，充分利用他们的好奇心，使外国观众喜欢上京剧。所谓"强调差异"，自然就是为外国观众提供原汁原味的京剧，用与他们的文化完全不一样的艺术形式给他们冲击，在碰撞中激发起他们的兴趣。

那么，强调差异会不会给外国观众理解京剧带来障碍呢？很多人都认为京剧的唱词和念白，即语言部分对于外国观众的理解会产生很大障碍，于是便只给外国观众看"改良"过的京剧，如只演武戏和做工戏，或是把原有的唱段减少或删去。但事实上，语言的障碍并不是观众理解京剧的绊脚石。英国皇家莎士比亚剧院曾分别在欧、美巡回演出《李尔王》，在从布达佩斯到莫斯科之间的一些地方进行演出时，那里的观众几乎都不懂英语，但却理解并热爱这个剧目，渴望与外国人接触，又能以自己的阅历感受这个戏痛苦的主题，因而产生了令人惊异的良好效果。而该剧团在美国演出时，那里的观众虽然全能听懂英语，但效果却很差，因为这些观众是为了某种社交需要或受到妻子的驱使来

---

[1] 曾耀农：《艺术与传播》，清华大学出版社2007年版，第13页。

[2] 吴戈：《中美戏剧交流的文化解读》，云南大学出版社2006年版，第298页。

[3] 赵山林：《中国戏曲观众学》，华东师范大学出版社1990年版，第192页。

看戏的，与这部作品的严肃质朴风格很不合拍。[1]可见，语言并不是观众理解异国戏剧的障碍，更何况京剧演出中还有大量的非语言元素，动作、身段、舞美、音乐从视觉和听觉上可以给观众直观的冲击，而且这些非语言元素也是他们能较好理解的，所以即使不懂语言，不了解有关的文化背景，也是可以通过非语言要素基本上看明白一出戏的。

通过"强调差异"使外国观众接受并喜爱的京剧演出，以北京戏曲艺术职业学院打造的"赴法演出"模式最为典型。这台演出呈现的并不是特意为外国观众"改造"了的京剧，而是最为传统的京剧剧目，同时，这台节目所强调的最大"差异"就是把京剧课堂也搬上了舞台。这台节目分为三个部分：第一部分是基本功展示，演员们身穿练功服，在老师的指导下为观众们展示毯子功和把子功。第二部分是戏课展示，在舞台上呈现京剧剧目课堂上的教学过程，即老师教学生应该如何演唱，如何表演。学生不带妆，只是穿必要的行头；老师用竹板敲出节奏，即使有伴奏也只是一把胡琴。第三部分是剧目表演，就是正规演出的形式，演出与第二部分相呼应的剧目（不一定是相同的剧目），把京剧教学的成果以成品形式展示出来。京剧的教学过程是十分特别的，也是外国观众从来没有接触过的，而且与他们的教育方式方法有着极大的差异，比如要求学生动作要统一、要一致，学生哪个动作做得不到位，老师就用棍打，等等。让外国观众看这些他们根本不曾见过的，又与他们的戏剧和教学方式完全迥异的东西，他们可以接受吗？事实证明，他们非但没有对这种呈现产生抵触，反而觉得十分新颖，看得十分兴奋，即使听不懂语言，他们也"看"明白了老师是怎么教的，学生是怎么学的。这就大大满足了观众们的好奇心理，引起了他们的兴趣，让他们看到了与他们文化中风格迥异的部分。

（二）在强调差异的基础上，创造共通的意义空间

从观众心理的角度而言，他们除了有新奇心理，希望接触到奇特的信息之外，也会出现对新信息反抗、逆反的心理，即对自己不熟知的信息采取回避和拒斥，产生怀疑和曲解。所以在强调差异的同时也需要为观众创造出共通的意义空间，即"意义交换的双方必须完全或在一定程度上对所传递的讯息有着共通或较为相似的理解和解释"。[2]正如Triandis提出的："有效的跨文化沟通是建立在'同构性归因'基础之上，即编码者和解码者对行为的解释、归因是相同或接近的，这样人们才能有效沟通。"[3]

---

1 余秋雨：《观众心理学》，上海教育出版社2005年版，第30～31页。
2 董璐：《传播学核心理论与概念》，北京大学出版社2008年版，第143页。
3 严文华：《跨文化沟通心理学》，上海社会科学院出版社2008年版，第57页。

共通的意义空间具有两层含义：一是对传播中所使用语言、文字等符号含义的共通的理解；二是大体一致或接近的生活经验和文化背景。[1]由于外国观众对京剧中的语言要素无法有效理解，又没有和我们相似的文化背景，所以依靠非语言要素也仅能"译出"其中与自己文化背景或生活经验相重合部分的含义。如上文中提到的外国观众对脸谱更感兴趣，则是因为他们觉得京剧脸谱与古希腊戏剧相似。也曾有一位美国学者做了这样一个实验：24名受试者分别来自美国（6男、6女）和墨西哥（6男、6女），他们都从未离开过祖国。他们分别在60秒内看10组幻灯片，每组中包含一张表现美国文化艺术和墨西哥文化艺术的照片；60秒后关掉幻灯，请受试者描述他们看到了什么。实验结果显示，受试者所看到的主要是来自本土文化艺术的照片，而非来自不熟悉文化艺术的照片。[2]这说明艺术接受带有一定的民族性和接近性，它与人们所熟知的生活和知识积累具有密切的关联，否则便不易接受或容易遗忘。同时还有一种现象，即由于自身文化艺术知识的积淀，人们在接受不同的文化信息时容易与自己的文化相联系，若是能找到共同点，则会相对容易接受这种新的信息。"即是说，同他们贮存在经验记忆中的某一'样本'相同或近似，这样才能为他们所接受，所理解。"[3]如在梅兰芳先生访美的时候，外国观众之所以对京剧表现出了极大的热情，是因为他们从京剧中看到了西方古老的戏剧精神，看到了值得借鉴的部分。纽约的 Stark Young 曾写道："看了梅君的做工、表情，使我联想到希腊的古剧。因为在古书里，常有议论希腊古戏剧的地方，但是文字虽然能懂，他写的意思却往往不大明了——不消说自然是因为根本没有看过表演，所以难以想象出它的组织妙处。这回看过梅君的表情、做工，及戏中的一切规矩以后，使我对这些年看不懂的书，完全了解了，一切疑团，顿然冰释。"[4]找到共同点，更便于接受一种新的文化艺术形式。所以，"只要传播者与受传者的意义空间之间存在交集，那么即使可能存在着传播障碍，他们也仍然能够进行意义的交换。"[5]那么，为了能使外国观众更进一步理解京剧，我们也应多为他们创造一些"共通的意义空间"，这样才能更吸引他们，取得更好的传播效果。于是，在强调差异的同时为外国观众创造共通的意义空间也显得尤其重要。

传统京剧剧目多取材于中国的民间传说、历史故事或是古代的文学作品，外国观众

---

[1] 董璐：《传播学核心理论与概念》，北京大学出版社2008年版，第143页。
[2] 曾耀农：《艺术与传播》，清华大学出版社2007年版，第169～170页。
[3] 赵山林：《中国戏曲观众学》，华东师范大学出版社1990年版，第191页。
[4] 齐如山口述，齐香整理：《梅兰芳游美记》，辽宁教育出版社2005年版，第113页。
[5] 董璐：《传播学核心理论与概念》，北京大学出版社2008年版，第143页。

对于故事发生的背景本就不熟悉，所以有些东西再怎么解释，没有共同文化背景的人也是很难理解的。而且京剧中好用典故，"喜好举出以往发生的事例及英雄人物来以古论今。京剧剧本里，典故的运用，以古人来做比喻的例子，不胜枚举。像这样把某个朝代的历史人物，或发生的事件，运用到戏剧里来，作为支持剧中人的论点，看戏的观众除非十分熟悉中国文化历史，否则极易陷于一种不知所云的状况。"[1]所以，在调查问卷中回答"无法理解京剧"的观众中，多数都写的是因为不了解故事。此外，没有共同的生活经验也是外国观众看京剧表演时产生迷惑的原因。民国初年就曾发生过一名外国观众将演员的"洗马"动作当作"打扫房间"，第二次又将"敲钟"的动作当作"洗马"的事情。而他的仆人——一名普通的中国观众却不但能领会"洗马"的全部程序，还能指出这匹虚拟的马是黄色的。[2]

那么针对这样的情况，我们就可以将京剧演出中的一些元素进行适当的改变，创造出与外国观众共有的意义空间。最容易进行改变的就是京剧表演中的非语言要素，我们可以将京剧中传统的程式性动作稍加改动，变成外国观众所能理解的动作，如适当增加一些西方人常用的动作，如耸肩、摊手等，就会使他们感觉比较好理解，更容易接受。

但要注意的一点是，笔者所说的"改变"，是在强调差异的基础上改变，是在保持京剧原貌的前提下进行的适当改变。众所周知，中国的京剧和西方戏剧有着明显的差异，即中国京剧写意，西方戏剧写实。目前很多京剧作品为了能让外国观众好理解，太过于照搬西方戏剧的写实感，比较明显的就是舞台美术的加强，即在当今戏曲界被称为"大制作"的京剧，这就与中国戏曲的写意性出现了严重的冲突。确实，时代在发展，观众的审美也在变化，舞台上只有一桌二椅确实会让现在的观众感到乏味，所以装饰舞台、美化服饰扮相是应该的，但是把所有重点都放在以舞美取胜上则是一个误区。如果观众看完了戏，只是赞叹一句"舞美真漂亮"，这样的戏是否能算是成功？舞美，应该是为戏服务的。有了舞美的帮助，观众觉得戏更好看了，戏的内容给观众留下了更深刻的印象，才是我们想要达到的目的。而现在多数情况中，"大制作"的戏用了太多写实的布景却束缚了演员的表演，台上搭台，让演员的功法无用武之地，这无疑是有悖于京剧写意的美学原则的。京剧是"角儿的艺术"，是写意性的艺术，舞台上的道具仅仅为了配合演员和指明必要的环境，而真正的景"是在演员身上"的，路的平坦崎岖、天气的冷热变化都

---

[1] 施叔青：《西方人看中国戏剧》，人民文学出版社1988年版，第26页。

[2] 赵景深：《中国戏曲初考》，中州书画社1983年版，第289页。转引自赵山林《中国戏曲观众学》，华东师范大学出版社1990年第1版。

是靠演员来表现的。而如果把所有原本该用演员表演来表现的情景都变成了实物放在舞台上，不仅会削减观众看戏的兴致，也会降低演员的表演技巧和创造力。但是很多人认为这样的戏会更容易让外国观众看懂，因为这与他们的戏剧艺术有着一样的创作方法。但是他们却没有考虑到在"文化交流中往往首先从注意对方迥然有异的东西开始"[1]。早在梅兰芳先生访美的时候，齐如山先生就注意到了这一点，他认为去西方演出，就千万不可把西法掺入。"因为我们到西洋演剧，就是要把中国剧——充满了个性的中国剧，表演给他们看；他们的本意也是要看看纯粹的中国剧，若掺杂上好些西洋的材料，那不但不是真正的中剧而且使他们定不爱看了。"[2] 而且，事实证明，外国观众是可以通过自己的想象看懂京剧演员的表演的。

所以，创造共通的意义空间，并不是把京剧排成西方话剧，也不是使京剧变得不成为京剧，而是要想办法在保持京剧特色的基础上使观众更容易接受与理解，达到审美共鸣。也可以使外国观众将自己的生活经验输入到剧中人物的身上，从而得到自己的体验。

对于外国观众而言，新鲜感、奇特感要有，亲切感、熟悉感也不可缺少。因为"完全确定的情境（无新奇、无惊奇、无挑战）是极少引起兴趣或维持兴趣的。但是另一方面，当情境是过度复杂、新异、不定时，人也可能想逃避到较少使人糊涂，甚至更少挑战性的情境中去。"[3] 所以，我们要把握好这个"度"，即在强调差异的同时，又要在舞台演出中创造出共通的意义空间。

我们以当年梅兰芳先生访美时的演出情况为例。剧场的布置是跨越文化差异鸿沟以及让外国观众接受文化差异的重要手段，所以梅剧团在美国进行演出之前对剧场进行了精心的布置。剧场的布置之所以十分关键，是因为如果不布置剧场，便会让外国观众觉得中国京剧和西方话剧的观演感觉没什么不同，以至于"看完戏后，他们总要拿中国戏和外国戏比较比较，结果必定有很大的隔膜"[4]。所以，在美国演出时，他们便首先在剧场布置上强调出了中西文化的差异，将剧场布置成纯粹中国式的，给外国观众视觉上的冲击：台上第一层用剧场的旧幕，第二层是中国红缎幕，第三层是中国戏台式的外檐、龙柱对联，第四层是天花板式的垂檐，第五层是旧式宫灯四对，第六层是旧式戏台，门帘、台帐。戏台两边还有龙头挂穗，朱红描金。剧场门口又做了一百多个灯笼，全都是中国

---

1 吴戈：《中美戏剧交流的文化解读》，云南大学出版社2006年版，第298页。
2 齐如山口述，齐香整理：《梅兰芳游美记》，辽宁教育出版社2005年版，第79～80页。
3 [美]克雷奇等：《心理学纲要》（下），文化教育出版社1981年版，第384～385页。
4 齐如山口述，齐香整理：《梅兰芳游美记》，辽宁教育出版社2005年版，第44页。

式的。"又给看座人员做了十几身特别中国式的衣服，为的是可以变化观客的眼光。监场和场面人员也有制服，这一切颇引起外国人的注意和赞美。"[1] 如此一来，就可以使外国观众耳目一新，"用另一副眼光来看它，自然没有和外国戏比较的思想了。既然用另一种精神来研究中国剧，就比较容易听进去了。"[2] 这样，观众从一进入剧场就被中国文化所包围，也有助于他们对中国京剧的欣赏。如此看来刻意造成的表象文化差异，却正好恰当地处理了西方戏剧与中国京剧内在的文化差异摩擦。

为了让西方观众更方便接受京剧，梅剧团也在创建共通的意义空间方面下了很大功夫，他们在访美前做了大量的工作，进行了潜移默化的宣传。比如，"每逢招待外宾时，总要把关于戏剧的图画书籍陈列出来，请他们看，并且都给他们详细地解说，使他们产生兴趣。除此以外，每到吃饭，或喝茶时，必然要对他们细说在戏台上吃饭饮茶的姿式，由此引申到舞台上的一切动作及其所以然的理由"[3]。可见，要使外国人接受并喜欢上与他们的文化迥然不同的艺术，就要先让他们对此产生兴趣，最有效的办法就是从他们熟悉的艺术形态上入手。比如欧美人士对中国书画颇为注意，齐如山先生等人就借墨笔山水、写意花卉为他们讲解中国京剧，这样能使他们更容易理解。除了在艺术形式上进行类比似的讲解，他们还为外国人营造中国古典的氛围。每次招待外国来访的人员时所用的一切用具，都纯粹是中国古式的。"杯盘盏箸，以及屋中的点缀品，更无一处不用中国式的，尤其要选择最可表现中国精神古雅高贵的样式。"[4] 如此便让外国观众沉浸于中国古典文化之中，使他们更容易接受京剧艺术。

（三）结合语言要素及翻译解读

在京剧的跨文化传播过程中，非语言要素起到了很大的作用，但是语言要素的作用也不可忽视。观众虽然可以通过非语言要素看明白故事，但这种"明白"是模糊的，要想深入理解人物情感还是不能缺少语言要素。语言要素和非语言要素共同构成京剧跨文化传播这个完整的系统，在此系统中，这两部分相互联系，彼此分工与合作，使整个系统具有新的功能。所以，我们也要把握好这两部分之间的关系，使它们按照合理的方式结合，以促进系统持续健康发展。

---

[1] 齐如山口述，齐香整理：《梅兰芳游美记》，辽宁教育出版社 2005 年版，第 45 页。
[2] 齐如山口述，齐香整理：《梅兰芳游美记》，辽宁教育出版社 2005 年版，第 44 页。
[3] 齐如山口述，齐香整理：《梅兰芳游美记》，辽宁教育出版社 2005 年版，第 15 页。
[4] 齐如山口述，齐香整理：《梅兰芳游美记》，辽宁教育出版社 2005 年版，第 10 页。

在问卷中有这样的问题："你是怎样看懂的？／你为何没有看懂？"据统计，观众能看懂的原因归结为有英语字幕的帮助以及通过看演员的动作，其中通过动作来理解的更多一些。看不懂的原因归结为他们本就不熟悉故事，再加上语言的障碍，所以看不明白。

通过对这一问题的反馈，我们可以看到非语言要素在京剧跨文化传播中所起到的重要作用，也充分说明了要想真正理解京剧，是既要靠非语言要素又离不开语言要素的。表示能够理解京剧的观众也基本上是这两项一起写的，可见，非语言要素和语言要素是互相支持，不可分割的。

早在梅兰芳先生访美时，他们就注意到了这点。他们当年的做法，现在仍值得我们借鉴。

首先是在剧目选择上。考虑到外国观众存在文化上、语言上的差异，他们选择了一些做、打多于唱、念的戏，还把梅先生所演剧目中的各种舞蹈抽出来，单演一场，时间不过几分钟，为的是使观众感到新鲜。于是他们带去了这样一些剧目：《汾河湾》《刺虎》《贵妃醉酒》《打渔杀家》《天女散花》《春香闹学》等，并穿插了《西施》中的"羽舞"、《麻姑献寿》中的"杯盘舞"、《霸王别姬》中的"剑舞"、《天女散花》中的"长绸舞"和"花舞"等。那么在此次赴美演出中最受观众欢迎的是什么样的剧目呢？虽然报纸、杂志对《刺虎》和《汾河湾》议论最多，但"观客拍掌最热烈的，却是剑舞和耍大刀"[1]。究其原因，是因为《刺虎》和《汾河湾》是最开始演出的剧目，而对于新闻界来说，初演的一切都是最令人注目的新闻，所以都争相登载。而实际观众们在看戏时还是对舞蹈和武打部分比较感兴趣，因为没有语言障碍，都能看得明白，优美的舞蹈、激烈的打斗就足以令他们鼓掌叫好。由此我们可以看出，京剧中的非语言要素给外国观众带来了视觉上的冲击，引起了他们的好奇心。

与此同时，齐如山先生还编写了《中国剧之组织》、《梅兰芳歌曲谱》、戏剧说明书等，其中内容也十分具体："先将一出戏的大略历史写出，再说这一出是全戏的哪一段，在全事迹上占怎样一个位置，再把这出每场的情节说清，并说明在某处，这一段唱、一段话是什么意思，各脚一切动作是什么用意，再把梅君的唱工、做工是哪一段最精彩动人，以至于哪一场什么地方应该注意，也都清楚写出。"[2]这样的说明书十分详细，不仅可以让观众了解剧情，还可以让观众知道观看的重点在什么地方。而且每次演出前也都会先请翻译讲明该戏的故事情节，并对京剧形式作大致的介绍。这样，观众就可以更进一步理

---

[1] 齐如山口述，齐香整理：《梅兰芳游美记》，辽宁教育出版社2005年版，第73页。
[2] 齐如山口述，齐香整理：《梅兰芳游美记》，辽宁教育出版社2005年版，第23页。

解京剧表演，更好地欣赏舞台演出。

可见，在京剧跨文化传播中，翻译的作用是不可小觑的。京剧资料、演出说明书的翻译可以帮助观众了解京剧艺术的特点，熟悉舞台剧目的故事内容；演出时字幕的翻译可以协助观众理解舞台上进行的剧情。翻译是否到位，也会对外国观众理解和接受京剧产生重要影响。所以，成功的京剧跨文化交流是一定要兼顾非语言要素与语言要素的。

综上所述，在进行京剧跨文化传播时，要在强调差异的基础上为外国观众创造共通的意义空间，同时也要协调好非语言要素与语言要素的关系。只有协调好京剧跨文化传播这个系统中的各个要素，使其以合理形式加以组合，才可以使这个系统发挥其最大、最好的功效，才能使外国观众更好地接受和理解中国京剧艺术。

六、结语

中国京剧对外演出是一项跨文化的交流活动，"跨文化交流是指来自不同文化背景的人们相互交流的一种情境。它的重要和独特之处在于，文化的不同，交流者固有的背景、经历和假定的差异，都会使交流异常艰难，有时甚至根本无法开展。"[1]所以文化差异的要素不得不认真考虑与对待，正视文化差异的存在，处理好文化差异，才能使交流更好地进行。

在京剧的跨文化传播中，非语言要素对外国观众接受和理解京剧起到了很大的作用，外国观众对于京剧中武打、服装、道具、脸谱的兴趣可以使他们更快地接近京剧艺术。这点不管是在调查问卷中还是在笔者的现场观察中都有体现。当然，调查问卷并不能说明所有的外国观众都是如此反应，我们无法、也不能用此次问卷的结果来推及整个外国观众群。首先，是调查问卷中使用的词汇的问题，调查问卷中使用的词语应和对方词语的语言意义相同，但我们知道京剧中有很多术语是无法在英语中找到同等意义的词汇的，所以就只能通过转化或解释来解决，但这一过程难免会造成信息的遗漏或误解。比如对于"程式"这个词，很多观众就无法理解，不要说是第一次看京剧的外国观众，可能就连中国观众也未必能理解到位。其次，是本次问卷调查所涉及的受众，接受此次问卷调查的观众来自美国、澳大利亚、加拿大、英国、西班牙、丹麦、比利时、荷兰、日本、韩国、法国、越南、印度等国家，他们本身的文化背景就差别很大，更何况某一个人或一群人

---

[1] [美]拉里·A·萨默瓦、理查德·E·波特著，闵惠泉、王纬、徐培喜等译：《跨文化传播》（第四版），中国人民大学出版社2004年版，第4页。

对某样事物的感知也不能推及整个文化中的所有人。但是，在这样一个对文化背景十分复杂的观众群体进行的调查中，能得出一个相对集中的答案，说明了京剧中的非语言要素对于外国观众普遍而言是好理解、好接受的，所以我们在给外国观众演出时应注意利用好非语言要素。

但如论文中所论述的，虽然外国观众容易接受京剧中的非语言要素，但也容易对其产生"误读"，因为毕竟存在着文化背景及生活经历的差异。面对这种情况，就需要我们既要在他们所容易接受的非语言要素上下功夫，又要紧密结合语言要素，做好翻译等工作，使他们更好地了解背景知识。同时，京剧艺术是一门综合性的舞台艺术，中西文化差异具体到戏剧领域就是西方戏剧侧重写实而中国京剧讲究写意。然而最大的差异，也是最大的特点。所以在对外演出中，我们既不能把自己的特点抹杀，又要尽量让外国观众接受这样的差异，这是京剧进行跨文化交流演出的一个难点：即既要强调中外戏剧的差异，给他们以新鲜感，又要在其中为他们创造一定的共通意义空间，使他们找到熟悉感。在这一过程中，需要我们掌握好一个"度"，即保持京剧原味与借鉴改革的关系。我们应该在发展中保持自己的特色，要"在他种文化参照下，用一种外在自己的观点重新审视本民族文化进一步认识、发现自身文化的特色与价值"[1]。如果在跨文化的交流与借鉴中把自己的特色全改没了，那就无法立足于世界艺术之林了。所以，我们所需要的是一种开放的同时坚持自己文化特色的理念，"只有那些能够在保持自身特质的同时，坚持开放和创新的文化，才可能在跨文化传播中，在'扬弃'外来文化前提下发展出新的文化，从而保持自己旺盛的生机和活力。"[2] 所以，在京剧的跨文化交流中，我们应以京剧的特点和美学原则为基础，在保留京剧艺术精髓的前提下，通过与西方戏剧的交流和吸收，寻求其结合点，不断拓展自己的视野，丰富自己的内容，探索出一条京剧跨文化传播之路。"只有把京剧最具代表性的剧目推向世界，才有可能获得艺术的跨文化交流的成功，同时，只有通过向世界展现京剧最有代表性的精华，才能真正达到跨文化交流的目的。"[3]

---

[1] 饶芃子：《"全球地域化"语境下中国文学影响研究》，载《学术研究》2006年版，第2页。
[2] 庄晓东：《传播与文化概论》，人民出版社2008年版，第361页。
[3] 傅谨：《京剧学前沿》，文化艺术出版社2007年版，第307页。

附录

问卷概况

本论文中所采用的调查问卷是分四次进行的,共发出275份,收回121份。其中有效问卷114份,无效问卷7份。

在这四次问卷调查中,问卷是一样的。在此之前,笔者曾做过一次30人的问卷调查,问卷的内容与本次调查略有不同。本次采用的问卷是根据那次的反馈以及笔者对之前问卷中的不合理之处修改过的。

四次调查的观众不同,其中两次是北京语言大学的留学生,两次是外国游客。由于调查对象不同,所以统计数据的显示难免会有些偏颇,这也是问卷调查无法避免的一个问题:没有办法把所有国家的观众或是所有职业、年龄段的观众都涵盖进来。所以本问卷调查统计数据也只是显示一个大概情况。

四次调查中所涉及的剧目有《拾玉镯》《闹天宫》《水斗》《断桥》《闹龙宫》和《闹地府》。其中除《断桥》是文戏外,其余都为武戏。而据笔者在现场的观察,观众对于以唱为主的《断桥》反响最为不热烈,而在武戏中演员展示技巧的时候反响最热烈。观众都不会习惯于在演员亮相的时候鼓掌,但是在演员打斗很激烈的时候也会兴奋地鼓掌叫好,比如孙悟空耍金箍棒的时候。

发放调查问卷的地点是北京湖广会馆。此处为古式建筑,茶楼式,所以观演方式没有剧场那么正式。观众在看戏之余,吃喝聊天、兴奋照相。在这样的一个环境中,欣赏京剧的注意力便会被分散,当然,很多人原本就是来看热闹的。

Questionnaire

1. Do you understand what happened on the stage?

    Yes:62, 54.4%   No:14, 12.3%   More or less:40, 35.1%

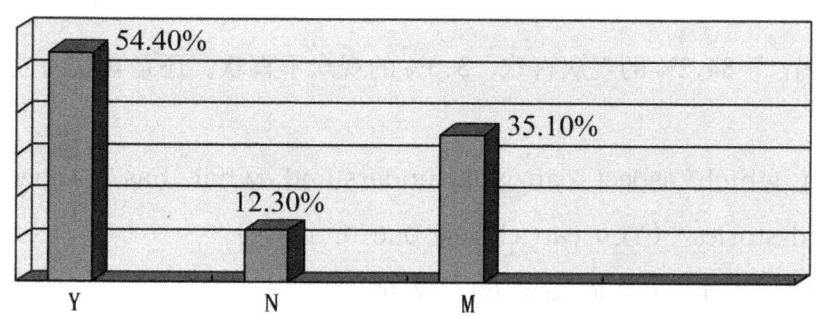

"你是否能理解舞台上所演的内容？"有54.4%的观众认为自己可以理解，有12.3%的观众没有看懂，有35.1%的观众认为自己没有完全理解，只能看懂一部分。

2. How can you understand it? / Why can't you understand it?

字幕：29，25.4%　　动作：39，34.2%　不知道故事，语言不通

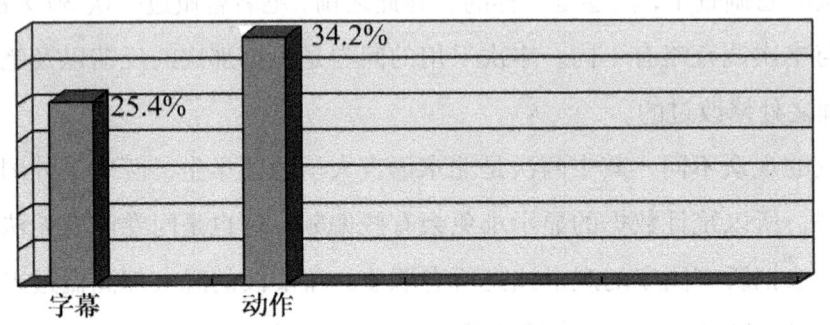

"你是怎样看懂的？／你为何没有看懂？"能看懂的原因归结为有英语字幕的帮助以及通过看演员的动作，其中通过动作来理解的更多一些。看不懂的原因归结为他们本就不熟悉故事，再加上语言的障碍，所以看不明白。

3. Do you like it?

　　Yes：96，84.2%　　No：4，3.5%

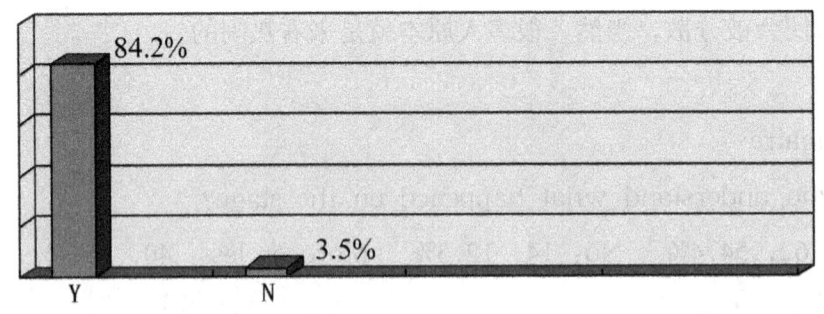

"你喜欢吗？"84.2%的观众喜欢，3.5%的观众不喜欢。还是喜欢的占大多数。

4. From which aspect can you understand what has happened to both characters and stories? (You can choose one or more)

　　A．rhythm of music and aria 60，52.6%

B. countenance of actors　38, 33.3%

C. posture of actors　　　60, 52.6%

D. gesture of actors　　　72, 63.2%

E. expression in actors' eyes 55, 48.2%

F. rhythm of drum 48, 42.1%

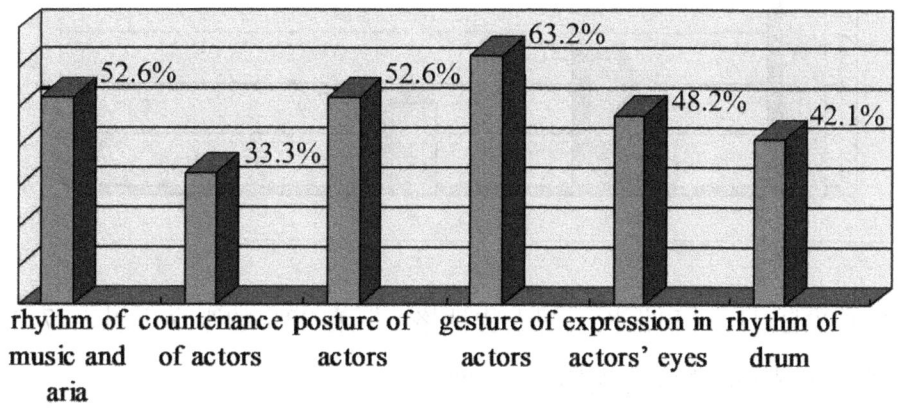

"你是通过哪些方面来明白人物和剧情的？"从数字统计来看，演员的手势起到的作用最大，63.2%的观众通过此项来了解人物和剧情。其次是音乐和唱腔的旋律以及演员的姿势，有52.6%的观众选择此项。再次是演员的眼神，有48.2%的观众选择。随后是锣鼓的节奏，有42.1%的观众选择。最后是演员的面部表情，有33.3%的观众选择。

5. Can you identify the status of characters according to the costume?
　　Yes: 65, 57%　No: 23, 20.2%　More or less: 13, 11.4%

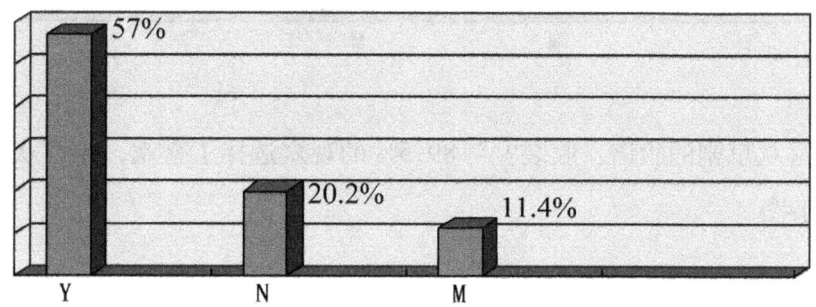

"您是否可以通过服装看出人物身份？"有57%的观众表示可以，有20.2%的观众表示不能，有11.4%的观众表示可以看出一些，但不能完全看出。

6. Can you understand the roles' character according to their facial design and face-painting?

Yes：49，43% No：31，27.2% More or less：21，18.4%

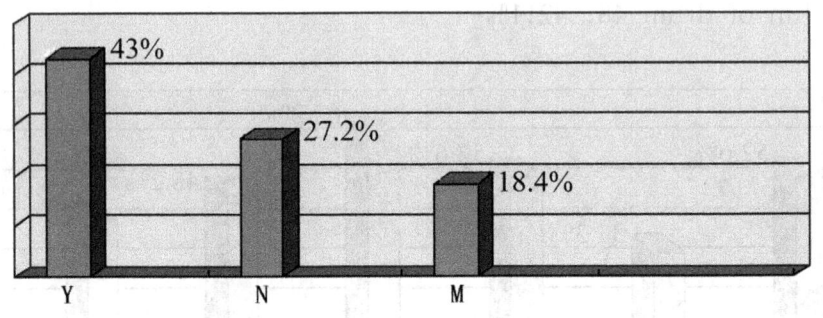

"您是否可以通过脸谱和化妆了解人物性格？"有43%的观众可以，27.2%的观众认为无法理解，18.4%的观众可以理解一部分。

7. Do you like facial design and the costume of Beijing Opera?

Yes：102，89.5% No：2，1.8% More or less：2，1.8%

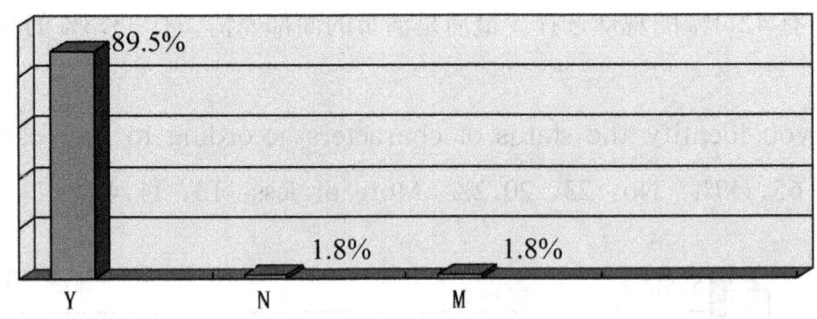

"您是否喜欢京剧的脸谱、服装？"89.5%的观众选择了喜欢，不喜欢或不是很喜欢的总共也不到4%。

8. Can you understand the stylization in Beijing Opera?

   Yes：50，43.9% No：29，25.4% More or less：15，13.2%

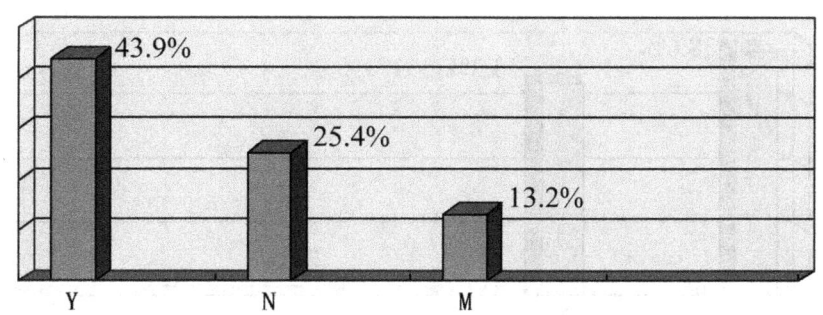

"您是否能够理解京剧的程式？"有43.9%的观众选择可以理解，不过也没有过半。有25.4%的观众不理解。有13.2%的观众认为可以理解一部分。

9. Can you understand the relativity of time?

   Yes：38，33.3% No：47，41.2% More or less：8，7%

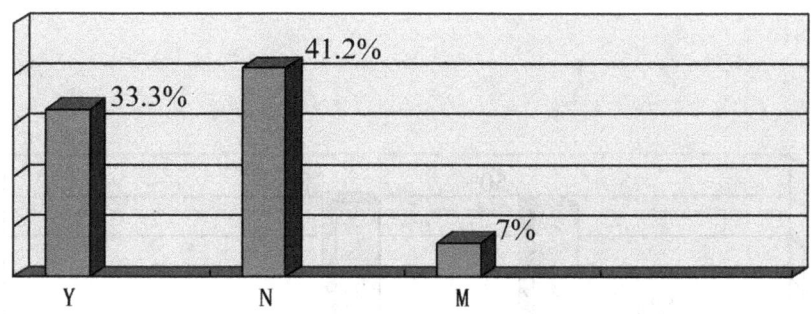

"您是否可以理解京剧舞台上时间的相对性？"33.3%的观众认为可以理解，41.2%的观众不理解，能理解一点的观众为7%。

10. Can you understand the freedom of space?

Yes：44, 38.6% No：38, 33.3% More or less：3, 2.6%

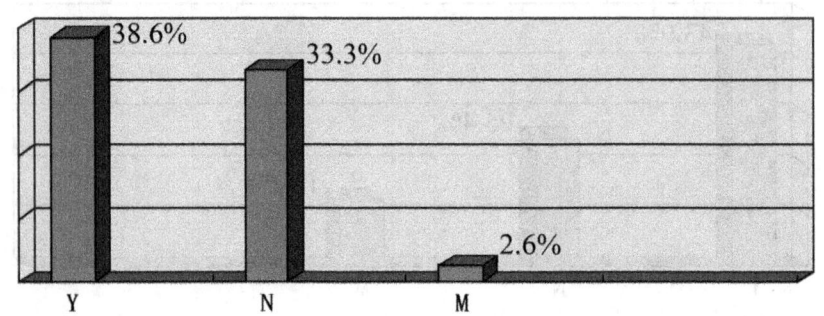

"您是否可以理解京剧舞台上空间的自由性？" 38.6%的观众可以理解，33.3%的观众不理解，2.6%的观众可以理解一些。

11. What kind of Beijing Opera do you like?

A．Center on singing 26，22.8%

B．Center on martial art 57，50%

C．Center on acting 58，50.9%

Or others：

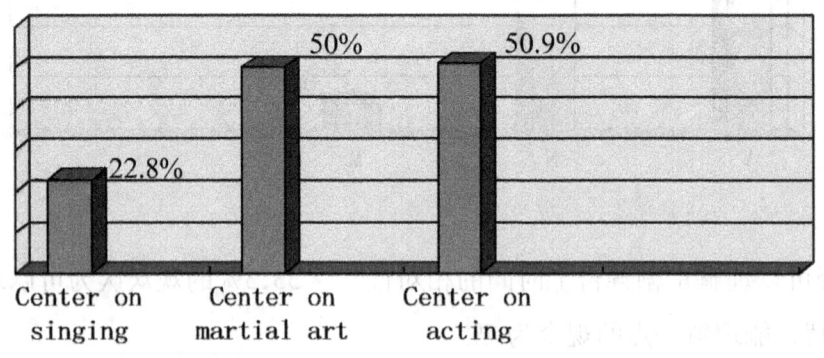

"您对什么样的京剧感兴趣？" 选择以唱为主的有22.8%，选择以武打为主的有50%，选择以表演为主的有50.9%。

12. Have you ever seen Beijing Opera before?

Yes：29，25.4% No：81，71.1%

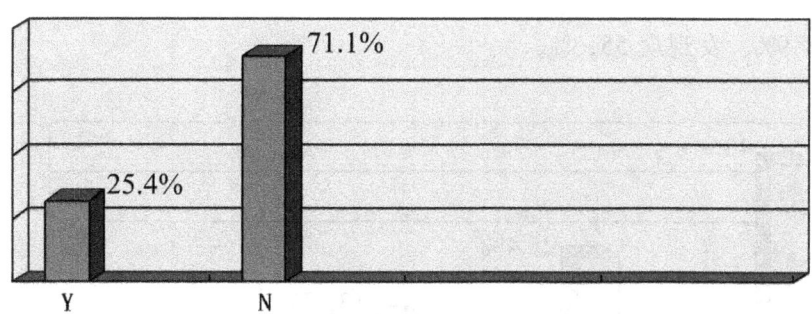

"您之前是否看过京剧？" 25.4%的人看过，有的观众在旁边注明了是在电视上看过，但没有在剧场里看过。71.1%的人都没有看过。

13. Do you often go to see drama?

Yes：26，22.8% No：76，66.7%

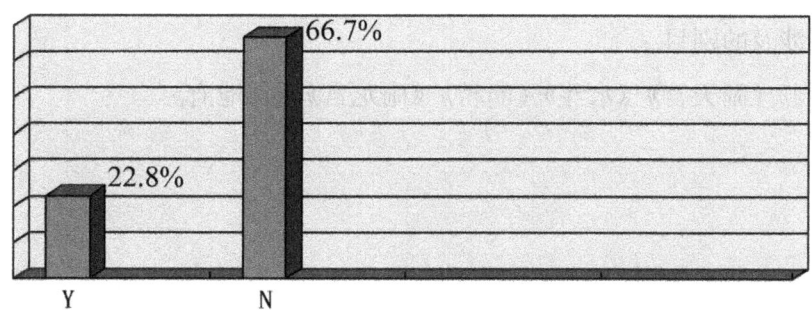

"您是否经常看戏剧？" 22.8%的人常看，66.7%的人不常看。

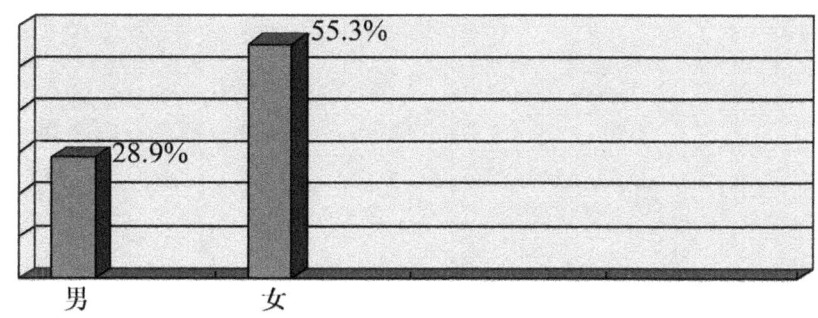

Something about yourself:
Gender   男：33，28.9% 女：63，55.3%

男观众 28.9%，女观众 55.3%。

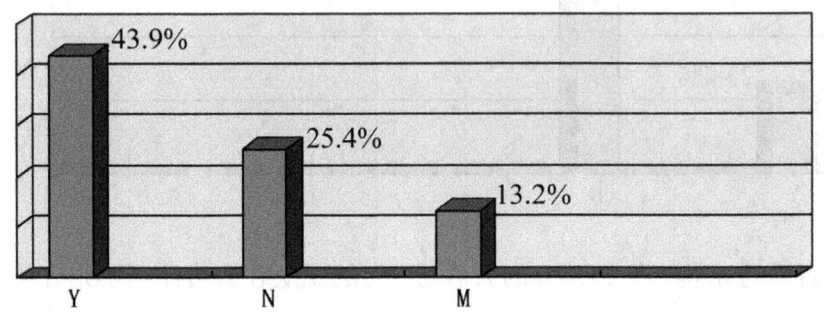

Nationality：肯尼亚、罗马尼亚、比利时、美国、澳大利亚、韩国、印尼、泰国、俄罗斯、意大利、日本、墨西哥、加拿大、荷兰、巴拿马、乌克兰、英国、西班牙、丹麦、芬兰、法国、德国、越南、印度

问卷所涉及的剧目：
《拾玉镯》《闹天宫》《水斗》《断桥》《闹龙宫》《闹地府》

京剧表演专业本科生学习、从业状态分析

高 硕（2009级）

一、引言

清乾隆五十五年（1790），徽班进京，带来了源出安徽的徽调，其中包含了京剧的主要声腔——西皮和二黄（簧）。清道光年间，湖北汉调艺人进京搭徽班演戏，它带来了湖北风格的皮黄腔。此后，皮黄腔在京城吸收梆子（秦腔）、昆曲等剧种的艺术因素，又加进了北京的语言特色，经过数十年的发展，在道光二十年至咸丰十年间（1840~1860），形成了一种与原来皮黄腔截然不同的新的声腔——京剧。

京剧形成后的50余年，作为集中国戏曲文化之大成的新兴剧种，京剧迅速走向兴盛。1917年以后，京剧优秀演员大量涌现，呈现出流派纷呈的局面，京剧由成熟期发展到鼎盛期。20世纪50年代以后，政府采取多种形式，大力扶持京剧，特别是在"百花齐放、百家争鸣"文艺方针的指导下，京剧开始出现新的繁荣。20世纪60年代到70年代末，由于十年"文化大革命"，京剧的发展一度放缓。20世纪80年代以后，随着中国改革开放的步伐，京剧发展面临着新的形势与挑战，国家对于京剧给予了更多的关注与投入，京剧得到一定程度的发展。

与此同时，"经济全球化加速了不同国度、不同地区、不同民族之间文化的交流和

融合，每一种文化都伴随着全球范围内的经济扩张而受到影响。"[1]"在全球化的渗透之下，丰富多彩的人类各民族艺术样式常常面临被肢解乃至消融的危机，这已成为我们这个时代各民族文化发展所共同面临的问题。"[2]京剧自然也不例外。随着国内外文化交流的增多，新媒体及很多新的艺术样式的出现，西方文化对中国本土文化的冲击越来越强烈。经济在大踏步前进，人们在重视经济发展的时候却忽略了文化，尤其是传统文化的生存与发展，京剧遭遇了艺术发展过程中从未遇到的挑战。近年来，国家对于民族文化的重视程度越来越高，京剧艺术作为近代中国戏曲的代表，作为中华民族的国粹，引起了更多人的关注，也获得了国家政策方面的大力支持，京剧艺术的社会影响力也在逐年增强。尤其在京剧进入人类非物质文化遗产代表作名录之后，京剧艺术的传承与发展更为世人所瞩目，而京剧艺术的传承和发展不可或缺的，与京剧艺术的传承与发展息息相关的重要命题，便是京剧艺术后继者的培养。

在京剧艺术发展的各个阶段，京剧演员都是京剧艺术呈现的重要载体和依托。从"前三鼎甲"[3]"后三鼎甲"[4]到"同光十三绝"[5]"四大名旦"[6]，从"国剧宗师"杨小楼到老生中的"余言高马"[7]等京剧演员，都是京剧艺术发展历史上的灿烂明星，也是推动京剧艺术发展的强大动力。20世纪50年代之后的京剧演员队伍也呈繁荣局面，既有"四大名旦""四大须生"，萧长华、侯喜瑞、郝寿臣等前辈艺术家，也有张君秋、裘盛戎、李少春、袁世海、叶盛兰、杜近芳等当时京剧舞台的中坚力量，同时新型戏曲教育机构培养的京剧新人，如杨秋玲、王晶华、刘秀荣、张春孝、刘长瑜等，此时也都成长了起来。这些当时的新人，现在已经成为京剧艺术传承过程中的重要梯队，他们为京剧后继人才的培养也做出了突出贡献。自20世纪50年代至70年代末，京剧演员的培养被纳入国家教育体制之中，各地开办的各类戏曲中专、艺校，很多都履行着培养京剧人才的职能。

1978年10月，中国戏曲学校经国务院批准改制为中国戏曲学院，成为中国教育史

---

[1] 楚小庆：《全球化格局与中国戏曲发展的若干问题》，载《艺术百家》2011年第1期。

[2] 楚小庆：《全球化格局与中国戏曲发展的若干问题》，载《艺术百家》2011年第1期。

[3] 三鼎甲是清朝科举制度中，殿试考中前三名（状元、榜眼、探花）的荣誉称号。"前三鼎甲"指的是京剧形成初期，第一代演员中的三位杰出老生人才：程长庚、余三胜、张二奎。

[4] 指的是京剧第二代演员中的三位杰出老生演员：谭鑫培、汪桂芬、孙菊仙。

[5] 清光绪年间，京中名角辈出。后世曾把当时主要由画师沈蓉圃彩绘的同治、光绪时期多位京剧和昆曲名角的戏装画辑印在一起，提名为"同光十三绝"。

[6] 指1927年北京《顺天时报》举办的京剧旦角名伶评选选出的梅兰芳、尚小云、程砚秋、荀慧生四人。

[7] 指余叔岩、高庆奎、言菊朋、马连良四位京剧老生演员。

上第一所戏曲艺术大学。这标志着京剧人才的培养进入了一个新阶段。随后，北京戏曲艺术职业学院、天津艺术职业学院、上海戏剧学院戏曲学院、沈阳师范大学戏剧艺术学院等大专院校纷纷成立。高等戏曲教育具有不同于中等戏曲教育及传统戏曲教育的明显特征，要求戏曲高等院校培养出的毕业生不仅要基本功扎实，剧目掌握牢靠，更要具有较高层次的社科理论及专业理论水平，同时要有较强的艺术创造能力。以中国戏曲学院为代表的戏曲高等教育机构，培养了大批京剧表演专业本科生、青年京剧演员，很多人现在已成为京剧舞台上的中坚力量。

但是，我们还应看到，当今的中国社会正处于转型期，经济大潮的冲击对很多人都产生了重要影响。作为京剧行业的后继者，京剧表演专业本科生——即将登上舞台的青年京剧人——的心理也承受着来自多方面的影响和冲击。他们都是年轻人，却继承着、研习着中国代代相传的传统艺术；他们在专业舞台上摸爬滚打，却同其他大学生一样，在就业时要接受行业和社会对他们的判断。京剧行业发展的现状影响着青年京剧演员的心理状态，活跃在舞台上的青年京剧表演本科生的状态更直接反映着京剧的发展状况及发展方向。所以，这样一个特殊群体的整体状态，就有了被关注的价值。

二、京剧行业发展现状概述

自20世纪80年代以来，在文化格局多元化与经济发展体制急剧转型的共同影响下，京剧赖以生存的文化生态环境逐渐遭到冲击，京剧艺术发展到了困顿期，或者说是变革期。无论是政府、院团自身，还是京剧行业的从业者们，都在为京剧艺术的发展而努力着。

根据《全国重点京剧院团评估办法》和《全国重点京剧院团评估指标体系》，"为贯彻落实党中央、国务院领导同志关于保护和扶持京剧艺术的重要批示精神，2005年11月10日至30日，文化部对27个省、自治区、直辖市的37个京剧院团进行了全面评估，并在全国范围内确定了11个国家重点京剧院团和17个省级重点京剧院团作为重点扶持对象，制定了《国家重点京剧院团保护和扶持规划》，与财政部共同设立了'国家重点京剧院团保护和扶持专项资金'，以每5年为周期对国家重点京剧院团实行保护和扶持。"[1] 11个国家重点京剧院团包括：国家京剧院、北京京剧院、天津京剧院、上海京剧院、湖北京剧院、天津市青年京剧团、山东省京剧院、云南省京剧院、沈阳京剧院、黑龙江省京

---

[1] 中央政府门户网站：http://www.gov.cn/gzdt/2011-08/26/content_1934063.htm。

剧院、江苏省京剧院。省级重点京剧院团包括重庆京剧院、大连京剧院、河南京剧院、甘肃省京剧院、内蒙古京剧团、浙江京剧院、湖南京剧院、宁夏京剧院、广西京剧院、陕西京剧院、成都京剧院等17个京剧院团。《国家重点京剧院团保护和扶持规划》出台后，国家重点院团在京剧重点新剧目创作，京剧人才的培养和奖励，国家重要指定性演出、艺术活动和公益性演出，京剧艺术进校园演出，赴境外演出和艺术交流活动五个方面得到了全面扶持，全国京剧院团的发展状况日渐改善。"许多地方政府借助评估，制定出具体的扶持京剧艺术的政策，帮助京剧院团解决发展中遇到的困难与问题，如剧场问题，设立专项发展资金，大力提高演职人员待遇，帮助艺术家解决实际生活困难等。目前，11个国家级重点京剧院团都拥有了自己的专门剧场，17个省级重点京剧院团中15个院团有了专门剧场。绝大多数国家级重点京剧院团和部分省级重点京剧院团获得了全额拨款，一些省级重点京剧院团拨款比例达到75%~80%，其余均达60%以上。"[1]截至2011年，"11家国家重点京剧院团共新创剧目76台，整理改编剧目266台，演出13931场（其中境内演出12922场，境外演出1009场）；17家省级重点京剧院团新创剧目57台，整理改编剧目111台，演出11541场（其中境内演出11094场，境外演出447场）"。[2]

"对于京剧振兴，最具指导意义的是江泽民同志在1994年12月27日为纪念梅兰芳、周信芳诞辰一百周年召开的座谈会上发表的题为'弘扬民族艺术、振奋民族精神'的讲话"。[3]讲话中指出，京剧作为民族艺术必须加以弘扬；要发挥政府、社会、集体的积极性来办好剧团，要制定必要的扶植政策为民族艺术的发展创造越来越好的环境和条件。此外，讲话中还专门针对青年京剧人才的培养和发展提出了要求："振兴京剧和民族艺术，需要有一大批立志献身这一事业的优秀人才。我们要有战略眼光，努力造就二十一世纪的京剧人才、民族艺术人才。要办好戏曲和艺术院校。不仅文化部要办好直属院校，各个省、区、市也要办好戏曲学校或戏曲系科。戏曲学院的工作重点，是全面提高青年人才的品德和艺术修养。希望有成就有影响的老、中年艺术家，到戏曲院校任教。在办好院校的基础上，要创造条件使青年人才尽早有实践的机会。还要重视对少年儿童进行民族文化艺术的教育和熏陶。各级党委和政府特别是文化部门，要关心民族艺术工作者，

---

[1] 中国文化部网站：http://www.jingju.com/news/detail/01071121034924608820.html。
[2] 中国人民大学文化创意产业研究中心网站：http://www.cncci.org/displaynews.php?ArticleID=3190。
[3] 钮骠：《中国戏曲史教程》，文化艺术出版社2004年版，第288页。

努力改善他们的工作和生活条件，使他们能专心致志地从事创作和演出。"[1] 同是1994年，《中国京剧》杂志上刊登了题为《振兴京剧的重要环节——在中国京剧青年团队建设工作会议上的讲话》的文章，该文明确指出，"京剧艺术的发展要靠作品和人才，需要大批的高精尖人才，因此一定要从青少年抓起。京剧的发展，不仅要看到京剧的过去，而且要看到京剧的将来。……我们的演员队伍尤其要年轻化。"[2] 由此可见，青年京剧演员的成长与成才直接关系着京剧的未来。

2010年11月16日，经联合国教科文组织审议通过，京剧正式列入"人类非物质文化遗产代表作名录"。但这仅仅是个开始。如何科学妥善处理好京剧艺术继承和发展的关系更加重要。"京剧要发展创造，但不能以牺牲京剧本体优长与自身艺术魅力为代价；京剧应改变老戏老演，剧目单调的不足，创作、改编、移植、整理应不拘一格；在政府对京剧的各项保护扶植中，除了关注文化部门与京剧院团外，对为京剧人才梯次机制和传播推广做出巨大贡献的传媒也应支持；戏曲艺术院校招生萎缩现象令人担忧，我们应强化民族文化传承的责任意识和影响力，努力使这些院校成为培养戏曲人才的摇篮。"[3]

培养京剧表演人才的高等学府主要包括中国戏曲学院、上海戏剧学院、中央戏剧学院等。中国戏曲学院自1950年成立以来，为国家培养了大批京剧表演人才。1996年起，学院先后承办了五届"中国京剧优秀青年演员研究生班"、首届"中国京剧流派艺术研习班"，为21世纪京剧表演艺术人才培养做出了特殊贡献。为进一步提高生源质量，培养高素质的戏曲艺术人才，近年来学院面向全国若干所生源质量较好、整体实力较强的中等戏曲学校建立了生源基地。自2012年本科招生起，学院京剧系针对京剧表演专业面向各生源基地及附属中学招收推荐免试生。免试生分别由各生源基地和附属中学自主推荐，并由学院组织专家到推荐学校进行实地业务考察和综合评定。此外，为了创立更加符合京剧教育规律的机制，打造优秀教师团队，培养更多优秀的京剧人才，京剧系还启动了京剧人才培养模式创新方案的调研和论证。在学生实践方面，中国戏曲学院京剧系也不断进行探索。2010年京剧系成立以来，保证了每周周五下午在学院小剧场的学生实习彩排，并曾到北京金五星大剧院、中科院礼堂等进行院外舞台实践，拓展了学生实践渠道。2011年，中国戏曲学院京剧系与山东省文化厅就京剧人才实践基地达成合作协议，加强

---

[1] 江泽民：《弘扬民族艺术、振奋民族精神——1994年12月27日纪念梅兰芳、周信芳诞辰100周年时在中南海怀仁堂举行的座谈会上的讲话》，载《中国戏剧》1995年7月18日。
[2] 曲润海：《振兴京剧的重要环节——在中国京剧青年团队建设工作会议上的讲话》，载《中国京剧》1994年5月28日。
[3] 崔伟：《京剧发展的有力支撑》，载《人民日报》2010年12月16日。

了实践基地建设，强化了人才培养质量。2012年5月，"青春国戏"教学成果展演——京剧系师生演出在梅兰芳大剧院成功举行，为学生提供了更广阔的实践平台。

上海戏剧学院戏曲学院也同样致力于培养优秀的京剧表演人才。2006年，为培养京昆艺术青年拔尖人才，上海戏剧学院戏曲学院承建了"上海青年京昆剧团"，该团是上海戏剧学院成立的第一个青年演出团体。2011年，上海戏剧学院戏曲学院开展了"京昆青春风"的一系列演出，由在校学生担纲主角，各地京剧院团都派出演员和乐队，与青年学生们同台献艺，这种独特的艺术教育方式，让青年学生尽快与剧团、演员、乐队融合，使京剧新秀尚未毕业就能通过在整台大戏中担任主角而得到锻炼和提升。

2011年起，中央戏剧学院也开始招收京剧表演专业本科生。此外，沈阳师范大学、北京戏曲艺术职业学院等也都开设有不同学历层次的京剧表演专业。

同时，全国各大京剧院团也纷纷采取各类措施，为青年京剧演员的成长成才创造条件，不断推动青年京剧演员专业水平的提升。

比如北京京剧院通过排演小剧场京剧剧目《玉簪记》《浮生六记》，使得剧院一批优秀青年演员得到了很好的锻炼，拓展了京剧演出市场向青年观众群体的延伸。"北京京剧院十分重视剧院青年演员的培养，剧院制定了《北京京剧院2011—2015艺术建设五年规划》，规划中通过新剧目创作、保留剧目加工提高、人才培养等七个方面对剧院未来五年的工作进行了建设性的构思。院长李恩杰表示，人才是一个剧院可持续发展的根本，北京京剧院也将人才培养视为未来五年建设规划的重中之重。这样阶段性的前瞻规划，对于北京京剧院来说也是第一次。'这又是一个观念的转变。'"[1] 为推动京剧事业的持续繁荣发展，以培养京剧青年优秀人才为目的，2011年3月16日，由北京京剧院主办的'魅力春天'暨首届'2011年青年京剧演员擂台赛'启动仪式在北京长安大戏院举行。此次青年演员擂台赛为青年京剧演员提供和创建了展现艺术水平、交流艺术技能的良好平台。擂台邀请赛秉承着京剧发展重在青年京剧演员培养的理念，邀请了全国十家京剧院团赴京参赛。"更好地传承京剧艺术，推动京剧事业的持续繁荣发展，抓好青年演员的人才培养刻不容缓。此次大赛就是本着这一宗旨，为青年京剧人搭建展现自身技艺，散发青春魅力的平台。"[2] 2012年3月20日至4月16日，又举办了"'魅力春天'北京京剧院2012青年演员演奏员擂台赛"。演出地点全部设在北京长安大戏院。参赛演员要求为年

---

[1] 北京京剧院官方网站：http://www.bjo.com.cn/text1/shiyan/news/11-3-15/11-3-15.html。
[2] 何雨南：《京剧传承之路再扬青春旋风——记2011"魅力春天"青年京剧演员（北京）擂台邀请赛》，载《中国艺术报》2011年8月29日。

龄在40岁以下，剧院所有报名的青年演员都将有机会挑梁当主角演一出整台的戏，根据专家、观众的品评打分和票房收益决定比赛名次。"魅力春天"为北京京剧院下属的一团、青年团、梅兰芳团的青年京剧演员们创造了实践演出的良好条件，剧院方面出资租场地、做宣传，提供了一切必要的支持。

再比如国家京剧院。"2011年，国家京剧院根据青年人才状况，邀请剧院艺术指导委员会专家集体为青年人才成长把脉会诊，提出发展方向，并以此为依据，先后推出'畅和园之秋''畅和园之春'与'年轻的朋友来相会'三个实践平台。经过层层选拔和集中展示，让国家京剧院优秀青年演员接受业内外专家和广大观众的检阅。"[1]为期20天的时间里，11位第五届中国京剧优秀青年演员研究生和10位中国京剧流派传承班学员担纲主演17台剧目，是国家京剧院青年人才培养计划的重要举措。

而上海京剧院也一直"致力于剧目建设和人才培养，重视京剧普及与京剧演出市场的开拓，举办了如'梨园星光''菊坛群星荟萃'等旨在培养青年人才的大型系列专场演出活动，迈出了如'京剧走向青年''上海京剧万里行'等大型巡回演出的坚毅步伐，在各地赢得了大批新老观众。"[2]

除各大京剧院团外，北京国粹艺术传承促进会及下设的北京青春国粹联盟、北京幽兰文化基金会开拓了京剧传播发展的新模式，许多青年京剧演员（也就是刚刚从学校毕业的京剧表演专业学生）借助这样的平台，获得了更多的锻炼机会，同时通过实践演出也提高了专业水平。

组建北京青春国粹联盟是北京国粹艺术传承促进会为传承京剧艺术进行的新探索。该联盟由北京大学、北京师范大学、首都师范大学、北京语言大学、中国传媒大学、中国戏曲学院、中国政法大学、北京外国语大学等高校组成。"旨在通过开展丰富多彩的国粹传承活动，使广大青年了解中国优秀民族艺术，提高审美情趣，增强爱国主义情感。"[3]北京青春国粹联盟直属北京市青年联合会，每周末都在东城区青蓝剧场举办京剧骨子老戏的演出，而演员都是当今活跃在舞台上的青年京剧演员，或者是戏曲院校的在校学生。北京青春国粹联盟面向北京高校，进行京剧普及的同时，也为青年京剧演员们提供了实践的平台。

---

[1] 国家京剧院官网：http://www.cnpoc.cn/content.asp?NID=11116&CNAME=%D6%D8%D2%AA%D0%C2%CE%C5。

[2] 上海京剧院官方网站：http://www.pekingopera.sh.cn/AboutUs.asp。

[3] 凤凰网：http://news.ifeng.com/gundong/detail_2011_06/08/6882562_0.shtml。

北京幽兰文化基金会公益项目包括扶持和培养年轻的京剧演员，让京剧进校园成为常态，京剧剧目挖掘、整理、复排及创新，京剧进社区、京剧公益演出、京剧对外交流。演职人员基本上都是京剧专业院校毕业生（或是京剧专业院校在校生），业务水平过硬。基金会为这些青年京剧演员搭建了一个全方位学习、展示的平台。一方面，邀请京剧界知名表演艺术家为青年京剧演员提供系统的培训；另一方面，基金会创造了诸多演出实践机会，让演员的演技得到充分的锤炼，同时为青年演员提供了其他各种文化及生活技能培训，努力使其成为全能的、高素质的京剧艺术传播者。

综上所述，京剧表演专业本科生在京剧发展过程中的作用逐渐凸显，京剧表演专业本科生的培养也逐渐得到了重视，广大的青年京剧演员得到了更多的登台机会，有了更多的实践平台。为了更好地了解京剧表演专业本科生的状态，我们有必要对其学习、从业状态进行系统研究，在了解了他们真实状态的基础上，有针对性地采取有效措施，为他们的再发展提供更好的平台。

三、青年京剧演员学习、从业状态调研

本文所说的京剧表演专业本科生，主要是指戏曲高等院校京剧表演专业的在校生与近几年的毕业生。中国戏曲学院京剧系（以下简称京剧系）京剧表演专业每年招收本科生人数居全国同类院校相同专业之首，历年来为京剧表演行业培养了大批优秀青年演员，比较具有代表性。为了更好地了解京剧表演专业本科生学习、从业状态，笔者选取京剧系 2008～2011 级 4 个年级在校生以及 2009～2011 届三届毕业生作为调查对象进行了调研。针对在校生采用问卷调查与个案访谈结合的方式，调查对象覆盖京剧系京剧表演专业 4 个年级在校学生。京剧系京剧表演专业目前在校生共有 175 人，共发放问卷 165 份，收回有效问卷 151 份，有效问卷回收率为 92%，覆盖率较高。同时在在校生中选取部分同学进行访谈。针对毕业生采取访谈调研的方式进行了调研分析。

（一）调研分析

1. 京剧表演专业在校学生学习状态数据分析

（1）在校学生基本情况

本次问卷调查收回的问卷在京剧系各个年级的覆盖率如下：大一 31.1%，大二 27.2%，大三 25.8%，大四 15.9%。根据问卷显示，目前京剧系行当设置较为齐全，参

与调查的学生中，生行占32.5%，旦行占53%，净行占6.6%，丑行占7.9%。

不同于综合类院校或者艺术类院校的其他专业，京剧表演专业在校学生大部分在入学前六七年的时间就已明确大学要学习的专业。京剧表演专业学生来源广，年龄跨度大，这是因为京剧表演专业在校生中，既有应届中专毕业生，也有中专毕业后已经在剧团工作过的演员，同时也有极少数普通高中毕业生。对于中专毕业生来说，他们在开始学京剧的那一天起，就已经明确中专毕业后的目标——考取京剧表演专业本科，继续深造。入校前曾是剧团演员的这部分同学也出于提高学历或是自身职业发展的要求等，决心进入高等院校深造。对于京剧表演专业在校生来说，他们最初选择学习京剧表演专业的原因也不尽相同。

数据统计结果显示，有44.7%的学生年龄在18～20岁之间，43.7%的学生年龄在21～24岁之间，年龄在18～24岁的学生占在校生的主体。但也有8.6%的学生年龄在15～17岁之间，2.6%的学生年龄在24岁以上。每个班级呈现的年龄状态差异都较大。个别班级中年龄最大的学生与年龄最小的学生相差9岁。入校前是京剧表演专业中专毕业生的学生有84.8%，占接受调查学生的绝大多数；入校前是剧团演员的学生有11.9%，也占一定的比例；入校前是普通高中毕业生的学生只有5名，占3.3%。年龄差异及入校前身份的不同在一定程度上影响了在校生学习的积极性及学习状态。通过问卷分析，笔者发现，年龄偏大以及入校前曾是剧团演员的学生，整体上明显比年龄偏小及入校前是中专毕业生的学生更愿意刻苦学习。至于最初开始学习京剧表演的原因，有39.7%的学生学习京剧表演是"父母的决定"，有47%的学生学习京剧表演是出于自己喜欢，是"自己的选择"，也有7.3%的学生学习京剧表演是由于长辈、父母或是其他家人从事京剧行业，出身"梨园世家，从小接触，不得不学"。另外，有6%的学生是由于"被戏校选中"，"误打误撞"或是其他原因开始学习京剧。

（2）对京剧的喜欢程度

作为一个在艺术类院校也显得有些特别的专业，京剧表演有着不同于其他专业的特征。京剧是一门综合性艺术，要求"唱念做打"各方面能力兼备。一名好的京剧演员不能只有"唱念做打"的功夫，更重要的是要揣摩角色的内心，将外在能力与内心情感相结合，这需要花费大量的时间与精力。我们常说，"兴趣是最好的老师"，对于学习京剧表演的学生来说，这一点更为重要。学习京剧表演要付出长年累月的辛苦，舞台上的光鲜亮丽背后是练功房里的十年如一日，"冬练三九、夏练三伏"，挥洒的汗水甚至伤病的折磨，辛苦程度难以想象。有了情感上的认同和维系，才能够有心甘情愿、无怨无悔的付出。

在接受调查的学生中,有14.6%的学生"非常喜欢"京剧,有49.7%的学生表示"喜欢"京剧,这两项加起来占了64.3%,有28.5%的学生选择了"一般",4%的学生选择了"不太喜欢",2%的学生选择了"非常不喜欢",有两名学生没有做选择,认为京剧是自己的专业,谈不上喜欢不喜欢,对京剧的感觉也比较复杂。这意味着学习京剧表演的学生中大部分是喜欢京剧的。提到喜欢京剧的原因,一名接受访谈的学生认为京剧艺术很高雅,有着无穷的艺术魅力,是传统文化的代表,底蕴深厚。也有同学表示,学习京剧的这些年,自己付出了很多,而且学到了对这辈子有益的东西。少部分学生虽然不是很喜欢京剧,但是也没有抵触态度,只有极少数的学生并不喜欢京剧。值得注意的是,在明确表示不喜欢京剧的学生中,绝大多数是由于小时候父母的决定走上了学习京剧的道路,或者是因为成长在梨园世家,不得不选择学习京剧。

(3)选择报考戏曲教育高等院校深造的原因

提到选择报考戏曲教育高等院校的原因,75.5%的学生选择了"自身职业发展的要求";47.7%的学生选择了"想多学点东西",这两项所占的比重最大。另外有19.9%的学生选择了"出于自己喜欢";有8.6%的学生选择了"别人都读大学,自己不读不合适",也占一定的比例。有两名学生填写了其他原因,同为"从小学京剧,考不了别的学校"。

由这个结果可以看出,绝大多数学习京剧表演的学生能够意识到,如果想要长期从事京剧表演或相关行业,需要接受高等教育,提升专业水平,提高文化层次。从小学习对专业要求极高的京剧表演专业也在一定程度上限制了学生高考时对报考院校及专业的选择。

(4)平均每天在练功房里练功的时间

"台上一分钟,台下十年功",这句话很清楚地表明了学习京剧表演的学生练功的辛苦。俗话说,"一天不练自己知道,两天不练师傅知道,三天不练观众知道",每日辛苦的练习对于京剧演员来说是必需的,无论在中专、在大学或是在剧团都必不可少,而每天练功的时间也在一定程度上决定了专业水准的高低。

问卷结果显示,有38.4%的学生每天在练功房里练功的时间在"一小时到两小时"之间,有36.4%的学生每天在练功房里练功的时间在"两小时到三小时"之间,有10.6%的学生每天练功在"三小时以上",只有14.6%的学生每天练功时间在"一小时以内"。笔者在访谈中了解到,由于学校需要借练功房练功的专业比较多,在学院功房数量有限的情况下,有时会出现借不到功房的情况。有不少学生就会选择到中专练功,宁可跑远路也要保证练功时间。这反映出，绝大部分的学生对于自己专业的要求还是比较严格的。

（5）是否认为在校所学能够满足自身的需要

对于这个问题，选择了"非常认同"的学生占10.6%，选择"认同"的学生占38.4%，选择了"不太认同"的学生占16.6%，选择了"非常不认同"的学生占6.6%，也就是说，对于本校京剧表演专业的课程设置及培养方式，有近半数的学生是满意的，也有23.2%的学生不满意。另外有27.8%的学生选择了"说不好"。这从一个侧面反映了近三分之一的学生对于从事京剧表演行业要求自身具有什么样的素质并不清楚，或是对于本校京剧表演专业的课程设置及培养方式的看法有所保留。

在访谈过程中，笔者了解到，目前在校的京剧表演专业学生中对本校京剧表演专业课程设置持有自己想法的不在少数。不少同学觉得大量的时间都用在了实习彩排上，而一台完整的实习彩排需要两个星期的连续排戏。在这样的情况下，日常练功的时间相对就减少了。基本功课如唱念、把子等都只在本科一年级开设，进入二年级之后，就没有专门的时间进行基本功的学习，没有专门的时间能够得到专业教师关于基本功学习、训练的指导。但是基本功对于京剧演员来说是能够上台演出的基础，并且有部分同学原本专业基础并不扎实，因此基本功的学习就显得十分重要。许多同学认为，基本功课应贯穿大学四年的学习，在这个基础上，再进行剧目课的学习。

（6）现在青年京剧演员身上存在的主要问题

在题目给出的选项中，关注度最高的是"缺乏钻研精神"，有68.9%的学生选择了这一项。另外四个选项所占的比例相对平均：47.7%的学生选择了"不热爱京剧"，58.3%的学生选择了"学戏演戏应付了事，不够踏实"，56%的学生选择了"艺术造诣有限"，同时也有55%的学生选择了"文化水平不高"。对这个问题的选项选择并进行了排序的同学共有48名，其中，第一选择为"缺乏钻研精神"的学生最多，有21名，占43.75%，第二选择为"学戏演戏应付了事，不够踏实"的学生最多，有14名，占29.2%，另外，有13名即占27.1%的学生将"缺乏钻研精神"列为第二选择。

京剧艺术内涵博大精深，对于京剧演员来说，要呈现给观众完美的演出，需要付出多方面的努力。对于剧目、角色的研究不能只停留在表面，而要深入到戏中、角色内心，认真揣摩，才有可能诠释好角色。对需要精益求精的京剧表演艺术来说，京剧演员不应缺乏钻研精神或浮躁、不踏实，而根据调查来看，有相当一部分青年京剧演员身上存在着这样的问题。京剧舞台上，演员的质量很大程度上决定了呈现在观众眼里演出的质量。

京剧演员身上存在的这些问题无疑会对京剧本身的发展起到不好的影响。

（7）造成自己或身边同学学戏缺乏动力的原因

调查显示，有相当一部分学生认为造成自己或身边同学学戏缺乏动力的原因主要是"京剧发展不景气""京剧演员对口工作不好找，待遇低"，选择了这两个选项的学生分别占了接受调查学生总数的61.6%和69.5%，也有28.5%的学生是因为"自身学戏条件不够好"缺乏学戏的动力，但是比起其他两个选项来，选择这一选项的比例并不高。而"京剧演员对口工作不好找，待遇低"是选择人数最多的一项。这说明，绝大多数的学生并不认为自身条件不够好会降低自己学戏的动力，造成动力缺乏的主要原因在于京剧行业本身，或者说在于文化产业领域内京剧所处的地位。目前京剧系各个年级中大四在校生最少，只有36人，接受调查的大四学生的比例也只有15.9%，其他三个年级的学生还没有进入找工作的阶段，但是在这个题目选项的选择上与大四学生保持了高度的一致。这意味着，京剧行业自身的发展状态已经在很大程度上影响到了京剧表演专业在校学生的心理状态，甚至表现在了实际的学习过程中。

（8）影响京剧发展的原因及京剧未来的发展

考虑到影响艺术形式发展的原因有很多，这个题目的选项有四个，选择方法设为了多选，并要求排序。调查结果显示，选择"现代社会娱乐样式多"的学生最多，占79.5%，其他三个选项按选择人数多少排列，顺序为"京剧的艺术语言比较复杂，人们理解起来有困难""政府扶持力度不够""缺少优秀演员"，选择人数的比例分别为53.6%、51.7%、46.4%。回收的问卷中，有48人对所选的选项进行了排序，其中，有占83.3%的学生排序的第一选择为"现代社会娱乐样式多"。另外有几位同学在"其他原因"一栏中写道：京剧自身存在一定问题、京剧缺乏创新、传统文化缺失、受外界因素影响演员不敬业等其他原因。大多数学生已经意识到，社会的进步以及传播手段的增多为现代社会的娱乐样式带来了更多的选择。欣赏京剧需要走进剧场，京剧艺术的美需要耐心体味。现代社会生活节奏快，生活压力大，人们更愿意选择电视、网络等更方便快捷的方式调节日常生活。从问卷调查结果我们可以看出，有近三分之一的学生对京剧艺术今后的发展持乐观态度，但是由于京剧目前的发展状况，有近一半的学生对京剧艺术今后的发展走向持保留意见。

（9）对未来发展的规划

通过回收的151份问卷来看，有44.4%的学生选择了"继续从事京剧表演专业"，23.8%的学生选择了"从事与京剧相关的其他工作"，10.6%的学生选择了"改行"，

23.2%的学生选择了"考研",另外有11.3%的学生选择了"没想过"。这说明,学习京剧表演的学生大部分还是想继续从事京剧表演专业或与京剧相关的其他工作。在选择"没想过"的17名学生中,有大一学生6名,大二学生7名,大三学生3名,大四学生1名。随着年级的增长,京剧表演专业学生对毕业去向的思考逐渐清晰,除极少数学生外,其他学生都已有了明确的目标和努力方向。一位接受访谈的学生提到,学习京剧这么多年,对京剧有着非常深厚的感情,但考虑到京剧目前的发展状况等原因,自己还是想拥有更好的生活,有可能会考虑改行,但还是会尽量选择京剧表演或其他与京剧相关的工作。在选择"改行"或"从事与京剧相关的其他工作"的52名学生中,有28.8%的学生是出于"自身条件所限"的考虑,分别有48.1%和51.9%的学生做出这样选择的原因是"京剧发展状况所限""京剧演员待遇不好"。半数的学生选择放弃京剧演员这一身份的重要原因还是京剧行业本身存在的一些问题。

(10)对于从事京剧表演行业的就业选择

前面提到,现在全国共有11个省级重点院团,其中2个在北京(国家京剧院、北京京剧院),2个在天津(天津京剧院、天津市青年京剧团),1个在上海(上海京剧院),其他则分布在全国各地。各地京剧院团的数量不同,京剧发展状况也不同,对学生们的选择也有着很大的影响。调查结果显示,有74.2%的学生选择在"京津沪"三地从事京剧表演行业,选择在"除京津沪外的其他直辖市或一线城市"及"二线城市"的学生仅占4%和3.3%,这7.3%的学生做出这样的选择主要也是出于自身条件有限的考虑,另外还有13.9%的学生表示"无所谓",认为只要发展好,不一定非要选择在京津沪三地的京剧院团就业。众所周知,比起其他省市,京津沪拥有京剧艺术发展的肥沃土壤,大批相对成熟、固定的受众群,自然也成为京剧表演专业学生就业的第一选择。

对于"如果无法进入京津沪的一线院团,不如改行"这一说法,接受调查学生的认同度有所区别。7.3%的学生表示"非常认同",13.9%的学生表示"认同",21.9%的学生表示"不认同",1.3%的学生表示"非常不认同",还有55%的学生选择了"说不好";对于"即使在一线城市的院团跑龙套,也胜过在其他城市的院团当主演"这一说法,2%的学生表示"非常认同",7.3%的学生表示"认同",表示"不认同"的学生占到了43.7%,表示"非常不认同"的学生占11.9%,有34.4%的学生表示"说不好"。

2. 京剧表演专业毕业生从业状态分析

中国戏曲学院京剧系京剧表演专业2009~2011届毕业生共156人,其中,2009届毕业生45人,2010届毕业生55人,2011届毕业生56人。截至2012年3月底,京剧系

156名毕业生中能够确认具体毕业去向的有143人，其中2009届毕业生41人，2010届毕业生49人，2011届毕业生53人，具体数据见下表[1]：

表1 中国戏曲学院京剧系表演专业2009～2011届毕业生就业去向表

年级人数 \ 去向类型	京剧演员			读研	改行					毕业去向不明	从事京剧表演人数百分比
	国家级重点院团	其他类型院团	自由职业		教师	自主创业	村官	入伍	其他		
2009届（45人）	15	10	2	1	6	5	0	0	4	2	60%
2010届（55人）	12	15	1	6	4	1	0	0	10	6	51%
2011届（56人）	11	15	4	5	6	3	3	1	4	4	54%

由此我们可以清晰地看出，在连续三年的毕业生中，改行的毕业生分别有6名、5名、6名从事京剧表演或与京剧表演相关的教学工作。从2009～2011年，京剧系京剧表演专业毕业生数量逐年递增，相比2009年，2010年毕业生专业从事京剧表演的人数有了明显下降，2011年又有所回升。然而这个数量最低的情况下也占全部毕业生的50%以上。其中，签约国家级重点院团的毕业生数量也逐年下降。但是签约其他类型院团的毕业生数量明显增加，这在一定程度上维持了毕业后仍从事京剧表演的毕业生占当年毕业生总数的百分比的平衡。此外，近两年来毕业后读研深造或从事京剧相关教学工作的学生数量基本保持稳定。这说明，学习京剧表演专业的学生绝大多数并不愿意离开本专业就业。

通过对京剧表演专业毕业生的访谈，笔者发现，毕业后仍从事京剧表演的学生，最看重的是专业实践的机会，认为在校期间最重要的是打基础、苦练基本功。有一名2011届毕业生，毕业后没有选择在京津沪三地剧院团就业，而是选择了河南京剧院。进入河南京剧院不到一年的时间里，他担任主演或主要配演的演出多达130余场，几乎平均两天就能有一场演出。虽然河南省以豫剧为主，京剧观众的数量及质量可能比不上京津沪地区，但是由于院团的重视和悉心培养，包括从北京请老师、各项待遇能够得到保证、

---

[1] 数据统计截止到2012年3月31日。

演出实践多等，青年京剧演员得到了比京津沪地区更多的锻炼机会，专业水平自然得到了迅速提升。同时他也表示，在进入实际工作之后，才意识到之前在学院学习的努力程度远远不够，要想成为一名优秀的青年京剧演员，在校期间就需要努力打好基础，练好基本功，同时提升自己多方面的素质。一名目前就职于北京京剧院的毕业生表示，目前北京京剧院为青年演员提供了很好的平台，"魅力之春"系列擂台赛保证了青年演员每年都有担任主演或主配的剧目能够进入剧场，呈献给广大的戏迷观众，这在之前是不可想象的。有一名京剧表演专业的研究生目前同时供职于北京幽兰文化基金会，在她看来，幽兰给了每个青年京剧演员平等的机会，只要专业水平达到一定的水准，进入幽兰都会拥有自己展示的平台。在读研深造的同时积极参与幽兰的日常演出活动，能够充分将实践与所学相结合，对自身成长极为有益。

接受访谈的毕业生都提到，目前存在于青年京剧演员身上最普遍也最需要解决的问题就是"浮躁"，尤其是没有剧团工作经验的中专毕业生，进入大学之后，由于不了解剧团实际情况及需求，容易对专业学习产生懈怠情绪，缺乏钻研精神，不刻苦，进入剧团的实际工作之后会觉得自身所学无法达到剧团要求。目前各大京剧院团，尤其是北京的两个国家级重点院团对青年京剧演员的重视让大家重拾信心，也更有了学戏的动力。

（二）调研分析结论

通过对京剧表演专业在校生的问卷调查和访谈调研，以及对京剧表演专业毕业生的访谈调研结果，笔者认为，京剧表演专业本科生的学习和从业状态受多方面因素影响，他们对于学习、从业的各方面都有着不同程度的认知。

1. 在校生对于学习、从业的认知

（1）对学习的认知

学习京剧表演专业的学生中有 64.3% 出于对京剧的喜爱选择了学习京剧表演，在校期间也能够保证在练功房里练功的时间，保证自己学习专业课的时间及质量。绝大多数接受访谈的学生表示，无论将来是继续从事京剧行业还是有可能改行，作为大学生，首要任务都是学好专业。毕竟学习京剧表演是自己的选择，京剧表演也是自己真心喜欢的专业，如果专业水平能够持续提高，毕业之后就有更多的可能继续从事京剧表演行业。即使将来改行，也极有可能是与京剧相关的其他工作，现在在专业上下苦功对之后的择业也不无裨益。

(2) 对未来的认知

除个别学生外，大部分在校生对未来的发展规划已经有了明确的想法，其中想继续从事京剧表演或与京剧相关其他工作的学生占了78.2%。这主要是因为多年学习京剧表演的经历让他们对这个行业产生了深厚的感情。不可忽略的是，从小学戏、练功花费了他们大量的时间，直接导致大部分学生文化水平不扎实，从事其他工作有一定困难。另外京剧表演"专"的特点也使得学生们择业范围相对较窄。通过访谈了解到，毕业之后可能选择考研的学生占23.2%，主要是为了能多几年在学校学习的时间，进一步提升专业水平，为将来从事京剧表演工作打下更坚实的基础。但也仍有少数学生（占11.3%）缺乏对自身情况的准确认知，或者有"过一天算一天"的想法，对未来并没有明确的发展规划。

(3) 对京剧行业的认知

通过问卷我们了解到，虽然有相当一部分学习京剧表演专业的学生来自于非京剧演员家庭（在这里指父母或家人中没有人从事京剧行业），并且是从中专直接进入大学学习的，这一部分同学在长期的学习实践中对京剧行业也有了一定的了解。大家普遍认为，目前京剧行业的发展并不景气，京剧演员付出的辛苦血汗多，但得到的回报（包括物质利益）少，京剧表演专业学生对这样的现状有着清醒的认识。京剧行业业内对京剧的发展不遗余力，有些努力虽然效果并不明显，但在一定程度上也给了在校生信心。京剧发展的现状及京剧演员的待遇情况直接影响着京剧表演专业学生的学习状态。目前各院团扶植青年演员的举措在很大程度上吸引了京剧表演专业在校生，这也是坚定他们在毕业后选择京剧院团就业的重要因素。

2. 进入京剧院团的近几年毕业生对学习、从业的认知

(1) 对京剧院团发展状态的认知

几乎所有进入京剧院团工作的京剧表演专业毕业生都认为，自己所在院团在各个方面都有不同程度的进步，尤其是对青年京剧演员的培养，有很多新的举措。京津沪三地的大院团都已意识到青年京剧演员专业水平的提高对院团发展、京剧发展的重要性，并且不断为青年京剧演员的培养创造条件。地方院团由于缺少优秀青年京剧演员，在有条件的情况下更是对刚入职的毕业生大力度培养。这对刚刚进入京剧院团的毕业生来说是个积极的信号。作为已经进入院团工作的青年京剧演员而言，物质利益固然重要，但相比较来说，他们更渴望在实践中得到锻炼，提升专业水平。京剧院团的良性发展能够让他们更踏实地在剧团工作，同时谋求专业上更快的发展。

（2）对京剧外部环境的认知

在当今社会，京剧这个艺术样式并不像诞生及发展之初，拥有着大批忠实的受众，而是在多种新兴艺术娱乐样式及新的传播手段的影响下，遇到了重重困境。但是，"京剧既有昆曲那样经典化的追求，形成了相对凝固的深厚的历史传统，且深受主流文化青睐；同时也像粤剧那样有很强的民间基础。全国各大小城市的公园和空地，常常可以看到戏迷票友们演唱京剧的身影，足以说明它的普及面；而在海外的艺术界和学术界，京剧往往就是戏曲乃至中国传统舞台表演艺术的代名词。"[1] 所以，虽然有79.5%的京剧表演专业学生认为，"现代社会娱乐样式多"是影响京剧发展最重要的原因，但从问卷调查结果我们可以看出，有近三分之一的学生对京剧艺术今后的发展持乐观态度，但是由于京剧目前的发展状况，有近一半的学生对京剧艺术今后的发展走向持保留意见。

（3）对自身未来发展的认知

接受访谈的进入京剧院团的近几年毕业生，基本都已对自身未来发展有了明确规划，90%以上的毕业生想坚持做演员，在实践中不断提高自己的专业水平。有半数的毕业生表示，在有机会的情况下，也可以考虑做演员的同时向其他相关工作发展，例如转为教师或在院团从事行政工作。通过访谈笔者也了解到，毕业生中在校期间曾有过学生工作经历的，由于在学生工作中得到了组织能力、表达交流能力以及计算机应用能力等各方面的锻炼，能够在更大程度上适应除演员外其他相关职业的要求。

四、针对京剧表演专业本科生学习、从业发展的对策

正如前文所述，京剧表演行业不同于其他行业。无论是在演员的选择上还是演员就业的去向上，都因为京剧表演行业本身的要求受到了限制。近些年来，优秀京剧演员后继乏人也在一定程度上影响了京剧的发展。如同我们看到的，目前京剧演出的受众主体依然是中老年人。笔者曾多次到长安大戏院观看北京京剧院"魅力春天"系列演出，发现多数场次的上座率并不高，甚至明显偏低，少数已经小有名气的青年演员担任主演的场次则上座率有明显提升。但无论上座率的高低，在场的观众同样是中老年人居多。"鲁迅在《论照相之类》《略论梅兰芳及其他》等文章中对梅兰芳的评价，虽然言语刻薄了些，但文中对人近中年、身材发福的梅兰芳的扮相提出质疑，说明年龄偏大会影响其塑造人

---

[1] 王琰：《京剧申遗成功难掩传承之困》，载《中国商报》2010年12月10日。

物的形象，影响整体的艺术表现力。"[1]我们不得不承认，相对青年演员，中老年京剧演员的扮相并不很美。而对于青年观众来说，在对京剧表演艺术内涵的了解及审美品位有限的情况下，第一眼关注的是舞台上呈现的整体效果，自然也包括演员的整体气质及状态。"在国家京剧院出具的一份专业人才建设情况报告中，一组数字令人担忧。'目前，剧院在职一级演员46人，其中50岁以上14人，40至50岁23人，30至40岁9人，35岁以下的一级演员只有33岁的徐孟珂和31岁的周婧。'国家京剧院艺术资源雄厚，从杜近芳、李世济、刘长瑜等老艺术家，到李维康、耿其昌、于魁智、李胜素、张建国、李海燕、袁慧琴等知名优秀演员，无不是舞台的中流砥柱，不过，30岁左右的青年人才尚显稀少。而在40岁以下的青年演员占到全院人员80%的北京京剧院，观众熟知、具有票房号召力的还是40岁以上的谭孝曾、赵葆秀、王蓉蓉、杜镇杰、李宏图、迟小秋、朱强、董圆圆、陈俊杰'九大头牌'，青年人才同样稀少。如何培养青年新秀，尤其是领军人物，成为摆在两家院团面前的共同问题。"[2]不仅仅是国家京剧院和北京京剧院，全国各家院团都面临着同样的境况——缺少优秀的、名字叫得响的青年演员。在这样的情况下，如何培养优秀的京剧表演专业学生就成了我们要思考的重要问题。

（一）戏曲高等院校
1. 加强基本功学习

"唱、念、做、打"以及"手、眼、身、法、步"这四功五法组成了京剧表演的基础，也是京剧表演中最核心、最重要的部分。基本功水平的高低直接决定了演员在舞台上表演的水准，而基本功掌握的程度与日常练习的多少息息相关。仍以中国戏曲学院京剧系京剧表演专业为例，专门的基本功课程只在本科一年级开设，升入二年级之后的学生，日常练功主要围绕着掌握剧目课上的所学，很少有同学专门拿出大块时间来练习基本功。京剧表演专业近一两年来为学习武戏的学生开设了晚功课，但由于实习彩排任务重、排戏量大等种种原因，收效甚微，甚至无法保证正常行课，更不用说课程质量。通过对京剧表演专业近几年毕业生及在校生的访谈，笔者了解到，学习京剧表演的学生，尤其是刚刚踏上工作岗位从事京剧表演的毕业生，普遍能够认识到基本功的重要性，同时能够认识到长期以来基本功的训练还很不够，不能满足实践的需要。针对这一点，戏曲高等

---

[1] 白先勇、李文儒：《关于〈牡丹亭〉的青春问题》，载《紫禁城》2007年第7期。

[2] 任姗姗、徐馨：《从国家京剧院到北京京剧院，青年演员培养机制逐渐形成——京剧，青春飞扬》，载《人民日报》2011年7月28日。

院校应当将基本功课贯穿学生四年本科学习的始终，保证每个学期每个学生都有专门的时间来进行专门的基本功学习，打好基础。在开设基本功课时，也应注意教师的选择，确保师资质量，例如武戏教师至少应能"抄功"，不仅保证基本功课的课时，同时保证基本功课的质量。

2. 丰富实践环节，与院团合作，建立校外实践基地

"目前的教育制度并没有充分考虑到专业院校的特殊性，而按照公共教育的模式培养戏曲、演员，如同科班那样让教学与演出常年结合、相互推进的可能性几乎不存在。现在的院校除了基本功的训练仍能勉强保证以外，在演员培养过程中至关重要的演出实践机会，实在是太少太少。"[1]通过对毕业生的调研可以看出，京剧表演专业毕业生进入院团之后，常常会有"在学校实践机会太少，到院团之后无法迅速适应"或者"校内实习彩排与剧团排练演出有很大不同"的感慨。仍以中国戏曲学院京剧系京剧表演专业在校生为例，京剧系每个学期都会安排学生实习彩排，由于资源有限，也是为了促进学生的专业学习，只有期末剧目课成绩达到90分以上的优秀学生才能够有机会彩排自己担任主演的剧目。能够作为主演实习彩排的学生占的比例仍旧有限，其他学生只能担任配演或是跑龙套。校园环境与剧团环境在竞争力等各方面都相去甚远，普通中专毕业生毕业之后直接进入大学学习，在校期间的目标就是能够实习彩排，部分学生会在外面"接活"，但也常常是清唱或是跑龙套，而且多数都是短时间的实践活动，对京剧院团的实际情况没有自己的认识和判断，自然无法在学习中进行有针对性的改进。对比其他综合类高校或者其他艺术专业的学生，京剧表演专业在校生规范的实习仅仅是在校内，对学生的发展有利，但还不够。鉴于此，戏曲高等教育院校应丰富实践环节，拓展校外实践空间。如中国戏曲学院每学期的教学实践周，目前京剧系京剧表演专业仅将教学实践周用来彩排校内实习演出的剧目。如果能够在部分院团（无论是哪个级别）建立教学实践基地，在教学实践周或寒暑假选派学生长期参与院团实际排练演出，或者只是参观调研，学生也能够对目前要面对的就业环境有更深刻的理解，反过来促进自己的专业学习。2012年4月17日，中国戏曲学院教学实践基地揭牌仪式在江苏泰州梅兰芳纪念馆举行。教学实践基地建立后，京剧系将陆续遴选优秀学生或在读研究生前往泰州进行艺术实践，每批实践周期为一个月，第一批三名学生现已派出开始实践活动。作为戏曲教育的最高学府，中国戏曲学院已经迈出京剧表演专业学生校外实践的第一步。

---

[1] 傅谨：《为京剧培养跨世纪的高端人才》，载《中国京剧》2007年12月1日。

3. 开展针对性强的就业引导

"作为高校毕业生中的一个特殊群体，艺术类毕业生除了受社会整体就业形势影响外，其就业期望值与社会客观现实的差距是影响就业的重要因素。高等教育已经由精英化转向大众化，但大学生的择业标准还没有根本转变，大多毕业生就业意向主要集中在大城市、待遇高的工作岗位。一方面，艺术类专业学习'高投入'，期待'高回报'的思想影响择业观，不少毕业生看重地域，通常选择经济发达地域、沿海地区和省会城市，认为只有在大城市才能获得更多的信息、资源和机会。"[1] 对于京剧表演专业的学生来说，更是如此。从调研中我们可以看出，京剧表演专业学生如选择继续从事京剧表演专业，绝大多数也倾向于京津沪的一线院团。但事实上，选择了地方院团或其他院团的学生可能会得到更多的学习机会和实践机会，对自身的成长和专业水平提升反而更有利。另外我们也知道，当前活跃在舞台上的京剧名家的成长土壤并非全部在北京，而是多数在地方。由此，积极引导学生在京津沪之外的城市就业也是戏曲高等院校需要去做的。

"传统的戏曲教学课程体系，是与就业接轨的，它的培养目标和学生的人生目标也是基本一致的。但如今，学生的情况发生了很大的变化。新世纪以来，戏曲专业的大多数学生，就其主观愿望而言，不是为就业而来，而是为升学而来。其中部分学生不具备从事戏曲表演艺术的潜质，部分学生对戏曲表演艺术没有兴趣，而既有兴趣又有天赋的少数学生，在完成本科学历之前，也并不打算就业，而是把升学作为第一目标。这就形成了学校的培养目标和学生的人生目标的严重背离。……学历的高消费、文艺团体的体制改革和戏曲艺术生存环境的有待进一步改善，既要考虑如何坚持戏曲教学的核心课程，努力培养出出类拔萃的戏曲人才，又要考虑如何从学生的实际出发，满足学生的多种学习需求，帮助不同的学生实现不同的人生理想，使有差别的学生实现有差别的成功。因此，如何与时俱进，创建'专业基础加活模块'的课程体系，保证各类学生各得其所，也是一个无法回避、必须认真回答的问题。"[2] 在调研中笔者也发现，部分学生热爱京剧，学习刻苦，专业水平较高，但由于自身条件所限，将来可能无法成名成家，或者成为专业从事京剧表演的人才。目前，"京剧进校园""京剧进社区"等各项京剧普及活动不断深入开展，这在一定程度上给了京剧表演专业人才新的就业视角。对于戏曲教育高等院校来说，努力培养京剧普及型人才，拓展这一部分学生群体的就业渠道，不失为人才培

---

[1] 余英：《艺术类大学生就业问题的思考》，载《文艺生活（艺术中国）》2011年12月15日。

[2] 蒯小棣：《戏曲教育如何回应时代挑战——新时期戏曲教育的改革与发展观察（下）》，载《中国文化报》2011年9月5日。

养的有益尝试。京剧表演人才的培养需要耗费学生及院校老师多年大量的精力，如果因为就业去向不好就改行显得可惜。对不同的学生开展有针对性的就业引导也能够在一定程度上避免京剧表演人才的流失。

4. 继续推动青年京剧演员深造

随着青年演员在剧团的不断成长，剧团对青年演员个人专业水平及综合素质的要求也不断提高。但是进入剧团的京剧表演专业本科生大量时间用在了排练演出上，没有充足的时间和精力重新回到校园学习。在这种情况下，"中国京剧优秀青年演员研究生班"（简称'青研班'）应运而生。"中国京剧优秀青年演员研究生班是对京剧优秀青年演员实施深造提高的新教育模式。经中华人民共和国教育部批准，创办于1996年。时任中共中央宣传部部长丁关根提出的办班宗旨为'培养跨世纪的、能够担当起振兴重任、德艺双馨的京剧人才'。初创时由中华人民共和国文化部主办、中国戏曲学院承办，2000年中国戏曲学院划归北京市后，由文化部、北京市政府主办，北京市教委、中国戏曲学院承办。研究生班一直受到中宣部的关怀和教导。中国戏曲学院成立了由院长主持的研究生班教学方案制订小组。学制为3年，学历为研究生。其教学模式可以概括为'一个工程，两个导师，三项并举'。'一个工程'即对每一个学员制定'量体裁衣'的培养计划；'两个导师'即为每个学员聘请一个表演实践导师，一个艺术理论导师，分别负责专业教学和论文辅导；'三项并举'即课堂教学与艺术实践并举，继承与创新并举，技能培训与艺术研究并举。学员演出淡季集中学习，演出旺季回团实践。表演研习为主课，贯穿全学年；其他课程每一年抽三个月分两个时段集中到戏曲学院进行课堂教学"[1]。中国戏曲学院的"青研班"，于1996年、1998年、2002年、2004年和2009年共招生五届，培养了179名戏曲表演专业的研究生。这些研究生涉及15个剧种，其中的主体是京剧演员，占到151名之多（其中第五届学员全部为京剧演员），其他剧种的演员只有28名。研究生们来自全国45个院团和院校，包括25个京剧院团，其中比较集中的有国家京剧院33人，北京京剧院29人，上海京剧院17人，天津市青年京剧团11人。随着"青研班"毕业的京剧演员在京剧舞台上占据越来越显要的位置，他们对当代京剧发展所起的作用也日益显著。[2]16年来，青研班的设立和持续发展很好地推动了青年京剧演员的个人成长及京剧演员整体素质的提高，并且抓住了京剧艺术需要传承的关键，为优秀的青年演员提供了

---

[1] 马少波、刘厚生、郭汉成编：《中国京剧百科全书》，中国大百科全书出版社2011年版，第1055页。
[2] 根据傅谨发表在2007年12月01日《中国京剧》的《为京剧培养跨世纪的高端人才》，文中数据与第五届青研班数据整合整理。

一个学习的平台，能够做到优秀青年演员在不离开剧团、不离开舞台的情况下加强学习，提升表演水平，进而推动京剧艺术持续向前发展。

2010年4月30日，由中宣部、文化部主办，中国戏曲学院承办的"中国京剧流派艺术研习班"（简称"流派班"）北京京剧院教学基地举行开班仪式，"流派班"正式从规划走向实践。首批"流派班"学员共有66名，"这66名学员来自全国16个京剧院团、单位，涉及全国13个省、直辖市；从年龄上划分，35岁以下的有59人，学员组成十分年轻化；从所学行当和流派来看，涵盖了京剧界的19个流派，包括老生的马派、谭派、奚派、杨派、麒派、言派、余派，旦角的梅派、尚派、程派、荀派、王派、张派，花脸的裘派，小生的叶派，丑角的肖派等。在学员名单确定后，"流派班"办公室为每名学员分配了指导教师。"[1]流派班实行"一对一"或"一对二"的小班教学，体现了京剧传承和人才培养的根本需求，为青年京剧表演人才培养开拓了新的模式。

"青研班"和"流派班"的特点表现在，学员年龄年轻化；同样是选拔各个院团活跃在舞台上的优秀青年京剧演员进行培养；青年演员同样在不脱离舞台和实践的原则下进行进一步学习，能够更好地将理论与实践相结合。"青研班"和"流派班"的培养模式已经初见成效，这样京剧表演专业本科生毕业之后的深造模式值得长期推广。

（二）京剧行业

1. 政府出台相关政策

政策的实质是为了达到某一目的而采取的政治措施，任何行业的发展都离不开有利于行业发展的政策的出台及实施。"文化政策是国家在文化艺术、新闻出版、广播影视、文物博物等领域实行意识形态管理和行政管理所采取的一整套制度性规定、规范、原则和要求体系的总称，是一种有别于教育政策、科技政策的政策形态。"[2]文化产业政策是文化政策中的一部分，"文化产业政策是国家根据文化经济与社会发展的要求和一定历史时期内文化产业发展的现状和变动趋势，以市场机制为基础，规划、干预和引导文化产业形成和发展的政策系统，其政策目标是引导社会资源在产业部门之间以及文化产业内部实现优化配置，建立高效和谐的文化产业结果，促进国民经济和社会文化的持续、协调和健康发展。"[3]合理的文化产业政策能够整合文化资源，引导文化产业发展，规范文化产

---

[1] 成长：《京剧人才培养："青研班"后有"流派班"》，载《中国文化报》2010年6月1日。
[2] 胡惠林：《文化产业概论》，云南大学出版社2005年版，第201页。
[3] 胡惠林：《文化产业概论》，云南大学出版社2005年版，第202页。

业发展,京剧行业也不例外。如《国家重点京剧院团保护和扶持规划》的制定和出台推动了国家重点京剧院团的建设,并且取到了良好的效果。京剧人才的培养要求政府结合京剧人才发展的实际,不断完善已有政策,有针对性地研究制定更具体、更有操作性的政策措施并实施。

2. 培养京剧艺术发展环境

埃米莉·基尼指出:"提高公众对于艺术文化的参与是文化领域决策者的一个重要目标。"[1]对于任何一种艺术形式来说,受众都是决定其发展走向的关键因素之一。京剧也不能脱离其审美主体,也就是观众而孤立存在。但是我们知道,京剧的观众老龄化程度严重,青少年中对京剧艺术了解的人极少,喜欢的人更是寥寥无几。根据沙赛红在《对京剧艺术的社会调查与京剧文化产业化路径初探》一文中的调查数据分析显示,"在普通人群中关心、喜爱京剧传统艺术者所占的比例较低,其中青少年的比例更低,说明随着各种现代艺术形式的不断推出和挤占市场,京剧艺术要走向产业化任重而道远。"[2]对于京剧行业来说,培养观众,尤其是年轻观众,扩大在年轻观众中的影响力是重中之重。对于这方面,可以参考青春版《牡丹亭》的成功案例。首演成功之后,青春版《牡丹亭》开始大范围、大规模地展开校园巡演。让昆曲走进校园,不仅仅是出于票房的考虑,白先勇同样希望通过团队的努力,能让年轻学生接触到传统文化,并对传统文化重新拥有信心,给他们带来潜移默化的影响。培养高素质的年轻观众有利于昆曲未来的发展。对于京剧,也同样如此。近些年来,"高雅艺术进校园",幽兰剧团进入高校、中小学演出等一系列类似的活动,除进行京剧艺术的普及之外,更重要的就在于培养京剧的年轻受众,为京剧的发展做好铺垫。

3. 院团增强市场拓展意识

文化产业想要取得长足的发展,终究要面对市场的检验。"京剧市场的拓展,应更注重乡村和中小城镇,那本是中国戏曲的根据地……地处大都市的京剧院团和一些有条件的京剧院团,应借鉴国外经验。建立剧院长远的演出档期预告制,以培育演出市场。"[3]相对于其他类型的文化艺术形式,作为传统艺术的京剧市场化需要走的路更长。京剧院团应改变"大制作、大投资、大手笔"评奖而排戏的做法,而是面对市场进行创作和排演,将人才培养与市场拓展紧密结合。例如,上海京剧院曾向全国京剧院团发出倡议:"欢迎

---

1 [英] Emily Keaney、刘建蓉:《了解艺术观众:现有资料及其启示》,载《文化艺术研究》2009年5月。
2 沙赛红:《对京剧艺术的社会调查与京剧文化产业化路径初探》,载《南通职业大学学报》2011年第4期。
3 戴廉:《扶持京剧发展的政策考量》,载《瞭望新闻周刊》2005年4月25日。

各地的京剧角儿只身来上海演出，上海京剧院愿意为其做班底；同时，上海京剧院也派出名角到各地去'搭班'演出。"[1]如果同样的剧目总是由同样的演员出演，观众难免会看腻。但上海京剧院换了一个角度，用"变化演员阵容"的做法面对市场做出了积极调整，在一定程度上促进了市场的发展。

4. 院团为青年京剧演员发展提供保障

近些年来，各京剧院团不断丰富并推广青年演员培养措施，为青年京剧演员的发展提供保障。继2011年5月15日～2011年6月10日"首届'魅力春天'京剧青年演员评比展演"之后，北京京剧院又于2011年11月1日～2011年11月11日举办了"2011'魅力春天'青年演员擂台赛武戏比赛"，于2012年3月20日～2012年4月16日举办了"'魅力春天'北京京剧院2012青年演员演奏员擂台赛"。国家京剧院则实行了"青年人才培养'三级跳'：'第一跳'，7月16日至8月14日，'畅和园之夏·国家京剧院青年演员演出月'；'第二跳'，今年10月的'畅和园之秋·国家京剧院青年演员演出周'；'第三跳'，明年1月1日至10日举行'年轻的朋友来相会——国家京剧院青年演员展演'"。[2] 2012年3月2日～3月31日，国家京剧院在下属梅兰芳大剧院举办了"'年轻的朋友来相会'——国家京剧院优秀青年演员暨第五届青研班研究生、首届流派班学员汇报演出"，"在为期20天的时间里，11位第五届中国京剧优秀青年演员研究生班学员和10位中国京剧流派传承班学员将担纲主演，数十位优秀青年演员齐上阵，以集体亮相的方式，彰显国家京剧院"阵容齐整、舞台清新、艺术严谨"的艺术风格。"[3]舞台是京剧演员成长成才最重要的平台，北京京剧院的"魅力春天"系列擂台赛和国家京剧院的"畅春园"系列展演逐渐成为常态，顺应市场的需求，结合京剧艺术、京剧院和青年京剧演员的发展要求进行演员队伍规划，通过这样的方式推星造星，为青年京剧演员提供了集中展示的平台。这样的人才培养方式已经经过了实践的检验，取得了良好的效果，值得进一步推行。

五、结语

京剧艺术从诞生之初至今，已经走过了近两百年的曲折路程。作为中华民族最具代

---

[1] 张裕：《京剧市场出现复苏迹象》，载《文汇报》2008年3月5日。
[2] 任姗姗、徐馨：《从国家京剧院到北京京剧院，青年演员培养机制逐渐形成——京剧，青春飞扬》，载《人民日报》2011年7月28日。
[3] 《中国日报》官方网站：http://www.chinadaily.com.cn/hqgj/jryw/2012-02-21/content_5207322.html。

表性的传统艺术之一，京剧艺术凝聚了诸多传统文化的精华。虽然在许多年轻人看来，京剧艺术不够新潮，甚至已经是"太老了"，但在世人不理解的目光中，仍有一大批年轻人出于自己对京剧的热爱而选择了学习京剧表演艺术、从事京剧表演行业。在时代的洪流中，他们虽暂时处于弱势，但义无反顾，耐得住寂寞，在功房里、在舞台上挥洒汗水，刻苦钻研，努力奋斗，为京剧艺术的发展尽心尽力。尽管京剧目前的发展并不乐观，但京剧行业内始终坚持着多种途径谋求发展，而这些措施都得到了京剧表演专业学生以及青年京剧演员的认可，使他们在一定程度上增强了信心。京剧表演专业本科生的成长成才并不只是他们个人的事情，而是关乎整个京剧行业的发展和未来。作为京剧艺术的重要载体，京剧表演专业本科生的学习、从业状态和发展理应得到世人更多的关注，也为京剧艺术更好地发展打下坚实的基础。

附录 1

问卷概况

针对在校生的问卷调查采取不记名方式,调查对象覆盖京剧系京剧表演专业四个年级在校学生。其中大一在校学生 51 人,发放问卷 51 份,收回问卷 47 份;大二在校学生 44 人,发放问卷 44 份,收回问卷 41 份;大三在校学生 44 人,发放问卷 44 份,收回问卷 39 份;大四在校生 36 人,发放问卷 26 份,收回问卷 24 份;覆盖率较高。共发放问卷 165 份,收回有效问卷 151 份,有效问卷回收率为 92%。

1. 您的性别?
A. 男 B. 女

2. 您的年龄?
A. 15—17 B. 18—20 C. 21—24 D. 24 岁以上

3. 您的年级?
A. 大一 B. 大二
C. 大三 D. 大四

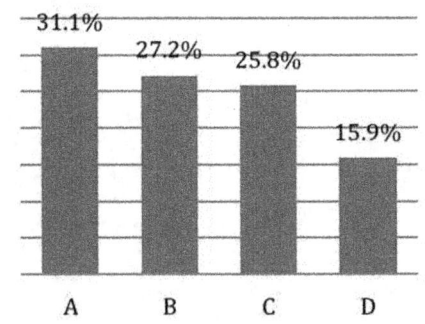

4. 您所学习的行当?
A. 生 B. 旦
C. 净 D. 丑

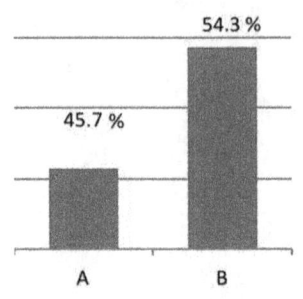

5. 您选择学习京剧表演的原因?

A. 父母的决定　B. 自己的选择

C. 梨园世家，从小接触，不得不学

☐ 其他原因，请填写 _____

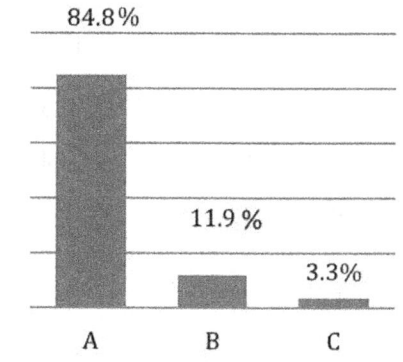

6. 您喜欢京剧吗?

A. 非常喜欢　B. 喜欢　C. 一般

D. 不太喜欢 E. 非常不喜欢

请填写原因 _____

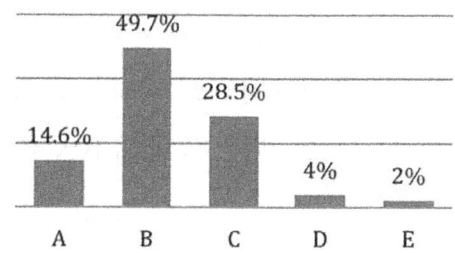

7. 您报考戏曲教育高等院校前的身份?

A. 京剧表演专业中专毕业生

B. 剧团演员　C. 普通高中学生

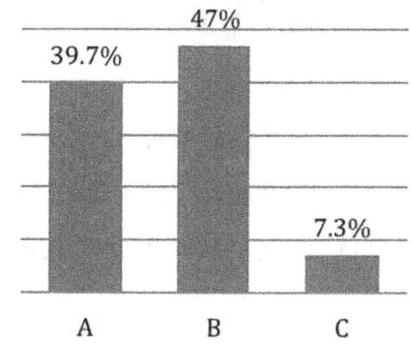

8. 您为何选择报考戏曲教育高等院校深造（多选）?

A. 自身职业发展的要求

B. 别人都读大学，自己不读不合适

C. 想多学点东西

D. 自己喜欢

☐ 其他原因，请填写 _____

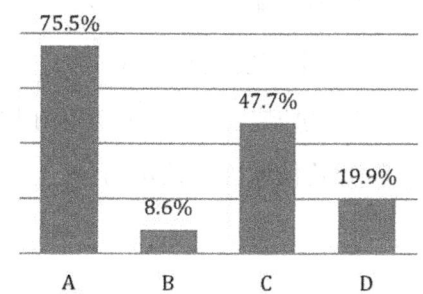

9. 您平均每天在练功房里练功的时间？

A．一小时以内　B．一小时到两小时

C．两小时到三小时　D．三小时以上

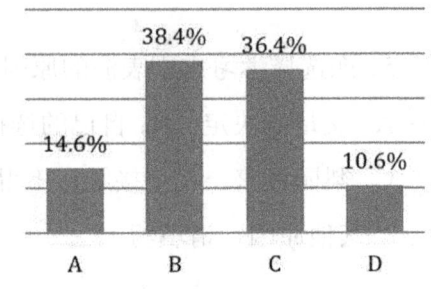

10. 您是否认为在校所学能够满足自身的需要？

A．非常认同　B．认同　C．说不好

D．不太认同　E．非常不认同

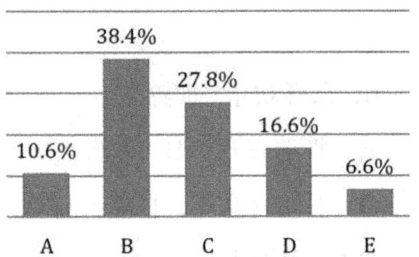

11. 您认为，现在青年京剧演员身上存在的主要问题是什么？

请选择并排序_____

A．缺乏钻研精神　B．不热爱京剧

C．学戏演戏应付了事，不够踏实

D．文化水平不高　E．艺术造诣有限

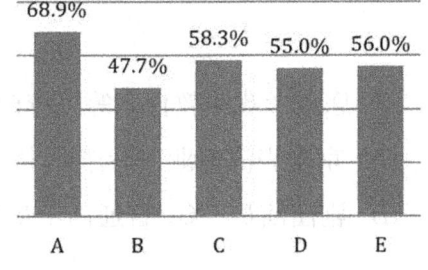

12. 您觉得影响您或身边同学学戏动力的原因有哪些（多选）？

A．京剧发展不景气　B．自身学戏条件不够好

C．京剧演员对口工作不好找，待遇低

☐其他原因，请填写_____

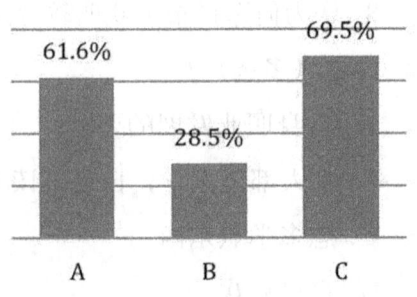

13. 在您看来，影响京剧发展的原因有哪些？
请选择并排序 _____
    A．现代社会娱乐样式多
    B．政府扶持力度不够
    C．缺少优秀演员
    D．京剧的艺术语言比较复杂，人们理解起来有困难
    □其他原因，请填写 _____

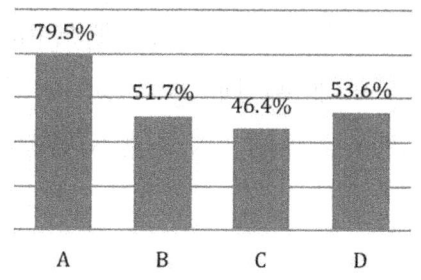

14. 您对未来发展的规划？
    A．继续从事京剧表演
    B．从事与京剧相关的其他工作
    C．改行 D．考研 E．没想过
    □其他，请填写 _____

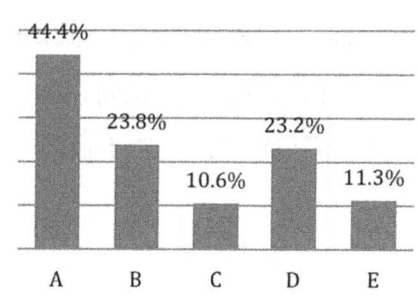

15. 如果选择继续从事京剧表演，您会选择在哪些城市的院团发展？
    A．京津沪
    B．除京津沪外的其他直辖市或一线城市
    C．二线城市 D．无所谓
    请填写原因 _____

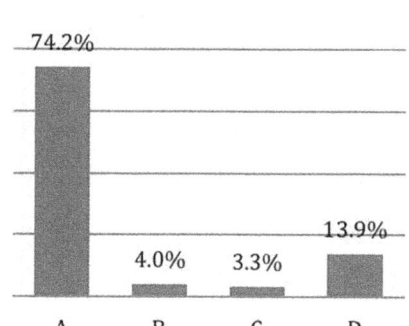

16. 您是否觉得，如果无法进入京津沪的一线院团，不如改行？
    A．非常认同 B．认同 C．说不好
    D．不认同 E．非常不认同

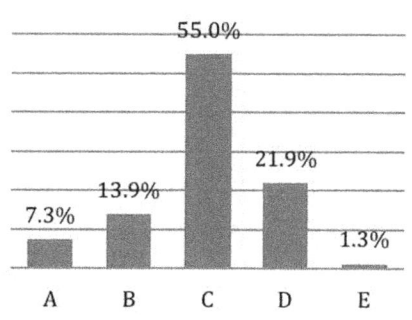

17. 您是否觉得，即使在一线城市的院团跑龙套，也胜过在其他城市的院团当主演？
A. 非常认同　B. 认同　C. 说不好
D. 不认同　E. 非常不认同

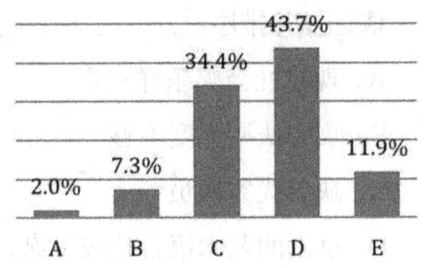

18. 如今京剧发展处于低潮期，您是否认为，京剧艺术今后的发展并不乐观？
A. 非常认同　B. 认同　C. 说不好
D. 不认同　E. 非常不认同

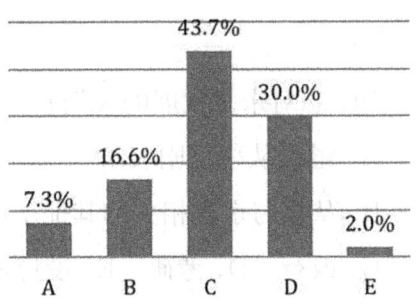

感谢您填写这份调查问卷！

附录2

问卷数据

题目	选项	大一	大二	大三	大四
1. 您的性别?	A. 男	18	20	15	16
	B. 女	29	21	24	8
2. 您的年龄?	A. 15～17	10	3		
	B. 18～20	25	28	8	7
	C. 21～24	12	9	30	15
	D. 24岁以上		1	1	2
3. 您的年级?	A. 大一	47			
	B. 大二		41		
	C. 大三			39	
	D. 大四				24
4. 您所学习的行当?	A. 生	11	14	12	12
	B. 旦	28	20	24	8
	C. 净	2	30	2	2
	D. 丑	6	4	1	1
5. 您选择学习京剧表演的原因?	A. 父母的决定	15	16	16	13
	B. 自己的选择	28	28	16	9
	C. 梨园世家,从小接触,不得不学	4	3	2	2
6. 您喜欢京剧吗?	A. 非常喜欢	10	6	2	4
	B. 喜欢	27	14	19	15
	C. 一般	9	17	13	4
	D. 不太喜欢	1	2	2	1
	E. 非常不喜欢			1	2
7. 您报考戏曲教育高等院校前的身份?	A. 京剧表演专业中专毕业生	40	36	35	17
	B. 剧团演员	7	4	3	4
	C. 普通高中学生		1	1	3

续表

题目	选项	大一	大二	大三	大四
8. 您为何选择报考戏曲教育高等院校深造？	A. 自身职业发展的要求	38	29	29	18
	B. 别人都读大学，自己不读不合适	2	3	7	1
	C. 想多学点东西	18	19	26	9
	D. 自己喜欢	7	4	9	10
9. 您平均每天在练功房里练功的时间？	A. 一小时以内	5	8	7	2
	B. 一小时到两小时	19	13	16	10
	C. 两小时到三小时	18	15	11	11
	D. 三小时以上	5	5	5	1
10. 您是否认为在校所学能够满足自身的需要？	A. 非常认同	8	5	3	
	B. 认同	29	6	17	6
	C. 说不好	10	14	11	7
	D. 不太认同		12	5	8
	E. 非常不认同		4	3	3
11. 您认为现在青年京剧演员身上存在的主要问题是什么？	A. 缺乏钻研精神	33	22	31	18
	B. 不热爱京剧	21	18	22	11
	C. 学戏演戏应付了事，不够踏实	31	24	24	9
	D. 文化水平不高	31	24	22	6
	E. 艺术造诣有限	27	24	21	12
12. 您觉得影响您或身边同学学戏动力的原因有哪些？	A. 京剧发展不景气	29	27	26	11
	B. 自身学戏条件不够好	14	14	11	4
	C. 京剧演员对口工作不好找，待遇低	29	21	34	21
13. 在您看来，影响京剧发展的原因有哪些？	A. 现代社会娱乐样式多	36	32	35	17
	B. 政府扶持力度不够	24	21	27	6
	C. 缺少优秀演员	24	21	15	10
	D. 京剧的艺术语言比较复杂，人们理解起来有困难	30	26	21	4

续表

题目	选项	大一	大二	大三	大四
14.您对未来发展的规划?	A.继续从事京剧表演	19	16	16	16
	B.从事与京剧相关的其他工作	9	6	13	8
	C.改行	2	7	6	1
	D.考研	16	7	6	6
	E.没想过	6	7	3	1
15.如果选择继续从事京剧表演,您会选择在哪些城市的院团发展?	A.京津沪	34	23	32	23
	B.除京津沪外的其他直辖市或一线城市	3	1	2	
	C.二线城市		2	2	1
	D.无所谓	9	8	4	
16.您是否觉得,如果无法进入京津沪的一线院团,不如改行?	A.非常认同	3	3	1	4
	B.认同	6	6	5	4
	C.说不好	29	22	22	10
	D.不认同	8	8	11	6
	E.非常不认同		2		
17.您是否觉得,即使在一线城市的院团跑龙套,也胜过在其他城市的院团当主演?	A.非常认同	1	1		1
	B.认同	4	3	2	1
	C.说不好	14	12	16	10
	D.不认同	23	18	13	12
	E.非常不认同	4	6	8	
18.如今京剧发展处于低潮期,您是否认为,京剧艺术今后的发展并不乐观?	A.非常认同	1	5	1	3
	B.认同	7	10	5	3
	C.说不好	24	19	19	7
	D.不认同	14	5	10	11
	E.非常不认同		2	1	

附录 3

中国戏曲学院 2005 级（2009 届）京剧表演专业毕业生就业现状表（45 人）

序号	姓名	性别	单位	备注
1	鲁肃	男	上海京剧院	演员
2	张浩洋	男	国家京剧院	演员
3	王诗萌	男	中国戏曲学院	在读研究生
4	马博通	男	北京京剧院	演员
5	徐速	男	北京国声京剧团	演员
6	吕勋福	男	北京京剧院	琴师
7	曹阳阳	男	北京京剧院	演员
8	郑淋	男	自主创业	
9	张通	男	河北艺术学校	教师
10	王庆峰	男	辽宁省营口市救助管理站	行政
11	王宇舟	男	国家京剧院	演员
12	钱盛	男	黑龙江省京剧院	演员
13	张超	男	不详	
14	张磊	男	国家京剧院	演员
15	徐维治	男	北京幽兰文化基金会	演员
16	李元君	男	中国戏曲学院附中	教师
17	于泳	男	北京京剧院	演员
18	赵辉	男	北京军区战友文工团	演员
19	罗帅	男	北京京剧院	演员
20	王炎	男	济南京剧团	演员
21	霍鑫	男	北方昆曲剧院	演员
22	熊轩	男	自由职业	
23	程景龙	男	自主创业	
24	吕耀瑶	女	国家京剧院	演员
25	高雨溪	女	北京市劳动局	行政
26	潘欣	女	湖北京剧院	演员
27	孟思卿	女	国家京剧院	演员
28	罗晨	女	自主创业	
29	马艳艳	女	北京幽兰文化基金会	演员

续表

序号	姓名	性别	单位	备注
30	朱冰贞	女	北方昆曲剧院	演员
31	鞠莹	女	辽宁省营口戏校	教师
32	赵跃	女	中国戏曲学院附中	教师
33	王爽	女	黑龙江省京剧院	演员
34	左丽娜	女	自主创业	
35	沈涛	女	中国戏曲学院附中	教师
36	李凤	女	天津京剧院	演员
37	王梦婷	女	北京京剧院	演员
38	左雅	女	煤矿文工团	演员
39	邵晓白	女	自主创业	
40	李红	女	北京军区战友文工团	演员
41	杨柳	女	风雷京剧团	演员
42	赵娟娟	女	中国戏曲学院附中	教师
43	高葛	女	自由职业	
44	刘超	女	自由职业	
45	陈沁妤	女	不详	

中国戏曲学院2006级（2010届）京剧表演专业毕业生就业现状表（55人）

序号	姓名	性别	单位	备注
1	张子君	男	天津市青年京剧团	演员
2	金绍仁	男	自由职业	歌手
3	黄道阳	男	北京市密云青少年宫	教师
4	王瀛政	男	北京京剧院	演员
5	魏学雷	男	北京京剧院	演员
6	马有权	男	国家京剧院	演员
7	杨欢	男	国家京剧院	演员
8	赵佳	男	自由职业	
9	李欢	男	中国戏曲学院	在读研究生
10	李恒宇	男	北方昆曲剧院	演员
11	杜小川	男	北京风雷京剧团	演员
12	武萌	男	北京风雷京剧团	演员

续表

序号	姓名	性别	单位	备注
13	窦龙人	男	福州市艺校	教师
14	于瀚钧	男	自由职业	
15	哈生辉	男	北京京昆文化艺术团	演员
16	季小翔	男	自由职业	
17	赵岩	男	河南京剧院	演员
18	刘宏扬	男	富华国际集团有限公司	质检部经理
19	孙志平	男	不详	
20	于笑欢	男	不详	
21	张奎霖	男	天津振津工程集团有限公司	科员
22	马艺洋	女	天津市青年京剧团	演员
23	张其婷	女	天津京剧院	演员
24	张帆	女	青岛京剧院	演员
25	王馨仪	女	青岛京剧院	演员
26	丁芸芸	女	北京京剧院	演员
27	李丽	女	北京京剧院	演员
28	毕璐娜	女	国家京剧院	演员
29	郜媛媛	女	国家京剧院	演员
30	纪春晓	女	中国戏曲学院	在读研究生
31	张丹	女	中国戏曲学院	在读研究生
32	刘维	女	中国戏曲学院	在读研究生
33	周梦梅	女	中国戏曲学院	在读研究生
34	郝文婷	女	北方昆曲剧院	演员
35	田妙然	女	北方昆曲剧院	演员
36	穆伟	女	北方昆曲剧院	演员
37	张薇	女	北京风雷京剧团	演员
38	满格同	女	自由职业	
39	满栩同	女	自由职业	
40	刘翔云	女	自由职业	歌手
41	黄甲良	女	陞图传媒	经理
42	刘美晴	女	杭州京剧院	演员
43	聂媛	女	山东省京剧院	演员

续表

序号	姓名	性别	单位	备注
44	王礼曼	女	北京京昆文化艺术团	演员
45	王玢	女	北京京昆文化艺术团	演员
46	杨迁	女	河北省艺术职业学校	教师
47	张又文	女	广东省国防工业大学	教师
48	周	女	南京妇幼医院	行政
49	曾纯	女	武汉汉剧院	演员
50	林娜	女	自由职业	
51	刘瑞婷	女	不详	
52	刘虹辰	女	不详	
53	郭霄	女	中国戏曲学院	在读研究生
54	梁雷	女	不详	
55	吴琳琳	女	不详	

中国戏曲学院2007级（2011届）京剧表演专业毕业生就业现状表（56人）

序号	姓名	性别	单位	备注
1	赵阳	男	战友京剧团	演员
2	张青松	男	北京京剧团	演员
3	刘振普	男	战友京剧团	演员
4	张新勇	男	自由职业	演员
5	舒展	男	战友京剧团	演员
6	宋云飞	女	国家京剧院	演员
7	李绪玮	女	河南省京剧院	演员
8	朱文文	女	国家京剧院	演员
9	赵欣婷	女	自由职业	
10	袁倩	女	山东省电影学院	教师
11	李思达	女	中国戏曲学院附中	教师
12	吴熔秀	女	中国戏曲学院	在读研究生
13	邓翔宇	女	不详	
14	王奕颂	女	不详	
15	刘振	男	北京幽兰文化基金会	演员

续表

序号	姓名	性别	单位	备注
16	郎争	男	沈阳京剧团	演员
17	雷翔	男	自主创业	
18	吴亚欣	女	不详	
19	于亚坤	男	北京京剧院	演员
20	王平	男	中国戏曲学院	在读研究生
21	刘泓博	男	自由职业	演员
22	李洋	男	黑龙江京剧院	演员
23	杨杨	女	北京幽兰文化基金会	演员
24	李静	女	昌平区南口镇	村官
25	李鑫艺	男	中国戏曲学院	在读研究生
26	费彪	男	北京国声京剧团	演员
27	封强	男	湖南京剧团	演员
28	姚杰	男	自由职业	演员
29	韩富超	男	战友京剧团	演员
30	程国光	男	北京市朝阳区管庄村委会	村官
31	朱虹	女	国家京剧院	演员
32	李晓洁	女	中国戏曲学院	在读研究生
33	李文颖	女	国家京剧院	演员
34	訾睿	女	国家京剧院	演员
35	杨雪	女	北京市丰台区卢沟桥乡	村官
36	黄鑫洋	女	自由职业	演员
37	刘洋	男	北京风雷京剧团	演员
38	王鑫	男	自由职业	演员
39	周恩旭	男	北京京剧院	演员
40	付伟	男	浙江省嵊州越剧艺术学校	教师
41	孙逊	男	战友京剧团	演员
42	周振	男	入伍	
43	王宏武	男	战友京剧团	演员
44	呆翔	男	河南省京剧团	演员
45	杨东超	男	国家京剧院	演员
46	肖雪	女	自由职业	

续表

序号	姓名	性别	单位	备注
47	胡桐	女	自由职业	
48	路洁	女	中国戏曲学院	在读研究生
49	潘晓佳	女	自由职业	
50	王宇超	女	北京幽兰文化基金会	演员
51	柴亚玲	女	北京昆曲剧院	演员
52	王甜甜	女	山东省电影学院	教师
53	韩晓静	女	山东省电影学院	教师
54	孔繁泽	男	浙江省嵊州越剧艺术学校	教师
55	解天	男	自由职业	演员
56	谢孟伟	男	自由职业	演员

附录 4

部分访谈实录

一、与毕业生 A 的对话

笔者：在幽兰，大概多久演出一次？

学生 A：因为我们是公益的，进各种中小学，还有大学，演出大概一周就能有一到两次。

笔者：主要就是进校园？

学生 A：是的。

笔者：一心想留北京？

学生 A：也不是！我就一心想上学。

笔者：为什么呢？

学生 A：觉得没上够呗！我喜欢当演员，但是不喜欢剧团，有点纠结！

笔者：为什么不喜欢剧团呢？

学生 A：剧团的气氛特别容易让人堕落，或者说特别容易让人视野变得狭窄。

笔者：让人视野变得狭窄，怎么说？

学生 A：怎么说呢！台上就是演出，台下就互相攀比，进去跑龙套，容易让人没有更高的追求！不过其实现在好多了！慢慢比我们小的应该是赶上好时候了！

笔者：你觉得，根据你的了解，现在这些剧团在哪些方面有改进呢？

学生 A：现在北京这两个团不是在搞青春擂台赛嘛！这不就挺好嘛！演员就不能停下上台，年轻的演员更是！现在年轻演员也有戏唱了！这就是最好的改进吧！

笔者：研究生毕业之后想做什么呢？

学生 A：嗯，最想上学！没想好呢！可能出国留学吧！当然也还是要先找工作！

笔者：你觉得，整个京剧行业的现状，对青年京剧演员学习啊心态什么的，有影响吗？有的话，哪些方面呢？

学生 A：还是有一些吧！现在高水平的传承和传播都不够！使得学生们对自己的要求都不够严格，传播形式单一，演员不能够充实自己的其他能力，很少有京剧演员是一个一专多能的新青年！不过剧团对年轻人越来越重视倒是激发了大家的上进心，如果不出现黑暗问题的话，现在这种发展趋势，还是对我们越来越好的。

笔者：你觉得幽兰好不好呢？

学生A：其实，看你想要什么了！这个地方有自己的弊端！不过做个过渡的话还是个很好的地方的！都是年轻人，理念也都一致，不会有老戏班的坏毛病。只要团结就能干成事。其实这个模式超级的好！可是实际操作的时候就会有一些问题！不过幽兰也是刚刚起步，会好起来的！

二、与毕业生B的对话

笔者：你现在是在河南京剧院？

学生B：是啊。

笔者：当时怎么决定去河南了呢？

学生B：待遇、发展空间、前景，工资啦、住房啦、中原经济崛起啊。而且，这儿不改企。上面领导重视。人又少，来了就能唱戏。

笔者：基本是主演？

学生B：嗯。我这行当哪都少。但是对我来说，别的地方实践机会少。这就是有实践机会。

笔者：有没有算过，去了之后大概演过多少场啊？

学生B：130多场吧。

笔者：平均两天一场啊。都是在哪里演呢？

学生B：差不多，多数下乡演出。现在还是个发展阶段。

笔者：觉得今后发展空间大吗？

学生B：不好说。我先不管这个，先把自己练好了再说。

笔者：嗯。实践机会很多所以很锻炼人？去了之后进步大吗？

学生B：嗯。

笔者：都在哪些方面呢

学生B：比之前会的戏多了，或者，之前没彩过的戏掌握熟练了。一出戏演30遍和演1遍肯定不一样。肯定有提高，而且团里找老师给你说戏。就是有一点，请老师不太方便。

笔者：你自己觉得，你从学校到团里去，心态发生变化了吗？

学生B：不知道，应该是变了吧。如果我能回去大学，肯定不是那会儿那个状态。

笔者：怎么讲？

学生B：学习劲头儿吧。那会儿是被老师推着，现在可能会推着老师吧。还是觉得当时学习不够努力，到团里不够用。

笔者：现在每天练功能有多长时间？

学生B：6个小时。上班都在练功。

笔者：包括排戏时间在内？

学生B：嗯。

笔者：你觉得，现在青年京剧演员身上存在的主要问题是什么？

学生B：社会给的动力不足，领导给的信心不够，经济和付出不成正比，没有好老师指导。自身就是见得太少，会得太少，懂得太少。就拿我来说，之前并没有想过要指着京剧生活，因为觉得看得人少，北京那几个院团很不给力，有想过放弃。所以动力不足，觉得这么努力，很盲目。等来到这，工作以后发现有很多不会很多不懂，就有了压力，自然状态就不一样了。

笔者：你觉得，现在大学教学生，最缺的是什么？

学生B：希望。不能让大家觉得，学京剧将来没出路。反而要让他们觉得这是最大的出路。另外，现在不交学费其实也说不好是好事还是坏事。有些同学就不努力学习了，想反正也不用交学费。再一个，我觉得现在大一大二就没有基功武功把子了，还针对行当分课，这样不太好。基本功这些，应该还是跟以前一样，一直都上着。我觉得应该让学生多出去实践，我指的是去剧团实践，能感受到那种氛围和危机感。

笔者：你将来会一直在河南吗，还是有机会的话会出来？

学生B：这是个未知数。看情况吧，短期之内还是在河南。现在能在地方当主演也挺好的。

三、与毕业生C的对话

笔者：你最开始是怎么接触到京剧的啊？

学生C：我最早学的河北梆子，毕业之后由于当时当地的院团没有名额，所以就来考的中国京剧院。因为梆子跟京剧的武戏都差不多。

笔者：为什么想到考大学呢？

学生C：想多学点东西，再一个就是我是从外地过来的，在地方上学的东西北京这边不认可，还有一个原因就是上完大学能把户口落在北京。

笔者：你觉得，上大学最大的收获是什么呢？

学生C：可以说我上大学的收获特别多，学到了该学的东西，拿到了文凭，入了党，认识了很多朋友、同学、老师。在专业方面，我对我的武丑行当有了更深刻的了解，明白了怎样才算得上是一个好的武丑演员。

笔者：你觉得，你从一个剧团演员到学生，心理上有什么变化吗？

学生C：最大的变化就是明白了自己来学校上学的目的，有了准确的方向，知道自己欠缺在哪些方面。还有一个就是刚开始的时候挺不适应的，全班我最大，放不开，慢慢融入进来就好了。

笔者：现在在北京京剧院，演出机会多吗？

学生C：挺多的，给我的机会也挺多的。

笔者：工作近一年的时间，主演或者主要配演大概演了多少场？

学生C：大概有四五十场吧，主配的多。《杨门女将》《杨七娘》《扈家庄》《八仙过海》等，《三岔口》演得最多了，得有20多场。

笔者：从学生再回到剧团，你的心态有变化吗？

学生C：变化大了。主要是有自信，特别是舞台上，以前是来个小活儿自己都不敢看台下还扫边。现在是站到台上，就觉得我是最好的。这不是狂啊，这就是一种自信。教我的老师常说：一个演员在台上要有霸气。

笔者：你感觉现在学戏的年轻人，身上都存在什么问题呢？

学生C：浮躁，都想快点学多学点，其实这样也没有什么不好，关键是基础，都是基础不好。打基础是一个演员首要的环节。每个人对行当的理解程度也不一样。其实京剧没有什么特别标准来衡量，不像赛跑，我跑了第一就第一，京剧不一样，我喜欢他演戏，演什么样都好，跟看电视剧一样啊，每个人都有自己的标准。我觉得，大家还是太浮躁了。基本功没打好，就像盖高楼。见得太多了，看得好的也太多了，都学串了。再一个就是这个社会闹的，没办法，京剧演员太难了，回报得太少付出得太多，不成比例，这也是浮躁的原因之一。

戏曲孔子学院管理机制研究

朱萍萍（2009 级）

一、引言

（一）课题背景

1. 孔子学院发展现状

自 2004 年 11 月 21 日全球首家孔子学院在韩国首都首尔挂牌成立以来，截至 2011 年 10 月，孔子学院已遍布全球 105 个国家和地区（美国及欧洲最多），共创建了 358 所孔子学院和 500 个中小学孔子课堂，专兼职教职工达 1 万多人。中国有 260 多所大学和 500 多所中小学积极参与孔子学院（课堂）合作办学。[1]

对于孔子学院的快速发展，社会各界反响强烈，也争议颇多。客观看来，应该肯定这些年来孔子学院在海外汉语推广和国家形象宣传上做出的贡献，但孔子学院下一阶段将重心放在学院可持续发展上，通过规章制度的健全、管理体制的完善等措施为其长远发展做好基础保障工作。专家学者也从多个角度研究探讨了孔子学院目前在师资、教材、汉语资格考试及文化推广活动等各方面存在的问题，并给出了可行性发展建议。

第六届孔子学院大会以"孔子学院的未来十年"为主题，探讨了在目前的形势下，

---

[1] 第六届孔子学院大会会议资料。

孔子学院在如何继续发展壮大的同时，从师资、教材、汉语资格考试及文化推广活动等几大重点项目为着手点，完善相关体制的建设，通过科学的管理理念和系统的管理机制保障孔子学院的长足发展。

2. 特色孔子学院与戏曲孔子学院

特色孔子学院是在汉语热及孔子学院大发展的背景下，以某一中国文化为依托开办的特殊孔子学院。目前主要有伦敦商务孔子学院、伦敦中医孔子学院、丹麦哥本哈根商务孔子学院、希腊雅典商务孔子学院等。与普通孔子学院相比，特色孔子学院在进行海外汉语教学和汉语资格认证考试的基础上及在活动举办、文化宣传等方面主要以其主题特色为核心，可以充分利用特色资源优势发挥其在国际文化交流上的作用，做好国家形象塑造和国家文化传播的桥梁。

戏曲孔子学院成立于2009年11月，由美国宾汉顿大学和中国戏曲学院联合办学，通过中国戏曲艺术这一特殊手段宣传中国语言文化。戏曲孔子学院从2009年成立至今短短两年半的时间内，无论是对特色课程的开发，还是主题活动的举办，都深受宾汉顿大学学生和当地社区民众的喜爱。据戏曲孔子学院内部数据统计，单次活动的参加人数曾达到3865人，在当地形成了深远的影响。目前中国戏曲学院已开始着手在英国筹办第二家戏曲孔子学院。

在2011年孔子学院大会上，孔子学院总部提出在以汉语教学为主要任务的基础上，鼓励各孔子学院可依据自身特点，开办以艺术、中医、武术、旅游、烹饪教学为主题的特色孔子学院，适应各国人民学习和了解中华文化的多样化需求。

在这样一个特色孔子学院发展环境中，戏曲孔子学院作为一所成长中的组织机构，其管理机制的科学完善对其长远的发展起着至关重要的作用。正是从这样的理性判断出发，笔者希望利用自身占有的资源优势和科研条件，对戏曲孔子学院管理机制进行系统的调研，总结分析其运行情况和实际困难，为其日常管理及即将创办的第二所戏曲孔子学院提供相关的理论指导。

（二）研究目的及框架

特色孔子学院创办于国家汉办发展重心有较大调整的关键时期。孔子学院经过一段快速发展后，2007年开始从过去的对外汉语教学转变为全方位的汉语国际推广，从专业的汉语教学转变为大众化、普及型的教学，推广模式也从政府主导向政府推动下的市场运作转变。在这一特定时期开办的特色孔子学院，与普通孔子学院相比，可以说由之前的推广汉语学习，转向了以推广汉语学习为桥梁传播中国文化。而目前孔子学院总部对于各孔子学院依据自身资源进行特色化发展的目标导向，也使得对特色孔子学院这种特殊办学形式的全面总结和系统研究提出了新的更高的要求。在这样的背景下，对戏曲孔子学院的管理机制进行深入研究也显得至关重要。

本文的基本研究框架如下：

第一部分为管理机制概念研究，通过对机构、制度、系统、机制等相关概念及管理机制这一核心概念的深入研究，理清本文的研究对象及具体内容。

第二部分为戏曲孔子学院现行管理机制概述，通过对戏曲孔子学院各组织机构的介绍，分析其在现行运行机制、动力机制、约束机制三大管理子机制中的角色及作用，为下文系统分析其管理情况提供框架基础。

第三部分为戏曲孔子学院管理机制运行现状研究，在上文介绍的组织框架基础上，通过相关数据研究及访谈结果总结，分析戏曲孔子学院的管理机制运行现状，并提出其管理特殊性问题，及其对戏曲孔子学院现行管理机制的影响与制约。

第四部分为戏曲孔子学院管理机制创新的几点建议，也是本文的结论部分，根据上文的研究及理论分析，从多层次目标建设、多元化人事聘用、系统化事务管理和制度化财务约束四个方面对戏曲孔子学院的现行管理模式提出改善建议，以期对其长远发展起到指导作用。

（三）研究方法

1. 文献资料法

查阅汉办关于孔子学院的相关制度及文件，如《孔子学院章程》《孔子学院总部资金管理办法》《国际汉语教师中国志愿者计划》等，全面了解孔子学院的组织机构及发展情况。查阅期刊网上1999～2011年期间有关孔子学院、管理机制、跨文化管理等方面的核心论文资料和国内外关于管理学、跨文化交流学、跨文化社会心理学、教育学等有关方面的论文和专著，为本研究提供理论指导。

2. 访谈调查法

对戏曲孔子学院中外双方院长、日常行政工作人员、语言教师及志愿者、中国戏曲学院派往孔院的专业课教师、"丝之歌"演出团管理及演出人员、相关活动的资金赞助企业或团体等尽可能多的戏曲孔子学院一线工作参与人员进行访谈和调研，了解戏曲孔子学院的发展概况，求证特色孔子学院是否存在与普通孔子学院类似的管理问题，并征求其对戏曲孔子学院管理方面的可行性建议。

3. 数据分析法

通过对戏曲孔子学院财务收支、课程开设、学生数量、活动及参与人数等相关数据进行系统分析，对访谈调查得出的结论提供客观依据，并进一步分析相关管理问题的原因。

二、管理机制概念研究

（一）相关概念

本文的研究对象为"戏曲孔子学院管理机制研究"，其核心在于"管理机制"，要对这一抽象概念深入系统地理解，明晰本文的研究对象及其内涵，需要首先对如下相关概念予以阐述。

1. 机构

机构指"机关、团体或其他工作单位的内部组织，也泛指一般的工作部门。机关、团体、单位的机构任务是从事经营活动的决策、执行和监督"。[1] 编制管理中的机构是指"在社会生活中，人们为实现某种职能所建立的，由人、财、物和信息等若干因素有序地连接起来的，相对稳定的社会实体单位。通常指机关、团体或其他工作单位及其内部组织"。[2]

2. 制度

制度的一般含义是指"要求大家共同遵守的办事规程或行动准则"，[3] 具体内容是指"一个系统或单位制定的，要求下属全体成员共同遵守的办事规程或行动准则，如工作制度、财务制度、作息制度、教学制度，等等。制度是使某个团体或单位的所有成员共同遵守的办事规程和行动准则；从而为完成任务或目标提供保证。制度的种类很多，各条战线、各个部门、各个单位的工作性质不同，情况千差万别，因而制度也不一样"。[4]

3. 系统

系统是指"由两个或两个以上相互依存的部分、成分或分系统所组成的，并由可识别的界限与其环境超系统区分开来的有组织的、单一的整体"。[5] 按照一般系统论创始人

---

[1] [苏] C.H. 柯热夫尼柯夫著，孟宪源译：《机构》，机械工业出版社1981年版。

[2] 中国法律出版社编辑部编：《工商行政管理法律·法规·规章·文书范本》，法律出版社2011年版，第35页。

[3] 中国法律出版社编辑部编：《工商行政管理法律·法规·规章·文书范本》，法律出版社2011年版，第35页。

[4] [美] 道格拉斯·C·诺斯：《制度、制度变迁与经济绩效》，上海三联书店2008年版，第5页。

[5] 弗莱蒙德·E·卡斯特、詹姆斯·E·罗森茨韦克：《组织与管理，系统方法与权变方法》，中国社会科学出版社1985年版，第18页。

贝塔朗菲的理论，系统是相互联系相互作用的诸元素的综合体。这个定义强调元素间的相互作用及系统对元素的整合作用。

系统具有整体突现性，即若干事物按照某种方式相互关联形成一个系统，就会产生出的它的组分和组分的总和所没有的新性质，这叫系统质或整体质。这种性质只能在系统整体中表现出来，一旦把系统分解成它的组成部分，便不复存在。这就是系统的整体涌现性原理，又称非加和性原理或非还原性原理。

4．机制

"机制"（mechanism）一词最早源于希腊文，原来使用在自然科学中，是指机器的构造和工作原理。对于机制的这一本义可以从以下两个方面来解读：一是"机器由哪些部分组成和为什么由这些部分组成"[1]；二是"机器是怎样工作和为什么要这样工作"[2]。

将其引申到不同的领域，就产生了不同的机制，意为有机体的构造、功能和相互关系，泛指一个工作系统的组织或部分之间的相互作用的过程和方法。

郑杭生认为，"机制"一词的基本含义有三个：一是指事物各组成要素的相互联系，即结构；二是指事物在有规律性的运动中发挥的作用、效用，即功能；三是指发挥功能的作用过程和作用原理。把三者综合起来，机制就是"带规律性的模式"[3]。机制反映在事物内部各部分的机理即相互关系，侧重于运行方式、过程、相互关系。

（二）管理机制

1．管理机制的定义

机制引申到管理领域产生了管理机制，意为管理机体的各个组成部分如何有机结合，并通过相互制约与影响使管理系统运行和发展的作用过程或作用方法，是决定管理功效的核心问题。

管理机制以系统论为其理论基础，认为机制是确保系统运动有序的程序和力量的总和。管理学以复杂的管理系统为研究对象，基于自然系统而存在的社会系统是先于管理学研究而存在的。"任何一个社会系统都如同一个有机体一样，通过系统内部各构成要素之间的相互作用，而确保这一系统的生命力，驱使着其不断地演进。"[4]在这一过程中有两

---

1 商务印书馆编辑部编：《辞源》，商务印书馆2011年版，第855页。
2 商务印书馆编辑部编：《辞源》，商务印书馆2011年版，第855页。
3 郑杭生主编：《社会学概论新修（第3版）》，中国人民大学出版社2003年版，第58页。
4 周兴国：《高等教学管理机制研究》，安徽人民出版社2008年版，第33页。

个核心问题：（1）系统得以运行的动力何在，即系统为何能够如有机体般不断地朝向某一目标前进？（2）系统是以一种怎样的顺序向前发展的？从我们的经验来看，它的运动并不是无序的，而是遵循一定的程序而展开的。系统论的观点认为，系统运行的动力和程序都在于系统的内在机制。

基于以上相关概念及理论分析，本文管理机制是指"管理系统内各子系统、各要素之间相互作用、相互联系、相互制约的形式及其运动原理和内在的、本质的工作方式"。[1]

2. 管理机制的基本特征

根据管理机制的定义及其系统论的观点，管理机制具有内生性、系统性、客观性、自动性和可调性四个基本特征。

首先，管理机制是管理系统内在结构与机理的完整有机系统，通过一种内运动过程保证其功能的实现与作用的发挥，其形成与作用是完全由自身决定的，具有内生性和系统性特征。

其次，任何组织，只要其客观存在，内部结构、功能既定，必然要产生与之相应的管理机制。这种机制的类型与功能是一种客观存在，是不以任何人的意志为转移的。管理机制一经形成，就会按一定的规律、秩序，自发地、能动地诱导和决定企业的行为，具有客观性与自动性特征。

再次，机制是由组织的基本结构决定的，只要改变组织的基本构成方式或结构，就会相应改变管理机制的类型和作用效果。因此，可以通过对管理机制运行情况的衡量，评价其组织管理的有效性，具有可调性特征。

3. 管理机制的构成与表现形式

管理机制是以客观规律为依据，以组织的管理结构为基础和载体，主要包括组织功能与目标、组织基本构成方式、组织结构，由运行机制、动力机制和约束机制三大子机制为其主要表现形式。

运行机制是指组织基本职能的活动方式、系统功能和运行原理，是引导和制约决策并与人、财、物相关的各项活动的基本准则及相应制度，是决定组织行为的内外因素及相互关系的总称。各种因素相互联系，相互作用，要保证组织各项工作的目标和任务真正实现，必须建立一套协调、灵活、高效的运行机制。

动力机制，也可称为激励机制，是指管理系统动力的产生与运作的机理。动力机制

---

[1] 侯光明、李存金：《现代管理激励与约束机制》，高等教育出版社2002年版，第73页。

的基本功能,是在于激发组织内部不同利益主体的利益动机,并将这种动机转化为实现组织目标的推动力,主要由利益驱动、政令推动和社会心理推动三种方式构成。

约束机制是对管理系统行为进行限定与修正的功能与机理,是指为规范组织成员行为,便于组织有序运转,充分发挥其作用而经法定程序制定和颁布执行的具有规范性要求、标准的规章制度和手段的总称。[1] 按照约束形成的机制,约束机制可以分为外生性和内生性两种。外生性约束机制是在经济、金融运行外部形成的,体现的是"人的意志";内生性约束机制是经济金融运行过程中自然形成的,体现的是"市场的逻辑"。

管理机制是组织进行科学管理的依据,通过对其进行系统研究可以全面把握组织管理行为的内在逻辑和规律,进而通过机制的转换与创新解决组织运行中的多种问题,是组织改革的核心。

三、戏曲孔子学院现行管理机制概述

管理机制以组织功能与目标、组织基本构成方式、组织机构和环境结构为内容的管理结构为基础和载体,其在本质上是管理系统的内在联系、功能及运行原理。戏曲孔子学院管理机制以相关理论为依据,根据对《孔子学院章程》及戏曲孔子学院实际情况,设置了系统的组织管理机构模型,并根据各机构的特殊性,形成了以外方院长、演出团长及中方院长为核心的运行机制、动力机制和约束机制。

(一) 戏曲孔子学院管理机构概述

组织结构的设计对组织开展其管理职责起着非常重要的作用,它是一个"涉及六方面关键要素的过程。这些要素是:工作专门化、部门化、指挥链、管理跨度、集权与分权、正规化"。[2] 戏曲孔子学院根据《孔子学院章程》的相关规定,在分析研究其特殊办学使命的基础上,形成了如图1所示的组织机构管理模型。其中理事会、院办公室、教师组、"丝之歌"演出团为主要职能机构,学生班级和社区系统为其旁设系统,国家汉办／孔子学院总部为其上级主管单位,中国戏曲学院和美国宾汉顿大学为其协作办学单位。以下分别作详细介绍。

---

1 http://baike.baidu.com/view/152009.htm。
2 [美] 斯蒂芬·P·罗宾斯、玛丽·库尔特:《管理学》(第9版),中国人民大学出版社2008年版,第255页。

1. 理事会

根据《孔子学院章程》规定，理事会为戏曲孔子学院的最高权力机构及监督机构，由中国戏曲学院和美国宾汉顿大学的15位院中层以上领导担任，双方校领导分别担任理事会主席和副主席一职。

理事会主要负责制定和修改学院章程；制定学院发展规划；决定教学、研究及经营方面的重大事项；负责筹集办学经费；任免学院院长；审批学院的预算和决算；向合作双方报告学院经营状况和重大事项等。

2. 院办公室

戏曲孔子学院实行理事会领导下的院长负责制，院长办公室是其实施日常运营和管理的常设行政机构[1]，主要由戏曲孔子学院院长、院长助理，中方院长及中方院长助理组成。

院长办公室在两位院长的协调领导下，共同完成戏曲孔子学院的日常运营及管理，具体包括如下几方面工作：制定戏曲孔子学院的发展规划、年度计划和预算、年度报告、各部门规章制度的建设，人员派遣，教学管理、绩效评估，市场开发、文化推广、演出筹备、活动组织等，以及与相关主管及协助单位的联络沟通工作。院办公室是戏曲孔子学院的核心管理部门，更是其日常运营的行政保障机构。

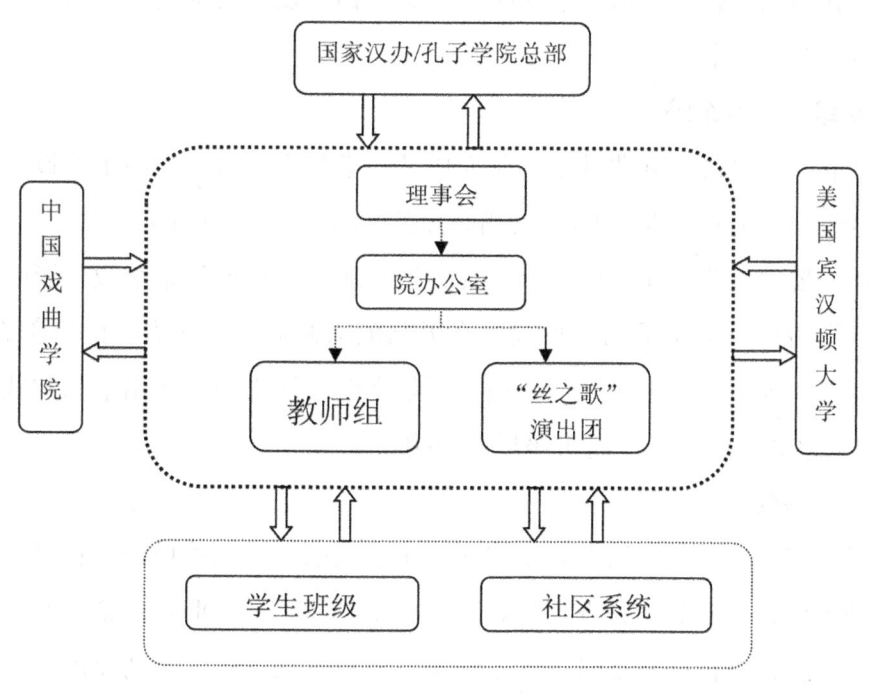

图1 戏曲孔子学院组织机构图

---

[1]《孔子学院章程》：http://www.hanban.edu.cn/confuciousinstitutes/node_7537.htm。

3. 教师组

教师组是戏曲孔子学院的两大职能机构之一，承担了戏曲孔子学院的教学工作。教师组由以下几部分人员组成：中国戏曲学院派出的戏曲教师、汉语教师、志愿者，宾汉顿大学的戏剧、音乐和中国研究教师，地区中、小学教师，主题讲座客座教授。其中中国戏曲学院教师根据不同的课程设置需要分期派出，每期包括两位京剧表演教师、一位民族音乐教师和两位汉语教师或志愿者。

教师组承担了戏曲孔子学院的戏曲特色课程、音乐课程及不同等级的汉语课程的全部教学工作，目前主要开设了京剧武打、京剧做工、京剧脸谱、京剧服装与服饰、中国竹笛入门、中国民乐合奏等学分课程和与此相关的主题讲座课程。

4. "丝之歌"演出团

"丝之歌"演出团是戏曲孔子学院的另一大职能部门，也是其独有的特色活动推广机构，通过各类有戏曲特色的中国传统文化主题演出活动，践行其以运用戏曲艺术宣扬中国语言和文化的办学宗旨。演出团成员主要由中国戏曲学院派去的三位戏曲表演、音乐艺术家，两名宾汉顿大学的老师以及从纽约市邀请的音乐家和舞蹈家组成。

"丝之歌"演出团设有团长1名，团长在戏曲孔子学院院长领导下，通过京剧艺术、传统文化等主题演出，扩大戏曲孔子学院在大宾汉顿区及全美国的影响力，进行中国语言及文化的宣传推广工作。

5. 学生班级、社区系统

学生班级和社区系统是戏曲孔子学院完成其教学和文化推广的两个旁设系统，主要通过对组成这两大系统的群体形成强大影响力而达成其组织运营目标。

学生班级主要以教学为主，以活动宣传为辅，通过特色课程系统教学影响选修课学员，并辅以主题讲座、演出活动的形式，将影响范围覆盖宾汉顿大学的全部在校学生。社区系统是指整个大宾汉顿地区，主要通过"丝之歌"演出团的演出活动和戏曲孔子学院组织的其他社区推广活动、主题讲座形成影响效果。

6. 上级主管单位

中国孔子学院总部（国家汉办）是戏曲孔子学院的上级主管单位，也是全球孔子学院的最高管理机构，主要负责管理和指导戏曲孔子学院，具体职责包括：制订孔子学院建设规划和设置、评估标准审批设置孔子学院、审批各地孔子学院的年度项目计划和预决算；指导、评估孔子学院办学活动，对孔子学院运行进行质量管理；为各地孔子学院提供教学资源支持与服务、选派中方院长和教学人员；培训孔子学院管理人员和教师组织召开孔子学院大会;根据需要提供各种教材、课件和图书,授权使用网络孔子学院课程;首批提供3000册中文图书、教材和音像资料及一定数额的资金支持。

7. 协作单位

戏曲孔子学院的创办形式为中外高校合作办学模式,"总部将授权并委托中国戏曲学院作为中方具体执行机构,与宾汉顿大学合作建设学院"[1],为其提供不同的资源支持。

中国戏曲孔子学院主要为其提供师资支持,每年派出两名京剧教授、一名民乐教授和两名汉语教师或志愿者,教师数量和专业领域根据戏曲孔子学院的需求而做调整。此外还需要为其提供与教学相关的教材、戏服、乐器及化妆材料,并根据活动提供其他必要的人员及物资支持。

宾汉顿大学的主要职责包括:为学院提供固定的办公场地和适合的教学及其他活动场所,配备必要的办公、教学设备,并负责其安装、管理和维护;为学院配备必要的行政人员(专职或兼职),并提供相关费用;协助中方派遣人员办理入境及居留手续,为中方派遣人员提供必要的工作条件和生活便利;在当地中国银行或总部认可的其他银行为学院开设专门账户,每年提供不低于总部提供数额的项目经费支持。

(二) 戏曲孔子学院运行机制

运行机制是指组织生存和发展的内在机能及其运行方式,是组织运营过程中的主体机制。运行机制可以引导和制约组织生产运营决策并与人、财、物相关的各项活动的基本准则及相应制度,是决定组织行为的内外因素及相互关系的总称。组织运营活动是个连续不断的过程,运行机制是研究在运行过程中各生产要素之间相互联系和作用及其制约的关系,是组织发展运行的自我调节方式。运行机制可以使组织协调、有序、高效运行,增强内在活力和对外应变能力。组织运行机制是组织的经营系统、技术创新系统、财务系统等运行过程中各环节内部以及各环节之间本质的内在的相互关联、相互制约的工作方式的总和。

根据上述理论分析及戏曲孔子学院管理机构图,笔者将戏曲孔子学院管理运行机制用图2模型做一直观表述:

由于组织实体所处的环境条件及中方院长的兼职身份,戏曲孔子学院运行管理实施理事会监督下的美方院长负责制。美方院长在其助理的协助下全权负责戏曲孔子学院从

---

1 《戏曲孔子学院成立执行协议》。

教学、演出到社区活动中的人、财、物等方面计划、实施及决策执行。运行管理主要包括教学管理、演出管理、社区推广管理和行政事务管理四个核心部分。

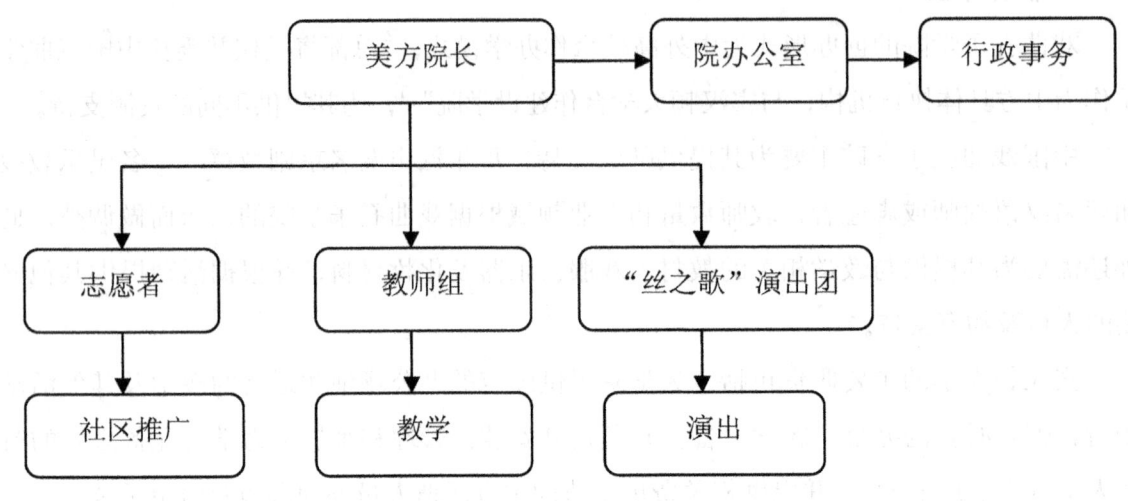

图2 戏曲孔子学院运行机制

（三）戏曲孔子学院动力机制

动力机制是使组织和内部成员都有应获利益和应负责任，激励组织成员把组织目标的实现和自身特长的发挥融合在一起形成组织发展的巨大推动力。组织运行的动力，归根到底来自组织内部不同行为主体对自身经济利益的追求。组织的动力机制，就是通过激发组织内部的利益动机而形成组织运行所必需的动力，其实质就是通过一定的经济利益机制，充分调动与发挥组织成员的积极性、主动性和创造性。

根据现代管理理论，在企业内部一般都存在着三类基本的利益主体，即所有者、经营者和劳动者。它们都有着各自的利益要求和利益实现途径。其中，所有者是企业财产利益的代表者，其经济利益的实现和增进表现为企业资产的增值和资产收益的增加；经营者是以自己的专业知识、管理能力和信誉服务于企业，其利益除了货币收入外，还包含非货币收入，如因企业规模扩大和利润率提高所带来的地位、声誉的提高；劳动者的利益则主要体现在货币收入及其他福利待遇上。

在戏曲孔子学院这一组织中也同样存在这三类不同的利益主体。其中国家汉办、中国戏曲学院相当于所有者角色，其主要的利益要求在于汉语及中国传统文化在美国的传播。而宾汉顿大学及外方院长属于经营者角色，通过其实际教学平台及自身的社会影响力资源服务于戏曲孔子学院，他们的主要利益点在于国家汉办所提供的货币投入及中国戏曲学院提供的师资资源，还包括通过这一组织机构运营活动为其带来的声誉、地位等收益。而戏曲孔子学院的所有教师、演员及志愿者是其劳动者群体，主要利益体现在货币收入及其他福利待遇方面。他们之间虽然存在着利益的差别性和矛盾性，但也有一致性，即三者利益的实现和增进，最终都要受制于戏曲孔子学院的发展效果。

"激励理论研究成果表明，在一个由众多专业技术人员组成的社会群体中，存在着两个必须承认的前提，即所得信息的不完备和活动目标的不一致。"[1] 而戏曲孔子学院动力机制的实质，就是要通过一定的利益激励机制充分调动三个不同主体的积极性、主动性和创造性，实现其传播汉语及中国传统文化的组织目标。

组织的动力机制要围绕解决其发展有无动力以及动力大小而选择的一套互相联系的调节方式。从戏曲孔子学院目前情况看，演出团是其核心的动力机构，主要依靠演出团这一特殊传播机构带来的影响力带动组织在其他各方面的活动，进而达成其发展目标。笔者将戏曲孔子学院管理动力机制表述如图3所示：

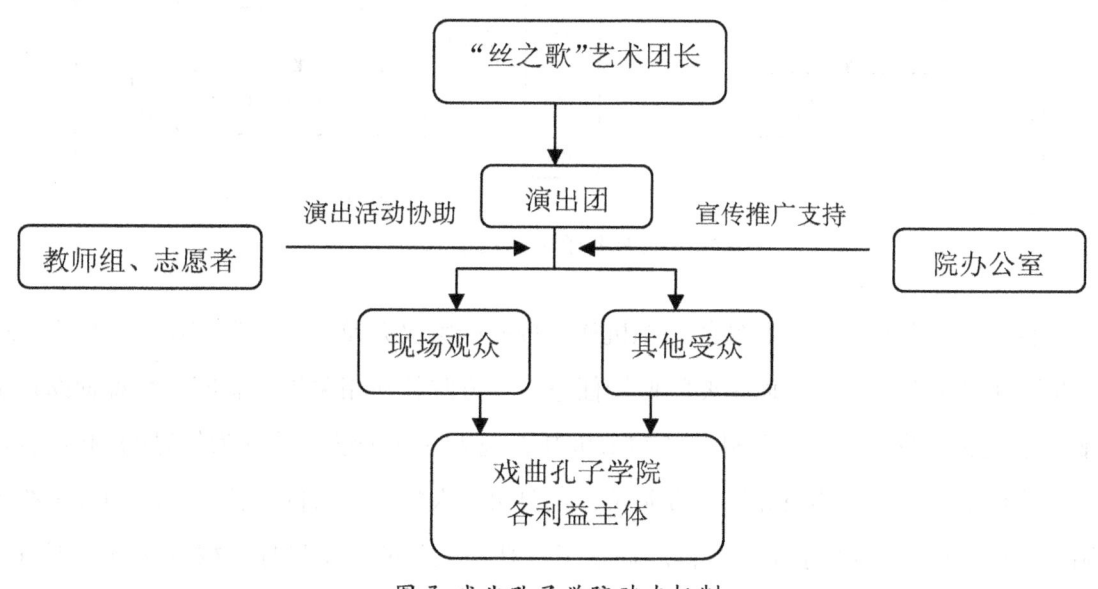

图3 戏曲孔子学院动力机制

戏曲孔子学院以"丝之歌"演出团为其动力机制主体，在院办公室和教师组、志愿者等人员的协助下进行宣传推广和活动配合，通过最终的现场演出活动对观众及其他受众的影响，在扩大戏曲孔子学院组织影响力的基础上，调节各方利益主体对于戏曲孔子学院组织运行发展的实际投入，形成其连续性的发展动力来源。

---

[1] 周兴国：《高等教学管理机制研究》，安徽人民出版社2008年版，第152页。

(四) 戏曲孔子学院约束机制

约束机制是指"为规范组织成员行为，便于组织有序运转，充分发挥其作用而经法定程序制定和颁布执行的具有规范性要求、标准的规章制度和手段的总称"。[1] 约束包括国家的法律法规，行业标准，组织内部的规章制度，以及各种形式的监督等。通过约束机制的建立和实施，形成一系列具有控制职能的方法、措施、程序，并予以规范化和系统化，使之成为一个严密的、较为完整的体系。内部约束按其目的的不同，可以分为财务约束和管理约束。财务约束是保护财产物资的安全性；管理约束是指与保证经营方针、决策的贯彻执行，促进经营活动的经济性、效率性、效果性以及经营目标的实现有关的控制。要加强一个组织内部的管理和监督，除了要按照相关法律法规完善组织的财务制度外，更重要的是要根据组织自身的特点建立内部的管理约束机制。

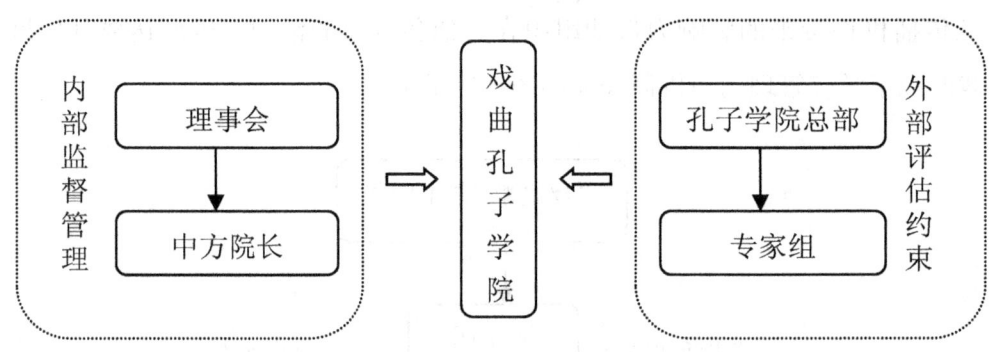

图 4 戏曲孔子学院约束机制

戏曲孔子学院作为一个特殊的组织机构，按照国家汉办及《孔子学院章程》规定，理事会是其主要的监管部门，而主要的监管任务由中方院长在相关规章制度等客观辅助系统的配合下实施。戏曲孔子学院目前的约束机制表现为以孔子学院总部为领导的调研人员、专家组形成的外部评估约束和以中方院长为主要负责人的理事会内部监督管理的双重约束机制。如图4所示，《孔子学院章程》规定了各孔子学院的办学目标、权利义务、理事会职责、资金管理、教师选聘等方面的制度，形成了一个较为完善的戏曲孔子学院组织外部环境约束机制，主要通过总结汇报资料反映、座谈会、当地使领馆调研、孔子学院总部派人调研、专家组等评估方式对戏曲孔子学院的发展方向进行约束。而戏曲孔子学院中方院长则在严格执行《章程》规定的同时，通过自身特殊性形成了基本的约束模式，主要通过定期召开理事会、年度预算决算制度等方式监督管理组织的日常发展情况。

---

[1] 商务印书馆编辑部编：《辞源》，商务印书馆2011年版，第855页。

戏曲孔子学院主要在以上述三个职能部门为核心的子机制协同领导下，在其相互促进相互影响中达到组织发展的动态平衡。系统理论的观点认为，系统具有整体突现性，即"若干事物按照某种方式相互关联形成一个系统，就会产生出的它的组分和组分的总和所没有的新性质，这叫系统质或整体质。"[1]这种性质只能在系统整体中表现出来，一旦把系统分解成它的组成部分，便不复存在。运行机制、动力机制及约束机制虽各成系统，但同属于戏曲孔子学院管理机制这一复杂系统。因此本文通过对戏曲孔子学院管理机制运行现状进行系统研究，分析其管理特色性问题及其对三个子机制的影响，进而提出改进建议。

四、戏曲孔子学院管理机制运行现状研究

为了全面系统了解戏曲孔子学院管理现状，笔者在分析戏曲孔子学院的组织机构设置、部门职责及相关资料研究基础上，对戏曲孔子学院的工作人员进行了访谈调查。

此次访谈对象主要包括三类人员：院长及助理、戏曲专业教师及演员、语言教师及志愿者。笔者根据三类采访对象在戏曲孔子学院的不同职能分工设计了有针对性的采访提纲，采访内容涵盖了戏曲孔子学院从机构设置、责任分工、组织目标、日常教学、演出活动、人员培训、评估方式等方面的内容。

通过对其管理机制实际运行情况的调研分析，笔者发现，戏曲孔子学院在管理方面具有自身的特殊性，主要表现在利益诉求多重性、师资力量不稳定性、学生及活动参与者动机多样性、组织文化背景多元性、评估激励复杂性、财务约束缺失六个方面。在采访中，访谈对象对于目前戏曲孔子学院的发展目标有各自不同的理解，而由于自身的任期时限对于实际的教学工作带来了影响，同时由于戏曲孔子学院所开设课程为面向宾汉顿大学全院公开选修课性质，学生及活动参与者动机多样性也是其工作中必须要面对的一个关键情况。通过对一线教师及工作人员的采访，笔者发现，这些特殊性正逐渐成为制约戏曲孔子学院长效发展的瓶颈。例如，由于戏曲孔子学院的主要师资力量来源于国戏，但在任职期间的实际困难应对及任期结束后评估激励的缺失，可能会影响到教师赴宾汉顿任教的积极性，这对其戏曲类特色课程的开展及戏曲演出活动的进行都带来了威胁。同时由于目前的财务主要由美方院长负责，在实际的演出活动中出现了戏曲类演出经费投入有限的情况，也影响了其"戏曲"这一特色媒介的传播效果。

---

1 [美]弗莱蒙德·E·卡斯特、詹姆斯·E·罗森茨韦克：《组织与管理，系统方法与权变方法》，中国社会科学出版社1985年版，第19页。

由于这些特殊性的产生有着多方面的复杂原因，本文仅通过对采访结果的综述具体分析戏曲孔子学院的管理特殊性在其实际工作中的影响，进而从研究这些特殊性与运行机制、动力机制、约束机制的关联性入手，分析其对戏曲孔子学院管理机制发挥其作用的影响与制约。

（一）戏曲孔子学院运行现状调研结果分析

以上文所述戏曲孔子学院组织机构设置及职能分工为基础，并结合各机构在运行机制、动力机制和约束机制中的不同作用，笔者按照院长及其助理、戏曲专业教师及演员、语言教师及志愿者的采访对象分类设计了不同的采访提纲。

对院长及其助理的采访提纲共设计了20个问题，每个问题由几个关联性较强的小问题构成，主要涉及如下几个方面：（1）戏曲孔子学院的办学目标；（2）戏曲孔子学院的办学特色；（3）中外双方院长的责任分工；（4）戏曲孔子学院与中国戏曲学院、宾汉顿大学的关系；（5）孔院总部的评估方式及戏曲孔子学院自身的评估；（6）戏曲孔子学院的人员培训方式；（7）演出宣传及社区推广活动；（8）戏曲孔子学院发展现状。该组采访计划目前只采访到了中方院长及其助理2人，正在设法联系外方院长及助理。

在实际采访中发现戏曲专业教师及演员与语言教师及志愿者两类工作人员在实际职务的承担上有很强的重复性，因此将后面两个采访提纲进行了融合，主要问题包括以下几个方面：（1）对戏曲孔子学院办学宗旨的认识；（2）赴任前对自己所在岗位工作职责的认识；（3）参加汉办及戏曲孔子学院组织的岗前培训及实际意义；（4）赴任后的实际工作情况及困难；（5）教学情况（包括课程设置、学生情况及教学评估）；（6）演出活动（演出组织、观众情况及演出效果）；（7）国外生活情况及日常交际；（8）对这次工作经历的感触及实际收获。在这一采访提纲中也设置了20个问题，并分设几个相关性小问题。本提纲的采访对象包括9位戏曲专业教师及演员、3位汉语教师及志愿者，其中2位汉语志愿者目前仍在美国宾汉顿大学戏曲孔子学院工作，遂采用了邮件采访方式，还未接到邮件回复，目前采访到了9位戏曲专业教师及演员、1位汉语教师，实际采访人数为10人。

综上，本阶段采访的实际人数总计为12人次，以下对戏曲孔子学院运行机制、动力机制和约束机制三个子机制进行分别概述。

1. 运行机制分析

由于运行机制主要包括了从日常行政管理到教学、演出、社区推广等组织实际运行中多方面的具体情况，此部分涵盖范围较为广泛，在实际采访中涉及这一方面的问题也较多，以下这些方面的问题都与其实际运行有直接或间接的关联。

(1) 戏曲孔子学院的人员培训方式及实际效果

孔子学院总部对于每年度公派出国的语言教师及志愿者都提供专门的培训班，主要培训内容涵盖了出国礼仪、语言技能、对外汉语教学技能、跨文化交际能力等方面。戏曲孔子学院派出的汉语教师及志愿者参加了这一培训，但戏曲专业教师由于在认识及专业等方面的误区，并没有参加培训班。严格说来，从跨文化交际能力方面考虑，孔子学院总部的培训能够为其出国后的工作生活提供一些必要的帮助，但由于戏曲教师所授课程的专业性，老师们在这一培训中并不能得到有效的帮助。戏曲孔子学院在分析第一年度教学及实际工作的情况后，在2011年夏季及冬季分别举办了有针对性的跨文化交流研修班，从语言技能、戏曲专业术语、跨文化交际能力、生活常识等方面对准备出国任教的老师们进行了培训。根据参加培训老师们的反馈，这类培训与汉办培训相比更具有现实指导意义，从课堂教学语言到出国后的跨文化问题等主题的教学，让老师们充分了解了戏曲孔子学院的实际教学、演出情况，对于其出国后快速适应工作很有帮助。

(2) 赴任前对自己所在岗位工作职责的认识及赴任后的实际情况

与每一个求职者对于自己所要接受的工作有一个认识类似，外派教师及演员也应该明确自己的工作职责。而实际采访结果并不乐观，老师们对这一问题的回答基本都是"公派出国教学、演出"，而对于出国的主要教学及演出任务都没有详细的了解，很多老师谈到自己在出国前不了解自己所要教授的科目名称、学生情况以及具体的教学计划，对于演出安排，只是了解要求各自准备一段15分钟左右的单人折子和一段双人戏，而对于与演出相关的其他具体信息都没有了解。同时他们的赴任也都是服从单位领导的工作安排，从出国动机分析，参与戏曲孔子学院的工作并不属于完全自愿行为。

赴任后国戏教师有双重身份，其中专业教师得负责戏曲类专业课程教授及传统戏曲演出活动，而汉语教师主要教授对外汉语课程及专业戏曲课堂，有时还需要在社区活动中做语言翻译助理工作。教师们在实际工作中有很大的压力，一方面要面对新的同事、领导及学生班级，需要快速适应新的工作环境；另一方面，离开了国土、离开了家人，在一个陌生的文化环境中，其业余生活及交际的贫乏也迫使他们需要积极调整心态。实际分析，主要的困难还是来自于文化背景的差异性，老师们也表示通过戏曲孔子学院外方的帮助及一段时间的适应，能够较快调整心态，以较高水平完成自己的本职工作。同时，在一个全新的文化环境中，看到自己热爱的戏曲艺术被陌生的人群接受、喜爱，对其工作也是一个很大的肯定。

（3）教学情况（包括课程设置、学生情况及教学评估）

在谈到教学和演出时，老师们的感触都很多。在教学方面，老师一方面客观地承认自己所教授的课程并非是自己的专长，有好多都是在接到任务后临时恶补的，希望以后赴任时能开设自己擅长的课程，更好地做好传承传播工作。同时老师们也分析了戏曲孔子学院目前的教学现状。以公共选修课开设的戏曲课程为例，学生专业背景多样，基本属于零起点，与在国内的教学有很大的差异性，对他们也是一个新的挑战。老师们需要充分挖掘课程中简单有趣的内容，提高学生的学习乐趣，以此来提高教学效果。

此外由于学生主要是为了获得额外的学分而进行学习，对于考试成绩十分看重，故老师们在教学评估时主要通过课堂出勤做出评价，终期考试题目设置也十分浅显。此外，由于音乐和戏剧表演作为两类不同的课程分别归到了音乐系和戏剧系，课程之间并没有实际的关联性，而国戏派出的教师多是以京剧配乐为专业特长的，因此打破了其关联性，对实际教学效果有直接影响。

虽然教学现状与其当时的预期有很大的差距，但是很多老师都获得了一个新的教学视角，认为在教学中除了严格、规范，更应该注重学生兴趣点的培养，如此教学会更有效果。同时意识到传承固然重要，但是传播推广也不能忽视。

（4）演出活动（演出组织、观众情况及演出效果）

演出活动是中国戏曲学院外派教师的另一项重要工作安排。他们参与"丝之歌"演出团的传统艺术演出活动，在宾汉顿大学及社区进行演出，同时还应邀到美国当地的其他孔子学院进行巡演。"表演艺术在很多地方是小众的活动，因此对演艺市场进行划分，认定哪些群体对艺术有兴趣很重要，这样可以有针对性地展开营销。"[1] 在演出活动中，戏曲类节目虽然数量有限，但是在每场演出中都占据了很重的位置，通常演出的开场节目和压轴节目都是戏曲表演。每次演出的现场观众都很多，而且在演出结束后，观众会追到后台要求合影及签名留念。同时表示很喜欢戏曲演出，这样的艺术形式很有特点，他们希望能够经常观看此类演出，收到了很好的传播推广效果。除"丝之歌"演出团的巡演外，老师们还参加了戏曲孔子学院举办的其他社区推广活动，主要有各类特色展览、剪纸及脸谱活动体验等，在当地反响很好。

（5）国外生活情况及日常交际

除教学及演出工作之外，老师们的生活情况也是本次采访的一个主要方面。通过调

---

[1] 郑新文：《艺术管理概论》，上海音乐出版社 2009 年版，第 126 页。

查发现，戏曲孔子学院为国戏的教师租了一个独栋的二层小楼，老师们各自拥有一个房间，同时共用厨房、卫生间及客厅。这样的安排也是有利有弊，一方面，大家共同居住为有语言交流障碍的老师提供了便利，无论是购物或是日常娱乐休闲，语言教师及志愿者都能够提供帮助；另一方面，这样的群居生活也使得老师们难以融入当地居民中，长期居住会有被边缘化的问题发生。老师们除了同事、学生，很难认识其他的当地朋友，业余生活较为贫乏。跨文化交流过程中的"心理障碍主要包括焦虑、同质文化圈的理解限制、民族中心主义、刻板影响、偏见"[1]。而克服这些障碍的有效手段在于积极培养自己的跨文化交流能力。同时我们派去的老师是文化使者的身份，如果能够融入当地生活对其文化及艺术推广也有很好的辅助效果。

2．动力机制分析

（1）戏曲孔子学院的办学目标

戏曲孔子学院的办学目标主要在于语言教学和中国传统文化推广，而戏曲艺术尤其京剧艺术作为中国优秀传统文化的代表是达到其办学目标的主要手段。但在实际发展中可以发现，宾汉顿大学、中国戏曲学院及国家汉办作为戏曲孔子学院的三个核心相关单位，对其办学目标都有各自的预期。中国戏曲学院与国家汉办的办学意图基本相同，都是希望通过教学及演出活动进行中国语言及传统文化的推广工作。而宾汉顿大学出于目前的经济形势，主要希望通过戏曲孔子学院的名义获得一定的资金支持，也会进行基本的汉语教学及文化宣传，但其推广力度明显不够。

采访对象对这一问题的回答主要有以下几个方面：传播中国传统戏曲艺术；传播中国传统文化，戏曲作为中国优秀传统文化的代表是一个核心的传播载体；向外国人推广汉语及中国文化，让他们认识中国。从对这一问题的不同理解可以了解其对于戏曲孔子学院的认识，同时也可以衡量戏曲孔子学院在组织目标管理方面的效果，一个有效率的组织及其成员应该有着统一而明确的工作目标，从而达到良好的工作效果。老师们能够普遍认识到戏曲孔子学院进行中国传统艺术文化传播及弘扬的目的，但对于其汉语推广的认识却并不明确，虽然对国家汉办和孔子学院总部有一定的了解，但对该单位与戏曲孔子学院的关系，以及中国戏曲学院、美国宾汉顿大学与戏曲孔子学院关系的认识并不那么清晰。这对于高效完成其教学工作及演出任务也会产生一定的影响。

---

[1] 陈雪飞：《跨文化交流论》，时事出版社2010年版，第121页。

(2) 戏曲孔子学院的办学特色

戏曲孔子学院的主要办学特色就在于其"戏曲"二字，在中方合作高校中国戏曲学院的教学专家支持下，戏曲孔子学院有其他孔子学院所不可比拟的稀缺人才资源。每年国戏都派出三位戏曲专家赴宾汉顿戏曲孔子学院任教。为了突出这一办学特色，戏曲孔子学院设有"丝之歌"演出团这一活动宣传推广机构。通过组织相关的高水平艺术演出活动，扩大戏曲孔子学院在宾汉顿及全美的影响力，从而达到其语言及文化推广的目标。

(3) 演出宣传及社区推广活动

戏曲孔子学院运用其"丝之歌"演出团的专业团队优势，每年都举办大量的中华传统艺术演出活动，包括在宾汉顿大学及当地社区的推广演出及在美国其他孔子学院的巡回演出两种方式，起到了很好的宣传效果，在当地社区及其他孔子学院引起了强烈的反响。同时戏曲孔子学院还积极参与学院及社区推广活动，通过传统器乐介绍、剪纸艺术、书法、脸谱等活动方式，向前来参加活动的当地群众介绍中国传统艺术及文化。在举办这些活动时都会提前进行海报及网络宣传，同时活动结束后会在孔子学院总部网站及合作院校网站上传新闻及图片报道。

(4) 在戏曲孔子学院工作的实际收获

通过这一问题可以了解到戏曲孔子学院工作对他们的意义，对于戏曲孔子学院管理工作的进一步完善有很好的指导意义。根据整理发现，年轻老师和年龄稍长的老师对这一问题的回答差异性较大。年轻老师会认为这是一个很好的工作机会，可以为他日后的事业发展提供了一个新的方向；同时美国的生活经历除了让其熟悉了英语语言技能外，还感受到了不同文化环境的氛围，对日后与国际友人的工作生活沟通很有借鉴意义。而年长教师则会因为语言障碍较难融入当地文化，同时有些老师处于职级晋升的特殊阶段，国外的教学经历并不能有任何加分，还会因为教学科目及方向的差异性影响其正常的教学工作，为其顺利晋升带来一定的隐患。

3. 约束机制分析

(1) 中外双方院长的责任分工

孔子学院总部并未明确规定中外双方院长的责任分工，应该说这样的方式对于孔子学院的发展来说有利有弊。一方面，各孔子学院双方可以依据自身的实际情况，合理进行工作分工安排，如此可以更好地发挥院长自身的多方面优势。例如美方院长有广泛的人脉，可以进行市场开拓和推广；中方院长熟知中国文化，可以主要负责教学计划及活动的安排组织工作。如此，可以将有限的人力资源发挥其最大的效率。另一方面，在实际的工作中，没有明确的规章制定确定中外双方院长的职责分工，对于组织工作的全面协调进行也形成了一定的隐患。如会因为重复管理引起中外双方关系冲突，或出现责任空白，形成了管理漏洞，影响组织目标的实现。

(2) 戏曲孔子学院与中国戏曲学院、宾汉顿大学的关系

按照《孔院执行协议》规定，中国戏曲学院和美国宾汉顿大学是戏曲孔子学院的中外双方合作院校，因其办学身份的特殊性，戏曲孔子学院更类似于双方合作院校的一个下属机构或研究所。双方院校为其提供不同的资源支持，中国戏曲学院主要负责提供师资及特殊教学辅助工具性资源，此外还为"丝之歌"演出团提供优秀戏曲演出人员支持。美国宾汉顿大学则主要提供教学场所及学生资源，同时也提供一定数量的教师支持。这样的组织关系也为戏曲孔子学院的发展带来一定的限制。从某种意义上讲，它没有自身的独立师资和教学资源，会对其发展目标和教学活动的安排及组织形成制约，对其长远目标的实现形成了不利影响。

(3) 孔子学院总部的评估方式及戏曲孔子学院自身的评估方式

孔子学院总部每年度都会对戏曲孔子学院的发展进行评估，目前主要实施的评估方式包括：年度总结汇报资料、专家组座谈会、当地使领馆调研、孔子学院总部派人调研等。戏曲孔子学院每年年底都会提交本年度工作总结简报及下一年度的活动及财务计划预算。孔子学院总部的主要评估指标包括：师资、办学设施、课程及教材开发、学生数量、活动次数及参与人数等方面进行评估。这样多角度多层次的立体评估模式符合不同地区不同文化孔子学院的发展情况，通过设立条件的统一性和评估方式的多样性，保证评估结果的客观性和科学性。戏曲孔子学院目前的自身评估主要包括教学评估、活动参与人数统计、年度优秀孔子学院信息卡、年度工作计划、总结及财务预算、决算等方式，基本能够保证对其组织管理及运行效果的客观检测及评价。

(4) 对戏曲孔子学院发展现状的评价

从目前的发展来看，戏曲孔子学院基本能够按照预期完成其语言教学和文化推广的任务，每年度通过戏曲类选修课程和主题讲座课，完成教学目标；同时戏曲孔子学院的"丝之歌"演出团每年都进行大量的中国传统演出。在当地及其他孔子学院形成了很好的宣传效果。但由于目前的宏观财务管理漏洞，外方院长掌握财务主权，因办学动机的差异性，这一阶段戏曲艺术类演出所占比重严重不足，"丝之歌"成为一个以传统音乐为特色的演出团体，并未成为名副其实的戏曲特色演出团。同时由于戏曲孔子学院的教学主要采取与宾汉顿大学其他院系合作开设选修课的方式，对于戏曲的专业性教学方面也存

在一定的局限性。

此外，在采访中发现，老师们认为自身的演出及教学工作不仅代表戏曲孔子学院，更代表了中国戏曲学院的国际形象，应该派出高水平的演出团体，同时应该在"丝之歌"演出团的活动中体现其与中国戏曲学院的关系。此外，老师们都认为孔子学院长远发展应该建设懂戏曲、爱戏曲的专职中方院长及演员、教师队伍，通过完善的人员管理及激励体系，保障戏曲孔子学院教学及演出推广的长效发展。

（二）戏曲孔子学院特殊性分析

1. 利益诉求多重性

组织目标提供了"所有管理决策和行动的方向，以及对实施结果的度量标准"。[1] 在每份采访提纲中，笔者都设有关于戏曲孔子学院发展目标、发展宗旨的问题，在调查中发现，采访对象对这一问题的回答有比较大的分歧。专业教师及演员组的回答主要有以下几个方面：传播中国传统戏曲艺术；传播中国传统文化，戏曲作为中国优秀传统文化的代表是一个核心的传播载体。汉语教师及志愿者的回答为向外国人推广汉语及中国文化，让他们认识中国。而院长及助理在回答这一问题时，分析较为深入，客观地分析了戏曲孔子学院在语言教学和中国传统文化推广方面的双重使命，解释了戏曲艺术尤其京剧艺术作为中国优秀传统文化的代表为达到其办学目标的主要手段作用，也提到了在实际的发展中，宾汉顿大学、中国戏曲学院及国家汉办作为戏曲孔子学院的三个核心相关单位，对其办学目标不同预期。

从对这一问题的不同理解可以了解其对于戏曲孔子学院的认识，同时也可以衡量戏曲孔子学院在组织目标管理方面的效果，一个有效率的组织及其成员应该有着统一而明确的工作目标，从而达到良好的工作效果。专业教师演员能够普遍认识到戏曲孔子学院进行中国传统艺术文化传播及弘扬的目的，但对于其汉语推广的认识却并不明确，虽然对国家汉办和孔子学院总部有一定的了解，但对该单位与戏曲孔子学院的关系，以及中国戏曲学院、美国宾汉顿大学与戏曲孔子学院关系的认识并不那么清晰。这对于高效完成其教学工作及演出任务也会产生一定的影响。而汉语教师及志愿者由于系统接受了汉办组织的出国培训，对于孔子学院的发展宗旨有系统深入的理解，也能够了解戏曲尤其是京剧艺术在汉语教学及文化推广中的作用，但回答时也暴露出了一些模糊不清的认识。

---

[1] [美]斯蒂芬·P·罗宾斯、玛丽·库尔特：《管理学》（第9版），中国人民大学出版社2008年版，第185页。

分析发现，采访对象对这一问题的理解主要是受到了戏曲孔子学院利益诉求多重性的影响。戏曲孔子学院并非一个独立的办学机构，其发展宗旨受国家汉办、美国宾汉顿大学、中国戏曲学院三方面力量限制。从实际情况分析，这三个组织是分别用不同的方式影响其目标的实施。国家汉办是戏曲孔子学院的资金来源，决定着其经济命脉。美国宾汉顿大学为其提供办学场所及生源，没有学生的办学机构，也就失去了其实际价值。而中国戏曲学院为其提供师资保障，戏曲艺术因其稀缺性及独特性而受到学生们的喜欢，但是教师却基本属于垄断性资源，必须由中国戏曲学院提供。然而，这三方在办学宗旨基本一致的前提下还各有不同的利益需求。国家汉办以汉语教学和中国文化宣扬为目标。中国戏曲学院侧重对于中国戏曲艺术的传播，希望通过教学、演出、活动等方式全方位地推广这一艺术形式。美国宾大则希望借助来自中方的资金和师资支持进行学术研究和艺术探索，但因"中国威胁论"等疑虑的存在，对于过多的文化活动和推广并不十分配合。

综上，专业教师、演员和语言教师志愿者在工作中都表现出了一些模糊及不确定，这对戏曲孔子学院的发展带来了影响。

2. 师资力量不稳定性

教学和演出是戏曲孔子学院的两大核心职能，而其中教师是其教学职能的核心资源保障，因此对戏曲孔子学院师资力量进行了解，有助于对其教学活动进行客观判断。戏曲孔子学院的核心师资力量主要由两部分人员组成：中国戏曲学院派出的戏曲专业教师、汉语教师、志愿者和美国宾汉顿大学的戏剧、音乐和中国研究教师。而戏曲类课程作为戏曲孔子学院特色课程体系的核心组成部分，主要依赖于中国戏曲学院派出的京剧表演和民族音乐专家在汉语教师及志愿者的配合。根据调查发现，戏曲孔子学院的核心师资力量具有不稳定性特点，主要表现在核心教师资源流动性和专业能力差异性两个方面。

因戏曲教师资源的稀缺性，目前戏曲孔子学院的教师基本都是以半年为一个任期，每个任期有两名戏曲表演教师，一名音乐教师。在访谈中，老师们较为普遍的一个情况是在短短的三个月任期中，需要耗费很大一部分时间对学生情况及美国实际教学标准进行了解适应，这成为高质量完成教学任务的不利因素，制约了其实际教学水平的发挥。

此外，在已经结束的三个学期中，已基本形成了固定的课程模式。而通过相关数据分析发现，每期派出的老师无论在年龄、职称及主攻行当方面都有很大的差异性。从职称及主攻行当来看，教师的选择并非按照所开设课程的实际情况进行挑选，出现了教师临时恶补所开课程再进行教学的现象，对于实际教学效果也有一定的影响。而年龄层次从30～70岁各有不同，虽然不同年龄的老师都能够圆满完成教学任务，但是在访谈中发现，不同年龄段的老师对这一工作经历的理解及认识各不相同，同时其在对于应对跨文化环境中的交际问题及心理调节等也有很大的差异性。年轻的教师能够较快地接受新环境，而年长的教师会更富有教学经验，但较难调节实际工作中由文化差异性带来的困难。

以上两个方面共同造成了戏曲孔子学院核心师资力量的不稳定性，对其实际教学效果及课程体系的完善产生了较为明显的影响。

3. 学生及活动参与者动机多样性

组织的服务对象是其在制订相关计划时的核心考虑因素，就戏曲孔子学院而言，它的两大核心职能教学和演出分别对应了两类不同的人群，也即其两大旁设机构：学生班级和社区系统。在实际活动进行中，这两大系统又有着非常复杂的关联性。而对这部分人员选修课程及参与活动心理动机的把握对戏曲孔子学院相关活动的组织及执行有着非常重要的借鉴意义。"人做出这样那样的行为都有一定的原因，它是引发并维持活动的倾向。"[1] 心理学家们一般用"动机"对这一行为进行描述。笔者在与专业教师及演员和汉语教师志愿者的访谈调查中，对相关课程的学生情况及演出活动中的观众情况进行了解。

根据上一学年的学生数据情况，多数学生是来自戏剧系和亚洲及亚裔研究系的学生，另外有少部分学生是来自其他各个专业的。学生知识背景各不相同，对于汉语及戏曲的了解程度也各有差异，同时其选修这门课程的动机也各不相同。"学习动机是激发并维持学生朝向某一目的的学习行为的动力倾向。"[2] 在调查中老师们反映，学生选修课程的动机主要有几个方面，华裔家庭学生对于传统文化的好奇心；戏剧系和亚洲及亚裔研究系学生对于中国语言及传统文化的研究兴趣；其他专业背景学生拿学分的利益驱使。此外，在与相关教师的交流中了解到，戏剧系专家对于了解京剧艺术与西方戏剧差异性及对此进行交流也有很强烈的渴望。

关于演出情况主要从演出场所、观众情况、演出效果等几个方面进行了了解。戏曲孔子学院的"丝之歌"演出团主要演出地点为宾汉顿大学、大宾汉顿区和美国其他孔子学院。观众也由因出场所的不同而各有差异，而观众的文化背景并没有什么规律性。但在一些台下交流中发现，华裔及亚洲区观众主要出于对东方艺术的民族归宿感，西方观众则是出于对这一特殊艺术形式的好奇心和兴趣。通过这一部分的调查可以看出，戏曲孔子学院的服务对象有着多样化的参与动机。

---

[1] 陈琦、刘儒德：《当代教育心理学》，北京师范大学出版社 2007 年版，第 211 页。
[2] 陈琦、刘儒德：《当代教育心理学》，北京师范大学出版社 2007 年版，第 211 页。

4. 组织文化环境多元性

组织文化是"组织成员共有的价值观、行为准则、传统习俗和做事的方式，它影响了组织成员的行为方式。在多数组织中，这些重要的共有价值观和惯例会随着时间演变，在很大程度上决定了员工对组织经历的认知及他们在组织中的行为方式"。[1]孔子学院创办宗旨及每所孔子学院实际办学方式使得这一组织处于多元背景的文化环境中，戏曲孔子学院也不例外。笔者通过相关调研发现，戏曲孔子学院组织文化环境多元性主要表现在如下几个方面。

首先是指教师所处工作环境的多元性。戏曲孔子学院的教学管理工作是根据不同的课程划归不同专业系部的。也就是说，中国戏曲学院派去的老师只有相关行政管理归属戏曲孔子学院，而日常教学管理是由各个不同系部具体负责。例如表演类老师开设课程归属于戏剧系管理，而民族音乐教师则归属于音乐系。这一特殊划分方式使得老师们必须真正了解美国高校管理模式，例如对于教学计划方案的差异性、教学评估标准的异同等。而实际上，中美高校的不同管理模式主要由多元文化差异引起。在调研中，老师们普遍反映，多元的文化背景对其多方面的心理素质都是一个巨大的挑战。

其次是学生及观众群体的文化多元性。这主要是由美国的多元文化环境所决定的。根据每学年度学生数据统计，一个30人的班级中，会有来自亚洲、非洲、欧美等各洲近十个国家文化背景的学生。虽然除少部分留学生外，大多都已入美国国籍，但因其父母的文化背景不同，这些学生身上呈现出了一定的文化差异性。与此类似，活动所面对的观众群体也有文化多元性特点。这一特殊情况对教师的跨文化交流及管理水平提出了很高的要求，需要教师能够及时应对随时可能出现的文化冲突等问题。

此外，组织文化环境的多元性还受到了中、美双方对于中国民族文化传播的不同态度的影响。根据《孔子学院章程》可知，孔子学院以推广中国语言和文化为其办学宗旨，在历届孔子学院大会中，汉办逐渐将其工作重心从汉语教学为主转向了以传播中国语言和文化上，加重了对于传播中国文化的重视。然而由于"中国威胁论"的影响，我们派出的志愿者及教师要以一种更为巧妙隐蔽的方式进行文化传播推广活动，注意对"度"的把握。这一特殊的工作环境也为其工作带来了困难。

5. 评估激励复杂性

按《孔子学院章程》要求，孔子学院总部每年度都会对戏曲孔子学院的发展进行评

---

[1] [美]斯蒂芬·P·罗宾斯、玛丽·库尔特：《管理学》（第9版），中国人民大学出版社2008年版，第57页。

估。目前主要实施的评估方式包括年度总结汇报资料、专家组座谈会、当地使领馆调研、孔子学院总部派人调研等。戏曲孔子学院每年底都会提交本年度工作总结简报及下一年度的活动及财务计划预算。孔子学院总部的主要评估指标包括师资、办学设施、课程及教材开发、学生数量、活动次数及参与人数等方面进行评估。这样多角度多层次的立体评估模式符合不同地区不同文化孔子学院的发展情况,通过设立条件的统一性和评估方式的多样性,保证评估结果的客观性和科学性。戏曲孔子学院目前的自身评估主要包括教学评估、活动参与人数统计、年度优秀孔子学院信息卡、年度工作计划、总结及财务预算、决算等方式,基本能够保证对其组织管理及运行效果的客观检测及评价。

然而,在实际调研中了解到,戏曲孔子学院在进行实际评估中有其复杂性特点,对进一步实施激励也带来了困难。首先学生专业水平差异性大,对教学成果评估带来了很大的挑战。此外因为教师是由中国戏曲学院派出的,对教师教学成果的评估该归属于那个部门也容易出现混乱,汉办虽然每年会有优秀教师奖等评选机制,但因教师人数众多,各孔子学院情况不同,产生了一定的公平性问题。宾汉顿大学对于每期任教的老师都会出具教学成果认可类的评估文件,但是目前中国戏曲学院并没有相关政策鼓励这些在美国戏曲教育及推广一线的老师。

而评估与激励有很强的关联性,评估是一种成果反馈,更是一种激励。"评估被看作所有组织战略管理的有机组成部分……评估的中心问题是'我们做得怎么样',通过一系列的评估指数可以衡量一个组织在其规划中设定的宗旨和目标的完成程度。"[1]缺失评估与激励的组织管理,其运行效果必然会受影响。由于派出人员多处于晋升或评级的关键时期,赴美的工作时间较长对其实际职称评定等产生了不利影响。因而对老师们的赴美积极性产生了一定的影响,采访中老师们普遍表示,出国任教是出于"服从上级分配"的考虑,并非积极自愿行为。

6. 财务约束缺失

孔子学院总部并未明确规定中外双方院长的责任分工,应该说这样的方式对于孔子学院的发展有利有弊。一方面,各孔子学院双方可以依据自身的实际情况,合理进行工作分工安排,如此可以更好地发挥院长自身的多方面优势。例如美方院长有广泛的人脉,可以进行市场开拓和推广;中方院长熟知中国文化及汉语,可以主要负责教学计划及活动的安排组织工作。如此,可以将有限的人力资源发挥其最大的效率。另一方面,在实

---

[1] 余丁:《艺术管理学概论》,高等教育出版社2008年版,第249页。

际工作中，没有明确的规章制定确定中外双方院长的职责分工，对于组织工作的全面协调进行也形成了一定的隐患。如会因为重复管理引起中外双方关系冲突，或出现责任空白，形成了管理漏洞，影响组织目标的实现。

戏曲孔子学院的日常运营经费有很大一部分源于国家汉办的支持，但由于其与美国宾汉顿大学的从属关系，戏曲孔子学院并没有独立的财务部门。国家汉办每年度拨付的经费都直接划到宾汉顿大学账户的，这对其财务管理形成了一个制约。戏曲孔子学院每一笔财务支出都要有美方院长的签字，包括中方院长都必须通过这样一个程序。如此，出现了美方院长独立享有戏曲孔子学院财务支出权力，都无须通过中方院长的许可。这样的财务约束缺失，使得戏曲孔子学院的资金管理存在很大的漏洞，不利于孔子学院总部的双院长相互协调监督约束机制的发挥。同时，一定意义上说，谁拥有了财权，谁就掌握了主动权，这样容易形成中方院长在戏曲孔子学院发展方向上话语权缺失的管理漏洞。

从目前的发展来看，戏曲孔子学院基本能够按照预期完成其语言教学和文化推广的任务，每年度通过戏曲类选修课程和主题讲座课，完成教学目标；同时戏曲孔子学院的"丝之歌"演出团每年都进行大量的中国传统演出，在当地及其他孔子学院形成了很好的宣传效果。但由于目前的宏观财务管理漏洞，外方院长掌握有财务主权，因办学动机的差异性，这一阶段戏曲艺术类演出所占比重严重不足，"丝之歌"成了一个以传统音乐为特色的演出团体，并未成为名副其实的戏曲特色演出团。同时由于戏曲孔子学院的教学主要采取与宾汉顿大学其他院系合作开设选修课的方式，对于戏曲的专业性教学方面也存在一定的局限性。

（三）戏曲孔子学院特殊性对管理机制的影响
1. 对运行机制的影响

根据上文所述，戏曲孔子学院主要是在外方院长主持下，带领院办公室、教师组、演出团和志愿者共同完成其组织运营目标的。其中院长办公室具体负责戏曲孔子学院运行中的相关行政事务工作，教师组、演出团和志愿者分别承担了教学、演出及社区推广等方面的实际职能工作。这四部分力量共同构成了戏曲孔子学院的管理运行机制，以下从戏曲孔子学院管理特殊性对这几方面的影响分析其与运行机制的实际关联性。

（1）对教学工作的影响

教学工作的核心在于师资及学生，戏曲孔子学院管理的六个特殊性中，对其教学工作影响最大的因素在于其师资力量的不稳定性和学生及活动参与者动机的多样性。

首先，由于师资力量的不稳定性，戏曲孔子学院实行与美国宾汉顿大学相关教学系部合作的课程开设模式，主要由各系部根据自身需求提出课程计划，戏曲孔子学院教师组提供相应师资力量，完成实际课程教学工作。这样的课程模式一方面解决了戏曲孔子学院的生源问题及师资强流动性问题，同时对其实际教学工作是一种制约。戏曲孔子学院难以形成具有连续性的特色课程体系，同时在实际人员派遣中容易出现所派老师专业特长与所教授课程并不匹配的现象，影响其实际教学水平的发挥。

其次，学生及活动参与者动机多样性也对教学工作有很大的影响。根据前文调研，由于戏曲孔子学院课程的全院公开选修课性质，所招学生有着多样性复杂的学习动机。这对教师的实际教学计划安排形成了挑战，教师需要适应不同学习动机及专业水平的学生需求。

(2) 对演出工作的影响

演出工作是戏曲孔子学院的办学特色，主要由"丝之歌"演出团团长带领下的中外双方艺术家完成。根据戏曲孔子学院年度工作简报及相关新闻报道分析发现，其演出组织方式主要包括戏曲孔子学院独立举办、戏曲孔子学院与当地其他组织合作举办及与其他孔子学院协助组织巡演等三种方式。演出为半公益性质演出，根据不同的观众身份划分收费标准。演出及活动推广主要在演出团长的协助下进行，演出人员主要由中方派去的戏曲演员及美国当地聘请的艺术家组成。

戏曲孔子学院的管理特殊性对其演出工作的影响主要来自于组织文化多元性及财务约束机制缺失两个方面。其中由于演出的核心目标在于中国传统文化的传播，由于组织文化多元性特点，在实际演出中演出剧目的选择等会直接影响观众对演出内容的理解，进而影响其实际的传播效果。

社区推广活动是所有孔子学院的一个重要业务。严格说来，演出是戏曲孔子学院的主要推广活动，但戏曲孔子学院在演出活动之余，也组织其他的常规社区推广，主要包括各类主题的文化展和社区中小学传统文化实践活动，如包饺子活动、灯笼制作课程、脸谱展示、书法展览及表演等。

由于派去的中方人员兼任了教师及演员的双重身份，因此社区推广活动主要依赖志愿者力量，而戏曲孔子学院志愿者数量有限，加上美国目前的经济形势，社区活动虽然一直在坚持开办，但实际参与人数及效果远没有演出活动的影响力突出。

而财务约束缺失对其演出工作的影响是与组织目标多重性共同产生的。由于戏曲孔子学院具有组织目标多重性特点，在外方团长为领导的"丝之歌"演出团目前的主题定位为中国传统音乐,由于其实际财务主动权在外方,在实际演出中戏曲类演出的经费投入有限,影响了该演出团作为"全美唯一优秀京剧演出团"的特色定位。

(3) 对日常行政事务工作的影响

由于戏曲孔子学院人员有限,目前三个核心部分分别交由不同的机构负责,而在实际工作中,教学、演出及社区推广三部分工作人员都有很强的交叉性,基本属于兼职性质。院长办公室的日常行政工作则较为烦琐,需要每学期为教师办理出国派遣、入境接待等方面的工作。同时,还需要在课程的安排、学生实际情况、演出活动宣传等方面上及时与相关部门协调沟通。

虽然在分析戏曲孔子学院管理特殊性中,为了更有条理,将其实际运行工作分为了四个部分分别进行阐述,但由于人员特殊性及其所担任职务的交叉性,其特殊性对运行机制的影响要远比上文所述更为复杂。例如,仅师资演员流动强这一特点就不仅仅单方面对四类不同工作有影响,同时会由于其对日常行政事务工作中沟通效果的影响而进一步影响到其后续的教学、演出等方面,同时又会反作用于其后期日常行政事务工作中的评估方面。这些都是管理系统的复杂性决定的,需要有客观认识。

2. 对动力机制的影响

根据上文的理论分析,戏曲孔子学院组织内部存在三类不同的利益主体:国家汉办、中国戏曲学院的所有者角色,宾汉顿大学及外方院长的经营者角色和戏曲孔子学院的所有教师、演员及志愿者的劳动者群体角色。而组织实际发展的动力来源主要由组织内动力及环境驱动力组成。戏曲孔子学院目前的主要发展动力其一在于戏曲孔子学院的组织特色在传播主体对于三方利益主体的吸引力,国家汉办和中国戏曲学院都非常认同戏曲这一特殊传统艺术在传统中国语言及文化中的核心影响效果;而其提供的办学财力及人力支持对宾汉顿大学及外方院长是一个极大的诱惑;相关工作人员能够通过这一工作得到其预期的物质收入及心理满足。其二,从目前中国在国际的影响力看,美国及国际环境对于中国语言及文化也有极大的需求,无论是对汉语的掌握还是对中国传统艺术的兴趣都为戏曲孔子学院的发展提供了良好的环境需求驱动。

而戏曲孔子学院在"丝之歌"演出团这一动力机构的带动下,通过协调不同机构在演出宣传活动中的作用,充分调动三个不同利益主体的积极性、主动性和创造性,实现其传播汉语及中国传统文化的组织目标。根据相关数据分析,戏曲孔子学院平均每次活动观众数量在500人左右,其实际传播效果影响人数远高于这一数据。而正是通过这些影响范围广泛的活动提高了中国传统文化艺术及宾汉顿大学戏曲孔子学院在当地的影响力。除了每学期对宾汉顿大学生开设的固定选修课程，其他各类活动的组织频率因其需求量而有显著增加。

戏曲孔子学院的管理特殊性对其动力机制的影响主要来自于组织发展目标多重性及组织文化环境多元性两个方面。

3. 对约束机制的影响

戏曲孔子学院作为一个特殊的组织机构，按照国家汉办及《孔子学院章程》规定，理事会是其主要的监管部门，而主要的监管约束任务由中方院长在相关规章制度等客观辅助系统的配合下实施。戏曲孔子学院也根据自身特殊性形成了以理事会为核心监管部门的中方院长约束机制，主要通过定期召开理事会、年度预算决算制度等方式评估组织的日常发展情况。

戏曲孔子学院管理评估激励的复杂性，制约了目前以评估方式为主体约束效力的发挥。孔子学院总部目前的评估指标具有兼顾世界各地不同经济、社会、文化环境中孔子学院的普遍性特点，这一标准在对戏曲孔子学院进行具体评估约束时起到了一定的作用，但对于全面评价戏曲孔子学院的办学效果及漏洞方面有其局限性。例如，戏曲孔子学院是一所以传统艺术演出教学为特殊推广方式的孔子学院，其演出经费及各类教具支出较多，而中方教师除担负教学任务外还需要承担演出任务，这些都使得其运营经费与普通孔子学院有很大的不同，而同时其实际推广效果又不单单通过活动参与人数、汉语教师培训人数等指标所能衡量。

此外，财务约束缺失是约束机制的一个核心问题，在上一部分中已经提及，由于特殊的财务管理环境，目前的财务权由外方院长单独掌握，这导致中方院长的核心约束力处于尴尬局面。而根据对相关制度文件的研究发现，在孔子学院与宾汉顿大学签署的合作协议中明确规定了"学院单独编制年度预算和决算，日常经营管理由外方机构负责"[1]，虽设有中方合作院校及中方院长一职，但并未在协议中明确规定其在具体日程及财务管理中的权利义务，这也从实质上制约了中方院长职责的施行。

组织目标多重性、学生及活动参与者动机多样性、组织文化背景多元性等管理特殊性也同样影响着戏曲孔子学院约束机制效力的发挥。而从长远来看，一个组织约束力的缺失将逐渐对其运行机制及动力机制产生影响。

1《戏曲孔子学院成立执行协议》。

五、戏曲孔子学院管理机制创新的几点建议

戏曲孔子学院现行管理机制在设计中虽充分考虑了这一特殊跨文化推广机构的特点，形成了以外方院长、演出团长、中方院长为核心力量的运行机制、动力机制和约束机制，但由于设计初期对其实际管理特殊性难以估计，在经过两年来的充分发展，逐步显现出了一些制约其长远发展的问题。而通过相关理论研究对其现行机制进行合理化改进是所有处于快速发展期的组织机构所必须要面对的一个课题，学术研究的意义在于为实际提供理论依据。

（一）多层次目标建设机制

戏曲孔子学院的长远发展目标应该进行多层次建设，根据前期的调研发现其发展目标虽十分明晰，但并不能完全满足不同协作及支持单位对其预期利益的诉求，因此处于这样工作环境中的教师及演出人员也形成了自身认识的影响。实则，任何一个组织的发展目标在实际发展中都并非单一而明确的，重点在于是否能够建立起多重目标间的发展层级，形成各级目标协调发展的格局。多层次目标建设机制基于目标管理理念，是一个由"组织成员共同确定组织目标并依据这些目标的达成与否来评估员工绩效的过程"。[1] 而且组织目标系统对其管理机制的方方面面都产生了影响，以其动力机制为例，明确而系统的目标建设可以使其组织利益三方都找到其价值诉求，进而激发其不断投入积极创新的动力，完善其动力机制的建设。

从戏曲孔子学院的情况来看，应该逐步建立如图5所示的多层次目标发展体系，通过汉语及中国传统文化宣传推广、京剧艺术教学演出实践和中西艺术交流三个层次的目标建设，实现孔子学院总部、中国戏曲学院、美国宾汉顿大学的差异化利益关注点，充分调动多方面的力量，促进戏曲孔子学院的长远发展。

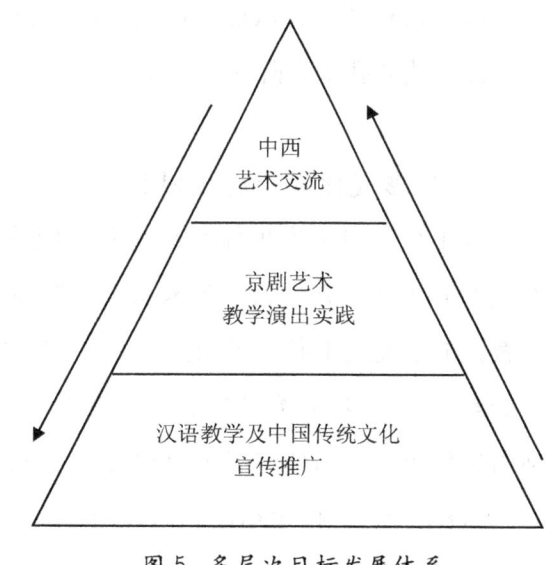

图5 多层次目标发展体系

---

[1] [美]斯蒂芬·P·罗宾斯、玛丽·库尔特：《管理学》（第9版），中国人民大学出版社2008年版，第186页。

首先，汉语教学及中国传统文化的宣传推广是其基本目标，可以通过社区推广活动及目前已经有的兴趣选修班全方位地宣传中国语言和文化，国家汉办借用中国戏曲学院的教师资源和宾汉顿大学的学生及教学场所，实现其办学宗旨。在这一层次目标实现的同时为宾汉顿大学提供了免费的教师资源，同时也为中国戏曲学院的教师及志愿者提供了学习及实践平台。

第二个层次的目标为中国戏曲学院提供了一个国际化的京剧艺术传播及传承平台。除进行原有的主题讲座课程外，应该借助目前与宾汉顿大学戏剧系及音乐系良好的合作关系，开展京剧、戏曲专业选修课，为有一定表演基础的学生开设相关艺术实践课程。同时进行专业汇报等较高水平的演出活动，促进戏曲艺术的教学实践活动。在中国戏曲学院实现其目标的同时，为宾汉顿大学戏剧系、音乐系等相关专业提供了新的课程，对其教学有积极促进作用。对孔子学院总部来说，戏曲作为中国传统文化的精髓，其影响力的提升也正是孔子学院办学宗旨所在。

第三个层次的目标是中西艺术交流，这一目标应该是三个核心单位或者可以说是世界艺术群体的共同目标，无论孔子学院，或是歌德学院、法语联盟，其最终目标都是为了创建一个多元文化艺术的交流平台。戏曲孔子学院应该利用自身优势，定期组织高水平的京剧艺术巡演，同时推进中西艺术创作实践及学术交流项目实施，这是一个最高层次的目标。

这一目标体系，从低层次到高层次覆盖了多方面单位的办学目标，同时能够和谐共融，促进戏曲孔子学院的长效发展。

(二) 多元化人事聘用机制

与多层次目标发展体系相关联，应该同时推进戏曲孔子学院人员聘用机制的改革，形成专职中外双方院长、艺术团长、教师演员队伍，兼职学生志愿者实习和客座艺术家及教授的多元人事聘用机制。"一个组织的素质在很大程度上取决于它所聘用和保留的员工的素质。"多项研究结果显示，组织的人力资源会成为竞争力优势的最重要源泉。"一项由华信惠悦咨询公司组织的对北美、欧洲和亚太地区的2000多家公司进行的全面调查'人力资本指数'得出结论，以人为导向的人力资源管理通过创造超额股东价值使得组织获得了优势。"[1]

---

[1] [美] 斯蒂芬·P·罗宾斯、玛丽·库尔特：《管理学》（第9版），中国人民大学出版社2008年版，第305页。

首先，任何一个组织的长效发展，都需要形成具有竞争优势的核心技术人员团体，戏曲孔子学院同样如此。而处于管理岗位的中外双方院长及其特色组织艺术团长、教师演员队伍是其发展的核心力量。中外双方院长在教师组及演出团的配合下，制定教学课程体系及演出活动计划，保障其日常运营的有效施行。

其次，可以借助中国戏曲学院的师资支持、配合学生实习项目，选拔优秀的年轻教师、研究生及大四本科学生赴宾汉顿教学实践，共同完成选修课教学、课程翻译助理、社区活动推广的工作。

此外，中国戏曲学院作为中方合作伙伴，应该配合第三个层次的艺术巡演、学术研讨等项目，定期选派高层次艺术家及学术专家赴戏曲孔子学院出任客座教授，进行中西艺术交流及学术研讨，完成高水平的中西艺术创作实践项目等。

配合其多元化人事聘用机制，戏曲孔子学院还应该建立一套科学的人力资源管理机制。如图6所示，从中国戏曲学院内部选拔聘用，到戏曲孔子学院出国前培训赴任，工作中交流、跨文化心理辅导，最后完成教学演出工作，宾汉顿大学给出工作评估结果，反馈中国戏曲学院进行激励，进而推动下一轮的选拔聘用流程，如此形成良好的人力资源管理模式。

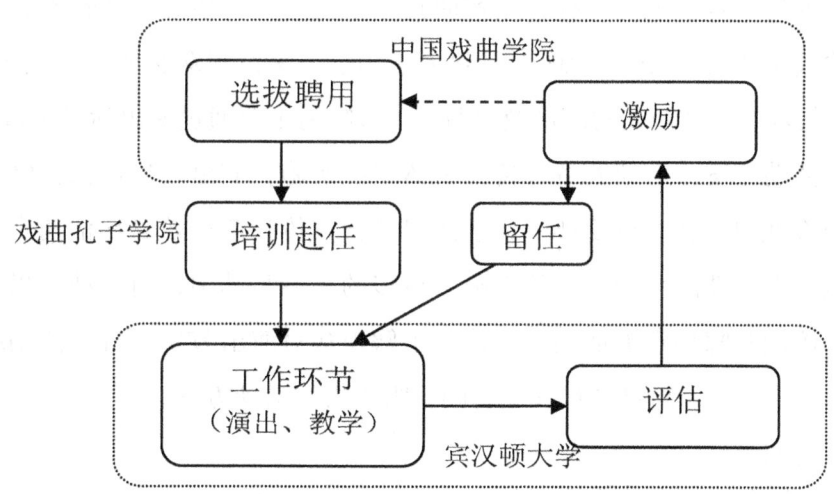

图6 戏曲孔子学院人力资源管理机制

这样的人员选聘机制，可以弱化人员流动性对其发展的制约，同时也使得不同层次的人力资源得到了合理化运用。"人力资源需求是由组织的目标和战略决定的"[1]，合理的

---

[1] [美]斯蒂芬·P·罗宾斯、玛丽·库尔特：《管理学》（第9版），中国人民大学出版社2008年版，第309页。

人员聘用机制对其长远发展也有积极的促进作用，能够充分发挥不同人员的专业水平，实现组织目标与个人目标的双赢局面。

（三）系统化事务管理机制

系统化事务管理机制是指全面完善戏曲孔子学院各组织机构的具体管理体系，主要包括教学管理、演出活动管理及日常运营管理三个方面。其核心在于建设形成一套系统的日常运行管理模式。

1. 教学管理

教学管理工作是戏曲孔子学院的核心事务管理之一，根据其组织管理的特殊性，应该建设形成一套教学管理机制，从制订教学计划、学生情况调研、教职人员培训、教学环节及评估、修订教学目标形成新的教学计划，如此循环的教学管理模型。因为戏曲孔子学院的教师及学生都有不确定性特点，因此，教学管理工作的核心是要确定其教学计划，完成招生工作，具体进行教师的培训工作。这与普通的教学管理不同，因此在实施时也要及时进行监督评估，及时完善管理体系。

2. 演出活动管理

演出活动管理是艺术管理的一种，是戏曲孔子学院的另一核心事务管理。英国艺术行政专家费约翰教授认为："艺术管理人员致力于为艺术家及观众达成一个美感的合约，使最多的人能从艺术中得到最大的满足及收益。"[1] 影响力主要通过演出活动完成，因此在建立从制定演出活动方案、活动筹备宣传、具体组织实施、演出效果评估、修订活动方案为循环的活动管理中，其中重要环节在于演出筹备宣传和演出效果评估两个环节，通过活动宣传可以扩大活动的影响力，从而吸引更多的人参与其中。而活动效果的评估是指通过如问卷、访谈及邮箱意见征集等方式，了解观众对演出节目设置、活动组织形式等方面的感受，及时调整、制定更有群众基础及吸引力的活动方案。

3. 日常运营管理

日常运营管理主要指戏曲孔子学院院长办公室的事务管理机制建设，包括中外双方院长及其助理的管理。院长办公室是戏曲孔子学院的核心运作部门，主要负责包括各组织机构及相关单位的沟通协调等方面的工作，在这一部分管理中，核心任务是理顺戏曲孔子学院与三个相关单位和两个旁设机构的关系，做好沟通纽带的工作，并逐步健全相

---

[1] 郑新文：《艺术管理概论》，上海音乐出版社2009年版，第2页。

关规则制度,促进戏曲孔子学院管理系统的完善。

(四)制度化财务约束机制

财务在一个组织管理中的重要性相信不需要再多加解释,任何组织要达到其创办目标,"必须有效地运用机构有限的资源,而财务管理就是控制资源使用的最重要的工具"[1],而戏曲孔子学院的中方院长应该最清楚如何组织目标。但其实际情况是,戏曲孔子学院的最高财务负责人是外方院长。因此,财务约束机制的失衡对其组织目标的达成形成了制约。

应该说这一问题并不单单是戏曲孔子学院的问题,而是孔子学院总部宏观管理层面在推动全球孔子学院快速发展时的一个权宜之计。孔子学院总部从其长远战略性目标考虑,形成了这样的一个财务管理模式。应该说,要从根本上解决这一问题需要上级单位对其战略目标重新权衡取舍。

此外,在普通孔子学院由于其办学目标相对单一,这一问题并没有产生明显的影响。而戏曲孔子学院本身发展来看,这一问题目前带来的主要后果在于戏曲类演出经费问题,深入分析则发现除其财务约束外,还受到了其发展目标多重性的影响。由于中美双方对京剧艺术传播的不同态度,以财务投入的方式限制了以京剧为主题的演出活动的比重,对戏曲孔子学院以"戏曲"为办学特色的目标形成了阻碍,长此发展会因演出中京剧艺术形式的不足而弱化其办学特色,严格地讲,也许是关乎"戏曲"孔子学院生死存亡的大问题。

从单个组织发展来看,可以通过自身管理制度的建设形成财务约束机制。通过召开戏曲孔子学院理事会,制定中外双方院长责任分工制度,以管理规则制度的形式,约束外方院长在财务上的权力,例如限定中外双方院长各自在教学、演出事务中的权限,形成项目制管理模式及财务专项资金,非项目主管领导同意不能支取特殊用途的财务,以此建立制度化财务约束机制。

应该说这只能是一个权宜之计,想要根除这一隐患,还需上级单位多方面的制度建设及完善工作。

---

[1] 郑新文:《艺术管理概论》,上海音乐出版社 2009 年版,第 99 页。

六、结论

通过以上对戏曲孔子学院管理机制的研究和探讨，了解了戏曲孔子学院以理事会、院办公室、"丝之歌"演出团和教师组为核心机构的组织构成方式，对它们各自发挥职能的方式和在管理工作中扮演的角色加以解析。并将管理机制细分为运行机制、动力机制和约束机制三个子机制，详细剖析了戏曲孔子学院核心机构在各子机制中的不同职能分工和作用原理，结合其组织管理特殊性，提出了如下改善建议：

第一，戏曲孔子学院应综合其三方合作组织的不同利益关注点及活动参与者的不同心理动机建立形成汉语及中国传统文化宣传推广、京剧艺术教学演出实践和中西艺术交流多个层次的目标建设体系。

第二，配合多层次目标建设体系，戏曲孔子学院应着力开发多元化协调发展的人力资源聘用机制，通过专职队伍、兼职队伍及学生实习项目相结合的方式解决其师资及核心成员不稳定性问题，聘用专职中方院长、演出团长，储备专职师资及核心演出人员队伍。

第三，针对其在教学管理、演出管理、日常运营等环节存在的管理漏洞及问题，戏曲孔子学院应逐步完善其运行管理机制，以核心日常事务为模块，建立完善系统化的事务管理机制。

第四，通过相关制度的建设、健全和全职中方院长的配备，对戏曲孔子学院的财务管理形成中外双方院长相互制约的局面，从而缓解因外方院长独立掌管财务权而引起的财务约束失衡问题。

在对外派教师等一线工作者的采访交流中，笔者深切感受到了他们对戏曲孔子学院发展所付出的努力和给予的期望。这一创新型国际文化交流与传播机构，为中国传统文化，尤其是中国戏曲艺术的全球传播提供了一个广阔的平台，更通过"丝之歌"演出团的定期巡演将美国东南部地区的多所孔子学院进行了有效连接，形成了强势的传播力量，共同促进中国语言文化的国际推广。作为一个年轻的组织，戏曲孔子学院遇到的问题多是组织发展进程中客观存在的，而以上这四个方面的改善措施及建议远远不能涵盖戏曲孔子学院管理运行的各个方面。由于并未身处其中，笔者只能对尽可能多的人员进行第一手资料的收集整理，以求观察角度的多元化和了解范围的全面性。我们有理由相信，戏曲孔子学院通过充分整合各协助单位优势资源，在教学、演出中积累更多经验，结合科学有效的管理，一定能够在传统艺术的跨文化传播道路上走得更加开阔和顺畅。

附录

采访提纲

一、戏曲教师、演员

1. 请您谈谈戏曲孔子学院的办学宗旨。
2. 在出国赴任之前您是否已对自己的具体职责有较为细致的了解？
3. 您有参加孔子学院总部组织的出国前培训么？这次培训对您有哪些方面的具体帮助？
4. 戏曲孔子学院有组织安排相关岗前培训辅导么？具体由哪个部门组织的？对您有哪些方面的具体帮助？
5. 戏曲孔子学院的中方院长助理有无及时协助您办理相关赴任手续？外方院长助理有无积极配合您办理相关保险及入职手续？
6. 赴任后您遇到的比较棘手的困难主要有哪些？您一般会求助于哪个部门帮您处理这些问题？
7. 戏曲孔子学院在您赴任年度的重点工作是什么？您是否很明确自己任期内教学及演出活动安排？
8. 您在任期间开设了哪几门课程？每周多少个课时？每个班级有多少名学生？
9. 您代课班级的学生主要来自哪些专业？他们有接受过戏曲艺术的基础教育么？学习程度如何？
10. 您代课班级的学生主要来自哪些国家？您认为和他们相处有障碍么？主要来自哪些方面？
11. 学生在课堂上的表现如何？能够进行积极的课堂教学互动么？他们与中国学生的差异主要表现在哪几个方面？
12. 在课堂教学中语言助教是否能够准确传达您的教学指令？会在哪些方面存在困难？您认为可以有哪些途径改善这些问题？
13. 您如何对学生的学习成果进行评估？您认为是否能够达到预期的教学效果？
14. 您在任期间都参加过哪些类型的演出或文化活动？这些活动的举办方都是戏曲孔子学院么？您在活动中都担任什么角色？
15. 您在国外参加过多少次戏曲演出活动？是公益出演么？演出观众规模如何？他们的现场反应如何？
16. 您有和当地社区居民观众进行私下沟通么？他们如何评价您的演出？对中国戏曲有什么样的印象？他们认为您是来自什么组织的人员？
17. 您有去美国其他孔子学院进行演出么？有无渠道与他们进行相关教学经验交流？
18. 在工作中，您与宾汉顿大学哪些部门的教职员工接触较多？您能够和他们进行顺畅的工作沟通么？有哪些方面的障碍？您认为是什么原因造成的？
19. 您在美国日常生活中遇到过哪些方面的困难？您能分析下是什么原因造成的么？您有结识当地美国朋友么？你们的相处是否融洽？
20. 您如何看待这次的美国戏曲教学演出经历？这对您的职业生涯有何帮助？

二、汉语教师、志愿者：

1. 请您谈谈戏曲孔子学院的办学宗旨。
2. 在出国赴任之前您是否已对自己的具体职责有较为细致的了解？
3. 您有参加孔子学院总部组织的出国前培训么？这次培训对您有哪些方面的具体帮助？
4. 戏曲孔子学院有组织安排相关岗前培训辅导么？具体由哪个部门组织的？对您有哪些方面的具体帮助？
5. 戏曲孔子学院的中方院长助理有无及时协助您办理相关赴任手续？外方院长助理有无积极配合您办理相关保险及入职手续？
6. 赴任后您遇到的比较棘手的困难主要有哪些？您一般会求助于哪个部门帮您处理这些问题？
7. 戏曲孔子学院在您赴任年度的重点工作是什么？您是否很明确自己任期内教学安排及活动安排？
8. 您在任期间开设了哪几门课程？每周多少个课时？每个班级有多少名学生？
9. 您代课班级的学生主要来自哪些专业？他们有过汉语学习的经历么？学习程度如何？
10. 您代课班级的学生主要来自哪些国家？您认为和他们相处有障碍么？主要来自哪些方面？
11. 学生在课堂上的表现如何？能够进行积极的课堂教学互动么？他们与中国学生的差异主要表现在哪几个方面？
12. 您如何对学生的学习成果进行评估？您认为是否能够达到预期的教学效果？
13. 在戏曲课堂教学中您是否能够准确的传达戏曲老师的教学指令？会在哪些方面存在困难？您认为应该如何改善这些问题？
14. 您在任期间都参加过哪些类型的演出或文化活动？这些活动的举办方都是戏曲孔子学院么？您在活动中都担任什么角色？
15. 您在国外参与过多少次戏曲演出及文化推广活动？活动参与民众的规模如何？他们的现场反应如何？您负责哪方面工作？
16. 您有和当地社区居民观众进行互动沟通么？他们如何评价戏曲孔子学院的演出及活动？对中国戏曲有什么样的印象？他们认为您是来自什么组织的人员？
17. 您有去美国其他孔子学院进行活动交流么？有无渠道与他们进行相关教学经验交流？
18. 在工作中，您与宾汉顿大学哪些部门的教职员工接触较多？您能够和他们进行顺畅的工作沟通么？有哪些方面的障碍？您认为是什么原因造成的？
19. 您在美国日常生活中遇到过哪些方面的困难？您能分析下是什么原因造成的么？您有结识当地美国朋友么？你们的相处是否融洽？
20. 出国前后，您对当地外国人的感觉有什么变化么？您如何看待这次的美国教学文化交流经历？这对您的职业生涯有何帮助？

三、院长、助理：

1. 请您谈谈戏曲孔子学院的办学宗旨；预期发展目标和目前发展的现状。

2. 您认为戏曲孔子学院的办学模式有哪些优势？存在哪些问题？你有什么改进建议么？

3. 您的日常工作主要包括哪几个方面？主要与哪些人员、机构有工作关联？

4. 您认为中方院长与外方院长在责任分工上有哪些不同？各扮演了什么样的领导角色？实际工作中是否存在重复工作或责任空白？

5. 您认为戏曲孔子学院与中国戏曲学院、宾汉顿大学是从属关系还是合作关系？在哪些方面合作／从属？其独立性表现在哪些方面？这些对其办学宗旨产生了哪些影响？

6. 孔院总部主要通过哪些方式对戏曲孔子学院的汉语教学及文化推广等工作进行评估？您认为这些评估方式是否合理？能否真实反映出戏曲孔子学院的工作成效？有哪些改进建议？

7. 戏曲孔子学院每年度的工作计划、工作总结由哪个部门具体负责？戏曲孔子学院是否保存有历次会议的文字、录音及图片资料？

8. 理事会每年召开几次理事会议？人员出席情况如何？每次会议是否能够按预期解决具体问题？

9. 中国戏曲学院每年派出多少位教师／志愿者？是否能够按时办妥相关派出手续？

10. 派去的老师到任后有无相关岗前培训课程？有无举办当地文化、生活常识性培训？任职期间是否会定期举行相关职业培训？

11. 戏曲孔子学院每学年开设多少门课程？分别是什么？每门课各有几个班次（学生规模）？

12. 戏曲孔子学院从哪几个方面对教师教学成果进行评估？评估方式有哪些？

13. 戏曲孔子学院有无组织当地对外汉语教师培训？如有，每年度共培训多少人次？

14. 举办社区活动的频率如何？每一年度举办多少次演出？固定的演出场所有几处？

15. 在戏曲孔子学院进行相关文化活动时，具体筹备组织工作由谁负责？每次演出活动有无进行相关文字及图片资料的整理存档？是否能够在戏曲孔子学院网站及时进行活动宣传报道？

16. 戏曲孔子学院主要通过什么渠道进行课程、讲座、活动的宣传推广？有无充分利用网络等现代化传播渠道？

17. 戏曲孔子学院在当地的影响如何？通过何种方式评价其文化推广效果？是否有定期通过问卷、访谈等方式了解当地社区民众对孔子学院的认可度等问题？有无开设一些收集匿名建议意见的渠道，如邮箱等。

18. 戏曲孔子学院与美国其他孔子学院有无定期的学术交流活动？演出团有未应邀去其他孔子学院所在地进行演出活动？

19. 戏曲孔子学院能否通过其他渠道募集到办学资金？有无与宾汉顿当地政府机构或企业建立合作关系？

20. 中方派去教师除日常教学工作和社区活动演出外，有无安排其他形式的演出活动？能否有机会参与当地举办的其他社区聚会等活动？

韩世昌与日本中国学"京都学派"

李 霄（2011级）

一、引言

（一）韩世昌与日本中国学"京都学派"研究的目的和意义

日本与中国自古以来就有着千丝万缕的联系。有学者认为日本与中国在文化上属于亲缘国家，而中国与日本文化之间的交流也从来没有间断过。总体而言，日本受汉文化的影响更深。20世纪初有许多日本学者访问中国，中国的戏曲开始引起他们的注意与重视，而他们所发表的评论、游记使得越来越多的日本人对中国的戏曲艺术——特别是昆曲艺术，产生了浓厚的兴趣。

昆曲是我国传统文化艺术中的珍品，几乎所有戏曲剧种都不同程度地受到了昆剧的滋养，所以它也得到了"百戏之祖、百戏之师"的美誉。昆曲的唱腔清柔婉转、优美动听，表演载歌载舞、高雅精湛，剧本也有着较高的文学价值。昆曲以自身丰富的艺术含量，在2001年5月18日被联合国教科文组织列入"人类口述和非物质遗产代表作"名录。自此也带来了昆曲传承发展的新机遇，昆曲的海外传播也就成为重要的研究课题。

实际上，昆曲艺术第一次走出国门是在1928年。当时，在日本汉文化学者"京都学派"的教授们与日本当局的推动下，日方邀请了素有"昆曲大王"称号的韩世昌率班进行访日演出。韩世昌东渡日本后，在东京、京都、大阪等地进行了演出，每场座无虚席，受到了观众的热烈欢迎。

目前，学术界还没有专门针对韩世昌与日本中国学"京都学派"做过系统深入研究的文章。以韩世昌访日为个案进行戏曲史论及跨文化交流学分析的研究还是一个空白，存在着广阔的研究空间。本文旨在通过了解、整理和分析1928年韩世昌先生访日事件与韩世昌先生同日本京都学派之间的交流活动，发掘当时的人物关系、社会现实、中日社会以及文化交流等方面的内容；并总结其对当今昆曲艺术对外传播的借鉴意义。

从昆曲史论的角度来看，这一次访日演出有着里程碑式的重大意义。从昆曲传播的角度来看，由于日本中国学"京都学派"教授们的鼎力支持，韩世昌的赴日演出除了推动昆曲在日本的普及外，还带有极强的学术性特征。其赴日演出的成功大力推动了昆曲艺术在海外的传播，并影响了当时乃至之后几代日本人对中国戏曲文化的研究，对中日文化交流做出了卓越的贡献。

（二）韩世昌与日本中国学"京都学派"研究的现状与方法

目前，国内对于"1928年韩世昌赴日演出"的探讨还是很多的。关于"1928年韩世昌赴日演出"以及"韩世昌与日本京都学派"这个专题，国内还没有专门的著述来研究和探讨，虽然许多论文和专著有涉及"1928年韩世昌赴日演出"的内容，却并没有系统的研究学术成果。通过对中国期刊全文数据库的检索，与"1928年韩世昌赴日演出"相关的学位论文只有博士论文1篇。此论文作者为中国艺术研究院研究生院戏剧戏曲学系博士江棘，论文题目是《1919、1928对日公演中的"京昆之辩"与戏曲"传统"的认知嬗变》。作者先从梅兰芳与韩世昌赴日演出作为切入点，分析了京昆发展的流变，然后通过总结国内外关于京昆艺术"正剧"地位的争辩，引出对戏曲"传统"的认知问题。全文重点分析梅、韩两位大师访日的过程，对京昆表演艺术的正剧地位进行对比；对其取得的成绩和尚存在的问题进行分析，并提出对戏曲"传统"的认知问题的建议。

题目中包含"韩世昌访日""韩世昌与京都学派"的专著及论文目前还未发现。

为调查当时的真实历史、相关评论等，采取了以下两种研究方法：

一是文献资料法。查阅关于北方昆曲、韩世昌生平以及赴日演出的资料文件，如韩世昌口述的《我的昆曲艺术生活》、大连图书馆馆藏资料、高阳县文化馆馆藏资料等。查阅期刊网上1999~2011年期间有关北方昆曲、韩世昌等方面的核心论文资料。查阅日本方面有关韩世昌等方面的核心论文资料。查阅国内外关于戏剧戏曲学、戏曲史论、跨文化交流学、海外汉学研究等有关方面的论文和专著，为本研究提供理论指导。

二是访谈调查法。对北方昆曲相关表演艺术家、韩世昌的学生、亲人、"韩世昌赴日"演出的随行人员、相关活动的企业或团体等尽可能多地对他们进行访谈和调研,了解韩世昌访日演出的概况。

本文以关注文艺人物为出发点,并且从小处着手,以一次事件分析其后的文化背景和文化内涵,同时借鉴反思,为当前的文化交流与文化建设提供更为广阔的思路。

二、韩世昌与日本中国学"京都学派"

(一)韩世昌

1928年,"不到园林,怎知春色如许?"的经典唱词先后在东京、京都、大阪等地响起。北方昆曲一代大师韩世昌先生每场长达两个小时的精彩演出,将中国这一古老的传统艺术带出国门,带上了世界的舞台。韩世昌先生结束了日本的演出回国之后,在艺坛上的声誉与"四大名旦"之首的梅兰芳并称。一代名伶韩世昌究竟是如何一步步走上了大师的殿堂?是什么样的机缘让韩世昌先生开始进行访日演出?如果不先了解北方昆曲的发展与韩世昌的经历,就无法一一解开这些问题的谜底。

1. 北方昆弋到北方昆曲

众所周知,昆曲是中国现存最古老的戏曲剧种之一,有着百戏之祖的美誉。昆曲发祥于昆山,其后经魏良辅、梁辰鱼对昆山腔进行改良后流传到全国。各地根据自身的地域特色,结合昆腔形成了昆曲的几大支派,如永嘉昆、湘昆、北昆等。北方昆曲与南方昆曲属于同源异流,在北方昆曲漫长的发展过程中,受众面较之南方昆腔层次跨越更大,上至宫廷显贵,下达民间百姓。自明代末叶至清代中叶,昆曲这一剧种常年占据着北京戏剧舞台上的霸主地位,不仅仅受到了皇帝贵族的宠爱,也得到了民间百姓的大力追捧。据明代史玄的《旧京遗事》记载,"京师所尚外曲,一以昆曲为贵"。嘉庆年间,随着秦腔、徽调、汉调的相继进京,昆曲日渐衰落而不复当年。北方的昆曲演员慢慢开始与其他高腔、弋腔演员搭班演出以维持生计,昆曲的演出也从北京城市中逐步流传入周边的河北农村,如"京东的廊坊、唐山,京南的高阳、保定,以及冀中的沧州、衡水、玉田、安新、束鹿、深州乃至石家庄,京北的张家口等地"[1]。艺人们受到了当时当地观众观演需求的影响,既演昆曲也唱高腔,被称为"昆弋两下锅"。这部分的艺人经过从宫廷至乡野演出的

---

[1] 胡忌、刘致中:《昆剧发展史》,中国戏剧出版社1989年版,第555～559页。

不断历练，渐渐形成了别具一格的表演风格和特点。

首先，他们吸收了当地的语言与特色，念白从南方昆曲中的吴侬软语化为京腔京韵，部分还带有较明显的河北地区农村的口音。

其次，所演剧目的题材由南方昆曲中的才子佳人戏转变为以武戏为主，甚至上演"全武行"。

再次，北方昆曲的唱腔与表演方式大量吸收了弋腔的特色，较南方昆曲的细腻而显得更加朴实粗犷。

北方昆曲经过了这一南北融汇、昆弋结合的过程，在当时被称之为北方昆弋。而以北方昆弋演出而远近闻名的当属河北高阳县，古亦有高阳昆弋一说。

清末民初，中国处于改朝换代、政局动荡的时期，各地的戏曲活动都开始衰微下来，昆曲的境况更是惨淡，全国上下没有一个成建制的昆曲班社。1918年，来自河北高阳农村的"荣庆社"开始登上北京的戏曲舞台，由韩世昌、陶显庭、侯益隆等组成的"荣庆社"在北京前门天乐园的首演便大获成功，销迹了十余年的昆曲再度开始风靡北京城。无论是戏曲名家梅兰芳、尚小云，还是文人雅客蔡元培、吴梅，用现在的话说无一不是其忠实的"粉丝"。正是在这样的历史背景下，蔡元培才说出了"宁捧昆，不捧坤"的话，而他也用行动在证明——将昆曲引入北大校园成为一门课程。时至今日，北大昆剧社仍然活跃在北大校园中。戏曲家张聊公这样描述当时的演出盛况："天乐园之昆班，近日营业非常发达，每日上座均满，后至日无隙地，座客多有携带《缀白裘》等书，以资参考者，昆曲果能自此中兴，诚戏曲界之好气象也。"[1] "荣庆社"进驻天乐园，标志着北方昆曲演员们的身份从农民艺人转变为职业艺人。这是北方昆曲历史发展的明显转折，也使得"荣庆社"血脉流传、发展演变至现今的北方昆曲。

1918年在北京大获成功之后，1919年"荣庆社"开始南下，辗转天津、上海等地进行全国巡演，所到之处无一例外地受到热烈欢迎。"荣庆社"的南下巡演重燃了广大观众对昆曲的热情。直到1921年，苏州开办了著名戏曲教育机构昆剧传习所，才有了后来的"传"字辈艺人。之后韩世昌率"荣庆社"赴日演出，使得北方昆曲的影响再一次扩大。新中国成立后，"一出戏救活了一个剧种"的经典故事，也同样拯救了当时已经呈现出奄奄一息状态的北方昆曲，随着1957年北方昆曲剧院的成立，这一古老的剧种也完成了从"北方昆弋"到"北方昆曲"的华丽转身。

---

[1] 学苑出版社编：《民国京昆史料丛书》第二辑《听歌想影录·歌舞春秋》，学苑出版社2008年版，第122页。

2. 韩世昌与北方昆曲

北方昆曲的历史中有一个不能忽视的人物，他的命运与北方昆曲的命运息息相关，他就是北方昆曲剧院第一任院长——韩世昌。

韩世昌（1898～1976），作为北方昆曲的旗帜和灵魂人物，是上承"北方昆弋"下接"北方昆曲"的第一人。他出身于河北省高阳县河西村一个贫穷普通的农民家庭，在家中排行第四，所以小名被称为四儿。由于家中儿女众多且家境贫寒，父母将韩世昌送入了河西村的戏班"庆长班"学艺，初习武生。在这里，他第一次接触到了昆曲，并且也学习到了一些"唱、念、做、打"的基本功。韩世昌在"庆长班"学戏大约一年，"庆长班"的侯成章、侯瑞春、侯喜瑞、侯益才等人合股集资购置戏箱组建荣庆社，韩世昌就跟随师父加入其中继续学戏。在荣庆社里，韩世昌学习了武生、小花脸、小生戏，直到1915年才开始跟从侯瑞春改习旦角。第二年，他即登台唱主角戏，在河北一带逐渐小有名气。1917年冬，河北大水，荣庆社决定到北京寻找出路，社长王益友和侯成章、侯瑞春等人东拼西借凑了钱，集齐了几十人，即在腊月来到了北京并于1918年1月在北京前门鲜鱼口胡同的天乐园演出。据韩世昌自己回忆："第一天打炮戏，大轴是侯益隆、王益友的《通天犀》，前面有郭蓬莱的《寄信》，开场是《大点魁》，我唱的第二出《刺虎》，别的戏记不清了。几天过去，情况甚好，观众一天比一天多，比广兴园郝振基他们有过之而无不及，荣庆社在北京算站住了。"[1]

荣庆社在北京一炮打响，一时名噪京城，当时的观众大体分为两类：一类为河北高阳的布商，为了听自己熟悉的乡音而来捧场；另一类则以北大的教师学生居多。特别是荣庆社的"第一男旦"韩世昌更是受到北京学界、知识界的追捧，舆论曾评论为"时昆曲旦角韩世昌，声誉几和梅兰芳相伯仲"[2]。韩世昌取得的成功与北大师生的支持是密不可分的，当时北大有两名高阳籍学生刘步堂、侯仲纯，因经常去听韩世昌的戏与其相结识，并且经常在北大宣传带着同学老师一起去看戏。由于学生是下了课才去听戏，荣庆社就开始安排韩世昌挑梁演大轴戏，于是韩便逐渐成为了荣庆社的一块招牌。刘步堂、侯仲纯、张聚增、李存辅组织了一个社团叫"青社"，专门捧韩世昌，为他印花谱、写文章，并自封为"韩党六君子"。当时有个有趣的现象，天乐园里楼下喝彩的是北大的学生们，而楼上包厢坐的则是北大校长蔡元培。

---

1 《韩世昌回忆录》节选，2013年2月25日，中国昆剧社网 http://kunqushe.com/a/article_4911.html。
2 郑逸梅：《纸帐铜瓶》，江苏文艺出版社2006年版，第15页。

当时正值蔡先生提倡"以美育代宗教",正是在此情此景中才有了那句"宁捧昆,不捧坤"的话。"韩党六君子"中的顾名、王小隐师从吴梅,邀请并推荐吴梅去观看了韩世昌的表演。在韩世昌的老师侯瑞春及顾名等人的极力促成下,1918年韩世昌礼拜于吴梅门下。之后韩世昌苦心向吴梅学戏,先后学习了《拷红》《桃花扇》《吴刚修月》《牡丹亭》等戏。吴梅不仅教导行腔吐字,戏文情理也多有解说,使得韩世昌很快就成为荣庆社的台柱子。吴梅离京南下,韩世昌又跟随昆曲名家赵子敬学完了《牡丹亭》,继而又学习了《琵琶记》《痴梦》《折柳阳关》《扫花三醉》《跪池》《三怕》等几出戏。韩世昌之所以能在北方昆曲历史中成为一个极其重要的人物,与他孜孜不倦地向南方大曲家学习是密不可分的。韩世昌曾说过:"南北昆曲专家们认为我唱曲子的吐音吐字还合乎规范,有根有据,是同吴先生的指点校正分不开的。"[1]

经过这两位名师的指点,韩世昌成为南北昆艺融汇的集大成者,在音律、唱法及表演上日益精进。他戏路极宽,虽专工正旦,也长闺门旦、六旦、贴旦,谓之全能。他将北方昆曲朴实、粗犷、热情的演唱风格和表演方式与南方昆曲的柔美、细腻、清逸相结合,形成了自己独特的表演风格。1918年底,韩世昌首演《游园惊梦》。由于韩世昌、袁寒云等人相继学演《游园惊梦》,这一折戏在当时的北京又重新流行起来。当时有人赞叹:"韩伶扮杜丽娘,行头甚鲜艳,唱工做派,日见进步,游园时之身段,尤柔曼婉妙,歌衫舞扇,掩映动目……"韩世昌的代表剧目有很多,被称为"韩八出"的有:《闹学》(饰春香,贴旦)、《思凡》(饰赵色空,闺门旦)、《胖姑学舌》(饰胖姑,贴旦)、《刺虎》(饰费贞娥,刺杀旦)、《痴梦》(饰崔氏,正旦)、《游园》(饰杜丽娘,闺门旦)、《佳期》(饰红娘,贴旦)、《琴挑》(饰陈妙常,闺门旦),他尤其擅于运用手势、眼神和丰富的面部表情,堪称一绝,能通过高难度的手、眼、身、法技巧刻画出人物的内心活动。

有人称1918～1921年这一时期为"昆曲的文艺复兴",但之后以韩世昌挑梁的"荣庆社"为代表的北方昆曲却陷入了困境。1921～1926年,社会政局仍然混乱不安,各个昆曲演出场所的盛况已不复存在,到了1926年,北京各大报纸已经没有了韩世昌公演的消息。"荣庆社"的许多演员回到家乡去谋生,韩世昌仍然坚守北京,以"堂会"为主要演出途径。

---

[1] 谢柏梁、顾卫英:《韩世昌与韩世昌、吴梅的文化凤缘》,载《戏曲艺术》(增刊),中国戏曲学院2013年。

(二) 日本中国学"京都学派"

20世纪上半叶的京都，以狩野直喜、内藤湖南、铃木虎雄、青木正儿等为代表的一批受近代西式教育成长起来的日本学者，以实证论为其"中国学"的理论支撑，以"实事求是、义理明彻，不恃聪明而向壁虚造，不务易入俗耳以邀世誉"的治学精神，以"卓然自守，持风气而不为风气所动，斯之谓真读书人"的治史态度，对"中国学"特别是中国古典戏曲进行了一系列深入研究，取得了较为丰厚的研究成果。在中国学术界，把以狩野直喜、内藤湖南、铃木虎雄、青木正儿等为代表的这一群有着师承关系，将中国汉学作为研究对象，主要以日本"京都帝国大学"[1]为学术研究与活动阵地的学者们，称为"京都学派"。1906年，伴随着日本京都大学文科大学正式成立，日本中国学"京都学派"在这一年产生并开始发展起来。

1. 日本中国学"京都学派"、代表人物及其学派学术特点

(1) 日本中国学"京都学派"

日本侵华战争的历史与右翼反华势力的卑鄙行为，是每个中国人民所愤视及厌恶的。但是，日本中国学研究的翘楚——"京都学派"，其在学术领域所取得的成就赢得了中国学界的认可与尊重。

日本学界普遍把东京大学与京都大学作为两大阵地，分成"东京学派"与"京都学派"。广义的京都学派，包含了哲学学派及日本中国学学派两层含义。哲学研究领域的"京都学派"以西田几多郎、田边元、西谷启治等人为代表，他们所提出的"大东亚共荣圈"理论为日本侵华战争进行理论支持与辩护；而研究中国学的"京都学派"以狩野直喜、内藤湖南、铃木虎雄、青木正儿等人为代表，是以中国古代历史、思想、文学为研究对象的汉学学派。现名为"日本中国学派"。

而本文的研究对象就是"京都学派"。

(2) 日本中国学"京都学派"的代表人物

狩野直喜 (1868～1947)，号君山。作为京都大学文学院的首位院长、东方文化学院京都研究所的首位所长，狩野直喜被看成是"构建'京都学派'的第一代重要学者""是日本中国学的代表人物""京都学派的奠基人"。"王国维《观堂集林》称狩野之学为：'自言读书知求是，但有心印无雷同'。"而"狩野直喜曾经对弟子们说过自己的学风就是'考

---

[1] 1897年6月18日，根据明治天皇第209号令，在日本的西京都正式成立了日本京都帝国大学。战后改名为日本京都大学，以下本章中皆称为日本京都大学、京都大学。

证学'"。[1]

内藤虎次郎（1866～1934），号湖南，在中日两国学界皆以号来称呼他——"内藤湖南"[2]。内藤从记者转型为京都大学东洋史学的教授，与当时日本教育界注重学历的风气格格不入。内藤家学深厚，祖父内藤天爵、父亲内藤十湾都精通儒学。内藤自小就接触汉学，9岁时就能用汉文进行写作。成年后更数次游历中国，对汉学进行亲身体验与实地考证。他所提出的"唐宋变革论"和"文化中心移动说"为众多学者继承与发展，成为日本东洋史学界的主流意见。

铃木虎雄（1878～1963），号豹轩，别号药房。铃木先生家学渊源，其祖父铃木文台、父亲铃木惕轩在当时都是著名汉学家。铃木虎雄在浓郁的汉学氛围中耳濡目染，自东京大学汉学科毕业后，先后赴中国、欧洲进行留学考察。1919年回国任职于京都大学文学院，担任中国语学、中国文学的教授。

青木正儿（1887～1964），字君雅，号迷阳。早年就学于日本京都大学，师承于狩野直喜、内藤湖南、铃木虎雄等研习中国传统文化，其1911年在京都大学的博士毕业论文为《元曲的研究》（卒业论文《元曲の研究》），指导老师狩野直喜。从此，青木先生对中国戏曲的兴趣一发不可收拾，一生痴迷于对中国戏曲的研究。[3]而他的研究不仅仅局限于资料的搜集与抽象的推理，更是多次来到中国进行第一手考据。

（3）日本中国学"京都学派"的学术特点

①实证主义的治学方式。"这一学派在对中国文化的研究中，强调确实的事实，注重文献的考订，推行原典的研究。"他们先后有着到西方、中国游历与考察的经历，实际上就是京都学派最重要的学术标志——"实证主义"所强调的社会游历或曰之为社会调查；[4]他们注重史料文献的收集与归纳，从而得出更加确切的结论，甚少进行推理演绎；他们注重对于个别事实的研究，对中国文化的大局观并不重视。

②"京都学派"提出站在中国的角度看中国的学术态度，鼓励多了解中国文化的内在，追求从日本式的语言表达方式中脱离出来。这一切使得他们不仅大都能看懂古代汉

---

[1] 张蕾、李霄：《青木正儿与韩世昌——韩世昌1928年赴日与日本"京都学派"》，载《戏曲艺术》（增刊），中国戏曲学院2013年。

[2] 文中全以"内藤湖南"来称呼"内藤虎次郎"。

[3] 张蕾、李霄：《青木正儿与韩世昌——韩世昌1928年赴日与日本"京都学派"》，载《戏曲艺术》（增刊），中国戏曲学院2013年。

[4] 张蕾、李霄：《青木正儿与韩世昌——韩世昌1928年赴日与日本"京都学派"》，载《戏曲艺术》（增刊），中国戏曲学院2013年。

语，甚至还能写古诗词、写文言文且擅用毛笔，书法都不错[1]；重视与中国的实际感性接触，希望能用中国人的思维方式来感受中国文化；与中国学者进行联系与交流，京都学派的学者们与罗振玉、王国维、胡适、鲁迅长期保持着学术往来。

③"京都学派"有一个属于自己的学术阵地，创办了具有代表性的中国学"京都学派"重要学术刊物——《中国学》杂志，供其发表大量有关"中国学"的研究成果。该杂志成为了近代日本"中国学"极其重要的有相当影响力的学术刊物。[2]

2. 日本中国学"京都学派"与中国戏曲

（1）数次游历中国，他们大都与王国维先生保持着学术交流与联系。

狩野直喜：作为"京都学派"的祖师爷，狩野先后四次来到中国进行考察。1901年，他第二次来到中国上海，在这里他得以接触了国学大师王国维先生所研究的经典书籍。1910年，狩野第三次来中国，与王国维先生得以见面，进行了深层次学术交流与探讨，而王国维也直接影响着他对中国戏曲保持着长久不衰的研究热情。1925年，狩野直喜四次返京，也是在这一年他与王国维先生有了最后的会面。

内藤湖南：有着"东洋史的巨擘"的美誉的内藤湖南，一生之中更是10次考察中国、1次访问欧洲。内藤湖南以记者的身份第一次踏上中国国土是在1899年，他走访了京津、江浙沪等地区，广泛地体验了中国的风土人情，也与王国维先生有了初次接触并结下了友谊，回到日本后他便撰写出版了《燕山楚水》。之后他多次访华也与中国学者王国维建立起了深厚的友谊。辛亥革命后，王国维先生在日本避难实际上也是得到了内藤湖南的安排与帮助。

铃木虎雄：铃木虎雄1916年公派赴中国留学，当时他已经是京都大学的副教授了。在中国的两年里，他与中国的学者王国维先生有了密切的来往。

青木正儿：被中国学者称为"研究中国曲学的泰斗"，他曾于1922年与1925年到访中国，与王国维先生有了密切的交往。这两次中国行不仅对青木的学术研究产生了影响，他还出版了不少行记，如《江南春》《竹头木屑》《北京风俗图谱》等。

（2）受王国维先生的影响，他们研究中国戏曲大都从元曲开始。

狩野直喜：作为京都学派的创建者之一的他声名远播，与中国戏曲尤其元曲结缘亦深。

---

[1] 张蕾、李霄：《青木正儿与韩世昌——韩世昌1928年赴日与日本"京都学派"》，载《戏曲艺术》（增刊），中国戏曲学院2013年。

[2] 张蕾、李霄：《青木正儿与韩世昌——韩世昌1928年赴日与日本"京都学派"》，载《戏曲艺术》（增刊），中国戏曲学院2013年。

狩野以科学严谨的态度从事戏曲研究，用实证之法考查元曲呈现出了京都学派的特点；他的审美趣味和方法，与王国维多有相通之处，同时也深受王国维的影响；他对中国戏曲的兴趣和研究方法影响了他的学生，从而为若干年后日本的中国戏曲研究奠定了基础。[1] 狩野直喜《覆元椠古今杂剧三十种跋》中提到："《覆元椠古今杂剧三十种》无卷数，不知编者名氏。旧藏黄荛圃士礼居。前年有人从吴门购回，今归我友罗君参事（中略）元曲、宋词应与唐诗、汉文并列，爰请本学覆刻传世，以存元代文献焉。此役罗君自任董理，得力殊多，并录以表谢忱。大正甲寅（1914）三月狩野直喜书于京都文科大学中国文学研究室。"[2] 如狩野在京都大学专门设立了中国戏曲史的课程，还编译了《中国戏曲史》一书发给学生传阅，他的学生青木正儿在《君山[3]先生与元曲和我》中曾说"狩野直喜先生实为我国元曲研究的鼻祖"。狩野不仅影响了自己的学生，自身在元曲研究上也颇有建树。他集结出版了《中国小说戏曲史》经典作品，还先后赴中国、欧洲等地抄录查阅文献进行实地考证。

内藤湖南：作为日本汉学界的巨擘，让中国学者更为熟悉的是上文所提到的"宋代近世说"与"文化中心移动说"。实际上他先后十次游历中国，从董康先生、王国维先生处寻访获得了许多珍贵的戏曲文献，如宋元南戏《九宫正始》、明朱墨本《西厢记》等。这些珍贵的文献资料为"京都学派"的学者们研究中国戏曲提供了温床，为他们追溯元曲的根源提供了重要的史实材料。

铃木虎雄：1910年，铃木虎雄在京都大学开设的讲座课讲解元曲。有着"中国文学研究第一人"之称的铃木，在中国文学研究领域范围广泛，还著有不少作品，如《陶渊明诗解》《陆放翁诗解》《玉台新咏集注》《赋史大要》等。其中在《赋史大要》中他认为："八股文在戏曲文学中以赋的变体出现"，这无疑开辟了研究戏曲文学领域的新视角。时至今日，"京都学派"的学者们一直保持与继承着铃木虎雄的学术观点与学术方向，他与狩野直喜影响了一代又一代的学生对中国戏曲的执着追求，也使得中国戏曲研究成为日本京都学派的一大看家本领。

青木正儿：青木作为京都大学文学科的第一批毕业生，对狩野直喜与铃木虎雄的研究进行了继承与发扬，在戏曲史的研究上颇有建树。中国学者比较熟悉的著作有《中国

---

[1] 张蕾、李霄：《青木正儿与韩世昌——韩世昌1928年赴日与日本"京都学派"》，《戏曲艺术》（增刊），中国戏曲学院2013年。

[2] 童岭：《汉唐经学传统与日本京都学派戏曲研究刍议》，载《戏剧（中央戏剧学院学报）》2009年第2期。

[3] 君山：指狩野直喜，字君山。

近世戏曲史》《南北戏曲源流考》《元人杂剧》《元人杂剧序说》等。《元人杂剧》一书对中国戏曲的三个剧本进行了译注，全书包括解题、剧本、注释三部分。第一部分解题介绍了杂剧剧本的大纲、演出的角色，而且对各剧的素材、情节、艺术特色等都一一加以说明。在第二部分剧本的译文中，青木充分考虑到了日本读者的阅读习惯，比如元杂剧里往往在人物登场时会注明旦、末、净等便于演员阅读理解剧本，青木正儿认为这对于读者而言无疑是多余之举，因此在译文中一律省去，而全部统一用角色名字来代替。在第三部分注释中，青木正儿先对"惯用特殊助字"加以解说，同时又采用日本读者熟悉的事物来解释剧中他们陌生的名词。例如，所谓"货郎旦"，与日本民间演唱形式"歌祭文"相似；"蛇皮鼓"，形似日本玩具"豆太鼓"。这样，使日本读者产生形象化的认识，从内心感到十分亲切。为了让日本读者更好地理解剧情，青木正儿的确倾注了一番心血。通过看他的译本，对于如何向国内外广大读者介绍我国古代优秀的戏曲作品，能从中获得到更好的启发。

（3）除了自身专注于对中国元曲的研究，他们还先后开设过有关中国古典文学、中国古典戏曲、中国史学、中国敦煌学等讲座或课程。

如狩野直喜从1906～1928年他在京都大学开设的"中国哲学"讲座，据《东洋学的谱系·狩野直喜篇》载："明治三十九年（1906），狩野直喜在京都帝国大学文科大学开设了哲学科的普通讲义'中国哲学史'，接着明治四十一年（1908）在文学科开设了同样是普通讲义的'中国文学史'。此外作为特殊讲义又有'清朝学术'（1908）、'论语研究'（1908）、'清朝经学'（1910）、'公羊研究'（1911）、'左传研究'（1913）、'孟子研究'（1915）、'中国小说史'（1916）、'中国戏曲史'（1917）、'清朝文学'（1921）、'清朝的制度与文学'（1923）、'两汉学术考'（1924）、'两汉文学考'（1925）、'魏晋学术考'（1926）、'魏晋文学考'（1927）等。"又如内藤湖南时期，他曾在京都大学主讲过中国上古史、中国近世史、清朝史专题、中国史学史、中国目录学史、中国中古的文化等课程；再如铃木虎雄担任京都帝国大学文科大学中国语学"中国文学第一讲座及第二讲座"的教授。还如青木正儿通过数次游历中国和到中国留学的经历，在中国文学上有了独到见解，于1926年在日本东北帝国大学开讲"中国文学"等。[1]

---

[1] 张蕾、李霄：《青木正儿与韩世昌——韩世昌1928年赴日与日本"京都学派"》，载《戏曲艺术》（增刊），中国戏曲学院2013年。

（三）韩世昌与日本中国学"京都学派"

2007年10月1日至19日，日本名古屋大学图书馆举办了青木正儿诞辰120周年秋季特别展，展出内容均为日本名古屋大学图书馆1973年建立的"青木文库"中所藏部分青木生前收藏的历史实物。该展的主题为《"游心"の祝福——中国文学者·青木正儿の世界》。"游心"一词在汉语中有"潜心""浮想""骋思"之意，嵇康《赠兄秀才入军》诗曰："俯仰自得，游心太玄"，"游心"很形象地诠释了青木正儿先生一生致力于研究中国传统文化、得其真谛的心路历程。展览上主办方还特意向世人展示了青木正儿先生珍藏的两位近世中国戏曲知名人物——昆曲名伶韩世昌先生和京剧名伶梅兰芳先生——当年与青木先生交往的部分书信、照片等历史实物。[1]

上文提到过青木正儿一生痴迷于研究中国戏曲，而他的研究不仅仅局限于资料的搜集与抽象的推理，更是先后三次探访中国进行第一手的考证、调查和研究。

青木第一次"走出去"到中国游历做社会调查，时间为1922年3月25日至5月26日，那年青木32岁。其间，青木正儿以上海为中心遍游杭州、苏州、南京、扬州、镇江等地，4月8日青木见到了王国维，5月26日回国。此次中国之行青木未曾到中国北方地区，也未曾到北京。

青木第二次"走出去"是1925年3月至1926年3月，为期1年。此次青木正儿作为日本文部省派遣的研究员来到中国，性质虽是留学，实际上还是社会调查。这次他第一站先到的沈阳，然后是北京，之后去了郑州、开封、洛阳、大同等中国其他北方地区。这一年里，青木再次见到了王国维，并见到了胡适和周作人等，还见到了《顺天时报》的日本记者辻听花，此时辻听花的《中国剧》一书已经出版5年。1926年3月26日青木回国。

很快，青木又第三次"走出去"再次来到中国，时间是1926年4月6日，这次青木第一站是上海，之后游历了江南二十几个城市，于7月5日回国。

青木正儿所著的《中国近世戏曲史》中提到："旋游江南，寄寓上海者，前后两次。每游闲辄至徐园，听苏州昆剧传习所童伶所演昆曲，得聊医生平之渴也。"这里说的就是青木1922年和1926年两次游历中国南方听昆曲的情况。关于青木第二次中国之行在北京的情况，青木正儿在《中国近世戏曲史》序中这样写道："游学北京，乘机观戏剧之实演，欲以之资案头空想之论据。然余所欲研究之古典的昆曲，此时北地已绝遗响，殆不获听。

---

[1] 张蕾、李霄：《青木正儿与韩世昌—韩世昌1928年赴日与日本"京都学派"》，载《戏曲艺术》（增刊），中国戏曲学院2013年。

惟皮簧、梆子激越俚鄙之音，独动都城耳。"青木正儿上述所言，真实地反映了"荣庆社"及韩世昌在经历了1918年进京短短几年"声动京城，响彻申江"后陷入的困顿处境，以及青木想看北方昆曲、想看韩世昌昆曲表演技艺而未看到的遗憾之情。青木正儿第二次来中国来北京的目的是"余所欲研究之古典的昆曲"，以"观戏剧之实演"，而且此时青木正在为撰写《中国近世戏曲史》做各种准备，但遗憾的是，"此时北地已绝遗响，殆不获听"。无奈，青木只能在上海"每有暇辄至徐园，听苏州昆剧传习所童伶所演昆曲，得聊医生平之渴也"。但"童伶所演昆曲"显然并没满足青木"研究之古典的昆曲"之急需。作为研究中国戏曲的一位日本学者，青木非常清楚，中国的昆曲是唯一一个以中国古典文学与中国古典音乐为基本属性的纯粹剧种，可来到北京不能"观戏剧之实演"。这对于信奉实证论的"京都学派"的学者来说，对于研究中国文学、研究中国戏曲的青木来说，定是件非常痛苦之事。终于，1928年8月青木借日本"御大典"之机向北方昆曲一代名伶韩世昌发出了赴日演出的邀请。[1]

在这样的历史背景下，便有了韩世昌艺术生涯中辉煌的一笔，也是昆曲历史上国际文化交流的一次大事件——1928韩世昌赴日本演出。其赴日的邀请书以日本著名中国学、日本中国戏曲理论家、"京都学派"代表人物青木正儿的名义发出，文为："作为今秋御大典纪念，借此次在京都举办的大博览会为契机，邀请北京昆曲大家韩世昌向我国的风雅客人展示其美妙绝伦的艺技……敬具，昭和三年八月，南满洲铁道株式会社情报课长寒河江坚吾、青木正儿殿。"[2]

三、韩世昌1928年访日演出

（一）韩世昌1928年访日演出的史实

从韩世昌1928年访日演出的史料整理过程中，能发现韩世昌先生与日本中国学"京都学派"的教授们有多次交集，其访日活动的学术性也凸显出来。

韩世昌接受演出邀请确定剧目后从荣庆社挑选辅配角色，最终一同赴日演出的有：笛师侯瑞春和田瑞庭、鼓师侯建亭和唐春明、二胡王玉山、笙赵淡秋（电话局业余曲友、

---

[1] 张蕾、李霄：《青木正儿与韩世昌——韩世昌1928年赴日与日本"京都学派"》，载《戏曲艺术》（增刊），中国戏曲学院2013年。

[2] 张蕾、李霄：《青木正儿与韩世昌——韩世昌1928年赴日与日本"京都学派"》，载《戏曲艺术》（增刊），中国戏曲学院2013年。

侯瑞春学生）、小生马凤彩、旦马祥瑞（后更名马祥麟、马凤彩之子）和庞世奇（搭宝立社）、丑张秀荣、斌庆社的花脸兼老生、老旦殷斌奎（即小奎官）以及箱倌人等。荣庆社因为主要场面乐师被抽走，只好中断当时在保定的演出，刹箱打冻。

韩世昌1928年赴日演出的行程可以分为两个阶段。第一阶段为1928年10月5日至9日共在大连停留5天，停留期间于6日、7日在大连演出2场。韩世昌赴日演出第二阶段日程为10月11日抵神户，12日抵京都，25日抵大阪，26日抵东京，11月1日从神户离日乘船回国，在日本共停留20天。其中京都演出6场，大阪演出1场，东京演出4场，所演剧目与在大连演出剧目一样。[1]

1928年10月2日韩世昌携约20人的团队由北京出发。当天在大连，《泰东日报》刊登了标题为《韩世昌开演昆曲剧》的文章[2]。《满洲报》也刊文《昆曲大王韩世昌赴日过连留演两天》，在文中第一次出现了"昆曲大王韩世昌"的称号，文中提到："大连从未有演昆曲者，此次成为破天荒之创举。"10月4日在天津乘天长号船次日到达演出第一站大连市（当时中国大连被割让为日本领地）。10月6日至7日在大连协和会馆首演2场，剧目是：《思凡》韩世昌饰色空；《刺虎》韩世昌饰费贞娥，小奎官饰一只虎；《琴挑》韩世昌饰陈妙常，马凤彩饰潘必正；《闹学》韩世昌饰春香，小奎官饰陈最良，庞世奇饰杜丽娘。每场两个剧目，开场和剧目间韩世昌换装时均演奏昆曲曲牌音乐，并向入场者散发大连中日文化协会印制石田贞藏编著的《昆曲与韩世昌》说明书册（此行演出每场皆如此）。7日，《满洲日报》发文两篇——《昨夜韩世昌剧》《至妙的艺术——韩世昌剧第一日》，第一次将昆曲称作"韩世昌剧"；《北京周报》也撰文《在大礼博上出演的昆曲最后的名优韩世昌的艺术——曾经的半成品，今日最杰出的精致品》；《大连日报》《满洲报》《泰东日报》《京都日出新闻》[3]等媒体纷纷刊文对韩世昌大连行的演出盛况进行了评述。

10月9日韩一行乘香港号船东渡前往日本，"10月11日晨到达日本九州的门司港，10月12日上午抵神户后改乘火车下午才到达京都，宿于京都名刹之一南禅寺的最胜院"。10月18日至23日，韩世昌在京都冈崎公会堂公演6场，舞台横标"韩世昌中国昆曲观赏会"。18、20、22日剧目为《思凡》和《闹学》（演员皆同前）；19、21、23日剧目为《游园惊梦》和《佳期拷红》。《游园惊梦》韩世昌饰杜丽娘，马祥瑞饰春香，马凤彩饰柳梦梅，

---

[1] 张蕾、李霄：《青木正儿与韩世昌——韩世昌1928年赴日与日本"京都学派"》，载《戏曲艺术》（增刊），中国戏曲学院2013年。

[2] 报纸原文，笔者发现于大连图书馆馆藏缩微中心库。

[3] 报纸原文，笔者发现于大连图书馆馆藏缩微中心库。

张荣秀饰睡魔神，小奎官饰杜母；《佳期拷红》韩世昌饰红娘，马祥瑞饰崔莺莺，马凤彩饰张君瑞，小奎官饰崔老夫人。10月25日在大阪朝日会馆公演一场，剧目《思凡》和《闹学》。10月26日晚乘火车到达东京，受到日本演员协会代表六世坂东彦三郎等欢迎。10月27日至29日在《名人会》演出三场节目后又追加昆曲公演一场，剧目是《思凡》和《闹学》。日本艺术家《名人会》节目中歌舞会外，尚有《漫谈》和《长呗》等，地点是东京新桥演舞场，舞台横标"日中亲善演艺大会"。以上便是韩世昌访日的主要演出日程。

其间，韩世昌还进行了赴日之行中最为重要的学术访问，多次与"京都学派"的教授们进行交流沟通。10月21日下午，韩世昌参加了日本京都大学"京都学派"创始人狩野直喜教授发起的、京都大学文学部名为"欢迎韩世昌"的欢迎会。与会者除狩野直喜外，铃木虎雄、内藤湖南、青木正儿均列席参加。10月22日下午，韩世昌参加了日本京都大学举办的关于昆曲的讲演会，会上，韩世昌、内藤湖南、青木正儿等分别在会上发了言。

1928年韩世昌赴日演出前，青木正儿就在各大报刊上发表了多篇评论文章，为了便于日本普通观众的理解与接受。演出期间，大连日中协会特别邀请青木正儿编辑出版了《昆曲与韩世昌》（《昆曲剧と韩世昌——其の渡来に方つて之を世に绍介す》）一书。对昆曲的历史、组织和所演出剧目分别做了介绍，评述了韩世昌的表演。文中，青木正儿详述了昆曲的源流，然后介绍《闹学》，青木认为此剧"确能传出雏鬟娇痴神力，博热烈之喝彩"。之后，青木对韩世昌的《游园》与《拷红》两剧给予了"能使邦人有魂飞天外之感"的评价。文章的最后，青木认为"昆曲自清嘉庆以来，为皮黄所压倒。欲挽回昆曲之衰颓，则研究北曲为必要，而韩世昌一派，为北人之昆曲，自为极适宜之研究"。

韩世昌也在自述中记录了这次"京都学派"的教授们所举办的欢迎会的一些情况：日本京都帝国大学文学部特别开会招待我们，到会的有青木（青木正儿）教授、桑京（疑为桑原之误）博士、铃木（铃木虎雄）博士、内藤（内藤湖南）博士、小川（小川琢治）博士等人并摄影留念。有些人还在会芳楼招待我们，席上盐谷温教授赋诗相赠。原诗为："相逢欢送眼青青，酌酒劝君杯莫停。幽梦觉来肠欲断，清歌一曲牡丹亭。"[1]

韩世昌访日的日程中与日本的戏剧界名人及商贾也有交流：10月13日韩世昌访问大阪《每日新闻》京都分社并至南座观看关西歌舞伎名家公演，幕间与日本著名歌舞伎名家中村扇雀晤谈。10月27日下午韩等一行参加了日本富商大仓喜世郎男爵在帝国大

---

[1] 张蕾、李霄：《青木正儿与韩世昌—韩世昌1928年赴日与日本"京都学派"》，载《戏曲艺术》（增刊），中国戏曲学院，2013年。

厦主持的茶话会，日本朝野名流百余人到会；10月29日日本演员协会在筑地八百善举行招待宴会，韩世昌等六人出席，演员协会会长五世中村歌右卫门出席讲话表示欢迎。

10月30日，韩世昌等人乘火车离开东京。11月1日中午，韩世昌一行人在神户乘长江号船返天津。11月6日夜，韩世昌返抵北京，结束了这次交流演出活动。

（二）中日两国媒体对韩世昌1928年访日演出的评价

北京《顺天时报》、天津《北洋画报》等连续登载报道、介绍和评论文章。《北京画报》先是登载了《誉满归来之韩世昌——东西日学界欢迎韩之盛况》一文，后又印刷了《韩世昌东游纪念号》，主编傅惜华亲自撰文："韩世昌此次东游演剧，我们确认它能使昆曲的地位与价值日渐增高，且引起国际的推崇，足以发挥三百年来昆曲光大的历史也。我们除设宴欢迎外，并特出此刊纪念之。"《东北文化》杂志中《昆曲——韩世昌之东渡》一文写道："自昆曲献艺京师，北方昆学一振，学生士夫多喜研究，激影江南，亦呈活动。今番韩伶东渡，昆曲二字且向国际辉煌矣。其所得结果之佳否，莫敢预卜。而与昆曲艺术宣传上，实一首功。国际间之艺术各有精到，各有取径，未可执一例一。然昆曲之艺，实以发达成熟，而非在研究进程中也。总之，以舞台演实事，必经一番运化，而时代进演，必将有一种戏剧执牛耳于国际间，其昆曲当此矣。"[1]

韩世昌赴日演出期间，日本《京都日出新闻》《大阪每日新闻》《大阪朝日新闻》等多种报刊都登载了文章描述韩世昌演出的热烈情况。《顺天时报》10月30日版辻听花刊专栏文章《西京韩伶》，文中说："韩伶抵西京以来，各界名人，每日招待，颇极殷勤，又各报馆恳求照相者，每日有数千起之多，应接频繁，颇极忙碌，到处大受热烈之欢迎，可以知矣。"《京都日出新闻》鲤岩生文章《韩世昌与韩世昌的比较》及《东京时事新报》波多野乾一文章说："由韩世昌开始的中国戏剧与日本的接触，将被这次韩世昌的日本之行所加深。"

无论中方还是日方媒体，皆对韩世昌一行赴日演出评价甚高。韩世昌回国后，当时的报刊发表评论说："韩之昆剧，乃益精妙。昆剧亦赖韩之支柱而得中兴，时人尊称之为昆曲大王，殆非溢誉。"其以艺术精湛得"昆曲大王"称号，在艺坛上的声誉与"四大名旦"之首的梅兰芳媲美，有评论说："自韩世昌赴日演艺之后，吾国名伶能继踵媲美者，惟韩而已。"一时间韩、梅并称。

---

[1] 胡明明、张蕾：《韩世昌年谱考略》，载《戏曲艺术》（增刊），中国戏曲学院2013年。

(三) 韩世昌1928年访日性质

韩世昌这次访日演出既是艺术文化的交流，也带有部分政治色彩，但其根本性质就是一次对日普及中国昆曲艺术的演出，原因有三：

第一，虽带有政治色彩，但只是艺术交流。京都学派代表青木正儿正式邀请韩世昌赴日本进行昆曲艺术个人专场演出，是为了在满州铁道株式会社为纪念日本昭和天皇即位加冕大典而举办的京都大礼博览会上进行表演，所以说韩世昌赴日演出带有政治色彩。但邀请韩世昌赴日演出的目的是非常明确的，仅是一项中日文化交流活动。通过上文对韩世昌访日演出行程的分析，可以发现演出一直都是在各个剧场进行的，并没有在京都大礼博览会上举行。这一观点也在名古屋大学2007年第6号研究年报中塚亮的《韩世昌昆曲访日公演的历史背景——满铁情报活动的关系说》一文中得到证实："演出地点没有放在带有政治色彩的'大博览会'上的'满蒙馆'是韩世昌的坚持与选择""韩世昌仅是代表北昆，与满蒙并无任何关系""韩世昌仅是北京的知名艺人，与满蒙无特殊关系"。

第二，在以满洲铁道株式会社情报课长寒河江坚吾及日本中国学"京都学派"青木正儿为代表的韩世昌访日演出邀请函中也明确指出："…此次演出最初计划是对于除本国爱好者之外，让普通人感受昆曲艺术魅力的机会……"

第三，日本中国学"京都学派"作为"日本近代中国学研究史上、甚至思想上的一个重要流派"，他们所推崇的"实证主义"使得他们多次来到中国实地考察，他们热心于研究中国戏曲却没有亲身感受其艺术魅力。将中国学的重要人物请到日本进行访问，是他们治学的方式之一，韩世昌进行访日演出实际上是日本中国学"京都学派"努力运作成功的结果。

尽管受到当时时代背景与历史的局限，但是从演出史料、媒体报道、日方学术研究等多个方面考虑，韩世昌1928年访日演出是一次介绍中国古典戏剧、古典文学和古典音乐的文化交流活动，这次活动在中日文化艺术交流方面是成功的。

四、韩世昌1928年访日的社会影响分析

(一) 对日本中国学"京都学派"的影响

对于日本中国学"京都学派"来讲，1928年韩世昌访日演出不仅仅是一场异国戏剧形式的展现，他们通过观看演出、举办交流会等方式直观地感受到了中国戏曲的艺术魅力，对于有着注重现场社会调查、以占有第一手材料、获得直接观察与体验的传统"京

都学派"来说，这无异于一道"精神大餐"。韩世昌访日成就了一代研究中国传统文化的日本文化学者——著名的日本中国学"京都学派"。这些日本前辈学者的研究成果，时至今日仍是现在日本研究中国传统文化的圭臬。

1. 对当时日本"京都学派"的影响

从前文的史料中，我们能得知：1928年，韩世昌是在日本中国学"京都学派"代表青木正儿的帮助和促成下赴日本演出的。中国昆曲演员首次出国演出，便赢得了日本各界的广泛欢迎。但这并不是历史的偶然，从"京都学派"的开山鼻祖狩野直喜，到内藤湖南、铃木虎雄，再到青木正儿，学派传承的脉络十分的清晰，他们每个人都是对学派上一代领军人物学术研究的继承与发展。而这几位学者数次游历中国结识了王国维先生，王国维先生对他们在中国戏曲史研究上的影响力是不容忽视的。王国维先生的一部《宋元戏曲考》时至今日对我们也有着重要的价值，他对元曲的推崇更是让"京都学派"的学者们也专注于对中国元曲的研究，所以"京都学派"对于元曲也有着近于偏执的喜爱。到了青木正儿这一代，仅靠考察文献资料、对照古籍话本已经无法满足他们孜孜不倦的求知欲，能够得以亲眼感受昆曲——与元曲有着血缘关系的中国传统表演艺术成为他们的追求。

通过韩世昌在日本的演出，"京都学派"的学者们首次近距离地接触到中国戏曲的精华部分，让讲究"实证主义"的他们对中国传统戏曲有了正确的认识。他们发现昆曲——这种古老而又神秘的东方戏剧形式，不仅向他们展示着它那独树一帜的表演风格，而且成为他们研究中国戏曲的一个横向坐标和参照物。在韩世昌的精湛表演中，"京都学派"的学者们被深深地震撼了。平日枯燥乏味的文献资料中的戏文唱词，在舞台上被韩世昌演绎得生动、深刻而又形象。韩世昌在日本停留的短短数十天，为日本中国学"京都学派"的研究提供了依据。

1930年，也就是韩世昌完成赴日演出后两年，青木正儿出版了在戏曲研究著作中负有盛名的《中国近世戏曲史》一书。它不仅以严谨的治学思路影响了后来者，且因为"对于昆曲花部，乃至剧场构造角色，考索极详，可以补王静安（王国维）《宋元戏曲史》之不足"，长期成为中国研究者和大学专业教育的参考书。[1] 韩世昌先生的老师吴梅先生也为此书的译本作序："青木君遍览说部，独发宏议，诣力所及，亦有为静安与鄙人所未发

---

[1] 张蕾、李霄：《青木正儿与韩世昌——韩世昌1928年赴日与日本"京都学派"》，载《戏曲艺术》（增刊），中国戏曲学院2013年。

者，不尤为难能可贵耶。"[1]《中国近世戏曲史》分五篇十六章，虽序称以中国明清戏曲为主，"原欲题《明清戏曲史》"，但其"明初之杂剧"章节之前，却已占133页之多，约占全书（除译者附录外的559页）的24%，经过比照，显然其对王国维《宋元戏曲史》的成果吸收良多。此书与国内同类著作比较，风格鲜明：其历史阶段叙述详尽，该长则长，该短则短，特征概括准确，直击要害，难寻陈陈相因之气。曲家人选丰富，少有门户之见，评语贴切，口气清新。当是厕身其外，冷目静气，心无挂碍之故。书中表述方式手段丰富，其《录鬼簿》结构列表、古南戏目对照表、南北曲在工尺谱上的区别表等表格，使典籍内容一目了然，值得称道。虽然此书一出，有关元曲是"活文学"，而明清之曲为"死文学"的王国维"鄙弃明清戏曲"之说与青木的"场上方为真戏剧"之说几成公案，通过1928年青木正儿邀请韩世昌赴日演出的前后过程中还是可以看出，京都学派在研究中国戏曲，特别是研究中国昆曲中所持有的"实证主义"研究方法在实际中是如何运用的：近代兴起的日本中国学在理论与方法上深受欧洲实证主义思潮的影响，特别为德国兰克史学所熏染，认定科学研究不应以抽象推理为依据，而应以"确实的事实"为基础。[2] 他这种对戏曲研究的执着与良好的治学态度也传承给了他的学生。

吉川幸次郎就继承了青木的衣钵，于1939年开始研究元曲。他在中国戏曲史的研究领域先后出版了《元曲金钱记·李太白匹配金钱及》《元杂剧研究》《元曲酷寒亭·郑孔目风雪酷寒亭》等[3]。同时，他也发表了许多关于元曲的论文，在当时的学界风头很盛。日本学者传田章在《日本的中国戏曲史研究》[4]中提到："进入昭和年代[5]以后，日本的元曲研究被以吉川幸次郎为中心的京都大学学派推进到新的阶段。"

田中谦二虽然承铃木虎雄，却被视为继青木正儿后在中国戏曲研究领域成就最深的日本学者。田中一生倾情于元杂剧《西厢记》，对其进行了全方位的深入研究与考证。他在中国戏曲研究特别是元杂剧领域所取得的成就，让他成为日本中国学"京都学派"在中国元曲研究上的一代大师。他提出了"元杂剧的体制脱胎于金代诸宫调"的说法，并为此做出了详尽夯实的文献、戏曲文本的对比与考察。田中谦二还译制了日文版的《西

---

1 刘正：《京都学派汉学史稿》，学苑出版社2011年版，第193页。
2 张蕾、李霄：《青木正儿与韩世昌——韩世昌1928年赴日与日本"京都学派"》，载《戏曲艺术》（增刊），中国戏曲学院2013年。
3 刘正：《京都学派汉学史稿》，学苑出版社2011年版，第194页。
4 传田章：《日本的中国戏曲史研究》，载《文学遗产》2000年第3期。
5 昭和年代：传田章在《日本的中国戏曲史研究》一文中将日本对于中国戏曲的研究分成三个阶段，昭和年代是1926年至1989年，文中实际上指的是二战前对元曲研究达到顶峰的京都学派活跃时期。

厢记》，将原文中的唱词都译成了诗歌的形式，读者阅读起来既能朗朗上口也能体会个中韵味，同时也去除了翻译版中难以避免的生硬别扭的语言。最值得称道的是，注释大大地减少了，因为有关元杂剧的名词术语都没有再用。但考虑到为了让日本读者更好地理解，同时也能欣赏到原文的魅力，还是添加了少部分简明扼要的注释。自从1970年田中谦二版的《西厢记》面世之后，日本市面上便再也没有看到过其他新的译制本，而田中谦二版的《西厢记》却一而再再而三地再版，这足以说明其受到了日本国内学界和读者的认可。田中谦二在中国戏曲研究上的造诣，也得到了中国学术界的关注和研究，《田中谦二及其对元杂剧研究的重大贡献》就是一个很好的例子。田中谦二成为当之无愧的"中国古代戏曲史研究第一人"。[1]

1956年，青木正儿与吉川幸次郎两位老师带领着自己的学生田中谦二、入矢义高[2]成立了"元曲研究班"。这实际上是一次元曲的联合研究项目。每周进行一次讲读，主要的文献材料由田中谦二、入矢义高负责收集。他们将每次讲读结果都记录下来并在《东方学报》上发表，集结成集完成了《元曲选释》一书。

传田章[3]在《日本的中国戏曲史研究》[4]一文中说："考虑，把研究史分为三个阶段，对代表各个阶段的几个学者或者研究情况稍做说明。这三个阶段是：大正（1912～1925）初开始对元曲进行正式研究的盐谷温，构成战前元曲研究顶峰的京都学派和战后在中国戏曲的社会学研究中居于领先地位的田仲一成。"在此文中，传田章所提出的"元曲研究顶峰的京都学派"已经在中日两国学界达成了共识。他还提出，文中所指的"京都学派"是"进入昭和年代以后"的"京都学派"。所以，根据上文提到的史实材料，加上以日本昭和年代来进行划分的话，"京都学派"在中国戏曲研究达到巅峰的时期则应是1928年以后，也就是韩世昌访日演出结束后。

从各个史料证据、"京都学派"所发表的学术论著的时间及传田章教授的论证来看，我们可以大胆推断，正是因为韩世昌1928年的访日演出，推动了日本"京都学派"在中国戏曲史的研究。

---

[1] 刘正：《京都学派汉学史稿》，学苑出版社2011年版，第195页。

[2] 入矢义高：（いりや よしたか，1910～1976），日本鹿儿岛市人，中国学学者，被誉为禅宗文献的权威。入矢义高毕业于京都大学，在《日本世界大百科事典》中所撰《关汉卿》专门辞条，参加了"元曲研究班"负责收集相关资料，与青木正儿、吉川幸次郎、田中谦二合著了《元曲选释》。

[3] 传田章，1933年生，1956年毕业于东京大学文学院文学部，现为日本放送大学教授。

[4] [日]传田章：《日本的中国戏曲史研究》，载《文学遗产》2000年第3期。

2. 对现今"京都学派"学者的影响

从河北河西村走出来的一代昆曲大师——韩世昌,可能没有想到,使他声名显赫并且最终奠定他中国北方昆曲旗帜性象征地位的正是他1928年的访日演出。他第一次将北方昆曲带上世界戏剧舞台之后,如蝴蝶效应般,日本中国学"京都学派"也产生了巨大影响。而且"京都学派"对中国戏曲的研究至今也没有中断过。

今日之京都大学把这种专注于中国戏曲研究的风气很好地传承了下来。金文京教授（1952～ ）,出生于日本东京的韩国籍人士,1976年毕业于京都大学大学院,获得中国语言文学专业硕士学位；1979年,他在京都大学大学院中国语言文学专业完成了博士课程。金文京现为京都大学人文科学研究所教授、韩国成均馆大学兼职教授、日本中国学会评议员、日本东方学会评议员、日本道教学会理事、（日本）中国社会文化学会理事等,曾任京都大学人文科学研究所所长（2005～2009）、日本中国学会副理事长（2001～2005）、台湾大学中文系客座副教授（1999～2000）,主要从事中国古代小说、戏曲研究,在中日韩三国出版著作（含合著）20多部,发表论文及研究报告140余篇。主要代表作有:《〈董解元西厢记诸宫调〉研究》《邯郸梦记校注》《元杂剧研究——〈三夺槊〉〈气英布〉〈西蜀梦〉〈单刀会〉》《元杂剧研究——〈贬夜郎〉〈介之推〉》《日本所藏稀见中国戏曲文献丛刊（第1辑）》《能与昆曲》等。[1]

井上泰山（1952～ ）,现为关西大学文学部教授。1971年,就读于东京外语大学,完成了本科与硕士的学习；1977年,为了潜心学习中国戏曲,他拜在田中谦二门下进行博士学位的修习。一次偶然的机会,井上参加了元杂剧剧本的读书会,逐渐被中国古典戏曲的魅力所吸引,后醉心于研究中国文学,特别是中国近代白话小说与戏曲,延续到现在。他在戏曲方面出版了《董解元西厢记诸宫调研究》[2]《中国近世戏曲小说论集》[3]等著作,还发表了《关汉卿作剧法试探》（《明治学院论丛》308号,1980）、《元杂剧「拜月亭」考》（关西大学中国文学会纪要8号,1980）、《元杂剧の「搽旦」について》（中国俗文学研究1号,1983）、《元杂剧の翻訳と注釈》（东方28号,1983年）《元杂剧の伝来と受容》（明治学院大学付属研究所纪要8号,1984）、《元曲辞典のあり方を問う》（中国俗文学研究5号,1987）、《元杂剧の伝来と受容に関する覚書》（中文研究集刊创刊号,1988）、《日本における『西厢记』研究》（中国俗文学研究8号,1990）、《元杂剧の道士と道姑》（《田

---

[1] 段江丽:《中国古代文学与东亚文学—文化圈——金文京教授访谈录》,载《文艺研究》2013年02期。
[2] 此书由井上泰山、金文京、赤松纪彦、小松谦、高桥繁高桥文冶合著,汲古书院于1998年2月出版发行。
[3] 此书由井上泰山编著,关西大学出版社于2004年12月出版发行。

中谦二博士颂寿纪念中国古典戏曲论集》，1990)、《杂剧「硃砂担」演变考》（关西大学文学论集 40 卷 4 号，1991)、《水浒传传补语小考》（中国俗文学研究 9 号，1991)、《「西厢记」研究在日本》（『西厢记新论』，1992）等数篇论文，在学界影响极大。

金文京与井上泰山两位教授不仅承袭了老师们对中国戏曲研究的兴趣，还坚持着"京都学派"贯穿始终的求实主义。随着社会的发展，中日学界进行文化交流的途径日趋增长，金文京、井上泰山教授数次来到中国进行讲座、调研等学术访问；而他们也将中国一些戏曲界"大腕"请进日本。

从狩野直喜到王国维，从韩世昌到青木正儿，再到现在的金文京与井上泰山，"京都学派"对中国戏曲史研究可谓"痴迷"的精神一直在发展，也正是为此，"京都学派"在中国戏曲学的研究上领先于日本其他学派。

（二）"京都学派"学者对韩世昌昆曲的影响

1."京都学派"与韩世昌对昆曲的崇尚

上文提到，"京都学派"的代表人物狩野直喜、内藤湖南、铃木虎雄、青木正儿几位学者曾数次游历中国并结识了许多中国国学大师。其中王国维先生对他们在中国戏曲史研究上的影响力，是不容忽视与否定的。王国维先生对于元曲的推崇是中国学界所熟知的，所以"京都学派"对于元曲也有着近乎偏执的喜爱。而昆曲——与元曲有着血缘关系的中国传统表演艺术，成为了他们眼中最高雅的艺术。

日本"京都学派"的学者认为："韩世昌的昆曲被奉为至高的文化，在庆祝日本最具象征性的大典时，比起有些俗的京剧，高雅的昆曲更相得益彰"；"梅兰芳曾在 1919 年、1924 年赴日公演，因此当时在日本一提到中国戏曲大家都会想到梅兰芳，反过来说，比起大家熟知的京剧演艺者，昆曲大家韩世昌的公演将会变得非常值得一看"。精通中国戏曲的波多野乾一则说得更直接："想在'御大典'上让日本人观看中国戏曲，而梅兰芳已经不稀奇了，依照寻求变化这一方针物色了韩世昌"。[1] 1928 年，韩世昌赴日演出后，更有一些日本学者甚至把"昆曲"称为"韩世昌剧。"[2]

日本"京都学派"的学者尽管认同梅兰芳的表演中"中国京剧的程式化、虚拟化的'象征主义'舞台手法"，但他们"重文献考据，重正统、轻民间，重剧本文词、轻场上

---

[1] 胡明明、张蕾：《韩世昌年谱考略》，载《戏曲艺术》（增刊），中国戏曲学院 2013 年。

[2] 张蕾、李霄：《青木正儿与韩世昌——韩世昌 1928 年赴日与日本"京都学派"》，载《戏曲艺术》（增刊），中国戏曲学院 2013 年。

创造的治学方法",使他们有着"重昆曲轻京剧、重曲轻艺的倾向"。所以,在"京都学派"学者的眼中韩世昌所代表的昆曲艺术代表着中国汉学文化的精髓。京剧艺术是"俗"文化,而昆曲艺术是"高雅"的代表。

虽然"京都学派"的这种思想对自身的研究与发展有一定的局限性,但从另一方面看,对韩世昌的艺术生涯也有一定的影响。韩世昌先生喜欢昆曲"是由于读《西厢记》和《桃花扇》等,觉得人物雅、辞句雅、有诗意"。而在访日演出结束后,获得了覆盖面与层次更大的观众及日本学界、媒体的认可,他更加坚定了一生追求昆曲艺术的理想。虽然后期昆曲衰落了,但韩世昌先生仍没有放弃,仍以昆曲教学作为谋生的方式。在《负暄琐话》中提到:"话题自然也转到昆曲的没落,大家都为此表示惋惜。问起为什么不改走其他的路,他说,他并不是不能演京剧,只是总觉得唱词太俗,没意思,所以甘心闲着。"[1] 可见,韩世昌先生一生不演"皮黄"是不无原因的。

2. "京都学派"推动了昆曲在日本的传播

"京都学派"的学者们对中国戏曲的研究至今也没有中断过,并且从"学派奠基人"狩野直喜开始到日本戏曲研究泰斗"青木正儿",再到上文所提到的金文京与井上泰山教授,都以自己身处的大学为阵地,或开设中国戏曲课程,或举办中国戏文讲话会,或组织科研项目研究,用这样的方式传播着中国戏曲文化。而"京都学派"庞大的师承关系,有如繁星般在日本各地发光发亮,也影响着日本学界对中国戏曲的关注。

正是这样的背景与条件,促成了日本"昆剧之友社"的诞生。昆剧戏友社的《成立宣言》说:"昆剧是中国最传统、最完美的戏曲剧种,它蕴涵着声乐、文学、表演体系及舞蹈等极为丰富的艺术宝藏,是生命力最强的艺术形式。为此,我们决定成立昆剧之友社,约做了半年筹备工作,今天终于迈出了光荣的第一步。"

日本京都大学教授赤松纪彦在接受采访曾说过:"实际上日本人一直以来就十分喜欢昆曲。早在1928年,中国著名的昆曲艺术家韩世昌先生就曾来日本演出。在那时,韩世昌先生非常有名,在日本,韩世昌先生的昆曲受到了非常高的评价。……大约20年以前,我们曾经成立过日本昆剧之友社,总的来说就是一个曲社。那个时候,我作为最开始的代表,和一些年轻的学生来到中国学习昆曲。"赤松纪彦教授的说法再次印证了笔者的观点。

日本昆剧之友社社友们对昆曲的热情极高,他们不但自己爱唱戏、爱演戏,还在日

---

[1] 张中行:《负暄琐话》,中华书局2006年版,第183页~184页。

本国内推广宣传中国昆曲。他们中许多人甚至是不远千里奔赴中国学习昆曲，也时常自发地组织一些活动。如定期进行昆曲演出，在向观众展示自己学习成果的同时，也借此机会不断提高自己的舞台表演水平。1990年以来，北方昆曲剧院的演员张毓文，培养出了前田尚香、山田淳子、水野绿、关优子、阿部成浩、松本明久、山田晃三等十多位能唱能演的日本留学生，这些学员曾以日本昆剧之友社的名义，在1994年6月举办的首届全国昆剧青年演员交流大会上表演了《夜奔》《打焦赞》《游园惊梦》等剧目，颇获行家的好评。这支"日昆"队伍为昆剧艺术在日本东京、大阪等地传播起到了良好的作用。

又如新闻中所报道的，日本京都大学汉学专业研究生石井望，获悉苏州大学创办昆曲艺术专业后，毅然放弃文部省公派留学机会，自费到苏大求学，成为我国首位攻读硕士学位的昆曲艺术专业的外籍研究生。[1]

再如，"浙江省京剧团小排练场里，来了一群特殊的观众，他们是专程来杭州寻找传统戏曲文化源头的日本大坂立扇町高等学校的81名师生。台上，一出出昆剧精品折子戏《三岔口》《吕布试马》《百花赠剑》《十五贯测字》令日本师生大开眼界。"[2] 世博会上，日本馆还上演了昆曲表演。

昆曲艺术在日本不仅得到了传承和发展，还带动了日本昆曲文化的形成，在整体上取得了令人欣喜的成绩。日本戏迷的存在对国人来说也许可以成为反思"国粹"昆曲真正价值的又一次契机，并且可以启发我们对昆曲艺术价值的重新评价。

五、关于韩世昌与日本中国学"京都学派"的思考

（一）关于文化辐射的分析

1. 当时文化传播的分析总结

大学的两大基本职能是科研与教学，基于这种特定的基本职能，大学的文化辐射力也有着其特定的功能。而"京都学派"对中国昆曲在日本的传播功不可没。

"京都学派"是中国戏曲艺术的播种机。京都大学作为日本中国学的主要阵地，承担起了引领中国戏曲研究在日本发展壮大的历史责任。学者们通过更加通俗的讲解让学生理解晦涩难懂的戏文，通过系统的介绍让学生了解外来艺术形式的特点。这样的教育方

---

1 《一位教授的昆曲之旅》，原文发表于《苏州日报》。http://www.china.com.cn/zhuanti2005/txt/2003-12/07/content_5456209.htm。

2 《日本师生来杭学昆曲》，杭州新闻网，http://news.zj.com/detail/790086.shtml。

式让学生在观看中国戏曲演出时能注意到欣赏重点，等于培养了一批潜在的昆曲观众。

"京都学派"是中国戏曲艺术的导航仪。"京都学派"学者们对中国传统文化和高雅文化进行阐释，充分发挥自身优势，有计划、有组织地使自己的学生汲取营养和力量。同时，通过丰富的学术理论、文化活动，来传播中国戏曲艺术。如发表和出版有关中国昆曲或戏曲的论文、著作。在韩世昌访日演出前，"京都学派"的教授们就在多个杂志、报刊上发表介绍中国昆曲的文章；结束后，"京都学派"的教授们又发表了大量关于中国昆曲、中国戏曲的文章。这样一来，不仅在演出前进行了舆论造势，还长久地保持了演出结束后的热度。他们这种对于中国戏曲的"痴迷"，也很好地通过文字得到了有效的传承，促进了中国戏曲艺术的普及。

"京都学派"是中国戏曲艺术的辐射器。大学集聚了丰富的人才和技术，深藏着开发与创造的无限潜能。从文化研究的成果到文化的影响力，是"京都学派"的学者们释放潜能的过程。"京都学派"的学者们通过与中国学者、艺人的深度交流，一方面推进了中国戏曲跨文化研究的发展，向学生传播了中国戏曲的知识；另一方面也成为向周围环境传播中国戏曲文化的载体。

2. 当代文化交流方面与之比较的思考

自韩世昌1928年访日之后，北方昆曲剧院与日方又合作过多次。北方昆曲剧院有两部代表着中日文化交流成果的昆曲作品，一是90年代根据日本小说改编的《夕鹤》，另一部则是2002年红极一时的《贵妃东渡》。除了有中日合作的新编剧目上演之外，北方昆曲剧院还多次赴日本进行交流访问。从第一次韩世昌赴日演出至今，昆曲在日本传播的脚步并未停下：韩世昌时代，依靠着极为醉心于昆曲且研究中国文学的"京都学派"为主的文化人；现在，则是以票友为主的昆曲爱好者们。但同时我们也要看到，至今昆曲在海外的传播仍没有达到过当年"韩世昌效应"的热度和高度。

舞台演出确实是向大众文化辐射和渗透的重要渠道之一，韩世昌先生的成功在于结合了舞台演出传播的文化辐射与"京都学派"学者所带来的校园文化辐射。在昆曲的对外传播上，我们要更好地发挥文化引领和辐射作用。除了将中国昆曲艺术进行海外推演外，还要注重与海外汉学、海外高校建立合作平台。通过学校的"人才培养"辐射、科研辐射与海外演出的"实践活动"辐射相结合，这样才能使昆曲艺术能够在海外得到更好的传播与发展。

正因为我们对于学校文化辐射功能的不够重视，与海外学者、学校进行中国昆曲艺术的传播不够到位，在20世纪二三十年代日本"京都学派"对中国戏曲的研究达到顶峰后，日本学界对于中国戏曲艺术的研究没有再出现高峰。希望能够在以后的文化交流活动中，多通过与海外汉学界、海外院校的合作的方式，来引导海外学者对中国戏曲艺术研究的热情，从而推动中国戏曲艺术在海外的传播与发展。

（二）关于海外汉学对中国戏曲研究的启示

北京大学成立国际中国学研究室后，全国各地的学校也纷纷建立了海外中国学的研究机构。由国务院新闻办公室主办的世界中国学论坛，自2004年以来已连续成功举办四届。论坛旨在为海内外中国学研究界提供对话渠道和交流平台，增进中国与世界的相互了解，弘扬中国文化传统精神。可以看到，国外中国学研究已成为一门引人注目的学科。

1. 海外汉学对中国戏曲研究方式的思考

"通过对国外学者研究成果的了解，学习新的研究方法和理论，用'第三只眼'的角度，了解我们的情况与不足，并加以改进。"[1]日本中国学"京都学派"那种不仅强调"纸上（史料）"与"地下（文物）"的考据，同时也强调"场上（剧场）"之体验的"三位一体"式的"实证"史学研究方法，显然是丰富了王国维"幸于纸上之材料外，更得地下之新材料"的"二重证据法"，这对当今我们戏曲史学研究无疑具有积极的借鉴意义。

而了解日本京都学派的学者们对于中国戏曲剧本的译注，也为我们今后的昆曲翻译在跨文化交流中的使用提供了可借鉴的方法。海外汉学家具有本国文化的思维方式、语言风格，他们对于中国戏曲文学的翻译，能用同一种思维方式表达转化，能让相同文化背景的读者、观众更好地理解外国文化。这对于在不同文化语境下进行翻译研究的中国昆曲人来说，是一种更好了解其他文化理解方式的途径。

日本京都学派学者们的研究态度、研究成果实令我们汗颜，但也必将大大激发我们对北方昆曲、对一代昆伶韩世昌的重视与研究。因为毕竟昆曲是我们本民族自己的优秀文化遗产，它根植于中国的"土壤"，我们理应在拿出更好的艺术作品的同时拿出我们自己最好的学术研究成果。[2]

2. 海外汉学研究是中国戏曲海外传播的桥梁

尽管，海外学者对中国文化的研究，有其值得我们借鉴、尊敬的独到之处，但毕竟是跨文化氛围、跨文化语境中的不同理解，当我们通过对海外汉学的成果进行研究，发

---

[1] 何培忠：《国外中国学研究发展的意义》，载《中国社会科学院院报》。

[2] 张蕾、李霄：《青木正儿与韩世昌——韩世昌1928年赴日与日本"京都学派"》，载《戏曲艺术》（增刊），中国戏曲学院2013年。

现他们观点有失偏颇时，及时进行学术交流也是非常必要的。研究海外中国学属于中外文化交流的领域，是中国文化走向世界的通道。在全球化的时代背景下，中国需要了解世界，也需要让世界了解中国。如何更好地进行文化交流与传播，是海外中国学研究最重要、最具现实意义的课题。

重视海外汉学研究对中国戏曲海外的传播有着积极与重要的意义。一方面，通过对海外汉学的研究可以反观自己，从独特而新颖的维度研究中国文化。梁启超早年说过："在中国研究中国，在亚洲研究中国，在世界研究中国，这是研究中国的三种境界。"另一方面，它对中国戏曲艺术文化交流的实践具有一定的现实意义，中国戏曲艺术要想走向世界，就要了解海外汉学对于中国戏曲研究的发展历程，全面、透彻、准确、客观地研究中国戏曲文化在海外的传播与影响，从而从宏观上制定更切合实际的对外文化交流方针。

所以说，研究海外汉学是中国戏曲海外传播的一座桥梁，它将不同文化语境下对中国戏曲的理解连接起来，为中国戏曲海外的传播提供了明确的方向。

（三）当今海外昆曲传播的借鉴意义

1. 韩世昌访日演出是舞台呈现与学术交流的有机结合

如今戏曲的海外传播，更多关注于舞台的呈现。无论是中日合作的新编剧目，还是出访日本进行的传统剧目的演出，我们都把更多的精力放在了剧目或演出等舞台呈现上，而在学术上几乎没有太多的交流，应该说这样的文化交流不够深入。任何一门艺术形式的舞台呈现都具有时效性，但是学术上的交流却是更深刻、更长远的。

以韩世昌访日作为案例，他的成功在于得到了日本中国学"京都学派"的大力支持。"京都学派"的教授们影响着一代又一代的"京都学派"人来研究中国戏曲，同时也向整个日本学界宣传了中国的昆曲文化。这种方式确实让我们看到了收效。那么我们现在的昆曲在海外的推广传播，是不是也应该尝试与海外的院校与学术机构进行深度合作呢？2009年，中国戏曲学院在美国建立了第一所戏曲孔子学院，为海外的学生提供了学习与了解中国戏曲的机会。但这还是不够的，无论是院校还是院团，应在每一次海外访问演出时，有针对性地对学术交流活动进行策划，这样才能让更多的海外学者对中国戏曲产生兴趣并研究中国昆曲艺术。

2. 纯粹昆曲海外传播的成功

中国与日本被认为有着"一衣带水"的关系，无论是生活还是文化上，有着许多相通之处。尽管日本吸收了一部分中国文化的精华，形成了自己的文化，但对于他们来说，完全理解中国戏曲的唱词还是有很大难度的。而理解其故事情节就相对容易得多。所以，无论是京剧还是昆曲，中国戏曲艺术走出国门，往往都选择相对更容易让人接受的"武戏"作为主打剧目。

韩世昌赴日演出时所选择的剧目则恰恰相反，演出剧目以"文戏"居多，却取得了极大的成功。我们在进行对外文化交流时，当然需要考虑到其他国家的审美习惯与文化氛围，但是如果仅仅为了迎合海外市场的审美，而忽视了中国传统艺术自身的魅力，那将是得不偿失的。艺术无国界，任何美丽的事物在全世界的任何角落都是有吸引力的。我们可以从韩世昌1928年访日演出中看到，纯粹的昆曲艺术走出国门也一样是有影响的。

另外，现代中国戏曲艺术在海外的推广，带来了传统戏曲与现代化技术及西方文化的融合。韩世昌在《我的昆曲艺术》中回忆说："当时不过就是个人能力所及，向外国介绍、宣传中国古典戏剧艺术的一部分而已，经济能力有限，演员人数不多，布景道具缺乏，都给演出效果减色不少……"他表达了对1928年访日演出的遗憾。但是韩世昌在日本演出所带来的影响力，却让现在拥有着更好演出条件的当代昆曲人望尘莫及。现代化的技术在传统艺术形式中的使用，对于我们在海外推行中国戏曲是助力器、催化剂，但它不是根源。笔者认为，保留中国戏曲艺术的原汁原味，反而可以让中国戏曲艺术获得更多的海外观众，获得海外更多的注视。

六、结论

一个世纪以来，中国戏曲的广度和深度不断加强，但毋庸置疑的是，中国文化在交流中存在极大的误差，西方对中国的了解不如中国对西方的了解。21世纪是文化多元化的时代，作为中国优秀传统文化重要组成部分之一的中国传统戏曲，它的海外传播是提高中华民族软实力的战略举措之一。文化艺术海外传播有着百年的历史发展进程，光绪年间就有戏曲演员先后到日本、朝鲜、俄罗斯、美国演出，成为艺术海外传播的先驱。1928年韩世昌访日在海外掀起了昆剧热，对日本学界产生了很大的影响。近代日本中国学的京都学派积极致力于中日学术界的交流，重视对中国的实地考察和实际接触，采取了"把中国作为中国来理解"的科学的态度对中国学进行研究，在中日文化交流史上谱写了辉煌的篇章。

综上所述，韩世昌赴日演出的成功，其历史功绩主要有两点：

一是赢得了日本学界对于中国昆曲的赞赏，使日本中国学"京都学派"致力于研究中国戏曲，在中国戏曲的学术研究上取得了巨大的突破。韩世昌、王国维等中国戏曲大家与"京都学派"的联系没有中断，他们通过书信等交流方式，给对方带去了自身对于中国戏曲的独到见解。正是这种不断延续的交流活动，让以日本"京都学派"为代表的日本中国学研究者能够在现代学术文化交流中，与中国学界互通有无，取长补短。

二是让日本普通民众对中国昆曲有了初步的认识，在日本民间奠定了中国昆曲传播的基础。同时成为日本"昆剧戏友社"的启蒙导师，为日后中国昆曲在日本的传播创造了广泛的群众基础。

韩世昌访日距今已80年有余。目前的现状是，普通日本民众对昆曲的认识，较之韩世昌时代并没有得到更大的提升。联合国教科文组织将"昆曲"列为非物质文化遗产，这可以视为海外对中国昆曲艺术一种文化上的认可。如何能让中国昆曲在海外发展得更好、更远，不仅仅需要我们进行一次次的努力与尝试，还需要我们对于昆曲的600多年历史进行深度的挖掘与整理。只有归纳总结出更多的理论，才能指导我们的艺术实践深度发展。而中国戏曲在海外的文化传播也主要依托着政府，完全独立运作的商业演出少之又少。所以，文教部门与昆曲人传播昆曲的责任任重而道远。

北方昆曲剧院中日昆曲合作剧目简析
——以《夕鹤》《贵妃东渡》为例

赵柳青（2011级）

一、引言

1928年10月，著名昆曲艺术家韩世昌应日本汉学"京都学派"中的知名学者青木正儿等人的邀请，于当月11日至次月1日在日本演出昆曲《思凡》《刺虎》《琴挑》《闹学》等剧目，被日本学界称为"复兴昆曲的伟人"。[1]

作为优秀传统文化的传播者，北方昆曲剧院继承了韩世昌的衣钵，于1994年和2001年与日本戏剧界人士合作，从剧本的改写、演员的挑选、后期现场排练等方面进行了深入探讨，成功地克服了语言障碍和文化差异，为中日观众奉献了昆曲《夕鹤》和昆曲歌舞剧《贵妃东渡》两出剧目，先后获得了两国观众的一致好评。

承传着韩世昌大师的福荫，我国的上海昆剧团、江苏省昆剧团等相关昆曲团队，都分别在日本进行了昆曲文化的传播活动。例如2009年，苏州昆剧院应联合国教科文组织的邀请，派出16人演出团赴日本奈良演出昆曲《牡丹亭》《惊梦》等剧目，以最传统的舞台方式呈现了昆曲遗产的活态传承成果，以昆曲艺术的精致优雅打动和震撼了2000多名观众。近几年，坂东玉三郎与苏州昆剧院合作的中日版昆曲《牡丹亭》更加引发了日

---

[1] 张蕾、李霄：《青木正儿与韩世昌——韩世昌1928年赴日与日本"京都学派"》，载《戏曲艺术》2013年增刊。

本民众对中国昆曲的兴趣。坂东玉三郎是日本当今最受欢迎的歌舞伎男旦之一，其祖父第十三代守田勘弥在1919年和1924年梅兰芳访日时曾与之同台演出，并结下了深厚友谊。由于家族传统、个人爱好，坂东玉三郎于2008年3月6日至25日在京都南座剧场公演了20场中日合作版的昆曲《牡丹亭》，一票难求。京都南座剧场是歌舞伎演出的重要根据地，昆曲在歌舞伎舞台演出本身就是一大新闻，而且演满了20场，主演者为日本名优，这都值得载入中日戏剧交流史册。

尽管我国昆曲院团的赴日演出逐渐增多，尽管昆曲在日本的知名度日益提高，尽管中日昆曲交流的形式与内容愈来愈多元化，但是置身首都北京的北方昆曲剧院，还是最早走向日本、同时也是在日本最受重视的国家级团队之一。关于北方昆曲剧院赴日演出的研究，同样也可以为其他昆曲院团的走出国门提供更加深远的启示。

在全球化和信息化的今天，中国传统艺术中的瑰宝昆曲，如何走出去，如何受到全世界更多人的欣赏和喜爱，正成为一个越来越严峻的问题。本篇论文从北方昆曲剧院的中日昆曲合作剧目《夕鹤》和《贵妃东渡》的创作过程、文本分析和演出影响等方面，试图全面地分析昆曲剧目全球化创作的经验，希望能够为昆曲今后在海外其他国家的传播提供一定的启示。

二、韩世昌1928年赴日——中日两国昆曲艺术交流的肇兴

（一）韩世昌1928年赴日的历史背景

1919年，艺术大师梅兰芳应日本东京帝国剧场社长大仓八喜郎的邀请，前往日本演出，并首次将中国戏剧介绍给了日本观众。

此次演出中，梅兰芳上演的京昆剧目有《天女散花》《贵妃醉酒》《牡丹亭》《黛玉葬花》《御碑亭》等，几乎将其拿手好戏一个接一个地呈现出来，且歌且舞，其清新优雅的演技迷倒了帝国剧场的观众。[1]梅兰芳的一生，是为京昆艺术奋斗并做出辉煌成就的一生，同时他也是将中国戏曲带出国门、走向世界的成功开拓者。[2]

1928年10月，北方昆曲的一代名伶韩世昌，代表中国昆曲艺术家东渡扶桑，在日本京都、大阪、东京出演昆曲。其空前盛况，是继1919年、1924年中国京昆艺术家梅兰芳赴日演出后，中国昆曲表演艺术家第一次在日本亮相，也是日本各界观众第一次在

---

1 帝剧史编纂委员会编：《帝剧的五十年》，东宝出版社1966年版。
2 袁英明：《论梅兰芳的首次访日公演》，载《戏曲研究》2007年第2期，第189页。

日本本土欣赏到来自中国的专业昆曲艺术家所表演的传统昆曲剧目演出。

根据《韩世昌年谱考略》载：1928年10月3日，《顺天时报》发表由日本著名记者专栏文章，题目为《韩世昌赴日献技》，副标题为"介绍昆曲""联络剧界"。文中写道，"查近年来，中国名伶前后东渡献技者，虽有梅兰芳、高庆奎、绿牡丹、小杨月楼暨已故坤伶十三旦等，而其所演者，均系皮黄戏剧，至专唱纯粹昆曲者，则未曾有之，况且日本的一种大曲所谓谣曲狂言者，本与元代杂剧有历史的关系，而南北曲词皆昆曲脚本，亦多为彼邦文人学者久所爱诵研究者，果尔则韩伶者，一游扶桑，粉墨献技，阳春白雪，高山流水，深受一般雅客之热烈欢迎，且有补两国剧界之联络，不卜可知矣。"[1]

《韩世昌年谱考略》中还详细记载了北方昆曲一代名伶韩世昌访日演出前后的翔实情况及日本各界的反应。据《韩世昌年谱考略》载：在有关韩世昌1928年赴日演出的各类宣传报道中，日本各新闻媒体还纷纷以"看过一次韩世昌表演，梅兰芳也会惊叹"（一度び韩世昌の技を看るに及び、彼れ梅兰芳も「我れ远く及ばず」と惊叹し）、"中国名优韩世昌与梅兰芳并称"（中国名优韩世昌は梅兰芳とび称せられる）、"远胜于梅兰芳的中国名优来日"（梅兰芳に胜る中国名优が来る）、"作为昆曲演员第一人通过一部戏曲比梅兰芳还受欢迎的韩世昌"（昆曲俳优の第一人者として一部の剧通间には梅兰芳以上の人气をもつ韩世昌）等为题将韩世昌赴日演出盛况与梅兰芳1919年、1924年赴日演出盛况相比较"。[2]

由此可见，在日本观众的心目中，韩世昌不仅与梅兰芳"韩梅齐芳"，同时还在许多方面超越了梅兰芳。因此，中国昆曲在日本甚至被称为"韩世昌剧""韩世昌昆曲"，给日本观众留下了极为深刻的印象。

（二）韩世昌1928年赴日演出昆曲的历史意义和文化价值

韩世昌1928年10月的访日演出不仅让日本观众"零距离"地欣赏到来自中国最优雅的艺术，"更使得一些热爱中国戏曲的日本学者如狩野直喜、内藤湖南、铃木虎雄、青木正儿等与如辻听花、波多野乾一等中国戏曲的研究者在普及与研究中国戏曲，特别是研究韩世昌昆曲表演艺术等方面取得了一系列成果。这些学者和中国戏曲的研究者在日后均成了代表日本研究中国戏曲最高成就的奠基者与前辈，且被后来者树为楷模，他们的研究成果为后来中日两国间文化艺术交流和学术性研究等方面的进一步相互传承与发

---

[1] 胡明明、张蕾：《韩世昌年谱考略》，载《戏曲艺术》2013年版增刊。
[2] 胡明明、张蕾：《韩世昌年谱考略》，载《戏曲艺术》2013年版增刊。

展起到了具有开拓性作用的历史意义。"[1]同时也促进了"日本昆剧之友社"[2]的成立。日本昆剧之友社《社章》说："本社宗旨在于通过与中日两国的各社会团体合作，为保持、弘扬昆剧传统艺术做出积极的贡献。"该社成立时即有20多名人士报名入社，以大学教授和研究生为主。石海青曾在1990年到苏州大学中文系读研究生，导师是王永健教授，石海青与苏州大学中文系昆剧艺术本科班和江苏省苏昆剧团联络，组织日本曲友先后举办了5次旅苏观剧活动。此外，女社友山田淳子、前田尚香、水野绿、周藤由纪子和松本由纪到北京进修时，也得到北方昆曲剧院马祥麟、张玉文等老师的辅导，之后又到天津、上海等地参观，多次与中国曲友联合串戏。

关于韩世昌1928年赴日演出昆曲的历史意义和文化价值，当时的舆论就有鲜明的态度："自昆曲献艺京师，北方昆学一振，学生士夫多喜研究，激影江南，亦呈活动。今番韩伶东渡，昆曲二字且向国际辉煌矣。总之，以舞台演实事，必经一番运化，而时代进演，必将有一种戏剧执牛耳于国际，其昆曲当此矣。"[3]从以上评论可以看出，韩世昌在日本的演出得到了国内媒体正面和积极的反馈，对国内昆曲的发展来说，韩世昌赴日演出像是给北方昆曲注入了一针强心剂，不仅使昆曲艺术研究成为学术界的潮流，而且将北方昆曲的影响力辐射到了江南一带。另一方面也拓展了昆曲艺术的国际舞台，加深了1919年梅兰芳赴日演出的辐射效应，使昆曲在国际范围内成为中国戏剧艺术的符号，也为日后昆曲传唱六百年打下了坚实的群众基础。

韩世昌1928年的访日演出为北方昆曲剧院奠定了跨国传播昆曲艺术的基础，由此在日本刮起的昆曲"旋风"是中日两国历史上昆曲艺术交流的肇兴，而且其历史性意义则为后人的昆曲研究以及中日两国昆曲艺术的进一步交流打下了坚实的基础，与此同时也提高了昆曲艺术在世界舞台的影响力，提升了本民族的文化自信，也为日后昆曲申请非物质文化遗产提供了充足的养分和土壤。

2001年5月18日，来自日本的联合国教科文组织总干事松浦晃一郎在巴黎教科文组织总部首次宣布了教科文组织"人类口头和非物质遗产代表作"名单。他所宣布的"代表作"共有19个，中国昆曲艺术居于榜首，并且由松浦晃一郎亲授证书。由此，中国的昆曲艺术走出了国门，走到了日本，走向了世界。

---

1 胡明明、张蔷：《韩世昌年谱考略》，载《戏曲艺术》2013年版增刊。
2 1992年4月1日在日本京都大学正式成立。由前任东京大学中文学科主任教授伊藤漱平任顾问，京都大学副教授赤松纪彦任社长，研究生石海青任秘书长。
3 胡明明、张蔷：《韩世昌年谱考略》，载《戏曲艺术》2013年版增刊。

三、昆曲《夕鹤》：中日两国昆曲艺术交流的赓续

从上文对梅兰芳和韩世昌赴日演出的历史背景和文化价值的阐述中，我们可以看出，由于受政治和经济多种因素的影响，20世纪上半叶，中日戏曲艺术的交流主要有两个特点：一是以在外国舞台上演出中国传统戏曲艺术为主，二是演出的目的主要是传播中国戏曲艺术，仅仅是把戏曲艺术作为海外交流的媒介和载体。随着时代的发展，进入到了20世纪下半叶以后，中日戏曲艺术的交流更加密切。如果说，北方昆曲一代名伶韩世昌1928年10月赴日本演出是中国昆曲走出国门第一人，那么，1994年北方昆曲剧院与日本有关方面合作昆曲《夕鹤》一剧，则是跨越了66年的历史时空，在更大的平台上所进行协同合作的具体例证。1994年，北方昆曲剧院将日本题材的话剧故事《夕鹤》改编为中国昆曲，并且邀请日本的编剧参与到昆曲剧本的创作过程中，将中国戏曲向日本的单向输出变为中日戏剧艺术家的双向合作，标志着中日戏曲艺术的交流迈出了历史性的一步。从20世纪20年代韩世昌所开始的昆曲破冰之旅，到90年代新一代北方昆曲人的传统继承与艺术实践，中国与日本的昆曲艺术交流得更为密切、更为广泛，同时也得到了更深入的赓续与传承。

（一）昆曲《夕鹤》的创作过程解析
1. 日本话剧《夕鹤》简介

昆曲《夕鹤》一剧是根据日本知名剧作家木下顺二的同名话剧改编。在日本，以"鹤"这一动物为故事主体的艺术作品有许多，"鹤"在日本广为人知，演出形式也多种多样。话剧《夕鹤》是木下顺二的成名作，于1949年搬上舞台。木下顺二的话剧中关于"夕鹤"故事的素材取自在日本有着"民俗学之父"之称的柳田国男的《佐渡岛昔话集》。故事的原名叫《白鹤报恩》。木下顺二本人曾多次来中国访问，其话剧《夕鹤》也曾于1963年来华在北京首都剧场演出，而就是那次在北京的演出，深深打动了当时在场观看的一位来自北方昆曲剧院的年轻女演员，她就是30年后排昆曲《夕鹤》的主演洪雪飞[1]。

话剧《夕鹤》具有童话色彩，剧情如下：一只仙鹤被一位叫与平的青年农民相救，仙鹤见与平为人诚实、善良勤劳，遂产生爱慕之情，变成美丽的姑娘阿通和与平结了婚，

---

[1] 洪雪飞：1942～1994，昆曲名家，旦角。1958年入北方昆曲剧院习昆曲，1971年因饰演京剧现代戏《沙家浜》中"阿庆嫂"一角而一举成名。1979年后先后主演了许多昆曲传统戏、新编历史戏与现代戏。1985年获第二届中国戏剧梅花奖。1994年主演第一版昆曲《夕鹤》，饰阿慈一角。1994年9月14日在新疆不幸去世。

从此男耕女织，十分幸福。阿通是织锦的能手，她织出的锦赛过天上的云霞，但这珍贵的锦，使贪心的老心和老运馋涎欲滴，他们采取种种手段引诱与平，使得与平变得贪婪起来。他不顾阿通身体病弱，逼着她连夜织锦，以便去城里卖大价钱。阿通为了满足丈夫的欲望，受尽辛苦，用身上早已不多的羽毛又织了两块锦。由于与平的贪心，他偷看阿通用羽毛织锦，违背了当初的诺言，阿通只好忍痛飞走，离开了与平。

日本话剧《夕鹤》以女主人公阿通的情感波动为主线，是一部关注女性内心题材的作品。"作家借助于民间故事，运用戏剧的形式，生动形象地展现了人间复杂的精神世界，即阿通对与平的爱、怨与无言的抵抗，批判了人的贪得无厌，并赋予作品深刻的现代意义：在金钱肆虐、价值迷失的现代社会中，要想得到纯洁真挚的爱情和美满的生活是不可能的。"[1]

2．昆曲《夕鹤》的剧本改编

历史上，我国昆曲院团曾搬演过不少国外题材的剧目，如1989年北方昆曲剧院搬演过根据普希金作品改编的昆曲《村姑小姐》，但基本上都是一种单向的探索和尝试。而昆曲《夕鹤》则昭示了中日两国昆曲艺术交流的历史渊源及不同文化中存在的共性与人文精神。

北方昆曲剧院选择日本传统话剧故事《夕鹤》改编为昆曲主要有以下两个方面的考虑：一方面由于《夕鹤》讲述的是唯美的爱情故事，符合昆曲细腻、写意、抒情，唱与舞并重的艺术表现特质，另一方面《夕鹤》讲述的是动物报恩的故事，符合中国传统文化中"知恩图报"的精神，也容易减少中日间不同文化背景的隔阂，引起中国观众的共鸣。

昆曲《夕鹤》剧组邀请了曾经担任日本同志社大学文学部教授的向井芳树老师来进行昆曲剧本的改编，向井芳树老师1985年曾随日本戏剧代表团来中国访问并观看洪雪飞主演的《长生殿》，1993年8月起开始在中国戏曲学院讲学一年。然而把日本话剧改编成中国昆曲谈何容易，不要说语言上的问题，从戏剧样式上讲，这是两种从剧本、念白、唱腔、表演、服装、舞台等以至演剧理念上完全不同的戏剧样式。更不容易的是，因为话剧版的原著是木下顺二，必须要征得他的同意才可以进行改编。于是向井芳树给木下顺二去信，希望得到他的同意。一个月后，木下顺二先生回信说他和尾崎宏次商量了，同意在中国上演昆曲《夕鹤》，并特别强调因是中国的古典昆曲所以才同意的，信中木下顺二还提到若能请到北京人艺的著名导演夏淳担任该剧的导演应该是最好的选择，向井

---

[1] 董群智：《幽玄之美的体现——评木下顺二的夕鹤》，载《周口师范高等专科学校学报》2001年7月第18卷第4期。

芳树也认为夏淳导演最理解日本的作品。

1994年3月北方昆曲剧院正式成立了昆曲《夕鹤》剧组。该剧主创有：总策划：王蕴明（原北方昆曲剧院院长）、向井芳树（日本同志社大学文学部教授）、夏淳（北京人民艺术剧院导演）；剧本改编：向井芳树、张虹君（北方昆曲剧院编剧）；翻译：康小青（中国科学院自然科学史研究所）；导演：夏淳，副导演：吴继静（江苏省昆剧院）；张国泰（北方昆曲剧院）；作曲：陆放（北方昆曲剧院作曲家）、戴颐生（北京曲剧团作曲家）；舞美：黄清泽（北京人民艺术剧院）；灯光：霍焰（北京人民艺术剧院）等；领衔主演：洪雪飞、杨平友、周万江、马宝旺等；指挥：王大元；司鼓：李永生；司笛：王大元。

木下顺二的作品《夕鹤》是话剧，其特点是以对话为主，突出人物的性格和剧情的发展，而昆曲则是糅合了唱念做打、舞蹈及武术的表演艺术。要把经典的日本话剧作品改编成中国的传统艺术昆曲，是一项十分有难度的工程，不仅需要改编者有深厚的文学造诣，熟悉剧情，还必须对中日传统文化有一定的了解。

昆曲《夕鹤》的改编从人物形象的塑造开始。原话剧有四个主要人物：与平、阿通、老运、老心，改编后的昆曲把仙鹤阿通的名字改为阿慈，老运改为老温，老心改为老肖，加入了新的人物群鹤，在剧本中交代了阿慈姓名的由来：因为阿慈是仙鹤，所以通体雪白，孩童们看到了惊叹地说"白得像个瓷人儿"，突出了"瓷"这个音，也就这么叫了阿慈。阿慈这个名字一语双关，在表现仙鹤外貌气质的基础上，也突出了仙鹤姑娘的性格特点：仁爱、和善。

在剧情创作方面，话剧采用倒叙的手法，开篇先描写了孩子们和阿慈在雪地里做游戏的场景，而后在剧情中穿插叙述了阿慈是如何和与平结为连理的：有一回与平正在锄地，一只仙鹤中箭落到田埂里，与平看到她中了箭，疼得很，就把箭给拔了出来。仙鹤为了感激与平的救命之恩，就化为女子，和与平结了亲。在昆曲中，序幕里交代了阿慈中箭和被与平救助的情景，更加符合昆曲的表现方式。话剧中没有交代仙鹤是如何中箭的，昆曲中仙鹤是被老肖的箭射中受的伤，由此可见其二人均是见利忘义之徒，也为后面老肖和老温二人极力说服与平卖锦衣埋下了伏笔。中国戏曲特点，一言以蔽之，"谓以歌舞演故事也"。戏曲与话剧，均为戏剧之属，都要通过演员扮演人物，运用对话和动作去表现一定长度的故事情节。所不同者，戏曲是运用音乐化的对话和舞蹈化的动作去表现现实生活的，即歌舞的手段。也即人们所熟知的"唱、念、做、打、舞"。所以把《夕鹤》改编为昆曲以后，歌舞元素是必不可少的。下面从昆曲《夕鹤》剧本改写方面来分析一下编剧是如何将昆曲和中国元素融合到话剧剧本中的。

昆曲《夕鹤》开篇中女演员唱："玉宇变幻有定，仙鹤逐暖南迁。结队凌空舞正酣，不幸一鹤中箭。少年农夫救治，两心相通结缘。弦歌妙舞演悲欢，奇事岛国传遍！"交代了故事的主线和基本内容，序幕开始，阿慈唱："云堆错落，清风吹拂，星汉隐没。望天边，峰顶银光闪烁，是蓬莱？是阿里？"伴唱："是富士，东海扶桑之国。"交代了故事的发生地是富士山下的日本。群鹤正在欣赏美景之时，被打猎的老肖射中，负伤倒在田埂中，所幸被路过的与平所救，阿慈感激不尽，为报答与平救命之恩，愿以身相许，这段唱词表达了阿慈此刻的心理活动："遭厄运，负箭伤，多亏好心少年郎！拔箭调治得复康，我盈盈情波漾。"由此见得，阿慈对与平是满怀深情的，多亏了与平的细心照料，她才得以捡回一条命。后来与平对阿慈表达他内心的情谊之时，阿慈唱道："心摇荡，红云上腮旁！救我性命的与平啊！他说出了我的心头想，甘愿与你配成双！"可谓"兰天上，兰天上，竞放霞光。遍田野，遍田野，素裹银装。今日鹊桥相会，织女配牛郎，两心相融，地久天长！地久天长！"

两人甜甜蜜蜜过着小日子，虽然物质生活不太富裕，但有了善良美丽的媳妇阿慈，与平有人疼爱，还有可口的饭菜吃，比之前的日子幸福许多。某日阿慈担心天气寒冷，与平会被冻伤，彻夜未眠，特意用自己身上的一千根羽毛织成了一件千羽锦，送给了与平，替他挡风遮雨。这珍贵的赠予让与平倍感温暖。二人在富士山下赏雪景，感到由衷的幸福，唱道："谁扫碧空无尘？谁覆莽原如银？远山似含笑，湍溪流淌酣歌频频。"与平唱道："看她踏琼瑶喜上眉痕，恋她，似娇嫩樱花撩人醉。"阿慈唱道："看他着锦衫欢悦振奋。偎他，似遒劲青松护细藤。"然而美好的时光却是那样的短暂，与平身上的千羽锦还没捂热，就被利欲熏心的老肖和老温盯上了，二人不仅怀疑阿慈的由来，更对唾手可得的千羽锦垂涎三尺，老肖说："来来来，我给你开开窍，你要是把锦衣卖了，有了钱，不就能给她买好东西了吗？什么好吃的，好穿的漂亮的衣裳，还有簪环首饰，你要的给她买了，她得多高兴啊！"老温又说："什么这个那个的！卖了锦衣，孝敬孝敬老婆吧！"由此骗得了与平的信任，此时的与平是单纯的，一想到这千羽锦能换来金钱，能给阿慈买珠宝首饰，也不枉阿慈对自己痴心一片，就听信了老肖和老温"善意"的劝说，仅三十两钱，就将阿慈织了整整一夜，消耗自身温暖羽毛的千羽锦贱卖给了老温，然后跟二人上街去买珍珠项链了。可怜了阿慈，在家苦苦等候与平，为他提心吊胆："伫立只觉寸心沉，细雪飘落无声，凝望去路影色昏。怎奈独处孤身冷，切盼亲人早回程！"

与平卖了千羽锦，买了珍珠项链，"兴冲冲返回家园，如今有了钱，门庭改换，娇妻欢颜。再不向黄土挥汗，坐享那富贵安闲！"此时的与平，心态已经发生了一些变化，千羽锦,虽然是阿慈织的,又轻又暖,但是怎么能比得过金钱的诱惑呢?所以才能说出"哪个人不喜欢钱?有钱能使鬼推磨啊"这种话。面对妻子的质疑,与平试图说服阿慈继续为他织千羽锦:"你会织锦衣,卖了锦衣可以赚钱,自然有了你就有钱,有了钱,我们就能过得好!阿慈,你再为我织,多多地织吧!"这可以看作是悲剧故事的开始,与平并不知道阿慈是仙鹤,也不知道这千羽锦是用阿慈身上的羽毛织成的,他不知道阿慈的内心是多么的痛苦:"锦衫锈衫,佳兴顿消散。他爱钱喜钱,却要我织衣换。他怎知我耗雪羽,苦痛熬煎!若不从又恐夫妻失欢,叫我进退难!我只得忍痛织衣,将诚心献,但原遂心愿,情意永绵绵!"阿慈为了让与平开心,只好再替与平织衣,但只能织一件,而且织的时候不许与平偷看。孩童们来找阿慈玩耍,得知阿慈不仅要为与平织千羽锦,而且与平还要拿千羽锦去卖的时候,生气地喊与平:"变成一个大财迷,大傻瓜!大财迷,大傻瓜!"

阿慈将这第二件千羽锦织好以后,老肖和老温立马就用金钱诱惑与平,告诉与平这次能卖上次十倍的价钱,还能去京城当大官。这样的诱惑让从来没有去过京城的与平感到前所未有的激动,他不敢相信,这小小的一件衣服竟然有如此大的威力,此时此刻,什么夫妻恩情,什么承诺早就被他抛在了脑后,他眼里全部都是花花绿绿的银子和京城美景。回到家后,与平和妻子和盘说出他的想法,在遭到阿慈的拒绝以后,说出了:"我就是喜欢钱……我,不喜欢你了!你脾气大,也不温柔了!"这种伤害阿慈的话让阿慈极度的伤心和痛苦:"他,他,他他怎么心肠变?急得我雪凝气滞!急得我雪凝气滞!地转天旋!"阿慈十分的后悔:"悔恨晚!原只想表真情把锦衣诚献,愿两情依依如蜜甜。却不料美意引灾难!恨与平无御之心,偏中贪婪箭,毒深挽救难。"

看到与平梦中都呓语要阿慈为他织衣,看在他们夫妻之间的情分上,阿慈不得已只好最后一次答应了与平的无理要求,但她哀求与平不要在她织衣的时候偷看,否则他们夫妻二人的情分也就走到了尽头。未曾想,在老肖和老温的唆使下,他们三人都偷看了阿慈织衣,看到了仙鹤织衣,而不见阿慈。"与平山野遍寻觅,阿慈灯下苦织衣,一夜一天日落西!"后来老肖和老温一语点破:"告诉你吧,在屋里织锦衣的仙鹤就是阿慈!她是拔自己身上的羽毛给你织的呢!你不去瞧瞧她,怎么还到处乱跑哇!"这回与平才知道,原来妻子为何不愿为自己再织衣服,也为何不让自己偷看织衣,他又懊悔又心疼:"哎呀!阿慈,我不知你的苦痛,若知道,就不要你织了!不要织了!我回来了!我不要了,我回来了!"

为与平织好了最后两件千羽锦的阿慈越发的消瘦,她捧着织了一天一夜的衣服,赠予与平,哭着告诉与平他们夫妻情分已尽。回想这几年里和与平在一起度过的日日夜夜,阿慈伤心地唱道:"望夕阳神暗伤,痛你我夫妻难久长!实难忘救命治伤,与你初遇在山岗。实难忘你和善面庞,有力臂膀,引我春情摇漾,离群在人世,执意与你配成双。实难忘雪原上与孩童嬉戏,茅屋内挑灯话衷肠。再不能忍痛织锦衣,为你添风彩。再不能日里提壶送水到田旁,夜来侍寝暖君床。谁料想到头来竟是梦一场!"随后便凌空飞去,与平努力试图抓住阿慈,却两手空空,倒地不起的与平撕心裂肺地喊着阿慈的名字,却再也看不到阿慈那柔美的身影和秀美的面庞,天空中只剩下零星的鹤毛和几片凄凄惨惨的白云。

阿慈的善良和与平的贪婪导致了他们的悲剧,在话剧中,主要以人物对话表现故事情节,改编为昆曲后,则着重以唱段和歌舞来刻画人物形象,这样的表演也让观众更能体会到人物内心的情感波动。

经过精心的提炼,《夕鹤》丰富的思想内容和简洁的情节在一个场景中有机地结合在一起。作者没有平均使用笔墨,而是详写和略写相结合,交叉使用实写和虚写,把那些对主题作用不大的内容推至幕后,或一笔带过,简单交代,或借人物之口顺便说出。如仙鹤变阿通就是通过老心、老运的猜测和偷看阿通织锦得到证实而写出的,与平救仙鹤则是由与平和老心、老运的谈话过程中说出的。对两人成亲后相爱、幸福的生活及阿通忍痛织锦,作者却不吝笔墨,在舞台上详细、照实表现出来。这种恰当的详略、虚实处理,使得昆曲《夕鹤》虽然情节简单,却有很大的思想容量,显示了作者高超的戏剧写作技巧。

仙鹤飞来又飞去,仙、人相爱而成亲,故事本身的传奇性和浪漫性为作品披上了一层绚丽的色彩,同时剧中还不时插入诗朗诵和歌声,既烘托了气氛,又使作品具有优美的意境。作品中阿通的几段独白,诗意盎然,非常动听,加之那田园情趣,山光水色,阿通和孩子们纯真自然的天性,阿通和与平幸福脱俗的生活,这一切融合在一起,构成一种美妙的氛围和洁净的境界,使《夕鹤》通篇笼罩在浓浓的诗情画意之中,很好地体现了日本文学的传统美以及大和民族特有的气息,很值得玩味咀嚼。[1]

3. 昆曲《夕鹤》的演出过程

迄今为止,北方昆曲剧院《夕鹤》一剧一共排过两个版本。第一版于1994年8月在北京中国儿童剧场公演,阿慈由昆曲名家洪雪飞扮演。复排的第二个版本于1995年8月在北京人民剧场公演,阿慈由第12届梅花奖得主、国家一级演员杨凤一扮演。

---

[1] 林雅华:《消逝的爱——析〈夕鹤〉的美学意蕴》,载《安徽文学》2006年第9期。

昆曲《夕鹤》是洪雪飞排的最后一出戏。从滴水不漏、察言观色的"阿庆嫂"到扮演纯情的日本姑娘阿慈，两者相差甚远，难度很大。"洪雪飞一次次地读剧本、背台词、揣摩阿慈的人物动作和心理特征，在排练厅，她一遍遍地练习每个动作，还要帮助与她配戏的青年演员，一天工作十几个小时，真有点走火入魔。用她自己的话说：'我首先要克服我自己，因为观众对阿庆嫂太熟悉了。'"[1]

"《夕鹤》是一出寓意很深的戏，这里面有美好愿望与现实生活的冲突；有田园牧歌与现代生活的冲突；有人与自然的冲突；有善良与贪欲的冲突；有爱情与物质的冲突。"[2] 这是洪雪飞在接受采访时所体认到的深刻感悟。

由北方昆曲剧院杨凤一担任主演的第二版《夕鹤》于1995年10月参加了当年在四川举办的第四届中国戏剧节并获得了诸多优秀奖项。

与洪雪飞表演风格不同的是，杨凤一"表演之可贵，在于不温不火，既没有利用自己的武功特长在舞蹈中卖弄技巧，也没有因自己的嗓音条件优越而过分加高腔、长腔，以换取廉价的掌声，而是着重刻画仙鹤善良、纯净的心灵，使一个真实可信、美丽生动的艺术形象逐渐植根于观众的心田，以至看完戏，观众仍然想着她，谈论着她，并发出由衷的赞叹。杨凤一舞姿优美，唱腔感人，表演真挚，尤其是仙鹤与农夫分别时的一大段唱腔，字字血，声声泪，敲击着观众的心。台上台下共同创造了最佳的剧场氛围"。[3]

（二）昆曲《夕鹤》的艺术价值和局限性

1994年北方昆曲剧院创作的中日合作昆曲《夕鹤》在其剧种移植、题材选择、剧本改编、表演风格、舞台处理、音乐效果等方面受到了业界人士的好评。甚至是当时被看作超前的一些做法为后来改编、新创昆曲剧目提供了一些可资借鉴和可供操作的经验。比如昆曲《夕鹤》在形式上兼具昆曲、日本歌舞伎及话剧的特点，音乐则既有昆曲，又有日本小调和北京曲剧的风格。它保留了原汁原味的日本风情，从舞台背后的富士山背景到与平住的小屋再到演员的化妆、头饰、服装等，都融入了细腻的中国文化特质，例如群鹤出场时所唱歌曲、孩童们所做游戏等。由于当时经费的限制和制作水平不足，昆曲《夕鹤》有几个部分还需要继续完善和加工。第一，话剧《夕鹤》虽然改编成了昆曲剧目，但故事人物和生活场景都来源于日本，在人物的服装、化妆，舞美的设计方面，

---

1 胡明明：《妙舞弦歌演悲欢——昆曲"夕鹤"排练散记》，载《光明日报》1994年。

2 施海鲲：《昆曲飞来美丽的仙鹤》，载《戏剧电影报》1994年第13版。

3 和宝堂：《飞吧，美丽的仙鹤——看北昆演出"夕鹤"》，载《北京日报》1995年9月15日第5版。

还需进一步还原日本真实的情况。第二，从市场营销的角度来说，昆曲《夕鹤》过于注重艺术创造和日本的合作交流方面，在剧本的改编、演员人物形象的塑造过程中投入了大量的时间和精力，其演出产生的艺术效益超过了演出带来的经济效益。在日后中日的昆曲合作中，应该以市场为导向，将艺术创造凝聚在作品中，这样才能获得观众和市场的认可。

从中日文化艺术交流角度来说，昆曲《夕鹤》由熟悉文艺作品和深谙两国传统文化的艺术家担当编剧和导演，这样才能在尊重原作的基础上，在改编的作品细节中体现出两国文化的特质，它作为北昆历史上第一次中日艺术家合作编排的昆曲剧目，起到了良好的示范作用。

四、昆曲歌舞剧《贵妃东渡》——中日两国昆曲艺术交流的新篇章

（一）昆曲歌舞剧《贵妃东渡》的创作过程解析

1. 昆曲歌舞剧《贵妃东渡》剧组实地考察

2000年夏天，北京市文化局局长、《贵妃东渡》总策划之一张和平协同该剧的编剧之一张永和、总策划之一郎昆、北方昆曲剧院院长汪宝淇以及杨贵妃的扮演者杨凤一，应日本英雄株氏会社邀请赴日考察。这次考察的目的是为了获得更为翔实的历史资料以进一步修改《贵妃东渡》剧本。据日方介绍，杨贵妃墓在日本山口县大津郡油谷町境内，当中国代表团由东京飞抵日本南方重要城市福冈市后，第二天便驱车数百里奔赴山口县油谷町。当代表团赶到时，闻讯赶来的《读卖新闻》《每日新闻》《朝日新闻》《山口放送》等新闻媒体已恭候多时，油谷町长藤田芳久先生率领町政府全体官员陪同了参观考察活动。

在日本，山口县大津郡油谷町被称为"杨贵妃故里"，那里依山傍海，风景优美。碧蓝海湾内有一古刹名曰"二尊院"，据史载，该刹始建于公元8世纪末，即唐天宝年间。进入该古刹后即杨贵妃陵园，首先映入眼帘的是一座汉白玉雕成的高大绰约、仪态万千的杨贵妃雕像。此雕像玉质细腻、技法精良。据悉是由当地政府委托西安美术学院雕刻艺术中心于1993年按照陕西马嵬坡杨贵妃墓地石像雕成。雕像下由当时中国大使馆公使章金树题写"杨贵妃像"四字。雕像背后面积宽广，是古刹"二尊院"、楼阁、亭榭、花园、水池、墓地等所在地。

杨贵妃墓由一个十几平方米的石台所砌成，台上有大小五座石塔。据二尊院日本僧

人介绍，塔下即葬有杨贵妃的尸骸，但墓前并无墓碑，只插有不少鲜花，其间不时有日本妇女前来朝拜。据说朝拜杨贵妃墓后，生的孩子会才貌出众，因此该地吸引了众多旅游参观者。

古刹二尊院内，供奉着释迦如来和阿弥陀如来两尊佛祖的木雕立像。该雕像有个悠远动人的传说。相传："杨贵妃在马嵬坡兵变时逃过了奉命缢死的厄运，而由其贴身侍女替死。杨贵妃在唐玄宗亲信的护送下，乘船从海上逃走，历经艰辛，最终漂流到了日本山口县的油谷町，并将她们登陆的码头更名为'唐渡口'，杨贵妃因思念唐玄宗不久身亡，当地人就把她葬于神圣的二尊院。杨贵妃又托梦给唐玄宗，此即白居易《长恨歌》诗中'忽闻海上有仙山，山在虚无缥缈间'。于是唐玄宗命能工巧匠雕刻了释迦如来和阿弥陀如来佛像，命白马将军陈安东渡日本安放在杨贵妃墓地。"据二尊院日僧主持所云，"经考证，这两尊佛像雕刻于1200多年前，当时日本的雕刻工艺还远远没有达到如此高超的水平，因而此像必为大唐航海传来。"[1]

虽说这只是一段传说，但背景是符合真实的历史。当时，唐帝国的强盛强烈地吸引着日本王朝，因而从公元630年至894年的26年间，日本国曾任命19位遣唐使前往大唐，并派遣大量的留学生、留学僧进一步移植中国优秀文化。唐帝国也曾数次派遣大使访日，中日两国的民间往来十分频繁，滞留日本不归的所谓汉人、新汉人，也以此时为最。所以，当时是中日两国友谊发展的鼎盛时期。

2. 昆曲歌舞剧《贵妃东渡》的剧本创作

《贵妃东渡》表现的是一段历史传说：唐安史之乱时，日本遣唐使阿部仲麻吕目睹了李隆基与杨玉环之间的旷世之恋并深受感动，毅然救下杨玉环，历尽万难，九死一生，送她东渡日本，日本女皇孝谦被杨贵妃的非凡丽质征服，消除了猜忌结成友好，杨玉环身在异国却日夜思念李郎，盼望早日回到大唐。不料李隆基驾崩，樱花盛开时节，杨玉环信守"在天愿作比翼鸟，在地愿为连理枝"的誓言，盛装殉情。诚信的阿部曾誓死保护杨玉环，面对变故，践言殉义。这一离奇的传说引出杨玉环一段全新的浪漫故事。创作者想用最典雅的方式向观众讲述杨贵妃超越生死的苦恋，对爱情、理想的执着追寻。阿部仲麻吕至死不移地以忠诚、信义，传递出一股令人荡气回肠的古典美。

如何理解日本人民对杨贵妃的感情？日本的杨贵妃墓是日本人民把她当作文化使者还是友好使者来纪念？从日本小说《源氏物语》中及《长恨歌》的仿写中，我们可以看到，

---

[1] 大型新昆曲歌舞剧《贵妃东渡》宣传背景资料，北方昆曲剧院2000年10月。

日本人民应该是把中国皇帝李隆基与爱妃杨玉环的恋情故事作为最美好的爱情象征来膜拜和纪念的。它表达了人类发乎于"原性"的对"美"、对"爱"、对"情"永恒的执着和膜拜。这样一思索，我们就找到了解读《贵妃东渡》剧本的角度。

相比较《夕鹤》而言，《贵妃东渡》的剧本写作有很大的优势。首先，《贵妃东渡》的故事虽然是发生在日本，但主人公却是中国的历史人物；其次，剧本场景写作上涉及很多日本的风土人情，日本观众也比较容易产生共鸣，且《贵妃东渡》的男主人公阿部仲麻吕是日本派到大唐的友好使节，也是杨贵妃之所以能够东渡日本的关键人物，他在日本家喻户晓。1978年，日本的奈良市建立了"阿部仲麻吕纪念碑"，可见阿部仲麻吕在日本人民心目中占有较为重要的地位。

该剧本从细微处刻画了阿部仲麻吕作为日本遣唐使在中日文化交流方面做出的努力。比如第一场中，杨玉环的出场艳惊四座，阿部看到以后，联想到远在故乡的孝谦女皇，不由自主地拿起手中的日本短笛，吹起一首日本民谣，旋律优美婉转，但与大唐音韵略有不同。阿部仲麻吕向杨玉环解释说，这曲子唱的是愿天下有情人白头偕老，杨玉环赞美说这曲子听着缠绵入耳。阿部仲麻吕独自身在异国他乡，却也能被李隆基和杨玉环的爱情所感动。在众军士要求皇帝赐死杨玉环的时候，阿部替杨玉环求情，劝说场下的军士，此时李隆基唱道："道什么九五尊，何处觅男儿血性？侬本花随风舞无辜人，何忍见枉捐件命？"一国之君，却也是一个可以为了爱情不顾一切的男人。在面对死亡的威胁时，杨玉环视死如归："休拼做玉石俱焚，倒不如从容大方，留一个香消玉殒。便捐生也难报君恩，自古痴情多遗恨。"一代美人，为了自己心爱的男人，甘愿成为众矢之的，无怨无悔，纵使留得千古骂名，也要为李隆基保住大唐江山，这是她作为大唐妃子最后能为皇帝做的一件事，也是她做过的最伟大的一件事。正是这样无所畏惧的感情感动了阿部仲麻吕，他不忍心让这样一位甘愿为情、为爱奉献的弱女子在最美的年华惨遭迫害。他大声疾呼："何堪！眼睁睁芙蓉霜剪，霓裳声断，黄土垅没了红颜。神州一览，扶桑寻遍，胭脂队，略评点，娘娘是花中极品人中仙。普天下众生顶礼，非你李唐独专。如若视而不见。真正罪莫大焉！"他在娘娘生死攸关之时，献出了"李代桃僵"之计，从万千宫女中选出一位与娘娘身材、面貌一致的人，代娘娘一死，在危急之中，得以救下娘娘，成就了贵妃东渡。阿部在逃往日本的旅途中，一路上守护着杨玉环，途中漂流到一处荒岛，杨玉环不顾自己旅途奔波，日夜思念着李隆基，无时无刻不想着能回到东土大唐，她盼望着，心里念着："三郎，我这样不辞跋涉，出生入死，倍受颠连，为的就是有朝一日再伴圣驾，如今却无有聚首之日了！"她回想起和李隆基在一起的日日夜夜，两人卿卿我我，你侬我侬之时，长生殿鸳盟私定，那美好的往昔仿佛就在眼前，"钿盒完好，钗未单分，情定时当初凭证。须臾不敢离身，细抚来，依旧是通体温润。"在恍惚中，差点错把阿部当成了三郎。二人在荒岛上相依为命数日后，一日突然看到了海上的船只，这才获救，终于登上了赴日的旅途。

在日本焦急等待阿部凯旋归来的孝谦女皇此时的心情犹如石沉海底："该是好风送回转，隔海疑云裹烽烟。数尽千帆俱不见，叫人肠断水云边。"她不知道此时的阿部已经在回国的船上，只听得水手传来的一些流言蜚语，说阿部从大唐带回一个绝色女子，二人在船上形影不离，以至于当孝谦女皇和阿部仲麻吕二人历经千辛万苦，终于相见时，便有一些误会需要解开。孝谦虽然是一代女皇，但她更是一个女人，她也有平常女子的嫉妒心理，必然不愿意自己心爱的男人和另外一个女人日夜相守，即使二人之间只是普通的朋友关系。所以她当然要见一见自己男人带回来的这个女人。"有道是百世修来同船渡，看来你二人缘分非寻常。浪覆舟楫，又存身何方？你就无有非分想，你就毫不动柔肠？久闻她美艳登首榜，待我细阅端详。带她来见我。"阿部无奈，只能让杨玉环面见孝谦女皇，谁知二人相见，都一惊。"恰一似菱花双照，定睛处，两相瞧。端的是玉环画稿。活脱脱孝谦细摹描。"杨玉环与孝谦女皇长相惊人的相似，阿部只得将杨玉环本是大唐王妃的身份和盘托出，这才打消了孝谦女皇的猜疑心理，愉快地迎接大唐贵妃的到来。日本的民众听闻大唐贵妃远道而来，都自发走上街头，开心地跳起了欢快的舞蹈："月亮取下来嫦娥姑娘，海那边飞来了金色凤凰，嗨呀拉格索，不是嫦娥，不是凤凰，是大唐贵妃杨娘娘。"可见杨贵妃在日本人民心目中的地位是很高的，她的美艳、端庄、高贵、神秘深深吸引了日本人民。孝谦女皇希望邀请杨玉环参加每年一度的赏樱大会，也好让日本百姓一睹贵妃娘娘的风采。经不住孝谦女皇的一再邀请，杨贵妃也想通过赏樱大会，给远在大唐的李隆基捎去自己平安的消息，"消息传到长安，我家万岁知道我尚在人间，也可解他思念之苦。"杨贵妃这才答应孝谦女皇出席赏樱大会。

自马嵬坡一别，杨贵妃已与李隆基分别数月，相比较刚一分离时的痛苦，夜夜无眠，现在思念已然变成了一种煎熬，不管是身体上还是心理上，都已经超过了杨玉环所能够承受的极限，唯一让她感到欣慰的是远在大唐的李隆基也在思念着她。孝谦女皇的贴身丫鬟加代子对杨玉环说："那唐天子可真算得情深义厚。听人言讲，还都长安以后，唐天子命人用檀香木雕刻成娘娘神像，不时焚香礼拜。动情之处，每每呼唤连声，泪流满面。"而杨玉环也无数次在梦中呼唤情郎，一日做梦，梦见李隆基对她说："妃子，几日不见了，你可好？你可好哇？奈何黄泉路迥，路隔关山又几重。马嵬坡遗荒垄，别来岁月倥偬。

新翻霓裳久不弄,多少回月冷对樽宇。悲恸。报答你双泪垂红。"二人在梦境中追逐,寻找着,但却总也走不到一起。杨玉环甚至看到李隆基的胡子变白,她手捧白发伤心欲绝,唱道:"这光景几疑是梦,魂儿梦儿理相通。不忍看你鬓发霜染重,未凋零我依旧花容,从头再晨昏侍奉,践密约比翼凌空。"二人相拥,霎时,漫天大雪,杨玉环梦到李隆基整个身体倒在雪地里,雪花将李隆基掩埋,耳边传来高力士的喊声:"万岁爷升天了!"杨玉环悲痛欲绝,从梦中惊醒,吓出了一身冷汗,本以为是梦魇,虚惊一场,结果阿部仲麻吕急急来报:"大唐天子在长安驾崩了!"

　　杨玉环听闻阿部的急报后,神情却显出异常的平静与从容。噩梦终将变成现实,没想到马嵬坡一别,就是生死永别。早知如此,不如就在他怀里沉睡。天子已逝,能够支撑杨玉环活下去的信念轰然倒塌。她做好了和李隆基共赴黄泉的准备。第二天,杨玉环应孝庄皇太后的邀请,盛装出席了日本一年一度的赏樱大会。她身着华美服装,一颦一笑都向世人展示她大唐贵妃之美,百姓们争相前往朝拜。杨玉环向孝谦、阿部和百姓行礼之后,对孝谦说道:"谢女皇多慈悯,能得姊妹相认,不负我扶桑一行。再谢阿部重诚信,明礼义。难报你君臣诚恳,酬偿待来生。"言毕即服下袖中事先准备好的断肠红,用尽生平最后一丝力气道出了对大唐天子的爱恋:"三郎!我未悬梁,非饮鸩,依旧是一颦一笑百媚生,不敢有失连理比翼信,九重外,会离魂。天长地久有时尽,留一曲情深不绝绕梁音。"唱完最后一句,她优雅地走到樱花丛中,安然而立,至此,一代美人,为情为义香消玉殒。孝谦女皇和阿部仲麻吕被这一幕震惊了,他们万万没有想到,大唐贵妃竟是一个如此重情、重义,对爱情矢志不渝的女人。杨玉环作为天子的女人,随着天子的陨落而去,给世人留下了一段凄美感人的爱情故事。

　　令人扼腕唏嘘的是,阿部仲麻吕在杨玉环仙逝后,深感自己辜负大唐天子嘱托,"我有辱使命,有违许诺,还有何面目苟活人世?"阿部仲麻吕在樱花丛中用一种传统日本武士的自尽方式——剖腹,追随杨玉环而去。孝谦女皇在瞬间失去了自己暗恋许久的男人和刚刚义结金兰的姐妹,她忍受着非人般的煎熬,但是她选择了坚强,选择了勇敢,因为她不仅仅是一个女人,更是日本人民的精神寄托和领袖。她的爱不单是对阿部仲麻吕的爱情,更是对日本这个国家的大义。"芳魂归去思不穷,遗玉留香冢。托遐想你传我诵,星斗移,曲未终。怜美人兮环宇相共,古今相同。怜美人兮环宇相共,古今相同。"人们怀着无比沉重的心情,缅怀逝去的美人和武士,写下了《贵妃东渡》的故事,留给后人传唱。

　　编剧在编写剧本的时候,就考虑到要回归中国古典戏曲创作的本源。编剧创作时并没有标新立异,也没有运用荒诞不经的创作观,更没有恪守借古讽今的艺术观,而是远离那些外人眼中的"精彩"。《贵妃东渡》虽然和清初剧作家洪昇创作的《长生殿》一样,都描写了杨玉环和李隆基的爱情故事,但是侧重点略有不同。《长生殿》重点描写了唐朝天宝年间皇帝昏庸、政治腐败给国家带来的巨大灾难。剧本虽然谴责了唐玄宗的穷奢极欲,但同时又表现了唐玄宗和杨玉环刻骨铭心的爱情,也间接表达了对唐朝统治者的同情。而《贵妃东渡》则重在刻画人物的内心状态,主要描写了杨玉环作为一个女人,洗净铅华之后,依然能够怀有一颗纯真的少女之心,能够理解李隆基在国难当头时所作出的不得已选择。她的内心没有一丝的怨恨。她始终明白,她的牺牲换来的是军心稳定和皇位幸存,她牺牲小我,成全李隆基的一世英明,她甘愿背上"红颜祸水"的骂名,期待着乱世过后,能够和心爱之人团聚。《贵妃东渡》全剧围绕一个"情"字展开:杨玉环和李隆基的爱情;阿部仲麻吕对李隆基的忠情;孝谦女皇对阿部仲麻吕的深情;孝谦女皇对杨玉环的妒情;情外之物没有多加赘述。

3. 昆曲歌舞剧《贵妃东渡》的演出过程

经历了两个多月艰苦的排练,北方昆曲剧院编排创作的大型昆曲歌舞剧《贵妃东渡》定于2000年12月至2001年12月在国内外公演50场。

昆曲歌舞剧《贵妃东渡》的演出安排:

1. 北京第一轮演出:5场

时间:2000年12月3日~12月7日,地点:北京,长安大戏院

2. 北京第二轮演出:5场

时间:2001年1月24日(农历正月初一)~1月28日(农历正月初五)

地点:北京保利国际剧院

3. 北京第三轮演出:3场

时间:2001年8月中旬,地点:北京,长安大戏院

4. 巡回演出:

中国:2001年11月中旬,南京紫金山剧院,3场

2001年11月下旬,上海大剧院,3场

2001年12月中旬,广州友谊剧院,3场

2001年12月下旬,深圳大剧院,2场

2001年12月下旬,澳门艺术中心,3场

日本:2001年8月中旬到9月,扎幌、东京、大阪等地,24场

《贵妃东渡》凄美的爱情故事、精彩绝伦的演技、美轮美奂的舞台造型保证了每场演出观众人数都在 8 成左右。每到曲终，更是掌声经久不息。主演多次谢幕，才能送走热情极高的观众。这种场面对于昆曲来说已经久违多年了。该戏也开创了让很多从未看过昆曲的观众走进剧场看昆曲的先例。"传统昆曲剧目，大多形式比较单一。而此次由中日双方共同投资出演的《贵妃东渡》是一种大胆而有益的尝试。交响乐、合唱以及舞蹈的运用，令古老传统的昆曲艺术具有了鲜明的现代感。第一次在昆曲中出现的男旦和大歌剧的舞美制作方法，也将成为吸引观众的亮点。"[1]

本剧虽然收获了一部分观众和媒体的好评，但也有一部分人对其演出形式上的创新持保留态度，其融合了西方交响乐的现代舞蹈样式，对于喜欢听原汁原味昆曲的观众来讲，是一个不小的冲击。相对于传统的昆曲表演模式，《贵妃东渡》已经被包装成了全新的舞台剧样式。"《贵妃东渡》首场的"热闹"过后，漂亮的花篮花束摆满了整个大厅，又不禁让人忧虑，据说以后几场的演出观众并不多，经过"豪华"包装的昆曲依旧曲高和寡。谁来填补"豪华"背后的空虚？"[2] 剧中豪华场景的设置和光彩夺目的盛装华服单拿出来都很好看，可当它们不能同情节、人物发生密切关系，一切就变成了摆设和展示。耳目上的光鲜刺激可能是大多数人都喜欢的，但让豪华转变为典雅，这里面还有相当的距离。如此说来，《贵妃东渡》所发起的新昆曲运动才刚刚开始。

相比较中国观众而言，日本的观众显然更能接受这一综合的艺术形式。《贵妃东渡》在日本的公演比在中国的演出更加受到欢迎，这一点从媒体的报道中可见端倪，"日本政府高层人士一方面在积极准备迎贵妃娘娘再度东渡日本，一方面已向北京保利剧院预订了 400 个高级座位。"[3]《贵妃东渡》先在上海、南京等国内大城市演出后，随后赴日本巡演。戏未登台，就已与日方明确下来的场次达 30 多场，日本前首相海部俊树、公民党主席神崎武法已为此发来贺词，可见日本观众对此剧的关注、期待非同一般。全部演出场次为营业性演出，由日本英雄株式会社代理在日本的演出业务。

"在日本福冈太阳宫大剧院，2000 多名日本观众迎来了远渡重洋的杨贵妃——观看中国北方昆曲剧院演出的大型昆曲歌舞剧《贵妃东渡》。幕间有日语解说，对白和演唱都有日文字幕，观众跟随剧情，时有唏嘘感叹之声。闭幕时，观众久久不愿离去，谢幕达七八次之多。福冈市市长代表说，当年杨贵妃是从福冈登陆的，这次巡演从福冈开始，

---

[1] 穆景林：《贵妃伴您度新春》，载《北京晚报》2001 年 1 月 18 日第 17 版。
[2]《文娱新闻》2001 年 1 月 5 日第 13 版。
[3]《贵妃东渡大年初一引来数百日本要人》，载《北京娱乐信报》2000 年 12 月 4 日第 21 版。

这是我们的骄傲。"[1]

"2001年8月,北方昆曲剧院一行50人,带着大型昆曲歌舞剧《贵妃东渡》东渡日本,应日本英雄株式会社之邀,在日本做17场巡回演出。《贵妃东渡》的第一站是贵妃当年登岸之地——日本九州地区第一大城市福冈。抵日当晚,福冈各界在福冈最豪华的海鹰饭店举行盛大的欢迎仪式。福冈市长在讲话中提到,1300多年以后,杨贵妃真的来到福冈了,这是福冈市的骄傲,是福冈人民的骄傲。2002年是中日邦交正常化30周年,日本人民把北方昆曲剧院制作演出的《贵妃东渡》看作是来自中国的最珍贵的礼物,首演盛况空前。大厅里摆满了从前日本首相海部俊树到现任自民党干事长山崎拓、现任外相田中真纪子和各界知名人士送来的花篮。唱词和对白都有日文字幕,幕间有日文解说,日本观众对剧情了如指掌,剧场里时而笑声一片,时而叹息连连。杨贵妃最后叫着她的'三郎'升天而去,阿部仲麻吕也自尽而亡,剧场里居然有嘤嘤的哭声,许多日本妇女脸上挂着亮晶晶的泪珠。后台的景象也让人为之一振,从日本各地赶过来的戏迷轮着和主演合影留念。他们送来的礼品丰富又实用,还有各种预祝吉祥的纪念品。市长也来了,坐在三楼观众席,因为市长夫人也参与了这出戏的推票工作,所以他不便坐在赠票的贵宾席。市长虽然坐在三楼,但也为这出戏深深感动。"[2]

油谷町的剧场座位能容纳800人左右,剧场大幕是巨幅的杨贵妃绣像,这并不是为本次演出而制,而是因为杨贵妃已经是油谷町的象征。町长先生说:"《贵妃东渡》剧组的到来成了油谷町的节日,全町的人都知道这件事,都知道杨贵妃家人来了。"六点半开演,四点多钟剧场内外就挤满了人,广阔的停车场没有一个空位。演出效果出奇得好,仿佛杨贵妃就在他们眼前,演员的一颦一笑,都牵动着他们的心。演员谢幕,向台下鞠躬,观众弯腰向台上还礼。反复再三,总算拉上大幕。演员合影留念时,刚把大幕升起,一大批观众又魔术般地涌了进来,于是演员再次鞠躬,再次谢幕,这一场景让人阵阵心热。

演员们在熊本和爱媛县松山市演出十多场后,越来越自信,戏也越演得轻松自如。在名古屋,一位日本青年说:"你们的戏太好了,我真想让我的爸爸妈妈也来看一遍,可惜你们明天就走了。"另一位日本女孩说:"故事很美丽,看完以后,让人觉得生活很美丽,世界很美丽。"这出戏在中国演出时,吸引了很多青年观众,在日本也一样。有一位青年连看了两场。《贵妃东渡》看似是古老的爱情故事,实际是一出现代戏。题材是古代的,服装是古代的,但人物的心理节奏是现代的,也就是说戏的魂是现代的,和现代人

---

[1] 马利斌:《贵妃东渡登陆日本》,载《信报》2001年9月3日第30版。
[2] 许恒进:《贵妃东渡日本行》,载《光明日报》2002年1月11日第4版。

息息相通。现代社会中，对个人来讲，最珍贵的除了生命，就是爱情。学业、事业等其他物质财富都可以通过个人的努力得到，聪明加上勤奋，总会有成功的那一天。但爱情不是，爱情无论在哪个时代都是奢侈品，可遇而不可求。所以爱情能够超越时间和空间的距离，一段轰轰烈烈的爱情故事能够从古流传至今，能够从中国越洋到日本，能够俘获少年、青年到中年、老年各个阶段人群的心，并且经过时间的洗礼，这份情感历久弥新，焕发出新时代的光彩。

《贵妃东渡》在日本巡演的另一个城市是日本第二大城市大阪。有一位中国女留学生无意间看了东京放送的晚间新闻，发现在晚间新闻中这出戏的专题新闻长达15分钟，这在日本是很罕见的。在日演出的最后一站是东京，很多日本政客和知名人士都出席观看。东京演出现场几乎爆棚，自民党主席以及多位国会议员均来观戏，据驻日使馆文化处的官员说："这出戏在日本朝野反应非常强烈，这样的情况并不多见。"2000多人的剧场座无虚席，门口还有人在等待退票。这样的场景即使在中国巡演的时候都没有发生过，可见《贵妃东渡》这出戏在日本的受欢迎程度之高。日本自民党干事长山崎拓、日本外相田中真纪子、日中协会会长野田毅分别为这出戏的在日公演发表书面祝词。演出结束后，观众回应谢幕的场面更令人难忘，除了鲜花以外，前排上百名观众一起有节奏地挥动自备的彩扇，把观众的欢乐情绪推向高潮。

"大型新昆曲歌舞剧《贵妃东渡》无疑将是中国昆曲发展史上又一大历史事件，它能否改变北昆的命运尚不得而知，但它确似给身体极度虚弱者注入的一剂强心针，使已渐失生气的北昆重又焕发了活力。"[1]

从昆曲《贵妃东渡》观众的反馈和媒体的评价来看，北方昆曲剧院将古典的爱情故事通过歌剧、舞剧融合昆曲演出的形式受到了市场的好评。也从一个侧面证明了昆曲艺术多种创新模式的可能性，证明了市场对多种艺术形式合作排演新剧目的包容和肯定，也为今后昆曲艺术的创新奠定了良好的观众基础。采用日本人民熟悉的历史事件改编成昆曲剧目演出也获得了日本观众的认可，不仅是因为杨贵妃在日本有良好的群众基础，更重要的是《贵妃东渡》是一出凝聚了北方昆曲人心血的精品剧目，日本观众在欣赏经典爱情故事、演员精湛的演技、豪华炫目的舞台背景的同时也体会到了北方昆曲人对昆曲艺术的执着和热爱。

---

[1] 贾薇：《〈贵妃东渡〉的合作会将昆曲渡向何方》，载《北京日报》2001年1月8日。

（二）昆曲歌舞剧《贵妃东渡》的艺术价值和局限性

昆曲歌舞剧《贵妃东渡》在艺术的表现方式上，强调了"美"在艺术作品中的重要性，除了表现杨贵妃对李隆基执着的爱，更要表现人物的美：强调人物的外貌和内心都很美。这不仅要在人物形象方面下功夫，更要在舞台场面、全剧格调上强调这一点，这样才能在第一时间吸引观众的注意力。从人的外貌美来看，杨玉环，中国四大美女之一，天生丽质，使她拥有了典雅的气质美。唐玄宗李隆基，开元盛世的缔造者，他气宇轩昂、励精图治，拥有天子的风范之美。阿部仲麻吕，才华横溢，肩负起中日文化交流使者的重任，他在东渡过程中，忠心耿耿地护送杨玉环，拥有英雄的侠义之美。孝谦女皇，绝代艳后，风华正茂，她具备雍容大度的风度美。其次是人的内在美，杨玉环、李隆基、阿部仲麻吕、孝谦女皇都是内心很美的人。杨玉环，表面上是一个弱女子，需要男人的疼爱和照顾，但是内心非常的强大，在危难关头甘愿为心爱的男人赴汤蹈火，死不足惜。她的大气、忠贞、坚忍让人们看到了隐藏在她外貌美背后的内心美。李隆基，虽为一代天子，一国之君，仍旧怀有对爱情的向往，他对杨玉环的宠爱表现出他仍然是一个情感丰富的男人。阿部仲麻吕，在异国他乡的土地上，为了坚守自己的诺言，无私地帮助他人，为他人奉献的精神极具人格美。孝谦女皇，端庄大方，能够包容一个异国来的贵妃，她的心胸、她的气概，她所拥有的是兼爱天下之美。除了人物的外貌美和内在美之外，昆曲歌舞剧《贵妃东渡》需要突出表现的是舞台的场面美：要让观众看在眼里，美在心里，这样才能形成整体的、立体的美。《贵妃东渡》在表现形式上运用了多种方式去展现美：从中国长安的繁华到日本的异域风情；从唐朝灯火通明、豪华炫目的宫殿到充满异域情调的海岛；从马嵬坡的大雪纷飞到日本的樱花满地；从霓裳羽衣舞到与敌人战斗时的场景；从杨玉环的宫廷唐装到怀中的金钗钿盒，每一个细节在美的要求上都做到了极致，力求给观众还原最真实的历史现场。

虽然昆曲歌舞剧《贵妃东渡》受到了中国观众和日本观众的一致喜爱和好评，但其也存在美中不足的地方，比如过于重视人物服装和舞台造型，故事情节有些单一，只讲述了杨贵妃是如何东渡到日本的，但对于其东渡到日本之后发生的故事却一笔带过，戏剧冲突不够强烈等。剧中人物关系过于简单，虽然突出了杨玉环和李隆基、阿部仲麻吕的三角关系，也表明了孝谦女皇爱慕阿部仲麻吕的情况，但是却重点表现了杨玉环在东渡过程中的内心活动和情感体现，其他人物形象过于单薄。在人物形象和戏剧冲突设计中，突出表现主演，其他人物也应该尽量丰满，有血有肉，才能够衬托出主要人物的魅力。在今后中日合作的戏曲创作中，我们要注意吸收前人的优秀成果和经验，时刻反思自己的不足，听取观众的意见，再将这些良性成果反馈到戏曲作品中去，争取创作出经得起市场考验的、更加优秀的艺术作品。

五、昆曲《夕鹤》和《贵妃东渡》带来的影响与思考

（一）昆曲《夕鹤》和《贵妃东渡》产生的影响

1．对现代社会的影响

昆曲《夕鹤》和《贵妃东渡》都是表现纯真、善良和美的作品，它们呼唤着"真、善、美"，鞭挞着"假、恶、丑"，通过抒情、美好的民间故事，提出了人们应该崇尚真善美的情操而摈弃对金钱和物质享受的贪婪。什么是真善美？真实、善良、美好，这是人类心底共有的最质朴的情感和道德准则，是任何民族、任何国度、任何时代所具备的最基本的社会行为规范。在昆曲《夕鹤》故事中，善良的与平救下了素未谋面的仙鹤阿慈，不仅得到了阿慈的芳心，更获赠了阿慈用身上珍贵的羽毛为他织出的千羽锦；在《贵妃东渡》中，阿部仲麻吕信守自己的诺言，冒着生命的危险，护送杨玉环东渡到日本，这是多么淳朴真挚的感情。随着中国的改革开放，人民的物质生活水平得到了显著的提高，而精神文明建设却仍需加强。2014年春节晚会上，开心麻花团队创作的小品《扶不扶》就反映了当今社会一个令人困惑的问题：倒地老人到底扶不扶？如果把老人搀扶起来，有可能不但好事没做成，还会被老人敲诈勒索；2013年6月，四川达州3名儿童搀扶倒地老太被讹，警方最终以老人涉嫌敲诈勒索立案。如果不扶老人，则会耽误抢救时间。2013年11月，浙江金华八旬老人倒在地上五六分钟，路过的市民谁也不敢上去扶起老人，只好跑到街头叫来了协警，其间有人拿起手机拨打了120，最终将老人送往了医院。通过这两个故事，我们不得不对现代社会人们的道德水平进行一个深刻的反省，好人好事永远是我们这个社会追求的主流，社会需要真正的行动者，需要播种更多向善向上的正能量。每个普通人都行动起来，道德的种子才会开花结果，整个社会风气才会更好。

45年来，《夕鹤》上演千场以上的实践证明，广大观众肯定了这部戏剧质朴而又深邃的思想内涵。今天的中国，正处在商品经济大潮方兴未艾的年代，正处在精神文明建设和物质文明建设应不应该一起抓这个问题越来越迫切地摆在我们面前的时刻，《夕鹤》是一部表现纯真、善良和美的作品，它能够呼唤人类心底最质朴的感情，在商品经济快速发展的社会中，能够起到提醒和警示的作用，让人们意识到最重要的东西是什么，对整个社会的良性运行起到积极的作用。

2. 对中日文化交流的影响

昆曲《夕鹤》和《贵妃东渡》通过演出中日民间熟悉的爱情故事，为两国人民架起了一座沟通艺术和心灵的桥梁，使得饱受日本军国主义迫害的两国百姓，找到了灵魂上的慰藉，在一定程度上减少了双方的隔阂，使彼此之间多了一份宽容和理解。

从日本的话剧到中国的昆曲，《夕鹤》在完全不同的国度，完全不同的艺术表现方式上，达到了相当高度的融合与统一。日本民间叙事题材的"昆曲化"或者说日本演剧样式的"中国化"，使得中日两国在各自民族性格、文化背景、审美价值、道德理念、社会责任等方面的相互认知与理解上探索出了一条更加契合的途径与对话方式。这种契合的途径与对话方式使得两国在文化艺术的层面上得到了更加广泛的融合性。历史上，日本明治维新以后的话剧对中国戏剧的发展产生了很大的影响。中国最早从事演剧活动并开演"文明戏"的早期话剧社团就诞生在日本，而代表中国昆曲第一个出访日本的昆曲名伶韩世昌是北方昆曲剧院的创始人之一。从这个角度看，显然昆曲《夕鹤》的上演对中日两国昆曲艺术交流有着历史性的价值。昆曲《夕鹤》不仅是继1928年韩世昌赴日演出后中日两国昆曲艺术交流的赓续，更是当代中日两国的艺术家们共同合作的结晶。虽然他们中的一些人已驾"鹤"西去，但在此次合作过程中，两国艺术家们付出的艰辛努力，留下的珍贵"遗产"却值得后人回味。这是一种在不同文化传承背景下，不同艺术种类在相互交流、相互融合下产生的栩栩如生的鲜活记忆，这种记忆会定格在这些参与昆曲《夕鹤》创作的两国艺术家们心中。这次创作的记忆与精神将会通过这些艺术家传承给中日两国下一代新人。

昆曲歌舞剧《贵妃东渡》极好地利用了2001年中日旅游线路的开通和中日文化源远流长的背景以及杨贵妃在日本的文化影响，打开了日本演出市场。这也是中国古老戏曲走向世界的又一大胆尝试。大年初一北京首演之际，有近400名日本观众乘包机前来观看。这是继大型实景歌剧《图兰朵》、日本宝冢歌舞剧院来华演出后，最大规模的来华专题文化旅游团体。这次文化之旅，他们不但欣赏到中国的戏曲艺术，还品味了中国春节期间丰富多彩的民俗文化。2001年8月，《贵妃东渡》还在日本很多城市举办了多达30场的巡回演出。《贵妃东渡》目前还正在酝酿将该剧作为固定演出剧目向国际国内旅游市场长年推出，可以说，《贵妃东渡》对中日文化交流的促进是长久有效的，是可持续的。

3. 对国内其他昆曲剧团的影响

昆曲《夕鹤》和《贵妃东渡》的演出获得了两国观众一致的认可，充分证明了昆曲艺术可以跨越时间、空间、语言的障碍，可以有多种创新合作模式，也带给了国内其他昆曲剧团新的启发，从以往的国内剧目赴日演出到中日剧目主创人员合作编排，《贵妃东渡》拉动了昆曲表演团体与日本方面合作的步伐，其中影响最大的是苏州昆剧院与被誉为"日本梅兰芳"的歌舞伎大师坂东玉三郎合作演出的昆曲《牡丹亭》。坂东玉三郎深深地被昆曲艺术的经典魅力所折服，他没有用熟悉的歌舞伎方式演绎杜丽娘的形象，而是全身心地投入到中国传统艺术昆曲当中，克服了咬字吐音的障碍，唱出了原汁原味的昆腔。在演员动作上，他没有完全照搬昆曲杜丽娘的表演，而是按照他的理解进行了一定程度上的改良，扬长避短，化杜丽娘之魂于歌舞伎之身，却也别有一番韵味，获得了观众的喜爱和认可。2008年3月，坂东玉三郎与苏州昆剧院合作的中日版昆曲《牡丹亭》及歌舞伎《杨贵妃》在京都南座公演20场，一改歌舞伎演唱演员不谢幕的传统，在观众的热烈掌声中，谢幕长达30分钟。同年5月在北京湖广会馆演出10场。由此可见，国内昆曲剧团和日本艺术家的合作可以涵盖多种形式、多种渠道，可以全方位、多角度地演出剧目。比如可以由中国演员排演日本故事，也可以由日本演员排演中国故事，更可以两国合作编写剧目，这样不仅能够让昆曲走出去，接受国际市场的检阅，进行市场化的运作，更可以吸收优秀的外国剧目和演出形式，为昆曲今后的发展开辟新思路。

（二）昆曲《夕鹤》和《贵妃东渡》对中日昆曲合作引发的思考

1. 剧本题材方面

动物报恩类：昆曲《夕鹤》和《贵妃东渡》都是由两国人民熟悉的民间故事改编而来的。《夕鹤》讲述的是白鹤化为年轻女子报答与平救命之恩。无论是在中国还是在日本的民间故事里都存在很多动物报恩的故事。中国古典名著《聊斋志异》中描写动物报恩的故事占到了全部故事的一半，其中报恩动物多达9种。日本的《鲤鱼报恩》《青蛙报恩》等动物报恩的故事也屡见不鲜。这说明中日两国人民都是知恩图报的，所以在能集中体现中日两国文化的民间故事上存有许多相似点。这样的故事不仅能够唤醒两国人民一衣带水的亲近之感，更能够减少因为生活环境、思维方式和审美观念的不同造成的差异感。

爱情故事类：《贵妃东渡》讲述的是杨玉环和李隆基的爱情故事，中国观众对这一题材并不陌生，唐代著名诗人杜牧在《过华清宫绝句》中就写道："长安回望绣成堆，山顶千门次第开。一骑红尘妃子笑，无人知是荔枝来。"将李隆基对杨玉环的爱恋描写得淋漓尽致。从日本人民在油谷町为杨玉环建造的墓地也可以看出日本人对大唐妃子杨玉环的深刻感情，这位为情去生、去死的贵妃，在日本人民心中占有很崇高的地位，从多位日本著名演员如藤原纪香、山口百惠等都自称是杨玉环的后裔一例也可见一斑。由此可见，昆曲剧目选择亘古不变的爱情故事题材更加能够唤起两国人民的共鸣。

2．演员挑选方面

昆曲《夕鹤》和《贵妃东渡》的主演都是当时活跃在戏曲舞台上的佼佼者，这是吸引观众买票看戏最重要的原因。第一版《夕鹤》中阿慈的扮演者洪雪飞在1966年成功扮演了现代京剧《沙家浜》中的"阿庆嫂"这一艺术形象，多次荣获北京市优秀表演奖。《贵妃东渡》中方杨贵妃的扮演者杨凤一不仅时任北方昆曲剧院的院长职务，在2008年更是入选国家级非物质文化遗产昆曲项目的代表性传承人。她曾以一出文武并重的《天罡阵》获得北京首届青年演员表演最高奖——优秀表演奖。她主演的京剧《图兰朵公主》被意大利剧场协会主席卡恩格评价为世界上一百多个图兰朵中最美、最好的。《贵妃东渡》日方杨贵妃的扮演者是从乐池走向台前的"吴氏青衣"创始人吴汝俊，京剧大师张君秋曾夸奖他有"梅兰芳"之韵。他在日本的出场费和当时最红的歌星相当。吴汝俊"男旦三部曲"赴日本演出时，日本前首相海部俊树及执政党公明党代表等，曾在国会大厦会见演出团成员，并为剧组题词。吴汝俊在日本已培养了众多的"吴氏青衣"迷。每次他到东南亚各国演出时，戏迷们都会飞去为其捧场。"在北京演出《贵妃东渡》《武则天》时，几百人包机飞来，在剧场里手持日本扇子不停挥舞喝彩，以特有的方式加油助阵。"[1]因此，挑选合适的、优秀的、有票房号召力的演员是戏曲剧目演出成功的重要保证。只有观众认可演员的表演，才会愿意花钱去戏院看戏，这就是演艺明星在演出中所起的重要作用，也是今后中日昆曲合作剧目创作中不可忽视的一环。

3．剧团内部合作方面

一出优秀的昆曲合作剧目不仅需要明星主演精湛的演技，更重要的是整个剧组人员之间有效的、密切的配合。各个部门协同一致，心往一处想，劲往一处使，才能在最短的时间内达到最好的效果，这就要求参与演出项目的每个人都舍小家、为大家，要具备奉献精神和团队合作能力。

在昆曲《夕鹤》的排练过程中，年近50岁的洪雪飞甘愿为剧目流血流汗的奉献精神感动了剧团的所有人，她不仅严格控制饮食以达到少女的形态，而且大胆起用青年演员，"她像老师那样毫无保留地给他们说戏，提要求，又把他们看作平等的合作者，和他们一起认真排练，认真做戏，通过排练既提高自己，又用自己的准确表演带动青年人，从不对他们大呼小叫地训斥，表现出来的仍是尊重。"[2]洪雪飞的敬业精神带动了整个团队，在

---

[1] 刘玉琴：《男旦吴汝俊》，载《人民日报》2006年2月10日第14版。

[2] 张虹君：《说得清的洪雪飞——我们怀念你》，载《中国戏剧》1994年第12期，第31页。

《夕鹤》中饰演男主角与平的青年演员杨平友一有时间就虚心向洪雪飞请教。排戏时，上午他们一起在夏淳导演的严格要求下共同创作，下午导演不在，杨平友就认真地、一丝不苟地和洪雪飞对戏，该唱大声唱，该跪该爬不顾膝盖青紫，不顾汗流浃背地在地上爬来滚去。杨平友在膝头红肿得不敢着地时，仍能咬牙坚持跪着做戏。《夕鹤》剧组的团队合作精神保障了剧目的顺利演出，也掀开了中日昆曲合作剧目历史性的一页。

昆曲《贵妃东渡》排练的艰苦程度超出剧组所有人的想象，仅举一例。北昆的排练条件很差，排练厅是一个被称作象房的地方，那里曾做过京剧院的仓库并已废弃多年，其地下是个澡堂子。因在排练厅里开着门太冷，关着门洗澡水反味儿，故待久了使人有一种窒息感，而导演、演员却在里面摸爬滚打了整整两个月。"足有三层楼高的排练厅内只有不多的几组暖气片，导演和候戏的演员都捂着棉袄和羽绒服；排练厅内没有采光的窗户，所有的光亮来自现场的几盏白炽灯；排练厅内也没有厕所，要方便必须跑到隔壁办公楼的三层去……尽管如此，全团 40 余名演员仍以极大的热情投入排练。同时担任群众演员和场记的一位女演员说："我们每天排练的时间都在 10 小时以上，虽然这样的强度让大家有点不适应，但大家都没有怨言，我们非常珍惜这次机会。"[1]

昆曲《贵妃东渡》的所有演职人员克服了北方昆曲剧院艰苦的排练条件，克服了演员彼此不熟悉的障碍，克服了排练过程中的各种突发事件，拧成一股绳，精益求精地进行剧目的排练。对昆曲的热爱让大家忘记了物质条件的匮乏，演员们为了《贵妃东渡》的排练，为了剧团的荣誉，牺牲了个人的时间、利益，全身心地投入到剧目的创作过程中来，这样的敬业精神正是昆曲历经六百多年的历程长盛不衰的集中体现，是一代又一代昆曲人流淌在身上的血液。他们肩负起了传承和发扬昆曲艺术的旗帜，不辱使命，即使是在如此艰苦的物质条件下，还是能够充分发挥主观能动性，创作出精美的艺术作品，其创作的经典昆曲歌舞剧《贵妃东渡》开启了中日两国昆曲艺术交流的新篇章。

4. 演出形式方面

大型昆曲歌舞剧《贵妃东渡》第一次开创性地将昆曲这一古老的国宝级剧种与交响乐、歌剧、舞剧、话剧等西洋高雅艺术相融合，符合舞台艺术发展的国际潮流，它带给中日昆曲合作剧目演出形式的启发是多方面的：日本传统的歌舞伎、能剧等戏剧艺术形式都可以在不同层面上与昆曲艺术相结合，但是如何避免出现"昆曲不是昆曲、能剧不是能剧"的局面，也确实是一个值得思考的问题。《贵妃东渡》始终强调它的内核和表现

---

[1] 贾薇：《昆曲〈贵妃东渡〉排练现场目击》，载《北京日报》2000 年 12 月第 6 版。

方式是昆曲，其他演出形式只是辅助的作用。例如在音乐上，它吸收了京剧、京韵大鼓、越剧、梆子等的特点，但在唱腔旋律的设计上仍然以昆曲为基调。今后创作中日合作剧目时，可以将日本歌舞伎和昆曲唱腔元素融合，将能剧和昆曲舞蹈元素融合，虽然可能会失去剧种的原汁原味，但也不失为一种勇敢的尝试。

5．项目宣传方面

昆曲《贵妃东渡》在项目宣传方面有以下几点值得借鉴：（1）挖掘剧目中有价值的新闻点：比如剧情方面引人入胜的亮点、主演在演艺事业获得过含金量高的奖项、导演导过观众耳熟能详的剧目、演出形式的创新和多样化，等等。拿《贵妃东渡》为例，它充分利用了杨贵妃是否自缢在马嵬坡这一历史谜团，吸引了一部分历史爱好者；利用昆曲名角杨凤一和旅日艺术家吴汝俊的人气，吸引了大批日本戏迷前往观看；利用交响乐、歌剧、舞剧融合昆曲的艺术形式吸引了爱好其他演出的观众，潜移默化地将观众的好奇心理转化为买票看戏的动力，巧妙地迎合了观众的胃口，达到宣传演出的目的。（2）全方位利用媒体：和电影、话剧等大众演出形式相比较，戏曲演出的受众面较小，如果投入大量的宣传力度，可能会造成投入和产出不成正比，所以以往昆曲剧目的宣传方式和渠道比较单一，但昆曲《贵妃东渡》的宣传是立体式、多角度的。立体式是指《贵妃东渡》的宣传改变了昆曲演出以往只靠新闻发布会宣传的模式，不仅涵盖了无偿宣传与有偿宣传、北京宣传与京外宣传，而且包括了正面宣传与变相宣传、平面媒体宣传与电视宣传等，结合系统的、深入的、连续的、巧妙的报道，充分利用名人效应，以人推戏，以戏推人；制作地铁小灯箱广告；制作户外演出张贴画和公交车车厢挂画；在《北京晚报》等发行量大的报纸上登整版广告，充分辐射到了城市的每一个角落。（3）利用周年纪念吸引关注度：昆曲《贵妃东渡》选在2002年中日邦交正常化30周年赴日演出，"被日本人民看作是来自中国的最珍贵的礼物"。[1] 其他跨国剧目演出也普遍会选择一个特定的历史时间上演，比如2012年适逢中德建交40周年，10月初时值中德两国国庆之际，中方邀请德国优秀交响乐团——纽伦堡交响乐团，演绎中德友好主题，来纪念中德友好关系史上这一重要历史年份；2014年中法建交50周年，法国国家级芭蕾舞团于5月20日抵达厦门，展开为期8天的友好访问及大型芭蕾舞剧演出。选择这个特殊时间点演出的好处有两点：一是可以利用全国各大新闻媒体的资源进行免费宣传，二是大部分观众会选择在这个时候去看一场有历史纪念意义的演出。

---

[1] 马利斌：《〈贵妃东渡〉登陆日本》，载《信报》2001年9月3日第30版。

六、结语

　　昆曲是"百戏之祖",是中国戏曲舞台上的"国宝",是戏曲的"活化石",如何保护它、发展它,给它提供一个良好的生存环境,是急需解决的问题。必须要突出的是昆曲是我们的国宝,是中国戏曲艺术中最高雅的剧种。在北京,人们可以花上千人民币去听西洋歌剧《图兰朵》。在上海,人们可以不惜花上3000块钱去抢购多明戈音乐会的门票。那么,作为同样是高雅艺术极品的昆曲,你会掏多少钱去买票?花钱去听意大利歌剧的观众也不是完全能听懂意大利语或者能欣赏美声,很大一部分是附庸风雅,感受高雅艺术的氛围。我们必须要提高本民族的艺术自信,让买票听昆曲成为一种社会风尚,就像《贵妃东渡》在日本受到热烈欢迎一样。只有我们对本民族的文化百分之百地自信,才能吸引世界上不同民族、不同地域、不同语言习惯和文化背景的人民来欣赏。然而现实状况是我国人民对艺术的欣赏出现了偏差,年轻人听昆曲成为一种很罕见的现象,国内媒体充斥着日本的动漫、美国的个人英雄主义电影、韩国的纯情爱情电视剧,却很少有媒体关注国粹艺术,这是一个多么令人寒心的现实!我们的文化要走出去,就必须要提高国人对本民族的文化自信和文化自觉,这次《贵妃东渡》的推出就是对昆曲这一中国戏曲艺术极品进行高档次、商业化、时尚化的艺术包装,让更多不知道昆曲是什么的人走进剧场。另外一个问题是如何用时尚化的手段重新包装我们本民族的艺术珍品。昆曲艺术作为我国文化领域最重要的一项非物质文化遗产,如何通过现代营销手段让昆曲艺术在新时代绽放出夺目的光彩,是一个确须解决的问题。笔者认为,如果单单将昆曲艺术作为需要保护的对象,而不与市场需求结合起来的话,昆曲有一天终将成为博物馆里陈列的稀世珍宝。昆曲艺术可以两条腿走路,保留一部分经典剧目,比如汤显祖的《牡丹亭》、孔尚任的《桃花扇》等,每年定期为专业人士和票友演出,使得昆曲的原汁原味得以流传,也使得老一辈戏曲爱好者能够继续享受高山流水的戏曲盛宴;另外创作一些贴近现代人生活的新剧目,迎合市场的需求,利用先进的舞美制作,新颖的艺术形式,吸引年轻的观众进入剧院,只有这样,昆曲艺术才能常演常新,永葆青春的活力。

中国戏曲的文化外交意义初探
——以梅兰芳海外演出为例

傅 夏（2011级）

一、引言

在全球化、区域化和信息化等趋势进一步加强的今天，外交不再是单纯的以谈判为主处理国家间关系和国际事务的行为。当代外交开始形成非政府性、非职业性和非秘密性为主的新特点，尤其以非政府组织、跨国企业和跨国社会运动的日趋兴盛最为突出。随着这一趋势的日渐明显，很多国家开始加强"对其他国家民众的信息交流和说服工作"[1]，这就是所谓的"文化外交"，也被称为"公众外交"。李智在其专著《文化外交：一种传播学的解读》中是这样定义的："文化外交即是以文化传播、交流与沟通为内容所展开的外交，是主权国家利用文化手段达到特定政治目的或对外战略意图的一种外交活动。"[2] 这样的定义不仅显示了文化外交的外交特性，更提出了对于文化本身的要求——利于传播、交流和沟通。

中国戏曲是中国传统文化中最具中国特色、最富有内涵的艺术种类之一，它在漫长的历史岁月中对中国文化精神的形成产生了深远的影响。2010年，京剧成功入选"人类非物质文化遗产代表作名录"，更为中国戏曲增添了一抹国际化色彩。

---

[1] 陈志敏、肖佳灵、赵可金：《当代外交》，北京大学出版社2008年版，第25页。
[2] 李智：《文化外交与中国的软实力，一种全球化的视角》，北京大学出版社2005年版，第24页。

把中国戏曲带上国际舞台，影响最大的当属梅兰芳先生了。梅兰芳先生一生曾出访苏联4次（分别为1935年、1952年、1956年、1960年），日本3次（分别为1919年、1924年、1956年），美国1次（1930年），均获得各国人民热烈欢迎和媒体极高评价，更受到卓别林、泰戈尔、斯坦尼斯拉夫斯基等著名艺术家的赞赏。1952年，梅兰芳先生出席了在奥地利维也纳召开的"世界人民和平大会"。他遵照周恩来总理"广交各国文艺界朋友，对外介绍中国的京剧艺术"[1]的外交思路，充分开展戏曲跨文化[2]传播活动，他的出访在宣传中国传统艺术文化，提高中国在世界的认知方面具有十分深远的意义；同时也对民间外交活动具有极其重大的影响。

本研究旨在以文化外交的理论阐释梅兰芳的多次戏曲海外传播行为，这不仅对研究梅兰芳戏曲艺术的形成与发展有着一定的积极意义，也希望能够对当代文化外交的理论构建提供新的视角。

二、中国戏曲跨文化传播脉络及其外交端倪

戏曲是对宋元南戏、元明杂剧、明清传奇以及近代京剧、各种地方戏的总称[3]。关于戏曲的起源有很多种不同的说法，包括古乐舞说、娱人说、娱神说、综合说等，在当代戏曲界影响最大、最受认同的说法是中国戏曲是由民间歌舞、滑稽戏、说唱艺术等多种综合艺术形式综合而成的。

关于戏曲的起源还有一种外来说，即印度梵剧影响了中国戏曲的形成。这种理论最早由许地山在《梵剧体例及其在汉剧上底点点滴滴》一文中提出，文章系统地论述了中国戏曲与印度梵剧的相同之处，认为"印度戏剧理论底发展也和中国一样是诗歌并行的"[4]；在"文心"上有"五步发展"，"文体"上也有"五步"与之相应[5]。另外，郑振铎在《插图本中国文学史》中认为："我对于中国戏曲起源，始终承认传奇绝非由杂剧转变而来……而传奇的体例与组织，却完全是由印度传入的。"[6]他同样将中国戏曲与梵剧加以比较，得

---

1 刘庚寅：《民间外交舞台上的梅兰芳》，《友声》1998年第5期。

2 根据拉里·A·萨默瓦所著《跨文化交流》认为跨文化交流包括国内交往和国际交往两部分，本文涉及的跨文化交流以国际交往为范畴。

3 钮骠：《中国戏曲史教程》，文化艺术出版社2004年版，第3页。

4 许地山：《梵剧体例及其在汉剧上底点点滴滴》，载《中国文学研究》下册，上海书店印行1981年版。

5 许地山：《梵剧体例及其在汉剧上底点点滴滴》，载《中国文学研究》下册，上海书店印行1981年版。

6 郑振铎编：《插图本中国文学史（三）》，人民文学出版社1957年版，第567页。

到很多共同之处。其实，两位学者的理论都是在阐明戏曲的形成和发展与印度梵剧有关，笔者认为这确实无可厚非。中国与印度自古就有来往，汉武帝时期张骞出使西域，东汉时印度佛教传入中土，足以说明中印两国交往密切，其中，中国戏曲的跨文化交流也占据了国与国之间交往内容的一部分。

中国戏曲的海外传播自明朝就已经开始。早在14世纪，中国戏曲就曾经在越南宫廷中演出，据《大越史记全书·本纪全书》记载："春正月，令王侯公主献诸杂技，帝阅定其优者赏之。先是破唆都时，获优人李元吉，善歌，诸势家少年婢子，从习北唱。"[1] 这是中国戏曲在海外演出最早的记录。到了17世纪下半叶（清康熙年间），在泰国宫廷中已有不少中国剧团演出的记录，这些中国剧团同时还受邀为法国国王路易十四所派遣到泰国的使节演出，深受喜爱。早期中国戏曲传入各国宫廷是中国文化外交的最初体现。文化外交本着"润物无声"的原则，从当时社会的顶层——宫廷内部开始深入，使"中国"这个文化符号逐渐浸透在异域文化中。

（一）中国戏曲在欧美早期传播情况

随着华工的脚步，中国戏曲流传到了欧美。1852年，第一个中国戏剧演出公司在美国旧金山演出，这是中国戏剧在旧金山的首次演出，由广东剧团制作，随后这个广东剧团还在旧金山建造了第一个中国戏院。1853年3月，这个剧团开始了以中国戏剧为内容的为期5个月的美国商业巡演，最终凑足路费返回中国。虽然无法得知这次商业巡演是否具有普遍意义上的成功，但这确实是中美戏剧交流的开始。

文本传播是早期中国戏曲跨文化传播的一个重要方面。18世纪，《赵氏孤儿》被法国传教士约瑟夫·普雷马雷译成法文[2]，随后被翻译成英文、意大利文以及德文，其中最为著名的当属伏尔泰的《中国孤儿》。随后《老生儿》《汉宫秋》《灰阑记》等多部元杂剧作品也纷纷被翻译成他国语言，流传到海外。清代李渔的作品也有一些很早就流传到西方，最早的是《十二楼》。苏联于1982年出版的《失而复得的珍品——19世纪中国小说》，其内容就是苏联汉学家沃斯克列先斯基依据1947年东亚图书馆印行的版本翻译的《十二楼》的全部12个故事。[3] 19世纪下半叶，中国戏曲才开始在欧洲崭露头角。虽然欧洲曾于17、18世纪掀起过"中国热"的高潮，但那并不是中国戏曲在欧洲上演所致，而是欧

---

1 孙歌、陈燕谷、李逸津编：《国外中国古典戏曲研究》，江苏教育出版社2000年版，第18页。
2 林一、马萱：《中国戏曲的跨文化传播》，中国传媒大学出版社2009年版，第5页。
3 林一、马萱：《中国戏曲的跨文化传播》，中国传媒大学出版社2009年版，第7页。

洲人从中国戏曲中借鉴改编而成的带有中国元素的戏剧所引起的。"中国热"确实引起了一定的影响，并使一些学者将目光转向了中国戏曲。1838年，《中国戏剧选》由法国著名汉学家巴赞出版，这是西方人出版的第一个中国戏曲剧本选本，其中收录了《邹梅香》《合汗衫》《货郎旦》和《窦娥冤》。

20世纪以后，西方对中国的了解越来越多，对中国戏曲的了解也随之深入，不少西方剧作家编演了众多带有中国元素的戏剧。比如1912年出现的剧本《黄马褂》，由美国人乔治·哈扎尔顿和哈里·班里穆联合创作，讲述了一个虚构的东方故事。这部戏于1913年在英国上演，在此后的三年间还登上了俄国、中国、德国、捷克等11个国家的舞台，直到1941年仍在美国重演。[1] 这样带有浓厚东方色彩的戏剧引起了西方国家对中国广泛的猎奇心理，而正是这样的猎奇心理使得中国戏曲的跨文化传播拥有了潜在的市场。

另一方面，中国戏曲演员和中国留洋学生对中国戏曲在西方的传播也做出了很大贡献。1930年，梅兰芳受美国驻华大使芮恩施之邀，到美国访问演出。途经纽约、夏威夷等7个城市，演出共计72天，几乎场场爆满。梅兰芳炉火纯青的表演点燃了美国观众对中国戏曲的热情，同时也引起了中国戏曲在世界范围内的广泛关注。1932年京剧大师程砚秋赴欧洲考察一月有余，途经苏联、法国、德国、瑞士、意大利5个国家，9个城市。作为中国第一位专门赴国外考察的京剧表演艺术家，程砚秋这次不但为欧洲带去了精彩的演出，还出席了多种世界戏剧会议，参观了多所戏剧学校，并收集了大量珍贵的资料和图片。在返京之后将考察结果集结成《赴欧考察戏曲音乐报告书》出版发行，对中国戏曲产生了深远的影响。1935年2月，梅兰芳又一次踏上传播中国戏曲的旅程。他受苏联对外文化交流协会邀请，先到苏联进行为期一个半月的演出和考察。同年4月，梅兰芳离开苏联后又到波兰、法国、德国、意大利、比利时、英国等国家进行戏剧考察。在苏联，梅兰芳与众多苏联一线戏剧文艺界的知名学者，如斯坦尼斯拉夫斯基、爱森斯坦、梅耶荷德等共同探讨中国戏曲与世界戏剧，这些学者无一不为梅兰芳的表演而倾倒，对中国戏曲产生了浓厚的兴趣。梅兰芳的这次苏联之行，是在中苏两国政府倡导之下展开的文化外交活动，苏联希望借梅兰芳这位具有世界声望的优秀戏曲表演艺术家缓和中苏矛盾，达到增进两国友谊的外交目的。

除了戏曲演员到西方演出传播外，留洋学生的创作也对中国戏曲的跨文化传播产生

---

[1] 林一、马萱：《中国戏曲的跨文化传播》，中国传媒大学出版社2009年版，第24页。

了一定影响。1934年,中国留英学生熊式一按照中国戏曲《红鬃烈马》改编的英文剧《王宝钏》,它甚至在伦敦国际人民剧院上演,还受到女王的喜爱[1]。《王宝钏》不但在英国引起了轰动,在美国演出时规模也很可观。

随着第二次世界大战的结束,中国戏曲在欧洲的传播范围主要集中在社会主义阵营的国家中。1955年7月,中国越剧代表团赴民主德国和苏联访问演出,《西厢记》《梁祝》等著名越剧剧目在柏林人民剧院上演,掌声经久不息。1955年8月21日,越剧彩色电影《梁山伯与祝英台》在英国第九届国际爱丁堡艺术节上获得了映出奖。[2] 苏联更是这一时期中国戏曲跨文化传播的重镇,在1955年到1957年之间中国戏曲艺术家曾访问苏联4次。1957年,中国艺术家的节目还获得了莫斯科举行的第六届世界青年联欢节的众多奖项。

(二) 中国戏曲在亚洲早期传播情况

早在13世纪中叶,中国戏曲在日本的传播就已开始,往来于中日两国的僧侣曾将中国戏曲带到日本,这对日本最古老的戏剧形态之一——能的产生与发展都起到了很大的影响。日本江户时期的著名学者荻生徂徕(1666～1728)在其专著《南留别志》一书中提到:"能是模仿元杂剧而作的。元杂剧是入日元僧带来并传授的。"[3]《御文库目录》是江户时期日本宫廷所收集的中国戏曲书籍目录,据记载,它收录了包括《八能奏锦》《西厢记》《牡丹亭记》(六本)、《元人杂剧百种》(四十八本)、《红佛记》《千金记》等20种,御文库是日本最早建立的国家文库,在国家文库中收录了大量中国戏曲的书籍(既包括南戏又包括北曲,既有剧本又有乐谱),种类齐全,数量也很可观,足见日本政府对中国戏曲的喜爱。

20世纪上半叶,中国戏曲在日本已经达到耳熟能详的地步,不但有众多中国戏曲演员来到日本演出,日本当地研究中国戏曲的学者也增加了不少,他们对于戏曲的研究也逐步深入。

1919年和1924年,梅兰芳两次受到东京帝国剧场经理大仓喜八郎男爵的邀请,到日本进行商业演出,得到了极好的反响。日本帝国剧场又在1925年邀请了著名京剧演员黄玉麟赴日演出,同样受到很好评价。1928年,韩世昌受邀到日本的京都、大阪和东京

---

[1] 林一、马萱:《中国戏曲的跨文化传播》,中国传媒大学出版社2009年版,第25页。

[2] 林一、马萱:《中国戏曲的跨文化传播》,中国传媒大学出版社2009年版,第83页。

[3] 廖奔:《东西方戏剧的对峙与解构》,上海辞书出版社2007年版,第117页。

进行商业演出，这是日本第一次纯粹以中国昆曲为内容的展演，随后东京帝国大学还举行了昆曲座谈会，对昆曲给予很高的评价。

从1900年前后到1930年，日本学者对中国戏曲的研究展示出了浓厚的兴趣。内容从元杂剧剧本研究到中国戏曲剧种研究，形式从论文到专著，涉及十分广泛。其中包括波多野乾一的《中国剧五百番》（1922）作为普及中国戏曲的著作，受到日本人民的喜爱。他还在《京剧二百年之历史》（1926）一书中为周信芳立传。[1]另外，日本著名中国小说、戏剧研究家和翻译家盐谷温所著《中国文学概论讲话》（1919）以体裁的不同全面论述了中国文学，虽然戏曲只是其中一章，但这本著作足以体现日本对中国的广泛关注。

日本侵华战争之后，中日两国经历了较长一段时间的断交时期，这同时也阻碍了中国戏曲在日本的传播。直到1956年5月，以梅兰芳为团长的中国访日京剧团应日本朝日新闻的邀请，前往日本演出交流。这也是梅兰芳的第三次访日之行。中日两国在这个时期还未恢复邦交，中国京剧代表团的访问是一次破冰之旅，为随后中日两国建交铺平了道路。

（三）中国戏曲在南美洲早期的传播情况

中国戏曲在南美洲的传播是从20世纪五六十年代才开始的。1955年4月，第一次亚非会议在印尼召开，周恩来总理首次与第三世界国家直接接触，由此打开了中国外交的新局面，中国戏曲也由此在美洲开始传播。

1956年，中国艺术代表团出访南美、智力、阿根廷、乌拉圭和巴西。近百人的代表团云集了袁世海、李少春、张春华、杜近芳等众多京剧界名家，以及国内音乐界、舞蹈界的最优艺术家，足见阵容强大而全面。据统计，代表团此次南美之行，"演出58场，直接观众14.6万人，通过电视观看的则在100万人以上"。[2]1960年4月，中国京剧院一团和中央歌舞团的骨干组成了"百人艺术团"访问了委内瑞拉、哥伦比亚、加拿大和古巴。艺术团由时任对外文化委员会副主任的陈忠经带领，团员包括众多京剧界顶尖艺术家，比如杜近芳、李少春、袁世海等。艺术团全体成员还受到了委内瑞拉总统的隆重接见。[3]

综上所述：20世纪之前的早期中国戏曲跨文化传播以文本传播为主，剧目、剧种的传播还较为少数。随着文本的流传，中国这个东方古国的故事开始出现在西方世界的舞

---

[1] 林一、马萱：《中国戏曲的跨文化传播》，中国传媒大学出版社2009年版，第29页。

[2] 林一、马萱：《中国戏曲的跨文化传播》，中国传媒大学出版社2009年版，第85页。

[3] 林一、马萱：《中国戏曲的跨文化传播》，中国传媒大学出版社2009年版，第86页。

台上。虽然中国戏曲已经较为广泛地出现在多国政府（宫廷）的舞台上，但此时以戏曲为核心的文化外交还未大量展开，只能作为背景铺垫，为随后的文化外交活动做好充分准备。

20世纪上半叶的中国戏曲跨文化传播，呈现了极为良好的态势。这不仅是由于众多爱国的精通中国戏曲的优秀中国学者、戏曲表演艺术家的出现，也是由于在这个时期，接连不断的战争虽然带给中国人民无尽的苦难，却也打开了中国的大门，使西方有机会来到中国一探究竟，这同时也促成了中国人走出国门的机会。中国戏曲终于得以在西方舞台展示自己独特的魅力。这一时期中国戏曲的跨文化传播从以文本传播为主要方面，转为个人跨国演出、中国戏曲改编搬演为主。国外观众不再只是从文学的角度领略中国戏曲，而是对中国戏曲的本来全貌有了更为直观的了解。在众多戏曲跨文化传播事件中，以梅兰芳苏联演出为文化内容的中苏两国之间的文化外交是此时中国戏曲跨文化传播的又一亮点。

1949年到20世纪60年代中期，中国戏曲的跨文化传播呈现以大型团体形式的跨国演出访问为主。新中国的成立，使政府能够在统筹演员的同时更好的规划跨国访问路线，使戏曲跨文化传播在传播中国文化之余，增添了更多外交色彩。中国戏曲作为新中国外交建设的一部分，在与众多国家建立或恢复邦交的过程中起到了消除隔阂的破冰作用。

中国戏曲的跨文化传播经历了类型由单一到多种，数量由少到多，由个人到团体，传播层面由民间上升到政府的过程。

三、梅兰芳戏曲跨文化传播的脉络及其外交预期

纵观中国戏曲跨文化传播的历史，梅兰芳的名字在20世纪早期就已出现，直到20世纪60年代。跨国演出在梅兰芳艺术生涯中可谓是浓墨重彩的一笔，而梅兰芳的跨国演出也为中国戏曲的跨文化传播做出了表率。

梅兰芳"一生热爱祖国，热爱艺术，把毕生的精力都献给了祖国的文艺事业，对祖国戏曲艺术的发展和国际文化交流做出了卓越的贡献"。[1]他一生曾出国访问演出多次，其中包括日本3次（1919年、1924年、1956年），美国1次（1930年），苏联4次（1935年、1952年、1957年和1960年），所到之处无不引起一阵"梅兰芳"热潮。从街头巷尾

---

[1] 梅绍武：《我的父亲梅兰芳》，百花文艺出版社1984年版，第18页。

人们交谈的话题，到当地各大新闻报刊的头版头条，再到后期广播与电视的热议，话题的核心永远离不开这位伟大的艺术家。

（一）梅兰芳海外演出的前期准备

梅兰芳在赴海外演出之前，做了大量的准备工作。以他为核心的演出团队和文人团体，对外国友人与华人华侨、留学生等做了深度的探访与调查，收集外国受众偏好与观看感受的相关信息，并且主动与海外一系列具有影响力的华人团体和新闻媒体取得联系，沟通有无。他们也编撰了一系列的书籍文献，介绍梅兰芳与中国戏曲。另外，他们还积极与政府沟通联系，争取政府的支持。

早在1915年秋，梅兰芳由北洋政府交通部路政司司长刘竹君推荐，受外交部邀请，在外交部宴会厅为来华的美国教员们表演了他新排演的古装新戏《嫦娥奔月》。梅兰芳婀娜的身影、细腻动人的表演感染了大家。自此，洋人不进戏园子的传统开始改变，以至"据说，后来访华的外籍人士大都提出必定要看的，一是长城，二是梅剧"[1]。

梅兰芳无量大人胡同里的旧居，也因此开始接待来自世界各地的外国友人。其中大多都是皇亲显贵，如瑞典王储夫妇、意大利驻华公使，或是文艺界名流，如英国哲学家伯特兰·罗素、英国作家萨默赛特·毛姆等。据不完全统计，"梅兰芳先生在无量大人胡同'梅宅'所接待过的外国各界人士，多达六七千人"[2]。正是在这里，梅兰芳与各国外宾交好，并征求他们对中国戏曲的看法。鲜为人知的事情发生在梅兰芳与印度诗人泰戈尔之间。1924年5月10日，梅兰芳陪同泰戈尔观看了由新月社排演的他创作的话剧《齐德拉》，以此庆祝他的63岁寿辰。剧终，泰戈尔向梅兰芳发出邀请，希望能够观看梅兰芳的表演。5月19日，泰戈尔身着隆重的礼服莅临开明戏院，观看了梅兰芳为他而专门演出的《洛神》。随后泰戈尔盛赞梅兰芳的演出，但也对《川上相会》的布景提出意见："这个美丽的神话剧应该从各方面来体现伟大诗人的想象力，而现在用的布景未免显得平淡。……色彩宜用红、绿、黄、黑、紫等重色，创作出人间不经见的奇峰、怪石、瑶草、琪花，并勾勒金银线框来烘托深化气氛。"[3]梅兰芳吸取泰戈尔的建议，将布景重新设计，效果更胜之前。

这样积极吸取外国友人建议，改革戏曲的例子还有很多。在与国际友人的交往中，

---

[1] 梅绍武：《我的父亲梅兰芳》，文化艺术出版社2010年版，第254页。
[2] 王慧：《梅兰芳画传》，作家出版社2004年版，第122页。
[3] 梅绍武：《我的父亲梅兰芳》，文化艺术出版社2010年版，第38页。

梅兰芳用他真挚的情感与高超的艺术表现力赢得了各国友人的爱戴，他的人虽未出国门，声誉却早已远播海外。1926年，美国西雅图第五大剧院曾写信求取梅兰芳的照片，当时的美国驻华商务参赞裘林·阿诺德通过交通部路政司司长刘竹君取得梅兰芳照片五张，寄予剧院。随照片所附信中，记录了梅兰芳在其中一张照片——《黛玉葬花》剧照上的题词："希望美国人民观察与了解中国戏曲艺术和结构，从而对它产生兴趣，知其大有价值。"[1] 这件事情足以证明，梅兰芳早已蜚声海外，惹得美国剧院通过其大使馆工作人员向中国政府官员求取照片。随着梅兰芳的国际声誉日益提升，政府对梅兰芳的关注也日益增多，他们在关注梅兰芳表演的同时，更注重梅兰芳对于外国友人甚至是外国的影响力。因此政府支持梅兰芳出国演出，通过梅兰芳促进中外交流，甚至促进外交事业建设，是必然的选择。

梅兰芳正是在这几年之间不断与外国友人以及留洋归国的学者交好，并结识了梁启超、胡适、张彭春等一系列通晓海内外的学者，同时积极与政府沟通联络，为他之后的海外演出，尤其是在中华文化圈之外的演出积累了广泛的经验。

（二）梅兰芳1930年访美演出

1930年美国之行缘起于美国公使芮恩施的邀请，"若欲中美国民感情益加亲善，最好是请梅兰芳往美国去一次，并且表演他的艺术，让美国人看看，必得良好结果。"[2] 齐如山在《梅兰芳游美记》中还回忆道，当时大家听了他的话都觉得是玩笑之谈，而公使却以美意两国交往——意大利的某位大艺术家访问美国，博得美国民众同情，从而促使美意两国人民交好——为例游说在座。有了美国公使的邀请，当然使梅兰芳动心得很，然而最终促成访美这一历史性的跨文化交流，不仅是由于美国的邀请，更是当时政府的授意与支持。当时芮恩施公使发出邀请是在中国总统徐世昌为他举行的饯别会上，在这样庄重的场合，芮恩施公使又以发言的形式提出邀请，这不仅代表着美国的邀请，更是提醒当时的中国政府可以通过文化艺术交流这样的形式博取美国民众的喜欢。

为了美国演出的顺利进行，梅兰芳做了一系列的准备。梅兰芳的访美演出是一次商业演出，在宣传方面梅兰芳及其随行人员的宣传准备可谓事无巨细，采取了多角度、多方式的宣传手段。

多角度的宣传是指梅兰芳的宣传角度简直"无所不用其极"。他在美国各地巡回演出，

---

[1] 梅绍武：《我的父亲梅兰芳》，百花文艺出版社1984年版，第18页。
[2] 齐如山口述，齐香整理：《梅兰芳游美记》，辽宁教育出版社2005年版，第2页。

历时半年之久，其中演出共计72天，访问西雅图、纽约、华盛顿、芝加哥、旧金山、洛杉矶、檀香山等城市。还去多个剧院观摩，高调探访友人，有记载的包括美国著名舞蹈家罗丝·丹尼斯、泰德·肖恩夫妇，著名舞蹈家万纳，著名舞蹈家麦桥，瑞士著名雕刻家恩斯特·杜立格，美国戏剧家、作家、导演贝拉斯科，美国表演艺术家卓别林，美国著名影星范朋克、玛丽·璧克馥等，甚至把戏服借给美国百货公司展出。梅兰芳及其随行人员几乎不放过任何曝光的机会。这并不是消极的含义，而是赞叹梅兰芳宣传思路灵活，不拘小节。并且每种角度梅先生及其随行人员都是认真、积极地参与其中，期待得到最好的结果。

多种类传播方式的有效结合也是梅兰芳出访成功，跨文化传播达到良性效果，树立中国国家形象的保障之一。多种类传播方式有效结合，是指不同形式的传播方式相互交叉，取长补短，最大程度扩大传播的影响力。这些传播方式包括：报刊杂志、宣传册、展览等。报刊、杂志这类当时大众传媒的主体媒介暂且不论，宣传册是梅兰芳及其随行人员介绍自己、介绍中国戏曲与中华文化非常有特点的方式之一。访美时所编著的《中国戏剧之组织》《梅兰芳》《梅兰芳歌曲谱》以及戏剧说明书都被译成当地语言，从各个角度介绍梅兰芳与中国戏曲，帮助理解中华文化内涵。另外一个非常有特点的宣传方式是剧场与行李。在访美之时，我们可以了解到剧场布置采用纯中国的风格，不仅"一桌二椅"，更在舞台上挂起了宫灯，搭上了帷帐；所有服务人员一律穿了具有中国特色的服饰，一改美式服务员的形象；还精心绘制了两百幅图画，内容涵盖中国园林、戏曲脸谱、戏曲服装、舞谱等十五类描述中国特色；另外乐器与服装在运输过程中都用楠木做了中国式的裹盒，内里用红色绸缎包裹乐器，"人一见就可以晓得这是纯粹中国东西"[1]。这样强调中国特色，强调"纯粹中国东西"从某种程度上来讲就是加深"中国"的印象，加强"中国"感染力的表现。

在试演之时，梅兰芳按照以往规律演出了《嫦娥奔月》《青石山》《千金一笑》，然而这样的剧目并没有激起非常强烈的反响。于是梅剧团立即采纳张彭春的意见，演出"真正旧剧"，并且严格按照美国观演习惯，计划时间，几乎分秒必严。并且演出之前先用英语介绍节目内容以及相关历史背景，而剧目内容多和中国历史有关，并且大多节目以肢体表演为主，甚至在每场戏曲节目中间还需要加一段以戏曲为内容的舞蹈。这样的演出不仅从形式上符合美国当地的观剧习惯，更跨越了中西语言不通的鸿沟——有英语介绍

---

[1] 齐如山口述，齐香整理：《梅兰芳游美记》，辽宁教育出版社2005年版，第42页。

以及身体语言作为解释，因而被美国观众喜欢。从以上事例不难看出，梅兰芳演出的模式是针对不同出访国家而设置了的不同演出模式，针对不同国家的受众需要而安排演出时间、演出内容，以当地较易接受的演出习惯，比如演出时长，来确保演出更易被大众接受和喜欢。并且这些海外演出从内容到形式都是可以立即调整的，当首场试演不尽如人意，或者任何反馈需要调整的时候，梅先生及其随行人员就会采纳各方意见，对演出进行调整，以求得最大的成功。

梅兰芳的访美演出，虽然是一次商业演出，却引起了政界、商界、文艺界、学界等各方面观众的全面关注。在梅兰芳的国际声誉显著提高的同时，全世界的目光又一次集中到了中国这个迷人的东方古国身上。

（三）梅兰芳1935年访苏演出

与访美之行不同，梅兰芳这次的苏联之行是由苏联政府正面邀请，并且几乎由苏联一手操办的。1933年，苏联欲以中东铁路的所属权来缓解与日本的矛盾，这样极大地损害了中国的利益，为了联络中苏感情，苏联急需寻求一个对中苏乃至世界都有足够影响的人。

梅兰芳正是出访苏联的不二人选。自访美归国以来，梅兰芳在国内文艺界影响力早已无人能及。当年11月，《梅兰芳游美记》付梓，使国内更多的精英群体了解了梅兰芳访美始末以及美国的欢迎状况，这就让梅兰芳这个名字从最初喜欢梅兰芳戏曲的平民百姓和小部分只因喜欢戏曲而接近梅兰芳的知识分子群体，演变为了更多看热闹、闻名而来的平民百姓和大部分爱国、明理，对中国文化有正确认识的广大精英人群，喜欢梅兰芳的人数总量之多以及在精英群体之中的比重之大，是当时其他艺术家无法比拟的。梅兰芳的世界影响力更在访美之后得到了极大的提升。1933年2月，英国著名戏剧家萧伯纳在游历世界中途经印度、新加坡和香港，在宋庆龄的强烈邀请之下才来到上海，随即专门要求会见梅兰芳，和梅兰芳探讨了许多关于中国戏剧的问题，他还十分赞扬苏联社会主义，认为"苏联内部的现象，无论精神上与物质上，都有良好与充分的表现……"[1]萧伯纳不仅是著名的戏剧家，更是世界反帝大同盟的名誉主席，他对苏联的好感让梅兰芳深受启发，从而打心里萌生了去苏联访问的念头。而萧伯纳会见梅兰芳的消息也经由国内外的报刊纷纷传播各地，让梅兰芳的世界声誉又添一笔。

---

[1] 齐如山口述，齐香整理：《梅兰芳游美记》，辽宁教育出版社2005年版，第123页。

1934年底，苏联对外文化协会代理会长库里雅科致电（电报）外交部，邀请梅兰芳"莅临莫斯科表演，以求广为绍介于民众之前。……并深信阁下此次莅临敝国，将使中苏两国文化之关系，益臻亲密也"。[1] 梅兰芳欣然接受。

1935年2月21日，梅兰芳乘坐苏联特派专轮"北方号"离开上海，6天后到达海参崴，随后换乘西伯利亚号特别快车于3月12日抵达莫斯科。苏联方面，苏联对外文化协会专门成立了招待梅兰芳的委员会组织、招待梅兰芳在苏联的一切事宜。苏联对外文化协会是政府的文化机关，招待梅兰芳委员会的委员包括各大剧院的院长，如第一艺术剧院院长斯坦尼斯拉夫斯基，丹钦科剧院院长丹钦科，梅耶荷德剧院院长梅耶荷德，卡美丽剧院院长泰伊罗夫，国家音乐剧协会会长韩赖考夫；以及活跃在苏联艺术领域最前沿的艺术家，如著名电影导演、电影理论家爱森斯坦等。苏联政府将如此尖端而杰出的艺术家与理论家集结在一起迎接梅兰芳，不但显示出了对梅兰芳重视程度之高，也显示出苏联文艺界对于"名声在外"的中国戏曲的期待。

首先，苏联方面主动对梅兰芳的演出进行系统的宣传。早在梅兰芳访苏之前，苏联文化协会与国家音乐协会就着手编撰、翻译、印刷介绍梅兰芳与中国戏曲的书籍与节目说明书。最终发行了《梅兰芳与中国戏剧》《梅兰芳在苏联所表演之六种戏及六种舞之说明书》《大剧院所演三种戏之对白》，均为俄文书籍，有偿发售；在莫斯科，《真理报》《莫斯科晚报》《消息报》以及法文、英文的《莫斯科日报》不断刊载梅兰芳在苏联访问、演出的事宜；苏联新闻电影制片厂将梅兰芳的演出情况以影片的形式加以记录；苏联的无线电台还请梅兰芳播音；中国中央社与苏联塔斯国家通讯社（TASS）向外发送消息；莫斯科的街头巷尾都张贴着写了"梅兰芳"三个汉字的海报，旁边附有俄文的演出时间说明和介绍。这样全方位、多层次的宣传，使得据说在当时有些苏联群众，凡是在大街上遇到衣冠整洁的中国人，都会喊一句"梅兰芳"，足见苏联政府宣传到位。

苏联政府这次邀请梅兰芳的目的是为了缓和中苏关系，因而对梅兰芳来访的重视可谓不同一般。梅兰芳在莫斯科演出时是在坐落于高尔基街的音乐厅，主办方将这个音乐厅的舞台布置得非常讲究，在常规的大幕后挂着"一幅黄缎幕，上面绣着一株梅花和几枝兰花，并绣有'梅兰芳'三个大黑的绒字"，[2] 舞台前方两侧还有中国式的红色小栏杆。缎幕之后是"宫殿式的布景，两旁有门，可通至后台"[3]。精致的舞台，独到的中国式的布

---

[1] 戈公振、戈宝权：《梅兰芳在苏联》，载《国闻周报》1935年6月第12期。

[2] 戈公振、戈宝权：《梅兰芳在苏联》，载《国闻周报》1935年6月第12期。

[3] 戈公振、戈宝权：《梅兰芳在苏联》，载《国闻周报》1935年6月第12期。

置是苏联演出不会使用的，而主办方为梅兰芳精心的布置足以体现苏联方面对梅兰芳的重视。如果这只是一个微小的方面，那么梅兰芳观看苏联方面演出时的情况足以进一步说明。梅兰芳此次访苏，除了希望能够沟通两国文化，促进中苏友好，更是本着观摩、学习的态度。因此，苏联方面每每邀请他观看电影、演出，参观名胜、工厂时，他都欣然前往。据梅绍武所著《我的父亲梅兰芳》中回忆，苏联的剧院方面不仅邀请梅兰芳观看演出，更准备茶点招待梅兰芳，在演出之前还邀请他先与演员见面，随后再到前厅落座。"而且每当第一幕启时，全场灯光由浅至暗，观众安静下来之后，便有一柱灯光直射他的座位，同时扩音器把他介绍给观众，场内顿时掌声四起，热烈欢迎他光临。[1]"这样隆重的介绍梅兰芳，首先是因为在当时梅兰芳的个人魅力与影响力极大极强，整个苏联都几乎为他疯狂，尤其在莫斯科和列宁格勒这两个城市。梅兰芳光临这些剧院看这些表演在一定程度上也是在赞扬这些表演，是在为这些剧院与表演做无形的"代言"。其次，此时的苏联已经是社会主义制度的国家，剧院这样追捧、推崇梅兰芳也是遵从政府的要求。苏联政府这样做，是为了通过影响梅兰芳这位在中国有一定影响力的名人，强化梅兰芳对苏联的好感，以便梅兰芳在归国后进一步宣传、赞美苏联，甚至引起"名人效应"，最终达到缓和中苏关系的目的。

其次，梅兰芳及其随行人员对于这次海外演出的宣传，也做了十足的准备。在访苏之时，与政府及高层人员进行访谈或出席研讨会，以这种方式表达自己并吸取各界意见。在他参加"苏联戏剧界人士为梅兰芳访苏演出举行的座谈会"时，著名导演、剧作家、戏剧教育家丹钦科在会议上对梅兰芳的评价为"看到了中国舞台艺术最绚丽多彩、最精湛完美的体现"[2]。这样重量级的艺术家高度评价梅兰芳的舞台艺术，不仅是对梅先生以及中国戏曲、中华文化本身的赞扬，同时也是对此的宣传。一同出席座谈会的还包括著名戏剧理论家梅耶荷德，著名作曲家、音乐教育家格涅辛，著名导演、电影理论家爱森斯坦等，这样的嘉宾名单几乎涵盖了当时苏联文艺界各个艺术门类的大家，无疑是社会精英中文化的先锋，艺术的带头人。梅兰芳选择与这样对艺术理论研究可谓达到严苛地步的理论家们一同研讨，在语言不通的条件下无疑是给自己找麻烦，但是他依然选择这样做，这不仅是为了听取这些优秀理论家们的意见与建议，更是为了借助与这些文化方面的先锋一同出现，提高自己的声誉，并影响苏联精英与社会主流人群。以首先影响精英

---

[1] 梅绍武：《我的父亲梅兰芳》，百花文艺出版社 1984 年 6 月版，第 135 页。

[2] 邢秉顺：《一份珍贵的历史记录：1935 年苏联戏剧界人士为梅兰芳访苏演出举行的座谈会发言纪要》，载《中外文化交流》1992 年第 2 期。

中具有影响力的人的方式，扩大影响，符合传播学规律，确实可以达到事半功倍的效果。有效的宣传方式可以促进文化的传播，协助他国正确理解中国文化。

1935年梅兰芳的访苏演出，是苏联政府主导、中国政府支持的一项外事活动。虽然主导政府为苏联政府，目的也是为了在极大地伤害了中国后缓和中苏关系，但苏联这个国家确实给梅兰芳留下了非常深刻的好印象。笔者无法判断社会主义扎根新中国与梅兰芳有无关联，但在面临历史的考验时，梅兰芳选择了中国共产党、选择了社会主义，与此次访苏必有很大影响。

（四）梅兰芳访日演出

中日两国是一衣带水的近邻，虽然日本也曾对中国造成了不可忽略的创伤，但日本同样是梅兰芳一生跨国演出次数最多的国家。他分别于1919年、1924年和1956年三次来到日本演出访问约60余场，为中国戏曲在日本的传播做出了卓越的贡献。

1. 1919与1924年梅兰芳日本演出

1919年4月21日梅兰芳受日本帝国剧场大仓喜八郎男爵与龙居濑三的邀请，带领齐如山、姜妙香、姚玉芙等35人，来到日本演出。据日本《都新闻》报道，当时梅兰芳抵达东京站的时候，"各社摄影记者为了拍摄这个场面拥挤得像打架一样"，[1] 足见盛况空前。此次日本之行共计约一月有余，分别抵达东京、大阪、神户三个城市，演出共计17天，梅兰芳演出了《天女散花》《御碑亭》《黛玉葬花》《虹霓关》《贵妃醉酒》等剧目。梅兰芳在东京的演出是他第一次站在世界舞台上，第一次出国演出就得到了日本方面极其热烈的欢迎。不论在日本哪个城市，梅兰芳演出的票价都比一般日本的演出昂贵，甚至有些高出一倍，尽管如此，演出依旧场场爆满。除了一般的商业演出之外，梅兰芳还接受中国旅日商人马聘三和王敬祥的邀请，为华侨在神户开设的中华戏校募捐演出，为学校筹集资金。5月27日，梅兰芳一行登上了归国的渡轮高丽丸号，结束了这次访日之行。

1924年的情况与上一次非常相似，也是应大仓喜八郎之邀，为庆贺帝国剧场灾后重新开张而进行的商业演出。1924年10月9日梅兰芳率姚玉芙、姜妙香等部分承华社演员在日方向导波多野乾一的陪同下，在东京、大阪两地演出共计20天，演出了《麻姑献寿》《贵妃醉酒》《洛神》《虹霓关》《廉锦枫》等剧目。这次梅兰芳在演出、参观之余还参加了《演剧新潮》杂志举办的座谈会，与日本文学家波多野乾一、小说家芥川龙之介

---

1 吉田登志子：《梅兰芳1919、1924年来日公演的报告——纪念梅先生诞辰九十周年》，载《梅兰芳艺术论评》，商鼎文化出版社1991年版，第293页。

等著名作家畅谈中日戏曲。另外日本电影公司还为梅兰芳拍摄了《虹霓关》《红线盗盒》《廉锦枫》的片段，均为无声黑白影片。11月17日返京。

1919年5月梅兰芳日本演出的模式是经过一番调整才最终形成的。5月初在东京，演出采用"与歌舞伎同台奏艺，京剧插在中间"[1]的形式，即每天只演一段戏曲节目并将其安插在歌舞伎节目之间，交替上演。这样谨慎保守的形式在某种程度上确实保障了演出的成功，然而这样的演出模式并不是一成不变的。随着梅兰芳一行从日本东京转战大阪，演出的模式变成了完全以中国戏曲为内容的演出，在大阪两天共演6出戏，其中梅兰芳演了3出。5月下旬，梅兰芳一行来到神户，演出持续了3天，共演出13出戏，梅兰芳占6出。随后各次各地的出访中，观众更要求梅兰芳多演出一些。在日本的演出模式从夹在歌舞伎演出到后来以戏曲为内容的演出，梅兰芳一直是中流砥柱，是最核心的演员。演出的形式从在歌舞伎中插演到戏曲独挑大梁，组成一台完整的演出，虽然现在看起来合情合理，但是在首次接触传统京剧的日本却是以实践为参照而形成的。这样的演出经验为梅兰芳及其随行人员在日后的海外演出增强了信心，更提供了很多借鉴之处。

1919年与1924年日本访问演出期间，梅兰芳所演出的剧目也经过精心挑选，大多是《天女散花》《御碑亭》《黛玉葬花》《虹霓关》《贵妃醉酒》等剧目。《梅兰芳自述》中曾记载："那一次我所演的剧目除了新编的《天女散花》之外，最受欢迎的，同时也是演出次数最多的，要算是《御碑亭》。"[2]1930年在美国演出的剧目则是《汾河湾》《青石山》《剑舞》《刺虎》这类型的肢体语言丰富的剧目。一些日本妇女在看过《御碑亭》后会发出无限感慨与同情，然而《御碑亭》如果放在美国演出也许无法得到相应的效果，因为20世纪初，日本妇女的生活也如同《御碑亭》里的孟月华一样。经历了美国独立战争的美国老太太在看到《刺虎》后会对机智勇敢的费贞娥赞叹有加。正确选择演出剧目，使不同文化背景的观众对演出内容产生共鸣，这符合商业演出的本质规律。正是本着这样的原则设计每次跨文化演出，才使梅兰芳的各次演出均获得不错的成绩。

据梅兰芳在其专著《东游记》中回忆1919年日本之行："主要目的不是从经济的观点着眼的，这仅仅是我企图传播中国古典艺术的第一炮。"[3]1919年梅兰芳的日本之行正直帝国主义的分赃大会——巴黎和会召开之际，梅兰芳旅日之前也有众多人劝言暂缓旅日计划，但此次演出是商业演出，演出计划早已定好，随意更改演出计划在本国之内也

---

[1] 谢思进、孙利华：《梅兰芳艺术年谱》，文化艺术出版社2009年版，第78页。

[2] 梅绍武：《梅兰芳自述》，中华书局2005年版，第184页。

[3] 梅兰芳：《东游记》，中国戏剧出版社1957年版，第33页。

许只是商业上的毁约行为，并不涉及其他；而在跨国演出之时，如若毁约就很可能造成两国外交政策与两国国际关系的改变，甚至破坏本国的国际形象，这些绝不是梅兰芳先生的本意。另外梅兰芳在很多场合都表达过希望能够将中国戏曲传播海外的意愿，因此这次日本演出的机会显得尤为重要。而他的这个愿望在日本的确实现了，梅兰芳的表演、中国戏曲均受到日本观众的热烈欢迎。

2. 1956年梅兰芳访日之行

近代日本侵华战争带给中国不可磨灭的伤害，日本人民也对中国产生了很大的误解。1956年的中国，早已不是那个羸弱不堪的旧中国，崭新的中华人民共和国在完成了三大改造后进入社会主义初级阶段，各项事业稳步发展，因而更需要和平、稳定的国际环境。正是在这样的背景之下，周恩来总理亲自组织了以梅兰芳为团长，欧阳予倩、马少波等为副团长，李少春、姜妙香、袁世海、梅葆玥、梅葆玖等共计86人的中国京剧访日代表团，可谓众星云集，代表了当时中国京剧表演的最高水平。这次访日之行是国家主导的以文化交流为先导的"破冰之旅"，旨在消除日本群众对新中国的误解与隔阂，逐步达到恢复邦交的目的。

1956年5月26日，中国京剧代表团飞抵日本东京羽田机场，中日文化交流协会会长、前首相片山哲以及众多日本群众、旅日华侨都拿着花束，身着盛装在机场迎接。片山哲会长在迎接代表团时激动地说："感谢中国人民向日本人民伸出了友谊之手！"[1] 当时中日两国还未恢复邦交，梅兰芳所率领的中国京剧代表团正是为了沟通两国情感而来，片山哲会长的话道出了中日两国的共同愿望。在接下来两个月的时间里，梅兰芳一行在日本的东京、福冈、八幡、名古屋、京都、大阪、广岛等城市演出32场，场场爆满。据统计，此次演出观众共计达七万人之多，日本电视台也同时放送梅兰芳及中国京剧代表团的演出盛况。

第三次来到日本，梅兰芳可谓旧地重游。前两次日本之行梅兰芳结识了众多日本好友，包括作为第二次访日时的日方向导波多野乾一（"著作等身"的著名记者）、第一次访日的邀请者龙居濑三（日本著名文学家）的儿子龙居松之助（日本庭院学专家）、第二次访日时照料梅兰芳的医生金井泰藏[2]（日本名医）及其夫人和女儿等。中日战争并没有在这些友人和梅兰芳之间产生隔阂，中国戏曲的魅力与梅兰芳的精湛表演使他们对梅兰

---

[1] 赵少华：《金色记忆——新中国早期文化交流口述记录》，作家出版社2012年版，第330页。
[2] 1924年11月，梅兰芳第二次日本演出结束后突发急性肠胃炎，幸得京都名医金井泰藏悉心照料，病情好转后回国。

芳的好感随着时间积累日益深厚。这也成为此次选择梅兰芳作为中国京剧代表团（访日）团长的重要原因之一。

另外，多次海外演出访问的经历使梅兰芳不仅聚集了一般艺术家无法超越的国际声誉，更造就了梅兰芳在处理外事中沉着果敢的处事方式。5月30日代表团在东京的首场演出以梅兰芳先生的《贵妃醉酒》作为大轴。当梅兰芳表演时，突然有大批反动传单自三楼飘落，观众们看到传单纷纷惊慌失措，舞台上的梅兰芳歌未断，舞未停，继续演唱。"由于梅兰芳临危不惊，镇定自若地从容演唱，观众受其感染，也立即安静下来，使演出得以圆满。"[1] 7月4日，东京华侨总会副会长吴普文等5人因阻止反动分子诋毁代表团，竟被天满警察署逮捕关押。梅兰芳听说后，果断决定"我们不走了，大阪警察局不把这5人放出来，我们就不能离开这里"[2]。随后立马召开新闻记者招待会，提出抗议并谴责这些反华分子的阴谋，最终日方迫于舆论压力释放了这5人。梅兰芳积极果断的处理态度，强硬而合理的处理方法，使得事件最终得以解决。

四、案例研究：梅兰芳海外演出的文化外交内涵

外交对于中华民族从来都不是陌生的词汇。早在战国时期就有"合纵连横"之说；随后便有张骞出使西域；更有历朝历代公主和亲，尤其著名的是文成公主和亲吐蕃，为汉藏两族友谊的发展做出了杰出的贡献。这些优秀的"外交官"在中华民族五千年历史上留下了不可磨灭的印记，虽与当代外交概念有所区别，却已经体现了外交的雏形。当代的"外交"在不同中外专著中虽有不同含义，但大多包含以下一些基本方面："外交主体都是主权国家，实际的外交执行者是正式代表国家的机构与人员，尤其是专职外交部门；外交的目的是为了实现本国的对外政策目标或国家利益；外交方式是各种和平手段；外交活动是政府间的官方交往，特别是在政治性事物领域的官方交往。"[3]

李智博士在其专著《文化外交：一种传播学的解读》中定义"文化外交，即是以文化传播、交流与沟通为内容所展开的外交，是主权国家利用文化手段达到特定政治目的或对外战略意图的一种外交活动"[4]。那么，为什么说梅兰芳的多次海外演出是文化外交

---

1 马少波：《1956年中国京剧代表团访日之行》，载《百年潮》2008年第4期。
2 摘自梅兰芳纪念馆馆藏简报。
3 陈志敏、肖佳灵、赵可金：《当代外交》，北京大学出版社2008年版，第4页。
4 李智：《文化外交与中国的软实力：一种全球化的视角》，北京大学出版社2005年版，第24页。

呢？我们可以从文化外交的定义入手，依据文化外交的概念进行案例分析。

（一）梅兰芳跨文化传播的政府支持

文化外交的概念明确指出文化外交是由主权国家行使的外交活动，其先决条件就是主权国家的支持。那么梅兰芳的多次海外演出，政府的态度是怎样的呢？以梅兰芳访苏为例，据笔者在梅兰芳博物馆考证。民国时期，由于满蒙铁路的问题，中苏两国一直交恶，直到1932年国民政府才与苏联恢复邦交。然而在1933年，苏联就将满蒙铁路的使用权卖给了当时由日本所控制的东北，即满洲国。中苏关系再次陷入僵局，苏联急需缓和中苏关系，文化先行的思路随之产生。其实在梅兰芳访苏之前，徐悲鸿就曾经在苏联办展，苏联希望借助梅兰芳来赢得中国人民的青睐。而当时羸弱的民国政府也不得不向苏联这样的强国低头，因此听从苏联支持梅兰芳访苏，也是必然之举。

1. 人员配置

首先，梅兰芳的梅剧团本身就是一支业务素质极高的团队。梅兰芳，梅派创始人，表演风格雍容典雅，具有"规范式的美"[1]。正是梅兰芳将京剧旦角艺术推向顶峰，他创造性地改革了京剧旦角的化妆、梳头方式，还主张将京胡加入京剧伴奏中，使音乐更加丰满动人，他还创造了集青衣与花旦之长的新京剧行当——花衫，丰富了京剧旦角的行当。早在国内，梅宅就已经成为外交场所，梅兰芳常常需要在家接待来自海外各个国家的外宾，这样的经历使梅兰芳早已习惯了和洋人打交道，并且深知海外演出的重要性。在接待外宾的同时，梅兰芳的声誉早已由这些为梅兰芳倾倒的外宾传扬海外，遂称：不出国门而享誉世界。以这样一位具有创新意识，对中国戏曲极其了解，同时在海外已有一定影响力的核心人物——梅兰芳为跨文化演出团体的核心，这个团队本身就比其他团队更具有核心竞争力。其他演员如姚玉芙、王少亭等也都是自身素质过硬，上得了大场面的优秀演出人员。

其次，梅兰芳的多次跨文化交流有很多知名人士前来协助，张彭春教授就是其中之一。张彭春本身就是获得哥伦比亚大学正牌学位的博士，又曾在夏威夷大学开设中国音乐与中国戏剧的课程，留洋的经历让他对百老汇有深刻的了解，而对于中国古典艺术的喜爱更让他对戏曲如数家珍。在梅兰芳1935年访苏之时，张彭春教授正担任南开大学的教授。外交部与教育部共同出面，以"苏联政府聘请"为由向南开大学校长张伯苓借调，

---

[1] 梅葆玖：《从〈梅兰霓裳〉谈梅派的"中和之美"》，载《戏曲艺术》2013年。

最终促成了这次出访。

另一位协助梅兰芳的知名人士是吴南如。1932年吴南如先生时任驻苏莫斯科代理大使,正是他促成了中苏文化交流的高潮——1935年梅兰芳访苏演出。1934年3月,苏联对外文化协会艺术部主任齐尔略夫斯基在会晤吴南如时得知梅兰芳,这位技艺超群、蜚声国际的表演艺术家,有访欧的机会。于是立即向吴南如表示希望梅兰芳能够在去欧洲访问之前先到苏联进行一次演出。随后吴南如先生向当时的政府、向梅兰芳发出邀请。在随后的访问演出中,吴南如先生更是事无巨细地协助梅兰芳。

帮助梅兰芳的人还有很多,这里只列出两个最具代表性的例子:通过政府借调的张彭春和政府官员吴南如。他们共同的特征就是与政府的联系,是当时的国民政府接受了苏联的邀请,并做出官方的回应,希望梅兰芳不负众望,访苏演出,以加深两国友情,并提供了一系列的支持。

2. 经济支持

政府的支持还体现在经济方面。1935年2月,中华民国政府行政委员会通过了关于拨予梅兰芳5万大洋的决议,并由中国驻苏联大使馆代领。[1] 20世纪30年代的中国,一个家庭一年有1千大洋就可以过得很富足,5万大洋实属一笔巨款。然而当时的中国正处于战争的边缘,政府的资金绝不像今天这样充沛,却依然能拨出如此巨大的额度给梅兰芳出访苏联之用。这不仅表明政府的支持态度,更表明梅兰芳访苏的性质是与之前访日、访美等商业演出的性质所不同的。

3. 舆论支持

政府还通过中央宣传委员会向各个新闻检查所下达命令,从舆论宣传的角度协助梅兰芳。1935年梅先生访苏消息一出,即刻有众多反对的声音,甚至有不少报刊出言不逊。同年1月,中央宣传委员会责令各报及各新闻检查所取缔反对梅兰芳访苏的舆论。政府从官方的角度帮助梅兰芳扫清舆论障碍,强调"其影响则与我中华艺术之宣传、国际感情之联络息息相关"[2]。

另外,据《梅兰芳游俄记》[3]记载,在国民党政府接受了苏联的邀请后,苏联大使要求时任总统汪精卫劝说梅兰芳接受邀请。苏联大使、中国驻苏联的大使等都恳求梅兰芳赴苏演出。1935年的《大公报》还刊载了梅兰芳访苏结束后,由俄国大使馆发给汪精卫

---

[1] 本段内容来源于梅兰芳曾孙梅玮先生的采访资料,详见附录3。

[2] 纪清彬:《梅兰芳访苏档案史料》,载《民国档案》2001年第4期。

[3] 内容来源于梅兰芳纪念馆资料。

的电报，说明在莫斯科的演出盛况以及两国友谊之巩固。这足以表明梅兰芳访苏之行的性质——在中国与苏联两国政府的操纵之下完成的一次外交行为。

4. 苏联政府给予的支持

为了迎接梅兰芳访苏，苏联方面成立了"招待委员会"，隶属于苏联对外文化协会，专门负责梅兰芳在苏联的演出、参观、会晤等一切事宜。[1] 苏联对外文化外交协会是苏联的外事部门，同时也是文化部门，是苏联政府的一部分。另外，苏联政府还派出专轮，从上海专程接梅兰芳一行赴苏。关于"专轮"还曾有一段故事。苏联本来打算请梅兰芳先生坐火车，经由"满洲国"（现东北），直达莫斯科。梅兰芳为了反抗日本占领东北的行径，不愿经过"满洲国"，所以拒绝坐火车直达。苏联只能改走水路，决定派希腊的船只接梅兰芳，但由于"客位不佳"[2]，又派专轮西佛号前来迎接。西佛号是一艘各种设施都相对完备的游轮。自此，迎接梅兰芳到苏联的路线方案才最终决定下来。

这件事情说明了很多问题。首先，苏联政府对梅兰芳访苏是如此迫切。这不单单是由于梅兰芳的国际影响力，更是苏联政府从外交角度出发，为了缓和中苏两国僵持的关系而使出的外交手段。其次，梅兰芳先生作为一个艺术家，在具备了一定国际声誉的同时，不忘爱国，并不因为国民政府或者苏联政府的支持而忘记了自己的初衷。梅兰芳选择出访苏联是为了宣扬国剧，为了中苏两国人民的友好；而他选择花费更多的时间绕道水路，不经过"满洲国"，则是他个人情操的深刻体现。

梅兰芳访苏是由苏联政府主导，国民党政府参与，目的是为了缓和中苏一直以来的交恶。梅兰芳在历史的洪流中只是一个普通的艺人，在民国时期，戏曲艺人仍然不是什么受人尊敬的职业，因此，梅兰芳先生在访苏时期只是国民党政府与苏联政府的工具。然而，梅兰芳先生也尽自己的全力做出了同时期其他艺人无法完成的工作——将中国戏曲表演体系树立于世界表演体系之林。从艺术传播的角度来看，梅兰芳访苏是中国戏曲在世界舞台站稳脚跟的一步。但以整个历史角度来看，梅兰芳访苏是外交行为，当属文化外交的最初形态之一。

（二）梅兰芳跨文化演出的效果分析

1. 美国演出效果分析

1930 年梅兰芳美国之行历时半年之久，其中演出共计 72 天，先后访问西雅图、纽约、

---

[1] 本段内容来源于梅兰芳曾孙梅玮先生的采访资料，详见附录 3。
[2] 摘自梅兰芳纪念馆馆藏资料《梅兰芳游俄记》。

华盛顿、芝加哥、旧金山、洛杉矶、檀香山等城市。"在纽约的五个礼拜之后,梅兰芳在美的名声大奠。以后所到之处,无不万人空巷,没有警车前导就不能举步。"[1]梅兰芳访美,虽然是商业演出,却受到了美国政府的全面重视。

随着梅兰芳抵达美国各个城市,每个城市的政府首脑、外交政要几乎都前来迎接,各大文艺界的组织机构也纷纷举办茶话会或晚宴,为梅兰芳接风洗尘。更甚者,旧金山市长小卢尔夫在梅兰芳抵达旧金山时,带领数十名知名人士前去车站欢迎,并致欢迎词:"我今天本来另有要事,特地放下不做,赶到车站欢迎,因为梅先生此番来美国于中美际间友谊的关系的确增加了不少,而旧金山的地方中国人建设力又居其半。梅先生艺术高深,我是自顶至踵以至诚热烈的欢迎并代表全市全省全国的人来欢迎。"[2]随后,市长带领梅兰芳坐汽车缓缓驶达大中华戏院,人群夹道欢迎,需要六辆警卫车鸣笛开道。大中华戏院门前还挂着"欢迎大艺术家梅兰芳"的大旗,以示欢迎。第二天,梅兰芳去拜会市长答谢接待盛情,恰逢市政会议,"市长宣布改为'欢迎梅兰芳'会,委员的欢迎词和梅兰芳的答谢词都作为议案,永存在市政的档案里面"[3]。把梅兰芳的答谢词作为议案,放下手头工作迎接梅兰芳,都足以说明美国政府对于梅兰芳访美演出的重视。

梅兰芳的魅力确实足以引起美国政府的全面重视,不仅因为他技艺超群的演出,更由于他在文艺界的影响力。梅兰芳先生在美国演出期间结交了众多美国艺术家。在纽约,派拉蒙和福克斯两家电影公司还为梅兰芳拍摄了《刺虎》中"真娥敬酒"片段,为有声电影,随后福克斯电影公司还为梅兰芳拍摄了《刺虎》的彩色有声新闻片。值得一提的是,在美国期间与梅兰芳交好的艺术家不单单是美国人,更有来自世界各地的知名艺术家,比如来自罗马尼亚的画家就为梅兰芳绘制了《刺虎》中的表情像,雕刻家恩斯特·杜立格也为梅兰芳塑石膏像。梅兰芳的名字被这些美国之外的各国艺术家带到世界各地,梅兰芳的声誉也因此远播到世界上更多的地区。

梅兰芳的此次访美演出,一直带着宣扬中国戏剧、沟通中外文化、促进文化交流的目的,美国也收到了这个信号。在梅兰芳初到纽约之时,在纽约剧员俱乐部欢迎大会上,会长哈普顿致辞时说道:"……现在东方的大艺术家梅氏,带了东方文化到西方来,他可称沟通东西文化的专使,是关系于人类最有功之一人……"[4]经过几个月的演出访问,梅

---

[1] 唐德刚:《五十年代的尘埃》,中国工人出版社2008年版,第43页。
[2] 摘自梅兰芳纪念馆馆藏《梅兰芳访美日记》手稿。
[3] 梅绍武、梅卫东:《梅兰芳自述》,中华书局2005年版,第184页。
[4] 摘自梅兰芳纪念馆馆藏《梅兰芳游美日记》手稿。

兰芳这个促进跨文化交流的目的被美国以颁发荣誉博士学位的方式加以表彰。洛杉矶市波拿学院和南加利福尼亚大学都授予了梅兰芳文学博士荣誉学位。梅兰芳在波拿学院接受学位，致答谢时说道："……此举是表现对于我们中国人民最笃厚的国际友谊！……从广义上来说，我们这次来访是想尽我们微薄的力量，以促进文明人类最恳切希望的和平。……兰芳深知诸位此举，不是专门奖励兰芳个人的艺术，而是对中国文化的赞助，对中华民族的友谊。"[1] 梅兰芳早在1930年就认识到以艺术的力量"促进文明人类最恳切希望的和平"，不论会长哈普顿的评论或者两个大学分别授予梅兰芳文学博士学位，都说明了美国对于梅兰芳、对于中国戏曲的认可，也是对这次中美文化沟通最好的肯定。

在美国，梅兰芳所到之处的报刊、杂志上几乎都会疯狂刊载有关梅兰芳的消息。以美国夏威夷为例，夏威夷是梅兰芳在美国演出的最后一站。1930年6月中下旬到7月上旬，每天都可以在夏威夷的报纸上看到梅兰芳的消息，溢美之词更是源源不断。在《火奴鲁鲁星报》6月18日的一篇名为《夏威夷迎接著名演员梅兰芳》的文章中有这样的文字："出色的中国演员梅兰芳在纽约、芝加哥、旧金山和洛杉矶引起了轰动。"[2] 一位名叫Dougherty的记者在《火奴鲁鲁星报上》连续介绍了众多与梅兰芳相关的信息："梅兰芳……受到了火奴鲁鲁的热烈欢迎，这种待遇是其他演员不曾有过的……"[3] "梅兰芳的艺术造诣以及知名度似乎注定了他在火奴鲁鲁周一晚上首演的成功。美国和华人社团中的商业和社会精英已经预定了整个一周的演出。"[4] 这些报道充分说明了美国夏威夷媒体对于梅兰芳及其随行人员的喜爱。《火奴鲁鲁星报》是夏威夷最重要的报纸之一，其刊登评论对整个社会都有一定的导向作用，在这样正面的舆论引导下，增强了梅兰芳演出的积极印象。当地受众早早产生了一定的期待心理，期待见到这位神一样的演员，更期待他的演出。

更为关键的是，梅兰芳的演出彻底征服了美国夏威夷人民，票房就是最好的证明。随着梅兰芳抵达夏威夷，梅兰芳及其随行人员不断出现在各种公开场合。1930年6月24日，梅兰芳在夏威夷艺术戏院开始了为期12天的演出。梅兰芳在夏威夷演出的晚间票价最高可达5.5美元，当时的报道对如此高昂的票价作出了解释："我们理解这么昂贵的票

---

1 梅绍武：《我的父亲梅兰芳》，百花文艺出版社1984年版，第109~110页。

2 *Hawaii Greets Mei Lan-fang, Famed Actor*, Honolulu Star-Bulletin, June 18, no pp. available.

3 Dougherty, Henry E.: *Seen and Heard at the Theaters*, Honolulu Star-Bulletin, June 20, no pp. available.

4 Dougherty, Henry E.: *Seen and Heard at the Theaters*, Honolulu Star-Bulletin, June 20, no pp. available.

价在最近几年的自由剧院中是闻所未闻的。然而我们知道最好的东西不会是免费的。"[1] 如此高昂的票价却在演出前三天就已经全部售罄，甚至还曾出现把售票处的玻璃挤碎的情况，这足以说明梅兰芳演出受欢迎程度之高。对于上座率，Dougherty 的报道曾经提道："中国最著名的演员在周一晚上的自由剧院开始了为期一周的演出，当晚座无虚席……"[2] 而这绝不是降价售票的结果。

19 世纪末到 20 世纪初，华人留给美国的印象包括"长辫子""裹小脚""妓女""赌徒"和"鸦片烟鬼"。这样消极甚至具有侮辱性的定位关键词足以说明当时美国人对华人的印象之差。1882 年的《排华法案》更是以法律的形式显示了对中国人的偏见。美国人民所见到的梅兰芳蓄着短发，身着欧式服装，年轻俊朗、温文尔雅，完全与"长辫子""裹小脚""鸦片烟鬼"的形象背道而驰。在美国舞台上，梅兰芳所讲述的故事无一不蕴含着浓厚的中华文化底蕴。《霸王别姬》中的虞姬，忠贞果敢，为了自己心爱的人舍弃生命；《黛玉葬花》中的黛玉，感叹花时易尽，哀伤人心易变；《打渔杀家》中的萧桂英，不畏强权，为民除害。梅兰芳塑造的这些有血有肉的中国女性，不仅人物性格丰满，而且饱含中国传统文化价值，与美国人对华人固有的"妓女""裹小脚"的形象形成强烈的反差。这样的反差同样被美国人所认同，"当梅兰芳塑造不同角色时，闪烁着绝妙、风趣的女人味是给人的第一印象；……这个男人非常棒，他在表演时动作优美，他塑造的角色风趣、绝妙、活灵活现。"[3]

梅兰芳 1935 年的美国演出是一次非常成功的商业演出，但它的意义远远不止于此。这次演出改变了美国人对华人只有抽大烟、裹小脚的印象。他们认识了梅兰芳，认为梅兰芳"这样纯粹的美深深抓住了你，让人沉迷其中"[4]。梅兰芳的这次美国之行作为一次成功的商业演出，改善了华人在美国人心目中的形象，增强了美国对于中国的好感。

2. 苏联演出效果分析

如果说梅兰芳的美国之行是抓住了一般观众猎奇的心理，是中国戏曲亮相国际舞台

---

[1] Dougherty, Henry E.: *Seen and Heard at the Theaters*, Honolulu Star-Bulletin, June 4, no pp. available.

[2] Dougherty, Henry E.: *Seen and Heard at the Theaters*, Honolulu Star-Bulletin, June 24, no pp. available.

[3] Dougherty, Henry E.: *Seen and Heard at the Theaters*, Honolulu Star-Bulletin, June 24, no pp. available.

[4] Dougherty, Henry E.: *Seen and Heard at the Theaters*, Honolulu Star-Bulletin, June 24, no pp. available.

的开始，那么1935年梅兰芳的访苏之行则为苏联人民带去了一场文化的盛宴，让中国戏曲在世界舞台大放异彩。1925年5月，苏联《新观众》杂志曾经刊载过一篇名为《中国戏曲》[1]的文章，介绍梅兰芳和中国戏曲。10年后，梅兰芳正式来到苏联演出访问，苏联对外文化协会举行会议，讨论他们所看到的梅兰芳与中国戏曲。这次会议的会议纪要名为《艺术的生命脉动》[2]，被刊登在1992年第1期的《电影艺术》上。笔者希望通过比较这两篇文章，总结梅兰芳在苏联演出的效果以及影响。

首先，十年的时间，让梅兰芳从一个"难以置信"的神话来到苏联广大群众面前，让大家对梅兰芳有了最真实的认识。在《中国戏曲》一文中，作者李克奈茨基评价梅兰芳为"近代中国最显赫的人物之一……没有一个达官显贵的招待宴会是不请他到场的。外国使节也追随这种做法，特别是美国人，他们付给他令人难以置信的报酬。而仅仅在15年前，他却曾经当过厨师"[3]。"厨师"自然是无稽之谈，但由此却可以推断作者李克奈茨基对于梅兰芳生平应当知之甚少。笔者无法查到作者生平，也无从得知他是否亲临过梅兰芳演出现场，是否真的以欣赏之心观赏中国戏曲，他对梅兰芳"难以置信的报酬"提出的疑问，对外国使节也喜欢梅兰芳、追随中国戏曲这样的艺术表示出难以理解的态度也是情有可原。但是十年之后梅兰芳亲临苏联，带着中国戏曲艺术走出国门，让苏联文艺界都有了新的看法。

《艺术的生命脉动》会谈纪要中充分肯定了梅兰芳的表演，尤其赞赏梅兰芳的手势。手势作为跨文化传播中重要的非语言要素之一，在协助理解不同语言时起到了非常重要的作用。梅兰芳的手几乎起到了超越语言的作用。在苏联的访问演出虽然有一些文本辅助理解，但在演出之时仍唱着戏文，大家的理解都是依靠身体语言的协助，这其中手的作用最大。著名戏剧理论家梅耶荷德在讲话中谈道："然而我们忘记了一样重要的东西，梅兰芳博士提醒我们的东西——这就是手。……我从来没看见过哪位女演员能够如此美妙地表达梅兰芳博士所表达出来的女性特征。……谁要是看过梅兰芳博士的表演，他就

---

1 全文由厦门大学陈世雄教授翻译并发表于《梅兰芳访苏十年前苏联人怎样看待他》文章中（陈世雄：《梅兰芳访苏十年前苏联人怎样看待他》，载《第五届京剧学国际研讨会：梅兰芳与京剧的传播研讨会文集》2013年5月，第128页）。
2 众多学者都曾经翻译过这篇文章，为了保持统一，笔者采用厦门大学陈世雄教授翻译的版本。
3 陈世雄：《梅兰芳访苏十年前苏联人怎样看待他》，载《第五届京剧学国际研讨会：梅兰芳与京剧的传播研讨会文集》2013年5月，第128页。

会认识到,这位天才的舞蹈大师所体现的节奏具有巨大的力量。"[1]当年的《真理报》也曾刊登过苏联杰出诗人和作家玛丽埃塔·谢尔盖耶芙娜·莎吉娘的文章,"只需看看梅兰芳的那些手指,您就能知道,在您面前的是一位大艺术家。梅兰芳的手指创造了舞台的深度,更准确地说,我们欧洲人正是通过这些手指,深入到了舞台的三度空间。"[2]正是梅兰芳优美而准确的身体语言,协助传播了梅兰芳所演戏曲中人物的真正含义,对中国戏曲的完整传达与完全理解起到了不可忽视的作用。

其次,经过梅兰芳的苏联之行,苏联一线的电影导演、文学理论家、艺术教育家都对中国戏曲有了新的认识。在《中国戏曲》中,对于剧情展开部分他的描述是:"假如主人公在剧情中须跨越山峰,那么他就应该跨过几张桌子和椅子。假如他必须在高处行走,那么他就要在高处的一支长竿上从一端跳到另一端。"[3]据笔者猜测,这是对戏曲中虚拟化动作的表述,但是这样的理解让笔者无法认同,更无从猜测出自何处。这样的描述无疑显示出作者对中国戏曲了解浅薄。

而在梅兰芳亲临演出之后,苏联对他所演出的中国戏曲有了新的定位。著名电影导演、电影理论家谢·爱森斯坦认为:"中国戏剧美妙的生动性和有机性使它完全彻底摆脱了其他戏剧所具有的僵化、简化因素。……这两对矛盾在梅兰芳博士那里都展开到了极限。概况达到了象征,成了图形标志,而个别的造型成为扮演者的个性。这样,我们就有了美妙的图形标志,它是充满着演员本人的个性的。"[4]爱森斯坦导演用辩证的方法描述了梅兰芳演出的中国戏曲所具有的程式化与演员个性的高度统一,正确认识了某些程式化动作所代表的真正含义。导演阿·塔伊罗夫对中国戏曲的虚拟性具有极高的敏锐度,"在梅兰芳的戏剧中极为有趣的是,我们称之为假定性表演元素的东西只不过是必要的形式,它有机地、有规律与合目的地体现了整个表演的内在结构"[5]。这里所指的"假定性表演元素"就是戏曲的"虚拟性"。苏联的理论家对中国戏曲的定位非常准确,通过对中国戏曲"程式化""虚拟性"的描述,充分显示出苏联对于中国戏曲的了解,也表达出他们对中

---

[1] [瑞典]拉尔斯克莱堡著,陈世雄译:《艺术的生命脉动》,载《第五届京剧学国际研讨会:梅兰芳与京剧的传播研讨会文集》2013年5月,第35页。

[2] 童道明:《外国人看梅兰芳的手》,载《北京戏剧报》1981年第44期。

[3] 陈世雄:《梅兰芳访苏十年前苏联人怎样看待他》,载《第五届京剧学国际研讨会:梅兰芳与京剧的传播研讨会文集》2013年5月,第128页。

[4] [瑞典]拉尔斯克莱堡,陈世雄译:《艺术的生命脉动》,载《第五届京剧学国际研讨会:梅兰芳与京剧的传播研讨会文集》2013年5月,第37页。

[5] [瑞典]拉尔斯克莱堡,陈世雄译:《艺术的生命脉动》,载《第五届京剧学国际研讨会:梅兰芳与京剧的传播研讨会文集》2013年5月,第36页。

国戏曲的喜爱。

最后,《艺术的生命脉动》会谈纪要提出了许多前所未有的观点。其一,是树立民族戏剧的观念,谢·特列季亚科夫提到:"各个具有自己独特的民族戏剧,或者在独特的因素上建立起自己的戏剧共和国,都不一定仅仅要被欧洲戏剧的榜样所吸引。"[1] 民族戏剧就是植根于自己民族传统文化的异于其他文化的戏剧。特列季亚科夫之所以提出这样的观点,是在他观看了梅兰芳表演的中国戏曲后,认为苏联也应该借鉴他们本民族的古典文化发展本国戏剧。正是中国戏曲唤起了特列季亚科夫的崇尚民族文化之心,可见中国文化、中国戏曲之美对苏联影响之大。

梅兰芳的苏联之行,是继 1930 年访美之后,对全球文艺界的又一次震撼。苏联的文艺理论家们不再是十年前"不置可否"的状态,而是从戏曲理论的方向对梅兰芳与中国戏曲有了更深刻的认识,并且被深深吸引。正是梅兰芳的苏联之行,改变了他们的认知状态,在传达中国戏曲理念、弘扬中国戏曲文化上做出了不可磨灭的贡献。

(三)启示

改革开放以来,中国戏曲的跨文化传播开启了新的纪元。中国戏曲在这一新时期出现了更加多样的跨文化传播形式,例如从 2003 年开始的中法文化年、中外合创剧目以及戏曲孔子学院,都为中国戏曲文化外交增添了新的思路。

通过梅兰芳的案例不难看出,梅兰芳在进行中国戏曲的海外演出时坚持以"传播中国戏曲、传播中华文化"为主要目的,就算是美国、日本的商演也不曾以盈利为主,同样也并不以外交为唯一目的。梅兰芳坚持作为一个艺术家、一个中国戏曲演员来进行跨文化传播,其实这样的选择才更为明智。当今世界随着文化软实力、文化侵略等一系列以文化增强国家影响力的政治理念的提出,各个国家逐渐认识到了文化外交的重要性,跨文化交流一词也显得更加敏感。因此,在进行以戏曲为核心的文化外交之时更应将政府、传播人员分开,政府加强指挥作用,制定相关方针,提供相关支持;传播人员,也就是演员专职演出传播,多为赢得更多观众、更多支持考虑,这样两者结合才能获得更多的文化影响力,从而减小文化外交的"政治色彩",促进文化外交顺利进行。

从梅兰芳的案例中,我们还可以得出:不同于一般意义上的外交,文化外交的意义在于其"润物无声"的特色。当两国外交处于艰难时刻时,文化外交可以以破冰的形式,

---

[1] [瑞典]拉尔斯克莱堡,陈世雄译:《艺术的生命脉动》,载《第五届京剧学国际研讨会:梅兰芳与京剧的传播研讨会文集》2013 年 5 月,第 35 页。

起到文化先头兵的作用；在两国外交存在矛盾时，文化外交就起到缓和气氛、增进友谊的作用；在两国外交处于良好时期，文化外交又可以起到锦上添花的作用。

五、结语

在中国戏曲跨文化交流的历史上，梅兰芳的跨文化演出是最引人瞩目也最具代表性的，因为梅兰芳是站在国家的层面上进行的跨文化交流。1919年、1924年的两次日本之行，是梅兰芳带着中国戏曲跨出国门的第一步，自此之后，中国戏曲站在了世界舞台之上，开始被世界所注意；梅兰芳1930年的美国之行，则是将中国戏曲带到了更为广阔的舞台，确立了中国戏曲的世界影响；1935年的苏联之行，是苏联政府主导，国民政府支持的文化外交行为，以梅兰芳为代表的中国戏曲表演艺术体系终于被世界认同，屹立在世界表演体系之林。新中国成立后的访日、援朝之行是新中国的文化外交之举，是完全意义上的文化外交。这几次跨文化交流行为之间是递进的关系，如果没有最初的日本之行、美国之行作为探路和铺垫，随后的苏联访问、新中国成立后的访日援朝也不容易成功，更不容易造成如此大的影响。

梅兰芳作为这一系列文化外交活动中最重要的参与者，在其中起着不可忽视的作用。首先，梅兰芳作为"四大名旦"之首，精湛的戏曲表演技艺是一般艺人无法比拟的。他在继承戏曲的同时真正做到了有规则地创新，这样的魄力和思路也是一般戏曲艺人无法超越的。其次，梅兰芳对于戏曲的热爱，对于国家的忠诚，不仅仅体现在他能够在繁荣时期弘扬戏曲艺术，创排新剧目；更在于在艰苦时期不忘对祖国的热爱，在敌人的诱惑之下不低头的高风亮节。再次，多次与外国人接触而形成的灵活的处事风格，使梅兰芳在遇到对外事件时比一般人都要沉着、冷静，更有能力处理这些问题。

时至今年，梅兰芳诞辰120周年之际，回望梅兰芳对今天的文化外交也具有同样重要的启示。在文化外交的概念下，文化二字显得尤为重要，以何种文化形式作为交流的核心，是非常值得慎重的事情。中国戏曲则是其中的不二选择。

首先，中国戏曲拥有相当悠久的对外交流历史，早在明朝就已有中国戏曲进入外国宫廷的记录。同时，中国戏曲也是足迹最远、涉猎最广泛的艺术形式之一，它的足迹遍布世界的各个大洲。

其次，中国戏曲蕴含丰富的文化内涵。中国戏曲是在儒家思想上建立起来的艺术，其内涵体现了以"和"为中心的古代哲学思想，这一思想同样被运用在当代外交之中。

再次，中国戏曲是中国最具民族特色的艺术形式。戏曲是融合了杂技、歌舞、文学等于一身的综合艺术，形式上就与其他文化有很大区别。另外，在内容方面，戏曲包罗万象，与中国人民有着最广泛的联系。

最后，以梅兰芳为代表的一系列文化标志，已经站上了广阔的海外舞台，这样先天的优势也是一般艺术形式不能够比拟的。

但是以中国戏曲为核心的文化外交同样有一些需要特别注意的地方。第一，由于中国戏曲这种文化形式的独特性，在跨文化传播中容易产生文化的"误读"现象。这就需要在进行跨文化传播中对中国戏曲加以合理的解释，以帮助他国观众更好地了解中国戏曲。第二，不恰当的文化外交很容易被他国不法分子利用，将善意的文化外交解读为文化侵略，所以需要正确、主动解释文化外交的行为。第三，文化外交是一种国家层面上的跨文化交流，其作用在于树立国际形象，增强本国文化软实力。但是文化外交的效果并不像一般外交那样显著。这就要求国家对于文化外交进行战略性与持久性部署，最终达到文化外交的目的。第四，中国戏曲在进行跨文化交流的同时，传播文化的人员不应将政治、外交的目的作为唯一目的，还应本着传播中国文化、传播中国戏曲的想法。

附录1：吴迎先生谈梅兰芳在国外的影响

时间：2014年2月26日

采访整理：傅夏

傅夏：吴迎老师您好！不好意思打扰您了。

吴迎：没有事。关于"梅兰芳在国外演出的影响"这个题目，切入点应该从梅兰芳表演体系对其他国家表演体系的影响有多大这个基本的论点来入手。不然，你叙述一下1919年、1924年他的访日，或者到1930年访美，到1935年到俄罗斯又到欧洲，这些全都是人家知道的。有大量的书籍都可以看，这样你的文章就让人家看起来没东西。只有从什么是梅兰芳表演艺术体系着手把它与斯坦尼斯拉夫斯基、布莱希特，印度的古戏剧，甚至于莎士比亚来进行比较，才会有深度。《梅兰芳访美记》，齐如山写的，我想你一定看过；梅绍武写的有关他的父亲在美国那些很详细的资料，这些相信你都看过。从表演体系方向切入比较难写，因为你不是学戏曲表演的，要把戏曲表演相关的东西写出来不是那么容易的事情。

傅夏：您说得很对，其实我的论文也是想通过梅兰芳以及梅兰芳的海外演出探讨中国戏曲对外文化交流的意义。

吴迎：这个就是意义，它是一种非常特别的表演形式。它是虚拟的、是写意的，你必须通过这个写意的、虚拟的（特点）先把京剧说清楚，然后你再说他到国外的演出，什么道理（让）人家感觉到想看。你可以抓住几出戏，比如说《秋江》这出戏，你要把这出戏看熟，把录像拿来看、把本事拿来看，要充分说明《秋江》是怎样把这个舟表现、表演出来的。还有一出武戏就是《三岔口》，摸黑、黑打，它是非常特别的。还有一出《大闹天宫》。这三出戏都不是梅派戏，但这三个戏非常形象地体现了中国京剧的特色。因为什么中国戏曲和欧洲那么多的表演体系都不一样，你必须从这方面着手来谈一下。所以你的题目应该是梅兰芳表演艺术体系对世界表演体系的影响，应该是这个题目。可是这个题目你又不是学表演的，你知道吗，会比较难。因为它会牵扯到眼神啊，梅兰芳的指法啊。梅耶荷德与斯坦尼斯拉夫斯基说，他100个学生的手全是要斩的，他为什么要说这个话？他说你们100双手比不上梅兰芳几个手指。这听起来像是一个笑话，可是它讲起来很深刻。它体现了国际戏剧表演中表现派与体验派的对比。表现派，怎么是表现派？

另外体验派是如何表演的。另外你可千万不要误入"三大体系"的怪圈，没有"三大体系"这么一说的。这其实就是我们自己自我感觉好，人家是不承认的，而且这三个全部都是社会主义国家的。所以，不要提这个，提这个你的论文就基本失败了。

傅夏：是的，我会注意这点，谢谢老师。

吴迎：因为其他体系还有很多，据粗略估计，世界将近100个体系，各种体系。中国除了京剧以外，其他什么昆曲啊好多好多，所以不能那么说的。

傅夏：非常谢谢老师！您说得特别对，但是您看我本科和研究生都不是学习表演的，您看我能不能把表演理论作为我的论点论据，或者从较为浅显的角度把它作为案例，融入我的论文之中。

吴迎：也可以的，但是你必须要用这个来说明，不然你有什么道理那么轰动？原因在哪里？原因就在于它的本质。从这个方向来思考。

傅夏：谢谢老师！但是可能以后还会需要打电话麻烦您。

吴迎：好的，没关系啊。

傅夏：好的，谢谢老师！

吴迎：再见！

傅夏：老师再见！

附录2：吴迎先生谈梅兰芳表演体系

时间：2014年4月24日

采访整理：傅夏

傅夏：吴老师您好！不好意思打扰您了。

吴迎：没关系没关系。

傅夏：是这样的。通过您上次的指导，我觉得您上次提到的从梅兰芳表演体系入手，对我的启发非常大。尤其是您说到梅兰芳表演体系对世界表演体系的影响，这个对我很有启发。但是学生确实才疏学浅，本身也不是学习表演出身，没有深刻的体验，所以今天又有几个问题想请教您。

吴迎：什么问题呢？

傅夏：首先，就是想问问您对于梅兰芳表演体系对世界表演体系的影响，您怎么看这个问题的？

吴迎：嗯，最近在北京举行的北京国际电影节的开幕式你看了没有？

傅夏：还真没有。

吴迎：没有看，没事。其中有一个节目，是卢燕的，你知道这个人吧。她是好莱坞的华人终身评委，她是从小长在梅家的，在梅家待过将近10年的时间。她在这次国际艺术节上对这个问题解释得很清楚。她举了梅兰芳和卓别林的一个例子，卓别林也有扮演者在台上表演，梅兰芳也有表演者上台，这样两种表演体系活生生地展示在人们面前。你没看很可惜。她的题目是这样的，梅兰芳的一双手，斯坦尼斯拉夫斯基说过：梅兰芳的那一双手，他100个学生的手都可以剁掉了。就是他100个学生的手还比不上梅兰芳那一双会说话的手。那么这双会说话的手，它是无形的，有60多种指法，可是在表演上他是无形的。就好像梅派艺术一样，他没有固定形状。通俗地讲，梅兰芳，就是梅派艺术最大的特点，就是没有特点。你抓不住他的哪个方面，这是他的精华所在。

傅夏：就像大音希声的那种是吗？

吴迎：恩，是的。那么你记住这一点。卓别林那对脚呢，绝对是有形的。他那双大皮鞋，在一般的电影爱好者眼里，那非常深刻，绝对是有形的。所以卢燕讲，梅兰芳无形的一双手跟卓别林有形的一双脚的碰撞。这就是两种体系的碰撞。这个就很深刻地理解梅兰芳的表演体系，这一点你要很清楚。你现在还可以在北京卫视里找得到。

傅夏：是的，应该在网上也可以找到。

吴迎：是，你在网上找北京国际（电影）艺术节开幕仪式，就可以找到。像这种你就可以原本地把它剥下来，成为你论文最新的观点。

傅夏：是的。另外一个问题，是我们都知道梅兰芳的海外演出，对国外和对国内都产生了非常深远的影响。我的问题是想问问吴老师您对梅兰芳的出访有什么看法。

吴迎：出访主要是因为几个表演体系都很不一样。尤其不同的，是他。原来国外的体系都是镜框式的舞台，三面是墙，一面是观众。观众和演员自然而然地有那么一堵墙，把演员跟观众分开了。斯坦尼斯拉夫斯基是这方面的鼻祖，他讲我们跟观众之间绝对要有一堵墙的，演员绝对不应该看到观众的表演（表现），就好像有一个纱幕一样，演员必须是全神贯注地进入到这个角色里面去，百分之一百地进入角色，不应该受到观众的影响。那么德国的艺术体系就讲要把这一堵墙拆了，要让观众跟演员引起共鸣。而梅兰芳他说他从来就没有感觉到有这一堵墙的，从来和观众之间没有这一堵墙，从来就没有。京剧的表演，虚拟的写意的，观众会跟演员一起共鸣，甚至叫好。有时候甚至演《霸王别姬》可能因为他舞得好唱得好，观众大声叫好。这在国外是不可想象的。因为在国外它是一个悲剧，观众应该非常悲伤。而怎么叫好呢？大声地叫好，这个就是京剧。全世界没有的。演员可以在里面跟外面畅游，可以进入角色也可以脱离角色跟观众进行交流。这样交流是非常自由的。这个就是梅兰芳所倡导的体系，这个是全世界都没有的。中国就是靠着这个体系。第四堵墙是没有的，根本不存在。

傅夏：嗯，是。那是不是因为梅兰芳这个体系非常特别，京剧这个体系特征非常鲜明，才更容易被国外观众所接受？

吴迎：对，有这个特征，他们才感觉到国外没有过，就很容易接受了。至少在美国，才有谢幕谢15次，就是这个道理。而且实在招架不住，就让观众都排起队来，一个一个，他要看看这双无形的手，那些女士要看看这双手到底怎么回事，它的语言怎么会那么丰富。所以排队看了又看。结果这次谢幕拖了将近3个小时。这是一个非常生动的例子。

傅夏：说明这些观众对梅兰芳，对梅兰芳的表演非常感兴趣。

吴迎：嗯，最主要是对梅兰芳表演的体系感兴趣，对这种空间感兴趣，倒不是因为他是男人扮女人。

傅夏：是，您说得非常对。另外，我还想问问当时出访都做了哪些准备工作。

吴迎：他当时把京剧的服装，画成很多的画，到（挂在）剧场里面，或者发给朋友。

音乐，请音乐家写成五线谱。

　　傅夏：是，咱们国内的也没有这样的。

　　吴迎：是，没有那么认真的。大概就是这个样子。

　　傅夏：好的，老师。

　　吴迎：好的，那就这样。

　　傅夏：好，谢谢老师，我会找卢燕的视频来看，谢谢您，打扰您了。

附录3：梅玮先生谈梅兰芳在国外的影响

时间：2014年5月20日

采访整理：傅夏

傅夏：梅玮老师您好！不好意思打扰您了。我是中国戏曲学院林一教授研究生，傅夏。就是上次找您抄《梅兰芳游俄记》资料的那个。关于梅兰芳的采访，我还有几个问题想要采访您，不知道现在方便不方便？

梅玮：你说吧。

傅夏：上次在馆里，您提到梅兰芳先生出访回国后是和汪精卫汇报的，我对这种没有报道出的史料非常感兴趣，对我的论文也会很有帮助，希望您能给我讲讲。

梅玮：根据《梅兰芳游俄记》的这个材料，梅兰芳访俄，实际上是一种半官方的活动。因为当时最早的起因呢，是由于苏联那边的对外文化交流协会。在这个之前呢，因为满蒙铁路的问题，两边一直是交恶的，并且断交了3年。直到1932年，国民政府才和苏联恢复外交。同时苏联1933年就和日本签订了一个协议，把满蒙铁路的使用权卖给了当时由日本直接控制的东北，也就是满洲国。所以其实当时苏联跟国民政府的这个关系是比较紧张的。所以在梅先生去苏联以前呢，苏联就举办了一个关于中苏文化交流的活动。当时徐悲鸿1934年已经在苏联开过一个展。梅兰芳本来计划要到欧洲考察，但是1934年3月的时候，中国驻莫斯科代理大使吴南如和对外文化交流协会讨论的时候就提到了这个访欧的计划，问苏联如何接待到访的梅兰芳。后来苏联外事部就表示，希望梅先生在去欧洲之前，先在苏联进行一次演出。等于这一次就是邀请梅先生到苏联进行演出了。苏联就将邀请函在1934年底的时候通过大使馆交给梅兰芳了。所以说梅兰芳1935年的时候接受了这个邀请。接受邀请之后，首先是当时的国民党政府对梅兰芳的出访做出了官方的回应，苏联大使要求诗人总统汪精卫劝说梅兰芳接受邀请。苏联大使，包括中国驻苏联的大使，也同样恳求梅兰芳赴苏演出。这样可以提升两国合作，增进两国外交。而且国民政府行政委员会通过了一个决议，1935年2月，拨出5万大洋，作为梅兰芳访俄的经费。

傅夏：这是通过决议的形式？

梅玮：对，这是国民政府行政委员会通过的。当时就提出了梅兰芳要访苏宣传中国文化，增进两国的友好关系。所以说当时，在结束之后，有一封由苏俄大使馆发给汪精卫的电报，梅兰芳也向汪精卫报告了他在莫斯科首演的成功。这是大公报1935年有记载的。

傅夏：所以梅兰芳先生游俄的这次出访就基本上是官方层面上的，是吗？

梅玮：半官方吧，因为当时的国民政府说实话是没有力量支持这么大的文化交流活动的。只是收到了苏联的邀请，正好中苏两国也需要这样一个交流、沟通的机会。国民政府就正好借梅兰芳的这个演出来达成了这个目的。其实就是文化先行。

傅夏：另外我在材料中也看到苏联那边也特别隆重地接待了梅兰芳，具体情况是怎样的呢？

梅玮：苏联那边接待梅兰芳也算是政府层面。

傅夏：您能举几个例子吗？当时是怎样做的？

梅玮：苏联……当时因为是苏联对外文化交流协会邀请的，这个苏联对外文化协会就相当于国内的外交部和文化部的合体。所以说对于苏联来讲，这个已经是最高规格的一个……（待遇）。苏联政府当时特派转轮，到上海来接梅兰芳，所以说梅兰芳先生坐的船都是苏联派过来的，叫西佛号。因为当时先派了一个希腊的船，后来因为这个船上的客位不佳，所以就换了一艘。当然这个西佛号是游轮，就是大游轮，原本是来往欧洲的，此次专门派过来接梅兰芳。当时大使在出行之前就已经致辞，所以说这次去苏联还是有相当的官方背景。他和去美国完全是不一样的，去美国还是自己去的，去苏联就有政府的支持。给了5万大洋啊，这是什么概念？那会儿钱比现在值钱多了，那会一千大洋就是一家人一年的收入啊，都算好的。那会捐日本2万大洋合现在日元2亿，5万大洋就是5亿。

傅夏：那就像您说的，游俄是半官方的活动，那后面那次访日，1956年访日呢？

梅玮：那就是官方的了。因为当时呢，周恩来总理专门请梅兰芳先生到紫光阁来，跟他谈去日本的这个恢复邦交前的这个演出。当时梅先生自己并没有想太通，并不是周总理说去完后就跟着去。他觉得刚跟侵略者打完仗，就去给他们演出，有顾忌。周恩来总理就劝说梅先生，说当时侵略者只是小部分日本军国主义分子，日本的人民是没有错误的，同时也是受害者。所以梅先生回来也是经过了一番思想斗争，最终还是决定跟欧阳予倩一起率团去日本。等于说这个事情是一个完全官方的，新中国成立之后的一次外交文化交流活动。这个事情时间比较近，而且有大量的记载。

傅夏：是的，这个材料不少，我也见过一些。那么之前访美以及1919年、1924年访日，有没有什么材料是还没有爆出来的？

梅玮：美国的这些基本上该有的都有了，像市面上这些。相对较少的还是我上次给你看的和刚才说的游俄的事情。访日你可以参考一下袁英明老师新出的一本书，叫《东瀛品梅》。那个就已经很全了。

傅夏：好的，我一定找来看看。那么这次我能想到问的就是这些，真的麻烦您了。如果再有问题恐怕我还得打扰您！

梅玮：没关系，没关系。希望我说的能够对你有所帮助。

傅夏：谢谢老师！您说的有很大的帮助！

梅玮：那就好。

傅夏：谢谢老师，再见！

梅玮：再见！

电视媒体对当代戏曲传播的作用研究

杨 柳（2012级）

一、引言

戏曲艺术，古朴而醇厚，简约而大气，华贵却不媚俗，通易却不平庸，自傩戏而起，发展于汉唐，兴盛于宋元，鼎盛于明清，新中国成立以来开辟新的纪元，戏曲几乎无一中断地流传至今。唱念做打，手眼身法步，从负心之汉说到才子佳人，从八股取士说到为官之道，从婆媳家常说到贞洁烈女，或喜或悲，亦正亦邪，集文学、音乐、美术、舞蹈、武术、杂技、舞台表演之大成，融汇五千年中华文化之精华，塑造着中华民族的性格，彰显着中华民族的精神。随着科学技术的高速发展，电视这一新兴的媒介和艺术传播载体应运而生，它兼容了图像和声音，可以达到声画结合、图文并茂的效果，它不受时间和空间的限制，可以实现观众随心选择，足不出户观天下的夙愿，自20世纪50年代电视媒体进入中国，直到90年代电视媒体的广泛普及，电视已经在极大程度上改变了人们的观戏习惯和生活方式。凝聚着深厚民族文化基因的戏曲艺术自电视进入中国开始便审时度势，将戏曲舞台搬上荧屏，由戏曲节目的现场直播到录播，由戏曲剧目演出的单一形式到多种戏曲节目的制作播放，戏曲通过电视媒体的力量扩大了其受众群体，戏曲借助电视媒体得到了更广泛的传播；与此同时，电视也因戏曲节目的播出平添了些许古老的艺术情韵，使得电视这一新兴媒体具备了一种独特的魅力，逐渐形成规模相当的观众群，戏曲与电视在悄无声息间完成了一次又一次完美的联姻。然而，就在电视戏曲平稳发展的时期，互联网和移动传媒的出现再次掀起一场不大不小的产业革命，快餐化的娱乐节目和娱乐方式迅速崛起，满足了大众对于轻松、消遣、通俗的"快餐文化"的诉求，而戏曲艺术似乎有些退居二线，关注度有所降低。在传播媒介多元化、电视节目娱乐化、观众需求快餐化的今天，如何更好地利用电视媒介传播戏曲艺术，实现电视与戏曲更深层次的完美结合？这是值得每一位电视戏曲工作者深思和反复探讨的问题，也是戏曲艺术当代传承亟待解决的问题。

二、戏曲利用电视媒介传播的历史流变

（一）初步发展（1958～1966年）

我国电视事业的发展自1958年开始至今，已有近60年的历史。在这期间，作为电视发展的参与者与见证者，戏曲与电视情同姐妹，如影随形，一步一个脚印地携手并进。在其他电视节目形成之初，主要是通过录播舞台表演，将舞台表演直接搬上电视荧屏的方式将演出再现给观众。在这期间，电视技术和摄像技术的发展起到了极其关键的作用，摄像机通过拍摄角度的不同、景别的变化和本身机位的调整来将舞台完整呈现给观众。1958年6月26日，中国第一座电视台北京电视台建立，第一次完成了文艺演出在电视上的实况直播。此后，电视便将直播诸多剧场的戏曲演出作为电视戏曲结合伊始最主要的呈现形式。[1]在这个时期，实况直播的剧场演出有著名京剧表演艺术大师梅兰芳先生特意为国庆十周年献礼而排演的《穆桂英挂帅》，清新洒脱的尚派创始人尚小云先生的代表剧目《双阳公主》，荀派艺术创始人荀慧生先生的拿手好戏《红娘》，此外还有马连良和张君秋先生的《三娘教子》，张君秋、叶盛兰和杜近芳合演的《西厢记》，麒派老生周信芳先生的《四进士》以及著名昆曲《十五贯》等。这些昔年著名表演艺术家的经典剧目让观众通过电视荧屏一饱眼福，拍手称快。一组数据显示，电影在北京电视台的播放所占比率为75%，戏剧转播为15%；到了1959年，电影占据了50%，而戏剧转播所占比率则上升为30%。由这一组数据大抵可以看出，除了故事影片有较高的收视率外，占收视第二位的便是戏曲节目，并且戏曲节目的收视率呈现增长的趋势。电视戏曲最初的结合便由转播剧场演出拉开了序幕，悄无声息却从此一发不可收拾，一直延续至今。在中央电视台戏曲频道播出的《空中剧院》《名段欣赏》和《九州大戏台》节目中，我们依然可

---

[1] 杨燕：《电视戏曲论纲——呼唤涅槃的火凤凰》，中国广播电视出版社2000年版，第27页。

以欣赏到来自不同地域、不同派别戏曲名家的舞台风采。

北京电视台的建立对地方电视事业的发展起到了先锋模范作用，1961年，上海、广东等地方纷纷建立地方电视台，这个时期电视对于戏曲节目的直播也不仅仅局限于舞台，而是开始探寻新的形式。许多电视台把演员邀请到电视台，在剧中适当切入外景，对剧目进行重新排演，同时对场面调度、演员化妆的要求也有所设计。经过一系列电视技术手段的运用和加工，节目情节变得更加紧凑，极大地增强了电视节目的可观赏性，电视媒介也将更加丰富的节目信息传递给观众。京剧《红灯记》，评剧《祥林嫂》，昆曲《李慧娘》等都是这个时期导演对电视戏曲二度创作后的杰出作品。此外，同样是在1961年，北京电视台为庆祝著名京剧表演艺术家周信芳先生舞台生涯40年，首次举办了大规模的戏曲连续转播活动，上演了周信芳先生的《打渔杀家》《乌龙院》《斩经堂》《四进士》等剧目，每逢周二、四、六、日播出，节目时长为两个半小时。这样大规模的连续活动在当时的中国社会造成了极其强烈的反响，使得戏曲一时间传遍大江南北，电视借助戏曲成就了中国电视文艺史上开天辟地的一件大事，戏曲艺术也通过电视媒介的力量广泛传播，更加深入人心。此外，戏曲综艺节目也在此时出现雏形，北京电视台举办了"笑的晚会"，尤其是在第三次晚会上，出现过一种被处理过的京剧片断，这一片断带有极强的喜剧色彩，在一定程度上打破了只是将舞台表演单一地搬上荧屏的形式，为以后戏曲综艺节目的发掘和创新开拓了先机。

除了对传统剧目的演出之外，1964年，广州电视台首次播演革命现代戏，并且一时间在全国范围内迅速掀起了排演革命现代戏的热潮。粤剧和歌剧《白毛女》，潮剧和歌剧《江姐》等许多同名异种剧目成为电视台热播的戏曲节目。[1] 1964年，北京电视台有了黑白录像设备，录制了常香玉主演的豫剧《朝阳沟》第二场和京剧《红灯记》中"智斗鸠山"一场，并用于1965年的迎新春元旦文艺晚会，这是我国第一次使用录像技术播出文艺节目。

电视与戏曲初次牵手，两者便如同相濡以沫的"夫妻"一般，彼此默契，相互扶持，携手同路。电视媒体为戏曲艺术的每一次革命和创新做了强大的媒介支持，电视技术的进步一改直播录播戏曲舞台演出的单一形式，使得戏曲节目更加丰富多彩，丰富了戏曲节目的表现手段。同时，电视与戏曲的结合在无形之中为戏曲艺术赢得了数量可观的观众群，使得戏曲艺术的传播更为广泛、方便、快捷、高效。戏曲艺术还不断地为电视艺术的发展添枝加叶，注入灵魂，使得电视艺术在内容的展现上更加丰富饱满，有血有肉。

---

[1] 杨燕：《电视戏曲论纲——呼唤涅槃的火凤凰》，中国广播电视出版社2000年版，第31页。

（二）停滞（1966～1976年）

1966～1976年，中国处于"文化大革命"阶段，电视文艺在这次政治风波中也受到些许牵连，经受了一番历练与磨难。"文化大革命"前制作的节目一律禁播，[1]北京电视台自1967年1月6日到2月4日被停播一个月，此后也只有每周六播出一次，直到当年5月2日文艺节目才由"八亿人民八个戏"的状态开始，恢复播出，这八个样板戏是京剧《沙家浜》《红灯记》《奇袭白虎团》《智取威虎山》《海港》，芭蕾舞剧《白毛女》《红色娘子军》，交响音乐《沙家浜》。随后，北京电视台又开始"样板戏"选段的戏曲教学栏目，各种专业团体，群众业余文化组织到处奔走，时时演出，一时间，全国上下、大江南北兴起了演"样板戏"的热潮，至此，以往丰富多彩的戏曲剧目变成了单一的"样板戏"，电视戏曲更是才露尖尖角，便又不知路在何方。然而，不可否认的是十年浩劫虽在一定程度上阻碍了戏曲艺术的发展和创新，却在一定程度上由于政治原因强行推广普及，使得京剧艺术牢牢扎根于一代人的心里，打下深深的烙印，以致到现在许多孩子初识京剧还是因为听到父母偶尔哼唱的一段"样板戏"选段开始。

此外，这十年间特别值得一提的是，由于毛泽东主席对古典诗词的爱好，中央曾解放一批文艺工作者进行诗词配曲工作，并用彩色录像设备录制了一批传统戏电视资料片，比如李和曾的《碰碑》，高盛麟的《挑滑车》，张学津、刘长瑜的《游龙戏凤》以及俞振飞、谭元寿、红线女等人的传统剧目和花鼓戏、汉剧等剧中的一些传统剧目约150个，为许多著名演员的传统剧目保留了珍贵的影像资料。八大样板戏的传播在一定程度上使得京剧深入人心外，这更是电视戏曲工作者在非常时期为电视戏曲做出的不可磨灭的巨大贡献。

"文化大革命"带来十年电视戏曲的劫难，然而也正是在这一时期通过政治手段强制推广的"样板戏"使得京剧艺术在一定程度上老少皆知，也许正是这一时期观众对于诸多传统剧目的久别不闻以及电视工作者对于传统剧目的积极抢救才使得更多的人在经历痛彻心扉的久别重逢后对戏曲艺术的爱更加炽热，自愿为戏曲艺术的传播担起一份重重的责任。而面对当今戏曲艺术的电视传播，文化的大发展大繁荣为我们提供了极好的社会背景和发展机遇，我们是否又懂得珍惜呢？我们该去哪里重新寻找这样一剂催化剂为电视戏曲的传播注入这一强心针呢？这是每一位电视工作者和戏曲工作者应该扪心自问的话题，甚至每一位承担着社会责任的有志青年都该去找寻这样一个答案。

---

[1] 杨燕主编：《中国电视戏曲研究（概览）》，北京广播学院出版社2002年版，第126页。

(三) 繁荣发展与新兴危机并存（1976年～至今）

1. 电视戏曲的繁荣发展

马克思主义哲学认为："事物的发展总是经历螺旋式上升和曲折式发展，是前进性与曲折性的统一。"电视戏曲的发展在经历了十年停滞之后，大踏步地迈开了前进的步伐，改革开放的大好形势，宽松的文艺政策，电视技术的进步使得电视戏曲很快进入繁荣发展的新阶段。电视戏曲从录播戏曲表演到戏曲走进演播室，到开始运用电视技术二度创作，到有了戏曲艺术片的创新和发展，戏曲艺术的传播一直紧跟电视技术发展的脚步，从未落后。便携式摄像器材出现后，摄像机带我们走出演播室，大大开拓了观众认识事物的空间和视野。我们开始跟随摄像机的脚步进入真实的大自然，探寻真实的人类社会，洞察人与自然以及人类自身之间的微妙关系，体味种种家长里短、人情冷暖，特别是磁带录像机的出现和卫星通信传播手段的运用，使得电视节目的制作和传播更为自由，人们也将看戏的视角由舞台渐渐扩展到更广阔的荧屏中来。

1979年，浙江电视台将传统舞台剧《桃子风波》引入到实景拍摄中，随后上海电视台又相继完成了《孟丽君》的实景拍摄。随着综艺晚会、音乐电视的出现，戏曲综艺、戏曲小品、戏曲MTV等形式都相继展现在观众面前，电视戏曲也由初期的照搬状态和无意识的探索阶段进入到一种积极探寻自身规律、找寻自身创新点的新阶段。而此时的电视戏曲创作更具包容性，更富多样性，花样翻新，形式百变，更加满足了大众日益提升的精神文化需求和深层次、多角度、全方位的精神体验。此外，越来越多的电视台开始建立戏曲频道，开播戏曲节目。在此笔者选取几个具有代表性的戏曲频道和电视台加以简述，予以论证：

(1) 中国中央电视台戏曲频道

2001年7月9日，中国中央电视台戏曲频道开播。它以弘扬和发展中国戏曲艺术为宗旨，通过卫星覆盖全中国，全天24小时不间断滚动播出，是中国覆盖面最广、影响力最大的专业戏曲频道，收视人群高达一亿八千多万人。戏曲频道对中国的戏曲文化分门别类地进行整理，对原有的戏曲节目重新梳理、整合，使频道的整体风格更加统一，条理更加清晰，结构更加完整。同时戏曲频道在以大戏为主的基础之上，为了照顾各地观众，加大了地方戏的播出数量，做到了重点和全局兼顾。在戏曲频道播出的栏目中，既有央视戏曲频道收视率最高的戏曲访谈节目《戏苑百家》，有戏曲专题类节目《戏曲采风》，有广大票友展示自己的节目《过把瘾》，有戏曲现场名段教授的节目《跟我学》，有领略戏曲艺术神韵的节目《名段欣赏》，还有小朋友们展示自我的节目《快乐戏园》以及戏曲类知识竞答栏目《梨园闯关我挂帅》，可谓融欣赏性、趣味性、知识性、服务性于一体，宣扬了悠久的国粹文化，振兴了博大精深的戏曲艺术，强化了戏曲艺术与中华民族深厚文化底蕴的渊源关系。2015 年，戏曲频道又隆重推出元旦档重头节目《叮咯咙咚呛》该节目自 1 月 4 日晚开始播出，是一档中韩跨界体验类真人秀节目，由 CCTV3 首播，CCTV4、CCTV7、CCTV11 重播，同时覆盖春节、情人节、元宵节等春节黄金时段。

中央电视台戏曲频道在过去 14 年的时间里，为国内及海外华人带来了一幕幕精彩纷呈的戏曲饕餮盛宴，获得国内外广大观众和戏迷朋友的一致好评，为戏曲的电视传播提供了很好的借鉴。

(2) 河南电视台《梨园春》

《梨园春》是河南卫视 1994 年推出的一档以豫剧为主、汇集全国各地不同戏曲剧种、以戏迷擂台赛的方式呈现的戏曲综艺旗舰栏目。它现在已成为中国电视戏曲栏目的第一品牌，是中国生命力最强的电视节目之一。《梨园春》获奖无数，囊括星光奖、金鹰奖、兰花奖等国家级电视大奖，荣膺由美国《哥伦比亚新闻评论》中文版评选的媒体行业的"中国标杆品牌"称号。2006 年 9 月 17 日，《梨园飞歌》大型戏曲交响音乐会在澳大利亚悉尼歌剧院举办，作为 2006 年"中华文化澳洲行"的重要组成部分，该晚会不仅圆满完成了本次活动的闭幕任务，而且也实现了中国电视戏曲栏目带领优秀传统艺术走进世界顶级音乐殿堂的历史性跨越。当晚的演出通过河南卫视和悉尼当地电视台进行了现场直播，开创了电视戏曲栏目跨国、跨洋直播的先河。此次演出，是《梨园春》第一次走出国门，第一次将豫剧搬上世界舞台，第一次采用交响演唱会的形式演绎传统戏曲。这不仅是《梨园春》对外宣传河南的又一重大举措，也是该栏目发展史上的又一里程碑。2007 年春节，《梨园春》应邀开始了为期 13 天的南美巡演，三场精彩的演出为南美人民和华人华侨带去了中国最优秀的民族艺术，为当地人民了解河南、了解中国搭建起一座文化桥梁。

《梨园春》作为地方卫视一档成功的品牌类戏曲栏目，为其他地方电视台戏曲栏目的设立和开播树立了典范，是地方戏曲栏目建立和长期发展的榜样。

(3) 山西卫视《寻找好声腔》

2013 年春，山西卫视与中央电视台联手打造的大型戏曲真人类节目《寻找好声腔》在山西卫视刮起一阵收视旋风。这档并未经过大肆宣传的戏曲综艺节目在播出之后收视率节节攀升，在山西卫视连续数周收视率位列第一，不仅让戏迷大饱眼福，连普通的电视观众也被深深吸引。该节目以找到最好声腔为宗旨，不论年龄、外貌，只关注声腔本身，选手现身说法，所有演唱在现场完成，观众能够在最真实的状态下体味戏曲的魅力，同时节目在传统内容的基础上加入了时尚、流行元素，是一次传统与时尚结合的全新的尝试，一次对戏曲本体的回归，一次大规模的戏曲普及，一场全民参与的戏曲盛会。

节目创意独到，从根源上尊重戏曲，同时充分利用电视作为现代传媒的包装魅力，吸引更多观众对传统戏曲的关注，在娱乐的尝试上又避免低俗，彰显出传统文化的尊严与魅力，体现了传统文化与娱乐元素的完美融合。

2. 新兴媒体的出现对电视戏曲的冲击

新兴媒体是新的技术支撑体系下出现的媒体形态，就是能对大众同时提供个性化内容的媒体，是传播者和接受者融会成对等的交流者，而无数的交流者相互间可以同时进行个性化交流的媒体，如快递信封广告、数字杂志、数字报纸、数字广播、手机短信、移动电视、网络、数字电视、数字电影、桌面视窗、触摸媒体等。相对于报刊、户外、广播、电视四大传统意义上的媒体，新兴媒体被形象地称为"第五媒体"。美国《连线》杂志把新兴媒体定义为：所有人对所有人的传播。

从新兴媒体的定义不难看出，新兴媒体具有与传统媒体完全不同的特点。

新兴媒体具有交互性。报刊、户外、广播、电视这四大传统媒体在传播信息时具有极强的单向性。作为传统媒体的受众只是被动地接收信息，而没有进行实质性反馈的途径，所有的信息进行单向的传播，传播媒体与接受者之间不具有交互的平等性。就传统电视媒体而言，信息的接收者具有选择频道的权利，具有是否观看该频道的权利，而并不具备新兴媒体所赋予接收者的选择观看时间、观看时长、观看地点、观看速度、观看内容等相对自由的权利，在由无意识集体接收转向个性化点播需求的今天，人们会将选择自然而然地转向新兴媒体，从而日益降低对缺乏个性选择和"私人订制"的传统媒体的关注程度。观众通过新兴媒体点播戏曲节目的方式替代了定时定点守在电视机旁观看电视戏曲节目的传统模式，这在一定程度上对戏曲借助传统电视媒介传播产生冲击，但从另一方面讲也为戏曲借助新兴媒体的传播提供了极好的借鉴和思考，为戏曲的传播和发展打开了另一扇窗。

新兴媒体具有即时性。这里所提到的即时性是针对信息的点播和反馈而言的。首先需要肯定的是，电视作为传统媒体具有传播信息的即时性，观众在不同的时间点打开电视时，便能了解当天的国内外时事，便能看到当日的电视剧更新，便能知晓一周的综艺快报，便能通览异域的人文风情，电视媒体一改报纸和广告传播信息的延时性，将信息的传输效率大大提高，加快了人们的生活节奏。然而，传统媒体却不具备信息点播和反馈的即时性，举例来说，如果一位观众想看已经播出过的综艺节目，他需要的流程是在报纸或电视节目预告（同样需要知晓播出时间）中找到该节目重播的时间和频道，定时定频道地守在电视机旁，观看节目重播。在一定程度上，人成为传统电视媒介和信息的奴隶，被信息所牵制，丧失了对信息的掌控权和主导性，而这一系列时间成本的缩短却可以通过新兴媒体来完成。具体来说，该观众可以通过互联网搜索到该节目的视频，点击观看即可，随时随地，不受时间和空间的限制，同时可以通过评论该节目与节目进行互动，实现对节目点播和反馈的即时性。在信息爆棚并高速传播的当下，互联网点播观看并反馈的方式为大众迅速获取信息提供了便利，极大程度上满足了大众对汲取快餐文化的需求，同时大众通过新兴媒体交互也满足了自身对缓解压力的诉求。大众借助新兴媒体点播戏曲节目，并在第一时间通过评论进行实时反馈，实现了舞台之外戏曲与大众的互动，完成了大众对戏曲的深度参与，再次完成大众与戏曲的融合，与此同时，大众的参与和反馈为戏曲的发展开辟了新的道路，并集思广益，在戏曲的前进之路上点亮又一盏明灯。

新兴媒体具有点对点互动性。所谓点对点互动，是相对于传统媒体的点对面传播而言的，即新兴媒体可以实现用户对用户的点对点个性化互动。报纸、户外、广播、电视这四大传统媒体，通过平面传输、视听结合，把信息在同一时间传播给大众，大众作为一个整体接收群体完成信息传播的最终环节，从而实现点对面的传播，而新兴媒体除了具备点对面的传播方式以外，还具有点对点传输和互动的特点。举例来说，一个企业在微信公众平台上建立了自己的微信公众账号，每天定时发布相关信息，而对于关注该公众号的微信用户而言，除了可以定时收到来自该账号的信息，同时还可以回复相关内容与该账号进行互动。用户对用户的点对点互动保证了信息的即时互动传输，满足了大众个性化定制的需求，增强了信息传输的针对性，提高了信息传输的效率。新兴媒体的这一特点为电视戏曲信息传播途径的创新提供了很好的借鉴，比如，电视戏曲可以建立不同类型的微信公众账号、官方微博，与网友即时互动，在充分了解电视戏曲传播和发展动态的同时，搜集网友的观点评论，用大数据思维的方式，借助"互联网+"的理念深入了解电视戏曲观众群的个性化需求，让戏曲落地，与时尚嫁接，让观众参与，掌握新兴媒体的话语权，从而实现电视戏曲更广维度、更深层次的传播和发展。

戏曲艺术，千年传承，电视技术，60年发展，从时间上看，二者似乎并没有可比性；戏曲艺术，依托于古老的舞台，电视技术，搭载上现代科技，从空间上看，二者似乎也不具备相遇的可能。然而，恰恰是戏曲艺术集众艺术门类之大成，博采众长，兼收并蓄，历经千年之沉淀，自强不息，厚德载物，具有广博的包容性和极强的敏锐度，才会在历史的大浪淘沙中不被湮灭，脱颖而出，才会在遇到电视技术这一新兴媒介时，果断出击，勇于携手，而电视技术也审时度势地搭上戏曲艺术这艘巨轮，扬帆远航。电视戏曲，就这样由少到多，由小到大，由简单到复杂，把古老典雅的艺术与现代科技的发展融为一体，气宇轩昂，进入了全面勃兴的新的历史时代。此外，我们更要看到新兴媒体对传统电视戏曲形成的新一轮冲击，同时更要审时度势，抓住新兴媒体对戏曲传播的优势点，可谓机遇与挑战并存，创新与传统并肩。

三、戏曲与电视结合的几种形态及传播效果

戏曲作为中国的传统文化，源远流长，博大精深，在其生存和发展的过程中，在文本内容、表演程式、舞台设计、音乐伴奏等各方面形成了自己的体系和规律，同时依托不同地区的地域特点和人文风情，演绎出颇具地方特色的丰富多彩的地方剧种；电视于20世纪50年代进入中国，与戏曲发展的历史相比，不仅仅是几个辈分的差别，可谓资历尚浅，同时电视作为现代媒介的传播形式之一，依托现代科学技术成像，具备声光画面等多种多样的表现手段。将电视与戏曲两种完全不同的艺术相结合，能够产生无数种艺术形式和品种，可谓花样百出。同时，电视戏曲这一新兴的艺术形式也在随着时代的进步不断地演变和发展，这如同一个细胞的裂变，产生无数个子细胞，长成与母体具有从属关系却又相对独立的个体，就这样的趋势而言，要想准确地对电视戏曲这门嫁接而成的艺术进行归纳和分类还是颇为困难的。但同时，对电视戏曲已经产生的形式进行具有科学依据的归纳和分类却又不仅是研究这门混合艺术创作和发展规律的基本要求，同时也是为了进一步探讨电视戏曲艺术，为其今后的发展奠定基本的理论基础，所以，只要依据合理，言之成理，我们大可认同不同的分类方式，所谓存在即是合理，每个事物的发展本来也具有自身的规律性，就让不断发展的客观事物进行自我的筛选和淘汰，让时间来说话。

从目前已有的分类理论研究来看，有以下几种对电视戏曲的分类有理有据，得到较多认同，比如就"重点论"而言[1]，《中国电视艺术发展史》一书就将电视戏曲分为"电视文艺"中的戏曲和"戏曲电视剧"两部分，同时在书中对戏曲电视剧进行了重点阐述和分类，这样的分类方式虽没有从全局着手，但就"单一重点论"而言，却也未尝不可。

---

[1] 杨燕：《电视戏曲论纲——呼唤涅槃的火凤凰》，中国广播电视出版社2000年版，第19～20页。

而与之相对的是在《电视艺术辞典》一书中，将电视戏曲分为"戏曲舞台纪录片""戏曲电视专题片""戏曲电视艺术片""戏曲录像艺术片""戏曲电视单本剧""戏曲电视多本剧""戏曲电视短剧""戏曲音乐剧""戏曲电视小品"等艺术形式的概念，这样的分类可谓细致入微，将对电视戏曲分类的理论依据充分细化，是一种较为基础的分类方式，但同时也因为其基础性和细致化，缺少了对电视戏曲各种形式同类项的合并，这样的分类方式还有待于从更高的高度进一步思考。[1] 在《电视艺术概论》一书中，高鑫教授将电视戏曲分为"电视戏曲节目""电视戏曲晚会""电视戏曲集粹""电视专题戏曲"四类，这样的分类侧重于在电视文艺部分中的电视戏曲上下功夫，这种分类方法淡化了电视戏曲纪录片和戏曲电视剧作为电视戏曲形式的独立存在，一定程度上突出了戏曲的本体化特点。原广电部副部长刘习良曾根据电视与戏曲结合的紧密程度以及在结合中电视化达到的程度将电视与戏曲结合的形式大体上分为三个层次：浅层次的是通过电视报道戏曲工作动态和介绍戏曲知识；中层次的是电视直播或录播戏曲舞台演出；深层次的结合则指戏曲电视艺术片和戏曲电视剧等形式。杨燕教授在《电视戏曲论纲》一书中，将电视戏曲的现有形式概括划分为四类，即电视戏曲栏目节目、电视戏曲专题片、戏曲电视剧和电视戏曲综艺节目四类。杨燕教授还在书中谈道，这四类形式相互之间的关系并非平行并立的，可以看成一个"山"字形的描述，电视戏曲栏目节目好比"山"字的一横，它既自成笔画，又连接着其他三笔，包容了其他三类形式。这种分类形式包含了较深的哲学意味在其中，戏曲电视栏目与其他三者之间既不是孤立存在的，也不是完全包含的，而是相辅相成，相互依靠，你中有我，我中有你。参考上述诸多分类形式，加之探究电视与戏曲结合后的发展情况，笔者将电视戏曲现有的形式划分为相对独立的四类：电视戏曲栏目、戏曲综艺节目、戏曲电视剧和电视戏曲纪录片。四类的定义、特点、典型案例将在接下来的文字中予以详细阐述，借此，这样分类的依据和基础也会在下面的阐述中加以论证。

（一）电视戏曲栏目

本文所研究的电视戏曲栏目主要定义为每天定时定点在电视台播出的戏曲栏目。这类栏目具有"订阅性"的特点，即每个栏目有固定的名称、固定的播出时间和时长，固定的内容范围，同时根据不同的地域，迥异的人文风情，每个节目都独具特色，有着自

---

[1] 杨燕：《电视戏曲论纲——呼唤涅槃的火凤凰》，中国广播电视出版社2000年版，第20页。

己的风格和内容。根据上述定义，电视戏曲栏目还可以详细地划分为以下几种类型：

直播、录播类节目。这类节目中最典型的当属中央电视台戏曲频道的《CCTV空中剧院》，该栏目在2003年开播，至今已有12年的时间，每周三、周六，19：20黄金时段首播，周一、周二、周四、周五，14：03重播，以播出经典大戏或折子戏为主体，将京剧艺术家和中国京剧优秀青年演员研究生的联合演出通过直播或录播的方式奉献给广大戏曲爱好者，同时该栏目还邀请到了李世济、谭元寿、叶少兰等十几位著名京剧表演艺术家和戏曲专家作为顾问，可谓明星大腕云集，集专业性、大众性、多样性于一身，逐渐打造成中央电视台戏曲频道的品牌栏目。直播录播类电视戏曲节目的播出，一方面，它将剧场搬上银幕，将宫廷殿堂、戏剧院楼的贵族化戏曲变成了普通百姓茶余饭后的娱乐甜点，观众在看过众多快餐式的娱乐节目后，再重新品味悠远绵长的戏曲文化，也别有一番风味。另一方面，它满足了诸多戏迷观众足不出户看戏曲的愿望，消除了人们因一天的上班劳顿，时间紧张，交通不便等情况下无法进剧场观戏的困顿，缩短了戏迷观众与戏曲的空间距离。此外，这类栏目因播出剧目的不同，可以满足不同层次、不同喜好、不同口味观众的需求，生旦净末丑，酸甜苦辣咸，忠信仁义智，或打打杀杀，令人一饱眼福，或温婉柔情，令人倾心悦耳，或滑稽幽默，令人愁云顿消。

戏曲PK、竞技类栏目。这类栏目是近几年戏曲栏目中比较火的一类，比如中央电视台戏曲频道的《一鸣惊人》、河南电视台播出的《梨园春》、山西卫视的《走进大戏台》、天津卫视的《国色天香》等，这类节目不仅是央视和地方电视台戏曲类栏目的人气宠儿，而且收视率与诸多其他戏曲类栏目相比也一直居高不下。在"中国最具人气的电视戏曲栏目排行榜"的TOP10中，这类栏目就占有4席，其中《梨园春》和《走进大戏台》分列第一、第三名。"梨园春"这三个字坤卦标识，寓意深刻，符合易理，蕴藏了中华文化的深厚内涵。《梨园春》是电视戏曲栏目的一大创新，一方面，它打破了传统意义上单一的以戏曲演出为主的戏曲展示形式，采用集娱乐化、趣味性、知识性、竞技性于一体的PK赛的方式，同时激发观众的多种味蕾，在鉴赏戏曲的同时，放松心情，陶冶性情，使得戏曲的传播形式多元化；另一方面，PK赛的方式在一定程度上改变了戏曲节目的节奏，戏曲演出与竞赛交错进行，错落有致，快慢不一，节奏鲜明，使得戏曲由以往普遍以为的"十分乏味"变为一呼百应的"特别有趣"。戏曲演出大多是老年人的最爱，而竞技恰恰又符合年轻人的胃口，因此这一类节目为戏曲赢得了更多的不同年龄、不同层次的观众，扩大了戏曲的受众群体。此外，这类节目还是百姓展示自我，发展自我的大舞台，在这个舞台上诞生了像牛欣欣、邓鸣贺这样的小童星，也诞生了杨丽、王光姣等成人擂主，更多的百姓通过这个舞台走向了更大的舞台、更高的平台，为今后的发展奠定了极好的基础，同时也使得戏曲艺术的传承和发展后继有人，扩大了戏曲艺术在观众中的影响力。

戏曲教学鉴赏类栏目。这类栏目通过教学、讲解、访谈、演示等形式向观众传播戏曲知识，传达戏曲资讯，让观众感受戏曲艺术的魅力，掌握简单的戏曲表演技巧，形成对戏曲艺术的初步认识。比如中央电视台戏曲频道的《跟我学》、安徽卫视的《相约花戏楼》、山东卫视的《金声玉振》，还有中央电视台一档日播的少儿戏曲节目《快乐戏园》等。其中安徽卫视的《相约花戏楼》是这类栏目中的典范。《相约花戏楼》栏目以黄梅戏为主打，同时兼顾对其他戏曲剧种的介绍，将栏目定位在普通人对戏曲的欣赏和参与之中。节目自1999年推出到现在已有16年的时间，播出了230多期，介绍了全国30多个剧种，多次获得国家级电视栏目大奖。这类栏目是诸多戏曲节目中较为基础和普遍的一类，一方面，它满足了广大戏迷爱好者的基本需求，实现了戏迷朋友们由单纯听戏到可以表演一招一式的愿望，戏迷学戏足不出户，随时随地，不再需要苦苦寻求专门的戏曲院校进行学习；另一方面，这类节目采用渐入式讲解，分解式教学的方式，从小处入手，从细节着手，把复杂的戏曲动作分解化，激发本来不懂戏、不看戏的观众了解戏曲的兴趣，从细枝末节中发现戏曲的乐趣和魅力，进而观看戏曲、学习戏曲、传播戏曲，从而为戏曲艺术增加粉丝量，提高了大众对戏曲艺术的关注度，为戏曲艺术走进大众开辟了一条新的路径。此外，这一类节目的播出还在一定程度上提高了大众的审美水平，使得美学哲学原理潜移默化地深入到大众中去，为提高全民的精神文化层次奠定了基础。

戏曲采风类栏目。这类栏目主要定位在走进戏曲小巷，探寻家长里短，聚焦戏曲人物，观看台前幕后，跟踪戏曲事件，报道大事小情，回顾戏曲历史，回味戏态人生。比如中央电视台戏曲频道的《戏曲采风》，浙江电视新闻频道的《戏曲红茶坊》等。[1]《戏曲采风》是一档集新鲜戏闻、丰富资讯、深入报道于一体的戏曲类节目，周一到周日17:48播出，该栏目及时更新的《剧院风云》带您领略《CCTV空中剧院》台前幕后，随时报道的《梨园快递》有网络戏曲界第一手新鲜猛料，海量讯息的《戏曲地图》探索藏匿戏曲的大街小巷，精致写意的《翰墨戏韵》解析书画艺术与戏曲的深厚情缘，更有专题特写的《戏曲长镜头》深入剖析梨园里的新鲜人事，《今日我上镜》尽显爱戏者百态人生。戏曲采风类栏目是内容最为丰富、报道最有深度、信息量极大的一类电视戏曲类栏目。一方面，这类栏目打开了戏曲的广度、开拓了戏迷的视野，体现出戏曲艺术的综

---

[1] http://baike.baidu.com/link?url=chcbdA2xlWgLKV2w0hRPcBvnmBe-eR9Uj_A7UjeV24RoX4JeWKSm3R4XELYm6qF5xUhl5Ds0SCoFNz3TkIPnta, 2015.2。

合性和延展性，展现了戏曲本身的张力，一系列信息的深度解读和完整呈现不再将戏曲艺术束之高阁，让戏曲艺术看起来深不可测，而是把戏曲艺术搬下舞台，搬到观众身边，观众如身临其境，将宫廷艺术视为百姓家常，这种将戏曲艺术接地气的方式让戏曲艺术以更平民化的姿态走入到百姓中，增添了戏曲艺术的魅力；另一方面，戏曲采风类栏目走进幕后，让更多在幕后默默无闻的戏曲工作者走向台前，这不仅是满足观众好奇心的需要，更是对戏曲工作者的一种尊重和回馈。观众通过对戏曲人物、戏曲事件台前幕后资讯的掌握，对戏曲有了更全面的了解和认识，增强了作为一名戏曲观众的自豪感和成就感，为电视戏曲和戏曲本体艺术赢得了较为稳定的观众群。

（二）戏曲综艺节目

戏曲综艺节目是指以戏曲为主体，将戏曲艺术元素与其他艺术元素相结合，运用现代科技手段，对戏曲艺术进行全新的包装和二度创作的节目，它既注重突出戏曲艺术的特色与魅力，又充分体现新元素在戏曲艺术传播中的功用，将电视技术、戏曲艺术、时尚元素相结合，为戏曲艺术和电视艺术锦上添花。这类综艺节目并没有完全困在戏曲艺术的整体中，而是将戏曲艺术细化为不同的元素，有些节目是运用了戏曲之"唱"，有的运用戏曲之"念"，有的运用戏曲之"动作"，有的运用戏曲之"神"，甚至许多综艺节目还将戏曲服装、道具作为展现元素，电视戏曲综艺节目成为最为活跃、最为时尚、最无定型、最具现代审美特色、最受年轻人宠爱和推崇的一类全新的电视戏曲节目。

目前在电视上涌现的戏曲综艺节目的类型有很多，有戏曲综艺晚会、戏曲MTV、戏歌、戏曲小品、大型戏曲体验类真人秀，等等。戏曲综艺晚会影响力最大的要属每年春节期间中央电视台推出的"央视戏曲晚会"，一台晚会近两个小时的时长，融合了来自不同地域的戏曲剧种，汇集了来自不同剧种的名家大腕，经典传统剧目与创意新编剧目相结合，生旦净丑，唱念做打，老少皆宜，是一场完完全全足不出户的视听盛宴。

戏曲MTV则是将著名的戏曲唱段与电视画面相结合形成的一种视听相融、兼具韵味与风情的电视戏曲的艺术形式。戏曲MTV运用电视技术手段，打破了舞台时空的局限，采用特殊的拍摄技巧，多变的景别、光线甚至三维动画特技，充分发挥视听语言的优势，将本身有着深刻内涵的唱段与生动有冲击力的画面相结合，将戏曲唱段与节奏感相对较快的画面相结合，让观众重新认识戏曲，体味戏曲艺术的多重样式。在为数不多的戏曲MTV作品中，越剧MTV《心曲》是非常出色的一部作品。越剧本身婉转悠长、清新静雅，从演员到服饰到动作皆可谓精美绝伦，加上电视艺术中布景的运用，时空交错的拍摄手法，不仅让戏迷朋友拍手叫绝，甚至不懂戏曲的观众也大呼过瘾。戏曲MTV是音乐电视的一种，是戏曲艺术的大胆尝试，虽在这个流行音乐MV占据主流的时代，戏曲MTV的市场也并没有完全被开拓，但随着时间的推移，经过几个世纪锤炼的经典戏曲唱段必将伴着日益精进的电视画面的发展展现它绝佳的魅力。只有更多的戏曲工作者、戏曲爱好者投入其中，尽显才华，让戏曲MTV占据一定的市场数量，戏曲MTV才会逐渐崭露头角，为戏曲艺术的发展锦上添花。

戏歌，得戏曲之"声"之精华，化用戏曲的曲牌和曲调，填上反映现代人生活境况的歌词，用歌唱的发声方式和现代化的配器手段，古为今用，洋为中用，听来声声入耳，唱来朗朗上口。戏歌的创作有两种形式：一为改变流行歌曲、历史歌曲和美声歌曲，二为完全运用创新的词曲，比如《北京OPERA》《我是中国人》《明月几时有》《雾苏州》《沈园的故事》《断桥的传说》《年轻的朋友来相会》《清凌凌的水、蓝莹莹的天》《前门情思大碗茶》等，都是脍炙人口的戏歌。戏歌短小而精悍，歌曲的旋律感融合戏曲韵味，不仅解决了许多观众缺乏耐心看戏的困惑，又避免了许多流行歌曲落于俗套的现实问题，不仅缩短了大众了解戏曲的时间，还迎合了大众提高艺术品味的需求。

大型戏曲体验类真人秀节目则是针对2015年中央电视台戏曲频道策划并播出的《叮咯咙咚呛》这一节目而言的，鉴于在下一章中将《叮咯咙咚呛》作为案例详细分析，在此笔者不再赘述。

（三）戏曲电视剧

在电视与戏曲结合的诸多形式中，戏曲电视剧是最为有深度的一种形式。由于戏曲电视剧既有丰富的戏曲故事作为本体，又有强大的电视技术作为依托，所以是观众最容易接受和喜闻乐见的一种节目形式。戏曲电视剧是电视戏曲结合形式理念的一大创新，它将戏曲与电视的结合形式更加丰富化。1979年，浙江电视台首先上映了戏曲电视剧《桃子风波》。上海电视台继而录制了越剧电视剧《祥林嫂》。随后，上海电视台又在实景中，用分镜头的摄录方法，制作了越剧电视剧《孟丽君》。此后，四川电视台也录制了川剧《三百三》。与以往的电视节目相同的是，为了发展戏曲电视剧，扩大戏曲电视剧的影响力，政府特意为戏曲电视剧设立了"鹰象奖"，从1985开始，每年在不同的城市举办一届，一共延续了12届。此外，作为国家级大奖的"电视文艺星光奖"和"飞天奖"，也为电视戏曲设立了奖项。从1979年开始，戏曲电视剧的创作便一发不可收拾，30多年来共创作了几百部电视剧，可谓功勋卓著，其中比较有名的戏曲电视剧有京剧《曹雪芹》、黄梅戏《朱熹与丽娘》、昆剧《司马相如》、越剧《秋瑾》《孔雀东南飞》等。

按照戏曲电视剧的发展规律和分类，戏曲与电视剧嫁接所产生的硕果有三类。第一类是以戏曲为主体。这类戏曲电视剧的戏曲化程度较高，以戏曲表演为主，几乎不改变和减少戏曲的主要元素，重点是突出戏曲本身的特点和意蕴，但不再将表演完全拘泥于舞台，而是一定程度上加入了摄影棚或者实景舞台的元素。此时电视的介入只是丰富戏曲的一种手段，这与单纯的剧场实况转播有极大的不同，摄像机不再在剧场的固定位置拍摄，而是在各个机位增加了摄像机的拍摄任务。此外，由于对单一演出剧场的突破和改变，镜头的运用成为拍摄戏曲电视剧的重要手段，电视用视听语言代替舞台语言，并且将戏曲舞台上演员换装、换道具、上下场的时间大大缩短，使得戏曲节目更为紧凑，内容更加丰富精彩。这一类的代表作品有《牡丹亭》《曹操与杨修》《法门众生相》《朱买臣休妻》等。第二类同样是以戏曲为主体，但此时的电视化程度大幅度提高。这一类的戏曲电视剧更像是对于电视大量介入戏曲的突破性的探索，电视更多地运用蒙太奇、闪回等手法，有更多的电视艺术思维方式的表现和介入。[1]这一类作品没有统一的风格，古装戏与现代戏不同，现实主义与传奇故事迥异，共同的特征是尽量寻找戏曲与电视的交叉点，寻找各种解决叙事矛盾的方式方法。比如《吕布与貂蝉》中，吕布用"翎子功"表现男女调情是任何写实手法所不能替代的，需要保留，并使得全剧风格与其一致。再比如，像《秋江》这样写意为主的段落，以虚拟的舞蹈表演著称，历来具有审美的意义，完全写实就会牺牲掉精彩的身段表演，失去戏曲的神韵。以保持戏曲精华为己任的话，就必须精心探求最合适的表现形式和风格。在这类作品中，由于故事体裁的差异、表现方式的不同、戏曲中要保留的精华部分有所区别，每一位导演都在运用电视元素上的差异性，使得这一时期的戏曲电视剧各有特色，风格迥异，大放异彩。这一类戏曲电视剧的代表有《狸猫换太子》《情醉老龙沟》《陈家湾的新故事》《金龙与蜉蝣》，等等。最后一类戏曲电视剧则以电视为主体，以戏曲为介入展开。这类戏曲电视剧的发展基于第二类戏曲电视剧的发展之上，基于电视技术的突破和大量介入之上，保留了一部分的戏曲元素，而较多地使用了电视艺术的元素。比如，它保留了戏曲音乐和唱腔，但创作原则基本遵循了电视的写实原则，在表演领域放弃了程式化和虚拟化，追求生活的逼真；语言口语化，有些剧目甚至不用地方方言，而用普通话；削减叙事性唱腔，根据人物性格重新设计抒情唱段；不依赖从舞台剧改编电视剧，而根据电视剧的拍摄特点自创剧本、

---

[1] 杨燕主编：《中国电视戏曲研究（概览）》，北京广播学院出版社2002年版，第161页。

自行设计音乐和唱腔，甚至采用电声音乐、地方乐调来丰富唱腔；表演中进行优化组合，挑选最符合要求的形象上镜，比如唱功最好的戏曲演员配唱腔，最好的话剧演员配对白，等等。这种结合使得戏曲与电视剧有了更深层次、更为成熟的嫁接，两者更好地贡献出彼此所具备的特点，实现1+1＞2的戏曲电视剧的结合模式，为戏曲电视剧开辟新的探索打下基础。在这一类戏曲电视剧中具有代表性的作品有《半把剪刀》《啼笑因缘》《原野上的马车》《庄户娘们儿》等。

戏曲电视剧作为大众最喜爱的形式，雅俗共赏，深入人心，在其不断发展过程中，戏曲电视剧是应该把戏曲作为主体来演绎还是让位于电视艺术？戏曲电视剧如何解决戏曲写意性与电视写实性之间的矛盾？戏曲电视剧中的戏曲故事应该继续让传统来主导还是跟上时代的步伐推陈出新？戏曲电视剧的运作是否应该市场化？戏曲电视剧能否像普通电视剧一样在黄金时段播放，获得较高的收视率？甚至说戏曲电视剧如何做才能达到让年轻人追剧的目的？这一系列的问题几十年来始终困扰着编剧和导演，要解决这些难题甚至更多的困难，戏曲电视剧还有很长的路要走，戏曲电视剧的发展之路让我们在看到希望的同时也感觉任重而道远。

（四）电视戏曲纪录片

电视戏曲纪录片是指独立的、按照纪录片创作规律专门摄制的，表现戏曲艺术、戏曲文化、戏曲艺术家艺术生涯等内容的电视节目。比如，有介绍不同地域剧种的纪录片《昆曲六百年》《京剧》《大戏黄梅》，有介绍人物的戏曲纪录片《梅兰芳1920》《越调申凤梅》，有介绍戏曲文化的大型戏曲文化纪录片《长江戏话》，等等。电视戏曲纪录片与第一类电视戏曲栏目中的采风类栏目并不相同，纪录片会更加详细、更加深入地挖掘戏曲信息，内容更加翔实、更有深度，着重于信息的纵向剖析，而采风类栏目则侧重电视戏曲的广度，着重于信息的传递。

从电视戏曲纪录片的功用角度来说，它是集综合性、知识性、新闻性、趣味性于一体的电视戏曲节目，它的拍摄意在反映真人真事，没有虚构、拒绝表演，让观众在人物和事件中体味真实的戏曲人生百态，洞察戏曲发展历史。同时，这类节目还有极强的思辨性，它不是单一信息的堆砌，不是单一事件表象的反映，而是深入到事件本身，从多个层面、多个角度深度剖析人物和事件，反映真实的生活，揭示生活的底蕴，揭示戏曲艺术的发展规律和人生的意义。此外，鉴于电视戏曲纪录片本身的特点和内容形式，它较少受戏曲本身虚拟性、程式性等元素的制约，而是将戏曲元素作为内容之一适时地添加和表达，较多运用了电视技术中的旁白和对白等方式讲述，这在一定程度上充分运用了电视技术，发挥了电视艺术的优势，让电视艺术携手戏曲艺术大放异彩，对戏曲艺术的表达可谓张弛有度，淋漓尽致。举例来说，2013年央视大型原创纪录片《京剧》在央视热播，该纪录片经过两年的筹备与摄制，由著名纪录片人蒋樾、康建宁担任总导演，用京剧剧目来为每一集定名，从《定军山·溯源》讲到《大登殿·绽放》，到《生死恨·抗争》，并终结于《群英会·新生》，八集纪录片讲述了京剧的开端、发展、停滞、新生几个阶段，在讲述京剧兴衰往事的过程中，注重讲述名角背后的故事，带观众领略京剧的前世今生，领略戏曲艺术家们的独特魅力。同时，该纪录片秉持着一种基于历史的冷峻和理性，让观众跟着镜头回到那些带给京剧或呵护或伤害的时代，让懂京剧的观众找回久违的认同，重新感知国粹的高贵不凡，甚至开始探索一条京剧振兴之路，而让不懂京剧的观众能够通过这些人物的喜怒哀乐、悲欢离合唤起本身的同理心，从而重新认识京剧，或者至少唤起对京剧的一份尊重。

电视戏曲纪录片是所有电视节目中为数不多的一类，既是最有潜力、最容易引起共鸣和传播的一类，同时也是最受争议的一类。杨燕教授在《电视戏曲论纲》一书中这样表述："好的电视戏曲专题片，具备着专题片的体裁优势。不仅富有知识信息量，而且深含中国传统文化艺术的底蕴，它真实又朴实，不华丽不花哨，同时又充满思辨的魅力，体现着创作者独特的个性追求和对戏曲艺术的领悟。如果用花草来比喻的话，戏曲专题片不是丰满华美的牡丹花，它是一丛摇曳多姿的翠竹，更挺拔，更耐人寻味。如果用饮料来比喻的话，它不是咖啡、可口可乐之类，它是中国的绿茶，稍带苦涩，却清香醒脑。在电视里看多了胡编乱造、虚假矫情、质量不高的电影故事片、电视剧之后，能够看到一部好的戏曲专题片，无疑会像见多了粗制油腻之后，突然端上来一盘碧绿清脆的炒油菜，令人赏心悦目，胃口大开。"电视戏曲纪录片如何打造才能让被束之高阁的戏曲艺术更接地气，让观众更易接受？如何打造才能让内容和形式更丰富，而不只是局限于人物、事件、历史的挖掘？如何打造才能在充分发挥纪录片理性的同时，用感性因素，引起观众的共鸣？如何打造才能让文字和画面精妙绝伦的同时，不做作、不花哨，让作品更加真实，更有灵魂？如果把电视戏曲纪录片比喻为一座冰山的话，我们不仅让观众看到水面之上的冰山，更要带观众挖掘水面之下的部分，让观众观其一角之后有兴趣去探索更深层的部分，体味冰山之大，这是一个复杂的课题，是一个广阔的领域，需要电视戏曲工作者长期地探索和贡献。

纵观电视与戏曲结合的四种形式，电视戏曲栏目是最为广泛、最为普遍的一种结合形式。在各大电视台的戏曲频道中，有直播录播类、戏曲鉴赏类、竞技PK类、戏曲采风类，可谓种类繁多，它们是戏曲与电视结合的一种初级形式。在电视戏曲结合初期，它们是电视观众汲取戏曲知识、鉴赏戏曲最主要的节目形式，然而随着电视技术的发展，电视节目制作水平的提高，电视节目的日益创新，新兴媒体的出现，大同小异的节目形式、几乎一成不变的播出模式和节目内容安排让观众出现了审美疲劳，使得节目的观众群大量流失，收视率下降，甚至许多节目已经处在停播状态。因此，加强栏目创新，与新兴媒介传播平台相嫁接打造精品栏目，成为戏曲电视栏目未来的趋势和发展走向。

  戏曲综艺节目是戏曲与综艺娱乐结合最为紧密的一种形式，是观众最喜闻乐见的一种电视戏曲节目形式，也是最容易创新的一种形式。这一形式的结合为传统艺术与现代娱乐接轨提供了可能性，使得古老的戏曲艺术不仅仅停留在教学和表演的展现阶段，而是充分发挥戏曲元素的作用，让戏曲由点到面、由小到大地展开，同时与时尚前沿组合。相对于其他形式而言，这一类综艺节目有较高的收视率，容易产生新的创意、新的作品，新的突破。因此，较准确地选择并运用戏曲元素，寻找与时尚娱乐前沿的交汇点，打造系列节目或者品牌节目，是这一类型的电视戏曲节目未来的发展方向，也是戏曲艺术重新吸引年轻观众的重要突破口。

  戏曲电视剧是戏曲与电视结合程度最深的一种形式，戏曲电视剧在运用了较多的戏曲元素以外，还结合了电视剧的创作方法，有较强的故事性、情节性，同时还有悬念的设置，增强了戏曲电视剧的耐看性。因此，戏曲电视剧常常会达到一经播出就有极高收视率的效果，但同时，如何让戏曲电视剧中故事的创作更贴近现代生活，如何能够更好地运用电视技术增强戏曲电视剧的可看性，如何让年轻人像追韩剧一样去追戏曲电视剧，这些都是戏曲电视剧今后发展所面临的重大课题。

  电视戏曲纪录片的创作在电视戏曲的几种结合形式中数量最少，它真实、不花哨，赋有较深厚的文化底蕴，有较高的节目质量，它深入挖掘戏曲背后的点点滴滴，细数戏曲人物的命运情怀，讲述戏曲舞台的风云变幻，极大地满足了观众的好奇心，开拓了观众的视野，深化了观众对戏曲的认识，正如纪录片《舌尖上的中国》所达到的收视效果，一部好的电视戏曲纪录片能够充分调动起观众的味蕾，通过镜头的变换、剪辑的效果让人回味无穷，在电视戏曲纪录片今后的发展过程中，让纪录片中的戏曲更接地气，用较多的时间成本做好前期的资料准备，提高电视戏曲纪录片的质量，甚至让戏曲纪录片的拍摄进入寻常百姓家，缩短每一集的时间，在最短的时间内传达最多的有效信息，是电视戏曲纪录片发展的探寻点。

由戏曲与电视结合的几种形式可以看出，戏曲与电视一度有着密切的关系，电视曾经一度是观众在剧场外欣赏戏曲的重要方式，电视对于戏曲的传播也起到了非常大的作用。无论是戏曲作为本体，还是电视作为主体，还是二者一段时间的相互融合，电视与戏曲一直携手并进。但是，我们也发现，戏曲的电视传播也存在着较多的问题，比如说戏曲本体与电视媒介之间的矛盾，现场效果的缺乏导致观众参与度低，等等，解决这些问题任重而道远。

四、电视戏曲传播中的案例研究

（一）《叮咯咙咚呛》案例解析

戏曲＝老古板？戏曲＝已过时？戏曲＝老龄化？戏曲＝曲高和寡？戏曲＝日趋消亡？戏曲＝与我无关？错！错！错！你来听："你来自什么地方，什么血型和属相，喜欢吃什么饭喝什么汤……叮咯咙咚呛，我们都一样，给我舞台就能华丽登场，叮咯咙咚呛东呛，叮咯咙咚呛西呛……"时尚的歌词难道不是年轻人的节奏？你欲坐视不理，其实无与伦比；欢乐的旋律又怎会不是广场舞大妈的最爱？我愿赞它完胜《小苹果》，未来如何交由你评说。中央电视台2015年打造的首档中韩明星跨界体验类真人秀节目《叮咯咙咚呛》于3月1日在央视隆重上映，是首档融合了时尚风格、时尚元素的新派戏曲节目，它将中国的传统戏曲文化与娱乐完美结合，由明星带你玩转戏曲。

本文选择《叮咯咙咚呛》作为案例研究，主要基于以下几个原因。第一，《叮咯咙咚呛》的定位具有长远性。在戏曲年轻观众缺失、电视戏曲观众老龄化的今天，节目大胆尝试以年轻观众作为主要的观众群去挖掘，希望通过这个节目引起年轻人对戏曲的关注，增加戏曲的年轻观众群，突破戏曲观众的框架限制，让戏曲年轻化，借年轻人之力为电视戏曲的传播掀起新一轮的高潮，这样的节目定位和立意具有长期性和广阔的市场空间。第二，《叮咯咙咚呛》具有创新性。在上一节中我们谈到了电视与戏曲结合的几种方式及其具体案例，《叮咯咙咚呛》是电视戏曲创新的又一典范，它以戏曲为主体内容，基于对戏曲充分尊重这一情感，保留了戏曲本身的诸多元素，保证戏曲根正苗红，围绕戏曲这一主题，添加了明星元素、时尚元素、采用了当今年轻人最喜欢的真人秀节目类型，在每一期节目中加入了大量的游戏环节。不同于以往的综艺节目，它打破了许多综艺节目的空间限制，走进三大剧种发源的故乡实景拍摄，削减了明星光环在节目中的体现，同时避免一味地讲述戏曲、表演戏曲，让年轻观众因为有趣而关注节目，潜移默化中引起对戏曲的关注。第三，《叮咯咙咚呛》的传播方式具有借鉴性。《叮咯咙咚呛》准确地定位了其播出频道观众群的年龄层次、兴趣爱好、观视习惯、在通过电视媒体播放的同时，更多地使用微博、微信、病毒广告等新媒体作为宣传手段，同时进行台网互动，这在电视媒体观众群老龄化的今天具有很好的借鉴。这样的节目制作、播出、宣传和互动方式为其他电视戏曲类节目开辟了一条新的路径。最后，作为一档年轻的电视戏曲节目，《叮咯咙咚呛》还有许多需要借鉴和改进之处，其他电视戏曲节目在以此为蓝本的同时，也注重吸取该节目的不足之处，有范本可借鉴、有不足需改进、有潜力可挖掘、有创新可推动。综上所述，本文大胆选择《叮咯咙咚呛》这一年轻节目作为案例研究，意在看好该节目的可借鉴性、长期性、稳定性和巨大的市场空间，并期待节目的长足发展，也希望有更多的节目以此为契机，由此节目开始，由此节目创意，共商共赢，让电视戏曲的发展进入一个新的时期。

1.《叮咯咙咚呛》节目简介

《叮咯咙咚呛》是央视2015年度重点打造的首档中韩明星跨界体验类真人秀栏目，是央视新环境下的娱乐盛宴。第一季共十集，已于2015年3月1日起在CCTV-3周日晚21:00黄金时间首播，CCTV-11，CCTV-4，CCTV-7，CCTV-15，CCTV-2联动重播。来自中韩两国的10位形象正面的人气明星兵分3组，分别奔赴北京、浙江、四川，拜师学艺，学习京剧、越剧、川剧，采用年轻人喜欢的"综艺真人秀"形式做包装，最后在梅兰芳大剧院上演融入现代风格、时尚元素的巅峰对决。

2.《叮咯咙咚呛》节目创意分析

(1) 传统戏曲与韩国明星、时尚娱乐的完美结合

中国传统戏曲自傩戏发端伊始，至今已有上千年的历史，它经历过秦汉时期的含苞待放，完成了唐宋时期的发展成熟，以在元明清时达到一个高峰。新中国成立后八大样板戏深入人心，把戏曲的传播推向一个新的高度，然而在年轻人追求时尚化、快餐化的当代，戏曲艺术由于本身的特性及受到外界环境的影响，渐渐地被当代人相忘于江湖，以致我们听到了越来越多关于戏曲衰落乃至消亡的声音，坚持传统一成不变，必将灭亡，推陈出新，改故鼎新，才能得以发展。中国与韩国一衣带水，两国素来有着深远的历史文化渊源，在中国的年轻人看韩剧、穿韩范儿、吃韩料的今天，中韩两国的牵手可谓顺势而为，恰逢其时，韩国明星也自然成为节目邀请的首要选择。中韩两国以传统文化为连接的桥梁，"韩流"席卷，再次完成了与"汉风"跨界的融合交汇。此外，戏曲作为传承千年的传统文化，其传统化、程式性让当今追求快节奏、时尚化和高度自由的年轻观

众视而不见，敬而远之。《叮咯咙咚呛》这个栏目的播出打破了以往戏曲节目或单一教学式，或单一演出式的固定模式，打破了传统戏曲节目的禁锢，在没有模板与借鉴的情况下，完全依靠自主研发，并与韩国顶级的娱乐节目专业制作团队强强联合，最终完成了中国传统戏曲与韩国明星、时尚娱乐的跨界结合，结出中韩明星携手趣味体验戏曲真人Show的硕果，让传统与时尚嫁接，让戏曲与明星牵手。

（2）十位明星、三个剧种、三条主线

中国地缘辽阔，地大物博，由于地理环境各有差异，人文风情各不相同，因此形成了多种多样、多姿多彩的戏曲剧种，每一个剧种都镌刻着时代和地域的烙印，都具有其独特的魅力和深刻的内涵。在中国这三百多个戏曲剧种中，尤以京、评、豫、越、黄当仁不让，脱颖而出，在诸多剧种中独占前五席，形成中国的五大剧种。《叮咯咙咚呛》这个栏目意图在诸多的剧种中择优取之，既能体现中国戏曲的深厚文化底蕴，又能使得所选剧种有较强的差异化体现，因此，栏目组通过对每一个地域、每一个剧种深入细致的调查研究和实地分析，最终选定京剧、越剧、川剧三大剧种作为学习目标。京剧，作为中国戏曲的"代言人"是节目的首选剧种。清乾隆五十五年，四大徽班进京，他们与湖北的汉调艺人合作，同时吸取昆曲、秦腔的部分剧目、曲调和表演方法，通过不断的交流融合，最终形成京剧。京剧的形成和发展扎根于首都北京，作为中国的国粹和皇家戏，它凸显着皇家的高端大气和雍容华贵；而越剧依托于温婉灵动的江南水乡，娓娓道来，楚楚动人，一派小桥流水人家的清新秀丽，别有一番风味；川剧则植根于层峦叠嶂、高耸险峻的云贵川一带，民风质朴奔放，高腔高亢嘹亮，变脸魔幻奇险；不同地域，异样风情，不同剧种，别样味道，三大剧种从此华丽登场。与此同时，为了迎合三大剧种的选择和学习，节目根据地域特色、剧种特点以及明星的分组情况别出心裁地选取三条故事主线，让三大剧种的学习融合在浓郁的地方风情中，用现代真人秀的故事演绎传统戏曲情结。比如，在京剧组的成员选择中，为了体现兄弟情，导演特意选择三位男士组成京剧组，意在突出三人在学习、生活和最后的PK赛中所结交的深厚友情，这份友情不仅仅是明星个人之间兄弟情的体现，更是中韩两国友谊兄弟情的彰显；越剧组则主打爱情牌，意在唯美的江南水乡碰擦出爱情的火花，于是两对才子佳人则成为小组成员的首选，期待他们在柔情水乡上演唯美爱情；而在川剧组选择成员时，导演组特意将从小在美国长大的美籍韩裔朴宰范和有较强个性的中国新生代歌手吉克隽逸归为一组，80后、90后的交汇和碰撞终究会在叛逆顽皮的朴宰范和有些玩世不恭的吉克隽逸中完美上演，同时也细心地安排了有十几年中国习武经历的大哥哥张赫作为调解人，一山一水一川剧，三人一情同演绎，这一组将上演一场中韩两国的旷世兄妹情。至此，十位明星&三大剧种&三条主线新鲜出炉，这样的创意是戏曲综艺类节目的创新，电视戏曲综艺不落俗套，同时由于中韩明星的联袂出演，这一节目集聚了数量可观的年轻观众，让年轻人开始接触戏曲，了解戏曲，为戏曲年轻观众的培养打下了良好的基础。正如制片人董艺所说："十位明星，三大剧种，三条主线，为不同的年轻人主打。"

(3) 游戏环节，重目的，不空泛

与以往单一歌舞演出的戏曲综艺节目不同，这一节目设置了较多的游戏环节，节目组与韩国顶尖真人秀的制作团队鼎力合作，把这种看似枯燥乏味的戏曲学习过程游戏化、娱乐化，寓教于乐，在充分尊重传统戏曲文化的基础上，达到戏曲与娱乐完美结合的目的，达到传统因子与时尚元素充分结合的效果。更值得一提的是，与许多娱乐节目不同，每一个游戏的设置不是为了单一地博取眼球，更不是一味地为了取悦观众而消耗明星，恰恰相反，游戏的设置带有较强的目的性，让每一个游戏服务于戏曲的一个动作技巧成为游戏设置的前提和基础，这就为接下来戏曲动作的学习打下良好的基础。举例来说，在第五集的播出中，京剧助教为了帮助三位明星确定在剧目中饰演的角色，让三人分别用"蹲翻身""射雁""弓箭步"这三个指定的戏曲程式化的动作穿越挂满铃铛的藤蔓，规则是碰到铃铛者则宣布任务失败，这样的设计不仅让明星充分体味到游戏的紧张刺激，还在游戏中初步掌握了戏曲的动作要领，此谓两全其美。这一创意让戏曲的传播和学习在悄无声息中完成，让戏曲在潜移默化间完成了对年轻观众观念的渐入式植入。

(4) 节目定位细致耐心

制片人董艺说："有人觉得我们前几期节目做得皮儿太厚，就是一开始介绍明星那么多，半天都没有戏，就希望直入戏曲主题，直接说戏，但是对于我们节目来说呢，我们的初衷就是将节目做成一档渐入式养成类戏曲节目，就是通过明星本身的号召力让大家先关注这个节目，再慢慢产生对戏曲的了解和兴趣。"很显然，这一创意理念巧妙至极，这就一改传统戏曲节目直入主题，机械灌输的方式，开始让本身了解戏曲的人更愿意去体味戏曲的魅力，让本来抵触戏曲的人产生了解戏曲的意愿，这样的理念为这档节目提供了无限的发展空间，使得戏曲观众年轻化开始成为可能。

3.《叮咯咙咚呛》节目传播方式及其效果分析

(1) 传播方式

《叮咯咙咚呛》这档节目采用传统媒体和新兴媒体相结合的传播方式。一方面，节目依托于中央电视台这一广阔的媒介平台和可靠的信源，在CCTV-3首播，在CCTV-

11、CCTV-4、CCTV-7、CCTV-15、CCTV-2联动重播。央视平台广阔，观众群固定也数量可观，这在一定程度上保证了节目的收视率和传播效果；另一方面，节目通过借助互联网，让更多观众参与到新浪微博的话题互动中，比如在新浪微博上参与"实时看电视"这个话题的互动可以赢取明星签名或者国外几日游的机会，在微博互动的同时，节目还搭建了"叮咯咙咚呛"的微信公众平台，每天至少会发布一条新鲜资讯，此外节目也采用了病毒视频的营销方式，除了在国内大力宣传推广之外，还积极开拓海外市场，与韩国KBS等各大电视台合作以满足海外观众的需求，为中国传统文化的海外传播打开另一扇窗。

（2）传播效果分析

从总体数据而言，根据央视索福瑞数据统计，在第二集播出之后，微博上"叮咯咙咚呛"话题的阅读量达到1.6亿，比首播后的阅读量多出了0.3亿，并且一度攀升到新浪微博总话题榜第三名，登上微博热门话题右侧端，在疯狂综艺季中获得第一的最高排名。同时，韩星在节目学习中被老师责罚的一幕也成为网友热议的话题，微博上相关话题"＃被老师打过的请举手＃"的阅读量达到271.5万，有5122人参与讨论，其他相关话题也有近千万的阅读量，网友对官方微博的评论转发量一直居高不下，屡创新高。《叮咯咙咚呛》作为CCTV-11戏曲频道推出的新节目，在播出当天，在微博电视指数中的阅读人数近50万，跻身全国前10位，在播出的第一周，官方微博的粉丝增长近8万，单条博文平均转发量达706.81条，超过快乐大本营，跻身全国第5位。此外，《叮咯咙咚呛》第二集节目在视频网站的点击率也突破了首播数据，截至播出＞12小时累积点击量已达到542.6万次，比首播点击率高出一百多万，《叮咯咙咚呛》的官方贴吧也累计达到了26895的讨论量，与首播的关注度相比有翻倍的效果。3月15日，节目在CCTV音乐频道三集联播的时候，4至10岁之间的小观众的数量也翻倍增长。同样值得称赞的是，在这个节目播出之前，新加坡、马来西亚等东南亚国家以及台湾地区均已纷纷表示期待购买该节目的播放版权。

①基本收视情况分析

a. 开播以来整体收视低于同时段，但趋势呈震荡提升。

《叮咯咙咚呛》播出4期平均收视率为0.48%，收视份额为1.53%，较上年同期同时段播出的《黄金100秒》收视下降0.31%，份额下降1.14%。目前播出4期节目的收视和份额走势均呈现波动式提升，其中第3期收视和份额最低，收视率为0.39%，份额为1.25%，第4期收视和份额最高，收视率为0.55%，份额为1.82%（图1）。

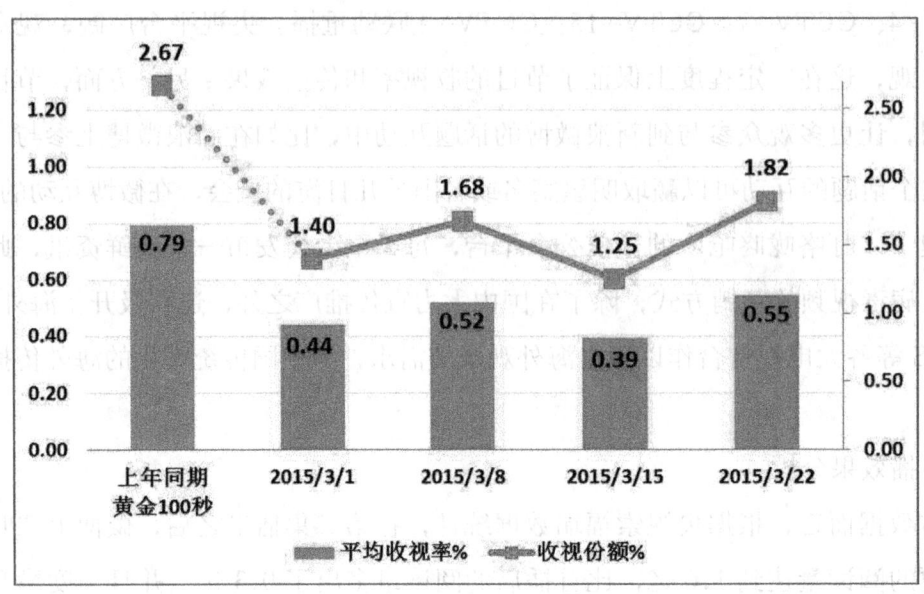

图1 2015年《叮咯咙咚呛》各期收视份额走势

b. 本节目收视水平在CCTV-3同时段各综艺节目中排名靠后。

从目前CCTV-3综艺频道21点档在播的7档综艺节目收视表现来看，周日播出的《叮咯咙咚呛》收视最低，周一至周六播出的6档栏目2014年年均收视水平均高于0.7%，其中周一播出的《越战越勇》、周四播出的《星光大道》年均收视水平超过0.8%（图2）。

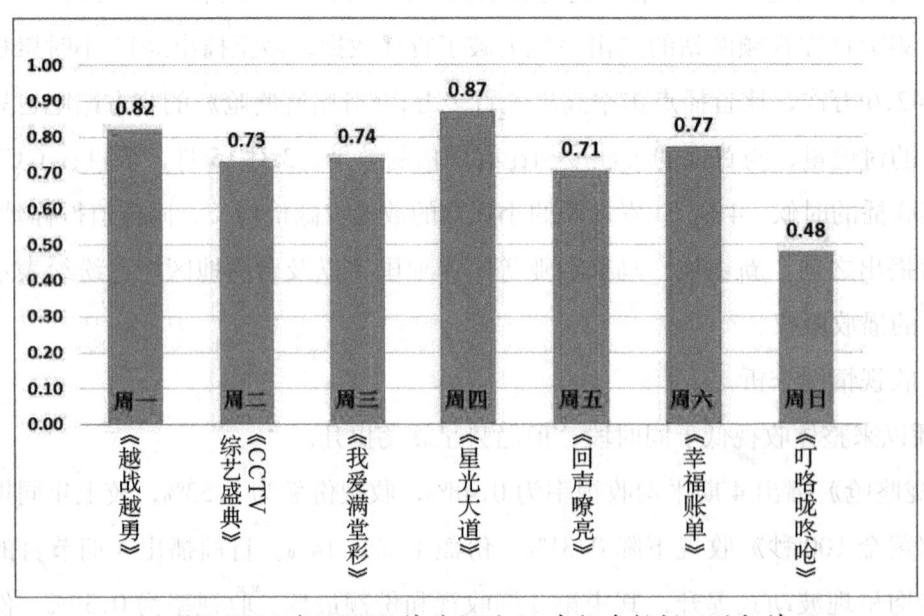

图2 2015年CCTV3综艺频道21点档在播栏目收视情况

到达率反映了频道（节目）的观众收视规模，象征着收视的广度；而忠实度则指某一频道（节目）到达的受众中有多大比例是从始至终收看了某一频道（时段），反映了收视的深度。到达率和忠实度的乘积就是收视率。从这两个指标来看，《叮咯咙咚呛》平均到达率为3.29%、平均忠实度为14.49%。将本节目与3套同时段播出的各档节目平均到达率和平均忠实度对比发现，本节目的平均到达率和平均忠实度均处于最低水平，且与各档节目的平均值相比，本节目的平均到达率降幅为13%，平均忠实度降幅为30%，这也说明本节目观众的低忠实度是拉低节目收视的主要因素（图3）。

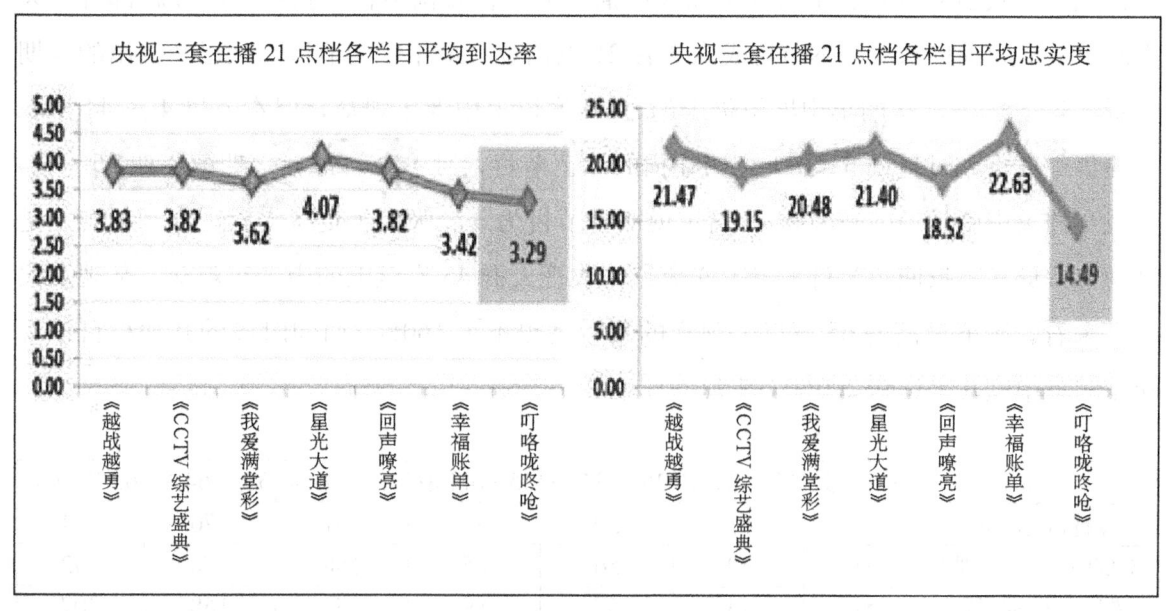

图3 2015年央视三套节目到达率和忠实度

c. 本节目在其余频道重播整体收视较低，但在音乐频道重播时15～24岁人群的收视异常增长。

本节目在CCTV-15音乐、CCTV-11戏曲、CCTV-7军事农业三个频道重播收视率分别为0.13%、0.11%、0.12%。与播出前同时段相比均出现不同程度下降。但值得注意的是本节目在音乐频道重播时，受到15～24岁观众的青睐。音乐频道3月21日20:40至24:25长达四个小时的重播中15～24岁观众平均收视率为0.17%，与播出前相比提升0.06个百分点，增幅超5成，与其他年龄段相比收视最高。其间22:11至22:44时段该年龄段观众平均收视率更是高达0.33%，远高于播出前同时段水平。在各类型观众集中度中也出现此现象，本节目在音乐频道重播期间15～24岁观众以140%的集中度超过音乐频道35～44岁主力观众群，成为集中度最高的年龄段。这说明本节目在音乐频道重播期间整体收视虽低于同时段,但为音乐频道吸引了大量年轻观众。

②具体收视情况解析

a. 突破3套现有节目形式,为3套吸引更多年轻观众的同时,也失去了3套主力观众群,这就增加了节目获得高收视的难度。

本节目从节目形式真人秀,节目嘉宾6个韩国明星加4个中国明星,以及节目语言基本全程韩语,到节目画面呈现风格都与3套以往和现有综艺节目截然不同。这种节目形式致使本节目无论从频道各周天横向编排上来看,还是周日全天节目纵向衔接来看,节目风格、吸引的观众类型与其余周天所播出的节目及前节目《黄金100秒》都有巨大不同。从横向编排来看,本节目成为3套21点档观众最年轻的节目,从已经播出的四期来看,4～44岁观众的集中度虽仍未超过45岁以上中老年观众,但本节目4～44岁观众的集中度均超过目前3套21点档在播的综艺节目,且本节目最新一期第4期35～44岁观众的集中度已经突破100%,这也说明本节目为3套吸引了更多年轻观众。但也正是这种节目形式,致使本节目失去了3套主力收视人群45岁以上的中老年观众,从观众集中度来看,数值最高的65岁以上观众的集中度也不足160%,而同时段的其他栏目该观众群的集中度几乎达到200%(图4)。

名称	1~14岁	15~24岁	25~34岁	35~44岁	45~54岁	55~64岁	65岁以上
《越战越勇》	58	41	59	87	151	176	194
《CCTV综艺盛典》	51	39	56	85	158	178	202
《我爱满堂彩》	51	43	57	89	152	168	207
《星光大道》	50	40	55	85	154	184	204
《回声嘹亮》	59	39	60	90	154	168	192
《幸福账单》	66	44	59	82	157	171	183
《叮咚咙咚呛》	63	68	87	97	124	135	158
第四期	73	63	88	106	110	138	154

图4 2015年三套21点档在播综艺节目的各年龄段观众集中度情况

从纵向衔接情况来看,该节目开播以来《叮咯咙咚呛》从上节目《黄金100秒》平均每期承接观众1472万人,这与本节目播出前同时段播出《黄金100秒》时,从上节目《非常6+1》承接2151万人的观众规模相比,本节目平均每期承接观众减少了679万人,减少超3成以上的观众规模(图5)。加上3套长期以来对年轻观众吸引力的不足,这对全新开播的节目而言,都将缩减本节目的观众规模,为节目收视提升增加了难度。

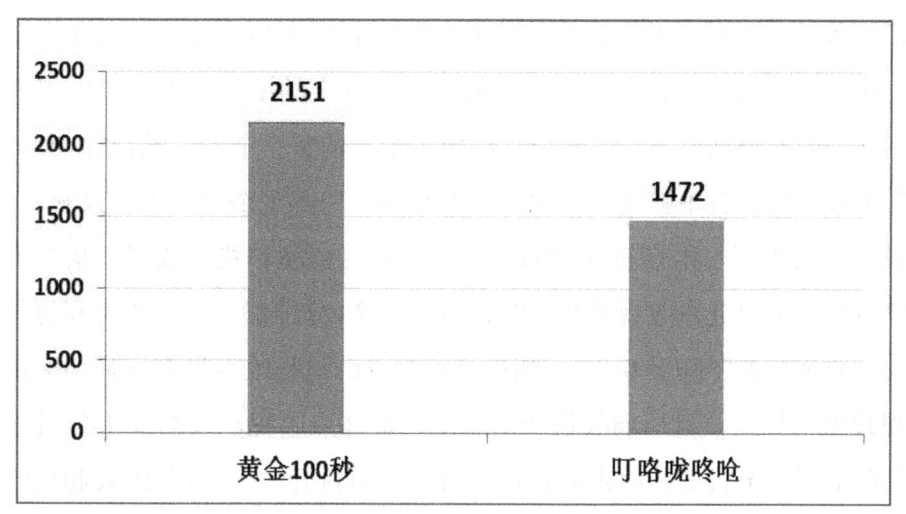

图 5《叮咯咙咚呛》以及《黄金 100 秒》播出期间从上节目承接观众数量（万人）

b. 节目每期主题、环节、嘉宾的角色定位设计稍显不足。

正如上文所述，在本节目的核心观众受限于播出平台的条件下，节目本身的设计变得更加重要。首先，几乎所有的真人秀节目每期开始都会清晰规定当期节目的目标，或是通过游戏竞争获得胜利或是在特定时期内赢得观众的喜爱或是最终胜利者可以得到预定的奖励，但从本节目目前播出的四期来看，每期开始并没有明确告知观众当期节目的主要内容或目标，只是按照时间顺序在叙述节目进程。虽然每期结束后可以看出内容梗概，但从第一期收视分钟走势（图6）看出，显然开宗明义、迅速切入主题更利于观众理解节目内容，而不是观后总结。

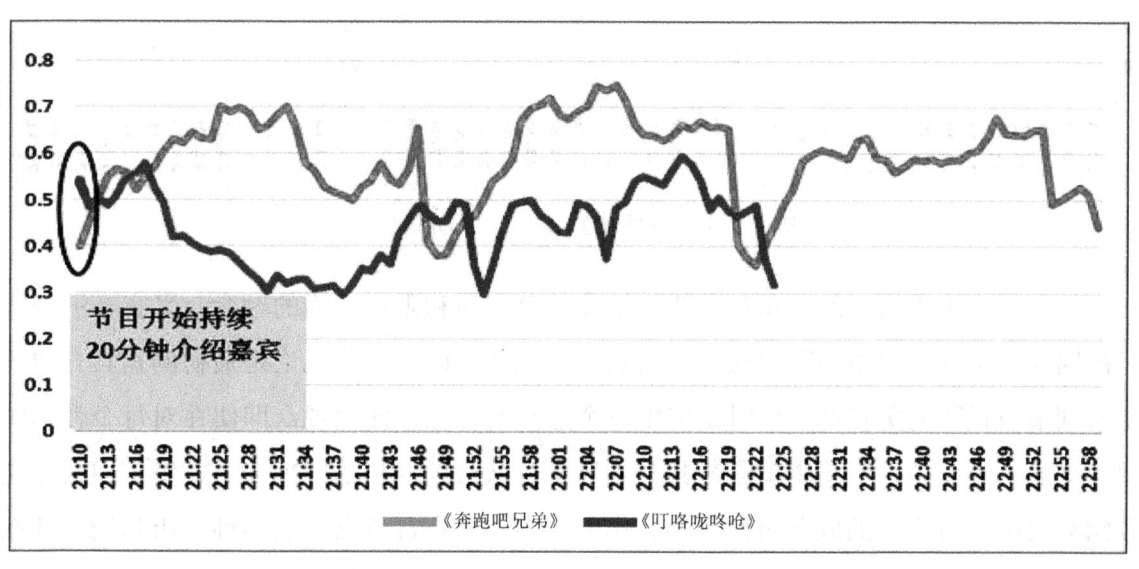

图 6《叮咯咙咚呛》以及《奔跑吧兄弟》开播第一期的分钟收视走势

第二，真人秀节目环节的设计是其核心，由于制定了相应游戏规则和规定了相应的时空环境，规定了只能在特定空间的某一时段进行规定的游戏，因而带来了真人秀的虚构性或戏剧性，因此整期节目环节的设计决定了节目的整个节奏。从目前四期节目来看，每期节目环节设计偏少且不够明确。如第1期整期节目都围绕介绍嘉宾及嘉宾分组进行，整期节目只有在后半程每组嘉宾互寻的过程中有规定情境和找寻依据，从第1期的分钟收视就可以看出，节目起点收视为0.54%，由于前20分钟嘉宾的介绍时间过长，导致观众急速流失，收视快速下降至0.3%，随后嘉宾互寻的过程收视虽有反弹，但由于后半程的起点收视过低，导致节目后期收视冲高有限，最高点收视也仅略高于节目开始的起点收视。且从随后三期节目的分时走势也可以看出，节目开始前30分钟较起点收视出现提升，走势相对稳定，随后收视便逐渐下降，也说明节目的后续环节对观众吸引力相对较弱（图7）。而反观《奔跑吧兄弟》开播第一期起点收视仅为0.4%，节目开篇仅用3分钟介绍嘉宾，用3分钟介绍节目主题，第六分钟开始进入游戏环节，且整期节目由四个游戏环节贯穿，整期节目紧凑的环节设计使得开播第一期并未出现明显的收视流失点。

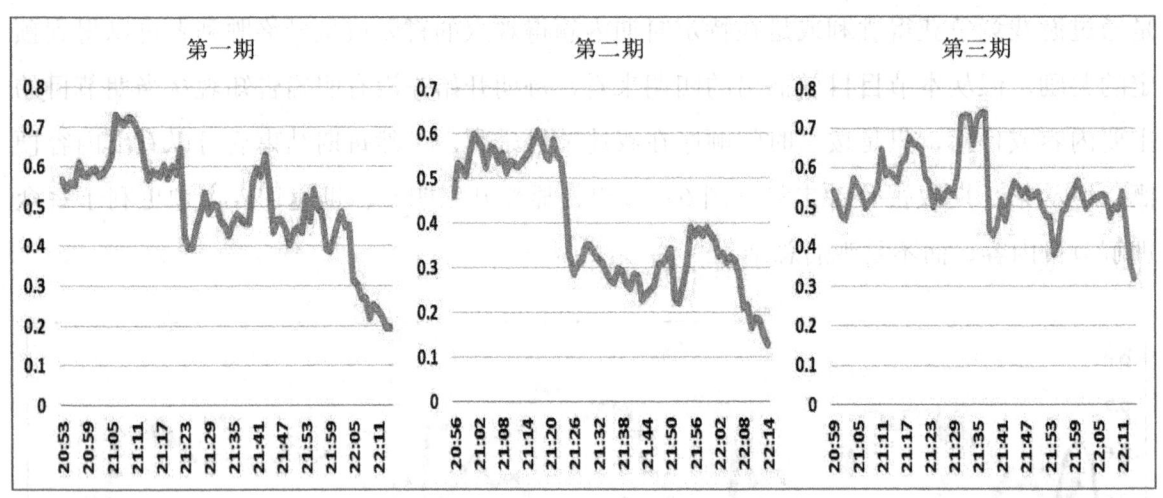

图7 《叮咯咙咚呛》第2～4期收视图

第三，真人秀嘉宾的"角色设置"是非角色扮演和限定行为的融合，嘉宾在展现自己的同时，又受到规则的限定而表现出超出自己的一面。因此无论是最初的嘉宾介绍还是每期节目进程的剪辑都应该时刻突出每个嘉宾的特色，使得观众即使在对每个韩国明星不熟悉的情况下也能清晰地分辨其个人风格。从目前播出的四期来看，第1期的嘉宾介绍只是围绕每个人的成名历程及代表作品，也并未将每位嘉宾的种种经历归纳出其在未来戏曲学习中有哪些优势，达到使观众清楚本节目选择某位明星原因的同时也突出了每个嘉宾特色的目的。

这种类似访谈节目介绍嘉宾的叙述风格，降低了嘉宾与节目核心内容戏曲的关联度，致使节目开始就偏离主题，从第一期播出后视频网站爱奇艺的网友评论也集中指出这一现象。随后三期节目对韩国嘉宾张赫、曹世镐、金圣洙、金钟国四位的塑造较为成功，剪辑成功突出了张赫的专注、曹世镐的搞笑、金圣洙的"大哥范儿"以及金钟国的体能，并且将几个人的特点与戏曲紧密结合，使得这四位嘉宾的特色也多次被网友提及，而其余六位嘉宾的定位较为模糊。反观《奔跑吧兄弟》无论在开场7个嘉宾的3分钟介绍，还是节目核心游戏环节撕名牌的剪辑中，都明确了每位明星的定位。如撕名牌环节中电视屏幕中字幕明确指出李晨的力量像"黑牛"，郑恺的速度像"猎豹"等，并且随后各期节目也时刻突出明星定位（图8）。

栏目	国别	嘉宾姓名	嘉宾特色	戏曲四项基本功中的优势
《叮咯咙咚呛》	韩国	张 赫	专注	打
		曹世镐	笨拙	做
		金圣洙	年龄大	做
		金钟国	力量型	唱

栏目	国别	嘉宾姓名	嘉宾特色	撕名牌环节定位
《奔跑吧兄弟》	中国	邓 超	控场	队长
		杨 颖	颜值	女汉子
		李 晨	憨厚	力量型
		郑 恺	花痴	速度型
		陈 赫	"犯贱"	背叛者
		王宝强	"憨傻"	受伤者
		王祖蓝	机灵	脆弱者

图8《叮咯咙咚呛》与《奔跑吧兄弟》的嘉宾特色及核心内容的节目定位

c. 官微粉丝量增长迅猛，但话题设置单一，且与网民自发话题互动较少。

伴随社交网络的兴起，电视综艺节目的社交化传播已经成为全程贯穿节目播出的必备环节。从目前本节目新浪官方微博粉丝量的激增可以看出本节目的微博推广较为成功，节目开播第1期后，官微的粉丝量约10万，截至第四期播出后官微粉丝量超过17万，增长超过7万。从官微所发博文的内容来看，博文主要依据节目播出的时间顺序，将发博内容分为播前预告、微直播、上期回顾以及其间与嘉宾微博的互动四部分。但从官微的话题设置来看，仅有节目名称"＃叮咯咙咚呛＃"一个话题，并未对当期节目内容中

563

出现的核心环节或"笑点"进行提炼发起话题,引导网友讨论,并且与网友自发与本节目相关的话题间互动较少。如网友观看节目后自发的话题"＃被老师打过的请举手＃"阅读量高达273万,讨论量5224条。"＃金钟国被掰弯＃"阅读量超过400万,讨论量5702条。而官博并未参与这两个话题的讨论或转发,如官方微博能够丰富原创话题且增强与网友间的互动,将对节目推广和吸引更多年轻观众十分有利。

《叮咯咙咚呛》在初次登场,以创新、时尚、现代、私人订制不仅俘获了诸多年轻观众的心,也成为海外观众的新宠儿,第一次较为成功地完成了戏曲在年轻人中间的传播以及戏曲的海外传播。

4. 传播困境浅析

(1) 台网互动困境

提到台网互动,就不得不佩服湖南卫视台网互动的专业水准,湖南卫视的节目除在本台播出以外,同时在湖南卫视旗下唯一互联网视频平台芒果TV播出,这就极大保护了节目的版权和权益,建立了数量诸多、规模庞大的观众群体,保证了电视收视率和网络点击率。而对于央视这个平台来说,央视的受众群体以老年人居多,《叮咯咙咚呛》这一节目又以年轻观众为主,无论是让老年人参与微博互动也好,还是让年轻观众守在电视机旁定时定点看节目也罢,这样刻舟求剑似的尝试似乎已经变得非常多余。如何在符合不同年龄层的观众观视习惯的前提下完成台网互动,我想应该是这个节目,甚至更多创新类节目乃至整个电视行业需要共同探讨和研究的课题。

(2) 语言困境

在《叮咯咙咚呛》节目录制的过程中,由于语言的不同和习俗的差异,中韩两国明星以及工作人员的沟通不能在第一时间理解对方的意思,全部需要借助作为第三方的翻译来完成,这不仅在信息传达上有滞后性,在信息的准确性上也会打些折扣,节目组也因此在翻译上投入了大量的时间和精力。翻译人员不仅要精通中韩两国语言,还要具备较强的理解力、反应能力、心理承受力,甚至语气、语调都成为中韩之间能否顺利完成一次沟通的重要因素。比如说在中韩明星的一次对话中,对待同样的一个问题,翻译如果使用商量的口吻进行传达,韩国明星会欣然接受,而话语稍微强硬一些,即使传达的意思不变,他们也会觉得不能接受。正如"One coin has two sides",翻译不仅是两个国家之间交流的重要桥梁,同时在不经意间也会成为交流的一个困境。翻译水平的高精尖,明星语言素养的培养,在交流日益扩大化的今天也会逐渐成为一个重要的话题。此外,许多网友在节目反馈中提到,看这样的娱乐节目本来是一件轻松的事情,但是由于语言不通，就需要一直借助字幕来理解韩国明星说话的内容，眼睛离开屏幕一会儿便不知所云，一直盯着屏幕又着实费神费力，是否能够只听声音就能享受这个节目呢？这不仅是节目组在接下来需要调整和思考的问题，更是电视戏曲在文化交流与传播过程中需要探讨和改进的问题。

（3）观念困境

在此所提到的观念困境，主要是指年轻观众对于戏曲的认知和态度，年轻观众对于戏曲的看待和理念极大程度上决定着戏曲传播的效果，这虽是一个老生常谈的问题，却也一直是亟待解决的根本性问题。有些年轻观众不懂戏曲，更不愿意去懂戏曲，认为戏曲枯燥乏味，是老掉牙的东西，只有老年人才会观之一二，戏曲与现代格格不入，更与自己无关，这样一种观念的形成和根深蒂固在很大程度上阻碍着戏曲的传承传播，也是《叮咯咙咚呛》这个节目传播过程中的难点，但同时也是节目想要尝试去突破的一个难点。希望节目在渐入式的过程中，将戏曲艺术渗透到年轻人的观念和生活中去，培养越来越多的年轻戏迷，让生活无处不戏曲，戏曲处处有生活。

《叮咯咙咚呛》这档节目用创新、跨界、碰撞和交融为戏曲的传播独辟蹊径，让我们看到其实只要换个视角，换种方法，让年轻人和外国人接受戏曲并非遥不可及。它抓住戏曲年轻观众缺失这一亟待解决的问题，采用最符合年轻人口味的明星真人秀的方式，大胆尝试，为电视戏曲的创新和传播提供了极好的范本，是电视戏曲创新可以借鉴和思考的方向。

五、新时代下戏曲如何利用电视媒介进行传播

（一）传播媒介的创新

1. 利用"新电视"提高观众与戏曲的联系，增强双向互动性

本文中所提到的新电视媒介主要指与传统电视媒介相对应的网络电视、手机电视、数字电视、3D电视等新电视媒介的形式。电视作为传统媒介，在互联网出现并兴盛之前一直是戏曲传播的主力军。戏曲通过与电视的嫁接，不仅打破了戏曲的时空限制，将戏曲从舞台搬到荧幕，满足了广大戏迷足不出户观戏曲的愿望，在极大程度上扩大了戏曲的观众群，同时还产生了丰富多彩的电视戏曲节目，丰富了戏曲艺术和电视艺术的表现力，体现了两者的张力，使得古老的戏曲艺术得以更好地延续，完成了本不相交的传统艺术与现代技术的完美融合。电视媒介采用定时定点播放戏曲节目的方式，在充实了电

视节目内容的同时，为各大频道形成了固定的观众群，一定程度上保证了一段时间内的节目收视率，传统媒介的应用为戏曲在现代社会更好地传播奠定了坚实的基础。

然而，一方面，传统的大众传播过程是一个信息单向流动的过程，而与此相比的新电视媒介的传播则具有双向渠道，有较完善、较及时的反馈机制，比如说，在网络电视上点播一个戏曲节目，观众不必受播放时间的限制和播放时长的制约，可以选择随时观看，可以选择跳跃观看或重复观看，方便快捷，自由度高。传播过程的双向性将大大改善传统大众传播过程中受众的被动地位，增加互动性。另一方面，传统电视媒介的功能是单一的，它虽然可以声画文字并茂，但人们却不能用来进行信息传输或处理，新电视媒介则可以利用多媒体技术，将丰富多样的传播功能融合于一个系统之中，比如在观看网络电视的过程中，人们可以通过多媒体下载或收藏视频，完成与多媒体的交互传输，同时还可以借助多媒体技术发表评论，等等，为人们进行信息的收集、处理和传输提供了空前便利的条件，有助于提高传播活动的质量和效率。最后，传统媒介的传播活动大多囿于特定国家和地区的范围，而数字技术、多媒体技术的应用为大面积的跨国传播乃至全球传播提供了条件。加强互联网的建设和连接，加强手机等终端技术的建设，无论在全球的任何一个地方，只要互联网可及之处，都可以随时随地观看央视戏曲频道的栏目并随时参与节目的互动。

在新电视媒介的运用中，传统电视媒介和新电视媒介都有其可取之处，两者的结合所产生的传播效果无疑为戏曲电视的传播锦上添花，于是"台网互动"的概念应运而生，台与网的互动是基于网络与电视内容上的融合而产生的，台网互动让这两种媒体能够取长补短。首先，台网互动能够在内容上实现整合，有利于打造品牌节目，延长节目寿命，扩大媒体影响力。其次，台网互动能够激发观众参与互动的热情和积极性，观众通过投票、留言等方式参与，有利于培养观众的忠诚度。再者，在台网互动中，不仅能够使用广告资源的捆绑营销，还可以通过视频转播、广告代理、内容定制等多种形式实现整合营销。最后，台网互动可以极大保护节目的版权不被侵犯。电视戏曲栏目实现台网互动，不仅维护了电视观众的权益，保证了固定的观众群和稳定的收视率，同时还在网络互动中吸纳了更多年轻观众参与其中，极大地扩展了观众的年龄层次。

新电视媒介的应用让人们观看电视戏曲栏目的时间更加随意化，进一步扩展了人们观看电视戏曲栏目的空间，使得电视戏曲栏目的随时点播、随处观看成为可能，在私人订制的时代，每个人将获得更大的自由权来实现对时间的掌控。同时电视戏曲栏目可以更多地利用公共交通中的移动电视传媒，让有趣的电视戏曲栏目成为乘客打发时间的方式，基本上消除了人们对戏曲的偏见，用渐入式的植入方式逐渐改变了人们的观念。

2．利用电视的宣传效用，吸引更多观众由荧屏走进剧场

根据对日本戏剧资料的研究表明，日本对于戏剧剧场演出有严格的版权保护限制，所有观众想要观看戏剧，需要购票走进剧场，日本不设立专门的戏剧频道和戏剧栏目，而是根据 NHK 与剧团演出的签约情况以及演员的名气决定该场演出是否在电视台播放。同时，在播放以前，该演出中的戏剧名角会走进荧屏，通过访谈或者游戏的方式为本场演出做电视宣传，日本的戏剧版权保护以及电视宣传方式引起我们的反思，在戏曲频道和戏曲节目如此丰富的今天，如何利用电视的宣传效用，让中国的观众能够通过关注电视戏曲，进而走进剧场看戏？首先，应完善版权保护机制，抓住观众的心理，所谓"物以稀为贵"，当戏曲在电视上随处随时可见的时候，观众对于它的好奇心和期待程度就会有所减弱，加强戏曲剧场演出的版权保护，不仅仅是对演员和剧团的保护和尊重，让他们敢于创作和表演出更加优秀的剧目，也让戏曲变得"稀有"，同时，请戏曲名角亲自登上荧屏用讲述或者滑稽的方式做演出宣传也不失为一个好的方法。

其次，电视的宣传应无孔不入，无处不在。随着新兴电视媒介的产生，老龄观众占据了传统电视媒介的市场，大多数老年人有充足的时间和经济保障，因此，做好戏曲的传统媒介宣传，将戏曲与日常生活、养生、广场舞等老年人津津乐道的话题相关联，多请名家名角出演，对于保障传统电视媒介的较高收视率和良好宣传效果而言是较为容易的。而对于被称为"低头一族"的年轻人而言，手机电视和网络电视则成为宣传电视戏曲极好的媒介，比如可以通过手机电视的 3D 技术呈现，让年轻人在上下班之余戴上 3D 眼镜观赏丰富多彩的戏曲节目，让手机 3D 戏曲成为一种"酷炫风"，还可以运用戏曲元素创建戏曲游戏 APP 或者将戏曲添加到微信表情包，通过多种方式让戏曲元素穿梭于"低头族"之间。

再者，电视在表现舞台戏曲的过程中存在一些问题，比如，在一个荧幕上，摄像机无法同时记录戏曲舞台的一侧和全景，由于演员的舞台浓妆不适合近距离观看，因此摄像机在推到舞台近景时需要特别的技术，否则容易破坏戏曲的美感。再如，网络电视和手机电视即使可以完成观众与戏曲节目的双向互动，却也不能像在剧场观看戏曲一样，使得观众与戏曲有更高程度的结合和互动，此外，一场优秀演出的票价居高不下也是困扰戏曲由电视走进剧场的因素。因此，从戏曲元素着手，从细节出发，让观众通过荧屏发现戏曲的独到之处以及电视观戏的不足之处，进而产生到剧场一睹为快的冲动，同时降低戏曲剧场的票价，降低进入剧场观戏的门槛，让更多的人开始了解戏曲，热爱戏曲。

(二) 传播内容的创新

1. 利用电视挖掘与展示戏曲背后的东西，提高电视观众眼中戏曲的深度与厚度，提高戏曲与普通民众的联系度

近些年来，各大电视台纷纷掀起了美食节目风，这些节目或是一一介绍做菜的步骤工序，或是通过一道菜讲述美食与养生，或是带领观众在旅行中体味美食，虽形式不一，却大同小异，这样的节目形式给观众带去充足的视觉空间和视觉体验，然而却让美食仅仅留存在记忆中。2012 年，纪录片《舌尖上的中国》走进荧幕，走入观众视野。与以往美食节目不同的是，《舌尖上的中国》走出演播室，走进实景，走入寻常百姓家，拍摄了包括港澳台在内的 70 多个地区，将美食与中国传统文化相结合，与寻常百姓家的故事相关联，与亲情、爱情相融合，与自然万物相交汇。通过美食，我们看到几千年以来根植在中国人民心中的家庭观念，我们体味到五千年中国文化中的勤劳勇敢与自强不息，我们感受到大自然无私的馈赠，我们领略了不同地域的风土人情，摄像机通过对视听语言的把握和变化，让美食不再是单一摆在桌上的食物，而变成一个个跳动的精灵，使得美食从人们的记忆中跳跃到舌尖，触动味蕾，让美食中所包含的情谊走进心里。

《舌尖上的中国》是一部利用电视媒介传播美食文化的较为经典的纪录片，它让美食不仅仅是一张食谱，一种原料，而是通过美食与文化的结合，与社会风情的结合，让美食这一元素丰满起来，让观众跟随摄像机的镜头不再为了"吃"而谈美食，而是在美食的背后体验浓浓的情和沉沉的记挂。这样的方式同样可以应用于戏曲节目的制作，比如可以通过戏曲与文化的结合，戏曲与服饰的结合，戏曲与民风民俗的结合，通过一个个故事讲述戏曲，通过走进寻常百姓家，在群众中拍摄，让群众参与其中，把戏曲这一单一的元素表现得活灵活现、丰富多彩，让观众更多地了解戏曲的台前幕后，了解戏曲的前世今生，通过挖掘与展示戏曲背后的东西，满足观众的好奇心，提高观众眼中戏曲的深度，提高戏曲与普通民众的联系度。

2. 利用电视，提高戏曲与年轻观众的联系，加强戏曲的流行色

正如第三部分中《叮咯咙咚呛》的实例研究所指出的，戏曲通过与中韩两国明星的结合，与时尚娱乐元素的结合，充分发挥自身优势，由浅入深，循序渐进地引起更多年轻人的关注。就利用电视提高戏曲与年轻观众的联系，吸引年轻观众群这一点而言，首先，深入了解年轻观众的节目喜好和观视习惯尤为重要。当下的年轻人会关注什么样的流行趋势、流行元素？年轻人的观视习惯是什么样的？传统电视更能吸引年轻观众亦或网络电视、手机电视是年轻观众的最爱？戏曲中有什么样的元素可以与流行元素相嫁接？如何充分利用电视中视听语言的优势充分表现戏曲元素与流行趋势，增强戏曲节目的可观性？如何提高戏曲与年轻观众的联系，定位并把握年轻观众群是首先要解决的问题。

其次，戏曲的播出时长也是困扰年轻人关注电视戏曲的一个重要方面。当然这一问题的提出是基于多数年轻人对戏曲不了解、不易接受这一现状而言的，而对于年轻的戏迷朋友而言，一出完整的戏曲演出时长大概为两个半小时到三个小时，可谓饕餮盛宴，意犹未尽，则不存在这样的问题，然而我们必须站在最大限度地增加年轻观众群体这一出发点进行讨论，因此，在此以多数年轻观众对待电视戏曲的态度为主要探讨的对象。大多数年轻观众少有耐心将一整场戏看完，无奈之下将剧场当作小憩的场所或者对戏曲不闻不问。从现有的戏曲演绎形式而言，折子戏是极好的一种形式，然而，对于刚刚接触戏曲的年轻观众来说，折子戏的时间还是有些过长，是不是可以尝试将戏曲再压缩，摘选其中的经典唱句、经典动作或者经典片段在电视中予以展示，其中注入时尚元素，或者做成一个系列节目，每天用20分钟的时间与年轻观众分享戏曲及其前世今生，由几个小时压缩为几分钟，十几分钟，将戏曲分解细化，让观众一口一口品尝，一点一点消化，由小及大，由少及多，由表及里，通过这样的方式可以让戏曲起到润物细无声的效果，同时，也会在极大的程度和范围内扩大戏曲的年轻观众群，提高年轻观众对于戏曲的关注度。

六、结语

戏曲作为一种古老的艺术形式，在走向现代的过程中恰逢其时地与电视携手联姻，让电视戏曲这一充满朝气的艺术形式走上现代化殿堂，走进现代人的生活。电视与戏曲的携手，一方面大大拓展了戏曲艺术的展现空间，使得人们观看戏曲艺术不再局限于剧场的环境，让身处高效率、快节奏生活状态下的人们也能足不出户赏戏曲。另一方面，电视戏曲的应运而生为戏曲艺术极大地拓展了观众群体，扩大了戏曲传播的地域范围，让不同的剧种有了交流的可能性，让不同地域的观众欣赏异域戏曲风情成为可能。再者，电视艺术和技术手段的介入使得戏曲的展现形式丰富多彩，由此诞生了电视戏曲栏目、电视戏曲综艺类节目、戏曲电视剧和电视戏曲纪录片等多种形式，让观众从与戏曲相关的人物、事件、台前幕后，全方位、多角度、宽领域体味戏曲风韵，达到了普及戏曲知识、传播戏曲文化的目的。但与此同时，我们必须关注和面对的事实是，戏曲艺术本身所具有的特点与现代元素的融合度略低，新兴媒体的横空出世，等等。这些因素都成为阻碍电视戏曲艺术发展的重要因素，成为阻碍戏曲艺术在年轻观众和海外观众中传播的"拦路虎"，面对新兴事物，我们只有在认识并改变自身的基础上，充分借助对方的优势，因势利导，量体裁衣，才能在电视戏曲的传播和发展之路上有所进步，有所收获，让电视戏曲艺术历久弥新，经久不衰，获得更加长足的发展。

戏曲术语英译研究

杨 梦（2012级）

一、引言

近些年来，随着越来越多的中国传统文化走出去和西方文化走进来，中西方戏剧文化的交流也日益频繁。国内的一些优秀传统戏曲剧目在国外的演出越来越多，中国向全世界展示着它丰富多彩的传统文化；国外的艺术院团、艺术家甚至是普通观众被戏曲的魅力所吸引，通过各种渠道了解戏曲，到孔子学院甚至来到中国学习戏曲；中西方戏剧的跨界合作也越来越多，国内外艺术类院校之间开展的"共同舞台"和"工作坊"项目也随之开展起来，为国际文化交流与合作提供了良好的平台；中国"跨文化戏剧"的演出也越来越成为国际戏剧关注中国的焦点，莎剧在戏曲舞台上的成功搬演，戏曲版《朱莉小姐》的成功改编，等等，都是跨文化交流的成功案例。在这些跨文化交流的戏剧艺术实践活动中，大多是以舞台呈现的方式展现，由于中西方戏剧文化和表演体系的不同，加上语言之间的障碍，使得跨文化交流出现了些问题和困难。由于文化的不同导致的观演习惯的不同，艺术欣赏品位的不同，中译英、英译中剧本及字幕翻译产生的理解不同，中西方演出合作中语言交流的不同，所以就需要适当的文化翻译来解决这一问题。

虽然中国戏曲的跨文化传播存在诸多问题和困难，但是谁也无法否认，语言是戏曲跨文化的主要障碍。无论是戏曲精髓的传授，还是戏曲文化的传播，无不遇到语言沟通与理解的问题。而英语则是世界公认的国际语言，所以戏曲术语中的中译英问题就成为我们无法回避的首要问题。[1] 中国传统戏曲有其独特特色和表演体系，因此翻译过程中应注重将传统戏曲的经典符号，如行当、曲牌、服饰和道具等等尽可能完整表达出来。中国戏曲的这些民族特征如果不在戏曲翻译实践中体现出来，就会使我们的对外戏曲传播失去丰富的民族文化内涵，从而在跨文化交际中处于失语境地。

目前，戏曲翻译面临着几大问题：第一，戏曲翻译本身存在难度，戏曲艺术蕴涵文化信息广博，无法全部实现语言之间的转换，需要图像与语言结合共同完成。第二，戏曲术语的翻译没有固定的译法。通常是五花八门，择词混乱。第三，戏曲翻译人才的缺乏。大多数译者不了解戏曲知识，凭借字面的意思随便翻译，造成语意上的误解和误读，给戏曲的传播交流造成了影响。第四，戏曲术语的翻译没有引起相关部门的重视，没有建立一套规范的戏曲术语语料库，也并没有专业的翻译团队来从事这项工作。导致文化交流上的不顺畅，想要用到翻译的时候手边没有现成的材料。

翻译不仅能够跨越语言的障碍寻找对等的词汇，通过译者的努力实现了作者和目的语读者之间的跨文化交际，使交流更加顺利地进行，而且能够加深对彼此表演体系的理解，互相学习借鉴。戏曲术语的规范化翻译，能为国外艺术交流者及戏曲学习者提供更好的借鉴，帮助他们加深对中国戏曲艺术的理解。由此看来，戏曲术语的翻译就显得尤为重要。

本文通过对戏曲舞台术语的研究与归类，总结出戏曲术语具体的英译策略和方法，并阐述戏曲翻译者在跨文化交流中应坚持正确的翻译原则，对中西方戏剧的跨文化交流具有积极和借鉴意义，为今后的文化交流实践提供帮助。

二、研究内容

根据当前戏曲术语翻译领域中的需要，出于对戏曲术语翻译这一课题的兴趣，笔者选择了戏曲术语翻译研究这一课题。研究的过程分成以下五个步骤。

（一）资料搜集

首先，通过文献资料的查找，搜集出了戏曲术语中最常用的术语词汇。戏曲术语的相关书籍大多数归在辞书类，而纯英文的戏曲术语辞书几乎无处可找，所以只有先通过查

---

[1] 张立力：《戏曲术语中的中译英问题》，载《吉林教育学院学报》2010 年第 11 期。

找各类中文戏曲辞书，看其词条下面是否附英文解释。如果词条下面附有英文翻译，先摘抄下来，以便后续分析整理。其中，所选术语是戏曲舞台上比较常见的，应用比较广泛的术语，包括：戏曲音乐术语、服饰术语、道具术语、表演程式术语、行当术语，等等。

戏曲音乐术语主要依据美国戏曲研究学者伊丽莎白·魏丽莎的《听戏——京剧的声音天地》和张伯瑜先生编写的《中国音乐术语900条》。魏丽莎女士（以下简称魏）来自美国，在中国学习戏曲文化，熟悉中文并具有大量的戏曲知识，且对戏曲音乐很有研究，她的研究为戏曲术语翻译提供了宝贵材料。《听戏——京剧的声音天地》这本书并不是一本专门写戏曲术语的书目，而是一本关于京剧音乐知识的科普性书籍。重要的是书目的后面附有由魏丽莎女士翻译的中英文对照表。另一本是由中央音乐学院的教授张伯瑜先生（以下简称张）编写的，张教授曾获芬兰图尔库大学音乐学哲学博士学位，任美国福特基金会学者和美国福布赖特基金会学者，有过多年海外留学及研究经验。《中国音乐术语900条》是一本关于中国音乐的专业术语辞书，虽然不是戏曲术语辞书，但其中有很多乐器及乐理术语在戏曲中也广泛应用，加上张教授的海外研究经历，也是值得借鉴参考的。有这两本权威的音乐类相关书籍，对接下来的翻译研究及对比工作提供了帮助。

戏曲道具术语，《中国京剧传统舞台美术》中的道具名称部分，其中含有关戏曲道具的详细解释。其他相关书籍还有《中国京剧百科全书》《中国京剧艺术百科全书》等，这些书籍中并没有戏曲道具的英文翻译，这就需要笔者根据中文含义整理词条，逐条进行翻译。后来笔者查到一本中文书籍《梅兰芳访美京剧图谱》，该书中的砌末和兵械部分配有图片及英文翻译，齐如山当时请画家将京剧的服饰、脸谱、砌末、乐器、舞蹈造型及剧场等凡是能用图画表现的都画下来，翻译者以中英文对照注解说明，制成可以悬挂的画轴，以便以直观、形象、方便的方式在演出剧场向观众介绍京剧知识。书中的英文翻译比较权威，有助于笔者根据此书中的翻译，结合自己的翻译进行比较和校正。

戏曲服饰术语，谭元杰的《中国京剧服装图谱》中附有英文翻译，由张赢和李苗进行翻译。《中国京剧百科全书》《中国京剧艺术百科全书》《中国京剧衣箱》等书籍中都只有中文解释，没有英文翻译。

戏曲行当术语，主要参考徐城北著的《中国京剧》英译本 *Peking Opera*，由陈耕涛译；傅瑾著《中国戏剧》英译本 *Chinese Theater*，由王文亮、王欢、张丽娜译；叶坦著英文版 *Historical Dictionary of Chinese Theater*（《中国戏剧史词典》）。各种关于戏曲行当的翻译都有，需笔者一一摘出，进行对比分析，以得出一套比较准确完整的戏曲行当术语表。

戏曲音乐方面共总结出了231个词条，服饰类共143个词条，道具类共99个词条，行当类共33个词条，一共是506个戏曲术语词条。

由于手头资料和时间有限，还有戏曲舞台排练术语、服装术语中的盔头鞋靴部分、化妆术语、演出相关术语等没有翻译完全，计划在下一阶段的研究中继续进行。

（二）分类整理

戏曲音乐术语这一部分，共分6类，分别为：戏曲乐器术语、戏曲板式术语、锣鼓点术语、声韵格律术语、唱腔术语、理论术语。

戏曲道具术语部分，根据戏曲道具的用途，笔者把其划分为5类，分别为：兵器类、仪仗类、生活用具类、宫廷官府用具类、景物设置术语，共99个词条。

戏曲服饰术语这一部分，把戏曲服饰术语分为蟒、帔、靠、褶、衣、盔、靴这7个种类。

戏曲行当术语这一部分，分为生、旦、净、丑这4类。

这样的归类，使各部分的术语更加清晰明了，容易区分，也为后续的翻译及校对工作减少了许多困难。

（三）逐条分析

按类逐条分析，考察他者译的合理性及适当性。笔者根据他者译的几个版本，进行逐条分析及对比，分析他们的英译到底符不符合原文的含义。比如，在戏曲音乐板式术语的翻译中，至少有两种翻译版本，先把他们逐一列出，再考察词义。

（四）问询凿实词义

为了在翻译时不产生歧义，使词义所指更加准确，笔者向戏曲表演、音乐、服装、道具、舞台美术等领域的专业人士逐个请教戏曲专业术语的含义，凿实每个词的词义。研究戏曲音乐时，笔者对一些专有名词概念模糊，于是请教了戏曲音乐的专业人士，更正了一些概念及重新对每个部分进行归类，比如，最初把"娃娃调"归为戏曲唱腔类，其实"娃娃调"也是戏曲的一种板式。所以，在翻译之前一定要凿实词义，才能翻译得更准确。

（五）补译及改译

对于书中没有英文对照的词汇，笔者对其逐个翻译；对书中有中英文对照的，根据其翻译进行补译和改译。在这过程中，找一位既懂戏曲又说英语的外国留学生或学者对我的翻译进行补充和修改，对比他的译法和我的译法，并最终确定最适合在实际当中应用的译法得出自己在戏曲术语翻译中的收获和结论，总结出一份戏曲术语表，供今后研究使用。比如，"银鞭"这一戏曲道具术语，很难对其进行翻译，因为"银鞭"不是真正的鞭子，而是一根漆银色的棍子，竹节状，所以不能翻译成"whip"。笔者最终选取"silver stick"这个词，找专人进行校对，建议改成"silver staff"，原因是"stick"的尺寸有点小，并不符合"银鞭"的实际尺寸。这样的翻译补充是研究过程中的关键，它决定着翻译的准确性，做到了"信"，不至于造成信息的误读。

根据这五个步骤的研究，最后形成该论文，并把总结出来的词汇表以附录的形式附在后面，以供参考。

三、文献综述

(一) 术语翻译研究

术语翻译的研究开始于近些年，关于术语定义研究已经有很多说法，要研究术语翻译首先要明确术语以及与其相关的核心问题。"到目前为止，有关术语的普遍一致的定义尚未形成，各种不同版本的定义达十多种，足见这个问题本身的难度。这种定义难度主要源自术语自身的复杂性，它具有多方面的特征。"[1] 笔者根据这些定义从中选取了易于接受的定义进行研究，并根据此术语的定义，给戏曲术语下定义。

术语翻译的实质就是专业领域概念或范畴的跨文化输入与输出，是用目的语进行再命名的过程。术语翻译研究的对象是广泛意义上的术语，不仅涉及自然学科领域的术语，而且也包括人文社会科学领域的术语。自然学科领域内的术语研究主要有物理、化学、医疗、计算机等；人文社会科学类主要有中医、佛教、文学、艺术等。戏曲术语的翻译是艺术类，属于人文社会科学类的术语研究范畴。

术语翻译理论研究具有其重要性，随着全民知识水平的不断提高，无论是自然科学还是人文社会科学领域的术语，都会与我们的现实生活密切相关。术语的翻译策略不仅会影响学术或生态文化，对一般意义上的语言生态也会有重要的影响。

目前研究术语的书籍有很多，以《术语翻译研究导引》一书为例，书中选取了国内

---

[1] 魏向清、赵连振：《术语翻译研究导引》，南京大学出版社2012年版，第163页。

外有关术语翻译最权威的文章,包括《试论术语的定义》(郑述谱)、《论术语翻译的标准》(姜望琪)、《现代术语学引论》(冯志伟)、《影响术语翻译的因素及其分析》(张沉香)等等国内术语专家的文章,这些文章都为笔者研究戏曲术语的定义和研究戏曲术语的翻译方法提供了借鉴。比如,在翻译戏曲术语时,可参考"玄奘所谓的'五种不翻',就是用音译,即不翻之翻"[1]。借鉴前人可取的方法和经验,并选择适合于戏曲术语翻译的理论方法,将使研究更具科学性。

(二)戏曲术语翻译研究

1. 20世纪30年代的戏曲术语翻译

20世纪30年代,是中国戏曲术语翻译的起步阶段。由于梅兰芳在美国的演出宣传都需要用英文,所以梅兰芳团队开始探索英文翻译,并尽可能地做到让美国观众理解欣赏中国戏曲艺术。齐如山在整理梅兰芳访美材料的时候曾组织人翻译了15个种类,包括剧场、行头、古装衣、冠巾、胡须、扮相、脸谱、舞谱、舞目、砌末、兵械、乐器、钟、宫谱、角色。他在组织人翻译时遇到了很大的困难,懂英语的人不懂戏曲,懂戏曲的人不懂英语,这就使翻译工作很难进行下去。齐如山这样写道:"说起翻译这种名词的时候,现在想起来还头疼。因为英文深造的人,对于中国名词的意思,往往有不很了解的地方,还得我详细解说。所以有很多时候须我们几个人凑在一处才能工作,然而最难的是有许多名词,只能意会,不可言传,常常解释半天,还不能表达确当。"[2] 在当时信息传播还不通畅,文化沟通交流还不频繁的情况下,翻译戏曲这样具有丰富文化内涵性的艺术形式,确实难上加难。

如果戏曲名词术语能有一套完备的翻译系统,建立中英文对照的词库,那么以后无论是在国内还是在国外演出,都能很方便地列出中英文对照的服装、行头及道具等,为剧院团的国外演出管理提供了方便。梅兰芳访美时所做的准备是很充分的,"所有行头、盔头、门帘、台帐、桌椅、礼物等,零零碎碎物件,以及凡是装在箱裏的东西,都详细列出一个账簿,某物件装入第几箱,价值多少,都写清楚。这样一来出国进出的时候就能省去好多的麻烦。"[3] 像这样事先准备完备的演出是需要付出时间和精力的,不但要把所带的物品一一列出来,还要详细地附上英文,以便海关检查,所有的刀枪剑戟都要标明是否是木

---

[1] 张沉香:《影响术语翻译的因素及其分析》,载《上海翻译》2006年第3期。
[2] 齐如山口述,齐香整理:《梅兰芳游美记》,辽宁教育出版社2005年版,第89页。
[3] 齐如山口述,齐香整理:《梅兰芳游美记》,辽宁教育出版社2005年版,第141页。

制材质，以便过关。虽然和官员事先打好了招呼，但准备齐全也为演出出行节约了时间，为管理提供了方便。

2. 戏曲术语翻译研究现状

戏曲翻译分为两个部分，一部分是对于戏曲文本的翻译，即戏文和唱词，其强调翻译的文学性；另一部分是剧场翻译，强调的是对话与其他戏剧元素的互动，具有可表演性。[1] 在此，戏曲术语的翻译有两种功能，一种是作为一种书面材料使用，向读者介绍戏曲舞台知识；另一种是辅助演出，其翻译为国外戏曲学习者提供参考。翻译的预期目的是使这些术语词汇具有科普性和说明性，通过翻译达到普及戏曲术语知识，说明其在戏曲演出中的作用，使目的语读者明确词语含义，正确地理解，并应用在实际的演出当中。

中国译界中对戏曲术语的翻译研究不多，戏曲翻译的研究大多集中在文学领域，以研究剧本和唱词翻译的居多，如许渊冲、汪榕培等人，他们主要从戏曲文本出发，翻译经典戏曲剧作。研究戏曲翻译理论的学者有香港的魏城璧和李忠庆，二人合著《中国戏曲翻译初探》，书中包括翻译概念的论述，探讨中国戏曲翻译的传播，及个别译作的对照和剖析等，属于戏曲翻译的概括性书籍。学者曹广涛，著有《英语世界的中国传统戏剧研究与翻译》一书，并有文章《传统戏曲英译的翻译规范刍议》《戏曲英译百年回顾》《基于演出视角的京剧英译及英语京剧》等，主要研究戏曲英译概况及理论方法，对戏曲英译的概况有比较深刻的总结及认识。而关于戏曲术语类的书籍比较少，戏曲术语翻译类的专业书籍更是少见，专门研究戏曲服饰、戏曲道具、戏曲音乐、戏曲脸谱翻译的文献研究和著作也不多，只有少数戏曲服饰及戏曲脸谱书籍的词条后面会附上英文解释。

中国知网上关于戏曲术语英译的论文，仅有几篇。《戏曲术语的中译英问题》[2] 是与戏曲术语翻译最相关的文章，文章仅从跨文化传播入手，分析了戏曲术语翻译所存在的问题，简单举了几个例子，并没有具体落实到词语的翻译上。董单的《浅析京剧术语翻译的文化涵义》从文化内涵角度简要分析了京剧术语翻译的现状问题，并进行了翻译方法的探索。毛发生的《京剧术语翻译及其方法》就戏曲术语的几个部分总结出了京剧术语的翻译方法，篇幅比较短，只是每种方法举个例子，没有很系统地总结。

国内戏曲术语翻译研究比较少的原因有两点，第一，自20世纪80年代初开始，戏曲市场在中国国内日益萧条，戏曲的发展越来越呈现出低迷的态势，国内对戏曲文化交流的重视程度不够，对戏曲的翻译研究就会不足。第二，由于在跨文化交流中存在语言障碍，

---

[1] 魏城璧、李忠庆：《中国戏曲翻译初探》，南京大学出版社2012年版，第56页。

[2] 张立力：《戏曲术语中的中译英问题》，载《吉林教育学院学报》2010年第11期。

戏曲与茶文化、绘画书法、武术、太极这些文化形式相比，不易于传播和教学。

尽管戏曲在国内处于不温不火的态势，但在国外却掀起了热潮，在美国还出现了"京剧热"，美国大学甚至组织英语京剧的剧目演出；北欧国家甚至形成了自己的京剧团，演员全都是他们本国人。这些都表明了国外观众对戏曲的热切喜爱和当代欣赏需求。"在英语世界的戏曲研究中，不同的历史文化语境，产生不同的研究兴趣和研究欲望，奠基和不断重构着研究和译介者的前景话语结构，直接或间接引起西方人对戏曲的关注程度和评价上的变化。"[1] 这时，翻译的目的就是为了"迎合社会需要、文化改造和利用、市场需要和观众需求而考虑，如美国研究戏曲的汉学家魏丽莎、白之、Hwang Wei-shu 等人对戏曲英译的研究"[2]。

随着中国文化"走出去"的机会越来越多，西方人对中国的关注也会越来越多，这也同样体现在对戏曲的关注程度上。如今，戏曲文化走向世界，各国的戏剧工作者到中国交流、学习戏曲，并在舞台上有了更多的合作，需要更多地了解中国戏曲舞台形式和艺术，所以对戏曲术语的翻译迫在眉睫，这是必要的也是必须的。如果能形成一套完整的戏曲舞台词汇的英译列表和戏曲术语的翻译方法，会为戏曲的对外文化交流提供有效的帮助。

3. 戏曲术语翻译中存在的问题

将戏曲术语译成英语的过程就是语言的跨文化交流过程，将中文语言及其所蕴含的文化通过语言的解码和编码过程转换成英语，从语言文字上对戏曲和戏曲文化的传播同时也是传播中国传统文化的一个窗口和典型的国际跨文化交流过程。翻译不是两种文字之间的简单转换，而是两种文化的碰撞和交流，由于中英两种文化的巨大差异，导致语言转换过程面临许多困难与问题。目前，戏曲翻译领域存在很多问题，主要体现在以下几个方面。

（1）戏曲术语没有统一的译法。作为一种术语，戏曲术语要做到起码的统一与规范，而译介对于"中国戏曲"这个词的译法现在还都没有定论，至少有五六种译法之多，分别为"Chinese Traditional Opera, Chinese Drama, Xiqu, Traditional Chinese Theater Arts, Chinese Theater"等等。对可见戏曲术语的统一命名尤为重要。

（2）国内现有印刷品出版物中的翻译不够规范。由北京出版社出版的大型画传《一代宗师——梅兰芳》中，每张图片下面都附有中英文解释，包括剧目名称、角色及演员名称等信息。可是，每条英文解释中的剧名都印有书名号，比如，在"梅兰芳演《宇宙锋》说

---

1 曹广涛：《英语世界的中国传统戏剧研究与翻译》，广州高等教育出版社2011年版，第77页。
2 曹广涛：《传统戏曲英译的翻译规范刍议》，载《译林》2011年，第4期，第145页。

明书（1930年）"的文字下面配上英文"The Program of 《Beauty Defies Tyranny》"。[1]英文中是没有"《 》"的，如果遇上书名，要用斜体或者粗体来表示，如"*Beauty Defies Tyranny*"。书中的剧名也翻译漏洞百出，把《回荆州》翻译成了"《Back to Jinzhou》"，不但带有"《 》"，荆州的汉语拼音也由"Jingzhou"错误地翻译成了"Jinzhou"。介词和冠词在剧名、书名中是不大写的，除非这个介词或冠词在句首或是句尾，《拾玉镯》在本书中的书写格式是《Picking Up a Jade Bracelet》，其中"Up"应该小写首字母为"up"。诸如此类的错误还有很多。

可见国内权威的戏曲辞书中，名称翻译和书写都不规范，也没有一套翻译标准，更没有人校对，造成了错误百出和不正规的翻译书写格式。具体归类为几种：

①剧名没有按照英文的书写格式书写，常常带有书名号；

②大小写没有规范，书写随意；

③人称和地名的翻译不规范，在剧名里也没有按照规定的英文书写格式，书写随意。

（3）戏曲术语的翻译没有引起相关部门的重视，没有建立一套规范的戏曲术语语料库，也并没有专业的翻译团队来从事这项工作。

（4）戏曲翻译人才的缺乏。大多数译者不了解戏曲知识，常常凭借字面意思随便翻译，造成语意上的误解和误读，给戏曲的传播交流造成了影响。比如说有人把"走边"翻译成"going to the side"，这种随便误用的翻译也是经常出现的。

（三）结论

在文献综述中，主要从"术语的翻译研究"和"戏曲术语的翻译研究"这两部分介绍已有的文献材料和可供参考的书籍资料。从中可以看出关于戏曲术语翻译的研究很少，需要今后不断地探索总结。因此，本研究在内容和选题上尝试大胆创新，跨学科跨领域结合。

四、术语的定义与特点

（一）术语的定义

在《术语学引论》中，从术语学角度给术语下的定义是："术语是某种语言中专门指称某一专业知识活动领域一般（具体或抽象）概念的词汇单位。"[2] 在术语学家看来，术语

---

[1] 梅绍武：《一代宗师——梅兰芳》，北京出版社1997年版，第66页。

[2] 郑述谱：《词典·词汇·术语——试论术语的定义》，黑龙江人民出版社2005年版，第158页。

不同于作为语言学研究对象的词和词组的特殊研究对象。首先，它们具有自然语言中的词或词组所具有的语义或形式特点；其次，术语本身是在专业语言词汇而不是某种语言整体的词汇中使用的；再次，专业语言的词汇是用来指称专业的一般概念的手段；最后，术语是反映或将理论模式化的术语系统中的成分，对专业领域的描写正是通过这种成分来进行的。简单概括来说，"术语是凝结一个学科系统知识的关键词"。

（二）术语的特点

术语具有单义性、科学性、系统性和简明性这四个主要特征，除此之外还有专业性、通俗性、能产性、约定俗成性、理据性、稳定性、确切性和国际性等特点。

1．单义性

单义性是指"至少在一个学科领域内，一个术语只表述一个概念，同一概念只用同一个术语表达，不能有歧义。在术语工作中，应尽量避免同义术语、同音术语和多义术语的出现。"[1]术语的单义性主要表现在两个方面：第一，每一个专业术语都是一个特定的学科概念，在使用时任何词语都不能代替。例如：在法律术语中"谋杀未遂"译为"uncompleted murder"，而不是"failure in murder"。第二，某一术语对某一特定专业或其分支而言，对于不同的专业有不同的含义。比如戏曲音乐中，有些曲牌名和锣鼓点的名称是一样的，是因为锣鼓点是配合曲牌演奏的，所以这些术语名称既可以用在曲牌里，也可以用在锣鼓里，一般有"傍妆台""柳青娘""柳摇金""琴歌"等。这些戏曲术语有其固定的含义，能体现词义的单义性和固定性。

2．科学性

"术语的定名应当准确表达一个概念的科学内涵和本质属性。定名应当注重术语的学术含义，尽量避免借用生活用语或日常用语。"[2]戏曲化妆词汇中，把假发分出很多名称，包括网巾、水纱、水发（梢子）、发鬏、鬘发、大发、片子、线尾子、辫子、懒梳妆、孩儿发、旗髻、古装头等。这些词汇既能表示戏曲的艺术含义，又不同于日常生活化用语，具有科学性。

3．系统性

系统性指的是"特定领域的各个术语必须处于一个层次结构明确的系统之中，术语的命名要尽量保持系统性。同一系列概念的术语其命名应体现出逻辑相关性。基础性术语

---

[1] 郑述谱：《词典·词汇·术语——试论术语的定义》，黑龙江人民出版社2005年版，第341页。
[2] 冯志伟：《现代术语学引论》（增订本），商务印书馆2011年版，第57页。

确定之后，其派生术语或复合术语的命名应与之相对应"。[1]比如，戏曲服饰中的配件裙类，有百褶裙、大折裙、筒裙、水裙等，都是以"×裙"命名的，并根据其款式样式，分为不同样式的戏曲服饰。戏曲道具中"刀"的命名，是根据刀的"数量、形状和用途"命名的，这三者哪个特点更明显，就以哪个命名。

4. 简明性

简明性是指"术语定名要易懂、易记、易读、简洁，使用方便，避免使用生僻词语"。[2]这点体现在戏曲音乐中，比如韵白、念白、叫头、收头，过门等。这些术语简单明了地概括了这个行为的含义，不用再加以解释，戏曲行内的人就明白这些词语指的是什么意思。

5. 其他特点

术语除了以上四种最主要的特点外，还有其他几种特点：

（1）专业性

"术语是用来表达或限定专业概念的，术语是'专门用途语言'（Language for Special Purposes，简称LSP）中最重要的组成部分，是专门用途语言中的基本单元，因此，专业性应当是术语最基本的特征。"[3]戏曲术语是专门应用在戏曲领域内，与戏曲舞台表演相关的词汇，包括服装、化妆、道具、脸谱、音乐、戏曲表演程式动作以及其他戏曲演出、排练及教学时使用的相关词汇，具有专业性特点。比如，在生活中并不会提到像"走边、趟马、跑圆场、起霸"这样的词汇，只有在排练戏曲时，师傅才会教授徒弟这些戏曲程式化动作，以代表某种人物性格、思想情感和故事情境。

（2）约定俗成性

"术语的命名要合乎本民族的语言习惯，用字遣词，务求正确，合乎规范，不引歧义，不要带有褒贬色彩的意蕴；术语的结构要符合该语种的构词规则和词组构成规则。"[4]比如说戏曲音乐中西皮的板式，就已经成为约定俗成的板式术语了，一般有〔原板〕〔快板〕〔快慢板〕〔快流水〕〔快导板〕〔快散板〕〔快滚板〕〔快摇板〕〔快二六〕〔快回龙〕〔快快三眼〕〔快娃娃调〕〔快反西皮〕〔等。

（3）理据性

"术语的学术含义不应违反术语结构所表现出来的理据，尽量做到'望文生义''顾

---

[1] 冯志伟：《现代术语学引论》（增订本），商务印书馆2011年版，第58页。
[2] 冯志伟：《现代术语学引论》（增订本），商务印书馆2011年版，第58页。
[3] 冯志伟：《现代术语学引论》（增订本），商务印书馆2011年版，第58页。
[4] 冯志伟：《现代术语学引论》（增订本），商务印书馆2011年版，第58页。

名思义'。中文术语是用汉字表达，而汉字有很强的表意功能，更应该注意术语的理据性。有时，某些术语在形成时是合乎理据的，但随着科学技术的发展，可能会失去原来的理据。"[1]如戏曲表演功法中，一般都是根据"以××做功"而命名的，"翎子功、跷功、甩发功、髯口功、扇子功、毯子功、把子功"都是根据已有的术语进行命名的。

(4) 能产性

"术语确定之后，还可以由旧术语出发，通过构词法或词组构成法，派生出新的术语，具有能产性。术语的能产性反映了术语构成新术语的能力，这种能力在一定条件下可以周边运用。术语的能产性反映了术语形成的经济性，使得术语系统中词组型术语的数量大大超过了单词型的数量。"[2]这点在戏曲术语中尤为明显，很多术语都是组合而成的。比如，"靠"是戏曲服饰中的词汇，通常为武将出征时所穿服饰。后期派生出很多种靠旗形式，如硬靠、软靠、霸王靠、关羽靠、改良靠、女改良靠等术语。

(5) 稳定性

"术语一经定名，除非特别必要，不宜轻易改动。"[3]戏曲服饰中的"褶子、盔头、髯口"已经沿用至今很多年，从未改动过。只不过有些不常用的词汇渐渐淡出了业界，如"末"这一行当已经不单作为一个行当单独提及。

(6) 确切性

"术语要确切地反映概念的本质特征。"[4]戏曲中的服饰都有严格的规范，所以其中的词汇也都固定统一，比如说盔箱中的"盔头、冠、巾、帽"，每种特定的样式都有特定的名称，如霸盔、帅盔、蝴蝶盔、七星额子、大凤冠、文生巾、武生巾、罗帽、毡帽、太监帽等。

(7) 国际性

"术语定名时应考虑与国际上的术语接轨，有利于国际交流。"[5]比如SARS (Severe Acute Respiratory Syndrome)、WTO (World Trade Organization)是汉语中使用的字母词，可直接用字母表示，是国际通用的术语。随着戏曲的国际化普及，戏曲术语也会在国际上普及，为更多人所熟知。

---

1 冯志伟：《现代术语学引论》(增订本)，商务印书馆2011年版，第59页。
2 冯志伟：《现代术语学引论》(增订本)，商务印书馆2011年版，第59页。
3 冯志伟：《现代术语学引论》(增订本)，商务印书馆2011年版，第59页。
4 冯志伟：《现代术语学引论》(增订本)，商务印书馆2011年版，第59页。
5 冯志伟：《现代术语学引论》(增订本)，商务印书馆2011年版，第59页。

五、戏曲术语的定义与特点

（一）戏曲术语的定义

戏曲术语是指在戏曲专业领域内，普遍公认的或者合乎规范的、专门指称戏曲行内特定事物和客观现象、可以区分出戏曲概念和物体的术语。通常被用在戏曲舞台表演中，其中包括戏曲表演程式术语、服装术语、化妆术语、道具术语、脸谱术语、音乐术语、演出术语等等。

戏曲术语分为两类，一类是由普通语言的词汇组成，如道具类中的生活用具，书信、烛台、棋盘、手绢、雨伞、扫帚等。虽然它们是由普通语言组成，但是是在戏曲专业领域内运用的词语，所以也归类为术语。另一类是由特定专业概念的词语组成，代表着戏曲专业领域内特殊概念的词汇，如水袖、髯口、水纱、网巾、曲牌、唱词等。

（二）戏曲术语的特点

戏曲术语和其他术语相比，具有其特殊的特点，它具有文化内涵性、实践性、历史更替性、创造性和组合性。很多词语都是戏曲本身独有的产物，在戏曲舞台上沿用至今，其名称有时甚至难以用语言描述，有的语言在当今的现代汉语中甚至都很少出现，所以戏曲术语的翻译成为戏曲对外传播的一大难题。正确分析戏曲术语的特点，掌握戏曲术语的命名规律对翻译戏曲术语有很大帮助。

1. 文化内涵性

戏曲术语具有其文化内涵性，每个词都代表其自身文化特点。比如说"髯口"在中文词典中解释为：戏曲演员演出时所戴的假胡子。[1]英文翻译成"fake beard"，而不是"beard"，之所以称为"髯口"而不称为普通的胡子，是因为戏曲舞台服饰和道具具有舞台表演的功能。在台上，髯口是戏曲演员表演的一部分，他们会借助胡子来表现喜怒哀乐，由此产生出髯口功"fake beard skill"。再比如说文场，翻译成"civil orchestra"，意思是唱文戏时需要的乐队组合，包括京胡、京二胡、月琴、三弦、笛子、笙箫等管弦类乐器，所以中文意思就是"演出文戏时的乐队"，即"civil orchestra"。再比如司鼓，有些人把它翻译成"drummer"（打鼓的人），这样的翻译体现不出司鼓的重要性。笔者通过查字典、翻阅资料，认为译成"conductor"最为妥当，这是因为司鼓在乐队中起到了指挥的作用，

---

[1]《现代汉语词典》，商务印书馆。

他们不仅仅是在演出时打鼓，而且文武场乐队成员会根据司鼓的鼓点指挥知道何时起乐，所以翻译成"conductor"比较契合其文化含义，这样译文读者就更能了解司鼓在整个乐队中的重要性。

2. 历史更替性

戏曲术语具有其历史更替性，它会随着时代和剧场的发展逐渐产生变化，也会逐渐随着表演形式的改变而消失。比如戏曲术语"饮场"一词，在现在戏曲舞台上几乎消失了。它是戏曲排演术语，是根据台上演员的需要，舞台工作人员身着便服上场，为演员递茶或擦汗的一种旧戏班的陋习。这种与剧情不相干的人突然出现，破坏剧情，莫名其妙，影响观众看戏，所以今已废除。[1] "磕脑"泛指演出中具有假形特征的盔帽，源于古代生活用语，如虎头磕脑是用虎头之皮做成，保持虎头的兜帽，称虎磕脑。在元杂剧、明杂剧、昆曲中，李存孝戴的都是虎磕脑。其中除了动物形、植物形的磕脑外，还有佛、菩萨、大目犍连等磕脑。到了现代，磕脑已经不叫磕脑了，而充分盔化，便取消了"磕脑"这个名称。[2] 随着剧场观演形式的改变和剧场结构的转变，一些戏曲术语也逐渐淘汰，取而代之的是西方现代剧场中的术语词汇。"暗场"这个术语在戏曲和戏剧中是两个不同的概念。在戏曲作品中，将某些与戏剧冲突有关的事件、情节，通过剧中人物的叙述或其他表现手法介绍给观众，而不是直接展现于舞台，称为暗场处理。如《群英会》中，周瑜欲借刀杀人，命诸葛亮去聚铁山劫粮；诸葛亮讽刺周瑜只习水战，不习陆战，是从鲁肃与周瑜的对话中转述的。[3] 这种叙述方式叫做暗场。而西方戏剧中的"暗场"（blackout）又叫"切光"，是指幕间或剧终时，将全部演出灯光场景瞬间关闭的灯光控制方式，是根据剧情的需要，将演出进行中亮场的受控灯光突然转换成黑暗的视觉效果。[4] 这两个戏剧术语虽然都叫"暗场"，但意义完全不同，把戏曲中的"暗场"翻译成"allusion（暗指）"会让目标语读者更能理解戏曲中"暗场"的含义。

3. 实践性

戏曲术语是为舞台实践服务的，主要是在教师教学、演员排练和演出时所用，实践性强。戏曲程式化的动作需要戏曲老师边示范边讲解，才能知道该词汇的真正含义。戏曲中的"趟马""走边""过河"等动作，虽然有很多文字方面的解释，但终究还是得在边

---

1 余汉东：《中国戏曲表演艺术辞典》，中国戏剧出版社。
2 王文章、吴江主编：《中国京剧艺术百科全书》，中央编译出版社 2011 年版。
3 马少波等：《中国京剧百科全书》，中国大百科全书出版社 2011 年版。
4 冯德仲：《剧场应用术语》，中国戏剧出版社 2008 年版。

用动作示范边语言解释的过程中理解该词的含义。戏曲中脸谱的绘画也是在实践中学成的，教师会在画脸谱的过程中教学生如何画整脸（single-colored full facial makeup），如曹操、关羽等，三块瓦脸（three-patched facial makeup），如窦尔敦等；六分脸（sixty percent to forty percent facial makeup），如黄盖等；十字门脸（crossed facial makeup），如张飞、焦赞等，并教会他们每个人物对应的脸谱和特征。戏曲中包头的部分更是需要现场观看的，戏曲化妆师在演出前为演员化妆时，才会用到网子、水纱、水发、片子等化妆术语，经过教师的讲解才知道戏曲中的大头是怎样包起来了。

4. 开放性

戏曲术语具有开放性，会有很多种叫法。"新编历史剧"也可叫成"新编历史戏"；"现代戏"也可叫成"现代剧"；"梆子"又有"河北梆子""河南梆子""山东梆子""甘肃梆子"，等等。比如戏曲中"吊场"一词，是指某场戏中叙说的剧情基本告一段落，人物已陆续下场，场上留下少数角色（通常只有一人）另起一事，承上启下，谓之吊场。我根据其词义，把它翻译成"transitional narration"。因为西方剧场中有"转场"一词"transition"，与戏曲中的吊场还不是很一样，指的是一幕戏与另一幕戏中间的衔接。戏曲不同于西方戏剧，在转场中有念白和叙述，在翻译时，把 transition 变为形容词，再加上 narration 这一词表示叙事，所以"吊场"翻译成"transitional narration"更合适。而现在并没有把"吊场"和"转场"分得那么细，现代戏曲导演在排戏中也不用这么多名词术语了。

5. 组合性

从语言结构上来讲，戏曲术语具有组合性。戏曲术语不同于其他科技或文化术语，有一个固定的词来表述其含义，戏曲术语的词汇是由中心词加定语构成的，这和汉字的组合有关。比如说，戏曲服饰中的大龙蟒，因图案不同，又分为各种不同名称的龙蟒，如：

吐水大龙蟒：ceremonial robe embroidered with a big dragon spraying water
戏珠大龙蟒：ceremonial robe embroidered with a big dragon and flaming orb
盘身大龙蟒：ceremonial robe embroidered with a large-sized dragon

汉语中，定语通常放在修饰语的前面，哪个定语对中心语重要，这个词就离中心语近。这里把定语"吐水""戏珠""盘身"这样的定语放在形容词"大"前面，符合汉语的构词规则。而在英语中，如果定语过长，会选择将其放在修饰词后面，用 with 连接。经过翻译之后，分别把"吐水（spraying water）""戏珠（flaming orb）"和"盘身（large-sized）"

这些定语放在中心词"蟒"之后，足见其工整、明了和通顺。无论是从汉语上还是英语上都能看出，戏曲术语在构词方面具有组合性。

六、戏曲术语的英译方法

（一）戏曲术语的可译性

1. 戏曲术语的可译性

由于语言的独特性和民族文化的差异，使得翻译既成为文化交流传播的帮手，也可能成为阻碍。洪堡提出，每一种语言都有一种与之相关的世界观，而由于各个民族的世界观千差万别，语言和语言之间便存在实质性的区别。这种区别支配着翻译中可译性与不可译性的问题。任何译者也都会面临两种困难："他们不是贴原作贴得太紧而牺牲本民族的风格和语言，就是贴本族特点贴得太紧而牺牲原作。"[1] 尤金·奈达也在其著作《翻译：可能与不可能》(Translation: Possible and Impossible) 中，从宏观上、从语言和文化的本质上阐明了翻译的可能与不可能，他说，总体来说，翻译是可能的，但在很多情况下只能做到他所说的"最贴近的自然对等物"（closest natural equivalents），而不能做到"完全充分的翻译"（fully adequate translating）。[2] 由此可见，可译和不可译是相对的。

随着跨文化交流的发展，不同民族的人们对彼此的语言文化越来越了解，这也正不断地将文化的不可译性转化成为可译性。语言的最小意义单位是词，而英汉两种语言分属两套不同的文字体系，英语是拼音文字，汉语是表意文字，这就决定了英汉互译中不可避免的意义流失。事实上，解决这一问题的方法就是将文化的不可译性转化为文化可译性（cultural translatablity）。戏曲不仅仅是历史文化发展的产物，而且它是特定时期，受政治、历史、文学、文化等多方面影响的艺术形式，具有其独特的程式化特点，这是戏曲区别于西方戏剧最大的特点。由此，戏曲术语存在着很大程度上的不可译性，因为戏曲术语中的每个词都承载着它的文化内涵。很多术语在西方文化中找不到与其对应的物品或事件，进而很难翻译成英文。

中文中存在大量西方文化中意义空缺的词汇，即文化图式的缺省。文化图式缺省是指原文作者认知语境中的文化图式在译文读者的语境中根本不存在或不完整，造成了理解

---

[1] 谭载喜：《西方翻译简史》，商务印书馆2004年版，第1页。
[2] [美]尤金·奈达：《翻译：可能与不可能》，外语教育出版社1996年版，第88页。

的失当或不完全理解。[1]这种缺省反映在词汇上，大多数情况下表现为词汇空缺，如戏曲道具中牙笏、纛旗、戟、铩等。在西方文化中没有对应的或对等的词语，在中国也只有行内的人才知道。而文化图式相异则指原文作者和译文作者的相关图式各不相同，甚至冲突，导致理解上的偏差或错误。[2]文化图式缺省和相异是造成戏曲术语不可译的重要原因。最突出的案例就是，戏曲中的"马鞭"不同于西方舞台中的马鞭，这里的马鞭具有表演程式性，它用"藤条短缨制成，漆金柄，杆缠丝线，挂三绺同色丝缨为文用；马尾缠柄，杆缠网眼丝，上挂五绺同色丝缨为武用。分别有红、黄、白、黑、粉等颜色，红表示赤兔马，黄表示黄骠马，白代表白龙马，黑表示乌骓马，粉表示桃红马。剧中人执鞭而舞，表示骑马奔驰；挂鞭不舞，表示牵马而行。马鞭还可以作牛、马及打人的鞭子使用"[3]。根据情节的不同，人物的不同，马鞭的作用也就不一样，马鞭一挥有可能代表行进十万八千里。而西方的马鞭没有这样的意象，翻译成"horsewhip"不能完全表达马鞭的含义，只有在看过戏曲表演之后才能懂得马鞭真正的艺术内涵。

再比如戏曲中说的"一桌二椅"就和西方所说的桌椅不同，有较为明显的文化图式相异现象。这些桌椅通过不同的摆放方式和演员的不同用法可象征多种场景，比如，把桌子叠起来可以表示山，把椅子放在桌子后面可以表示金銮殿或公堂，把椅子放在桌前可以表示内室或闺阁，把椅子放在桌子两侧可以表示客厅；此外，桌椅还可以表示桥、佛台、床等多种物品和场景。[4]如果把"一桌二椅"翻译成目的语"one table, two chairs"，目的语读者如果没有看过戏曲表演就不知道"一桌二椅"其中的内涵，以为只是普通的桌椅，且翻译为"one table, two chairs"不能完全表现戏曲道具的虚拟性，会产生翻译折损。这说明不是所有翻译都能表现含义的，有时还需根据外在形式进行判断。

再比如说"髯口"，是演出中各种假须的统称。舞台上的髯口，也可作为演示人物思想感情的工具。如捋髯表示整装，挡髯表示羞愧，端髯表示感叹，吹髯表示愤怒，捻髯表示思索，抖髯表示惊怕，扬髯表示喜悦，咬髯表示准备进行搏斗，甩髯表示顽强等。[5]而在戏剧中，则没有髯口这种事物，更没有"髯口功"这种表演功法，所以在翻译这个词时不能简单翻译成"false whiskers"或"beard"，而应采用"音译+释义"的方法，保

---

[1] 张立力：《戏曲术语中的中译英问题》，载《吉林教育学院学报》2010年第26期。
[2] 张立力：《戏曲术语中的中译英问题》，载《吉林教育学院学报》2010年第26期。
[3] 王文章、吴江主编：《中国京剧艺术百科全书》，中央编译出版社2011年版，第253页。
[4] 王文章、吴江主编：《中国京剧艺术百科全书》，中央编译出版社2011年版，第253页。
[5] 王文章、吴江主编：《中国京剧艺术百科全书》，中央编译出版社2011年版，第253页。

留这一中国独有的文化词汇,区分于西方话剧中的"假胡子",译为"rankou (artificial whiskers worn by actors in Chinese Traditional Arts)"。

像这类中国独有的戏曲文化词汇见表1:

表1 部分戏曲术语翻译表

戏曲术语	中文含义	音译	释义
水袖	歌舞表演的装饰性附件,可外化角色心理、情绪,积累成为一种表演技巧——水袖功。	shuixiu/water sleeves	It is a performance decorative accessories, which externalizes the mind and emotion of the characters and become a kind of performance skills—shuixiu skill.
水纱	戏曲中紧裹于网巾周围,表现角色发地,固定头部所贴假鬓、假髻、茨菇叶等。	shuisha/water gauze	Tightly wrapped around the wangjin, it is to show the performer's hair, fixing the wig, fake bin, ciguye and so on.
网巾	以马尾或丝线编织而成。顶部有圆孔,孔边有紧束用的绳子,可安装水发、发鬏等。	wangjin/woven thread net	With a ponytail and silk thread woven, it has a hole at the top side which can be installed suifa, fajiu and so on.
翎子	戏曲中武将帽子上所插的雉尾。	lingzi/long pheasant tail	Long pheasant tail feathers worn on warriors' helmets in Chinese operas.

这些词虽然看上去很难翻译,但也有法可依,我们不妨把它们先按照字面上的意思翻译出来,再进行深层含义的解释,也就是"直译+意译"的方法。例如"网巾"一词,可以先翻译成"woven thread net",简单表示"是以丝线编织成的网",再进行释义。

(二)戏曲术语的翻译标准

术语的翻译有三项标准:准确性、可读性、透明性。这是由北京大学英语系姜望琪教授提出来的,是对术语翻译标准的最早论述。她主张"尽可能兼顾准确性、可读性和透明性三者,但准确性是第一位的"[1]。这三项标准同样也适用于戏曲术语的翻译。

---

[1] 姜望琪:《论术语翻译的标准》,载《上海翻译》2005年翻译学词典与翻译理论专辑。

第一个翻译标准是准确性。术语翻译的准确性就是术语要能准确地表达原文的意义，不能误导读者。翻译文字要传递任何思想，必须有正确的译名，术语翻译又是任何翻译文字的归宿。一个译名只有能准确传达源语言的意思，才是好译名。如果术语翻译不正确，就会造成表述产生歧义，导致混乱。戏曲术语也需要统一规范并且准确。

第二个翻译标准是可读性。一个好的译名还必须具有可读性，便于使用。当准确性和可读性不可兼顾时，主张"宁准而不可读"[1]。戏曲术语的翻译中有好多采取了音译的策略，就是为了让术语可读，并且保留文化含义。随着时间的迁移，读者熟悉了这些音译词，它们就具有了跟意译词一样的可读性。在戏曲中这一点更加适用，比如戏曲行当术语中的"生、旦、净、丑"就直接翻译成"sheng, dan, jing, chou"。

第三个翻译标准是透明性。译名的透明性是指读者能从译名轻松地辨认出源词，能轻松地回译。比如说戏曲道具词汇中，把"红缨枪"和"黑缨枪"就直接译成"red-tasseled spear"和"black-tasseled spear"，简单、直白且明了。

译者根据这三个标准，尽量简洁地把术语的语言信息和文化信息传递给译文语读者，使译文读者对戏曲术语有初步的认识和正确理解，在短时间内理解其含义。

（三）戏曲术语的翻译方法

翻译方法（translation method），是翻译活动中，基于某种翻译策略，为达到特定的翻译目的所采取的特定的途径、步骤、手段。[2] 它体现的是一种"翻译中的概括性处理方式，而非具体的、局部的处理办法"。在戏曲术语翻译中，大致采用四种方法进行翻译，分别是直译，意译，音译/音译加注和加译。

1. 直译 (Literal Translation)

直译在戏曲术语翻译中应用广泛。台湾学者张振玉先生将直译定义为"依照原文单字、片语、子句之顺序，并依照其字面之意义，不增不减之译法"[3]。直译在翻译词汇意义及修辞时，不采用转义的手法，这种方法称为直译。[4] 英语虽然和汉语不是统一体系，但其中的一些事物是相同的，存在共性的。直译的方法可以帮助找到这种共性，准确地

---

[1] 姜望琪：《论术语翻译的标准》，载《上海翻译》2005年翻译学词典与翻译理论专辑。

[2] 熊兵：《翻译研究中的概念混淆——以"翻译策略""翻译方法"和"翻译技巧"为例》，载《中国翻译》2013年第3期。

[3] 张振玉：《翻译学概论》，译林出版社1992年版，第13页。

[4] 熊兵：《翻译研究中的概念混淆——以"翻译策略"翻译方法"和"翻译技巧"为例》，载《中国翻译》2013年第3期。

传达源语言想要表达的内容。戏曲中那些可以被目的语读者直接理解的，有与之对应的词汇就可以直接翻译成英语。一般戏曲道具中这类词汇比较多，可直接直译，比如书信（letter），作为舞台道具来讲，无论是在中西方舞台上，书信表示的含义大体相同，直接采取直译的方法。

诸如此类的词语见表2：

表2 部分戏曲术语直译表

戏曲道具术语	英译	戏曲音乐术语	英译
书信	letter	唱段	arias
提篮	basket	终止音	cadences
扫帚	broom	滑音	glides
金银	gold and silver	装饰音	grace notes
云片	cloud scenery	调	keys
手铐	handcuffs	腔	melodic-phrases
船桨	paddle	板式/曲调	metrical types
娃娃	doll	声腔系统	musical systems
行李	luggage	独幕戏/小戏	one-act plays
烛台	candle stick	花腔	ornamentation
灯笼	lantern	唱词	lyrics
手绢	handkerchief	自报家门	self-introduction
棋盘	chessboard	拉弦乐器	bowed instruments
素伞	plain umbrella	慢板	slow-meter
拐	crutch	尾声/结束	tail sounds
弓箭	bow and arrow	曲式	song structure
钓鱼竿	fishing rod	颤音	shaking-tone
符节	tally	铙钹	cymbals
匕首	dagger	笛子	flute

2. 意译（Liberal/Free Translation）

意译是指"从意义出发，只要求将原文大意表达出来，不注意细节，包括句法结构、用词、比喻以及其他手段"。直译非常严格乃至苛刻，译者需要遵循双语贴合的原则；而意译则非常宽松，给人极大的操作空间，是两种完全不同的翻译思路。[1]在戏曲中很多词

---

[1] 刘敬国、何刚强：《翻译通论》，外语教学与研究出版社2011年版，第75页。

汇都涉及中国传统文化风俗习惯、民族特色等，对于这一类有关文化方面的词语，一般采用意译的方法。翻译者要真正理解源于在戏曲中的含义和表达意译，再结合目的语认真理解源语的语言信息和文化内涵。所以，这就要求戏曲翻译者通晓中西文化及古今文化，并真正理解戏曲术语的内涵。意译的好处在于不仅可以翻译得灵活，给译者留有很大的空间，还能使目的语读者从侧面了解源语言中的文化符号及内涵。

意译的功能是"达"。最基本的一点就是，它必须让人看得懂，完成翻译作为跨文化交际手段的目的，将原文所表达的意义传达到目的语及其文化中，传达给目的语读者。文字上面要做到雅，否则可能言之无味、行之不远，使翻译的目的大打折扣。[1]

在戏曲术语的翻译中，必须了解各项事物的内涵及其代表含义，比如戏曲道具中的"枪"，只要有点戏曲常识的人都会知道，他指的并不是英语中 gun 的概念，所以最恰当的翻译应是"spear"。云罗伞和红罗伞也不能照字面翻译成"cloud umbrella"和"red umbrella"，而是指给皇室贵族遮风挡雨的华盖，所以适当的翻译是"cloud canopy"和"red canopy"。

诸如此类的词语见表3：

表3 部分戏曲术语意译表

戏曲道具术语	英译	说　明
云帚	whisk	云帚是戏曲舞台上的重要道具，一些戏中的太监、丫鬟用此道具。颜色一般为白色，但梅兰芳在演出《洛神》时使用的是绿色的拂尘、程砚秋在演出《红拂传》时使用紫色的拂尘。不能按照字面的意思译成"cloud broom"，而是按照其所指译成"whisk"。
枪	broad spear（大枪），single spear（单枪），double headed spear（双枪），flexible spear（软枪）	戏曲道具中的枪不是西方舞台所说的道具枪，而是"矛""标枪"，所以翻译成"spear"。这里特别要指出，"软枪"的软不能翻译成"soft"，这里的"软"是指"灵活"的意思，所以用"flexible"这个词更贴切。"双枪"也不能翻译成"double spears"，因为双枪是指"双头枪"，正确的翻译是"double headed spear"。

---

1 刘敏国、何刚强：《翻译通论》，外语教学与研究出版社2011年版，第79页。

续表

戏曲道具术语	英译	说 明
布城	city wall as setting	在舞台用以代表城楼，有城墙和城门。不能简单的翻译成"city wall"，而翻译成"作为布景的城墙"。
紫金棍	violet gold rod	太监使用道具。棍形，两端金色花纹，如《打龙袍》中包拯即用此棍击打龙袍。
开场	scene openers	"opener"在英语中指"开局"，这里拿来表示戏的"开场"。

3. 音译／音译加注（Transliteration/Notes to Transliteration）

"音译"是指"把一种语言的文字符号用另一种语言中与它发音相同或相近的文字符号表示出来的方法"。[1] 当源语词语在译入语中存在语义空白，翻译无法直接从词汇／语法／语义转换入手的情况下，可以考虑音译法，即从语音转换入手。

通常情况下采取音译加注的释义方法，在音译名词后加上注释和解释，以使目的语读者对词义更加明了。戏曲道具（砌末）中的兵械类是中国古代戏曲舞台上独有的道具，和西方兵器不同，每个人物持有的兵器都有其特殊代表性，由此也就不能采用直译的方式。为了保存文化内涵，采用音译的方法比较妥当，见表4：

表4 部分戏曲术语音译表

戏曲道具术语	英译	英文注释	中文注释
槊	shuo/lance	Shuo's slimming head is cone shaped, double pointed knife, whose two ends lacquered with tin. Golden shuo is tied with a red tassel and its handle is in lacquered gold.	槊头为锥角形样枪头式，一支朝上、一支向下的弯股槊刀，均贴锡。金色槊结下围挂红缨。金漆长柄，如《横槊赋诗》中的曹操在赋诗时曾使用此兵器。

---

[1] 熊兵：《翻译研究中的概念混淆——以"翻译策略""翻译方法"和"翻译技巧"为例》，载《中国翻译》2013年第3期。

戏曲道具术语	英译	英文注释	中文注释
挝 （现在又分开叫混唐和笔捻抓）	zhua	A combination of "gold coin shuo" and "splitting sky shuo". The character holds it in each hand in order to fight. The "gold coin shuo" is a six flap coin which can be turned. It has a 4 feet long handle. The "splitting sky shuo" is shaped like a clenched fist holding a pen. Its handle is 2 feet long. Both of them are in lacquered gold.	金钱挝、劈天挝两件兵器的组合名称。剧中人两手各持一件作战。金钱挝，其头为六瓣辘轳钱状，可以转动，柄约四尺长；劈天挝，其头形似拳中握一支笔，柄长二尺。两件均漆金。《雅观楼》中的李存孝曾用这两件兵器。
镋	tang/ trident	Named as "wild goose tang" commonly, it is lacquered gold. The left and right sides of the tang's head have two branches bent to the knife.	一般为雁翅镋，又名凤翅镋、鎏金镋，一色贴金，镋头左右有两股分枝为弯形此刀，如《南阳关》中的宇文成都即用此兵器。
戟	ji/halberd	It is also named as "painted ji" which is divided into single winged and double winged. Single winged ji is lacquered tin, one side of its head has a crescent halberd edge with a tassel hanging on it. Double winged ji is also lacquered with tin, both sides a crescent halberd edge and a tassel hanging.	又名画戟。有单翅戟和双翅戟两种。单翅戟贴锡，戟头一侧装弯月牙的戟刀，戟结下挂台缨，如《梳妆掷戟》中的吕布、《独木关》中的薛仁贵所用；双翅戟贴锡，戟头两侧均装月牙式的戟刀，挂红戟缨，如《扈家庄》中的扈三娘所用。双翅戟中还有一种长杆的方天戟，为《驱车战将》中的南宫长万等使用。

注：中文部分引自《中国京剧艺术百科全书》，中央编译出版社2011年版。

在没有图示说明的情况下，要在英文中找到与之对应的词汇，使译文读者大体上对这样的兵器有一个近似对应，也是可以找到的。比如："槊"对应"lance"；"镋"译为"trident"；"戟"译成"halberd"；"铲"译成"shovel"，等等。

戏曲中的排练术语很重要，笔者选取了戏曲中最重要的几个排练术语，如：起霸、走边、趟马、把子、洒头、跷功。像这样的戏曲排演术词语是戏曲文化中独有的词汇，在西方文化中找不到对应的词语，所以笔者在这里采取了"音译＋释义"的方法，翻译尽量做到保留其文化含义，又能让读者理解。现翻译见表5：

表5 部分戏曲术语"音译＋释义"表

戏曲术语	中文含义	音译	释义
起霸	戏曲排演术语，身段表演程式。为表现古代武将出征前，进行战前准备的表演程式，以烘托舞台战斗气氛，展现武将的精神气质，起刻画人物的作用。	qiba	It is a standardized series of choreographed movements, showing what the generals does before a battle to express battle atmosphere and showing the disposition and emotions of the general. This scene also shows the general using mime to put on and checking his battle armor.
走边	戏曲排演术语。在舞台上专以表现夜行、巡逻、侦探、偷袭、潜行等情节的成套的身段组合。	zoubian	It is a standardized series of choreographed movements, showing a character moving from one point to another while often introducing him or herself or divulging information vital for the plot.
趟马	戏曲排演术语。角色手持马鞭跑圆场上场，表现骑在马上赶路的情节，体现人物在马上的各种神情。	tangma	It is a standardized series of choreographed movements, showing a character riding on stage. A horse staff is used as well as intricate choreography showing the character riding a horse while at the same time displaying the character's emotions and disposition.

戏曲术语	中文含义	音译	释义
把子（把子功）	戏曲排演术语。演员基本功的一部分。专指戏曲演员以刀枪等兵器为道具，进行兵器对打训练的基本功。	bazi-training/ weapon training	Performing exercises refer to the actor training with fake weapons and practicing his fighting skills.
洒头	戏曲排演术语。又名"憋脸"。表现人物在惊恐、愤怒时所出现的精神反常情态。	satou	Performing exercises, also known as "suppressed face", to show the character in the spirit of fear and anger.
跷功	戏曲表演功法。又称踩跷、踩寸子。为旧时旦所特有，有硬跷、软跷之分。是封建时代以女性为玩物，夸饰裹足，以丑为美的病态反映。	qiao-training	Performing exercises, which is similar to the toe shoes used in ballet, these shoes show the females characters "bound feet" which was, until the 20th century, the beauty ideal for women.

注：《汉语拼音正词法基本规则》规定：专名（机构组织、演出场所、班社名等）的头条汉语拼音，每一个词的第一个字母大写，其他字母小写。如南府 Nanfu。术语和非专业名主题词的条头汉语拼音，全部小写，如趟马 tangma。以上翻译由中国戏曲学院芬兰留学生浩天帮助翻译校正。

以上翻译采取的音译原则保留了其中国传统文化含义，释义的原则是尽量让目的语读者读懂该词汇的含义，并非从汉语的角度直白地解释。

综上所述，翻译者需根据适当的语境采用不同的翻译策略。戏曲术语的翻译方法主要有直译、意译、音译加注这三种方法，根据不同的戏曲词汇种类，戏曲术语的翻译不但要采取各种不同的方法来翻译，在不同的场合和不同的语境下，翻译的方法也是不同的。这就意味着翻译者必须先判断翻译的目的、语境、媒介等众多因素。例如，戏曲的翻译的目的是为了出一本小册子，供外国观众阅读，那么译者在翻译这些特殊词语时，就应尽量放在外国观众能理解的层面上；如果是中西方戏剧学术研讨会，那么译者则应专注戏曲术语的严谨和全面，并形成于其他语言的元素互动关系上，这即是戏剧符号学的基本观点。[1]

---

[1] 魏城璧、李忠庆：《中国戏曲翻译初探》，南京大学出版社 2012 年版，第 93 页。

七、讨论

(一) 借鉴他译

在这次戏曲术语的翻译实践中,笔者不仅借鉴了各种书籍中可取的翻译,从中总结出好的翻译方法,而且根据这些翻译方法,笔者总结出了一些经验和规律,供今后戏曲翻译研究参考。

1. 明确概念所指

(1) 所指与能指

"术语"是索绪尔结构主义语言观中的语言符号,即是能指(signifier)和所指(signified)的结合体,即"术语"是名称(能指)和概念(所指)的结合体。[1] 杨茂勋在他的《普通语言学》中做了如下描述:"'能指'是语言符号的语音形式,如某词的音素或音响结合。'所指'是概念,并不指代某一具体的物质。"[2] 如动物中的"猪"和"彘",这是它们不同时代的叫法,其音素或音响是不同的,意味着他们的能指是不同的。虽然能指不同,但所指是相同的,都指的是这种动物。

"能指与所指之间没有自然或必然的联系,不能由能指推断所指,也不能由所指推断能指,能指和所指之间的关系是任意的。"[3] 戏曲术语中的能指与所指也同样如此,能指是这些戏曲术语的符号名称,所指是戏曲术语具体的概念。比如在戏曲行当中"净"又叫"花脸",它们的所指都是相同的,只是语音叫法不同,即能指不同。

戏曲服饰中的能指与所指是指在特定戏剧场合中,不同颜色、图案、款式、长短的服饰表达不同人物形象、身份地位和受教育程度。黄色这一颜色符号能指,代表的是帝王身份、皇权贵族的所指概念。服饰上的禽兽图案、花纹和样式能指,代表不同的官品所指。在翻译戏曲术语时,首先要明确概念所指,才能对应确定英文名称能指。"箭衣"是戏曲服饰分类里"衣"的一种,由于它的长度和款式并不像英文词语中对应的"coat",而更符合"dress"的长度和款式,所以我们在确定"箭衣"的名称能指的时候,定义为"dress"一类,翻译成"archer's dress"。

---

1 魏向清、赵连振:《术语翻译研究导引》,南京大学出版社2012年版,第54页。
2 徐静、李建华:《浅析符号的能指与所指》,载《新西部》(下旬理论版),2012年第2期。
3 徐静、李建华:《浅析符号的能指与所指》,载《新西部》(下旬理论版),2012年第2期。

（2）找出正确所指，确定能指

服饰术语当中有"帽钉铠"，指的是比大铠的规格低一级的铠，为高级将官的卫士所用；形制似大铠，但无金绣纹样，周身仅钉缀白色铜泡，颜色一般为黑色，用缎料制成。最初笔者把它音译为"Maoding Kai：It is one level below the Da Kai, used for senior guardian officers and shaped like Da Kai, without gold embroidery patterns. The whole body is decorated with white copper nails. The general color is black and is made of silk."经过与 near native 顾问磋商，后改译为"hat-peg armor"，这是因为"铠"就可以对译成"armor"，而"帽钉"都可以分别对应成"hat"和"peg"，这可以帮助外国人从字面上理解该术语的大致含义。把它译成"hat-peg armor"并不意味着外国人就能因此完全领会其含义，但译成"Mao Ding Kai"更无助于外国人理解。因此，在应对戏曲术语不可译的问题上，我们主张至少在字面上有助于外国人的理解。

再比如戏曲道具术语中的"盘龙锤"一词，锤头似瓜锤，锤杆有盘龙缠绕，为皇帝御赐之物。这个瓜状的锤在英语中并无词汇，汉英词典所给出的"mace""hammer"都不能准确反映汉语中"锤"的含义。但是也没有必要音译成"chui"来无端增加外国人理解上的困难，固选择近似的"hammer"。所谓"盘龙锤"就是上面刻有龙的图案的瓜锤，所以就可以译成"a dragon hammer"。

戏曲音乐术语的中有"板"和"眼"之分，所谓"板"：是指每小节中最强的拍子；所谓"眼"是指其余的弱拍。"板眼"为中国音乐构成中所特有，是中国音乐节奏、节拍、快慢、速度的枢纽。魏译分别为"beat, accented beat"和"unaccented beats"，张译分别为"downbeat"和"upbeat"。从中可以看出张译倾向于使用西方音乐术语中现成的表达法，而魏译倾向于认可中国戏曲音乐术语的独特之处，而选择创译的策略。从中我们似乎还可以看出在对待保留中国文化的独特内涵方面，外国译者往往更愿意付出努力，并不轻易从自己的语言中寻找近似的词汇。这个例子也可以给我们戏曲术语英译者以很好的启发，这也是为什么笔者在整理术语翻译时选用魏译而舍张译。

在课堂实践中发现，"meter""beat""tempo"这三个词实难区分，"beat"指的是节拍本身；"tempo"指的是"beat"的速度，通常说"slow/fast tempo"；"meter"指的是在每小节中有几拍，它和另外两个词相比，更能充分体现戏曲中司鼓的板眼节奏，所以翻译〔导板〕〔原板〕〔滚板〕〔摇板〕等板式词语时用"meter"。笔者综合了二人的译法选取了最为恰当的译法，并在实践口译中应用，听者表示可以理解词汇含义。

戏曲音乐板式术语中，有〔快三眼〕："它属于上板的板式，'比慢板快一倍，比原板慢一倍'，这种板式源于其节拍形式，它的节拍规律与慢板（一板三眼）一致，时值比原板长，比慢板短。按照西方音乐分析的说法，快三眼和慢板同属于四拍，多为4/4拍，常用十字句型。"[1] 魏译〔快三眼〕为"fast three eyes"，这样的译法让人完全不知所云。字面上虽然有"快"字，但实际上相比，反而是慢的。考虑到其确切的含义，同时借鉴魏对"眼"的翻译，笔者将它改译为"slower three unaccented beats"。

戏曲音乐板式术语中，有〔摇板〕："在京剧界又称之为"紧拉慢唱"或"紧打慢唱"，意即伴奏唱腔时鼓板的"打"和胡琴的"拉"都是紧的（1/4节拍），而演唱则是慢的、自由节奏的。"魏和张都翻译了〔摇板〕，魏译为"shaking meter"，张译为"rocking meter"。"shaking"这个词是指"摇动、抖动、颤动"；"rocking"在音乐中更偏重"摇滚"含义。为了区分中西方音乐中的概念，笔者认为魏译考虑得更符合中国音乐的特点，在这里"shaking"更能体现琴师"摇板"时"摇"的动作；而"rocking"更像西方音乐中的摇滚。所以采取了魏译"shaking meter"的译法。

在戏曲术语中，会用到借用英文中固定词汇的情况，借用有两种情况。第一，直接用英文中已有的术语对应翻译。比如，简谱 notation，乐队 orchestra，假嗓 false-voice，真嗓 true-voice，等等。第二，戏曲术语中会出现与其他固定词语的组合，这时采用借用的方法，通过组合的方式形成新的术语。比如：

　　麒麟开氅 Secondary Ceremonial Robe Embroidered with Kylin

　　（麒麟是已有的词语，只需借用过来方可）

　　观音帔　Kwan-Yin's Robe（观音是已有词语）

通常中文译者在英文中找到相应的词语，根据词义，进行组合，形成译文。这一类词语多出现在戏曲道具术语中的生活用具部分。翻译这类词语时，需根据词义在前面加上具体的形容词或定语，见表6：

表6 部分戏曲道具术语翻译表

术语名称	英译	术语名称	英译
画卷	scroll painting	镖囊	dart small bag
烟袋	tobacco pouch	圣旨	imperial edict
状纸	written complaint	蒲团	rush cushion
香案	incense burning table	门帐	door curtain

戏曲翻译中还有很多词义表述不明的词汇，还需要在实践中具体问题具体分析。

---

[1] [美]伊丽莎白·魏丽莎著，耿红梅译：《听戏——京剧的声音天地》，上海音乐学院出版社2008年版，第134页。

2．规律总结

（1）按照"大小／数量／图案／材料／功能／特征／形状／样式／特点＋中心词"（"属性＋中心词"）的结构来翻译，这样的术语有很多，以戏曲道具术语（见表7）为例：

表7 部分戏曲道具术语翻译规律表

戏曲术语	英译	说明
旗	delivery flag（报旗）	功能＋中心词
	square military flag（方纛旗）	形状＋功能＋中心词
	big square flag（大纛旗）	大小＋形状＋中心词
	door and spear flag（门枪旗）	功能＋中心词
	fire flag（火旗）	功能＋中心词
	wind flag（风旗）	功能＋中心词
	water flag（水旗）	功能＋中心词
	order flag（令旗）	功能＋中心词
	tiger flag（飞虎旗）	图案＋中心词
	carriage flag（车旗）	功能＋中心词
刀	single sword（单刀）	数量＋中心词
	double swords（双刀）	数量＋中心词（复数）
	broad sword（腰刀）	大小＋中心词
	elephant trunk sword（象鼻刀）	形状＋特征＋中心词
剑	a treasured sword（宝剑）	数量＋特征＋中心词
	double swords（双剑）	数量＋中心词（复数）
形	cloth-made dog 狗形	材料＋中心词
	cloth-made sheep 羊形	材料＋中心词
	cloth-made tiger 虎形	材料＋中心词
	cloth-made dragon 龙形	材料＋中心词

再如戏曲服饰词汇中的术语见表8：

表8 部分戏曲服饰术语翻译规律表

戏曲术语	英译	说明
水衣	sweat shirt	这里不能把水译成water，水衣为演员贴身穿，外着戏衣，功能是防汗水浸湿服装，所以按照"功能＋中心词"的方法译成"sweat shirt"比较符合术语原意。

续表

戏曲术语	英译	说明
胖袄	padded waistcoat	胖袄不是指肥大的衣服，它是一种戏剧服装，传统戏中一般身材魁梧的花脸穿戴，其袍内衬着厚棉马甲，即为胖袄。选择"padded"表示胖袄的材质，中心词"waistcoat"（马甲）不仅体现词语功能性，更贴近原意。
彩裤	colored pants	样式＋中心词
云肩	tasseled cape	材料＋中心词

以后再遇到这一类词汇，直接运用上述方法翻译即可。

(2) 介词"with"和"for"的运用

在戏曲服饰术语中，很多词语都是以"定语＋中心词"的结构构成的，在英译的时候用"with"连接，加在中心词的后面，表示服饰上镶嵌的图案及花色。"with"的运用会使这些术语的英文翻译更加清晰明了。比如：

团花开氅：secondary ceremonial robe embroidered with round patterns

文小生花褶：casual coat for young scholars embroidered with patterns

对称纹样女花帔：female robe embroidered with symmetrical patterns

团行龙改良蟒：innovated ceremonial robe embroidered with both round and flying dragons

介词"for"一般表示"给……穿的""为……准备的""是……用途的"，也是加在中心词后面，比如：

老旦蟒：ceremonial robe for elderly woman role

旗蟒：ceremonial robe for minority noble woman

云台衣：coat for fairy in clouds（给仙女穿的）

老旦团花帔：round pattern robe for elderly woman robe

武生花褶：casual coat with patterns for warrior role

花脸花褶：casual coat with patterns for painted face role

文丑花褶：casual coat with patterns for comic civilian role

武丑花褶：casual coat with patterns for acrobatic—fighting clown role

法衣：Buddhist or Taoist garments for ceremonies

3. 译文目的不同，导致译文不同

译者的翻译角度不同体现在两个方面，第一，翻译的目的不同，导致翻译出的译文不同；第二，译者的身份不同，翻译出的译文也不同。

（1）翻译者的翻译目的不同，所翻译出的译文相异

比如，在翻译戏曲道具术语"金锏"这个词的时候，笔者建议采用"音译＋释义"的方法，保留自身文化符号内涵，将它翻译成"golden jian：Its body has a flat long bar, and two sides edges of blade. There is a concave surface in its middle and a round handle. All its body is lacquered with gold color. It can be used as single or double."而在学习戏曲的留学生看来，这个解释过于冗长，完全可以直接翻译成"golden mace"。这种分歧是由于文化词汇不对等造成的，"锏"和"mace"到底是不是一种事物呢？《中国京剧艺术百科全书》中对"金锏"的定义是"锏身扁长柱形，两侧棱角为刃，锏面中间顺锏身有一道凹陷，圆柄拿手。一色漆金。剧中人物呼之为"凹面金锏"。可用单只，也可用双锏。《战樊城》中的伍子胥使用单锏，《当锏卖马》中的秦琼使用双锏。"而朗文词典中对"mace"的定义为"a heavy ball with sharp points that is attached to a short metal stick, used in past times as weapon"。很明显就不是一种事物，如果硬是把它们的词义对等起来，会产生词义误解。

（2）译文翻译者的身份不同

魏丽莎这样的以英语为本族语言的译者，同时又对戏曲有深刻的研究，她在翻译书面材料时，会考虑到各方面因素，或采用贴近西方文化的词汇，或是翻译得更贴近词语原意。而张伯瑜以汉语为本族语言，反倒在选取译文时，更偏重选择易于英语文化人群理解的词语。

魏丽莎和张伯瑜都对"过门"这个词作过翻译，而翻译出的词语却不相同，魏译为"instrumental connectives"，张译为"interlude"。"过门"在京剧词典中的解释为："京剧唱腔的先导音乐及唱句之间的衔接音乐，在唱腔演唱中有着起、承、转、合及衔接唱句的作用，有'起唱过门''大过门''小过门'和'收头'之分。"按照这个定义来看，张译更贴近译文读者，"interlude"在西方音乐中是"间奏"的意思，近似等于戏曲中所说的"过门"。但二者又存在区别，难道魏不知道"间奏"和"过门"的区别吗？就是因为魏知道二者的区别，在所指维度上有所考虑，所以才选择将其译成"instrumental connectives"，似乎魏译考虑得更周全，也更贴近原文含义。

（二）改译与自译

1. 改译

整理对比词条的时候，发现了些问题译法，针对这些问题译法，笔者对其进行了改译。由此总结出了改译时所需的方法和需要注意的地方。

(1) 加译

加译，顾名思义就是在已译的术语前后加词，丰富词语的内涵，并使术语的翻译词义更加准确全面。戏曲中的有些术语在翻译之后出现些问题，使得不能完整地表达术语本身的含义，运用加译这种翻译方法之后，使词义变得完整许多。戏曲道具中经常能用到"帐子"这个词，一般有大帐、小帐、布帐、挂帐、灵帐、堂帐、门帐等，如果仅仅翻译成"curtain"的话会使目标语读者产生误解，以为是幕布呢。因为在西方，剧场里把幕布就叫成"curtain"。这里面如果译成"curtain settings"就更能突出"帐子"作为布景的作用和在舞台上的功能。"大帐子""小帐子"中的"大""小"则分别译成"minor"和"major"。

有一些戏曲术语的英语翻译，没能完整准确地表达其内涵，需要进行加译才能完整表达其含义。以下表格中给出了8个例子，前面的译法都因不完整而不准确，第二种译法是笔者经过仔细考察术语的内涵之后而得出的，见表9：

见表9 部分戏曲术语加译表

戏曲术语	问题译法	加译	戏曲术语	问题译法	加译
数板	counted beats	counted beats speech	做	acting	dance-acting
曲牌	melodies	fixed-melodies	笛子	flute	horizontal bamboo flute
中胡	jinghu	medium-sized jinghu	锣鼓经	passages	percussive passages
女花褶子	female coat	female coat with patterns	软靠	armor	armor without kaoqi

加译之后的词义更完整，不至于使译文读者产生误解和误读。

(2) 数量、长短、快慢概念

数量、长短和快慢概念在翻译中很重要。在请留学生帮我进行翻译校对的时候，他们会首先确定这个物体的大小和数量之后再进行翻译，必须要在翻译的选词中体现大小和数量。比如double swords, double axes, 不能只翻译出物品实体，而忽略数量及长短。

戏曲音乐板式中,"快"和"慢"只是相对而言,〔快板〕不一定"快",〔慢板〕也不一定"慢"。

〔二六〕是个名称和起源比较模糊的词,它是"不快不慢"的板式,并不是指2/6拍,而是2/4拍的。1949年以后,有些中国学者及业内人士把这种板式称为二流板,意为其速度大约为流水板的一半。[1] 魏将〔快二六〕翻译成"fast two six",〔慢二六〕翻译成"slow two-six"。笔者认为其翻译不妥,"二六板"根本不能用精确的快慢来翻译,而是根据演员唱的时值和整首曲子的节奏决定时值,不能草率地翻译成"two-six",给读者造成误解,误认为"二六"就是2/6拍的。笔者认为译成"Erliu:two-quarter meter"可以作为折中的方法。有些术语的不确切概念和命名,给翻译工作造成了困难,有时只能先按字面翻译,然后再根据板式本身的节奏进一步修改。

(3) 选取恰当的词汇

衡量并选取适当的词汇是翻译的关键。根据术语的不同,选取不同的词汇,翻译出的效果是不一样的。

戏曲服装术语中有蟒、帔、靠、褶、衣,翻译这些术语时,不能简单地用拼音标注,而应该根据其服装样式,找到英文中近似对应的词语,如表10所示:

表10 部分戏曲服装术语翻译表

戏曲术语	英译	说明
蟒	robe	
帔	robe	
靠	armor	不同颜色的靠
褶	coat	软褶子
衣	robe/garment/coat/dress/shirt/jacket	官衣用robe； 富贵衣／英雄衣／旗衣／道姑衣／僧衣／八卦衣用garment； 宫衣／上手衣／下手衣／雨师衣用coat； 箭衣用dress； 水衣用shirt； 茶衣用jacket
裙／腰包	skirt	
铠	armor	

---

[1] [美]伊丽莎白·魏丽莎著,耿红梅译:《听戏——京剧的声音天地》,上海音乐学院出版社2008年版,第165页。

续表

戏曲术语	英译	说明
甲	armor	莲花甲、下甲
氅	gown/robe	不同颜色的开氅 gown，鹤氅 robe
坎肩	coat	
褂	suit	马褂 horseback riding suit
马甲	vest	勇字马甲、龟纹马甲
裤	pants/trousers	彩裤 pants，袄裤 blouse and trousers
斗篷	cloak	
背心	vest	花女背心、青女背心
袍	robe	青袍
袈裟	Kasaya	外来词

"富贵衣"是黑色的且带有彩色补丁的大褂，它是落魄文人或未发迹之人所穿的衣服，穿此衣者将来必富贵。笔者找到了两种关于富贵衣的译法，"black coat with colored patches"和"a patched garment"。第一种译法把富贵衣的外观描述得很详细，但富贵衣不是"coat"，不能简单译成"coat"；第二种译法很简洁，"garment"的意思和富贵衣的"衣"很接近，但这种译法又表现不出富贵衣的内涵。这两种译法都是根据富贵衣的外观样式来翻译的，并没有根据它的功能性翻译"富贵"这一内涵，即"穿上此衣者日后必会富贵"。译者这么翻译是有他的考虑的，一方面译者可能不想给富贵衣定性"rich or poor"，译者想让读者和观众自己看明白；另一方面，根据外观翻译不容易产生歧义。

2．自译

对那些没有参考资料的戏曲术语，只能先翻阅汉英词典自行翻译，再查找是否有相关的翻译资料。在翻译戏曲道具术语的过程中，起初没有找到可参考材料，笔者尝试翻译了近100种道具之后，找专人帮忙校对，与专人进行讨论，得出最后译文。笔者在自译的过程中总结出了一些翻译心得。

（1）译文尽量简洁，不失原意

译文需做到简洁，使读者理解术语涵义。一个词能表达的含义尽量不用两个词，例如：魏在翻译"定场诗"这个词的时候，译为"set-the-scene poems and speeches"，不免有些啰唆和复杂，笔者将其翻译成为"prologue scene-setting"就完全能表达其含义了。笔者把戏曲道具中的"雨伞"翻译成"oil paper umbrella"，加上"oil paper"是为充分表达戏曲舞台中的"雨伞"大部分都是油纸伞，而非现代所用的"雨伞"，不能只译成

umbrella。

(2) 字面翻译

戏曲术语中有很多词汇存在其内涵上的不可译，这时我们可以把不可译转化为相对可译，那就是按照字面逐字翻译。笔者找出了 8 个术语，这些术语在西方语境下并不存在，经过笔者翻译后，把它们变为可以被译文读者接受的英译。如下：

玉带：jade belt

红彩裤：red pants

花彩裤：colored pants

丝绦：silk belt

花旦：flower dan

花衫：flower shirt dan

彩旦：colored dan

丑婆子：chou old ladies

(三) 有待解决的问题

戏曲术语的翻译中，还有很多有待解决的问题，需今后的研究者一一探讨研究。

1. 戏曲术语分类不清

戏曲术语中存在着分类不清不明的现象，各种术语没有明确的分类，这给翻译工作造成了许多困难。

在服饰术语中，有很多分类方法。一般传统意义上按照衣箱分类，分为大衣箱、二衣箱、三衣箱、盔头箱、刀把箱等。有些分类为蟒、帔、靠、褶、衣，这里并没有把盔和靴算在里面。由于分类方法的不清，导致整理工作的烦琐，进而导致翻译工作上出现的困难。

希望今后戏曲研究者能对戏曲术语作出明确分类，明确的分类有助于翻译者在翻译时查找术语涵义，方便翻译者翻译，不至于混淆，或是给翻译者带来很大的工作量。

2. 无根据命名的术语

戏曲术语的命名具有随意性，有很多词汇到现在都是根据老先生的喜好而命名的，并没有一定的根据和来源，甚至有些术语还会出现歧义。关于戏曲音乐板式术语中"二六"一词的名称来源，有两种不同的说法。"一种说法是〔西皮二六〕板式的名称是因为过门而命名，因为这个板式的过门共有十二板的旋律，十二是由两个六组成，借用"小九九"

口诀,"二六一十二"的说法,故这个板式就称为〔二六〕了。另一种说法是这个板式的节奏不快不慢,属"二流"节奏,叫白了成〔二六〕。"[1]这种随意的、无根据命名的术语有很多,大多在戏曲音乐中,如夺头、抽头、叫头、冲头等,当时由老先生起名,已经沿用至今很多年,已成为约定俗成的专业词语,再作改动会让业内人士不习惯。我们不需要对这些词的名称进行改动,而是根据它的名称进行适当的翻译,先根据汉语拼音命名,再加上合理的解释。如把"夺头"译为"Duotou: the percussive passages of making a stage pose"。

3. 错误译法

有些译者过多地根据戏曲术语的字面意思翻译,没有考察中文词汇中的深层含义,产生了很多错误的翻译。比如,在《中英文对照京剧脸谱术语》一书当中,把"倭口眼窝"翻译成了"japs eyehole"。"倭口眼窝"又叫"倭钩眼窝",齐如山推测"倭钩"是元朝流传下来的蒙古语,这种眼窝限于项羽一人使用。项羽勾"左右眼窝,末端虽略上翘,但总体势态像汉字撇、捺笔画一样向下"。该书译者把"倭口"误以为是"倭寇"(japs),造成了翻译上的错误,使读者产生混淆。笔者将其改译为"hook-shaped eyehole",意为"钩子形的眼窝",更贴近"倭口"形状本身。

这些错误译法,有待戏曲翻译者在今后的研究中纠正修改,提供更加合理的翻译。

在戏曲术语的翻译研究中,还有很多术语有待戏曲翻译工作者研究讨论。对于翻译过的术语需考察其真正原意,进行翻译修改;对于没有人涉及过的术语,要准确地进行英译。目前戏曲术语还缺乏实践的检验,戏曲术语翻译的成功与否有待翻译者在今后实践中的考察,做大量的对比、翻译和校对工作,以实现戏曲术语的统一规范。笔者的翻译作为权宜之计,是戏曲术语翻译的基础性研究,在某种程度上为戏曲术语的翻译领域填补了空白。随着中西戏剧文化交流的日益增多,希望越来越多的研究者参与其中,一方面可借鉴笔者的翻译,应用到课堂实践中去检验;另一方面,对笔者的翻译进行批评与改正。由于笔者翻译的水平和时间有限,研究需在今后的实践中进一步扩充与完善。

---

[1] 曹宝荣:《京剧唱腔板式解读》(下册),人民音乐出版社2010年版,第231页。

附录1

戏曲音乐术语翻译表

一、戏曲乐器术语	英文翻译
拉弦乐器	bowed instruments
弹拨乐器	plucked instruments
吹管乐器	blown instruments
小锣	a small gong
大锣	a large gong
铙钹	cymbals
碰铃	bump bells
九音锣	nine-tone gong
哑钹	hoarse cymbals
大筛锣	large screen gong
提锣	raising the gong
板	clapper
板鼓／单皮鼓	clapper-drum
签／踺子	drum sticks
梆子	bangzi clapper Bangzi: A hollowed wooden box beaten with a stick（张）
鼓板	drum-and-clapper
胡琴	spike fiddles
京胡	Jinghu: two-stringed fiddle with a bamboo sound box covered in snake skin, used mainly in Beijing Opera.（张）
京二胡	Jinger-hu: two-stringed fiddle with a wooden sound box covered in snake skin, used mainly in Beijing Opera.（张）
二胡	Erhu: two-stringed fiddle with wooden sound box covered in snake skin.（张）
月琴	Yueqin: two or four-stringed lute with a round sound box played with a plectrum.（张）
三弦	Sanxian: a three-stringed lute with a long, fretless neck and an oval-shaped sound box. Comes in large and small sizes.（张）

续表

阮	Ruan: four-stringed plucked lute with a round sound box. (张)	
唢呐	Suona: double-reed shawm with six finger holes on the front and one at the back. (张)	
笛子	flute horizontal bamboo (魏)	
海笛	Haidi: high pitched small shawm. (张)	
笙	Sheng: A free-reed mouth orgn made of a series of bamboo pipes arranged in a circle, each with a reed on its lower end, and all inserted into a base made of copper, wood or gourd, to which a mouthpiece is attached. Two or more tones may be produced simultaneously by the instrument. (张)	

二、戏曲板式	英文翻译	
西皮	Xipi*	
二黄	Erhuang*	
过门	instrumental connectives	Interlude (间奏)
半句过门	half-line instrumental connectives	
原板	primary-meter (2/4拍)	Xipi: two-quarter time*
快三眼	fast-three-eyes (4/4拍)	fast three upbeats*
快二六	fast two-six (1/4拍)	fast Erliu*
二六板	two-six-meter (2/4拍)	Erliu: two-quarter meter*
慢板（慢三眼）	slow-meter (4/4拍)	slow tempo
慢二六	slow two-six	slow Erliu*
导板	lead-in-meter/leading beat	leading beat
回龙板	undulating-dragon-meter	Return of the dragon: a type of meter used after "Dao-ban" in Beijing Opera
流水	flowing-water-meter (1/4拍)	
快板	fast-meter (1/4拍)	
散板	drum sticks	
摇板	shaking-meter	
滚板	rolling-meter	

续表

垛板	piled-up-meter	Pile meter: one of the meters with fast tempo and 1/4 time signature used in Chinese opera.
顶板	without-connective-meter	
南梆子	South Bangzi	
碰板	colliding-meter	
板式／曲调	metrical types	
上板的板式	metered metrical types	Introducing the beat: transition from free meter to regular beats in narrative and operatic singing。
自由板式	free metrical types	
娃娃调	children's-tune-meter	

三、锣鼓点	英文翻译	
锣鼓经	percussive classics	
锣鼓点	percussive passages	
"抽头"(chóu)	"Choutou" *	镲锅打
"叫头"	"Calling-out Head"	Jiaotou*
"夺头"(duò)	"Duotou": making a stage pose*	
"撕边"	"Tearing Edge" *	
"急急风"	"Desperate Wind"	（张）上天梯
"冲头"(chòng)	"Charging Head"	（大锣和铙钹轮流机打）
"冷锣"	"Cold Gong"	
"小锣旦上场"	"Dan Small Gong Entrance"	
"快长锤"	"Fast Long Hammer"	
"漫长锤"	"Slow Long Hammer" *	
"水底鱼"	"Fish at the Bottom of the Water"	
"大开门"	"Large Door Opening"	
"大锣打上"	"Large Gong Hits the Entrance"	
"导板头"	"Lead-in-meter Opener"	
"闪锤"	"Lightning Hammer"	
"四击头"	"Four Hitting Head" * 大(dā)抬	

609

"五击头"	"Five Hitting Head" *（三下大锣穿插两下铙钹）大（dā）抬	
"大锣一击"	"One Hit of the Large Gong"	
"小锣单上场"	"Solitary Small Gong Entrance"	
"扫头"	"Sweep Head"	
"纽丝"	"Twisted Silk Threads"	
"撤锣"	"Withdrawn Gong"	
"乱锤"	"Disturbed Hammer" *	
"搜场"	"Searching" *《红灯记》中有特定的锣鼓点	
"九锤半"	"Nine Hammer and a Half" *（大锣）	

四、念白	英文翻译
念白	stage speech
韵白	heightened speech
散白:（京白、方言白）	colloquial speech
京白	colloquial Mandarin speech
方言白	colloquial speech of regional dialects
程式念白	conventionalized speeches
引子	prelude poems
数板	counted beats speech

五、声韵格律	英文翻译
中州韵	Zhongzhou speech-tones
韵	rhyme
韵部/辙	rhyme categories
上口字	written-characters go to the mouth
尖团音	pointed and rounded sounds
十三辙	thirteen rhymes

六、声腔系统	英文翻译
虚字	empty-words
延音	extended tones

续表

中文	英文翻译	
声腔特性（原著称为调式特性）	modal identity	
声腔节奏（原著称为调式节奏）	modal rhythm	
声腔系统	musical systems	
声腔系统（指皮黄声腔系统之下的子系统）	modal systems	
声腔（原著称为调式或腔调）	mode	
腔句	melodic-lines	
行腔／使腔	melodic-passage composition	
唱腔	melodic-passages	
腔	melodic-phrases	
腔节	melodic-sections	
唱腔构成（原著称为唱腔建筑）	melodic construction	
花腔	ornamentation	
五腔	resonating cavities five	
男腔、女腔	male and female melodic-passages	

七、其他术语	英文翻译	
唱	song	
曲式	song structure	
管弦乐队／文场	melodic/civil orchestra	refined instrumentation
打击乐队／武场	percussive/martial orchestra	military instrumentation
打击乐队／锣鼓／武场	percussive orchestra	
程式	convention	
行弦	action-strings	
唱段	arias	
唱词	song lyrics	
形容型唱词	descriptive lyrics	
争辩型唱词	disputive lyrics	

指责性唱词	condemnatory lyrics	
抒情型唱词	emotive lyrics	
问答型唱词	elevated speech lyrics	
叙述性唱词	narrative lyrics	
同床异梦型唱词	shared space and separate sensations	
脑后音	back-of-the-head-sound	
板腔体	banqiang-form muscial structure	
底鼓	basic drumming	
基础唱腔	basic melodic contour	
紧打慢唱	beat urgently sing freely/slowly	
黑头	black head	
气	breath	
终止音	cadences	
换尾式	changed-tail-structure	
简谱	cipheric notation（英语原有的词）	numbered musical notation
清音	clear sounds	
合口音	closed-mouth vowels	
下句	closing lines	
收声	closing the sound	
色彩音	coloration tones	
布局	composition	
结束	conclusions	
司鼓	conductor	
五音	consonant types five	
声母	consonant initial	
对比性布局	contrast structure	
对句曲式的结构	couplet song structure	
曲牌	fixed-melodies	
干曲牌	dry fixed-melodies	
干念曲牌	dry reading fixed-melodies	
细吹曲牌	delicate blown fixed-melodies	

吹打曲牌	blown and struck fixed-melodies
器乐曲牌	fixed-melodies instrumental
丝弦曲牌	silk string fixed-melodies
粗吹曲牌	rough blown fixed-melodies
入声	entering-tones
阴平声	level-tone
阳平声	rising-tones
上声	turning-tones
去声	falling-tones
仄声	oblique-tones
韵母	vowels final
四呼	vowels types four
（四呼中的）齐齿音	level-teeth vowels
（四呼中的）开口音	open-mouth vowels
层次性布局	emotional-progression structure
加重	emphasis
韵尾	terminal vowels and consonants
韵头	medial vowels
韵腹	central vowels
滑音	glides
虎音	tiger sound
炸音	exploding sound
颤音（拉）	shaking-tone
颤音（唱）	thrill tone
落（lao）音	tail tone*
浊音	thick sounds
波浪音	wave-tone
习惯音	sounds accustomed (traditional)
装饰音	grace notes
自然嗓音	natural voice
（五音中的）齿音	molars
（五音中的）牙音	front teeth consonants（辅音）

续表

延伸型	extended-pattern-structure		
嗓子/嗓音	voice		
真嗓子	true-voice		
假嗓子	false-voice		
大嗓	large-voice		
小嗓子/假嗓子	small-voice		
急切法	fast cut method		
女腔	female melodic-passages		
重点突出性布局	focal-scene structure		
反调	inverse modes		
联曲体结构	joined-song-from musical structure		
调	keys		
大段	large arias		
大戏/多场戏/全本戏	multi-scene plays		
布局	musical composition		
开头	openers		
上句、下句	opening and closing lines		
乐队/场面	orchestra		
全乐队	orchestra full		
衬句	padding lines		
衬字/存字/垛字	padding written-characters		
规律	patterns		
古诗	poetry classical		
正调	principal modes		
发音	pronunciation		
直念、切音	pronunciation direct and segmented		
台词	prose speeches		
提炼	raising and refining		
吊场	recapitulation		
场景音乐	scene music		
开场	scene openers		
转场	scene shifters	transition	

流派	schools of performance	
撮唇	scooped-lips	
自报家门	self-introduction	
出场诗/定场白/定场诗/坐场诗	set-the-scene poems and speeches	prologue scene-setting *
手势	signals gestural	
唱散了	singing it loose	
功	skills	
小段	small arias	
念	speech	
喷口	spray-mouth	
内弦、外弦	strings inner and outer	
格式化	stylization	
尾声/结束	tail sounds	coda
撤/减慢	tempo gradual decrease in	
时间概念	time conception of	
白话	vernacular Chinese	
声乐	vocal music	
发声	vocal production	
阴辙、阳辙	yin and yang rhyme categories	

注:根据伊丽莎白·魏丽莎著,耿红梅译:《听戏——京剧的声音天地》(左)和张伯瑜译著《中国音乐术语选择900条》(右)进行整理。 标记*为笔者译。

附录 2

戏曲服饰专业术语表

一、蟒	Mang
红团龙蟒	red round dragon ceremonial robe
绿团龙蟒	green round dragon ceremonial robe
黄团龙蟒	yellow round dragon ceremonial robe
白团龙蟒	white round dragon ceremonial robe
黑团龙蟒	black round dragon ceremonial robe
戏珠行龙蟒	ceremonial robe embroidered with dragons and flaming orb
福字行龙蟒	ceremonial robe embroidered with dragons and Chinese characters of happiness and longevity
吐水大龙蟒	ceremonial robe embroidered with a big dragon spraying water
戏珠大龙蟒	ceremonial robe embroidered with a big dragon and flaming orb
盘身大龙蟒	ceremonial robe embroidered with a large-sized dragon
团行龙改良蟒	innovated ceremonial robe embroidered with both round and flying dragons
草龙改良蟒	innovated ceremonial robe embroidered with simplified dragon pattern
箭蟒	ceremonial robe integrated with features of Jian Yi
团凤女蟒	female ceremonial robe embroidered with round phoenix
行龙女蟒	female ceremonial robe embroidered with dragons
老旦蟒	ceremonial robe for elderly woman role
旗蟒	ceremonial robe for minority noblewoman
二、帔	Pei
皇帔	imperial robe
团花帔	robe embroidered with round patterns
红帔	red robe
女红帔	female red robe
女皇帔	queen's robe

女团花帔	female robe embroidered with round patterns
均衡纹样女花帔	female robe embroidered with balanced patterns
对称纹样女花帔	female robe embroidered with symmetrical patterns
老旦皇帔	royal robe for elderly woman role
老旦团花帔	round pattern robe for elderly woman robe
观音帔	Kwan-Yin's robe
三、靠	Kao
硬靠	armor armed with Kao Qi
软靠	armor without Kao Qi
霸王靠	King Ba Wang's armor
关羽靠	Guan Yu's Armor
改良靠	innovated Armor
女硬靠	female armor armed with Kao Qi
女改良靠	female innovated armor
四、褶	Xue
文小生花褶	casual coat for young scholars embroidered with patterns
文小生花托领花褶	casual coat for young scholars embroidered with patterns around collar
武小生花褶	casual coat with patterns for young warrior role
武生花褶	casual coat with patterns for warrior role
花脸花褶	casual coat with patterns for painted face role
文丑花褶	casual coat with patterns for comic civilian role
武丑花褶	casual coat with patterns for acrobatic-fighting clown role
素褶之一——色褶子	colored coat
素褶之二——青褶子	black coat
素褶之三——海青	black coat with black collar
素褶之四——富贵衣	black coat with colored patches
素褶之五——紫花老斗衣	cotton coat for poor people
素褶之六——短跳	short coat
素褶之七——安安衣	children's coat
素褶之八——青袍	black coat for court runner

续表

女花褶子	female coat with patterns
女青褶子	female black coat
改良女青褶子	female innovated black coat
女白褶子	female white coat
女富贵衣	female black coat with colored patches
老旦褶子	coat for elderly woman role
五、衣	**Yi**
狮开氅	secondary ceremonial robe embroidered with lion
麒麟开氅	secondary ceremonial robe embroidered with Kylin
团花开氅	secondary ceremonial robe embroidered with round patterns
团狮开氅	secondary ceremonial robe embroidered with round lion
宫装	secondary ceremonial robe for queen and princess
云台衣	coat for fairy in clouds
古装	coat in brand new style
官衣	official robe
红官衣	red official robe
青官衣	black official robe
改良官衣	innovated official robe
女官衣	female official robe
学士官衣	official robe for scholars
学士衣	scholar's robe
蓝衫	blue robe
彩绣龙箭衣	casual military coat embroidered with colored dragon
平金龙箭衣	casual military coat embroidered with golden dragon
团花箭衣	casual military coat embroidered with round patterns
花箭衣	casual military coat embroidered with vivid patterns
素箭衣	casual military coat embroidered without pattern
布箭衣	casual military coat made by cotton
龙套衣	coat for walk-on roles
斜领太监衣	coat for eunuch with a crossover collar
圆领太监衣	coat for elderly eunuch with a round collar
花抱衣	Bao Yi embroidered with round patterns

素抱衣	Bao Yi without patterns	
花侉衣	Kua Yi embroidered with patterns	
素侉衣	Kua Yi without patterns	
龙马褂	mandarin jacket embroidered with round dragons	
团花马褂	mandarin jacket embroidered with round patterns	
黄马褂	yellow mandarin jacket	
茶衣	brown coat for common people	
大袖儿	Da Xiuer	large sleeves*
对襟僧衣	coat with a center front closing for Buddhist	
男罪衣	prisoner's coat for male	
女罪衣	prisoner's coat for female	
刽子手衣	executioner's coat	
袄裙	coat and skirt embroidered with patterns	
袄裤	coats and trousers for female embroidered with patterns	
战袄战裙	coat skirt and trousers for heroine	
彩婆袄	Cai Po Ao	colored dan coat*
上下手衣	Shang Xia Shou Yi	walking-on coat*
兵衣	soldiers' coat	
八卦衣	eight-diagram coat	
马派八卦衣	eight-diagram coat innovated by Ma Lian Liang	
鹤氅	robe embroidered with crane	
法衣	Buddhist or Taoist coats at ceremony	
仙女衣	fairy's Coat	
鱼鳞甲	amour embroidered with fish scale	
旗装	coat for minority noblewoman	
补服	official coat for minority	
袈裟	Cassock	
罗汉衣	Arhat's coat	
哪吒衣	Ne Zha's Coat	
钟馗衣	Zhong Kui's Coat	
鬼卒衣	ghost's Coat	

续表

制度衣	The Monkey King's bright yellow robe embroidered with dragons
猴衣	Monkey King's coat embroidered with Monkey's Hair
小猴衣	Monkey Solder's coat embroidered with Monkey's hair
僧袍	Buddhist monk's robe
小僧袍	young Buddhist monk's robe
绣龙大坎肩	long sleeveless coat embroidered with dragons
素大坎肩	long sleeveless coat without patterns
僧坎肩	long sleeveless coat for Buddhist monk
卒坎肩	solder's vest
女大坎肩	long female sleeveless coat
水田纹坎肩	long sleeveless coat for young Buddhist nun
老旦大坎肩	long sleeveless coat for elderly woman robe
道姑坎肩	long sleeveless coat for elderly Taoist nuns
大襟小坎肩	short sleeveless coat for maid
琵琶襟坎肩	short sleeveless coat for minority woman
大饭单	long apron
小饭单	short apron
龙斗篷	cloak embroidered with dragon
花斗篷	cloak embroidered with floral patterns
素斗篷	cloak without patterns
小斗篷	short cloak
女凤斗篷	female cloak embroidered with phoenix
女花斗篷	female cloak embroidered with flowers and birds
女素斗篷	female cloak without patterns
蓑衣	rain cape
百褶裙（腰包）	pleated skirt
大折裙	box-pleated skirt
筒裙	straight skirt
水裙	three-layer pleated skirt for male

续表

领衣儿	Ling Yier
裹腿	leggings

注：参考整理自谭元杰：《中国京剧服装图谱》，译者为张赢、李苗。标记＊为笔者译。

附录 3

戏曲常用道具术语表

序号	道具名称（中文）	英文名称	注释
1	文房	four treasures of the study/ the four items of the study/ the scholars four treasures	writing brush, ink stick, ink slab and paper 《辕门斩子》《审头刺汤》
2	书信	letter	《坐楼杀惜》
3	符节	tally	《贵妃醉酒》中宫女
4	状纸	written complaint	《铡美案》《法门寺》
5	签筒、签条	lot pot, lot sticks	《玉堂春》《野猪林》
6	印匣	seal box	《穆桂英挂帅》《破洪州》
7	灯笼	lantern	《黄金台》《群英会》《杨门女将》
8	烛台	candle	《春闺梦》《奇双会》
9	酒具	drinking vessel	《龙凤呈祥》《贵妃醉酒》《群英会》
10	香案	incense burning table	
11	金银	gold and silver	《四进士》《秦香莲》《武家坡》
12	圣旨	imperial edict	《投军别窑》《姚期》
13	棋盘	chessboard	《红娘》
14	画卷	scroll painting	
15	招文袋	hop pocket	
16	烟袋	tobacco pouch	《拾玉镯》
17	雨伞	oil paper umbrella	
18	扫帚	broom	
19	提篮	basket	《钓金龟》，《武家坡》王宝钏
20	花篮	a basket of flowers	
21	挑子	load carried on a shoulder pole	《白水滩》《打瓜园》
22	镖囊	dart small bag	
23	拂尘（云帚）	whisk, floating dust	《红拂传》
24	牙笏	ivory board	the thing which minister of emperor will bring
25	手绢	handkerchief	《西厢记》红娘

序号	道具名称（中文）	英文名称	注释
26	大打彩	punishing rod	a rod for punishing children or servants in a feudal household 《打渔杀家》萧桂英
27	红罗伞	red canopy	royal guard of honor
28	云罗伞	cloud canopy	《将相和》赵王，《打龙袍》李后，《法门寺》太后
29	蒲团	rush cushion	《秋江》
30	素伞	plain umbrella	《反徐州》
31	狗形	dog's head	《赵氏孤儿》
32	羊形	goat's head	《苏武牧羊》
33	虎形	tiger's head	《武松打虎》
34	龙形	dragon's head	《十八罗汉收大鹏》
35	布城	city wall as setting	《空城计》《战冀州》《杀四门》《罗成叫关》
36	小帐子	curtain	
37	卦帐	divinatory curtain	
38	布帐	cloth curtain	
39	灵帐	mourning curtain	《行路哭灵》《连营寨》《卧龙吊孝》
40	堂帐	Buddha worshiping curtain	
41	门帐	door curtain	
42	报旗	delivery flag	《失街亭》《杜鹃山》
43	方纛旗	square banner	古时军队或仪仗队的大旗
44	大纛旗	big square banner	《挑滑车》
45	门枪旗	door and spear flag	
46	火旗	fire flag	《紫竹林》
47	风旗	wind flag	《黑风帕》
48	水旗	water flag	《金山寺》
49	令旗	order flag	《战宛城》《南阳关》
50	飞虎旗	tiger flag	
51	车旗	carriage flag	《打龙袍》《龙凤呈祥》

续表

序号	道具名称（中文）	英文名称	注释
52	山石片	mountain and stone scenery	《白蛇传》《长坂坡》
53	云片	cloud scenery	
54	紫金棍	violet gold rod	《打龙袍》
55	手铐／手杻	handcuffs	《四郎探母》,《武松打店》武松、《锁五龙》单雄信
56	木枷	wood cangue	
57	鱼枷	fish-shaped cangue	《苏三起解》
58	令箭	an arrow used as a token/sign of authority	释义
59	船桨	paddle	《秋江》《打渔杀家》《战金山》
60	钓鱼竿	fishing rod	
61	马鞭	a riding whip	《长坂坡》《坐寨盗马》
62	娃娃	doll	《四郎探母》
63	行李	luggage	
64	开门刀	door open sword	《三堂会审》《玉堂春》《四进士》
65	青龙刀	green dragon sword	《走麦城》,《伐东吴》关羽
66	象鼻刀	elephant trunk sword	《定军山》黄忠,《金沙滩》杨继业
67	二郎刀	Erlang sword	《闹天宫》,《劈山救母》,《碧波潭》杨戬
68	刀马刀	turbulence sword	
69	单刀	single saber	《三岔口》任堂惠
70	双刀	double sabers	《白水滩》《艳阳楼》
71	腰刀	broadsword	《铡美案》张龙、赵虎,《辕门斩子》焦赞、孟良
72	匕首	dagger	《坐楼杀惜》
73	戒刀	Buddhist monk's knife	《蜈蚣岭》武松,《二龙山》金眼和尚
74	大枪	broad spear	《霸王别姬》项羽,《挑滑车》高宠,《雁荡山》孟海公,《金沙滩》杨七郎
75	样枪	normal spear	《挑滑车》金兀术
76	单枪	single spear	《穆柯寨》穆桂英

续表

序号	道具名称（中文）	英文名称	注释
77	红缨枪	red-tasseled spear	《金山寺》白素贞
78	黑缨枪	black-tasseled spear	《失街亭》张郃
79	白缨枪	white-tasseled spear	《定军山》严颜
80	双枪	Double headed spear	《八大锤》陆文龙
81	软枪	flexible spear	《芦花荡》周瑜
82	戟	Ji /halberd	音译+释义，《扈家庄》扈三娘
83	单斧	single ax	《大破天门阵》
84	蛇矛	snake spear	《八大锤》兀术，《金钱豹》
85	雁翅镋	Tang	《南阳关》
86	月牙铲	moon-shaped spade	《西游记》沙僧
87	方便铲	fangbian spade	《野猪林》鲁智深
88	槊	Shuo/ lance	音译+释义，《横槊赋诗》
89	挝	Zhua	音译+释义，《雅观楼》
90	宝剑	a treasured sword	《贺后骂店》
91	双剑	double swords	《霸王别姬》《白蛇传》
92	双斧	double axes	《闹江州》李逵
93	金锏	golden mace	《战樊城》伍子胥
94	八棱锤	octagonal hammer	《火烧裴元庆》
95	银鞭	silver staff	释义，《雁翎甲》呼延灼
96	牙槊	Ya lance	音译+释义，《恶虎村》武天虬
97	金箍棒	golden cudgel	孙悟空
98	拐	crutch	《八仙过海》中的铁拐李
99	弓箭	bow and arrow	《李陵碑》中的杨继业
100	弹弓	sling	《银空山》、《恶虎村》中的神弹李五

注：以上戏曲道具术语为笔者翻译。

附录 4

戏曲行当术语

一、生行	英文翻译
老生	older sheng
唱功老生	singing older sheng
做功老生	militant sheng
红脸老生	red-faced senior older sheng
小生	junior sheng
文小生	civil young sheng
官生	official junior sheng
穷生	poor junior sheng
巾生	scarf junior sheng
娃娃生	child sheng
武生	martial sheng
长靠武生	armor acrobatic sheng
短打武生	arrow-proof acrobatic sheng
二、旦行	
青衣	blue cloth dan
闺门旦	boudoir dan
花旦	flower dan
花衫	flower shirt dan
武旦	martial dan
老旦	older dan
彩旦	colored dan
丑婆子	chou old ladies
刀马旦	sword and horse dan
三、净行	
正净	leading jing
副净	supporting jing
文净	civil jing
武净	acrobatic jing

花脸	painted-face
小花脸	small-painted-face
大花脸／大面／黑头／铜锤	great-painted-face jing
架子花脸	posture-painted-face
二花脸／副净／架子花脸	supporting jing
四、丑行	
文丑	civil chou/comic civilian chou
武丑	martial chou/ warrior chou

注：以上戏曲行当术语参考徐城北著，陈耕涛译的《京剧》(Peking Opera)；傅谨著，王文亮、王欢、张丽娜译的《中国戏剧》(Chinese Theater)，并综合各种翻译总结而成的术语表。